대통령 클럽

The Presidents Club: Inside the World's Most Exclusive Fraternity

by Nancy Gibbs and Michael Duffy
Copyright ⓒ 2012 by Nancy Gibbs and Michael Duffy
All rights reserved.
This Korean edition was published by Amberlit, an imprint of 'elearntime' in 2017
by arrangement with the original publisher, Simon & Schuster, Inc. through Eric Yang Agency.

이 책의 한국어판 저작권은 에릭양 에이전시를 통해 Simon & Schuster, Inc.와 독점 계약한 이런타임의 임프린트인 앰버리트에 있습니다.
저작권법에 의하여 한국 내에서 보호를 받는 저작물이므로 무단전재 및 복제를 금합니다.

대통령 클럽

초판 1쇄 인쇄 2017년 3월 17일
초판 1쇄 발행 2017년 3월 24일

지은이 낸시 깁스 · 마이클 더피
옮긴이 토마스 안 · 벨라 정
디자인 공존
펴낸곳 엠버리트(이런타임)

주소 서울시 종로구 삼봉로 95 2-1004(견지동 대성스카이렉스)
전화 02-739-5333
팩스 02-739-5777
전자우편 amberlit@naver.com

ISBN 979-11-85345-09-3 03340

• 이 책은 저작권법에 의하여 보호를 받는 저작물이므로 무단 전재와 복제를 금합니다.
• 잘못된 책은 구입하신 서점이나 본사로 연락하시면 바꿔 드립니다.
• 책값은 뒤표지에 있습니다.

한국출판문화산업진흥원의 출판콘텐츠 창작자금을 지원받아 제작되었습니다.

NEW YORK TIMES BESTSELLER

THE PRESIDENTS CLUB

대통령 클럽

세계 유일의 친목 단체의 내면

낸시 깁스·마이클 더피 지음 & 토마스 안·벨라 정 옮김

앰버리트
AMBERLIT

대통령 클럽

차례

서문

"지금까지 여러분은 나의 전임들에 관한 이야기를 들었습니다"라고 빌 클린턴은 오후 늦게 할렘의 사무실에서 초점을 흐리며 음성을 줄이고 목소리를 환영에 묻으며 우리에게 인사했다.

그날 늦게 밖에는 어둡게 비가 퍼부었고, 창 너머 도시는 물먹은 빛을 튀기며 거리는 시끌시끌했다. 밖에는 무장요원 두 명이 오가고 전자 잠금장치가 채워져 있지만, 사무실 실내는 목재로 부드럽고 카펫이 깊이를 더하고 둥근 천장이 높았다. 서쪽 벽에 처칠의 초상화가 보이고, 선반 위에는 유명 TV 프로그램 머펫쇼의 커밋 개구리 봉제 인형이 쉬고 있고, 책상 뒤쪽에 덩치 큰 오래된 투표기는 이름들이 붙어서 손잡이가 당겨진 채 자리 잡고 있다. 회고집과 자서전이 가득한, 16대 에이브러햄 링컨, 32대 테디 루스벨트뿐 아니라 14대 프랭클린 피어스, 19대 러더퍼드 B. 헤이스까지 대통령들의 영혼을 부르면 집회가 진행될 것 같은 책장을 가리키며 그가 말한다. "이것은 나의 대통령 서고입니다. 워싱턴부터 부시까지."

그가 그리워하는 대통령 리처드 닉슨과 사랑하는 조지 H. W. 부시를 강조하며 닉슨에 관해 말한다.

"죽기 한 달 전 그는 러시아에 관한 편지를 내게 써주었어요. 그보다 명료하고 구체적으로 잘 서술된 편지는 없어요… 나는 매일 그 편지를 다시 읽습니다. 또 한 사람 조지 H. W. 부시가 내게 준 참으로 훌륭한 편지가 있어요. 후임에게 편지를 남기는 기분을 당신도 아실 겁니다."

편지는 이렇게 말한다. "이 편지를 읽을 때쯤 당신은 우리의 대통령이 되어 있을 것입니다…. 나는 당신을 떠받치는 단단한 뿌리입니다."

창턱에는 사진 십여 개가 놓여있고 그중 린든 존슨 대통령이 사인한 사진을 쳐다보았다. 40년 전 텍사스 선거유세 때 자신에게 주었던 선물이었다. 클린턴은 존슨에 대해 이렇게 전망한다. "시간이 가면 역사는 그에게 좀 더 부드러워질 것으로 생각합니다."

한동안 대통령들이 서로에게 얼마나 친절했는지에 관한 이야기를 했다. 그는 대통령 집무실에 앉았던 사람들을 이야기한다. "일반적인 연민의 정이 있어요. 오바마 대통령과 나는 함께 골프를 치는 날에도 정치 이야기는 많이 하지 않습니다."

대통령 주변에는 정치 이야기할 사람이 아주 많기 때문에 때로는 웃겨줄 사람이 필요하거나 스스로 낙담하지 말라고 해야 할 것이다. 클린턴은 그날 완전히 지쳐 있었다고 회상했다. "내가 '나의 대통령'을 소환하자 떠오르는 것은 몰아치는 눈보라 속에서 골프를 치고 있는 모습이었습니다."

'나의 대통령'. 그가 자신을 그렇게 부르는 이유는 2008년 이스라엘-이란 대리전쟁 발발 이후 둘 사이에 차이가 있음을 뜻한다. 바로 이런 점들을 이 책의 여정을 추적하며 강렬함, 친밀감, 때론 적대감도 있지만, 그보다 자주 나타나는 전임과 후임 대통령들의 관용의 관계 속에서 음미하려는 것이다. 이것은 백악관으로 향하기 위한 그들의 노력과는 다소 다르고 그 자리에 앉아본 적이 있는 사람들이 겪었던 경험, 의무, 야심, 상처 때문에 묶어지는 것이다. 그들이 대통령 클럽의 회원을 구성하고 전국으로 흩어졌어도 전화나 이메일로 연결되며 때로는 2008년 선거가 끝난 후 백악관에서 다섯 명이 만났던 것처럼 몸소 만나기도 한다. 당시 카터 대통령은 우리에게 "설교 듣는 기분이 들지 않도록 오바마 대통령 당선자를 교육시킨다"라고 말했다.

미국 역사에서 대통령 클럽은 회원이 여섯 명 이상을 넘긴 적이 없었고, 지금은 워싱턴과 뉴욕뿐 아니라 애틀랜타, 댈러스, 케네벙크포트, 메인의 부시 가 지역의 통나무 오두막까지 지점들이 생겼다. 만약 삐걱거리는 계단에 나란히 걸어놓은 사진 액자를 보며 오른다면 부시 대통령 박물관에 있지 않더라도 그 자체가 보물이다. 자신을 패배시킨 클린턴과 함께 아버지 부시는 골프를 같이 하고 밤을 함께 보내며 빠르게 파도를 극복했다. 2005년 두 사람이 결속한 순간부터 정치, 외교, 전략과 작전에 관하여 그다지 많이 말하지 않았음에도 단순한 회원 이상이 되었다. 부시 대통령은 이메일에서 설명한다.

"맞습니다. 우리는 그런 것은 이야기하지 않아요. 해서는 안 되죠. 정치가 어느 쪽으로 가든 우리는 판단한 사람의 무게를 이해하고 존경해야 한다는 것을 잘 알고 있습니다."

대통령 클럽은 직책을 맡아본 사람이 존중해야 할, 주로 전 세계 유일의 회원 우애에 따른 침묵과 다른 회원에게 제공할 봉사가 포함된 의례가 있다. 해리 트루먼은 1948년 아이젠하워가 출마하면 드와이트 아이젠하워의 부통령으로 봉사하겠다고 제안했고, 1980년과 1981년 로널드 레이건에게 전한 닉슨의 비밀 편지들은 그의 백악관을 구축하는 데 실제적인 청사진이었으며, 카터는 2010년 오바마를 위해 떠맡은 임무에 관하여 기자들에게 말하지 않겠다고 약속했다.

클린턴은 다음과 같이 말한다. "자신의 야심을 만족시킬 때 그것은 단순한 주장의 승리가 아니라 국가를 위해 의미 있는, 더 중요한 일이 됩니다. 다시 말해서, 아침에 해가 떠오르면 괜히 기분이 좋아지면서 어쩐지 좋은 일이 있을 것 같은 기대를 합니다. 모두 신앙심이 깊기 때문에 그렇다고는 생각하지 않습니다."

대통령 클럽은 대부분의 많은 것들처럼 초대 대통령인 조지 워싱턴George Washington에 의해 설립되었다. 그의 업적 가운데 두 번째로 가장 훌륭한 결정 덕분이었다. 첫째는 초대 대통령직 수락 후 1797년 두 번째 임기를 마치며 퇴임을 결정한 일이었다. 그는 미국 대통령이 되는 것보다 초대 전임 대통령이 되는 데 더 깊은 의미를 두었다.

조지 워싱턴이 선례로서 정한 것 가운데 비록 그는 필요 없었지만 급여를 받도록 하여 은퇴한 대통령들이 부자일 필요가 없게 했고, 호칭도 각하Your Excellency 대신 '대통령님Mr. President'으로 하여 미래의 대통령들이 현실감을 유지하도록 했다. 무엇보다 중요한 것은 거대한 명성이 주어졌다 하더라도 권력을 평화롭게 이양해야 하고, 아직 시험되지 않은 민주주의 원칙에 순종하는 행위가 있어야 한다는 점이다.

워싱턴이 대통령 클럽을 설립하기로 결정하고 존 애덤스^{John Adams}가 직위에 오르자 처음으로 두 번째 회원이 되었다. 프랑스와의 전쟁에 직면한 애덤스는 존경 받는 워싱턴을 군사령관에 임명했고 그는 이듬해 사망할 때까지 사령관직을 수행했다. 애덤스는 개인적 미련이 남아있다 하더라도 전 대통령은 대단히 유용한 존재임을 알게 되었다.

그도 퇴임이 곧 마지막이 아니라는 사실을 알았을 것이다.

그 후 2세기 동안 이 클럽은 흥망을 거듭하며 이어졌다. 에이브러햄 링컨 당시 클럽 회원이 6명으로 늘었는데 그것은 전임자들이 연임에 성공하지 못했기 때문이었고, 닉슨, 포드, 카터, 레이건, 부시가 후임을 도와줄 준비가 되어 있던 1993년 빌 클린턴이 취임할 때까지 다시는 그 정도로 규모가 늘어나지 못했다. 애덤스, 제퍼슨, 두 명의 루즈벨트 때는 단 한 명의 전임자만 있었다. 1972년 리처드 닉슨 역시 재선에 성공하자마자 해리 트루먼이 크리스마스 직후에 사망하고 린든 존슨도 한 달 뒤에 사망하면서 조지 워싱턴과 마찬가지로 전임자가 아무도 없었다. 그와 같은 미국 역사의 위험한 시기에 클럽이 완전히 사라진 것이다.

그렇다면 어째서 이것이 중요한가?

첫째, 관계가 중요하기 때문이고, 특정 분야에서 공인들 사이의 사적 관계는 더욱 중요하기 때문이다. 가끔 클럽은 전임 대통령에게 중요하고 놀라운 기회가 될 수 있다. 그들의 권한은 양도했지만 영향력은 남아있기 때문에 그 영향력은 현직 대통령 권한의 일부가 된다. 회원은 각자보다 함께일 때 더 강할 수 있고, 모두 그 사실을 잘 알고 있으며, 그래서 필요할 때 하나가 되어 상의하고, 호소하고, 위로하고, 압력을 행사하고, 보호하고, 명예를 회복한다.

미국 유권자들은 무대 위에 올라온 대통령을 바라보며 업적을 판단하여 성공을 격려하고 실패의 이유로 권력에서 내몬다. 이것이 민주주의의 의무다. 그러나 판단은 이해 같은 것이 아닌, 대통령이 하는 가장 중요한 것이며, 판단의 이유는 역사가 부여한 특권이다. 회원들이 동료들과 나눈 충성, 경쟁, 유감, 협력하는 방법을 지켜보면서 대통령들에 관하여 우리가 더 알 수 있도록 클럽은

'오벌 룸Oval Room'이라 부르는 백악관의 대통령 집무실 내부를 들여다보는 새로운 창을 열어 놓는다.

둘째, 대통령직 자체가 중요하기 때문에 클럽은 직책을 보호하려고 단결한다. 그들 모두 한때 그 자리에 앉아본 적이 있으므로 권력 자체가 부러움을 받게 되고 다른 행정부서가 서투를 수 있음을 납득하지만, 제 기능을 못할 때도 대통령은 국민에게 봉사하고 국가를 수호할 수 있어야 한다. 선거유세를 하는 동안 그들이 좋아하는 후보를 지지할 수 있지만, 일단 새로운 대통령이 탄생하면 안보 참모 역할을 하게 된다. 그래서 린든 존슨은 언젠가 아이젠하워에게 대통령 봉인을 새긴 커프스 단추 한 쌍을 선물하며 말했다. "당신은 해리 트루먼과 더불어 합법적으로 이 단추를 착용할 수 있는 유일한 사람입니다. 그것을 자세히 살펴보면 거기에 민주당이나 공화당이라는 말은 없습니다."

이런 관계가 대통령직의 특성을 나타내는 것은 아니고, 지난 반세기 이상 우리 정치를 형성해온 힘을 반영한다. 비교적 다루기 쉬웠던 1950년대에 공화당 소속 아이젠하워는 임기 8년 간 민주당의 프랭클린 루즈벨트가 쌓은 업적인 뉴딜경제정책을 파기하지 않고 사실상 승인하며 공고히 했다. 1968년 린든 존슨이 공화당 도전자 리처드 닉슨과 싸운 만큼 그의 부통령 허버트 험프리와도 싸우면서 미국은 심하게 분열되었다. 더욱 중요한 이야기로써 오랫동안 복잡했던 레이건과 닉슨, 그 다음 레이건과 포드의 충돌관계는 오랫동안 공화당 내부 이념갈등으로 규정한다. 또한 빌 클린턴과 버락 오바마 간에 벌어진 중도우파 유권자를 진보로 끌어들이거나 실천 가능한 방법에 관한 복잡한 관계 역시 민주당 내 세대갈등을 잘 비춰준다.

마지막으로 대통령 클럽은 권한 수행의 수단이 되기 때문에 중요하다. 클럽은 헌법도 아니고, 관례나 내규도 아니고, 은유나 비유적 표현도 아니다. 전임 대통령들이 자각하여 구축하고 현직 대통령이 이를 활용하면서 자신들을 서로 발전시키고 그들의 쟁점을 발전시키는 협력관계다. 세계 어느 곳도 이와 같은 우애의 친목단체는 없다. 그 이유가 가입 조건이나 회원 특권 때문이 아니다. 자발적인 봉사 습관과 직관으로 최선을 향해 기능할 때 대통령에게 도움을 주고, 문제를 해결하고, 나아가 국민의 생명과 국가를 보호할 수 있다.

현대 대통령 클럽

1953년 1월 20일 드와이트 아이젠하워의 취임식 때 트루먼은 연단에서 허버트 후버와 인사했다. 그때 후버가 그에게 제안했다. "우리가 전임 대통령 클럽을 결성해야 한다고 생각합니다."

"좋습니다. 당신이 클럽 회장을 하세요. 저는 총무가 되겠습니다." 트루먼이 대답했다.

그때까지 클럽은 기구라기보다는 의견에 가까웠다. 일부 현직 대통령이 전임과 의논했지만 투쟁담을 나누는 이외에 전직 대통령이 의원^{존 퀸시 애덤스}이나 대법원 판사^{윌리엄 하워드 태프트}의 경우처럼 현직이 아닌 이상 할 수 있는 일은 제한적이었다. 칼빈 쿨리지는 1933년 사망하기 얼마 전 이에 대해 언급했다. "국민들은 대통령기구가 권한 종료 이후에도 계속 유지되어야 한다고 생각하는 것 같다."

전후 세대 국제적 명사인 대통령들은 수명이 연장되면서 권한 종료 후조차 그들의 영향력이 예전보다 더 확대된 채 남아 있다. 트루먼은 영원한 정적이지만 오직 후버만이 경험이 있고 핵시대의 도전에 맞추어 행정부를 개혁하고 향상시킬 역량이 있음을 알았다. 그들의 협력 결과에 따라 의회가 설립하고 트루먼이 승인한 '후버위원회'에서 후버가 의장이 되어 역사의 대통령 업적 가운데 가장 위대한 대변혁을 이룩했다. 최종 결과물로 권력을 집중할 수 있는 중앙정보국^{CIA}, 국가안전보장회의^{NSC}, 경제자문위원회^{CEA}, 총무청^{GSA}, 통합 국방부 등과 이외에 수많은 기구가 탄생했다.

그리고 후임 대통령들은 그들에게 감사했다. 아이젠하워는 1957년 의회 법률에 따라 대통령 클럽을 공식 특권으로 승인하여 회원은 국가보조금, 사무실, 우편특권, 연금을 받게 되었다. 금세기 가장 젊은 대통령 존 F. 케네디는 클럽의 정치적 가치를 이해하고 세 전임자들을 기회가 있을 때마다 백악관에 초청하여 기념사진을 찍었다. 존슨도 비극 직후 대통령에 취임했을 때 개인적인 용도로 자문과 마음의 위안을 이 클럽에서 찾았다.

케네디가 암살되던 날 밤에 존슨이 그의 오랜 의논 상대였던 아이젠하워에게 "지금 그 어느 때보다 당신의 도움이 절실히 필요합니다"라고 말하자, 아이젠하워는 워싱턴까지 차를 몰아 백악관 집무실까지 간 다음, 존슨이 비상 의회 합동회의에서 연설해야 한다는 자신의 생각을 서류철에 기록했다. 존슨은 모든 전직 대통령에게 특별경호와 헬리콥터 혜택을 확대하고, 심지어 월터리드병원 에 입원하는 경우 백악관 도서관이 영화를 볼 수 있도록 영사기도 제공했다. 트 루먼이 1964년에 압승 축하 전화를 걸었을 때 존슨은 마치 형제처럼 반응하며 말했다. "내가 이 자리에 있는 동안이라면 언제나 권력이나 특권이나 목적이 없 는 그런 곳에 당신을 모시고 싶은 마음을 알아주시길 바랍니다. 당신의 침실이 위층에서 기다리고 비행기도 당신 옆에 대기하고 있습니다." 일 년 뒤에 베트남 전쟁 처리에 대한 아이젠하워의 충고가 너무나 중요했기 때문에 존슨은 이렇게 말했다. "당신이 최고 수석 참모장입니다."

　클럽에 영원히 소속되길 희망했던 닉슨은 1969년 전직 대통령 전용 목적으 로 사려 깊게 백악관 건너편 적갈색 건물을 구입하여 실제 클럽하우스를 만들 었고 지금도 운영 중이다. 닉슨과 팻 여사는 첫 번째 클럽 회원들의 재회를 주선 하여 전임 대통령의 생존 가족 모두를 찾아 백악관에 초청했다. 그중에는 캘빈 쿨리지의 아들, 그로버 클리블렌드의 손자, 루즈벨트 가문의 사람들 다수와 애 덤스 가문 수십 명이 포함되었다. 닉슨은 첫 임기 내내 존슨을 달래야 할 특별한 이유가 있었고, 다음 수년 간 둘의 관계는 우애와 음모와 협박이 수반되었다. 이 책은 그의 대통령직 중간 몰락은 두 사람만이 알았던 비밀 몇 가지를 보호하겠 다는 닉슨의 요구 거래 때문이었음을 주장하게 될 것이다.

　퇴출된 닉슨은 어느 누군가에게라도 사면을 받기 위해 긴 여정을 걸어왔다. 1980년 레이건 선거를 계기로 그는 전임이 얼마나 중요한지 신임 대통령에게 분명하게 이해시켰다. 닉슨은 레이건에게 다음을 이야기했다. "내가 1968년 당 선 후 월터리드병원에 방문하자 아이젠하워 대통령은 이런 이야기를 들려주었 습니다. '나는 당신의 명령을 받을 사람입니다.' 이제 나 역시 같은 이야기를 합 니다."

　조지 H. W. 부시도 클럽 뉴스레터를 도입하여 '기밀'이라는 직인을 찍어 그 의 전임자에게 발송했고 백악관 집무실에 각각 보안 전화선 개설을 제안했다. 다섯 명의 전임 대통령을 두고 취임한 클린턴은 카터와 닉슨은 외교정책에, 포드는 자신의 탄핵에 대한 법적 변호 팀에 활용할 방법을 생각했다. 클린턴의 보좌관 존 포데스타는 이렇게 말했다. "전직 대통령은 현직 대통령이 알맞게 활용할 정책 자산이다."

클럽 이야기는 연대별로 전개되지만 자체 특성 주기가 있고, 각 대통령이 원하는 방향대로 임기를 추진한 가치가 있기 때문에 때때로 시대를 거슬러 올라가기도 하고, 또한 대통령 간의 관계가 어떻게 전개되었는지 이해하기 위해 당시로 되돌아가야 하기도 한다. 1950년대에 아이젠하워와 트루먼의 분노와 갈등은 아이젠하워가 아직 장군이었을 때 그들이 얼마나 긴밀하게 협력했는지 알아야 이해가 된다. 레이건이 닉슨과 맞대결한 것은 1980년 레이건의 당선 때가 아니고, 1947년 초선 공화당 의원 닉슨이 당시 민주당 영화배우와 같이 앉아서 할리우드 커뮤니티에 관한 이야기를 하며 시작되었고, 그들의 서신은 반세기에 걸쳐 이어졌다. 그리고 부시 부자의 이야기는 벌써 43년 전 백악관 집무실에 발을 들여놓았을 때 시작된 것이다. 대통령들은 당연히 친목단체에 누가 가입하게 될지, 특히 자신들의 통제 밖 사안이기 때문에 관심이 대단히 많다. 그들은 누가 새 형제가 될 수 있을지 공약을 시험하는 능력 있는 정찰대나 경호원으로 활동한다. 클럽은 귀족과 같은 지위지만, 미래의 대통령은 진화의 역할을 맡기 때문에 때로는 그들의 이야기 역시 전해질 필요가 있다.

관계 형성

"대통령직을 위해 준비할 수 있는 맞춤 경험이란 없습니다." 존 F. 케네디는 취임 2년 후에 이렇게 실토했다. 충고도 안내서도 없이 모든 대통령은 직위에 오른 다음 결정하며 역사의 장을 넘기기 때문이다. 케네디는 적극성 대신 보다 더 유순한 아이젠하워의 군대 관리 스타일을 서둘러 내몰았다. "그들은 마치 역사가 그들과 더불어 시작된 듯이 처신했다"고 케네디 보좌관 클라크 클리포드가 말했다. 제리 포드는 심지어 부인의 유방 절제를 의논할 정도로 지극히 표준주의를 실천하며 암울했던 닉슨 시대가 끝나가고 있다는 신호를 보냈다. 빌 클린턴은 제2기 지미 카터의 도래가 아님을 증명하고 싶었고, 조시 W. 부시는 클린턴과 다르고 싶었고, 버락 오바마는 빌 클린턴도 부시도 아니기를 바랐다. 하지만 클럽의 활용 가치를 깨닫고 결국 그들 모두 도움의 손길을 뻗었다. 선임 부시 대통령이 주장한다. "일일 정규정보를 보고받는 첫 순간이라야 비로소 연결된다. 우리 모두는 대통령 출마를 결심하면서 그 임무의 중대함을 알고 그것을 하겠다고 생각하지만, 첫 브리핑을 받기 전까지 대통령의 책임이 어떤 것인지 상상할 수 없다."

유능하고 자신 있는 사람들이 스스로 뛰어들어 현실을 대면하면서 드러나는 상황을 지켜본 세 대통령의 수석 보좌관이었던 한 사람이 소감을 회고한다. "처음 들어와서는 기대했거나, 믿었거나, 들었거나, 공약했던 것들이 전무하다는 사실을 알게 된다. 현실은 훨씬 더 복잡하다. 이런 상황을 맞이할 때 첫 반응은 '나는 이미 계획을 세워 두었다', 두 번째는 '다른 식으로 생각해야겠다', 세 번째는 '전임들이 옳았는지 모른다', 그리고 머지않아 묻는다. '대체 이것을 누구와 의논해야 되는가?'"

아이젠하워는 이렇게 말했다. 대통령이 마주한 문제들은 "정신고문이다. 포화의 연기 속에, 아우성 속에, 전쟁의 공포 속에 빈 몸으로 홀로 서있는 군인의 고독감이 바로 대통령직이다. 한 사람이 양심적으로, 의도적으로, 기도하는 심정으로, 모든 쟁점을, 모든 제안을, 모든 예측을, 모든 대안을, 모든 가능한 결과를, 일일이 심사한 다음 오직 혼자 결정해야 한다."

새로운 대통령이 동지가 필요하고 신뢰할 측근이 줄어들 때 혼자가 된다. 가족 이외에 이전과 똑같이 대우해주는 사람이 없고 전임 이외에 이와 같다고 공감해주는 사람이 없다. 하원의장 샘 레이번은 트루먼이 취임했을 때 이렇게 충고했다. "아첨꾼들이 당신을 보려고 일주일을 빗속에서 기다려주고 왕처럼 대우도 해줄 것이다. 그들은 몰려들어 당신은 가장 위대한 사람이라고 말하겠지만, 그게 아님을 당신도 알고 나도 안다." 대통령이 말하는 것은 무엇이나 심지어 측근에게 한 이야기조차 분석되고 해석되고 그에 따라 움직이며 질문조차 결정으로 알아듣는다. 그래서 스스로 쓸데없는 말을 삼가고 생각을 말하지 않으며 경계심을 키우도록 훈련하는가 하면, 당신이 듣고 싶어 할 것이라고 생각되는 말을 해주는 사람을 경계한다. 케네디와 바비가 언젠가 쓰려고 구상했던 "대통령직이라는 독약"이라는 제목의 책에 대해 했던 말을 전한다. "새로운 친구를 사귀기에 그곳은 좋은 곳이 아니다."

그러나 독약은 그들이 말할 수 있는 것이 아니다. 또한 젊어지겠다고 싸웠는데 어떻게 불평할 수 있겠는가? 토머스 제퍼슨은 대통령직을 "엄청난 고난"이라고 불렀다. 그들은 어려운 선택과 최고 위험만 직면하게 되고 쉬운 결정은 대통령 책상에 절대 오르지 않는다. 아이젠하워가 너무 골프만 친다고 조롱당하자 트루먼이 그를 옹호했다. "문제들은 대통령의 골프 코스 내내 그를 따라다니고… 다른 곳을 가도 마찬가지라고 확신한다." 골프게임 시작부터 라커룸까지 신경이 쓰이기 때문에 해결하려고 "대단히 열심히 노력하며" 문제를 옆으로 치워놓지 않는다. 클럽의 강령 같은 것이 있다면, 안락의자에 앉은 장군들과 정의의 전문가들에게 던진 26대 테디 루즈벨트 대통령의 도전 같은 것이다. 그는 이렇게 주장했다. "그것은 비평이나 강자가 어떻게 실패하는지 지적하는 사람에 관한 것이 아니다. 도전은 실전 무대에 서서 얼굴이 땀과 흙과 피로 훼손되면서까지 열심히 노력하는 사람들의 몫이고, 잘못을 저지르고도 또 다시 실수를 계속하는 사람들 몫이며, 만약 승리하면 성취의 진정한 승리감을 알고, 실패하면 열심히 노력했기 때문에 최소의 실패만 겪게 되는 사람들의 몫이다."

대통령은 정보에 근거해서 외부인이 이해할 수 없는 책임을 가지고 행동한다는 구실로 후임의 비난을 거부할 때 해당되는 일반적으로 반복되는 이야기다. 케네디는 역사학자 데이비드 허버트 도널드에게 1962년 초에 이렇게 말했다. "어떤 사람도 대통령을 평가할 권리는 없다. 심지어 가장 빈약했던 15대 대통령, 즉 자기 자리에 있지 않고, 책상 위에 올라온 우편물과 정보를 검토하지 않고, 결정의 근거를 알려고 하지 않았던 제임스 뷰캐넌조차 평가해서는 안 된다." 트루먼과 아이젠하워는 케네디 장례 후 함께 술을 마시러 가서 그 누구도 대통령들이 어째서 그런 결정을 내리는지 진정으로 이해하는 사람이 없다는 이야기를 나누었다.

"우리가 한 일을 우리는 잘 압니다." 트루먼이 말했다.

"확실히 그렇습니다." 아이젠하워가 공감했다.

일반적 생각과 달리 그들은 서로에게 이야기한다. 케네디는 아이젠하워에게 전화하여 그날 아침 핵전쟁 유발의 기회가 될 수도 있는 쿠바 봉쇄 작전 발표를 알렸다. 그것이 어떤 기분인지 잘 알고 있는 유일한 사람이었다. 아이젠하워가 그에게 말했다. "당신이 해야겠다고 생각한 일이 무엇이든, 나는 반드시 최선을 다해 그것을 지지할 것입니다." 2년 후 존슨이 취임하면서 아이젠하워에게 어째서 워싱턴에 있는지에 관한 커버스토리를 만들어 달라고 부탁하자 그는 백악관에 들러서 주말까지 보내며 존슨이 몹시 필요로 했던 초안들을 작성해주었다. 또한 클린턴이 닉슨에게 전화해서 언제 일어나서, 언제 운동하고, 얼마 동안 일하는지 열거한 것은 그것이 대통령의 일상이라는 소리를 듣기 위해서였다. 닉슨 사망 후 클린턴은 어머니를 잃은 것 같은 기분이라며 이렇게 말했다. "오늘 문제가 생겨서 나와 일하고 있던 사람에게 이렇게 말했다. '내가 지금이라도 리처드 닉슨에게 전화를 걸어 우리가 이 문제를 어떻게 해야 하는지 그의 생각을 물을 수 있었으면 좋았을 텐데.'"

그들이 서로 이야기할 수 없을 때는 서로에 대해 공부한다. 모든 대통령이 새 시대, 새 거래, 새 영역을 약속하며 취임하지만, 그들 모두 전임자의 성공과 실패를 이어받는다. 카터는 말했다. "제리 포드가 재임 시 결정했던 것들이 매일 내게 영향을 미친다. 심지어 내가 취임하기 30년 전에 해리 트루먼이 결정한 것조차 내게 영향을 준다." 닉슨은 전임들의 소상한 많은 일상들 즉, 누구는 수면제를 복용하고, 누구는 치질이 있다는 등등을 말할 수 있을 것이다. 오바마는 레이건 팀에게 어떻게 진흙 속에 빠지지 않고 평정을 유지하는지, 그도 실망할 때가 있는지, 그럴 때 대중들에게 어떻게 들키지 않게 행동했는지 질문했다. 이들은 같은 책상에서 일하고, 같은 침대에서 자고, 같은 거울에서 면도하고, 같은 뒤뜰에서 자녀를 키운 사람들이다. 백악관에 다시 방문하게 되면 새 주인이 어떻게 실내를 바꾸었는지 관찰하지만, 대통령 업무는 바뀌지 않고 그대로라는 사실을 잘 안다.

2004년 재선 이후 2~3주가 지났을 무렵 조지 W. 부시는 집무실에서 독수리들을 매달아놓은 크리스마스트리 옆에 앉았다. 평판이 좋지 않은 전쟁, 살얼음판 경제, 자신에 관한 많은 문제로 사람들이 갈등했음에도 불구하고 재선에 성공한 그는 누구나 상상할 수 있는 대통령의 모습으로 평온했다. 그가 한동안 그 자리에 있었으므로 전임들에 대해 다소 높게 평가하는지 질문 받았다.

"내 전임자들이요? 대단히 흥미 있는 이야기입니다." 그는 주저 없이 대답했다. "그들 모두 대단히 높게 평가합니다. 왜 그런가 하면, 그들이 해온 것들에 대해 내가 이전보다 훨씬 더 고맙게 생각하고 있기 때문입니다."

거기에는 클린턴도 포함되었다. 그와는 대통령이 된 이래 가장 가능성이 적었지만 대통령 클럽에서 한 연합을 구성했다. 트루먼이 말했다. "이전 정적이었던 사람들과 하는 것만큼 달콤한 대화도 없다." 클린턴과 부시 두 사람과 함께 일했던 직원 한 사람이 말한다. 전쟁과 스캔들의 상처가 원수를 친구로 만든다. 양쪽 사람들은 "불가능한 상황을 뚫고 나아가면서 상처투성이가 되기 때문에 그들은 서로에게 묻는다. 어떻게 내 인생에서 평화를 찾을 수 있을까? 나는 육류분쇄기 속을 지나와서 어쩌면 인간으로 살 수 있는 특별한 곳으로 데려갈 수 있는 사람과 우정을 나누고 싶어질지도 모르고, 예전의 장소에서 떼어 내어 나를 새로운 장소로 데려다 주길 원한다. 이것이 평화를 찾는 방법일 뿐이다. 하지만 나와 같은 사람이 별로 없기 때문에 많은 사람과 함께 평화를 찾을 수 없다." 또는 지미 카터가 언급한 대로 "우리는 언제나 우울하다."

그림자 정보기관

클럽도 활동기구가 되어 대통령의 필요와 전임들의 역량에 따라 사용한다. 트루먼은 후버를 1946년에 전후 인도주의적 위기를 방지할 목적으로 57일 간 22개국에 파견했다. 레이건은 소련으로 여행했을 때 미하일 고르바초프의 진심을 알아보기 위해 닉슨과 공모했다. 41대 부시는 1989년 파나마 선거를 참관하도록 포드와 카터를 활용했고, 오바마는 북한 감옥에 갇혀 있는 두 미국기자 석방을 위해 클린턴을 파견했다.

그런 사명은 위험부담이 큰 만큼 중요성도 크다. 41대 부시 대통령의 참모였던 브렌트 스코크로프트는 전임 대통령들에 관해 이렇게 언급했다. "특별한 직위 때문에 그들은 힘이 있다. 하지만 당연히 우리보다 훨씬 더 많이 알고 있기 때문에 그들을 이용하기가 위험하다." 1994년 클린턴의 요청으로 북한 방문 임무를 맡았던 카터처럼 어떤 회원은 대단히 유용한가 하면 격분할 정도로 정부에 반항적이다. 임무는 메시지를 전달하고 김일성의 핵 의도에 관한 정보를 가져오는 간단명료한 것이었다. 그런데 그는 오히려 핵 위기를 사전에 차단하는 협상을 중재하고 CNN에 발표해버렸다. 백악관 관리들은 동관 참모 집무실의 TV 주위에 모여 화를 참지 못했다. 한 각료가 카터를 향해 소리쳤다. "배신자!"

카터는 한 번 더 권력에 매진하고 싶고 유일하게 도움을 줄 수 있는 존재라고 믿는 것이 분명했다. 많은 사람들이 가지고 들어온 것보다 훨씬 더 복잡한 의제를 가지고 자리를 떠나서 책으로 펴내거나 재단을 이끌거나 충고도 제안한다. 그것이 최고와 최악 모두를 담아내는 클럽이라는 용광로다.

현직 대통령이 그들에게 영광, 각본, 비행기를 내어주면 그들은 국가와 자신을 위해 봉사할 수 있다. "사건 방향에 영향을 줄 수 있는 능력과 힘을 가지고 있는 대통령직에 있어본 사람은 절대 다른 일에 만족할 수 없다"라고 닉슨은 하야 몇 년 후 그렇게 말했고, 그래서 현직 대통령이 초청하든 안 하든 자신을 사건 속으로 몰고가는지도 모른다. 닉슨은 포드에게 1976년 대선에 관여하지 않겠다고 약속한 다음 그해 뉴햄프셔 대선 예비선거가 한창일 때 중국 일대를 활보했다. 카터와 포드는 세금을 올리지 않겠다는 공약으로 재선된 지 몇 주 만에 조지 부시 대통령에게 증세 안건을 제시했다. 부시는 카터가 비밀리에 유엔 안보리에 제기한 걸프전 반대 로비 활동에 마음이 불편했다. 가끔 전임 대통령은 최선이 잘 보이지도 들리지도 않는 경우가 있다.

클럽의 중대 임무 가운데 누더기가 된 명예 회복은 지속적으로 불안을 준다. 닉슨이나 카터의 경우처럼 드물게 전직 대통령이 현직 대통령을 희생시키며 이런 일을 하게 될 때 상황은 지옥이 되지만, 회원들은 대체로 충돌보다는 성공을 위해 협력한다. 그들은 서로 대통령 도서관 건립을 격려하고 추도 연설에서 서로를 찬양하며 함께 결속하여 기록의 오점을 털어준다. 'WhiteHouse.gov'에 들어가서 대통령 자서전을 읽어보자. 그들은 부드러운 솜털을 지닌 진정한 영웅이고 집무실을 나서면 그대로 성현이다. 빌 클린턴 시대에 "미국은 역사의 그 어느 때보다 더 나은 평화와 경제번영을 누렸다." 그가 "젊은 백악관 인턴과 무분별한 행위"로 어려움에 빠졌지만 "국민에게 사죄한 뒤 대통령 업적에 관한 한 유례없는 지지를 계속 누렸다." 조지 W. 부시는 "연방 세금납부자 세금감면… 의료보험 현대화… 미국 군인에 용기부여… 미국을 위협한 아프가니스탄과 이라크의 폭력정권 제거를 위해 국제동맹을 구축하여 폭정으로부터 5천만 명 이상을 해방시켰다."

사람들은 전적으로 자기 이익이라는 관점에서 그들이 사회 재건이라는 역사적 선의를 완수했다고 볼 수 있지만, 그들은 동정과 연민뿐 아니라 대통령직 자체 보호라는 클럽 기능 때문에 역시 서로를 옹호할지도 모른다. 그 역할에서 충고가 날카로워지고 주로는 침묵하며 또한 언젠가 자신들도 필요하게 될 관대한 사면 약속을 제의한다. 그리고 이 클럽은 미국이 어느 때보다 필요로 하는 대통령 직책에 대한 권력과 특권을 순찰하는 그림자 정보기관이다. 가끔 클럽은 유산을 빛내어 대통령 자리에서 모욕 받았던 트루먼 같은 대통령도 많은 사람이 회고하며 존경하는데 기여하며 누구나 승리자가 되게 한다. 회원들은 어느 대통령도 그 사람이 누구든지 좋지 않게 보이는 것을 바라지 않는다.

그러나 클럽의 최고 비밀 임무는 회원 관리보다 오히려 책임 관리다. 1960년 역사상 가장 근접 표차 선거가 끝난 뒤, 심지어 43명 투표구에서 등록표로 121명의 숫자가 나왔던 시카고 지역의 투표 결과가 전역으로 소문이 퍼졌을 때도 후버와 아이젠하워는 조용히 닉슨에게 결과 시비를 하지 말도록 충고했다. 두 사람 다 케네디 당선을 보고 싶어서가 아니라 합법성 위기로부터 대통령 직책을 보호하고자 했기 때문이었다. 후버가 닉슨에게 말했다. "우리는 오늘날 어려운 세계 속에서 살아갑니다. 국가 단결은 바람직한 게 아니라 없어서는 안 될 필수입니다." 케네디와 존슨이 외교정책 판단을 두고 많은 비난을 받자 아이젠하워는 동료 공화당 의원들을 노려보며 말했다. "이런 위기에 훌륭한 미국인이 할 수 있는 단 한 가지는 대통령 지지뿐입니다." 포드는 한 사람을 구제하기 위함이 아니라 대통령직 회복과 국가 발전을 위하여 닉슨을 사면하면서 재선 기회를 잃었지만 영원히 자신의 선택을 수호했다. 또 하나의 상징적 예로써, 한 대통령 가문이 제3자의 사면 결정을 했던 전임의 용기에 경의를 표하며, 닉슨 사면 27년 만에 케네디 가에서 포드 전 대통령에게 '용기의 상Profiles in Courage Award'을 수여했다. 2008년 선거 이후 조지 W. 부시는 오바마에게 말했다. "이 직책을 수행해본 모두는 이 자리가 개인을 초월한다는 사실을 알고 있습니다. 우리는 당신이 성공하기를 바랍니다."

정치 문화가 세분되고 축적되면 대통령 단독으로 모든 국민에게 봉사가 가능하다. 힘겨운 선거가 지나가고 집무실에서 대통령 회의를 주재하거나 또는 함께 허리케인 구제에 착수하는 모습, 그리고 오랜 정적과 화합하며 나란히 서있는 광경은 정치가 분기점을 돌고 공익이 개인의 자부심이나 대권 야심을 넘어서는 보기 드문 휴전의 순간이다. 클린턴과 41대 조지 H. W. 부시가 재난 희생자들을 위한 구제 모금 운동을 같이 시작했을 때 당시의 어려운 현실을 둘이서 연출하고 있다는 사실을 알자 일 자체가 즐거움이 되었다. 클린턴은 말했다. "미국인은 정치를 좋아한다. 그들은 우리가 좋은 대답이 나오도록 솔직하게 토론해야 된다는 것을 알기 때문에 우리의 차이가 드러나기를 바라는 한편 역시 토론은 어쩔 수 없는 한계점이 있다는 생각도 한다." 오랫동안 정치인들은 상대편에 반대만이 아니라 멸시하고 저주했기 때문에 나라가 고통을 겪었다고 그는 전했다. "그렇지 않았으면 풀릴 수 있는 많은 문제를 해결하지 못하도록 막았다. 그래서 사람들이 41대 조지와 나를 보고 이런 이야기를 한다. '그것이 바로 우리나라가 협력해야 할 일'이다."

그런 이유로 21세기 초기에 클럽의 역할이 상당히 중요해졌다. 모든 시대마다 현직 대통령의 필요와 선택, 전직 대통령의 필요와 능력, 상호협력을 환영하거나 비판하는 정치 분위기라는 세 가지 요소가 대통령 클럽의 역할을 결정한다. 클럽 창시자들이 유리하게 세 요소를 모두 갖추었다는 것은 우연이 아니었다. 후버와 트루먼은 기대하지 못했던 생산적 연대를 통해서 얼마나 좋은 일을 할 수 있는지 보여주었다. 1945년에는 미국과 세계가 너무 많이 파괴되어서 국회도 정당도 언론도 국민도 그것을 개선하려고 결사적으로 노력했던 두 사람에게 큰 저항을 하지 않았다.

그 사건은 공식적인 한편 대단히 이례적이었다. 아이젠하워 시기에는 클럽의 영향력을 거의 상실했고, 아이젠하워 역시 필요성을 느끼지 못했다. 이후 대통령들은 클럽의 필요성을 느껴도 정보가 부족했고, 가능한 직책을 조용히 유지하려 하는 포드에게 닉슨이 줄 수 있는 도움은 별로 없었다. 그래도 세월이 가면서 최선과 최악이 될 역사의 방향을 바꿀 수 있는 자체의 힘이 클럽에 존재함이 입증되었다.

클럽 탄생을 돌이켜 생각할 때 자체 힘을 행사한다는 발상이 너무 낯설어서 시작한 두 전임대통령조차 클럽의 앞날을 제대로 짐작하지 못했다.

트루먼과 후버:

추방되었던 사람의 귀환

———— ⊶ ————

현재의 대통령클럽은 반목하고 서로를 증오해야 마땅한 두 사람에 의해 설립되었다. 한 사람은 해리 트루먼이다. 미주리 주 출신의 미천한 잡화상이었던 그는 1945년 봄 정권을 손에 쥐었고, 허버트 후버를 백악관으로 불러들인 장본인이다. 공화당 소속의 전직 대통령 후버는 당시로부터 13년 전 정치권 일선에서 물러날 무렵 미국 사람들이 가장 미워하는 사람으로 꼽힐 만큼 실패한 대통령이었다. 심지어 그의 자동차 행렬이 있을 때마다 썩은 과일이 투척될 정도였다. 그들은 서로 정적이었고 기질도 정반대였다. 트루먼은 권위적이고 가끔 화를 내기는 했지만 온화한 반면, 후버는 냉정하고 유머가 없고 농담을 할 줄 모르지만 자신의 대의를 맹렬히 주장하는 사람이었다. 그럼에도 두 사람은 인생에서 몇 가지 이력을 공유했고, 나아가 훨씬 중요한 공익의 목표를 함께 달성했다. 후버는 민간 주도를 근간으로 한 반면 트루먼은 자비로운 정부 설립이라는 신념을 바탕으로 하는 서로 다른 관점을 갖고 있었지만, 각각 미주리와 아이오와 출신으로 미 중부 사람이라는 공통점을 갖고 있기도 했다. 미합중국의 1대, 2대 대통령 역시 미시시피 강 서부지역 출신이었다. 두 사람은 동부지역 엘리트 특유의 의심 많은 기질을 가졌고, 윌슨적 이상주의를 향했다. 때로는 소속 정당이 자신들에게 보여준 충성심보다 더욱 신실하게 당에 충성했다.

"나는 그리 대단한 인물이 아닐세. 대통령직 수행에 충분한 능력을 갖추지 못했지." 루즈벨트 대통령이 사망한 다음날 트루먼이 한 상원의원 친구에게 한 말이다. 그러나 그의 자만심에 사로잡혀 일을 그르치는 사람이 아니었고, 전후 매우 중대한 시기 후버의 능력은 트루먼의 요구에 완벽하게 부합했다. 트루먼은 폐허가 된 유럽 전역에 기아에 처한 1억 명의 인구를 돕기로 결심했고 후버는 그 해법을 알고 있었다. 이 단순한 방정식에 의해 두 사람은 연대를 이루었다. 트루먼과 후버는 20세기를 통틀어 그 누구보다 많은 목숨을 구한 콤비였을 것이다.

후버가 자신의 역할을 훌륭히 완수했기 때문에 트루먼은 그에게 다음 임무를 주었다. 세계에서 미국이 해야 할 새로운 역할에 의구심을 표하는 공화당 의원들을 설득시키는 한편, 소련의 영향력에 대한 견제 세력으로서 유럽의 회복을 촉진하는 것이었다. 또한 그것만으로 불충분할 것을 대비해 대통령 직책 자체를 철저하게 정비하고 강화함으로써 현대사회에서 대통령직에 요구되는 권한 수준으로 끌어올렸다. 이것이 바로 어울리지 않는 두 파트너가 그 뒤로 이어지는 후임들에게 유산으로 전하는 선물이 되었다.

트루먼은 후버에게 실패한 모든 대통령이 꿈꾸었을 법한 것을 제시했다. 바로 테이프를 되감아 재생하고, 조롱 대신 연민을 이끌어내고, 대통령을 구원한 사람이 되어 불운한 전직 대통령이라는 이미지를 씻어버릴 기회였다. 트루먼이 후버를 "루이 14세의 권리"로 생각한 것은 그다지 중요하지 않았다. 후버는 정직하고 훌륭한 사람이었고, 둘은 정치보다 더욱 중요한 공동 관심사를 가지고 있었기 때문에 정치에 대해서 결코 이야기하지 않았다. "우리는 '대통령이 된다는 것'에 관해 이야기했다." 트루먼의 말이다.

후버는 어떤가 하면, 역대 어느 대통령 못지않게 근엄한 그가 어느 날 트루먼에게 편지를 썼다. "귀하는 스스로 생각하는 것보다 내 인생에 훨씬 깊숙이 자리 잡은 좋은 친구입니다." 트루먼은 너무나 감동해서 그 편지를 액자에 넣어 죽는 날까지 책상 위에 두었다.

———— ⚿ ————

1

"대통령직을 수행할 정도로
훌륭한 인물이 못 됩니다"

- 해리 트루먼 -

해리 트루먼은 허버트 후버와의 첫 백악관 만남을 좋은 추억으로 간직했다.

그때는 1945년 5월이었다. 취임한 지 두 달이 채 안 되었고 5월 7일 독일이 항복한 지 고작 일주일이 지났을 뿐인데 신문에서는 벌써 다음 재난을 경고하고 있었다. 〈뉴욕타임스〉는 1억에 달하는 유럽인들이 겪고 있는 끔찍한 기근에 대해 "역사상 가장 심각한 기아를 먹여 살려야 하는 문제"라고 표현했다. 독일 밖으로 나가는 도로에는 너무 허약해서 제대로 걷지도 못하는 난민들의 행렬이 이어졌고, 네덜란드 사람들은 독성이 있는 튤립 구근의 심지 부분만 제거한 뒤 수프를 끓여 먹었다. 벨기에의 아동 세 명 중 하나가 결핵에 걸렸고, 유고슬라비아의 수도 베오그라드Beograd에서는 신생아 네 명 중 하나가 첫 돌이 채 되기 전에 사망했다.

"나는 해야 할 일이 무엇인지 알았고, 그 일을 도울 사람이 누군지도 알고 있었다." 몇 년 후 트루먼이 당시를 회상하며 한 말이다. 후버는 젊은 시절 광산 기술자로 재산을 모았지만, 그의 이름이 유명해진 것은 1차 세계대전 당시 기아에 시달리던 수백만 명을 구하면서 우드로 윌슨Woodrow Wilson, 미국 제28대 대통령의 "식량 황제"라 불리게 되면서였다. 그래서 트루먼은 이 전직 대통령을 백악관 집무실로 초청했다.

"대통령님, 지금 이 땅의 수많은 사람들이 굶주리고 있습니다. 배고픔에 시달리는 이들을 위한 적임자가 있다면 바로 당신입니다. 사방에 식량이 넘쳐나지만 실제로 필요한 곳에는 미치지 못하고 있습니다. 하여 부탁드리는데…."

트루먼은 구술사학자 멀 밀러Merle Miller에게 이 이야기를 전하며 다음 대목에서 후버가 자제심을 잃었다고 말했다.

"그는 지금의 당신처럼 내 가까이 앉아 있었어요. 그래서 그의 뺨에 하염없이 눈물이 흘러내리는 모습을 보았지요." 트루먼은 후버의 문제가 무엇인지 명확히 알고 있었다고 덧붙였다. "누군가 그에게 관심을 기울여준 것이 13년 만에 처음이었던 거예요."

실로 감동적인 이야기가 아닐 수 없다. 현직 대통령의 배려와 아량이 드러나는 한편 전직 대통령이 자신에게 다시 한 번 봉사할 수 있는 기회가 왔음에 고마움을 표한다…….

그러나 이 이야기는 실제 있었던 사실에 약간의 감상적 포장을 덧씌운 것이다.

대통령이 된다는 것은 신화 창조라는 어려운 과정을 수반하기 마련이고, 이러한 우정은 즉각적으로 이야기에 고결함을 덧입혀 준다. 기억도 중요한 역할을 한다. 실제로 트루먼이 자신의 전기를 쓰기 위해 밀러에게 구술하던 시기에는 후버와 형제처럼 막역한 사이였다. 하지만 과거 1945년 당시 둘의 관계는 전혀 다정하지 않았다. 두 사람 모두 간절했지만, 한편으로 상대의 동기를 의심하면서 마음을 놓지 못했기 때문에 자칫 만남이 성사되지 못할 뻔했다. 후버는 권력의 심장부로 되돌아갈 수 있는 기회를 내심 반기면서도 당파를 초월한 대통령이라는 이미지를 보여주기 위한 "전적으로 정치적"인 행보라며 이를 일축했다. 실제로 트루먼이 공화당 인사를 자신의 행정부에 참여시킬 가능성은 거의 없었다.

트루먼 역시 그 만남에 관한 메모에서 "더 이상 상황이 진전되기는 어려울 것"이라고 결론 내렸다.

하지만 그것은 착각이었다.

철저히 멸시된 대통령

트루먼은 자신을 과시하는 사람이 아니었다. 그는 부나 특권, 컨트리클럽 회원 같은 것에 회의적이었다. 행복했던 미주리 주에서의 어린 시절은 그의 아버지가 밀 선물에 투자했다가 크게 손해를 보면서 하루아침에 뒤집어졌다. 열여덟 살 이후 돈 걱정을 하지 않는 날은 하루도 없었다. 그가 백악관으로 가는 여정을 나열하자면 〈캔자스시티 스타〉 신문사 우편실 직원에서 철도 시간 기록원, 은행원, 농부, 군인, 신사복 잡화상을 거쳐 캔자스시티의 기구 소속 정치인으로 나가기까지 다양했다. 그는 캔자스시티에서 공공급식으로 부자가 될 수 있는 기회를 스스로 거절하면서 이름이 알려졌다. 1940년 재선에 출마했을 당시에는 옛 친구에게 돈을 빌리기 위해 편지를 보내야 했지만 우표를 살 돈조차 없었다. 차 안에서 잠을 자는 것이 어떤 것인지 알고 있었기 때문에 세상에 집만한 곳이 없다고 생각하는 사람이었다.

과연 이런 사람이 어떻게 부유하고, 거리감 있고, 백악관 재임 시 다른 사람이 대화를 엿듣는 것을 방지하기 위해 부인과 중국어로 이야기를 나누던 실로 처세에 능한 인물인 후버와 연대를 구축할 수 있었을까? 트루먼이 대통령에 당선되어 백악관에 입성하던 1945년 당시 후버는 원저 공작과 공작부인, 작곡가 콜 포터, 이란의 샤 왕족과 같은 이웃과 더불어 맨해튼 월도프 타워에서 71가지 닭고기 요리가 준비되는 연임대료 3만 2천 달러짜리 고급 스위트룸에서 살고 있었다. 자수성가한 그가 너무나 잘 살았기 때문에 사람들은 어린 시절의 후버가 실제 경험을 통해 가난의 의미를 배웠다는 사실을 잊고 있었다.

하지만 트루먼은 대부분이 놓쳐버린 후버의 내면을 인식했다. 후버는 이른 바 금수저를 물고 태어난 사람은 아니었다. "그의 아버지는 아이오와 주 웨스트 브렌치 지역의 대장장이였는데, 후버가 채 아홉 살이 되기 전 부모님이 모두 작

고하는 바람에 세 남매가 뿔뿔이 친척집으로 흩어졌다"고 트루먼은 회고록에서
말했다.

독립성, 창의력, 의지력을 골고루 갖춘 후버는 스탠포드 대학에서 지질학을
공부한 다음 광산업에 투신했고, 이후 엔지니어로 전 세계를 돌아다녔다. 조직
을 구성할 줄 아는 능력과 독실한 퀘이크 교도로서의 인류애는 그를 공직 사회
로 이끌었다. 1차 세계대전 당시 윌슨 대통령은 전쟁과 전후 시기에 난민들에게
구호 식량을 제공하는 책임을 그에게 맡겼다. 전쟁지역에서 인구의 1/3 정도가
기아로 죽는 일은 그리 놀랄 일이 아니었다. 트루먼에 따르면 후버는 "기아로
위협받는 수백만 명의 목숨을 구해내는 수완과 뛰어난 인품을 지니고 있었다".
벨기에 거리마다 그의 이름이 붙었고, 핀란드에서 그의 이름은 '도움'을 뜻하는
동사가 되었다. 공화당과 민주당 서로 그를 1920년 대선 후보로 영입하려고 애
썼다. "그는 경이로운 인물이다. 우리가 그를 대통령으로 만들기를 기대한다. 그
보다 더 좋은 후보는 없을 것이다." 당시 젊은 프랭클린 루즈벨트는 그에 대해
이렇게 말했다. 하버드 대학에서 이루어진 설문조사에서 그의 지지율은 다른 후
보들의 곱절에 달했다.

1928년 실제로 대통령에 당선되었을 때 그는 선거인단 444명의 표를 얻어
승리했다. 직전인 1927년에 발생한 미시시피 대홍수의 피해자 구호활동으로 명
성이 더욱 높아졌고, 사람들은 이 유능한 인물이 지상에서 해결하지 못할 문제
는 없다고 생각하기에 이르렀다. 후버는 미국이 "지금까지 전 세계 역사상 가난
과의 싸움에서 가장 승리에 가까워졌으며, 우리 사회의 가난이 사라지고 있다"
고 선언했다. 심지어 시장이 붕괴된 후 8개월이 흐른 시점에도 그가 위기를 잘
처리하고 있다는 칭찬이 계속됐다. "이만큼 할 수 있는 전 대통령들은 거의 없
었고 어느 누가 그 직책에 앉게 되더라도 이보다 더 잘할 수는 없다"고 〈뉴욕타
임스〉는 단언했다.

그로부터 4년 뒤, 프랭클린 루즈벨트는 단 6개 주만 제외하고 모든 지역에서
후버를 압도했다. 〈타임〉은 후버를 "대통령 실격자"라고 명명했고, 의회는 레임
덕이 온 대통령의 탄핵까지 고려하는가 하면 그를 정치적으로 암살하려는 시도
가 이어졌다. "위대한 인도주의자"로 칭송받지만 실제 자국민이 겪는 고통에는

냉담하고 무관심하다거나, 그의 지지자였던 사람들이 길거리에서 사과를 파는 신세가 되어버린 동안 그는 백악관 뒤뜰에서 자기 개에게 스테이크를 먹인다는 등 비난이 쇄도했다. 워싱턴 거리를 행진하는 시위자들이 외쳤다. "신 사과나무에 후버를 매달자!"

어쩌다 상황이 이렇게 악화되었는가? 여기에는 많은 의견들이 있지만, "나는 후버와 그의 행정부가 본인들의 잘못이 아닌 일로 추궁 당했다는 생각이 든다"라는 트루먼의 해설이 이 책의 의도와 가장 부합한다. 트루먼은 무사히 대통령직을 완수한 뒤 백악관을 떠나 더 이상 선거유세 연설에서 "후버의 불황"을 거론할 이유가 없게 되자 이러한 자신의 주장을 펼쳤다. 트루먼이 보기에 후버가 너무 쉽게 백악관에 입성했던 것이 오히려 정치적 발목을 잡은 셈이었다. 그때까지 후버의 유일한 정치 경력은 상무장관이었고, 한 번도 의회나 심지어 보안관 직조차 출마한 적이 없었다. 1928년에는 보좌관들에게 "아기에게 키스하고 싶지 않다"고 말하기도 했다. 풀뿌리 국민들에게 강한 애착이 없었던 까닭에 "그는 미국인의 갈망을 진정으로 이해하지 못했던 것이다"라는 게 트루먼의 견해였다.

적어도 후버에 대한 당시 평가는 이와 같았고, 루즈벨트는 자신에게 유리하도록 이러한 국면을 최대한 이용했다. 루즈벨트의 당선일과 3월 취임식 사이에 국가의 은행들이 흔들리기 시작했다. 후버는 이를 해결하기 위해 후임을 끌어들이고자 했지만, 이는 자신의 진보적 의제를 약화시킬 우려가 있었다. 결국 루즈벨트는 이 제안을 거절했다. 트루먼은 다음과 같이 결론을 내렸다. "그 제안에 대해 숙고할 여지조차 거부한 것 역시 그의 자존심 때문이었다고 생각한다. 선거 캠페인은 상당히 격렬했고, 많은 사람들이 후버가 이 모든 불황을 야기하기라도 한 듯 비난하면서 노숙자들이 지은 판자촌에 '후버 빌Hoover-villes'이라는 이름을 붙이고 빈 주머니를 '후버 깃발'이라고 불렀다. 루즈벨트는 모든 면에서 후버보다 현명하다고 단정했고, 후버의 은행 폐쇄 제안에 그를 아무것도 모르는 사람처럼 취급했다. 하지만 은행 폐쇄는 당시 필요한 일이었다."

절박한 사회적 분위기와 역사상 최악의 대통령이라는 후버에 대한 부정적 인식이 팽배한 가운데 루즈벨트의 역할 거절은 그의 당선에 유리하게 작용했다.

심지어 후버가 2억 달러 가치의 금을 가지고 재무부 장관 앤드류 멜런^{Andrew Mellon}의 요트를 타고 해외로 빠져나가려다 체포되었다는 소문까지 나돌았다. 주식이 올랐을 때는 코미디언들이 "후버가 죽었나?"라는 농담을 꺼내기도 했다. 루즈벨트는 전임자에 대한 이러한 비난을 완화시키려 하지 않았고, 자신이 거둔 성공에 전임자의 역할에서 비롯되었다는 사실도 부인했다. 취임하던 해 봄, 내무부 장관 해럴드 익스^{Harold Ickes}는 캘리포니아-네바다 경계에 짓고 있던 거대한 댐의 이름을 볼더댐^{Boulder Dam}으로 바꾸도록 지시했다. 이 댐은 예전 후버가 상무장관으로 재직할 당시 착수했고 복수의 세출예산안에 '후버 댐'으로 명명되어 있었다. 1935년 진행된 완공식에 후버는 초청받지 못했다. 그의 소득세 신고는 감사 대상이 되었고, 대통령 집무실에서 보내는 의례적인 생일 축하 인사도 없었다.

소속 정당은 후버를 없는 사람 취급했다. 1940년 대선 유세 당시 코네티컷의 공화당 의원들은 후버에게 출현 자체가 독이 되니 제발 나타나지 말아달라고 부탁했다. 언젠가 트루먼은 "왜 그렇게 오랫동안 후버가 무시당했는지 절대 이해할 수 없다. 당 내에서 이보다 더 좋은 대우를 받아야 할 사람이었다."

진주만 공격 이후 후버는 루즈벨트에 대한 지원을 공개적으로 밝히고 어떠한 형태로든 조력하겠다고 제안했다. 1차 세계대전 이후의 경력을 감안할 때 그는 다시 한 번 봉사할 수 있을 것으로 생각했다. 벨기에, 노르웨이, 폴란드, 네덜란드, 핀란드 등 여러 국가가 후버의 원조를 받으려고 했고 의회도 그의 조언을 구했다. 당시 코델 헐^{Cordell Hull} 국무장관은 루즈벨트 대통령에게 후버를 불러들이도록 여러 차례 설득했지만, 루즈벨트와 처칠 영국 수상은 피점령국에 식량을 공급하자는 후버의 제안을 거절했다. 이것을 수락하면 점령한 나라의 배고픈 사람들을 먹여야 하는 히틀러의 의무감을 벗어나게 하여 그의 입지를 돕게 된다는 이유였다. 일부에서는 후버가 친독일 분리주의자라는 조소까지 당했다. 트루먼은 친구들에게 말했다. "루즈벨트는 후버의 행동을 참을 수 없었고 후버 또한 그를 증오했다." 민주당으로서는 인도적 차원의 프로젝트에 후버를 포함시키면 지금까지 가장 유용하게 활용한 희생양에게 오히려 명예를 회복시켜주는 꼴이 되기 때문이었다. 금융인이자 보좌관이었던 버나드 바루크^{Bernard Baruch}가 후버의 도움을 받아야 된다고 조언하자 루즈벨트는 "나는 예수 그리스도가 아니다. 이미 정치적으로 죽은 사람을 다시 들어 올리지 않는다"며 그의 말을 딱 잘랐다.

루즈벨트가 동의할 수 있는 한계는 후버가 내각 각료들과 만나도록 하고 그에 대해 보고를 받는 정도였을 것이다. 〈뉴스위크〉는 "미국 역사상 어느 행정부도 이보다 더 전임자에 대한 훼손에 노력을 기울이는 정부가 없었다"고 논평하며 당시 백악관의 진정성에 의문을 제기했다.

루즈벨트 취임 직전 쿨리지Calvin Coolidge, 미국 제30대 대통령가 사망했기 때문에 생존한 전직 대통령은 후버뿐이었지만 루즈벨트 집권 동안에는 사실상 클럽은 존재하지 않았다.

1944년 민주당 전당대회 때 당시 상원의원이던 트루먼이 급부상하며 루즈벨트의 러닝메이트로 지명 받던 당시에도 후버는 여전히 정적이었다. 〈타임〉은 "후보자들이 앞다투어 후버를 깎아 내렸다"며 조소했고, 한 뉴딜정책 지지자는 이렇게 논평했다. "12년이나 우리의 끼니를 책임졌던 허버트 후버에게 우리는 영원히 고마움을 느껴야 한다."

하지만 1945년 루즈벨트가 사망하고 한때 후버가 자리했던 직책에 트루먼이 갑작스레 올랐을 때, 그는 이 전직 공화당 대통령에게 다른 태도로 다가갔다. 트루먼은 뼛속까지 민주당원이었지만 모든 결정에 정치적 계산을 결부시키지는 않았다. 정치적 쇼를 선보이는 재능이나 인간 본성에 대한 섬세한 감각, 귀족적인 허세를 겸비하여 단순히 업무를 수행하는 데 그치지 않고 마치 대통령직의 화신 같이 행동했던 루즈벨트의 천성은 트루먼도, 후버도 가지지 못한 것이었다.

후버는 위기의 순간 책임자의 자리에 있는 것이 어떤 것인지 알고 있는 유일한 생존 인물이었고, 성자처럼 떠받들어진 루즈벨트와 끊임없이 비교된 인물이기도 했다.

그래서 트루먼은 유럽이 식량 위기에 직면했음을 알게 된 1945년 봄, 주저없이 후버를 백악관에 초청하겠다고 결심했다. 트루먼은 그 만남에서 후버가 보여준 태도에 대해 생생하게, 단 선별적으로 기억했다.

트루먼은 그날 아침 신문에서 후버가 워싱턴 쇼어햄 호텔에 묵고 있다는 기사를 읽고 곧바로 집무실 전화기를 들었다. 그리고 수석 교환원에게 호텔에 있는 후버와 연결시켜 달라고 했다. 직접 전화를 걸어온 대통령의 요청에 교환원은 몹시 충격을 받았지만, 전화 상대만큼은 아니었다.

"대통령님, 안녕하세요?" 트루먼이 말했다.

"누구시죠?"

"저는 해리 트루먼입니다. 대통령님께서 워싱턴에 와 계시다는 소식을 들었습니다. 하여 혹시 예전에 머물던 집에 잠시 방문하실 생각은 없으신지 여쭈어보려고 전화했어요."

그때까지 후버는 1933년 루스벨트가 취임한 이래 백악관에 한 번도 발을 들이지 않은 상태였다.

"그러자 후버는 굉장히 당황했다"고 트루먼이 당시를 회상했다.

"대통령님, 뭐라고 대답해야 할지 모르겠군요."

트루먼은 후버에게 대화를 나누고 싶다고 말하며 괜찮다면 호텔로 찾아가겠다고 했다.

"대통령을 이곳으로 오시게 할 수 없지요. 제가 가겠습니다."

"그렇게 대답하실 줄 알았습니다. 대통령님을 모셔오도록 리무진을 보냈습니다." 트루먼이 대답했다.

역시나 자발적으로 이루어진 합의에 대한 아름다운 이야기지만, 다시 한 번 실제 기록은 다른 이야기를 전하고 있다. 대통령 간의 만남이 이렇게 쉽게 이루어지는 경우는 거의 없다. 더욱이 루즈벨트 집권 시기에 관례들이 대부분 사라진데다 많은 백악관 보좌관들이 그 일에 반대를 효하고 있었다. 그래서 몇 명의 중재자를 두어 후버가 백악관 가까이 오기 몇 주 전부터 공을 들이는 교류 절차가 있었다. 그때까지도 후버는 정계에 적이 많다는 것을 잘 알고 있었다. 만약 트루먼이 전화기를 집어 들고 전직 대통령을 부르는 일이 발생했다면 어떻게 〈뉴욕타임스〉 조간이 그 만남을 미리 알았겠는가?

실제 이야기는 훨씬 더 복잡했다. 후버는 깊은 전쟁의 상처를 필사적으로 도우려고 했지만, 루즈벨트 무리에게 쉽게 묵살 당할 거라는 것을 잘 알았기에 난처한 상황에 있었다. 후버 역시도 상대 진영에 대한 원망의 마음이 있었다. 봄내내 그는 자신의 목소리를 전파하려고 노력했고, 의류 기증에 필요한 후원금 1

억 5천 파운드를 모으기 위한 전국운동을 도왔다. 그는 이전 해에 설립된 유엔 구제부흥사업국UNRRA의 무능함을 맹비난하면서 그 기구가 굶주린 어린이를 위한 구호 활동을 제대로 수행할 수 없다면 차라리 육군성에 맡기자는 경고성 제안을 하기도 했다. "지금 기아 위기가 붕괴 직전이다." 그는 거듭 사태의 심각성을 주장했다. 순수한 인도주의적 관점과 별도로 미군의 안전과 질서 유지를 위해서도 점점 더 절박해지는 사람들에게 식량 공급이 필요했다.

1945년 4월 12일 루즈벨트가 사망하던 날 후버는 신임 대통령 트루먼에게 전보를 보냈다. "모든 미국인이 당신에게 위업을 수행할 강인함을 기원합니다. 당신은 국가에 도움되는 일이라면 어떤 역할도 요구할 권리를 가지고 있습니다."

여기에는 물론 자기 자신의 역할도 포함되는 것이다. 트루먼은 형식적인 감사의 회답을 보내면서 친필로 추신을 휘갈겨 썼다. "당신께 도움을 청하게 되리라고 확신합니다. 제의에 감사드립니다."

그토록 후버가 고대하던 일의 시작이었다. 그는 한 친구에게 말했다. "워싱턴의 기류 변화로 말미암아 내가 좀 바빠질지도 모르겠군." 그의 희망의 고삐가 풀렸다. 만약 트루먼이 이제는 고령이 된 영웅 헨리 스팀슨Henry Stimson을 대신해 자신을 육군장관에 임명한다면 도움이 필요한 곳에 구원을 손길을 펼칠 수 있는 최적의 직책일 것이다.

공화당 의원 클레어 부스 루스Clare Boothe Luce가 처참하게 파괴된 유럽을 둘러보고 돌아와서 "슈퍼 후버"와 같은 인물을 구호협력 담당으로 임명해야 된다고 주장했다. 비단 그녀뿐만이 아니었다. 5월 초 스팀슨은 몸소 중재자로 나섰다. 평생 공화당원이었던 그는 후버 정부 시절 국무장관이었고, 태프트William Howard, 미국 제27대 대통령, 루즈벨트, 트루먼의 육군장관이기도 했다. 이 워싱턴 정치 거물은 대통령의 완벽한 비공식 루트였다. 스팀슨은 일기에서 후버를 부를 때라고 트루먼에게 촉구했을 때 대통령이 "온화하게 묵인"했고, 이것은 곧 후버가 들려주기를 기대하는 뜻으로 보였다고 기록했다.

그러나 공식 초청장은 오지 않았다. 친구들은 후버에게 도울 뜻이 있음을 다시 제안하라고 재촉했다. 오찬을 하며 금융인 버나드 바루크 역시 트루먼에게 전화를 걸어보라고 채근했고, 후버는 "대통령의 직접 초청 외에는 워싱턴에 절대 가지 않겠다는 의지를 네 번째 되풀이하지 않으면 안 되었다"라고 기록했다. 후버가 백악관에 가기만 하면 따뜻한 환대를 받을 것이고 "유럽의 대업"을 제안받을 것이라고 친구들은 끊임없이 이야기했지만 후버는 진보 정치인들의 공격을 피하기 위하여 공식적 제안을 자제하며 공방이 진행 중인 것으로 확신했다. 만약 트루먼이 충고가 필요했다면 직접 요청할 수 있었을 것이라고 전임 대통령은 결론 내렸다. "워싱턴에 있는 인사들의 옹졸하고 보복적인 태도에 대해⋯ 솔직한 마음은 그들에게 지옥에나 떨어지라고 퍼붓고 싶은 심정이었다."

5월 13일 일요일 스팀슨은 롱아일랜드 자택의 점심식사 자리에 후버를 초대했다. 후버의 친한 친구 에드거 리커드는 이것을 극히 비밀스러운 회동이었다고 일기에 적었다. 후버는 자부심이든 괴로움이든 숨기지 않았다. 민주당은 오랫동안 그를 두들겨댔다. 만약 트루먼이 관계 개선을 원한다면 적절한 시기를 찾고 있을 것이다. 트루먼은 온화한 사람이었다. 그의 행정 보고서를 통해 후버는 깊은 감명을 받았고, 민주당 출신이기는 하지만 앞으로 훌륭한 대통령이 될 것으로 생각한다고 친구 리커드에게 이야기했다.

하지만 스팀슨이 주말에 워싱턴에 와서 자신과 일부 보좌관들과 유럽의 상황에 대해 논의하자고 제안하자 후버는 주저했다. 옛 친구들끼리 갖는 비공식 오찬과는 달리 그 회의는 공식적으로 들렸고, 자기가 워싱턴으로 돌아가기 위해 미끼를 던지는 것처럼 보이고 싶지 않았다. 스팀슨은 그에게 "침소봉대하고 있다"고 했지만, 후버는 자신과 관계를 맺고 싶어 하지 않는 트루먼의 사람들에 관한 보고를 듣고 있었다. 루즈벨트 충성파이자 대통령 공보비서관인 스티브 얼리Steve Early는 "후버가 원하는 것이 있다면 그것을 얻기 위해 무릎이라도 꿇어야 한다"고 말하기도 했다.

이것이 난제였다. 자신을 멀리 하고자 하는 사람에게 어떻게 진정한 자문을 줄 수 있을 것인가. 후버는 백악관의 속성에 대해 잘 알고 있었고, 외부에서 자문을 얻고자 할 때 어떤 일이 일어나는지 알고 있었다. 진심어린 이야기를 들을 수 있는 유일한 방법은 트루먼의 직접적인 요청뿐이다.

5월 24일 트루먼이 백악관 편지지에 직접 자필 편지를 발송했던 것도 그런 까닭이었다.

친애하는 대통령님,

귀하가 워싱턴에 있어서 함께 유럽의 식량 사정에 대해 논의할 수 있기를 고대합니다.

또한 당신과 친분을 맺을 수 있다면 기쁘겠습니다.

진심을 담아,

해리 S. 트루먼

이러한 적절한 공격과 수비가 필요했을 것이다. 루즈벨트의 충성스러운 지지자들은 "지도자를 잃고 침울해했다"고 트루먼은 말했다. 그들은 루즈벨트의 원칙을 바탕으로 트루먼 정부의 출범을 채점하며 유심히 지켜보았는데 허버트 후버의 부활은 일급 대죄였다. 대통령은 다음날 아침 보좌관 회의 때까지 이 소식에 대해 함구했다. 보좌관 에븐 에어즈는 그때를 회상하며 이렇게 말했다. "대통령이 전날 밤에 자기가 무엇을 했는지 밝혔을 때, 우리는 그에게 벽돌이라도 던지고 싶은 심정이었다."

후버는 즉시 답장을 보냈다. 두 사람의 회동은 5월 28일로 정해졌다. 리커드에 따르면 후버는 초청을 받고 흥분한 기색이었다. 방문일 아침 〈뉴욕타임스〉은 사설을 통해 이 시대의 대통령 클럽 창설을 축하했다. "두 정상이 일치단결한다면 고통 받는 1억의 사람들을 구제하는 데 있어 미국 내에서 이 둘보다 더 나은 사람을 찾을 수는 결코 없을 것이다…. 후버의 충고는 언제든지 유용했지만 한동안 누구도 묻지 않았다."

후버는 그날 조금 일찍 도착해서 깊게 숨을 들이마시며 오랫동안 보지 못했던 백악관 홀 냄새를 맡았다. 그가 지내던 당시 일하던 직원들에게 인사한 다음, 집무실에서 트루먼과 인사했다. 이 만남에 대한 후버의 감상은 이후 트루먼의 회고보다는 덜 감성적이었다.

후버는 고장 난 시계를 분해하듯 문제에 접근했고 대통령을 위해 어려운 식량문제에 관한 그의 견해와 해결방안을 제시했다. 추수가 끝날 때까지 다음 3개월이 위기였다. 기근을 막기 위해 매달 밀 백만 톤 정도가 필요했다. 후버는 1차 세계대전 이후 윌슨 대통령이 재난 구호 책임을 맡겼을 때 직면 가능한 난관을 타개할 수 있도록 파리 평화회담에 미국?영국?프랑스?소련 네 강대국을 소집하는 권리와 더불어 형식적인 절차를 생략할 수 있는 권한을 부여했음을 상기시켰다. "이후 90일 간…… 군은 행정상의 번거로운 요식에서 벗어날 수 있는 유일한 조직이 될 겁니다." 후버는 인도적 차원은 물론이고 전략적 원칙도 강조했다. "근근이 먹는다는 것은 굶주림을 뜻하고, 굶주림은 공산주의를 일으킵니다."

후버는 미국 내에서 관료주의를 척결하고 정책을 개발할 뿐 아니라 트루먼 대통령에게 지워진 부담을 경감시키기 위해서 전시 내각에 맞먹는 경제 기구를 설치해야 한다고 주장했다. 또한 농무부 장관은 식량이 재배되고 분배되는 방침에 있어 더 많은 권한이 필요하다고 말했다.

그들은 어떻게 일본에 화평을 청할지 이야기하고, 소련과의 전쟁 위험에 대해서도 논의했다. 트루먼은 후버에게 가능하면 견해의 요지를 적어달라고 부탁했다.

둘의 만남은 한 시간 가까이 지속됐다. 트루먼이 내각회의 시간을 절반으로 줄이고, 대부분의 백악관 방문자들에게 15분만 허용하는 등 시간을 무척 아끼는 사람이라는 점을 감안할 때 주목할 만한 상황이었다. 회의가 끝난 뒤 트루먼은 자신이 전임 대통령에게 원한다면 백악관에 계속 머물도록 청했지만 고맙지만 호텔이 더 좋다는 답변을 들었다고 회상했다. "내가 같은 입장이라 하더라도 똑같은 대답을 했을 것이다." 트루먼은 훗날 이렇게 적었다. 또한 후버가 워싱턴에 오면 언제라도 예우를 다할 것이라고도 덧붙였다.

나중에 후버를 맞이한 기자들은 무슨 일이 있었는지 듣고 싶어 했다. 후버는 정책 활동의 심장부로 되돌아온 전임 대통령의 소감을 들으러 몰려드는 기자단의 카메라 앞에 다시 섰다. 오랫동안 기다려왔던 순간이었다. 그러나 최초의 대통령 클럽 의전을 확립하는 차원에서 전임 대통령은 후임이 회견을 주도하도록 배려했다. "미합중국 대통령은 방문객들에게 전한 내용, 혹은 방문객으로부터 전달받은 내용과 관련하여 자기 재량에 따라 성명을 발표할 권리를 갖는다."

트루먼은 정치적 이익을 거두어들였다. 〈타임〉은 다음과 같이 보도했다. "후버의 방문은 사려 깊은 일이었으며 또한 기민하게 이루어졌다. 절묘한 일격으로 공화당 의원들의 박수갈채를 얻었을 뿐 아니라 배고픈 유럽을 먹여야 할 시급한 필요성을 미국 전역에 상기시켰다." 후버는 이 활동에 실속보다는 극적 효과가 더 많았다고 추측했다. 그는 자기 노트에서 "트루먼 대통령은 다만 이 나라의 신뢰감을 구축하기 위해 노력하고 있다"고 결론지었다.

후버가 월도프로 되돌아가 트루먼에게 약속한 대로 요지를 정리했다. 측근들이 여전히 의심의 눈을 거두지 않고 있기 때문에 후버는 신임 공보비서 찰리 로스Charlie Ross를 통해 트루먼에게 서류를 전달하며 추신을 덧붙였다. "현 체제 아래에서 얼마나 많은 손을 거쳐 이 메모가 대통령께 전달될지 알 수 없지만 이것을 보냅니다." 로스는 트루먼에게 확실히 서신을 전달했고, 트루먼은 후버의 메모를 각료들에게 회람시킨 뒤 일본의 평화 제안을 분석하도록 국무부에 요청했다. 또한 막대한 구호 노력을 위해 군에 더 강력한 지원을 하면서 그와 후버가 이듬해 착수할 프로젝트의 기초를 닦았다. 후버는 방문 일주일 뒤 트루먼이 '훌륭한' 일을 하고 있다고 공개적으로 칭찬했다.

하지만 트루먼은 대통령의 이례적 요청에 세간의 주목이 쏠리는 것을 견제했다. 그는 사흘쯤 지나서야 일기에 둘의 만남을 기록하면서 "즐겁고 건설적"이라는 말 이외 식량 구호나 일본 등은 별로 기록하지 않았다.

트루먼의 한편에 자리했던 생각은 "미국 대통령들의 일반적 문제, 정확히는 특정 두 대통령의 문제를 공유한다는 것"이었다.

트루먼은 언젠가 어머니에게 워싱턴은 전체 오페라 회사를 합한 것보다 더 많은 주인공을 한 뼘도 안 되는 무대 위에 올려놓은 것과 같다고 평했다. 후버도 그렇다는 것을 알고 있었다.

"우리는 주연들이 누구인지 논의하고, 왜 그들이 주인공이 되는지 궁금해 했다. 나와 더불어 백악관에 들어온 일부는 그들의 권위와 부여된 특권 때문에 어려움을 겪고 있다. 어떤 사람이 대통령과 관계가 가까워질 때 이것은 지옥이 되어 뜻하지 않은 일도 벌어진다…." 이는 트루먼의 옛 상원 동료들에게도 마찬가지였다. 집무실에 잠시 들려 버번을 마시며 몇 마디를 나눈 뒤 밖에 나가면 기자 무리에게 자신이 해리가 세계를 구할 수 있도록 어떤 도움을 주었는지 이야기해야 한다. "언론의 관심은 지옥과 같고 거기서 빠져나갈 수 있는 사람은 별로 없다. 좋은 사람이 기생충 없이 이곳에 오면 나는 그 사람을 잡으려고 노력한다."

　그날 밤 세상이 대통령 주위를 강하게 짓눌렀을 때 그의 마음속에 떠오른 것은 무엇이었을까? 지상에서 가장 주목받는 공인이 되는 데 따르는 특별한 고독감이었을 것이다. 그는 그날 아침 길 건너 성 요한 교회로 갔다. 그리고 뒤쪽 신도석에 슬며시 앉았다. 많아야 대여섯 명 정도만이 그를 알아보았던 것으로 기억했다. 그는 "가족을 떠나면 언제나 고독함을 느낀다. 넥타이나 머리스타일, 구두나 옷에 대해 잔소리를 해주는 사람도 없다"고 일기장에 썼다.

　후버에게 보내는 감사 편지에서 트루먼은 다음과 같이 덧붙였다. "당신이 나를 만나러 와 주신데 대해 너무나 감사했습니다. 덕분에 큰 용기를 얻었습니다."

세계 구조 위원회

그로부터 두 달 뒤 트루먼은 전쟁지역이 얼마나 비참한지 직접 보게 되었다. 1945년 8월 베를린 외곽에서 열리는 포츠담회담에 참석하기 위해 폐허가 된 도시를 가로질렀던 것이다. 그곳은 절망의 끝에서 병들고 낙담한 사람들로 가득했다. 역사학자 데이비드 맥컬로프David McCullough는 전쟁을 치렀던 링컨도, 윌슨도, 루즈벨트도 트루먼이 목격한 것을 본 대통령은 없었다고 기록했다. 트루먼에 따르면 베를린은 "완전히 폐허였다." 사람들의 멍한 얼굴은 마치 유령에 홀린 듯한 모습이었다.

　몇 주 후 상황이 더욱 악화되었다. 너무 많은 농부들이 군대에 들어왔고, 대량의 비료는 폭발물 제조에 사용되었으며, 농기구 공장들은 군수품 제조를 위해 전환되었다. 9월이 되자 흉작이 될 것이 자명해졌고, 굶주림은 점점 더 큰 위협이었다. 소련은 국제협약조항을 얼마나 가볍게 생각하는지 여실히 보여주면서 약화된 주변국을 잇따라 집어삼켰다. 미국의 근로자들이 불안해하고 주택난이 심각해지는 상황 속에서 일부 내각은 반항적이었고, 다수의 의원들은 해리 트루먼이 자유주의자였음을 알고 큰 충격을 받았다. 그가 건강보험, 주택, 교육, 실업, 최저임금에 대한, 좌파 공화당원과 남부 민주당원들을 분노하게 만든 1만 6천 단어에 달하는 계획안을 보냈기 때문이었다.

트루먼과 후버는 서신 교환을 계속했고, 전직 대통령은 이 씨름의 결판을 관심 있게 지켜보았다. 후버는 한 친구에게 말했다. "그는 전임자가 가졌던 능수능란한 강요나 뇌물을 주며 달래는 능력도 없다." 후버 역시 공화당계 의회와 소원해졌던 재임 당시를 생각하며 공감했다. 당시 그에게 가장 우호적인 칼럼니스트조차 그를 일컬어 "지금까지 본 가운데 정치적으로 가장 극좌파적인 인물"이라고 규정하지 않았던가.

트루먼은 엄밀히 말해서 스스로 즐기는 사람도 아니었다. 크리스마스 때 부인 베스와 함께 미주리의 집으로 휴가를 갔지만 잘 지내지 못하고 며칠 만에 백악관으로 되돌아와서 서랍 속에 묻어 두었으면 더 나았을 비꼬인 편지를 아내에게 보냈다. "야망과 명성의 거대한 흰 지하무덤인 이곳 백악관에 다시 돌아왔소"라며 시작하는 내용이었다. 최근에는 부인조차 전혀 의지가 못 되는 굉장히 좌절한 상태처럼 들렸다. "어느 누구도 지금 내가 갈망하는 만큼 도움과 지원을 필요로 하는 사람은 없을 것이다. 내가 이 나라 최고의 두뇌를 빌릴 수 있고 나의 기반으로부터 최소의 도움이라도 받을 수 있다면 하고자 하는 이 일을 이룰 수 있을 텐데……."

적어도 트루먼의 시급한 당면 문제 가운데 "최고의 두뇌"는 허버트 후버에게서 나올 수 있었을 것이다. 며칠이 지난 1946년 1월 4일, 영국 수상 클레먼트 아틀리Clement Atlee는 광범위한 식량 부족 상황이 대대적인 유럽의 재건을 더욱 어렵게 한다는 내용의 전보를 보내왔다. 유럽의 밀 수확과 아시아의 쌀 수확은 기대치 이하였고, 폴란드에서는 댐이 파괴되어 여러 지역이 물에 잠겼다. 독일 함부르크에는 식량 폭동이, 이탈리아 시칠리아에는 식량 약탈이 일어났고, 루마니아와 헝가리 사람들은 어쩔 수 없이 도토리를 먹는 처지가 되었다. 가뭄과 메뚜기가 아프리카와 인도 농작물을 파괴시켰고, 캐나다의 밀 수확량조차 25% 감소했다. 아틀리 수상은 "공인으로뿐 아니라 개인적으로도 간청드린다"고 호소했다.

앞으로 몇 개월 간 중대한 중개 역할 임무를 맡은 농무부장관 클린턴 앤더슨이 내각회의에 들어와서 미국의 밀 생산이 얼마든 간에 해외에 약조한 양을 충당하기에는 부족하다고 주장했다. 이 문제의 심각성과 대통령의 한계 두 가지를 모두 알고 있는 후버에게 전화했다. 1946년 겨울은 구호를 위해 미국인에게 더 많은 식량을 줄이도록 요청할 수 있는 시기가 아니었다. 전쟁의 종식으로 희생은 더 이상 봉사로 느껴지지 않았고 오히려 고통이었다. 사람들은 설탕, 스타킹, 세탁기를 사기 위해 줄을 섰고, 전시의 물가 규제가 풀려 인플레이션 위기가 커진 반면 근로자들은 더 높은 임금을 요구했다.

하지만 후버는 배급 할당이나 정부 통제 같은 것은 신뢰하지 않았고, 자발적 행동을 유도하는 설교자였다. 여전히 많은 사람이 1차 세계대전 때 그의 지도력이었던 "후버라이징Hooverizing"을 기억했다. 이는 1917년 윌슨 행정부의 식량 행정관으로서 해외에 보낼 식량을 확보하기 위해 밀 없는 수요일과 고기 없는 월요일을 만든 것이었다. 후버는 그러한 자발적 식량 절약 프로그램을 대통령에게 인식시키도록 앤더슨에게 건의했고 트루먼은 즉시 그 정책을 시행했다. 2월 6일, 트루먼은 긴급 비상 식량계획 9개 조항을 통해 미국 위스키 및 곡물 주조 주류 생산을 줄이고, 사료용 곡물 제한은 물론 밀에서 더 많은 가루를 추출하도록 격려했다. 이로 인해 빵이 다소 검어졌다.

트루먼 대통령의 라디오 연설은 긍정적인 의미로 충격적이었다. 미국인은 굶주린 세계인을 먹이는 과업이 그들에게 떨어졌다는 사실을 알게 되었지만, 동시에 이것이 의미 있는 일임을 깨닫게 되었다. 구호 식량을 보내기 위해 대대적인 절약이 이루어지지 않는다면 유럽에 재앙이 닥치게 될 것이었다. 미국인이 먹는 평균 양의 절반도 안 되는 식량으로 간신히 견디는 사람이 1억 명이나 되었다. "너무나 많은 사람들이 기아에 직면하여 전쟁 당시보다 지금 식량 부족으로 죽는 경우가 더 많아졌고, 어쩌면 전사자 전체를 합한 수보다 더 많을 것이다." 트루먼이 호소했다.

후버도 월도프의 자기 아파트에서 즉각 성명서를 발표하고 이것이 "단행해야 할 중대한 일"임을 강조하며 미국인들에게 대통령의 호소에 귀 기울일 것을 촉구했다. 하지만 트루먼으로서는 단순한 응원보다 실제적 도움이 더 절실했다. 앤더슨이 행방을 찾던 2월에 그는 플로리다 낚시 여행 중이었다. 후버가 경각심을 불러일으키고 식량 비축을 장려하는 긴급비상 시민위원회의 직책을 주재하기 위해 즉시 워싱턴으로 오려는 생각을 했을까? 트루먼 측에서는 그를 데려오기 위해 특별기나 수륙양용 선박을 보내려고 계획하고 있었다.

이러는 데는 물론 각별한 점이 있었다. 지난 여름 후버는 트루먼에게 어떤 누구보다 더 좋은 충고를 해주었고, 그가 경고했던 것들이 현실로 나타났다. 후버가 모략에 관해 염려하지 않도록 앤더슨은 사전에 이것이 정치적으로 조작된 계획이 아니라는 점을 확신시켰다.

후버는 도와줄 준비가 되었지만 시간을 낭비하고 싶지 않다는 의견을 전보로 보냈다. 시민위원회로는 그 역할을 충분히 해낼 수 없다고 강조했다. 즉, 지난 5월에 트루먼에게 제안했듯이 식량에 관한 모든 관리는 농무부장관에 일임되어야 한다는 것이다. 후버는 앤더슨에게 "내가 들은 바에 의하면 이런 점이 이루어지지 않았다. 진즉에 완료됐어야 하는 일이었다"고 말했다. 그런 다음 후버는 식량 수요량과 잉여 농산물량에 대한 국제적 평가, 국가 비축계획, 식량산업계의 전반적 협력 등을 포함하는 다음 절차가 추진되어야 함을 알렸다. 앤더슨은 주의 깊게 경청했고, 트루먼은 이 모든 것을 시행했다.

다음날인 1946년 2월 27일에 트루먼은 국내의 가장 영향력 있는 인사들에게 전보를 보냈다. 여기에는 〈타임〉과 〈라이프〉의 창업자인 헨리 루스Henry Luce, 〈워싱턴포스트〉 발행인 유진 메이어Eugene Meyer, 여론조사기관 조지 갤럽George Gallup, 식품회사 제너럴푸즈General Foods 회장, 미국 상공회의소 소장, 여성 유권자 연맹 등이 포함되었다.

대통령은 "본인은 여러분과 소수 뜻있는 시민 몇 분에게 3월 1일 금요일 오후 3시에 백악관 동관에서의 만남을 요청합니다"라고 쓰면서 추신을 덧붙였다. "전 대통령 후버가 초청을 받아들여서 이곳에 올 예정입니다. 나는 여러분의 지원을 기대합니다." 트루먼은 그의 편지가 "문제의 인물"을 꺼리는 인물에 도달하든 말든 개의치 않았다. 그는 이 모임을 가리켜 "대통령 재임 이래 백악관에서 만나는 가장 중요한 회의라고 생각한다"고 했다.

후버는 사람들이 모이기 전 트루먼과 사적으로 만나기 위해 일찍 도착했다. 둘은 앤더슨의 식량 공급 추정치와 실제 수요 간의 차이를 의논했다. 후버는 추정치가 실제와 현격한 차이가 있음을 주목하면서 "만약 그 숫자가 옳다면 이 세계는 엄청난 재난에 빠질 것"이라고 했다. 그들이 기대할 수 있는 최선의 결과는 최소한의 인명 손실이었다. "이 나라에서 그 일을 할 수 있는 사람은 당신 이외에는 아무도 없다"고 트루먼이 말했다. 어떻게든 식량을 소유자들로부터 필요로 하는 사람들에게 전달할 방법을 찾아야만 했고, 수요와 공급의 차이를 줄이기 위해 곡류 11만 톤을 추가로 만들어내야 했다. "당신은 여러 국가와 사람들을 먹이는 일에 관하여 이 세상 그 누구보다도 가장 잘 알고 계십니다." 트루먼은 필요할 때는 언제든지 자신의 전용기를 타고 참모를 선발하여 우리가 할 수 있는 일이 무엇인지 가서 보고 오라고 부탁했다.

나중에 트루먼의 부탁을 상기하며 후버는 말했다. "사실 내 나이가 71이고 여러 교육기관, 과학과 자선단체의 운영을 맡고 있었기 때문에 할 수 있는 처지가 아니었지만 어쩔 수 없이 제안을 받아들였다." 후버는 간혹 부끄러움을 타기는 했어도 뒤로 물러서는 성격이 아니었고, 자기 외에 이 일을 해낼 수 있는 마땅한 사람이 없다고 판단했다. 최고 지위에 있는 사람과 일대일로 만날 필요가 있고, 지역민이나 언론과 대화할 수 있는 역량을 가진 사람이어야만 했다. 한때 배고픈 사람들에게 영웅이었던 전직 대통령보다 더 적합한 사람이 누가 있겠는가?

그날 이후 트루먼과 후버, 그리고 주요 각료들를 비롯한 전체 위원회가 소집된 자리에서 다음 추수 때까지 유럽이 버틸 수 있도록 밀 소비량 25% 감축과 기름 소비량의 절약이 논의되었다. 후버는 잠시 휴회하자 "문명사회의 운명이 이후 4개월 간 미국인들이 혼란으로부터 세계를 구하겠다는 의지를 갖고 희생을 각오할 수 있는지에 달렸다"고 말했다. 눈앞의 장애물을 제거하고 귀중한 곡물을 굶주린 사람이 아닌 가축에게 먹이는 일을 막기 위해 중앙 부처의 총책임자가 필요하다는 점도 재차 강조했다. 하지만 다시 한 번 트루먼의 대통령 직권을 존중하는 태도를 보였다. 기자들로부터 식량청장을 임명해야 함을 대통령에게 강력하게 요청했는지에 관해 질문 받았을 때 그가 "대통령에게 이야기한 것을 발설하지 않는 것이 내 원칙입니다"고 항변하자 모두가 웃었다.

후버와 백악관에서 만난 지 4일 후 트루먼은 윈스턴 처칠 수상과 그가 태어난 미주리 주로 향했다. 처칠 역시 유럽의 현 사정에 대해 미주리의 풀턴에서 연설함으로써 전후의 평화 상황에 대한 인식을 환기시켰다. 그는 "전혀 예상치 못한 인류의 고통'이라 일컬을 만한 지금의 사태는 누구도 추측할 수 없었다"고 말했는데, 그들에게 처한 위협은 단지 허기만이 아니었다. "발트 해의 슈테틴Stettin부터 아드리아 해의 트리에스테Trieste 지역에 이르기까지 온 유럽 대륙에 철의 장막이 내려앉았다." 처칠은 이렇게 경고하면서 절망에 빠진 사람들이 완전히 붕괴되어 소련의 세력이 더 이상 확장하지 않도록 저지시키는 것이 후버의 임무임을 분명히 했다.

사람들에게 밥을 먹이는 일은 중요했다. 그들의 충성심을 얻어내는 일은 더더욱 그러했다. 다음날 〈뉴욕타임스〉는 두 가지 사실을 묶어서 핵심을 지적하는 사설을 게재했다. "미합중국은 승전기념일VE-Day, Victory in Europe Day과 대일전승기념일VJ-Day, Victory over Japan Day 이래 해외에서 다소 인기를 상실했지만, 이제 우리가 이웃을 돕는 행동으로 상당 부분의 평판을 회복할 수 있다는 것은 고무적인 일이다." 대통령의 폐허 지역 방문도 여러 모로 유익할 것임을 시사했다. "기아를 다루는 데 있어서는 이른바 '미국식'이 다른 어떤 방식에 비해 유리한 위치에 있음은 분명하다. 후버가 오래 전에 떠났던 임무를 다시 맡게 되는 것은 미국주의의 훌륭한 대응법이다."

허버트 후버는 냉전시대에 소련에 대처하는 트루먼의 첫 번째 큰 무기가 되었다.

5만 마일 임무

떠나기 전 후버는 전국 라디오 연설에서 난국에 대처하기 위해 미국인의 도덕적 의무감을 드높일 것을 호소했다. 5억의 인구가 위기에 빠졌고 공급 가능한 여분 식량은 문제의 절반밖에 해결하지 못한다. 창의력과 물자 관리만이 나머지 문제를 풀 수 있을 것이다. 그는 만약 이웃이 굶고 있다면 우리가 그들을 먹여야 한다고 호소했다. "가엾은 여인이나 어린이가 눈에 보이지 않는 손님으로 여러분의 식탁에 앉아있다고 상상할 수 없겠습니까?"

일주일 간 진행된 협의 후 3월 17일 일요일에 후버와 구호단은 이착륙 시 소울음 소리를 낸다고 해서 "신뢰의 소"라는 별명이 붙은 공군기 C-54를 타고 뉴욕 라구아디아 공항을 출발했다. 57일 간 22개국을 순방하면서 보게 된 몇 주간의 현실은 오랜 세월 그의 뇌리에서 떠나지 않았다. 대부분의 가옥들이 부서진 폴란드 바르샤바 지역을 돌아본 뒤에는 "이 도시는 공포 그 자체였다"고 전했다. 그가 빈민가와 급식시설, 고아원을 방문했을 때 한 여성이 "우리는 죽음에 넌더리가 나요"라고 말했다. 교황의 도움을 청하기 위해 로마를 방문했을 당시 구호단의 누군가는 고급 호텔의 메뉴조차 "고작 팔팔한 카나리아 한 마리 먹일 정도"라고 말했다.

식량 공급량을 늘리고 가장 필요한 곳에 전달하기 위한 정보를 수집하는 일은 힘든 난제였다. 후버는 노르웨이에서 절일 수 있는 소금만 더 있다면 20만 톤의 잉여 생선을 두 배로 늘릴 수 있다는 사실을 알고 필요한 소금을 얻기 위해 독일에 있는 미국 공직자들을 통해서 조처를 취했다.

"그는 엄청난 양의 비축 식량을 발굴해냈을 뿐 아니라 그의 지식과 배경, 이해, 지역사회의 친밀한 인사 등이 아니었다면 놓쳐 버렸을 암시장 물량까지 모두 찾아냈다. 미국 시민과 정부가 과거에 해왔던 전략을 이미 알고 있었던 그의 경험과 위상으로 말미암아 우리에게 대단히 유익했다." 후버의 거침없었던 행보를 회상하며 재무부장관 존 슈나이더가 한 말이다.

트루먼은 후버가 단지 해외에서만 유용한 인물이 아니라는 사실을 인식하고 있었고, 적절히 진행되기만 본국에서도 자신에게 큰 도움을 줄 수 있는 인물로 여겼다. 후버가 4월 중순 카이로에 갔을 때, 트루먼은 농무부장관 앤더슨, 기근위원장 체스터 데이비스와 오찬을 하는 자리에서 후버를 미국으로 불러들여 대국민연설을 하게 하여 인식을 고양시키겠다고 결정했다. 대통령은 다음날 전문을 보냈다. "귀하가 방문하여 듣고 본 유럽의 현실과 상황을 알림으로써, 기근 해소 노력에 박차를 가하도록 국민들의 관심을 이끌고 의식을 고치시켜야 합니다."

후버는 거부의 뜻을 밝혔다. 우선, 방문을 연기한다면 인도와 중국, 일본의 국민이 실망하고 친선에 피해를 줄 것이라는 이유였다. 대신 그는 보다 더 적극적인 제안을 했다. 바로 대통령 클럽 최초의 라디오 방송이었다. 트루먼이 먼저 백악관에서 성명을 발표한 후 카이로에서 후버가 이어서 성명을 발표하는 방식으로 4월 19일 밤 4개 채널에서 생방송을 하자는 것이었다.

트루먼이 먼저 시작했다. 최전방에서 전해지는 후버의 보고서를 언급하며 대통령은 "그곳의 사람들이 겪고 있는 절망적인 역경이 거듭 들려오고 있습니다⋯⋯. 우리가 덜 먹으며 절약하지 않는 한 수백만이 죽게 될 것이 틀림없습니다⋯"라고 호소했다. 그는 유럽이 실천하고 있는 일주일에 이틀 검소한 식단 짜기 운동에 미국인도 동참해주기를 요청했다. 또한 자발적 절약만으로는 충분치 않다는 무언의 압력으로 더 많은 노력을 기울여 줄 것을 강조했다. 그날 저녁 농무부장관 앤더슨은 5월 20일 이전에 도착하는 밀은 한 광주리 당 최고가에 추가 30센트를 더 얹어주겠다고 발표했다. 원조를 위해서 빵 가게조차 밀 사용을 줄였고 정부는 엄청난 오트밀을 사들였다.

다음은 후버 차례였다. 트루먼이 실용적이라 한다면 후버는 양심을 찌르는 말만 골라 쓰는 달변가였다. 오랫동안 경고를 해오기는 했지만 후버 역시 사람들이 진정으로 관심을 기울여야 하는 시기임을 처음으로 실감했다. 백악관을 떠난 이래 최대 규모인 수천만 명의 사람들이 라디오에 귀를 기울이고 있었다. 그는 전략적 당위성과 개인적 의무를 주장했다. "인류의 생명을 구하는 일은 단순히 세계를 부흥시킬 경제적 필요를 채우는 데 그치는 것이 아닙니다. 이것은 훨씬 더 위대한 도덕적, 정신적 재건입니다."

이때 후버는 트루먼의 특사뿐만 아니라 대리인으로 행동했고, 해외에서는 정보담당이며 국내에서는 대국민 홍보수석이었다. 며칠 뒤 그는 트루먼에게 식량 공급 실패에 대한 원인으로 미국을 비난하는 일부 유럽 국가의 "적극적인 선전 운동"에 대해 경고하며, 미국을 탐욕적이고 이기적이라고 비난하는 〈펀치〉의 만화까지 포함시켰다. 트루먼은 이에 대해 미국의 노력이 신뢰받을 수 있도록 애쓰는 후버가 하는 모든 일에 감사한다는 답신을 '극비'로 보냈다. "나는 그러한 위험천만한 일정을 떠맡고 있는 당신의 개인적 희생과 위험에 대한 감수를 충분히 인지하고 있습니다. 하지만 지금 당신이 거두고 있는 훌륭한 성과는 이 나라에 쉽사리 평가할 수 없을 만큼 가치 있는 위업이 될 것입니다."

희생 설득

두 대통령이 사적으로 다시 만났을 때, 그 해의 네 번째 만남이었던 자리에서 그들은 기아 문제가 아닌 다른 사안에 대해 이야기를 나누었다. 대부분의 대화는 소련에 관한 것이었는데, 트루먼은 소련에 대한 대처가 얼마나 힘든지에 대해 토로했했다. 후버는 회고록에 쓰길 "나는 그에게 현재 러시아 집단을 대처할 수 있는 유일한 방법은 도전적 정신뿐이라고 말했다"라고 했다. 그것만이 그들이 이해할 수 있는 유일한 말이었다. 심지어 후버는 트루먼이 스탈린에게 보낼 전보 초안을 작성하며 소련이 핀란드, 폴란드, 체코슬로바키아, 유고슬라비아의 위기 완화를 돕기 위해 식량 원조를 늘리고 있음을 역설했다.

　　그 후 후버는 라디오에서 재임 시 했던 어떤 것보다 격렬한 연설을 했다. "요한계시록의 4기사 가운데 하나인 전쟁은 사라졌습니다. 적어도 당분간은 그렇습니다. 그러나 기근, 질병, 죽음은 여전히 이 땅 위에서 기승을 부리고 있습니다. 배고픔은 그림자처럼 찾아오는 소리 없는 방문객입니다. 그들은 하루 세 번씩 근심에 싸인 엄마들의 곁에 슬며시 다가와 앉습니다. 고통과 슬픔뿐 아니라 두려움과 공포도 동반하지요. 혼란을 야기하고 정부를 마비시키거나 몰락을 초래하기도 합니다. 군대보다 강력한 힘으로 인간이 목숨뿐 아니라 도의적 책임을 파괴합니다. 올바른 삶의 가치관은 허기의 침투 앞에 녹아버리고 문명의 이익은 붕괴되어 버립니다."

　　고비를 넘길 기회가 한 번 더 다가왔지만, 그러기 위해서는 남미, 특히 아르헨티나의 구호 식량 수출 증대를 이끌어내야 했다. 다시 말해, 신임 대통령 후안 페론Juan Per?n를 상대로 세심한 외교적 수완을 발휘해야 한다는 뜻이었고, 뿐만 아니라 트루먼과 후버와 미 국무부 간에도 정치적 조율이 필요했다.

　　후버를 남미에 파견하려는 생각에 대해서 앤더슨은 국무부가 반발할 것이라고 경고했다. 노련한 외교관은 무소속인 인물을 환영하지 않는 경향이 있었다. 설령 그것이 전직 대통령이라고 하더라도. 이에 대해 트루먼은 "우리는 그들에게 기회를 주지 않을 것이다. 내가 당장 발표할 테니까"라고 대답했다. 미국은 페론의 득세를 막기 위해 노력했던 터라 아르헨티나와의 관계는 그다지 우호적이지 못했고, 이러한 노력은 시간 낭비가 될 수도 있지만 수백만 톤의 식량을 얻을 수 있는 기회로 두고 노력도 하지 않고 포기할 수는 없는 노릇이었다.

결국 이것은 해리 트루먼을 위한 후버의 다음 임무가 되었다. 1946년 6월의 일이었다. 25일 동안 11개국을 여행한다는 것은 그리 즐거운 일이 못되었다. 베네수엘라에서는 목욕탕에서 넘어지는 바람에 갈비뼈 여러 대가 부러졌고, 아르헨티나에서는 국가만찬회에 참석하여 국빈 219명 가운데 196번 째 자리에 앉았지만 "160만 톤의 식량을 얻을 수만 있다면 아르헨티나의 흙이라도 먹겠다"고 다짐했다.

페론 대통령은 후버가 부에노스아이레스에 도착했을 때 취임한 지 48시간밖에 되지 않은 상태였다. 미 대사관은 페론을 반대하는 전면적 선거운동에서 야당의 본부 역할을 해왔기 때문에 후버의 면담기회를 주선하는 데 미국 대사가 힘을 쓸 수는 없었다. 그런데 멕시코 대사가 여기에 끼어들었고, 로마 교황이 이미 밑바탕을 마련해 두었다. 후버는 대단히 호의적이었던 페론과 두 차례 면담을 가졌다. 페론은 심지어 자신의 승리의 상당 부분이 미국의 반대 덕택이었다고 공을 돌리며, 북쪽의 독재정권을 물리치기 위해 국민들이 궐기하게 해 주었다고 후버에게 말했다. 후버에 따르면 페론의 부인 에바는 엘리노어 루즈벨트 전 영부인의 명석한 머리에 해디 라머Hedy Lamarr의 미모를 겸비한 사람이었다.

페론은 전쟁이 끝난 뒤 10개월이 지났는데도 미국이 전쟁 당시 발동했던 무역 제재 조치를 여전히 해제시키지 않았다고 불만을 표했다. 그로 인해 아르헨티나의 실업율이 증가했고, 게다가 아르헨티나의 금 보유는 뉴욕 연방준비은행에서 동결한 상태 그대로였다. 이에 대해 후버가 할 수 있는 것은 어떤 것이었을까?

페론은 후버의 싸움은 유럽 사람들만이 아니라고 덧붙이며, 몇 주 내로 더 많은 곡물을 미국에 내어 주라는 명령을 내렸다. 후버 역시 약속을 지켰다. 워싱턴으로 돌아오자마자 트루먼을 만나서 아르헨티나의 금 압류와 무역 제재에 관해 이야기했다. 후버의 기억에 의하면 이야기를 들은 트루먼은 그 사실을 믿을 수 없다고 말하며 전화로 국무부 장관에게 전화를 걸었었다.

"나는 그때 한쪽의 대화만 들었지만 그것으로도 충분했다." 트루먼 대통령은 무역장벽을 풀고 금도 내어 주라고 명령했다. "이 소식을 페론이 알게 되면 양국의 긴장이 풀어질 수 있을 테니 내용을 아르헨티나 대통령에게 전해도 될지 물었고, 트루먼의 동의 하에 나는 페론에게 우호적인 전문을 보냈다."

　　겨우 일 년 만에 트루먼과 후버는 철저히 반목했던 정적 관계에서 공적으로, 사적으로 국내외에서 신뢰받는 팀이 되어버렸다. 둘은 함께 불필요한 요식 형위를 타파하고 독재자들이 애용하는 관료주의를 거부했고, 하나 내지 두 개의 산을 옮겨버렸다. 트루먼은 취임 첫 해에 대단히 중요한 여러 국정 문제를 해결했고, 그 업적의 성공을 확보해준 사람이 후버였다. 그 달 말 트루먼은 미국이 550만 톤의 식량을 선적했음을 발표할 수 있었다. 이를 통해 인류의 재앙을 막겠다는 국가적 약속을 지키게 된 것이다.

　　후버는 한 친구에게 말했다. "내 신체의 세포가 저마다 피곤하다고 외치고 있다네. 나도 이제 좀 쉬어야겠어."

　　그 해가 끝날 무렵 트루먼은 사적으로 후버에게 편지를 썼다. "당신은 진실로 인류를 위한 업적을 거두었습니다." 지금까지 두 사람은 국내외에서 공동의 적과 충분히 싸웠고 우정과 같은 의미 있는 씨앗을 뿌렸다. "훗날 언제 어떤 사태가 발생하여 또다시 귀하의 도움을 필요로 하게 된다면 분명 협조해 주실 것으로 확신합니다."

2

"세계에서 유일한 모임"

- 허버트 후버 -

트루먼과 후버는 함께 인도주의적 대참사를 막아냈다. 이제 남은 것은 또 다른 전쟁, 혹은 좀 더 가능성이 커보이는 서유럽 점령을 막는 일이었다.

소련과 미국은 유럽의 미래와 힘의 균형에 대해 바라보는 관점이 확연히 달랐다. 미국은 군의 철수, 회복, 재건 그 이상을 원치 않았고, 게다가 유럽 대륙에서 벌어지는 비참한 전쟁에 계속해서 말려들고 싶은 마음이 없었다. 하지만 트루먼은 되돌아가기에는 너무 늦었음을 깨달았다. 이제 미국의 세기가 도래했고, 미국은 리더가 되어야 했다.

하지만 그런 생각을 미국인에게 납득시키려면, 특히 의회의 공화당원들을 설득하려면 지도력과 창의력, 도한 행운이 필요했고, 오직 대통령 클럽만이 제공할 수 있는 최고 로비스트의 도움이 필요한 것이다.

후버만이 존경을 받다가 미움을 받다가 다시 회복되는 식의 롤러코스트를 타는 유일한 대통령은 아니었다. 트루먼이 하고자 하는 것은 너무나 야심찬 것이어서 비록 정치적으로 어려운 시기가 아니라 하더라도 혼자서는 할 수 없는

일이었다. 전쟁이 끝났을 때 트루먼의 지지율은 80%까지 올랐다가 1946년 말
에는 32%로 내려앉았다. 트루먼은 멍청하고 천박하다는 소리를 들었고 헛다리
를 짚느라 다리가 뻣뻣해져서 내각회의에 늦었다는 조롱도 들었다. 1946년 중
간선거 당시 민주당 후보들은 그에게 자기들을 위해 선거운동을 하지 말아달라
고 청했고, 일부는 유세 때 지난날 루즈벨트의 연설을 인용했다. 결국 당은 참패
했고, 16년 만에 처음으로 의회는 공화당이 장악하게 되었다. 초선의원들 가운
데 캘리포니아 출신 젊은 변호사 리처드 닉슨은 후버가 의회 출마를 도왔던 사
람이었다.

독일 문제

1947년 초 트루먼에게 닥친 시급한 과제는 종전 이래 쟁점이 되고 있는 독일에
관한 것이었다. 다시는 위협적 존재가 되지 않도록 목가적인 약소국으로 만들 것
인가? 혹 독일이 유럽의 경제적 엔진 역할을 감당해야 할 국가라면? 빨리 자립하
는 게 모두에게 좋은 일이 될 것인가? 트루먼과 후버는 후자의 정책에 동의했고
막대한 독일 원조프로그램과 더불어 강경한 공화당 의회를 설득하고 있었다.

　　트루먼은 평범한 관료나 외교관보다 후버와 같은 국제적 입지와 국내 정치
적 영향력을 가진 인물을 유럽 특사로 보내고자 했다. 대통령의 정치적 동기는
당시에도 솔직했다. 다음날 신문은 이를 대서특필했다. "대통령은 조사원들의
결과가 공화당 의원들을 감동시키기를 희망한다." 트루먼은 3억 달러를 조성하
려고 했는데, 후버가 돌아와서 미국의 대유럽 정책이 적절하다는 점을 확신시켜
준다면 트루먼이 직접 나서는 것보다 훨씬 좋은 결과를 예상할 수 있었다. 물론
후버가 세 번째 해외 임무인 트루먼의 핵심 정책을 거절한다면 대통령으로서는
더 큰 난관에 빠질 터였다. 이는 위험부담을 감수할 만큼 후버에 대한 트루먼의
신뢰가 커졌다는 의미였다.

　　당시 행정부 내에서 대통령 클럽의 영향력을 깎아내리기 위해 적극적인 움
직임이 포착되었다. 후버를 특사 자격으로 유럽으로 다시 보내는 일은 육군성

의 촉각을 곤두세우게 했고, 〈뉴욕타임스〉의 지적대로 "정식 외교관들로부터 심
각한 의혹"이 제기되었다. 독일의 경제적 통합은 신임 국무장관 조지 마셜George
Marshall한테 최고의제로 간주되고 있었다. 그는 독일과 오스트리아의 최종 평화협
정을 논의하기 위해 모스크바 외무장관 회의에 곧 참석할 예정이었다. 한 관계
자는 "후버를 불러들이는 것은 현 단계에서 이 문제가 얼마나 민감한 문제인지
잘 알고 있는 우리에게 당혹스런 일"이라고 전했다. 독일은 혹독한 추위로 고통
받고 있었다. 겨울을 맞이해 영하로 기온이 내려간 베를린의 시민들은 추위로
목숨을 잃었고 식량이나 연료 같은 기본 생필품이 너무나 부족했는데, 후버의
견해는 독일이 자립할 필요가 있다는 것이었다. 하지만 국무부는 독일을 서유
럽의 소국이 아닌 다른 존재로 만들려면 포츠담회담의 규정을 새로 써야 할 것
이라고 믿었다. 이 조약은 독일을 추후 전쟁 도발이 불가능한 허약한 나라로 남
도록 했다. 후버는 "대통령하고 대화하기 위해서 워싱턴에서 걸려온 전화를 받
았을 때 내가 그리 상냥한 기분은 아니었다"고 당시를 회상했다. 하지만 어쨌든
그는 돌아갔다. 후버는 백악관으로 향하기 전 국회의사당에 들러 공화당 지도부
를 먼저 만나야겠다고 확신했다. 일부 의원들은 훗날 자신들이 트루먼의 외교정
책을 지지하면서도 마지막의 마지막에야 공방을 중단하는 정치적 관습에 따라
행동했다고 고백했다. "만약 후버가 보고서에서 밝힌 견해들이 우연히 대통령
의 생각과 일치한다면 공화당 의원들은 정부 정책에 별다른 이의 없이 그들의
신념을 투표에 부칠 것"이라고 〈타임〉지가 보도했다.

후버가 백악관에 도착하자 트루먼은 신문에 유출된 비판기사를 언급하며 후
버가 말한 대로 "격한 분노를 표했다." 후버는 실제로 트루먼의 책상에 함께 앉
아서 오해의 여지가 없도록 음성 대신 연필을 가지고 이번 임무에 관한 자신의
견해를 글로 썼다. 트루먼이 "국무부의 까칠한 동료들"에 대해 주의를 주었지
만, 그는 온전한 자립을 보장하는 장기적 독일 부흥 프로그램 착수에 동의했다.

후버는 2월 2일 3주 간의 여정에 올랐는데 이것은 유람 여행이 아니었다. 이
미 72세인 그는 난방도 없는 정부청사에서 코트와 담요를 두르고 앉아서 여러
날 동안 15시간씩 일했다. 몇 차례나 심한 감기를 앓았고, 압력 차단 장치가 없
는 더글러스 DC-4 비행기를 타고 캐나다 뉴펀들랜드 상공에서 급강하를 하다

가 고막이 파열되기도 했다. 이 사고로 그는 영구히 청각 기능을 상실했다. 또다시 식량 문제에 맞닥뜨렸다. 그는 해결 방안으로 간이식당과 스프 배급소를 독일 전역에 만들었고, 잔여분의 군 배급품으로 350만 명의 학생들에게 따뜻한 점심식사를 제공했다.

그는 돌아오자마자 트루먼에게 독일이 직면한 어려움을 보고했다. 다음날에는 국무장관 조지 마셜과 두 시간 가량 회합을 했고, 나머지 시간은 내각관리들과 이야기하며 보냈다. 하원 외교위원회에서 유럽 문제를 증언했으며 의원 25명과 오찬도 가졌다.

뉴욕으로 돌아온 후버는 오스트리아에 관한 보고서를 작성했고, 다시 한 번 트루먼과의 회동 자리를 마련하는 편지를 썼다. 트루먼은 즉시 감사의 답장을 썼다. "육군성 장관과 나를 위하여 쉽지 않은 두 차례의 조사를 도맡아준 데 대하여 깊은 감사를 전하고 싶습니다. 당신은 독일과 오스트리아의 상황에 관한 대단히 중대한 기여를 했고 나는 이것이 모스크바회담에서 결실을 거둘 것으로 확신합니다." 트루먼은 후버에게 감사해야 할 이유가 더 많았다. 주요 의원들을 백악관 비밀회의에 초청하여 핵심 사항들을 전했기 때문이었다. 영국 경제가 거의 파탄 상태에 달해 더 이상 그리스와 터키를 구호하는 책임을 질 수 없게 되었고, 다시 말해 그 일은 이제 미국 아니면 소련의 몫이 될 상황이었다. 그리고 트루먼 독트린이 그 주역을 결정했다.

트루먼과 후버는 3월 12일 수요일 아침에 만났다. 후버는 미국 주도의 구제 감독을 사양했지만 원조 자금이 어떻게 사용될지 관리의 중요성을 재차 강조했다. 그 후 트루먼은 의회로 가서 미국의 원조와 힘을 사용할 완전히 새로운 기구를 조직하도록 추진했다.

미국은 더 이상 대서양의 뒤편에 안전하게 앉아 있을 수 없었고, 유럽이 스스로 문제를 해결하도록 방치할 수도 없었다. 트루먼은 그리스와 터키를 지원할 4억 달러 원조를 의회에 요청했고, 전체주의 정권을 수립하여 자유 국민을 강요하고 협박하는 일은 세계평화를 저해하는 일이라고 주장했다. "나는 소수 군부나 외압으로 나라를 종속시키려는 기도에 항거하는 자유 국민을 지원하는 일이 미국의 정책이 되어야 한다고 믿습니다."

어안이 벙벙해진 의원들은 "당혹스런 표정"이 역력했다고 기자들이 상황을 전했는데, "왜냐하면 그들이 눈앞에서 국가 외교정책이 21분이라는 짧은 순간에 급격히 변하는 상황을 지켜보았기 때문이었다." 이 과정에서 의회에 크나큰 풍파를 불러왔다는 증거도 있었다. 특히 공화당 의원들은 세계에서 미국의 이미지를 재건하도록 민주당 대통령에게 백지수표를 전할 마음이 전혀 없었다.

이와 같은 개혁에서 강경파 후버는 꼭 있어야 할 트루먼의 협력자였다. 그는 그 해 봄 내내 이 돈이 최종적으로 반환되어야 한다는 조건으로 오용에 대한 안전장치를 두고 집행 된다면 아무 문제가 없으며, 이 원조가 대단히 중요한 일임을 증언했다.

그는 열 명의 공화당 의원들과 조찬을 마련했다. 하지만 백악관 영빈관에 계속 머물러 달라는 트루먼의 제안을 수락하지는 않았다. 그는 이에 대해 독립성을 보장할 수 없고 도청될지도 모르기 때문이라고 리커드한테 말했다. 후버는 국가의 이익을 위한다고 믿는 양측, 즉 트루먼의 과도한 예산 지출이나 공화당의 빈응적 고립주의도 신뢰하지 않으면서 양쪽과 협력하고 있었다. 법안이 최종적으로 모습을 갖추었을 때 그 안에는 후버의 비용 통제 제안이 많은 부분 포함되었다. 이로 인해 후버와 트루먼이 함께 세운 기초로부터 미국 정치력의 위대한 체계가 성립했고, 이것이 바로 마셜 플랜Marshall Plan, 경제 부흥정책이었다. 다시 한 번 트루먼이 이 영향력 강한 후원자의 협력에 다시없는 깊은 감사를 해야 할 이유가 생긴 것이다.

1947년을 보내는 동안 트루먼은 자랑스러운 협력자에게 몇 가지 의미 있는 제안을 했다. 4월에 그는 '후버 댐' 명칭을 다시 복원시키는 결의안에 서명하면서 사용한 4개 펜을 모두 후버에게 보내도록 요청했다.

한 달 뒤 후버가 워싱턴 언론인 모임 그리다이언Gridiron 만찬회에 모습을 드러냈을 때 이 전례 없는 우정은 1932년 이래 처음으로 만천하에 공개되었다. 트루먼은 재선 운동에 몰두 중이었기 때문에 후버는 발언을 통해 자신이 "트루먼을 전직 대통령 전용 클럽 회원으로 끌어들이려는 하는 것처럼 보일 수 있는 민감한 상황"은 피하고 싶다고 말했다. 그는 야당 의회공화당를 다루는 어려움에 대해서 위로를 표했다. "나는 이 세상의 그 어떤 사람보다 트루먼 대통령의 심정을 잘

헤아릴 수 있다"고 말하면서도 트루먼의 능력과 원칙에 대해 칭찬을 계속했다. "외부로부터 쏟아지는 수많은 위기 가운데서도 트루먼은 미국 땅에 발을 내디디고 굳건히 버텼다. 그는 모든 사람을 향한 선의의 자극을 백악관에 가져왔다."

후버가 연설을 마치자 트루먼은 손을 뻗어 그의 프로그램에 메모를 적었다. "높은 존경과 심오한 감사를 위대한 사람에게 바칩니다." 12월에 트루먼은 백악관 만찬회에 후버를 초청했고 다음달 대통령 별장을 사용해도 좋다고 제안했다. 후버는 특히 트루먼 가족이 백악관에 자신의 부인 루 후버Lou Hoover의 초상화를 걸어놓았을 때 큰 감동을 받았다.

백악관에 오래 머물수록 트루먼은 전임 대통령이 자신을 도울 수 있음을, 나아가 매우 특별한 방법으로 도움을 줄 수 있다는 사실을 더욱 잘 알게 되었고, 부탁의 말을 할 때 거만하게 굴지 않았다. 후버 역시 트루먼의 호의를 갚을 수 있는 방법을 찾았다. 의회가 모든 정부 관료들에게 대통령 월급까지 포함해서 세금을 부과시킨 것은 트루먼 집권 말년의 일이었다. 이것은 후버나 루즈벨트 같은 개인적으로 부유한 사람에게는 문제가 없었다. 루즈벨트는 1944년 월급의 절반 이상을 세금으로 지불했지만 언제나 경제적으로 어려웠던 트루먼에게는 상당히 어려운 일이었다. 백악관 참모와 직원들의 월급은 정부가 지급했지만 그들의 식비는 아니었다. 가족들의 생활비도 언제나 잔여분뿐이었다. 집에 가져가는 돈은 주당 80불 정도라고 트루먼은 친구들에게 이야기했다.

후버는 대통령 월급을 인상하도록 앞장서서 도왔다. 그는 트루먼이 운이 좋으면 기껏해야 매달 담배를 살 정도의 돈 정도는 모을 수 있을 것이라며 현 상황을 비판했다. (물론 트루먼은 담배를 피우지 않았다.) 1949년 초 의회에서는 최종적으로 대통령의 급여를 1/3정도 올리는 투표를 하여 10만 달러가 되게 했고, 비과세로 자유롭게 사용할 수 있는 비용 5만 달러를 추가했다.

클럽을 위한 선물

의회가 대통령에게 더 많은 돈을 제공하는 것과 더 많은 권한을 허용하는 것은 완전히 별개의 일이다.

트루먼은 이를 위해 또다시 후버의 도움이 필요했을 것이다.

1798년 이후 최소한 6번에 걸쳐 위원회와 행정부처이 전반적인 조직개편이 시도되었지만 야심차게 시작한 노력은 대부분 수포로 돌아갔다.

주요 행정 조직의 개편은 대부분 대통령의 권한을 제한하는 것을 목적으로 했지만, 오늘날의 대통령들은 복잡하게 얽혀있는 각 부처 때문에 직책을 제대로 이행할 수 없었다. 1945년 5월 의회에 보낸 첫 번째 메시지에서 트루먼은 행정부처를 재조직할 권한을 요청했다. 바로 그때 후버가 그를 응원했다. 그는 오하이오 의원 조지 밴더에게 편지를 썼다. (트루먼도 이 사본을 직접 보게 했다.) "지난 35년 동안 6명의 대통령이 연달아 행정부 재조직을 건의했다. 행정부처 간 정책이 중복되고 폐기되면서 빚은 갈등이 지난 35년 내내 스캔들이 되어왔다. 이 조치를 위한 싸움은 오랫동안 지속되었지만 헛수고였다." 트루먼은 후원에 감사하며 후버에게 편지를 보냈다. "당신이 원칙적으로 이 법안을 승인하고 있다는 사실에 용기가 솟아오릅니다." 이것은 다가올 싸움에 유용한 밑거름이 되었다.

그러나 트루먼의 첫 임기 동안 의회는 행정부처 재조직에 대한 그의 노력을 애써 막아버렸다. 특히 1946년 공화당이 의회를 장악한 후 그들은 능률적인 정부보다 작은 정부를 지향했다. 후버 행정부는 1년에 약 40억 달러를 썼는데 종전 후 트루먼은 10배가 넘는 예산을 쓰고 있었고, 604,000명이던 공무원은 이제 2백만이 되었다. 정부는 북미 대륙의 1/4을 소유했고, 5000채가 넘는 빌딩과 백만 대의 자동차와 트럭, 페인트 공장, 제재소, 버진 아일랜드 양조장, 1년에 2천만 달러의 매출을 올리는 테네시 비료공장을 소유하고 있었다. 컬럼비아 강에 알을 낳기 위해 거슬러 올라가는 연어 한 마리도 12개 서로 다른 관할 부처에 속했다.

그래서 1947년 7월 의회는 정부의 행정부처 조직위원회를 설립했다. 과거에 기획되었던 구조조정보다 허용 범위 역시 더 넓었다. 법에 명시된 이 위원회의 목표는 경제 향상, 효율성 증진과 더불어 개선된 서비스를 공공사업 전역에서 발진시키는 일이었다. 1948년 11월 이후 이에 대한 보고가 절차가 진행되었으며, 이런 법안이 새로운 공화당 대통령에 의해 쇄신의 청사진이 되도록 했다. 조 마틴 의장은 후버를 위원에 임명했는데 그는 성격대로 의장에 임명되지 않는 한 위원수락을 거절했다.

유일하게 생존하고 있는 전임 대통령으로서 당연한 선택이었다. 즉, 그는 공화당 의원들과 가까운 관계를 맺고 있는 존경 받는 원로 정치인이었다. 루즈벨트의 유산인 뉴딜정책을 끌어내리려는 공화당 의원들은 전 대통령 후버만이 "스스로를 진보라 칭하는 배신자들" 민주당원들에게 치명적인 일격을 가해줄 것으로 믿었다. 왜냐하면 그는 뉴딜경제정책 지지자로 불렸고, 공공분야에 건전한 관행을 도입한 인물이었기 때문이다.

하지만 트루먼은 후버가 공화당 의원들을 위해 그렇게 하지 않을 것임을 알고 있었다. 그에게는 대통령 직책에 올라본 사람으로서 공감하는 대통령직 보호라는 강한 동기가 있었다. "후버는 대통령직에 대한 어떤 공격에도 참여하지 않았다"고 그의 위원회 참모 돈 프라이스가 말했다. 후버는 국가 위기에 대통령 자리에 있었고, 위기를 충분히 해결하지 못한 모든 책임을 졌다. 만약 그가 그 직책을 변화시킬 수 있다면 후임이 비슷한 운명을 겪지 않도록 보호할 수 있었을 것이다. 일부 민주당 의원들은 트루먼 대통령이 너무 순진해서 그의 근간인 진보적 의제를 역행시킬 음모가 도사리고 있는 법안에 서명할 것이라고 생각했다. 하지만 트루먼은 루즈벨트가 대통령 권한을 이용하기 위해서 어떤 선택을 했던가를 감안해볼 때 강화되고 제도화된 대통령 직책 개념을 후버가 반대하지 않을 거라 생각했다. 트루먼은 이 위원회에게 "얻을 수 있는 가장 정직한 결과를 보내줄 것"을 요청했고 "이것이 누군가에게 만족을 주든 만족을 주지 못하든지 걱정하지 말라"고 했다. 한때 하원의장을 지냈고 또 미래 하원의장을 맡을 샘 레이번이 반대했지만 트루먼은 이를 물리쳐버렸다. "후버는 내가 알고 있는 사람 중에서 가장 우수한 사람이며 나를 위해 이 일을 잘 처리해 나갈 것입니다. 여러 정치인들이 후버를 제발 가만히 놓아두면 우리는 정부 조직을 얻게 될 것입니다. 그것이 지금 샘 의원 당신이 도와줄 수 있는 전부입니다"라며 단언했다.

후버는 이것을 마지막 공무 수행이라고 불렀다. 이 위원회는 400억 달러 예산을 점차 줄이겠다는 희망에서 2,500개 부서와 기관에 대한 조사를 맡았다. 예를 들어, 정부의 구매 주문의 절반 정도는 10달러도 안 되는 가격이었는데, 그것을 진행시키는 업무처리 비용이 11.20달러였다. 후버는 행정 절차를 줄이기 위해 중앙구매기관을 설립하면 1년에 2억 5천만 달러를 절약할 수 있음을 예측했다.

후버는 상호교류가 가능한 25개의 대책반을 설립했고, 연구직원들을 채용하고 2명의 전 내각위원, 13명의 차관, 3명의 전 상원의원, 5명의 주지사, 10명의 대학총장을 포함한 수백 명의 전문가를 모집했다. 대부분이 보수적이고 친사업적 성향이었고, 그래서 이 그룹은 당파적 노선에 따라 분열되지 않으면서 바로 그 방향으로 위원회를 이끌어가도록 도왔다. 트루먼의 대의원들은 뉴딜정책 집행부에 대한 공격을 막아내는 역할을 했지만 숫자는 열세였다. "후버는 틀림없이 뉴딜 정책을 실질적으로 전복시키는 기구로 이 위원회를 활용할 수 있다고 생각했다"고 변호사이자 뉴딜 정책가이며 루즈벨트부터 존슨에 이르는 대통령의 정책자문으로 활동했던 제임스 로우가 당시를 회고했다. "그는 대단히 열성적이고 진지한 사람이었는데 악마같이 일했다고 생각한다. 당시 그는 75세였다. 토요일 오전에는 거의 일을 하지 않았시만 이렇게 이야기하곤 했다. '몇몇 보고서의 초안 세 가지를 가지고 월요일 아침에 다시 오겠습니다.' 주로 기차를 타고 다녔는데 토요일과 일요일 내내 일하고 출근하는 기차 안에서 보고서를 직접 작성했다. 보고서들은 제대로 써진 것 없이 글씨가 엉망이었지만 그는 그것을 보며 열심히 일했다."

적은 숫자로 더 많은 일을 하면서 행정부를 돕는 것은 형식적 임무였지만 보수계 인사들에게 적은 수는 정부가 조금만 일한다는 의미로 받아들여졌다. 그가 출판하지 않은 위원회 회고록에서 후버는 트루먼의 소속당 의원들을 "정신이상자들"이라고 표현했다. "그들은 모두 공화당이 대선에서 승리할 것이라고 믿었고, 좀처럼 트루먼을 칭찬하지 않았다. 당시 나는 트루먼을 호의적으로 이야기했던 유일한 사람이었던 것 같다."

후버가 트루먼의 업무 위임을 사양한 부분이 있었다. 그것은 대통령 예우에 관한 것이었을 것이다. "그런 예우를 받게 될 사람이 자신일 거라고 짐작했다. 이에 관해 더 많이 알고 있는 사람이 누가 있겠는가?"라고 그는 말했다.

그는 도움을 얻기 위해 트루먼의 예산국장 제임스 웹에게 연락하여 대통령

직책에 관한 사적인 요구사항을 조사해 보도록 부탁했고, 웹은 "후버의 바람직한 상황변화"를 트루먼에게 보고했다. "수많은 제안들이 떠돌지만 대통령직에 올라보지 못한 사람이나 그 직책과 밀접하지 못한 사람들의 제안은 평가하기 대단히 어렵다. 후버와 여러 차례 대화하면서 나는 그가 어려움에 대한 이해와 전반적인 문제처리에 세심히 배려한다는 것을 확신했다"고 웹은 언급했다.

선거는 다르다

후버는 1948년 토마스 듀이뉴욕 주지사를 상대로 대선 경선에서 여러 어려움에 직면한 대통령의 상황을 더욱 악화시키고 싶지 않았다. 또한 그의 귀중한 위원회가 당파싸움의 노리개가 되는 것도 원치 않았다. 그는 트루먼의 홍보관 찰리 로스와 점심식사를 하면서 여론에 대한 자기의 신뢰가 얼마나 크게 회복되었는지를 의미하는 공화당 전당대회 기조연설 초청을 거절했다고 말했다. 또한 자신은 보다 비중이 작은 연설을 하고 싶고 대통령에 대한 어떠한 공격도 피하고 싶다고 분명히 말했다. 그렇다고 해서 그런 제스처가 백악관에서 전적으로 환영을 받는 것도 아니었다. 에어즈에 의하면 보좌관 회의에서 클라크 클리포드와 다른 사람들은 후버가 자신의 기조연설이 민주당에게 도움이 될 거라는 생각에서 공화당 전당대회 기조연설 연사가 되지 않으려 했다고 조소하며 유감을 나타냈다.

후버는 전당대회에서 연설했다. 〈타임〉은 "민주당이 집권하는 동안 신랄하게 공격하는 공화당 의원은 거의 없었고, 후버가 준비한 연설은 세계 속 미국의 입지를 논의할 당파심을 내다버렸다"고 전했다. 후버는 서유럽 강화와 자유주의 수호의 중요성을 강조했다. 이에 대해 트루먼은 "정치가 개인의 이익을 위해 연출되는 게임일 뿐이라고 믿는 사람들의 충고를 따른다면 시간을 낭비하는 것…"이라는 발언이야말로 정치인의 진정한 목소리라고 칭찬하는 내용의 편지를 보냈다.

그래서 사람들은 총선이 양당의 혈전 없이 전개될 것으로 예상했는지 모른다. 트루먼은 예의를 갖추고 선거 유세를 치러야 된다고 공언했다. "도움을 준 사람이나 친구를 공격하지 않고 총선에서 이길 수 없다면 승리의 가치가 없다."
경선 열기가 정점에 달했을 때 중단하는 것이 그의 소신이었다.

어쩌면 민주당을 어떻게 대적할지 잘 아는 공화당 의원은 오직 허버트 후버
뿐이었기 때문에 그런 경향을 깊이 굳히고 있었는지도 모른다. 트루먼은 이 경
선을 작은 동네의 일반적 가치관을 가진 사람과, 기회가 있을 때마다 속임수를
쓰려는 공화당 권력 로비의 싸움이라고 불렀다. 한 연설에서 그는 후버를 16번
이나 언급했지만 단 한 번도 칭찬은 없었다. 만약 1928년 대선에서 경쟁자 알
스미스가 후버를 물리쳤더라면 "우리와 이 세상은 말할 수 없는 비극과 고통에
직면했을 것이다"라고 트루먼이 주장했다. 듀이의 선거 유세 차량이 군중 속으
로 후진하는 사고가 발생했을 때 듀이는 엔지니어가 정신이 나갔다고 소리친
뒤, "대합실로 열차를 후진시켜 우리에게 고통과 좌절과 절망을 가져다 준 엔지
니어"가 바로 후버라고 언급했다. 트루먼은 그런 비유를 부정할 수 없었다.

트루먼에게 이것은 완벽하게 이해를 얻을 수 있는 냉정한 정치적 마상시합
이었는지 모른다. 그러나 "후버는 완전히 충격을 받았다"고 제임스 로위가 회고
했다. "후버는 그렇게 친절했던 사람이 어떻게 그럴 수 있는지 도저히 납득하기
어려워하면서 '그것이 정치고 트루먼도 정치를 한 것이다'라고 했다"고 전했다.

후버는 "그가 정치를 한 것으로 짐작한다"고 말했다. 트루먼의 말이 진담은
아니었을 것이라고 수석비서관 존 스틸먼에게 했던 고백은 어쩌면 작은 위로가
되었을 것이다. "당신이나 나처럼 후버는 미국 대공황과 관계가 없다"고 존이
말했다.

그러면서 후버는 그의 칼을 칼집에 도로 집어넣었다. 21세기의 정치 싸움을
자세히 살펴볼 때 상대편을 겨눌 치명적 무기를 갖고도 대의명분을 좇으며 자
제할 거라고 생각하기는 어렵다. 언젠가 제임슨 레스턴은 이런 식으로 기록했
다. 대선 선거캠페인을 벌이는 동안 후버가 수집한 모든 정보를 공화당과 공유
했더라면 상당한 논란을 일으킬 자료가 되었을 것이다. 하지만 후버와 참모들은
자신들이 수집한 사실들을 공개하지 않으면서 캠페인이 끝날 때까지 상당히 조
심했다. 후버는 대선에서 승리한다는 개인적인 유세보다 그 직책의 성공적 개혁
이 더욱 중요하다는 원칙에 따라 움직이는 것같이 보였다.

트루먼의 세일즈맨

트루먼은 침묵이라는 후버의 배려 덕분에 역사적인 역전 승리를 거두었다. 후버가 사임할 것이라는 소문은 그 위원회를 장차 국무장관이 될 딘 애치슨이 맡는다는 의미가 되었고, 민주당이 의회를 장악하면서 이제 진보파가 힘을 쓸 수 있게 되었다. 애치슨은 트루먼에게 전면적인 노력에서 물러날 것을 촉구했다.

그때까지 후버는 14개월이라는 긴 시간을 투자하여 언론과 의회에서 확실하게 검토할 수 있도록 약 2백만 어휘를 사용하여 19개 보고서로 요약하였다. 그의 최대 희망은 위원회의 진실한 논리가 특권이나 당파의 주장을 뛰어넘기를 바랐다.

후버는 트루먼의 보좌관 웹과 함께 식사를 하면서 좌절감을 드러냈다. 그들은 열심히 노력했고 공화당 소속 대통령이 자리에 오르면 그 제안이 실현될 수 있을 것으로 확신했는데 모든 것이 물거품이 되었다고 말했다.

웹은 당시를 다음과 같이 회고했다. "내가 '나는 대통령에게 그에 대해 주지시킬 수 있을 뿐입니다. 이것은 전임 대통령이 이야기할 문제가 아닙니다. 당신의 수고가 어제 좋았다면 내일도 좋을 것입니다. 당신이 진실로 좋다고 믿는다면 나는 대통령을 붙들고 우리가 계속 협력할 수 있는지 알아보겠습니다'라고 말하자 후버의 얼굴에 미소가 떠올랐다. 아마 루즈벨트 대통령이 자신을 따돌렸던 것처럼 방치될 것이라고 생각했던 것 같았다⋯."

두 사람은 이야기를 나누며 웹의 사무실까지 걸어왔다. 그리고 웹이 트루먼에게 전화를 걸었다. 당시 그는 플로리다 키웨스트에서 승리를 만끽하고 있었다. 선거가 끝난 지 3일 만에 트루먼이 후버와 힘을 합하여 정책 구상을 내놓는다면 대통령으로서 입지가 더욱 굳어질 것이라고 웹은 확신했다.

공화당은 전형적으로 강력한 대통령을 의심해왔다. 하지만 웹은 전화기에 대고 다음과 같이 말했다. "지금까지 쌓아온 후버 전 대통령님과의 관계를 근거로 제가 믿는 바는 이렇습니다, 전직 공화당 대통령으로 하여금 공화당이 대대로 대통령에게 거부해왔던 행정책임기구를 받아들이도록 촉구하게 만들 가능성이 있다는 것입니다."

웹은 트루먼에게 계속 주장했다. "만약 조직이 제 역할을 할 수 있다면 대통령님은 초당파적 합의를 이룰 수 있고, 나아가 역사상 한 번도 보지 못했던 대통령의 지도력을 달성시킬 것이 틀림없습니다."

후버는 정부에 관하여 지나치게 비대한지 또는 너무 허술한지를 파악하는 확실한 신념을 갖고 있는 것으로 보였다. 그는 선거 후 기자들에게 말했다. "우리가 해야 할 일은 지금 존재하는 모든 정부기능을 더욱 능률적으로 만드는 일입니다. 존재 여부를 논의하는 것은 우리의 역할이 아닙니다." 이것을 계기로 다음날 트루먼은 공식적으로 후버의 정부 기능 조사를 지지한다는 입장을 밝혔다. "행정부서는 지금껏 효율적이고 경제적인 행정부에 여러 장애 요소를 부과해 왔습니다. 후버 대통령과 내가 경험을 통해서 보아왔던 대로 모든 업무는 일반적인 신념을 구체적이이고 현실적인 안건으로 체계화하게 될 것입니다"라고 트루먼은 후버를 추인해 주었다.

2주가 지나고 두 대통령은 개인적으로 힘을 합할 것을 약속했다. 트루먼은 이렇게 썼다. "축하 인사와 다른 일들을 처리하고 나면 곧바로 선반적인 문제에 관해 당신과 많은 대화를 나누고 싶습니다. 우리가 어느 정도 좋은 결과를 얻을 것으로 믿습니다. 우리는 더욱 능률적인 정부가 필요하다는 것을 잘 알고 있기 때문입니다."

그러나 후버는 이 위원회에 위촉된 트루먼의 대표자들을 의심하고 있었다. "그들은 11월 선거 때까지 협력한 후 문제를 일으키기 시작했다. 의심할 필요도 없이 악의적인 뉴딜 정책 지지자들은 지난 15년간의 실정이 폭로되는 것을 원치 않았기 때문이었다." 후버를 방문한 후 리커드가 일기에 기록한 내용이다. 후버는 뉴딜 지지자들이 강력한 조직개편이라는 트루먼의 이해관계와 상반되는 태도를 취하는 것이 아닌지 의심했다. 전적으로 민주당이 모든 책임을 맡고 있으므로 좋은 결과를 얻을 수 있을지 의심스러웠지만, 그럼에도 그는 이 위원회에 자신의 모든 노력을 계속 퍼부었다.

그 후 몇 개월 만에 위원회의 첫 보고서가 공개되었다. 후버는 민감한 정치적 계산에 직면했는데 이는 그의 강직한 성격에 전혀 맞지 않았다. 그가 원하는 것을 요구할지 아니면 얻을 수 있다고 생각하는 것을 요구할지 결정을 내려야만 했다. 민주당에 양보하여 결과 보고를 희석시키거나 축소해야 할까?

트루먼과 후버는 1949년 1월 7일 다시 만나 여러 부서의 폐지나 현대화, 내각장관들의 위원회 건의안 지지를 어떻게 얻을지 의논했다. 대통령에 취임해본 경험이 있는 서로 다른 당 출신의 두 대통령이 이 직책에 대한 권한을 더욱 강화시키기 위해 함께 공모하는 중이었다.

일주일 후 후버는 의회에 나가서 의회 승인 우선요청 없이, 어떤 부서 제외 없이, 트루먼에게 행정부 개편 권한을 주도록 촉구했다. 2월 5일에 발표된 첫 번째 보고서는 "국제사회의 위기상황"에서 대통령이 강력한 집행 권한을 갖추어야 되고, 대통령은 국민과 의회에 대하여 결과의 책임을 지도록 작성되었다. 후버는 27개 종목별 건의안에서 약 65개 부와 청을 2/3 정도의 축소를 제안했다. 의회는 여전히 과반수 투표로 60일 이내 일부 부서개편을 거절할 권한을 갖게 된다.

과거 강력한 권한과 영향력을 보유한 의회는 이를 바탕으로 대통령에게 매번 반기를 들어왔다. 루즈벨트가 보다 완만한 개혁을 시도했을 때도 행정 독재를 꿈꾸는 것으로 비난 받았다. 하지만 후버가 제시한 정도의 대대적인 개혁안은 한 번도 없었고, 그럴 필요도 개혁의 시기도 적절하지 않았다. 마침내 칼럼니스트 아서 크록은 이렇게 썼다. "직전 선거에서 대승을 거둔 대통령과 미국 정부 기능에 대한 최고의 실질적 권한을 잘 알고 있는 전임 대통령이 합심하여 조성된 그와 같은 강력한 권한을 가지고 의회에 나갔던 것은 전례가 없던 일이었다."

1949년 2월 8일 후버가 첫 보고서를 제출한 날 미 하원은 행정개편 법안을 승인했다. 〈뉴욕타임스〉는 이것을 다음과 같이 전했다. "지금까지 의회에서 이루어진 가장 괄목할 만한 투표라 할 수 있다. 이것은 전통으로 치부하며 타성에 젖어버린 것에 대한 조치였고, 의회의 의도에 따라 처리된 안건을 취소시키는 권한을 대통령에게 주었다. 그런데도 이것은 356 : 9라는 전례 없이 압도적인 표차로 승인되었다."

몇 주 후 위원회는 국무부 개편에 관한 추가 보고에서 안보와 국방 기관을 통합하고 농업 프로그램에 체계를 수립하고 지나친 재고와 소모를 줄이기 위해 구매부서기능을 집중화하는 보고서를 제출했다. 위원회의 건의안을 바탕으로 트루먼은 의회의 승인을 얻기 위해 개편 계획을 차례로 제출했고, 후버는 여름 내내 둘의 서신대로 활동을 계속했다. 7월에 있던 상원에서의 발언에서 후버는 대통령의 계획을 방해하려는 여러 도전을 봉쇄시켜 버렸다. "의원님, 대통령과 나 사이에 자꾸만 의견 차이를 만들려고 하지 마세요. 모든 과정에 가장 협조적인 분이 대통령이었습니다." 후버가 러셀 롱 상원의원을 꾸짖으며 한 말이었다.

대통령의 재탄생

건의안의 규모를 감안할 때 모두 입법화되기까지 수년이 걸렸을 테지만, 결국 후버 위원회가 건의한 안건의 70%가 효력이 발생했고 이에 따라 대통령에게 강화된 권한을 주었다. 동시에 의회의 개입을 줄이고 명령체계를 합리화하여 추정치 수백억의 예산을 절감하게 되었다. 1961년 말경에 케네디의 국방상관 로버트 맥나마라가 국방부 예산 수십억을 줄이도록 도와준 데 대해 후버에게 감사했다고 역사학자 리처드 노튼 스미스가 언급했다.

　전혀 가능성이 없어 보였던 우정은 새로운 대통령직을 탄생시키기에 이르렀다. 두 사람을 모두 유리하게 만들어준 것은 협정이었다. 1951년경 갤럽에서 진행한 가장 존경 받는 남자를 묻는 여론조사에서 트루먼과 후버는 각각 3위와 5위를 차지했다. 두 대통령은 함께 역사상 대통령 직책의 가장 위대한 변화를 추진시켰다. 뉴딜 정책을 무산시키기 위해 설치된 한 위원회는 조직을 보다 효율적으로 만듦으로써 뉴딜을 계속 살려주는 역할을 했다. 1953년 대통령 임기 마지막 날 밤에 트루먼은 미래의 어떤 대통령도 실수하지 않을 정도로 백악관을 완전히 재창조했다고 자랑스럽게 이야기한 것으로 전해졌다.

　트루먼은 전직 대통령의 임기가 끝난 후에도 사회적 역할을 할 수 있음을 확신하며 직책에서 물러났고 몇 년 후에 이렇게 썼다. "대통령이나 부통령 또는 하원의장의 경험이 있는 사람은 그 누구보다 행정부를 잘 알 수 있는 기회를 갖게 된다. 이들은 우리가 필요할 때 도움과 충고를 청할 수 있는 사람들이다. 이것이 바로 우리가 그와 같은 특별한 경험을 가진 사람을 어두움 속에 내버려두어서는 안 되는 이유다. 적어도 우리의 전임 대통령은 말할 것도 없다."

물론 트루먼이 이런 기록을 남겼을 때 그 역시도 친구이자 협력자가 후임자로 직책을 물려받았지만 자신의 충고를 전혀 받아들이려고 하지 않는 것을 지켜보게 된 전임 대통령이 되었다. 1952년 드와이트 아이젠하워Dwight Eisenhower가 당선되자 대통령 클럽은 드디어 퇴임한 두 대통령을 회원으로 갖게 되었다. 바로 그때 두 사람은 진정한 친구가 되었다. 그들의 우정은 다음 10년 간 더욱 깊어졌는데, 대통령 직을 물려받은 장군에 대한 깊은 적대감을 공유하면서 더욱 활기를 띠었다. 트루먼은 그의 예산국장 프랭크 페이스에게 이렇게 말했다. "나는 후버에게 모든 명예와 전 대통령에 합당한 관심을 주었고, 후버가 이에 대해 대단히 감사했다는 것을 알고 있다. 비록 우리 둘은 전혀 다른 유형의 사람들이지만 후버에 대한 "트루먼의 예우"가 얼마나 그에게 영향을 미쳤는지 잘 알고 있다."

협력자에서 친구로

자리에서 물러나자 정치적 싸움은 뒤로하고 후버와 트루먼은 서신 연락을 계속했다. 그들은 뉴욕, 독립기념관, 플로리다 케이라르고를 함께 방문했고, 필요할 때는 공식적인 대통령 클럽 업무를 상의했다. 자신들의 이름과 명성에 기대려는 여러 사회적 활동에 자주 요청 받았기 때문에 후버는 불필요한 곳에 끌려다니지 않도록 대통령 클럽의 조례를 만들자고 제안했다. "우리의 합의가 필요하다고 생각합니다. 주최자들이 사전협의 없이 그들의 기획 속에 우리를 끌어들이게 해서는 안 됩니다."

트루먼은 1957년 7월에 허버트 후버를 자신의 도서관 개관식에 초청했다. 유산물을 축성한다는 것은 자신의 비용을 사용한다 하더라도 공유의 사명이다. 현대의 대통령들의 업적이 다듬어지고 형태를 갖추게 된 작업장이 바로 그들의 도서관이다. 그렇기 때문에 도서관을 건립하려는 대통령은 다른 사람의 노력에 관심이 많았다.

여행 계획을 재조정하면서까지 "신이나 악마의 장난만 없다면" 후버는 참가하겠다고 약속하면서 그 이유에 대해 "도서관 설립은 우리 모임의 가장 중요한 업적 중 하나이기 때문이다"라고 썼다.

트루먼은 즉각 답장을 보냈다. "귀하의 편지는 지금까지 받았던 것 중 가장 멋있는 편지였습니다. 미주리에서 얘기했던 대로, 나는 이 일에 대단히 마음이 부풀어 있습니다."

"나는 그의 가장 가까운 친구 중 하나이며, 그는 나의 가장 가까운 친구라고 믿는다"라고 트루먼이 1962년 후버 도서관 건립을 도울 차례가 되었을 때 말했다. 두 사람은 자신이 집필한 책을 서로 교환했는데, 트루먼의 신간을 받자마자 후버는 지금까지 교환한 것 중 가장 친밀하고 진정어린 감동적인 답장을 보냈다. "그 책은 최고로 귀중한 문서 서가에 두었습니다." 그러면서 정치적 직관과 퀘이크 교도로서 깊은 신앙이 전혀 어긋나지 않는 민주당 친구에게 깊고 단단한 존경을 표시했다.

> "지금 이 편지에 좀 더 심도 있는 이야기를 덧붙이고 싶습니다. 우리가 나눈 우정이 당신이 아는 것보다 훨씬 더 깊숙이 내 생애에 영향을 미쳤기 때문입니다.
>
> 나는 공익에 봉사하기 위해 1914년 성공적이던 직업을 그만두고 1차 세계대전을 거치며 약 18년 동안 군에 복무했습니다.
>
> 진주만 공격이 시작되었을 때 나는 즉시 대통령에게 가능한 지원과 봉사를 제안했습니다. 1차 세계대전 때의 경험을 살려 또다시 유용한 역할을 감당할 수 있다고 생각했습니다. 하지만 아무런 답이 없었습니다. 2차 세계대전이 발발했을 때 내가 할 수 있는 역할은 의회와 위원회로부터 가끔 날아오는 요청 정도로 제한적이었습니다.
>
> 당신이 백악관에 온지 한 달 만에 내가 유일하게 알고 있는 공공 분야 방면으로 내게 문을 열어주었고, 그래서 지난 몇 년 동안 씌어졌던 불명예를 회복시켜 주었습니다.
>
> 이 모든 것과 당신의 우정에 대해서 나는 깊이 감사합니다."

후버와 트루먼이 이 정도로 굳건한 연대를 구축할 수 있었다면, 실제로 공통

점을 가진 두 대통령이 과연 어떤 일을 함께 해낼 수 있었을지 누구도 예측하기
어렵다.

아이젠하워와 트루먼:

신중한 구애, 쓸쓸한 결별

━━━━━━━ ☞•○ ━━━━━━━

링컨이나 루즈벨트와 같은 몇몇 대통령들은 재임 당시 올림포스의 신들에 비교될 정도로 엄청난 명성을 얻었지만, 퇴임 후까지 인기가 지속된 사람은 아무도 없었다. 하지만 20세기 인물 가운데 ― 혹은 워싱턴 대통령을 제외한 모든 사람 가운데 유독 드와이트 아이젠하워만이 대통령 임기 전부터 위대했다. 전쟁 동안 연합군 최고사령관의 역할은 국가 원수에 비견되는 부담과 압박을 받았는데, 사실 그것은 일반적인 대통령이 겪는 것보다 더 막중한 것이었다. 이로 인해 그가 전임 대통령들에게 위로나 지도를 필요로 하는 일은 극히 드물었다. 그의 업적에 대해 말하자면, 아이젠하워는 백악관에 입성할 때부터 떠날 때까지 생존하는 어느 누구보다 높은 인기를 누리던 실로 드문 대통령이었다.

이것이 바로 특별하고 강력한 회원인 그가 실제로는 대통령 클럽에 가입하지 않았던 이유였다.

아이젠하워와 트루먼의 만남은 1945년 트루먼이 대통령에 취임하고 아이젠하워가 나치를 패배시킨 역사적 전환기 시점으로부터 몇 주 후였다. 두 사람은 함께 미국의 세기의 발판을 구축하고, 유럽을 부활시키고, 군대를 개혁하고, 북대서양조약기구NATO를 구축하고, 냉전에 대처하기 위해 국가안보조직을 구성했다. 그들은 한때 가까운 동료였지만 아이젠하워가 군복을 벗고 정치인이 되던 1952년의 열띤 선거 때 결별하게 되었고, 이후로는 아이젠하워의 최악의 적들 가운데 찾는 게 더 빠른 사이로 전락했다. 두 사람의 싸움은 실상 정책적인 것과는 거리가 멀었고, 심지어 정치적인 것도 아니었다. 둘 사이의 적대감이 깊었고, 온전히 개인적인 증오였다. 이러한 불화의 책임을 트루먼에게서 찾자면 그가 아이젠하워를 향해 "위대한 군인이기는 하지만, 소속 당의 최악의 사태에 제대로 대처하지 못하는 도덕적 겁쟁이"라고 했던 것에 대한 단죄라 하겠다. 아이크(아이젠하워)는 트루먼에 대한 경멸만을 키웠던 것 같다. 그러나 이 경멸의 감정에는 두려운 상황에 직면할지 모른다는 죄책감이 혼재되어 있었다. 바로 트루먼이 옳았다는 사실이다.

1953년 아이젠하워 대통령의 취임식 날까지 둘은 거의 대화도 없었다. 그들은 이후 10여 년 간 서로를 무시하고 모욕했다. 이러한 관계는 그들이 대통령 임기를 모두 끝낼 때까지 계속되다가 후임의 장례 행렬에서 우연히 옆에 나란히 앉은 자신들을 깨닫고 두 클럽 회원은 다시 화해하게 되었다.

———————— π→0 ————————

3

"뉴스가 둘 사이에 쐐기를 박으려 한다"

- 해리 트루먼 -

후버 같은 전직 대통령은 신임 대통령이 앞으로 훌륭한 업적을 쌓을 수 있도록 유용한 도움을 준다.

1945년 트루먼이 후버에게 도움을 청하고 한 달이 지난 후, 그는 후버가 비난 받는 것에 대비된다고 할 만큼 모든 면에서 존경을 받던 서구 문명의 영웅 드와이트 데이비드 아이젠하워 장군을 알게 되었다. 트루먼은 그 두 사람이 전후 세계의 재건을 도울 협력자들임을 알았다.

수백만의 다른 국민들과 마찬가지로 이이젠하워는 1945년 4월 갑작스럽게 루즈벨트 대통령이 사망하면서 해리 트루먼이 대통령 자리에 올랐다는 뉴스를 들었을 때 "깊은 좌절과 슬픔을 안고 침대로 들어갔다"고 시인했다.

여기에 개인적 감정은 없었다. 아이젠하워는 부통령을 한 번도 만난 적이 없었고, 루즈벨트 대통령의 총애를 받은 적도 없었다. 하지만 그와 다른 장군들에게 이 사태는 어쩔 수 없이 국가지도자가 바뀌게 되는 위기의 시기처럼 비쳤다. 그는 최대의 적인 독일이 마침내 파괴되기는 했지만, 앞으로 새로운 위협의 무게가 트루먼의 어깨를 짓누를 수 있음을 누구보다 더 잘 알고 있었다. 불과 몇 주 후 아이젠하워는 프랑스 동북쪽 어느 작은 학교의 붉은 벽돌 건물에서 독일 의 항복을 받고 있었고, 당시 영국 수상이던 윈스턴 처칠은 "인류 역사상 가장 위대한 기쁨의 폭발이었다"고 말했다. 1945년 6월 18일 트루먼은 정부공무원 수천 명에게 그날 오후 휴무 포상을 주어 기쁨을 마음껏 분출하게 했고 전쟁 역 사상 가장 위대한 승리를 이끈 최고사령관에게 경의를 표하게 했다.

　백만 명의 군중이 운집하여 열기를 뿜어냈다. 성조기가 워싱턴 거리를 뒤덮 고 창문마다 내걸렸으며, 마침내 전개될 축하퍼레이드를 보려고 가로수 위까지 자리를 잡았다. 아이젠하워는 4기통 스카이메스터 제트기를 타고 워싱턴국제공 항에 도착했다. 매이미 여사도 3년 전에 마지막으로 보았던 남편을 기다리고 있 었다. 그는 트랩을 뛰어내려와 부인을 포옹하고 키스했다. 20명의 밴드가 연주 를 시작했고, 수십 대의 전투기와 폭격기들이 시가 행진 행렬이 의사당을 통과 할 때 에스코트 하기 위해 머리 위를 날았다. 〈뉴욕타임스〉는 "열렬한 환호"가 시 전역을 휩쓸었다며 경탄했다. 옆에서 조지 마셜 장군은 "일어서십시오. 그래 야 사람들이 당신을 볼 수 있습니다"라며 재촉했다. 그래서 펜실베니아 거리로 이동하면서 그는 지프에 서서 팔을 위로 치켜들었고 환희와 당황스러움이 섞인 미소가 그의 얼굴에 가득했다.

　"잘생겼네?" 군중 속에서 목소리가 말했다.

　"나 보고 손을 흔들었어."

　"그는 정말 멋있는 사람이야!"

　아이크는 의회 상하원 합동연설을 하기 위해 의사당에 도착했다. 처음으로 하는 국정연설이었지만 청중은 내각, 외국대사, 대법원판사는 물론 양 당의 어 느 대통령을 맞이했던 때보다 더욱 강한 존경을 표했다. "서방 문명을 구해낸 사람"으로 환영 받았지만 손을 흔들고 절을 할 때마다 그는 자기가 통솔한 3백 만 군인의 대표로 이 자리에 왔음을 계속 강조했다. "여러분의 칭찬은 마땅히 그들이 이곳에 와서 받아야 했습니다. 그러나 제가 그들에게 전달하는 대리인이 된 것을 자랑스러운 영광으로 생각합니다." 그의 말에 우레와 같은 박수가 터져 나왔다.

"온 미국이 그를 좋아했다. 호의적이고 상식적이며 한때 시민이었음을 기억하는 용사, 중서부 지방의 아들, 전쟁으로 경직되지 않은 남자, 명예에 자만하지 않는 인물"이라며 〈타임〉조차 기쁨으로 신음했다.

그날 오후 시대의 위대한 최고의 영웅탑과 "작은 잡화상"이 처음으로 만났다. 신임 대통령으로서는 편한 날이 아니었다. 트루먼은 전날 밤 일기에 이렇게 적었다. "나는 일본에 대한 전략을 결정해야 한다. 이것은 지금까지 내가 했던 가장 어려운 결정이다." 그는 미국령인 섬을 침략한 일본이 끼친 엄청난 피해와 25만 명 이상의 미군과 이보다 더 많은 일본 민간인의 희생이 따를 가능성을 의논하기 위해 각료를 소집했다. 만약 운명이 방해하지 않는 한 "우리는 원자폭탄 폭발실험에 착수하는 것이다. 나는 가능한 30일 내 그 사건이 발생할 것이라는 보고를 받았다"고 트루먼이 썼다.

아이젠하워에 대한 칭송이 들끓던 날 거의 구경꾼과 다름없었던 트루먼은 적어도 전쟁이 끝났으므로 개인적으로 그에게 감사했다. 백악관 잔디밭 축하행사에서 트루먼은 그 상군의 수훈장 메달로 두 번째 청동무공훈장을 달아주면서 그의 겸손, 공명정대, 완전한 판단, 군인이자 외교관으로서의 위대한 능력을 칭찬했다. 하지만 그의 개인적 전언은 더욱 주목할 만했다. 시력이 나빠서 웨스트포인트 육군사관학교에 가지 못했고, 미주리 주 국방경비대에 입대하기 위해 시력검사표를 외워야 했고, 33세에 농장과 가족을 떠나 1차 세계대전 당시 프랑스에서 야전포 부대에 지원하여 가장 격렬한 몇 차례의 전투를 직접 보았던, 트루먼은 위대한 장군을 가까이 끌어당겨 속삭였다. "나는 대통령직보다는 훈장을 가졌어야 했습니다."

트루먼은 그날 저녁 백악관 관계자만 참석하는 저녁만찬에 아이젠하워를 초청했다. "미주리 지역의 간단한 가정식 저녁식사였다"고 아이젠하워의 측근 해리 버춰가 말했다. 그의 테이블에 육군장관 스팀슨, 하원의장 샘 래이번, 대법원장 할란 스톤, 국무장관 마셜과 트루먼 자신이 자리했다. "오후에 잠시 보기는 했지만 아이젠하워 장군이 신임 트루먼 대통령을 방문하기는 이번이 처음이었다. 그는 자신이 보고 들은 사람에 대해 호감을 표했다"고 버춰가 말했다.

트루먼도 같은 식으로 느꼈다. "그는 멋있고 좋은 사람이다"라고 베스 여사에게 편지를 쓰며 저녁식사가 "대단히 성공적"이었다고 표현했다.

"그는 엄청난 일을 한 사람이다. 사람들이 그를 대통령에 출마시키려고 한다. 나에게도 좋은 일이다. 지금 내가 할 수 있다면 그에게 자리를 넘겨주고 싶다."

그래서 트루먼은 이미 "우리 차기 대통령"이라고 불리는 그를 위해 처음으로 사임에 대해 생각했다. 아이젠하워는 이에 대해 일고의 여지도 없다고 생각했다. "내가 달나라에 날아가지 않을 거라는 사실을 애써 부인할 필요는 없다. 설령 원한다 하더라도 가능하지 않기 때문이다. 정치도 마찬가지다."

이 단호한 결심이 시험대에 오르지 않았더라면 트루먼과 아이젠하워의 불편했던 관계는 전혀 이야기가 되었을지도 모른다.

전우

후버와 트루먼은 극과 극의 사람이었던 반면, 트루먼과 아이젠하워는 공통점이 많았다. 가족과 150마일 떨어진 곳에서 자랐고, 어려서 질병으로 거의 죽을 뻔했으며, 아버지가 사업실패로 모든 재산을 잃는 것을 보았다. 또한 트루먼과 아이젠하워의 동생 아더는 1905년 캔자스 시의 한 사립 기숙고등학교 룸메이트였다. 둘 다 자기보다 사회적 신분이 높은 여성과 결혼했고, 그들의 운명과 달리 그리 대단하지 않는 직업부터 인생을 시작했다. (트루먼은 여러 직업을 거치기도 했다.) 그들은 역사에 관한 독서광이었지만, 트루먼의 마음의 위안을 주는 가장 좋은 여가는 피아노 건반을 두드리는 일인 반면 아이젠하워의 취미는 그림을 그리는 것이었다. 둘 다 프랭클린 루즈벨트의 위대한 후광 덕택에 늦게 만개한 정치인이었지만 그의 충신이라고 할 수는 없었고, 루스벨트의 기만적인 모습에 반발했다. 두 사람 모두 어느 때고 본능적으로 자신의 위안이나 편리보다 국가를 먼저 생각하는 애국자이자 열렬한 국제주의자들로, 미국의 정치 심장부는 이들이 점점 더 위험해지는 핵 시대에 신생초강국에게 주어진 새로운 역할을 받아들이는 것을 막지는 못했다.

하지만 처음 만났을 때 두 사람은 모두 공인이었고 둘 간의 입지적 차이가 대단히 컸다. 1945년 트루먼의 인기가 최고조에 달했을 때도 그는 아이젠하워가 받았던 정도의 존경은 받지 못했고, 비판가들로부터 중도적이고 뚜렷하지 못한 인물로 조소를 받았다. "자신이 맡고 있는 대통령 직책의 성격과 위대함을 제대로 이해하지 못한 근본적인 취약점을 갖고 있다"고 비판한 언론인 맥스 러너는 그를 가리켜 역사의 "빗나간 사고"라고 공격하기도 했다. 저널리스트 I. F. 스톤은 그가 "아부하는 사람, 배부른 사람, 더러운 농담만 아는 성격 좋은 이들에 둘러 싸여있다"며 비난했으며, 또 다른 칼럼리스트 조셉 알솝은 트루먼의 백악관은 위대한 민주주의의 요람이기는커녕 "10센트짜리 싸구려 시가" 냄새가 풍기는 "미주리 주 라이온스클럽 라운지" 같다고 말했다.

반대로 아이젠하워는 그때까지 민간인과 군인들의 찬사뿐만 아니라 각국의 왕과 여왕, 국가 원수들이 앞 다투어 퍼붓는 칭송을 받고 있었고, 프랑스의 레지옹 도뇌르Legion d'Honneur, 프랑스 최고 권위의 훈장와 그랑크루아Grand Croix, 최고십자훈장 지금까지 한 번도 외국인에게 수여된 바 없던 영국의 메리트 훈장British Order of Merit, 그리스왕실 구국훈장Greek Royal Order of the Savior, 네덜란드 코끼리 훈장Danish Order of the Elephant, 심지어 다이아몬드와 루비가 촘촘히 박힌 소련 승리 훈장Order of Victory까지 받았다.

아이젠하워가 훗날 언급한 바에 따르면, 1945년 여름 포츠담회담을 위해 여행하던 중 그와 재회한 트루먼은 자신이 그의 정치적 후원자 역할을 하겠다고 제안했다. 그들은 오말 브래들리 장군과 함께 차를 타고 가면서 전쟁 지도자들이 평화시대에 해야 할 일에 관해 이야기를 나누었다. 아이젠하워는 조용히 집으로 돌아가는 것 이외 그 어떤 야심도 없다고 단언했다. 그때 트루먼은 말했다. "장군님, 나는 귀하가 원하는 것을 얻을 수 있도록 어떤 노력이든지 할 것입니다. 거기에는 1948년 대통령 출마도 적극적으로 구체적으로 포함되어 있습니다." "우리나라의 어떤 군인이 이처럼 갑작스럽게 감정의 동요를 일으킬 만한 충격을 자국의 대통령으로부터 받은 적이 있을까 싶군요. 이토록 진술하고 한편으로 경악할 만한 제안으로 말입니다." 아이젠하워는 당시 상황을 웃음으로 모면하려고 했다고 회고했다.

"대통령님, 누가 대선에서 당신의 경쟁자가 될지 모르지만 나는 아닐 것입니다"라고 그가 말했다. 만약 충실한 민주당원이었던 트루먼이 주의 깊게 들었다면 "당신의 경쟁자"라는 언급이 적어도 아이젠하워가 어느 당 소속인지를 밝히는 실마리였음을 눈치 챘어야 했다. 그는 이후 7년 동안 자신이 어떤 당파와 연대하는지 공개적으로 시인하지 않았다.

두 사람은 서로에 대한 존경심을 품은 채 독일에서 헤어졌다. 비록 아이젠하워의 대통령에 대한 존경이 그가 차지한 직책에 대해 보이는 존경의 의미였고 딱히 그의 환심을 사려고 하지는 않았지만 말이다. 아이젠하워는 트루먼에 대해 "진실하고 성실하고 함께 어울리기 즐거운 사람"이라고 평했다. 워싱턴으로 돌아온 트루먼은 자기를 기다리는 선물을 보고 놀랐다. 아이젠하워의 사령본부에서 그가 찬사를 보냈던 거대한 지구본 위에 문구를 새겨 넣은 것이었다. "해리 S. 트루먼 대통령께 드립니다. 육군대장 드와이트 D. 아이젠하워가 1942~1945년 작전에서 개인적으로 사용했던 것입니다."

몇 년 후 상황은 좋지 않게 흘렀고, 아이젠하워에 대한 트루먼의 감정은 매우 적대적으로 변했다. 트루먼은 아이젠하워에게 정치적 지원을 제안한 적이 없다고 반복했다. "나는 아이젠하워에게 자국민들이 그가 이룩한 업적에 대해 얼마나 감사한지 이야기했고, 또 많은 전쟁 영웅들이 정치계에 뛰어든다는 사실에 대해 이야기했을 뿐이다. 또한 그는 어떤 상황에서도 자신이 정치에 투신할 일은 없을 거라고 말했고, 그것이 나와 아이젠하워 사이에 있었던 전부다." 하지만 브래들리는 당시 자신을 취재했던 기자들에게 트루먼이 말했던 것과 마찬가지로, 아이젠하워의 발언을 확인시켜 주었다.

또한 이때가 트루먼이 이 카리스마 있는 장군을 자신의 후임으로 영입하기 위해 시도한 마지막 순간도 아니었을 것이다. 물론 아이젠하워가 훌륭한 민주당원이 될 거라는 믿음도 있었을 것이다. 부분적으로 이것은 트루먼의 겸손함을 반영한 것이다. 전후시대의 몇 가지 도전, 즉, 유럽의 부흥과 유대인의 정착, 전범 재판, 소련의 야욕 등 여러 난관을 함께 헤쳐나가면서 그는 이 장군에 대한 존경의 마음을 키워나갔던 것이다. 조지 마셜 장군이 1946년 육군 참모총장을 퇴임할 당시, 트루먼은 아이젠하워에게 그 자리에 대한 의사를 타진했다. "나는 은퇴하고 싶다고 말했지만, 그는 내가 필요하다고 주장했다"고 아이젠하워는 당시를 회고했다.

전시 상황을 평화의 시대로 전환하는 것은 쉬운 임무가 아니었다. 더구나 국내에서는 아내들이 아기 신발에 "아빠를 돌려보내 주세요"라는 꼬리표를 달아 의회 사무처로 보내왔고, 국외에서는 군인들 사이에 귀환을 촉구하는 폭동이 일어나고 있었다. 아이젠하워는 트루먼의 참전 군인 본국 귀환 약속과 사병을 위한 주택 및 건강보험법안 추진에 감사했고, 한때 참전 군인을 위한 혜택이 연방정부 예산의 20%를 차지하기도 했다. 군대 재조직은 아이젠하워와 트루먼 두 사람의 최우선 정책이었는데, 육군은 통합을 찬성했지만 해군과 의회 연합 세력은 크게 반대했다. 트루먼은 아이젠하워의 수비적 도움 없이는 여러 의회위원회에서 새 조직에 관한 안건을 통과시킬 가능성이 극히 낮았다. 하지만 이것은 타협이나 후퇴는 물론 전시의 많은 군대를 이끄는 것보다 훨씬 명예롭지 못한 좌절도 발생하는 임무였다. 1946년 늦은 어느 날 아이젠하워는 트루먼에게 스카치위스키 한 병을 보냈다. "이곳 주위를 맴돌며 내 위스키를 마셔버리는 악당들에게 주느니 차라리 내가 위스키를 마셔버리겠다는 생각을 합니다." 트루먼은 감사의 답장을 썼다. "어쩌면 우리가 이 위스키를 같이 나누는 기회를 생각해볼 수 있을 것 같기도 합니다."

형식적이기는 했지만 둘은 서로 협조적이었다. 이듬해에 컬럼비아대학 이사들이 아이젠하워에게 총장으로 와달라고 제안했을 때 그는 트루먼의 축하를 받으며 이를 수락했다. "그는 거기서 훌륭한 일을 할 수 있을 것이다." 1947년 7월에 장군과 장시간 담화한 후 트루먼이 일기장에 쓴 내용이다. 둘은 특히 다른 장군들의 정치적 야욕, 트루먼의 명석함, 고집스러운 아시아 최고사령관 더글러스 맥아더에 대해서 이야기했다고 회고했다. 그들은 맥아더가 1948년 공화당 전당대회에 때를 맞추어 미국으로 승리의 귀환을 할 계획이라고 생각했다.

"나는 아이젠하워에게 만약 그가 민주당 대선후보 지명 수락 연설을 한다면, 나는 두 번째 자리인 부통령 자리를 기쁜 마음으로 받아들이겠다고 했다. 그래서 아이젠하워와 내가 당선될 수 있으면, 내 가족과 나는 백악관이라는 거대한 흰 감옥 밖에서 행복할 수 있을 것이다"라고 트루먼이 적었다.

그 대화는 이해심을 갖고 마무리되었다: 아이젠하워는 내 말을 옮기지 않을 것이고, "나도 그의 말을 전달하지 않을 것이다." 트루먼은 단언했다. 아이젠하워는 자신의 일기장에 당시 주고받은 대화에 대해 "믿기 어렵다······ 5년 후에 트루먼이 자기의 놀라운 제안을 기억할지 (혹은 기억하고 싶을지) 모르겠다"라고 썼다.

여기서 트루먼이 친구 사이를 갈라놓으려는 정치적 야심의 가능성을 예견했는지 짐작해 봐야 한다. 1948년 1월 1일에 아이젠하워가 트루먼에게 신년인사를 기원하는 전화를 걸었다. 그는 "당신이 무엇을 하든, 계획이 무엇이든 우리의 우정을 해치는 일이 없도록 노력합시다"라고 트루먼이 한 말을 일기장에 썼다.

루즈벨트 파의 반격

아이젠하워가 관심 없다고 말했을 때 트루먼은 그 장군의 말을 곧이곧대로 믿었던 몇 안 되는 사람 중 하나였다. 아이젠하워가 말했다. "언론인은 정치 생활이 험악할 수 있다는 것을 모두 알고 있다. 하지만 기회를 가진 사람이면 누구나 정치계에 들어가고 싶어 하고, 그런 야심을 부인하는 사람은 거짓말쟁이라는 것을 자연히 짐작한다." 하지만 이것은 언론인만이 아니었다. 1947년 한 여론조사에서 대다수 사람들은 그가 어느 당에 속하는지조차 몰랐고 관심도 없어 보였다고 밝혔다. 그해 가을을 시작으로 1948년 선거에 들어가기까지 시행된 모든 여론조사에 따르면 트루먼이 대선주자가 된다면 공화당 대선주자가 토마스 듀이 뉴욕 주지사가 됐든, 로버트 태프트 오하이오 주 상원의원이 됐든 가까스로 승리할 거라 예상한 반면 아이젠하워가 나선다면 모두를 손쉽게 물리칠 거라고 예측했다. "아이젠하워 추대" 그룹들은 그가 좋아하든 싫어하든 뉴햄프셔와 펜실베이니아 예비 선거에 그의 이름을 등록시키기로 다짐했다.

아이젠하워는 "정치적 회오리 속에 내 이름이 던져지는 것은 당혹스런 일이다"라고 1948년 1월 일기에 썼다. 하지만 기자들은 이런 행동은 내숭을 떠는 정치게임의 일부일 뿐, 장군이 이 서커스를 즐기고 있다고 주장했다. 아이젠하워가 벤저민 프랭클린 묘소에 화환을 놓을 때 옷깃에 "아이젠하워 추대"를 표시하는 버튼을 단 사람이 그의 앞을 막았다. 아이젠하워는 "그것을 떼어버리세요" 하고 말했지만, 한 기자는 "그는 이렇게 말하며 얼굴 가득 미소를 지었다"고 언급했다. 일주일 후 선거 운동을 벌여온 뉴햄프셔의 한 출판인에게 보내는 편지에서 그는 실제로 뛰어든 적도 없는 경선에서 공식적으로 물러난다고 확실하게 밝혔다. 포기하는 이유로는 군 최고통수권자이자 맞서기 힘든 상대인 현직 대통령과 선거 운동을 벌이고 싶지 않다는 점, 파벌적 정치에 대한 전반적인 실망, "장군이 정치에 진출하는 것이 국가나 군을 위해 좋지 못하다"는 확신을 꼽았다. 그는 정치란 고상한 직업이라고 규정했고, 훗날 "금이 간 수정구의 대표적 사례"라고 일컬은 말을 덧붙였다: '정치판에서 완전히 물러난다는 내 결심은 분명하고 확실하다.'

같은 날 군대참모총장을 사임한 아이젠하워는 대학총장으로서 인생을 보낼 준비를 했다. 트루먼에게 보내는 친근한 편지에서 그는 "귀하의 격려와 이해, 무엇보다 귀하가 보여준 우정은 제게 무한한 가치입니다"라고 말했다.

이것이 아이젠하워의 정치 인생의 끝이었을 수도 있었다. 공화당은 민주당이 인기가 떨어진 트루먼을 이기고 자신들이 다시 백악관을 차지할 것이라고 확신했다. 그렇기 때문에 당 지도부는 그들이 알지 못하는 관점을 갖고 있고, 행동도 통제할 수 없는 인기 절정의 전쟁 영웅을 상대할 마음이 없었다. 그들은 자신들의 대선주자로 뉴욕 주지사 듀이에 대단히 만족했다. 트루먼과 아이젠하워 간의 첫 번째 정치 싸움을 불씨를 당긴 것은 외려 민주당이었고, 이는 둘의 의사를 완전히 반하며 발생했다.

1948년 민주당 전당대회가 가까이 왔을 때 많은 당원들은, 한 뉴욕 선거인단 대표의 말을 인용하자면, "우리의 친애하는 트루먼 대통령이 어쩌면 재선되지 않을 가능성이 있다"라고 결론을 내렸다. 당 지도자, 대도시 시장, 현직 상원의원들은 트루먼에게 후보 사퇴를 촉구했다. 확신에 찬 자유주의자들은 그야말로 불을 내뿜었다. "명예롭게 스스로 물러나는 길을 택하세요. 그렇지 않으면 환멸을 느끼고 분개한 시민들에 의해 쫓겨나게 될 겁니다." 루즈벨트의 충실한 정책 보좌관이었던 해럴드 아이크스Harold Ickes가 트루먼에게 보낸 편지이다. 논설위원들은 더욱 사려 깊지 못했다. "트루먼은 경쟁력 없는 사람"이라는 보수 언론 〈시

카고 트리뷴〉의 주장과 "오랜 세월 미국이 만나본 가장 서툰 최고 집권자"라는
〈로스엔젤러스 타임〉의 발언이 이어졌다.

　이어 살아남은 루즈벨트 파가 반항적 공격을 하며 일어섰다. "내 기억으로는
어떤 대통령도, 심지어 가장 암흑기에 재임했던 허버트 후버조차 소속 당으로부
터 이런 모욕을 당한 대통령은 없었다"라고 역사학자 데이비드 맥클로프가 썼
다. 전당대회 개최 10일 전, 루즈벨트의 두 아들 프랭클린과 제임스, 부인 엘리
노어가 새로 결성된 '미국인 민주화 행동 단체'에 트루먼 퇴진 운동을 벌일 것을
촉구하고, 아이젠하워가 이 운동에 앞장서야 한다고 주장했다.

　이렇게 전임 대통령 가족이 바로 그 대통령이 직접 뽑은 후임자를 공격했다.
그들은 민주당 대의원에게 전보를 보내어 재선될 수 없는 현 대통령의 대안으
로 아이젠하워의 이름을 거론했고, 투표용지 첫 번 칸에 트루먼의 이름이 등재
되는 것을 저지시키려고 노력했다. 아무튼 아이젠하워는 상대의 표 분산을 위해
허수아비 후보가 되는 것도, 민주당에도 관심이 없었다. 대통령 보좌관 클락 클
리포드가 당시를 회고했다. "여기 그 시대에 진보주의에 닥친 수많은 위협을 모
두 겪어본 트루먼 대통령이 있었고, 또한 추측컨대 자신들의 진짜 색채를 드러
내는 데 전문적인 진보 조직이 있었다. 그들은 진보적 후보에는 관심이 없고, 단
지 선거에 이길 후보에만 관심이 있었다."

　그래서 또 다시 아이젠하워가 나서서 단호히 말했다. "나는 이번에 어느 정
당에도 끼어들지 않을 것이고, 어떤 공직 후보 지명도 수락할 수 없으며, 파벌적
정치경쟁에 참여하고 싶지 않다." 반면 트루먼으로서는 자신의 직분을 좋아하
게 되었고, 인권에 대한 그의 입장을 달가워하지 않는 남부 민주당사람들과 좋
은 싸움을 벌이는 것을 즐겁게 생각하게 되었다. 또한 자신들이 버림받았다고
느끼는 뉴딜정책 지지자들 민주당이 참패하면 자기들 역시 축출될 것을 두려워
하는 도시 지도자들과 선의의 싸움을 벌이는 것을 계속하고 싶었다.

　"백악관의 대통령이 다시 후보 지명을 받고자 하면 누구도 막을 수 없다"라
고 트루먼은 나중에 말했다.

　일단 트루먼이 예상 밖의 승리를 거두자 아이젠하워는 비록 그에게 표를 주
지는 않았지만 진심어린 축하를 보냈다. 그는 우리의 정치 역사에서 그만큼 "강

력한 용기를 가지고 홀로 싸우고자 하는 투지가 명확하여 위대한 업적"을 이룬 사람이 없었다고 적었다. 또한 자신이 트루먼에게 충성할 것을 재차 확인시켰고, 어느 때고 자기의 봉사를 바치겠다고 적었다.

그가 특별히 감사를 표해야 하는 이유가 있었다. 트루먼의 개입 덕택에 미국세청은 아이젠하워를 비전문작가로 판정하여 그의 전쟁 회고록《유럽의 십자군》인세를 포함, 수입의 75% 소득세율이 아닌 자본수입의 25%로 세금을 부과하기로 결정했다. 이것으로 아이젠하워의 부인 매이미 여사는 첫 번째 밍크코트를 구매하게 되었다. 아이젠하워는 가족 제외하고 가장 먼저 트루먼에게 이 책의 서명본을 보냈다.

또 다시 전쟁

아이젠하워가 컬럼비아대학에 머무는 시간은 그리 길지 않았다. 6개월 후 그는 국방부장관 제임스 포레스틀James Forrestal에게 "무슨 일이 생기면 언제든지 나를 불러주십시오"라는 편지를 보냈다. 트루먼이 군대정책자문을 맡아달라고 요청한 1949년 2월, 그는 준비가 되어 있었다. 트루먼은 새로운 전쟁을 대비하여 그를 복귀시켰다. 대통령에게는 아이젠하워 같은 명성 있는 사람이 필요했다. 복수심에 불타는 제독들의 마음을 진정시키고, 장군들을 결집시키고, 다양한 분야와 의회 협력자들을 설득시키고, 군이 여전히 제복의 색깔을 두고 싸움을 벌이고 있을 때 더욱 단합된 지휘구조로 국방체제를 이룩하도록 이해관계와 이기주의를 중재하는 기술이 절실했다. 트루먼과 오랫동안 회동한 후 아이젠하워는 곰곰이 생각했다. "한 가지 염려되는 것은 대통령과 국방부장관 포레스틀이 내가 이런 평화 시기에 내재된 전쟁 요소들을 해결할 기적의 힘이라도 가졌다고 여기는 점이다."

트루먼은 툭하면 싸우는 장군들이 실제 싸움에 대비해서 필요했기 때문에 일단 진정시켜야 했다. 1949년 9월 23일 백악관은 소련이 원자폭탄을 터트렸다는 증거를 밝혔고, 일주일 후에 중국은 모택동 공산당 혁명자들에게 쓰러졌다.

아인슈타인이 "전 인류의 말살을 초래"할 거라고 경고한 후 몇 달 만에 로스앨러모스 과학연구소 클라우스 푹스 물리학자는 간첩활동을 고백했고, 모호하고 방탕했던 조 매카시 위스콘신 상원의원은 국무부에 있는 200명 공산당원의 명단을 가지고 있다고 발표했다.

그때 미국의 진짜 시험이 시작되었다. 1950년 6월 25일 북한 군대가 38선을 넘어 남한으로 침략했고, 소련과 미국의 냉전을 더욱 가열시키며 평화를 지속시키려는 트루먼의 염원을 붕괴시켰다. "아버지는 그 뉴스를 들은 순간부터 이것이 제3차 전쟁의 시작이 아닐지 두려워했다"고 트루먼의 딸 마거릿이 당시를 회고했다.

이 같은 공산당의 도전에 대한 도발적 대응은 빠르게 아시아의 전쟁 확대로 점화시킬 수 있었다. 그렇다고 여기에 대응하지 않으면 또다시 전쟁에 대한 미국인의 의지박약을 드러낼 수도 있다. 북한에서 내려온 소련제 탱크가 서울을 휩쓸었을 때, 이런 도발이 서유럽으로부터 미국의 병력과 관심을 다른 데로 돌려서 그 일대를 소련의 손아귀에 넣으려는 크레믈린의 기도가 아닌지 모두 두려워했다. 고작 유럽 12개 사단만이 동유럽에 주둔하는 소련 175개 사단과 대치하고 있었다. 서방의 한 참모장교에게 러시아인이 서방을 점령하는 데 필요한 것을 묻자 그는 "군화"라고 대답했다.

아이젠하워는 트루먼 옆에 굳건히 섰다. 그는 즉시 유엔군을 집결시켜 남한을 수호하겠다는 트루먼의 결정을 지지했고, "무례한 침략"을 규탄하고 트루먼의 대항을 "불가피한 일"이라고 일컬었다. 다음날 그와 마셜은 백악관에서 트루먼과 오찬을 하며 힘과 속도가 필수라고 했다. "우리는 좋은 의도로 만났지만 충분히 이해했는지는 확실하지 않다"고 아이젠하워는 기록했다.

다음 달은 트루먼의 대통령 직무 기간 가운데 가장 혹독한 고통을 주는 시간이었을 것이다. 10월 초순 맥아더 장군의 용감한 인천상륙작전 덕분에 미국과 남한군은 빼앗겼던 38선까지 재탈환했다. 하지만 북한군을 파괴시켜 무력으로 이 나라를 재통일시키려던 결정은 26만 명의 중국군을 전투에 끌어들이는 결과를 가져왔다. 트루먼은 15,000마일을 날아가서 웨이크 아일랜드 섬에서 맥아더와 만났는데, 그 장군은 단 2시간만 상황보고를 했을 뿐 대통령과 점심식사도 하지 못했다. 트루먼 정부의 군 능력에 관하여 개인적 의심이 커지자 이렇게 아이젠하워는 이렇게 결론 내렸다. "트루먼의 어려운 형편은 격랑의 호수 한가운데 있는 전혀 수영할 줄 모르는 약한 존재와 같다. 하지만 물에 빠져 죽어가는 많은 사람은 어쩔 수 없이 인명구조원으로서의 트루먼에게 의존한다. 그의 지혜가 그의 좋은 의도와 같을 수만 있다면 좋을 텐데."

이제 맥아더가 크리스마스 때까지 군인들을 본국에 데려갈 거라는 희망은 사라졌다. 장군은 중국에 대한 해상 봉쇄, 만주와 내륙 여러 도시에 대한 폭탄 투하 승인, 핵무기 사용을 포함한 전면적 반격을 원했다. 조 매카시는 국무장관 딘 애치슨과 마셜 장군에게 사임을 요구했고 트루먼이 탄핵되기를 촉구했다. 한편 트루먼은 한국전쟁을 확대시키면 미국이 "잘못된 시기에, 잘못된 장소에, 잘못된 적군에, 잘못된 전쟁"에 휘말릴 수 있다는 오말 브레들리의 두려움에 공감하고 있었다.

나토연합군 최고사령관의 귀환

중국이 전쟁에 개입한 다음날 트루먼은 오하이오 주 열차에서 아이젠하워에게 빨리 와달라고 부탁했다. 대통령은 아이젠하워로부터 우정 이상의 자문이 필요했고, 그를 군에 복귀시켜 해외로 파견하여 다시 서방을 이끌게 하고, 본국에서는 주저하는 의회와 국민을 설득하여 미국이 오랫동안 저지하며 얽혀있던 연합군 문제를 받아들이게 할 필요가 있었다.

나토 조약이 1년 전에 체결되었다 해도 한국이 집단적 안보 필요성을 진지하게 요구할 때까지, 그리고 연합사령군이 형성될 때까지, 그것은 군이라기보다 제안이었을 뿐이었다. 나토회원국은 상호방위를 약속했고, 트루먼은 만장일치로 선택된 나토 최고연합사령관이 아이젠하워라고 말했다. 그는 역사의 중심 무대로 되돌아올 준비가 충분히 되었다. 그는 "이 직책이 세계에서 가장 중요한 군임무라고 생각한다"고 아들 존에게 말했다. 한 친구가 트루먼이 아이젠하워의 장점을 이용하는 것일지도 모른다고 하자 "나는 이 노력이 서방 문명의 부활을 위해 남은 마지막 기회로 본다"며 반박했다.

트루먼은 아이젠하워가 12개 국가가 협력할 기회를 만들고, 각 국이 미국의 핵우산 아래 숨기보다 자국의 군사력에 재투자하도록 설득하고, 독일 재무장이라는 실제적이고 정치적인 난제를 해결할 유일한 인물임을 알았다. 게다가 이런 수준의 대외 활동은 미국 안보에 필수임을 설득하기 위해 아이젠하워의 스타급 파워가 필요했다.

"알다시피, 이 조그만 사람은 대단히 놀랍다"고 애치슨이 트루먼과 약속을 의논한 후 국무부 동료들에게 말했다. 또한 "나는 그가 공화당 소속이 될지 모를 사람을 위해 미래의 미국 대통령 자리를 만든다는 사실을 알고 있다고 생각한다. 하지만 트루먼은 눈 하나 깜짝하지 않고 말하길, 그것이 필요한 것이라면 우리는 해야 한다"고 말했다고 전했다.

바로 여기서 현직 대통령트루먼이 미래의 대통령아이젠하워을 전임 대통령후버과 싸우도록 파견하는 상황이 흥미롭다. 정치 폭풍에 강타 당했던 76세가 된 후버는 오래 전 당했던 정치적 추방에서 벗어나 이제는 공화당의 원로정치인으로 재부상했다. 후버와 트루먼이 정부 조직 개편의 협력자였다고 해서 모든 것, 특히 미국의 외교정책에 대한 입장이 일치하는 것은 아니었다. 그들은 유럽의 인도적 구조 활동에 성공적이었지만, 후버는 유럽이 회복하는 과정에서 미국의 보호 날개 아래 다시 무임승차할까 봐 늘 염려했다. 1950년 12월 20일 전국 라디오연설에서 후버는 트루먼의 확대 정치에 보수적 반대 논쟁을 폈다. 해외에 군대와 물자를 보내기보다 미국 내에서 서구 문명의 요새를 구축하도록 공군과 해군력에 의존해야 하며, 유럽 각 국이 스스로 방어의지를 보여줄 때까지 단 10센트나 한 사람의 군인도 파견해서는 안 된다고 주장했다.

그래서 종전 상태에서 트루먼과 아이젠하워와 국제주의자가 한 편이 되어 반대편 후버와 태프트와 고립주의자에 맞섰다.

아이젠하워는 오랫동안 후버를 존경했고, 함께 보헤미안 그로브 엘리트 별장에서 여름을 보냈고, 거기서 무엇보다 후버는 당시 떠오르는 스타 리처드 닉슨을 아이젠하워에게 소개했다. 하지만 아이젠하워는 후버의 생각에 깜짝 놀랐다. "그는 내가 대단히 좋아하는 사람이기는 해도…… 그가 너무 나이가 들었다

는 생각이 들었다." 아이젠하워는 스스로 싸우려는 의지가 없는 국가들을 미국
이 방어해주겠다는 공약을 지나치게 염려했고, 유럽의 성향 평가가 우선 과제임
을 트루먼에게 말했다. 1951년 1월 첫 주에 그는 워싱턴 공항에서 트루먼과, 애
치슨, 마셜과 악수하고 매이미 여사에게 키스한 뒤 트루먼의 요청으로 18일 간
12개국 의 수도를 방문하기 위한 13,000마일의 여정에 올랐다. "그는 전쟁에 지
치고 자신감 없는 서유럽 국가를 상대로 희생과 임전태세를 갖추도록 설득시켜
야 한다"고 〈타임〉이 설명했다. "아이젠하워는 조국의 위원회들이 그 임무에 대
해 의견이 갈라져 있는 동안 이 일을 해야만 한다."

　나라마다 "양키는 돌아가라"는 포스터가 나부끼는 상황은 길조가 아닌 어려
운 여행이었다. 그는 눈도 못 뜰 눈보라 속에 오슬로 공항에 착륙했고, 런던에서
는 천연두 때문에 면역주사를 맞아 팔이 아프고 며칠 간 부어 있었다. 장군이 대
륙을 횡단하고 있을 때 트루먼은 본국에서 곤경에 처했다. 그는 학위도 없는 미
주리 잡화상으로 조소를 당했고, 불가항력의 힘에 압도당했다. 한국은 재난에
빠졌고, 중국은 맥아더를 철군시켰으며, 맥아더 사령관은 여전히 전면공격을 주
장했다. 한편 공화당 의회는 트루먼이 평화 시에 군대를 유럽으로 파견하는 헌
법적 권한이 없다고 비난했다.

　트루먼은 연두교서에서 마치 구명 장비에 붙잡듯 아이젠하워에게 매달리며
그를 "우리의 가장 위대한 군사령관"이라고 불렀다. 트루먼은 그의 임무가 우리
안보의 필수이고, 그를 앞세워 모두 일어서야 하며, 할 수 있는 모든 도움을 주
어야 한다고 주장했다.

　아이젠하워는 유럽에서 돌아오자 웨스트 포인트 미육군사관학교 테이어 호
텔의 절벽 방향의 방에서 4일간 칩거하며 생각을 기록했다. 그는 "이렇게 힘든
연설은 지금까지 없었다"고 나중에 시인했다. 왜냐하면 유럽 전체의 취약과 재
건을 위한 정신무장을 모두 감싸 안아야 했기 때문이었다. 그는 자신이 수행해
야 할 임무의 막중한 무게를 알고 있었다.

　워싱턴으로 돌아와서 계획했던 대로 대통령과 사적으로 만나는 것은 무엇보
다 중요한 일이 될 수 있음을 그 역시 알고 있었다.

　그가 눈보라 속에서 워싱턴까지 비행기로 귀환했을 때 떨고 있는 장군들, 각

료들, 대사들로부터 환영을 받았다. 트루먼은 손을 비비며 그를 자기 리무진으로 안내하고, 사진기자들을 물리치며 말했다. "우리가 이 사람을 폐렴에 걸리게 할 수는 없습니다." 그들은 백악관에서 따로 점심을 먹었고, 트루먼은 아이젠하워가 제82차 의회와 전국 방송에서 하려고 했던 다음과 같은 메시지를 들을 수 있었다. 즉, 미국은 전 세계를 공산주의의 손아귀에 떨어지도록 내버려둘 수 없다. 서방의 방위는 필수이며, 하겠다는 의지만 있으면 실현가능하다.

"모두가 각자 본분을 다해야 된다. 이웃이 감당한 희생을 의심스럽게 검토하고 기만적 논리로 자기 의무를 회피하지만 우리는 결코 해야 할 의무를 지연할 수 없다"고 아이젠하워는 전국으로 방송되는 담화문을 발표했다. 그는 절박했고, 흔들림이 없었고, 도전은 크지만 실패를 염두에 두지 않는 낙관적인 자세를 취했고, 미국의 성취 능력이 여전히 더 위대하다고 강조했다. "미국이 선두를 이끈다면 우리의 가치 있는 과거를 영원히 보존하게 될 것이다."

그 성과로 인해 〈라이프〉는 아이젠하워가 "또다시 자신을 선과 정의, 미국 정책의 강력한 목적 등 모든 면에서 선봉의 상징임을 입증했다"고 단언했다. 〈타임〉도 "그는 해리 트루먼이 할 수 없었던 것을 대통령을 위해 해주었다. 재난을 불러들이며 극도로 몸을 사리는 후버와 케네디, 웨리, 태프트 등 모든 진영들을 근절시키려고 아이젠하워가 나타났다. 이번 주말까지 행정부의 주요 군사계획에 반대 입장인 의회를 거의 붕괴시켰다. 의회와 국민은 두 번째 아이젠하워 십자군 운동 뒤에 있다"고 주장했다.

그러나 이른바 '대논쟁Great Debate'이라 불리는 이 주장을 되돌아볼 때, 당시에는 누구도 알지 못했던 한 운명적 조우가 눈에 띈다. 설령 북대서양동맹기구NATO 사령관에 임명되기는 했지만, 아이젠하워에 대한 정치적 지지는 지금까지와 다름없이 강력했고, 자신의 부재 동안 공화당 강경 고립주의가 득세하지 않을까 하는 두려운 의심을 거리낌없이 꺼버릴 수 있었을 것이다.

그래서 일석이조의 시각으로 그는 대통령의 아들이면서 1952년 공화당 후보 지명 선두주자였고 오하이오 상원의원이었던 로버트 태프트와 비밀 회동을 마련했다. 아이젠하워가 태프트에게서 원했던 확신은 유럽의 집단적 안보를 미국 정책의 초당파적 중심 이슈로 만드는 것이었다. 태프트가 동의하면 아이젠하워는 임무 수행에 전념하고 1952년 출마에 자신을 내놓는 것이다. 그는 성명서를 연필로 쓴 후 접어서 주머니 안에 넣었다. "군 의무에 복귀하면서 누구도 내 이름을 대통령 후보로 사용하지 않기를 원한다. 만약 사용된다면 나는 이 노력을 거절할 것이다."

그런 다음 그는 태프트와 비밀회동을 위해 펜타곤으로 차를 몰고 갔다. 장군과 상원의원은 장시간 대화를 나눴다. "나는 태프트가 내 의도를 의심했을지 모른다고 생각한다." 아이젠하워 밑에 깔린 소문은 정신 나간 관측자조차 분명히 알 수 있었기 때문에 의심은 자연스런 것으로 그는 결론 내렸다.

"내가 할 수 있는 노력을 다했지만 태프트 상원의원은 거절했다"고 당시를 회상했다. 아이젠하워는 군대 숫자에 대한 약속을 이끌어내려는 것이 아니고, 단지 유럽 최선의 방위로서 집단적 안보와 연합에 있어서 미국의 필수적 역할에 대한 일반적 수준의 후원을 얻으려고 했다. 하지만 태프트로서는 너무 버거웠고 소련을 더욱 자극하여 미국을 오랜 유럽 싸움에 말려들게 할 것이 두려웠다. 대프트가 나간 뒤 장군은 보좌관을 방으로 불러 그 앞에서 성명서를 찢어버리게 했다.

"나의 미래 계획을 둘러싸고 다소 모호한 분위기가 형성되는 것이 더 효과적일 수도 있다고 최종 결론을 내렸다." 그래서 장군은 정치인처럼 생각하는 것이외에 다른 선택이 없다고 결론지었다.

그림자 유세

약 6개월 뒤 1951년 어느 더운 여름날, 새로운 소식이 전해지지 않았을 때 〈뉴욕타임스〉 기자 윌리엄 로렌스는 트루먼에게 1948년 아이젠하워에게 했던 제안에 대해 캐묻기로 했다. 이에 트루먼은 그가 출마하면 지원할 것이라고 말했다. 트루먼이 여전히 대통령 재출마 자격이 있다고 언급되는 1952년에도 당시 약속이 적용되는 것인가?

"물론이다. 나는 진심으로 아이젠하워 장군을 좋아한다. 그는 2차 세계대전

이 탄생시킨 위대한 인물이고, 나는 그 능력에 맞은 직책을 주어 마음을 표시했다"고 트루먼이 대답했다.

"대단하십니다." 로렌스는 의자 뒤로 몸을 기대며 크게 숨을 쉬고는 노트에 메모를 휘갈겼다. 신문 헤드라인은 그대로 인쇄되었다. "트루먼, 아이젠하워의 대선 출마를 지지하다." 뒤이어 NBC 기자가 질문했다. "만약 아이젠하워가 대통령직을 원한다면 그가 얻을 수 있도록 대통령께서 돕는다는 의미인가요?"

그 순간 트루먼은 결코 그가 의도했다고 생각되지 않는 대답을 했다. "나는 그가 민주당 공천으로 대선후보가 된다고 생각지 않습니다. 만약 그가 공화당 측의 대선후보가 되면 그 선택이 그다지 좋다고 생각하지 않기 때문에 그를 도울 수 없을 것입니다." 이것은 상당히 절제한 표현이었다. 1951년 여름 한국전쟁이 교착상태가 계속되고, 정치적 영향력을 행사한다는 비난과 매카시와 측근들로부터의 공격이 급등하는 가운데 트루먼의 지지율이 최저 24%에 달했다.

윌리엄 애버렐 해리만 대사는 파리를 지나 나토사령부의 아이젠하워를 방문하고, 트루먼의 워싱턴 회동 요청을 전달했다. 아이젠하워는 이것이 비밀회동이 될 테고, 자신에게 유리하게 적용되지 않을 거라는 인상을 받았다. 밝혀질 비밀이었고, 의회는 군사원조 법안에 대한 논란을 벌이고 있었기 때문에 여기에 말려들고 싶지 않았다. 그는 조지 마셜을 통해 날짜를 늦추자는 제안이 담긴 일급비밀 전보를 보냈다. 트루먼은 그를 안심시키기 위해 친필로 답장을 썼다. "나는 당신과 비밀회동을 하려던 것이 아닙니다." 그는 아이젠하워가 "다른 부서로부터 충분한 지원과 협조를 받지 못하고 있다"는 내용의 보고를 받은 뒤 도움을 주고 싶었을 뿐이었다. 또한 아이젠하워가 "정신 나간 의회의원회로부터 시달리지 않기를 바랐다. 그들에게 시달리는 사람은 한 명이면 족하고, 그것은 이미 익숙해진 나로 충분하다."

두 사람이 다시 만난 것은 아이젠하워의 대통령 후보 의혹이 다시 불거진 몇 개월 후였다. 트루먼은 9월 말에 아이젠하워에게 편지했다. "당신과 이야기하고 싶은 것이 많고, 우리가 서로 이해한다는 것을 확신합니다. 당신은 위대한 일을 하고 있습니다."

아이젠하워가 나토에 관한 논의를 위해 유럽에서 미국으로 날아간 다음 주,

트루먼과의 대화는 "철저히 군 문제"였다고 아이젠하워가 말했지만, 사람들의 머릿속에는 단 하나의 토픽만 있었다. 트루먼이 아이젠하워의 출마에 동의하고 사임할 것인가, 그러면 나토는 누가 인계하는가? 애초에 그가 민주당에 들어오기는 하는 것인가? 심지어 〈콜리어스〉는 아이젠하워에게 속한 정당이 어디인지 말해주기만 하면 4만 불을 주겠다고 제시했다. 태프트가 공식적으로 입후보를 선언하고 깊은 당 지지를 밝혔지만, 여론조사 결과 트루먼과 태프트의 지지율을 모두 합친 것보다 아이젠하워의 지지율이 더 높았다.

11월 5일, 두 사람은 백악관 영빈관에서 한 시간 가량 점심을 먹었고, 비록 사진이었지만 트루먼은 새로 수리되어 더 좋아진 백악관의 모습을 보여주었다. 또 한 번 트루먼은 아이젠하워가 입후보를 결심하면 민주당 지명을 얻도록 전적으로 지원하겠다고 진심 어린 제안을 건넸다.

트루먼의 제안은 이 장군을 그들의 진영으로 끌어오려는 민주당의 오랜 염원의 결정판이었다고 〈뉴욕타임스〉 편집국장 아더 크록이 밝혔다. 당의 특사들은 몇 주 전에 아이젠하워가 트루먼의 지지를 받는 후보라는 말을 전하기 위해 파리까지 날아갔다.

그렇다면 아이젠하워의 대답은 무엇인가? 그는 설령 표를 받지 못하더라도 처음부터 공화당원이었다. "대선 출마 목적만으로 입당할 수는 없다. 무슨 근거로 내가 민주당이라고 생각하는가?" 그는 지난 20여 년에 걸친 민주당 집권으로 충분하다고 생각했고, 누군가는 양당시스템을 구해야 한다고 생각했다. 게다가 트루먼의 진보적 페어딜Fair Deal 정책에 대한 그의 불만은 깊고 오래됐다. 그는 "대통령은 내가 공화당이 될 것이란 생각이 전혀 없었다. 트루먼은 상식이 있는 사람이면 모두 민주당이 될 거라고 믿었다"고 회고했다.

아이젠하워와 트루먼은 자신들이 정치에 대해 논의한 바가 없다고 부인했고, 크록의 기사에 관한 질문에 대해 트루먼은 "노코멘트"라고 답했다. 비록 공식적으로 부인했지만 트루먼은 사적으로 나쁜 감정이 없다는 것을 아이젠하워가 알아주길 원했다. 그는 1년도 훨씬 전에 개인적으로 불출마 결정은 내렸지만 아직 공식적으로 발표되지는 않은 상태였다. "권력에는 묘한 매력이 있다. 노름처럼, 돈에 대한 탐욕처럼, 피 속에 깊이 들어있다." 서랍에 넣어둔 노트에 그렇게 썼다.

12월 중순, 트루먼은 장군에게 편지를 보냈다. "기자들, 끼어드는 잡지들, 추측하기 좋아하는 정치인들은 1952년에 일어날 많은 것을 이야기하고 있습니다. 1948년과 1951년 오찬에서 내가 말한 대로 당신이 생각하는 국가를 위한 최선을 행하십시오."

그러나 이후에 그는 특별한 말을 덧붙였다. 국내 정치에 있어서는 비록 이견이 있지만, 둘은 서방연합군을 이끄는 미국의 역할에 대해서는 전적으로 생각이 같았다. 차기 대통령이 이러한 비전에 공감하는 사람이었다면 두 사람은 조용한 생활로 은퇴하는 데 만족했을 것이다. 트루먼은 "내 입지는 안정되어 있다. 내가 하고 싶은 일이 있다면 고향 미주리로 돌아가는 것이고, '어쩌면' 상원에 출마할 수도 있다." 하지만 아이젠하워가 출마하지 않으면 트루먼의 임무는 고립주의자가 백악관에 입성하지 못하게 막는 것이 될 터였다. 그것이 재선에 나서지 않는다는 개인적 결심을 깨야 한다는 의미라면 그렇게 할 것이다. "내게 당신의 의도를 가르쳐주기 바랍니다. 이것은 어디까지나 우리 둘의 문제입니다."

아이젠하워는 트루먼에게 답장했다. "나는 당신의 판단과 애국심에 깊은 신뢰를 갖고 있습니다. 나는 가족과 함께 눈에 띄는 활동을 하지 않으며 조용한 생활을 보내고 싶습니다. 내게 정치적 지명을 얻어야 할 의무는 없다고 생각합니다." 그렇게 설명했지만 그는 지명을 받기 위해 노력하는 것과 부름에 응하는 것의 차이를 서서히 깨우치고 있었다. 5일 후 가장 열성적인 지지자 상원 헨리 캐벗 로지는 뉴햄프셔 예비선거에 아이젠하워의 이름을 올리는 문제를 강행하면서, 아이젠하워는 실제 공화당임을 선제적으로 밝혔다. 아이젠하워는 이를 불쾌히 여겼지만, 마침내 공화당 지명을 제안하면 수락을 확언했다.

그의 소속이 밝혀졌으므로 기자들은 트루먼에게 아이젠하워에 관한 의견을 묻고자 필사적이었지만, 그는 아무 말도 언급하지 않았다. 1월 10일 기자회견에서 트루먼은 "아이젠하워는 위대한 인물이고, 그를 진심으로 신뢰하며, 이에 정부가 수여하는 가장 중요한 직책을 그에게 주었다"고 연설했다. 비록 나토 운영이 걸려 있기는 했지만 아이젠하워의 결정에 따라 그것은 시간 문제가 될 것이었다. "만약 그가 밖으로 나가 흙과 섞은 달걀과 섞은 토마토를 받고자 한다면,

그건 전적으로 그의 일이다. 나는 그의 길을 방해하지 않을 것이다."

트루먼의 의중이 여전히 오리무중이기 때문에 문제의 요점을 꺼내며 한 기자가 물었다. "대통령님, 그렇게 좋아하는 사람을 상대해서 어떻게 출마를 하십니까?"

"문제 없습니다. 이전에도 해봤습니다." 트루먼이 대답했다.

그로 인해 트루먼은 다시 아이젠하워에게 편지를 썼다. 세계에서 가장 영향력 있는 두 사람이 서로 맞잡고 춤추며 돌아가는 주목할 만한 서신왕래였다. 트루먼은 자기가 한 말에 오해가 없도록 기자회견에 관한 내용 전체 사본을 편지에 동봉했다. 평소대로 트루먼은 아이젠하워에게 썼다. "언론의 사냥개들이 우리 사이에 쐐기를 박으려 합니다. 내가 아는 한 절대로 그런 일은 없을 것입니다."

파리에서 아이젠하워는 왜 사람들이 둘 사이에 긴장감과 분노를 조성하려고 몰두하는지 이상하게 여기며 답장했다. "서로를 존경하는 둘 중 하나로부터 충동이나 비난을 끌어내어 뉴스를 만드는 시도가 아닌지 의심합니다. 그런 의도를 피하고자 하는 당신의 결심과 또 나 자신의 행동을 자제하는 의지에 대해 깊이 감사합니다."

이에 트루먼은 이렇게 답했다. "능수능란한 거짓말쟁이들이나 병적인 칼럼니스트들이 무슨 말을 하더라도 당신과 나는 서로 이해한다는 점을 안심해도 좋습니다."

3월에 아이젠하워는 유권자 손 한 번 잡아보지 않고 손쉽게 뉴햄프셔 예비선거에서 승리했다. 그는 놀랍고 감동 받았다고 소감을 말했다. 몇 주 후 트루먼은 마침내 2년 간 생각해온 것을 발표했다. 1952년 대선에 출마하지 않겠다는 내용이었다. 설령 법적으로 자격이 있다고 해도 루즈벨트 대통령의 잔여 임기를 채우는 것으로 마무리하겠다는 것이다. 이것은 아이젠하워가 자신의 최고사령관인 대통령과 싸울 필요가 없다는 의미였다. 그는 편안히 연합군사령관 사퇴 발표를 했고, 6월에 귀국하여 대선 운동을 시작했다. 그는 트루먼에게 편지를 보냈다. 그가 공직에 관심이 없다는 자신의 주장을 사람들이 믿을 것으로 생각했던 때 그는 트루먼에게 편지를 보냈었다. "나는 명백하게 잘못 계산했습니다. 나를 중심으로 일어나는 정치 활동이 군에 영향을 주어서는 안 됩니다."

트루먼은 그에 대한 존경과 지원을 계속 유지했다. 5월 기자회견에서 아이젠하워가 백악관 의 직무를 감당할 수 있을 만큼 건강한지 질문 받았을 때 트루먼은 "그의 건강은 완벽한 상태고 걸어다니는 누구보다도 건강합니다"라고 말했다. 1952년 6월 아이젠하워가 귀국해서 대선운동을 시작하면서 트루먼은 아이젠하워가 여전히 좋은 사람인지 재차 질문을 받았다.

"물론 그렇습니다. 나는 아이젠하워 장군을 대단히 좋아합니다. 그는 자신의 정치적 견해를 가지고 있고, 그건 나에게 아무런 문제도 되지 않습니다. 이곳은 자유국가이니까요. 지금까지 그랬던 대로 나는 여전히 그를 좋아합니다."

그러나 그가 정치인 아이젠하워를 만났을 때 모든 것이 바뀌었다.

4

"그는 타고난 거짓말쟁이다"

– 드와이트 아이젠하워 –

아이젠하워가 1952년 6월에 대선후보 경선에 나서기 위해 마침내 미국으로 돌아왔을 때 먼저 그의 총사령관에게 자신의 귀환을 보고했다. 트루먼은 대통령 집무실이 아닌 2층 서재로 그를 안내했다. 경선 열기는 벌써 뜨거워지는 것 같았다. 태프트 후보 진영이 아이젠하워의 아내인 매이미 여사의 주벽에 대해, 아이젠하워와 참모 케이 소머스비 사이의 관계에 대해 소문을 퍼트리고 있었다. 또 아이젠하워가 유대계임을 숨겼다고 폭로했다. 아이젠하워는 화가 났고 트루먼은 용기를 내라고 격려했다. "이 소문이 그들이 떠들 수 있는 전부라면 당신은 운이 좋은 편입니다. 공화당 위원회 사무실에 가서 1인치 두께의 코끼리 가죽으로 자신을 무장시켜 달라 하세요. 그게 필요할 겁니다."

두 사람은 오는 선거 유세에서 우정을 퇴색시키지 않기로 재차 강조했다. 아이젠하워가 트루먼에게 나토 최종보고를 한 다음날 트루먼은 로백악관의 즈가든에서 네 번째 청동무공훈장oak leaf cluster을 수여했다. 공화당 전당대회에서 했던 수락 연설에서 아이젠하워는 "헛되고 오만한 높은 자리의 부패로 우리 모두를 얽어매고…… 너무나 오랫동안 집권한 당이 쓰디쓴 열매를 키운 이 정부를 몰아내는 것"이 목표라고 했다. 오랜 정치생활에서 게임의 규칙을 잘 알고 있던 트루먼은 이것을 사적으로 받아들이지 않았다.

하지만 그랬던 그조차 아이젠하워가 그렇게 빨리 그를 불쾌하게 만들 거라고 예상하지 못했고, 공교롭게도 민주당 후보 애드라이 스티븐슨도 마찬가지였다.

두 후보의 문제는 유사했다. 그들은 지지를 받지 못한 채 입방아에 오르내리는 행정부와 거리를 두려고 했다. 하지만 스티븐슨은 국내 정책에 있어서, 아이젠하워는 외교 정책에 궁극적으로 지지를 보내고 있었다. 아이젠하워가 용기와 신념의 횃불인양 진흙탕 싸움 위에 고고한 입장을 유지하며, 자신의 다음 "위대한 성전"을 이끌 영웅처럼 행동하는 것은 또 다른 문제였다. 그는 추악한 정치에 지쳐 훌륭한 리더를 기대하는 사람들에게 자국을 번영의 길로 이끌 인물로 존경 받았다.

하지만 공화당 내의 불안, 파벌, 절망이 심화되는 분위기를 감싸는 것은 별개의 일이었다. 아이젠하워는 당 소속 인물이 아니었고 그가 반대편에 있었던 만큼 공화당 내 반감자들에게 적대시되었다. 군사령관처럼 대통령도 정치를 초월해야 된다고 믿었다. 매카시와 인디애나의 윌리엄 제너처럼 강력한 기반세력을 어떻게 다루어야 할지 아직 판단하지 못했다. 보좌관들로부터 무시하라는 충고도 받았지만, 그들을 감싸는 데 두려움을 느꼈다. 야당으로 거의 20년이나 보낸 그의 당은 승리보다 순수함을 더 중요시하는 사람이 많았다. 그것은 아이젠하워가 생각하는 방식이 아니었고, 많은 공화당원들은 당의 원칙에 대한 그의 충심을 의심했다.

따라서 후보 지명 후 그에게 주어진 최우선 임무는 당의 연합이었다. 아이젠하워는 덴버의 브라운 팰리스 호텔 8층 스위트룸에서 국내 정책의 불명확한 부분에 대해 특강을 받고, 태프트 측과 평화를 중재하면서, 한 친구에게 "어느 날 내가 정치 소용돌이에 끌려들어 간 게 실수였을 가능성이 있다"는 심정을 밝혔다. 몸담았던 군 세계에서 그는 확고한 판단력을 갖추었고 타고난 본능과 오랜 경험이 있었다. 이제 새로운 정치 현장에서 그는 수많은 충고와 경험 없는 선의의 친구들 사이에서 갈등을 저울질해야 했고, 친구 중 다수는 이제 그가 그들을 또 전쟁으로 이끌고 있다고 생각했다. "전체적 분위기는 장기간 복무한 군인의 습관과 전혀 다릅니다. 때때로 내 자신을 정치적 틀에 적응하기가 참으로 어렵습니다." 그는 조지 마셜에게 슬픈 심정으로 글을 썼다.

첫 '적응'은 8월 중순 백악관 국가안보 관리들이 정보 보고를 위해 스티븐슨을 초청했을 때 발생했다. 한국과 소련을 포함한 유럽에 내재된 긴장 사이에 조율의 필요성이 이전보다 더욱 커졌다. 아무런 준비 없이 백악관에 들어왔던 트루먼은 후임이 누가 되든 전속력을 내야 할 것으로 판단했다. 이것은 전례 없는 애국적 본능이었지만 또한 정치 싸움에 불을 붙이는 것이었다.

스티븐슨은 전체 내각과 점심식사를 마치고 수리가 완료된 백악관 주위를 둘러본 후에 정보회의에 참석했다. 그와 대통령은 내각회의실에서 대선 전략에 관한 대화를 나누었다. 트루먼은 할 수 있는 일을 돕고자 했지만 스티븐슨은 밝히기를 꺼렸다. 공화당의 전체 메시지는 '변화의 시기'라는 것이고 부통령 지명자 리처드 닉슨은 "트루먼주의"의 사도로 자신을 연마시키고 있었다. 스티븐슨은 피곤에 지친 제국에 신선한 인물로 인식되기가 쉽지 않았다. 당의 인물들은 그가 트루먼에게 몇 군데 대도시 정도로만 유세 지원을 자제할 것을 요청하지 않았나 추측했다.

한편 아이젠하워는 그의 입당을 확신하지 못하는 평당원들로부터 정치적 색채를 분명히 밝히라는 압력을 점점 거세게 받고 있었다. 일부 태프트 충성파들은 비밀 민주당 동조자 같은 아이젠하워에게 백악관을 넘겨주는 데 에너지를 소비하지 말고 공화당은 이번에도 대통령직을 노리지 말고 다만 의회 다수당이 되는데 집중하라고 공개적으로 제의했다. 그들은 위대한 성전 같은 고결한 언급을 참지 못했다. 〈뉴욕타임스〉의 제임스 레스턴은 아이젠하워의 언급은 "정신이 아닌 마음에 호소하는 것이고…, 그의 언어는 근검, 엄격, 정직, 경제, 단순, 완전과 같은 옛 복구주의자의 고결한 어휘로 가득 찼다"고 표현했다. 늦은 8월 〈뉴욕 월드텔레그램〉과 〈더선〉 일간지 일면 사설은 애석함을 표현했다. "아이젠하워가 선거 유세를 시작했을 때 우리는 희망에 매달렸는데, 그는 이리저리 비틀거리고 있다."

스티븐슨의 브리핑은 자기 자신과 백악관 사이에 있어서 아이젠하워가 공정한 거리를 두는 기회가 되었다. 아이젠하워는 선거본부에서 자신의 전시 참모장이었던 CIA 국장 월터 비들 스미스에게 스티븐슨 회의에 관하여 "이야기가 무르익는다"고 말하며 이렇게 덧붙였다. "나는 이런 일들이 정치계에서 중요하게 간주되는 것을 알고 놀랐다." 공식적으로 아이젠하워는 이 회의를 트루먼이 대선에 영향을 줄 목적으로 정부의 자료를 사용했는지에 관해 혼란스런 문제를 야기한 특이한 사건이라고 불렀다. 〈뉴욕타임스〉가 지명 받은 이래 "대선문제에 둔감한 자"라고 불렸던 그가 미국인은 부패와 무모한 예산낭비로부터, 트루먼 임기의 외교 문제 실정으로부터 진정한 변화를 원한다고 이야기했다.

다음날 트루먼은 아이젠하워에게 전보를 보내어 내각회의, 각료들과 함께 점심식사를 하고, 그가 원하는 백악관 참모들을 만날 수 있는 기회를 제안했다. "나는 주지사 스티븐슨에게 했던 대로 세계 상황에 대해 일주일에 한 번씩 당신에게 정보를 제공하도록 CIA와 합의해 놓았습니다."

생애 처음으로 아이젠하워는 백악관의 초청을 거절했다. 그는 유세에 그것을 즉시 공개했다. 그리고 백악관으로 보내는 전문에서 아이젠하워는 백악관에 참석할 정도로 상황이 심각하지 않고, 현 행정부의 정책과 후계자들의 정책을 자유롭게 비판하는 것이 공화당 후보 지명자의 임무이기 때문이라고 이유를 밝혔다. 그러면서 트루먼 사이에 어떤 통신도 "모든 미국인에게 내용이 알려져야만 하고, 그에 따라 이 만남이 현명하지 못한 일이고 브리핑에 참석하면 국민이 혼란을 초래할 것으로 생각한다"고 써 보냈다.

물론 정보회의 브리핑에 참석한다고 해서 아이젠하워가 정책에 대해 비판할 권리를 잃을 가능성은 전혀 없었다. 전문은 백악관이 아닌 자신의 지지자들을 대상으로 우려를 표한 행위였고, 그것으로 소기의 성과를 얻었다. 아이젠하워의 선거참모장 허버트 브라운의 언급대로 보수주의자들은 크게 안도했다.

하지만 트루먼은 분노했다. 그는 국가안보를 가지고 게임을 벌이지 않았다. 기자회견에서 트루먼은 자신이 아이젠하워가 항의하기 전까지 스티븐슨에게만 여러 국정문제를 브리핑해줄 계획을 세웠다는 비난에 대해 강력하게 부인했다. 전 주에도 두 후보에게 브리핑할 문제를 의논했고 현 합참의장인 오말 브래들리 장군에게 아이젠하워와 서신을 교환하도록 했다고 말했다. 브래들리도 만약 이것이 정치적 이슈가 될 줄 알았더라면 좀 더 일찍 초청장을 보냈을 것이라고 증언했다. "이런 정보는 일반 국민들에게 공개되는 내용이 아니다. 이것은 일급 비밀이기 때문에 공적으로 사용될 수 없다"고 트루먼이 기자들에게 말했다.

트루먼은 당시 아이젠하워가 스스로 정치적 기회주의자들에게 이용당하는 것을 허용했음을 암시하는 편지를 따로 보냈다. "나로 인해 당신이 당혹감을 느꼈다면 미안합니다." 이렇게 시작한 편지는 초청의 유일한 목적은 안정되고 변함없는 외교 정책의 수립이었음을 밝혔다. 그리고 다음과 같이 마무리했다.

"파벌적 정치는 미국의 국경 밖으로 이어져서는 안 됩니다. 나는 당신이 우리 사이에 많은 장애물을 허락한 데 대단히 유감으로 생각합니다.

당신은 큰 실수를 저질렀고, 이것이 위대한 공화국에 해가 되지 않기를 바랍니다…….

하느님이 당신의 길을 인도하시고 빛을 주기를 기도합니다.

언제나 당신의 친구였고 언제나 친구가 되기를 희망했던 사람으로부터.

진심을 담아, HST"

이제 아이젠하워가 화를 낼 차례였다. 어느 때보다 신중하고 젊잖게 답장을 보냈지만, 그는 스미스 CIA 국장에게 말하기를 트루먼이 보낸 편지는 "순수함이 전혀 없고, 내가 고의로 우리의 관계에 해가 될 장애를 허용하는 큰 실수를 저질렀다고 엄숙하게 경고했으며, 나아가 내 생각마저 왜곡시켰다"고 했다.

트루먼이 자신을 정치계에 잘 숨겨진 미친 아저씨 취급을 하는 스티븐슨에게 다소 질렸다는 사실을 아이젠하워가 알았다면 어느 정도 위안이 됐을지 모른다. 스티븐슨은 소속당 의장에 임명되었고, 스프링필드에 본부를 세웠다. 그는 기자들의 질문에 답하면서 "워싱턴의 정치혼란을 해소"할 수 있다고 주장했지만, 이것은 워싱턴의 실제 혼란 상황을 확인시키는 셈이 되었다.

공식적으로 트루먼은 그런 혼란에 대해 아는 바가 없기 때문에 언급할 수 없다고 말했다. 그는 사적으로 썼다가 보내지 않은 여러 편지에서 그는 심경을 토로했다. "나는 당신의 선거 운동에 현직 미국 대통령을 끌어들이는 스스로 부끄러운 일을 했다는 결론을 내렸습니다……" 그는 스티븐슨에게 편지를 썼다. "당신의 괴짜들과 거드름 피우는 고위명사들을 이끌 수 있다면 선거에 모두 데려가서 유세를 하세요. 그리고 이길 수 있으면 승리하십시오."

매카시 개입, 우파 전개

트루먼과 아이젠하워 사이의 긴장감 고조는 여러 가지 오해 때문이었지만 두 사람을 전쟁으로 끌어들인 것은 "위대한 분열자" 조 매카시였다. 두 사람 모두를 비난해왔던 선동자 매카시와 두 사람 모두를 존경했던 정치가 조지 마셜 주위에서 전개된 그들의 적대관계는 더욱 모순적이었다.

아이젠하워는 그의 멘토에게 많은 신세를 졌다. 마셜 장군이 워싱턴에 있는 동안 아이젠하워로 하여금 연합군의 작전을 이끌도록 건의한 사람이 바로 마셜이었다. 처칠은 당시 마셜을 "진정한 승리의 건축가"라고 불렀고, 트루먼은 그를 "살아있는 가장 위대한 미국인"이라고 불렀다. 그리고 트루먼이 1946년 5월에 마셜에게 국무장관직을 요청하기 위해 상하이로 파견한 사람이 아이젠하워였다.

그러나 1951년 6월 상원에서 지금까지 중 가장 악의적 연설을 했던 조 매카시에게 있어 마셜은 중국 공산화를 막지 못하고 미국을 약화시킨 반역자였다. 매카시는 마셜을 가리켜 "인류 역사상 어떤 모험도 위축시킬 엄청난 음모의 검은 불명예를 저질렀다"고 비난했다. 미국정부의 최상위층에서 같이 음모를 꾸미지 않았다면 이처럼 계속되는 공산주의의 성공을 달리 어떻게 설명할 수 있을까?

물론 마셜이 중국을 "잃어버리느라" 바빴을 때 아이젠하워는 군의 고문이었다. 그는 1945년 베를린을 차지하는 러시아와 싸우지 않았고, 트루먼 독트린, 외교 정책인 마셜 플랜, 나토의 강력한 지지자였다. 다시 말해서, 그는 당내 보수계가 한탄했고 몇 가지 해명이 필요한 외교 정책의 스타급 수행 인물이었다.

예비 선거 당시 매카시는 태프트를 지지했기 때문에 아이젠하워는 그에게 빚진 것이 전혀 없었다. 아이젠하워는 8월 자신이 선거 유세에서 그의 도움을 받을 일이 없을 것임을 분명히 했다. 비록 매카시의 이름을 거론하지 않았지만 공산주의와 맞서는 "비미국적 방법"에 대해 비난했다. 마셜에 관해서는 덴버의 기자회견에서 "마셜 장군은 한 순간도 국가에 대한 충성심을 잃어본 적이 없다. 그가 완벽한 애국주의의 표본이 아니라는 정황은 지금까지 본적이 없다"고 단언했다.

하지만 아이젠하워의 발언이 마셜에 대한 "지지"인가, "전폭적 지지"인가 하는 미묘한 차이에 대한 논란이 커졌다. 공화당 예비선거 유권자들이 매카시나 제너 같은 사람을 지명했다면 아이젠하워가 그것을 거부한다는 것은 지나친 무례가 되었을 것이다. 그가 그 전략은 받아들이지 않았더라도 공화당원으로서 그들을 지원은 했을 것이다. 그도 그렇게 생각했을 것이다.

인디아나 주지사인 제너는 나토에 반대했고, 마셜을 "살아있는 거짓말쟁이", "반역의 선두주자"라고 부르곤 했다. 그가 9월 9일 인디애나폴리스 집회에서 아이젠하워를 소개했다. 아이젠하워가 "무능하고 부적합한 꼭두각시 협잡꾼들"을 내쫓겠다고 약속하자 군중들은 우렁차게 소리를 질렀다. 어깨를 칠 기회를 잘 포착하고, 사진 찍을 기회마다 밀고 들어오고, 마침내 아이젠하워의 팔을 잡아 머리 위로 승리하듯 들어 올리는 제너에 대해 그는 별달리 언급하지 않았다. 아이젠하워는 인디애나 의원 찰리 홀렉에게 부르짖었다고 연설문 집필자 에멋 휴스가 전했다. "찰리, 여기서 나를 빠져나가게 해줘요. 내 어깨를 치는 손길에 더러움을 느낍니다." 트루먼은 그 장면을 보고 충격을 받았다. "아이젠하워의 팔이 제너 쪽에 던져졌을 때 그는 트루먼을 잃었다. 관계의 끝이었다"라고 국제뉴스 특파원 로버트 닉슨이 말했다.

같은 날 저녁 매카시는 위스콘신 공화당 상원 중간선거에서 2배 이상의 표차로 승리했다. 아이젠하워는 여전히 매카시 소속 주에서 유세를 벌이고 싶지 않았지만 당직자들은 온건파 공화당원인 월터 콜러 위스콘신 주지사는 재선에서 어려움을 겪었다고 지적하며, 상원 통제 역시 어렵다고 주장했다. 트루먼은 1948년 위스콘신에서 이겼고, 공화당은 이 지역을 빼앗아야 했다.

아이젠하워는 여전히 유세하러 가고 싶지 않아 했고, 일부 온건파 정책자문들, 특히 듀이 역시 이에 동의했다. 그의 회고록에서 아이젠하워는 그 여행계획을 참모의 실수 탓으로 돌렸지만, 어쩔 수 없이 간 곳에서도 마찬가지로 자기주장을 펼 것으로 생각했다. 연설문 작성자 휴스에게 매카시의 출신 지역인 밀워키의 대연설에서 마셜의 방위 문제를 연설에 포함하고 싶다고 했다. 그것은 마셜을 지지하고 매카시를 묻어버리는 데 큰 영향을 주었을 것이다.

누가 매카시에게 정보를 주었는지는 아무도 모른다. 어쩌면 스스로 우려하는 아이젠하워 속마음을 충분히 읽었는지 모른다. 아이젠하워의 유세 여정이 일리노이를 거쳐 위스콘신으로 향하던 10월 2일 매카시는 아무런 발표도 없이 무작정 피오리아로 날아가서 아이젠하워가 묵고 있는 호텔을 방문했다.

둘은 사적으로 오랫동안 대화를 나눴다.

그 후 매카시는 기자들에게 "대단히 즐거운 대화"를 나눴다고 말했다. 그와 아이젠하워가 모든 것에 다 동의하지는 않았지만, "위대한 미국인인 그는 훌륭하고 뛰어난 대통령이 될 인물이다. 나는 들어갔을 때와 똑같은 감정"으로 회의장을 나왔다고 말했다.

스위트룸 밖에 있었던 아이젠하워의 연설문 작성자 중 하나인 케빈 맥캔의 이야기는 달랐다. 아이젠하워는 매카시의 흉악한 술책과 마셜에 대한 공격을 어떻게 생각하는지 정확하게 알려주었다. 싸움이 너무 격해서 공기가 냉랭해졌다. "나는 장군이 그렇게 냉혈적으로 사람을 몰아세우는 것을 들어본 적이 없었다."

피오리아에서 위스콘신에 가는 도중에 세워진 마셜에 대한 공식적 옹호 결심은 매카시의 지역에서 정치적 역풍을 맞았다. 그의 선거참모장 셔먼 애덤은 마셜을 칭찬하는 연설문 초안을 가지고 있었다. 주지사 콜러와 공화당 전국위원회장 아더 서머필드는 마셜을 옹호하는 것은 매카시에 대한 의도적 공격으로 읽혀질 수 있으며 공화당 지지 지역에서 큰 대가를 치를 수 있다고 경고했다. 그의 정책자문 윌리엄 이왈드는 아이젠하워에게 했던 주장을 회상했다. "밀워키와 위스콘신에 들어갈 수 없으니, 이 도시 대강당에 무대를 마련하세요. 조 매카시가 상원의원에 출마하는 마당에 당신은 공화당 대선후보를 노리고 있지요. 그의 코를 납작하게 눌러버리는 것입니다."

아이젠하워 팀은 마셜에 대한 지지를 해야 하는지, 안 되는지에 대해 더 의논했다. 일부 자문들은 쓰여진 대로 연설하는 데 대단히 단호했다. 하지만 애덤은 마셜 부분은 그곳에서 할 이유가 없고 다만 이외 지역에서 하는 것에는 동의

했다. 이동하던 열차 앞쪽에서 되돌아 온 아이젠하워는 애덤과 더 논의하며 분
노했지만 결국 삭제에 동의했다. 나중에 아이젠하워는 위스콘신에서 집회에서
폭동을 야기할 수 있다는 경고가 있을 때만 이 문장의 삭제에 동의했다고 말했
고, 회고록에서는 최근 마셜에 대해 옹호한 이유를 설명했다. "다시 '적대적인
태도'를 보이는 것으로 오해될 수 있고, 새롭게 대중의 소란을 일으키면 본의 아
니게 마셜 장군을 당혹스럽게 할 수도 있었을 것이다."

열차가 그린베이로 들어오자 매카시는 허둥지둥 플랫폼에 뛰어와서 군중보
다 더 크게 아이젠하워에게 박수를 보냈다. 그는 고향 애플턴에서 그를 대중에
소개했다. 선거 유세 뒤 참모들은 그가 하기 싫었을 것이라고 말했다. 연설문이
변경된 것을 모르는 측근들은 잠시만 기다리면 오늘 저녁 매카시에 대한 아이
젠하워의 생각을 듣게 될 거라고 기자들에게 말했다.

밀워키 대연설에서 매카시는 무대에서 그의 뒤에 앉아 있었다. 아이젠하워
는 "폭력적 감시" 반대를 주장했지만 적대감은 거의 없었다. "매카시와 내가 무
능하고 부정직하고 무엇보다 파괴적이고 불충하는 현 성부를 제거하려는 목적
은 하나며 같은 것이다. 다른 것은 적용 방법이다." 그는 트루먼의 공산주의 침
투에 대한 무관심이 "측량할 수 없는 참사"를 불러일으켰다고 선언했다.

준비했던 원문에서 다음의 내용이 빠졌다. "나는 개인적으로 마셜 장군을 지
난 35년간 알고 지낼 특권을 누렸다. 남자로서, 군인으로서 그는 미국을 위해 사
심 없는 심오한 애국주의로 헌신했다. 이 이야기는 스스로 지킬 수 없는 자유의
길에 깨어있는 교훈이다." 당시 사진기자들은 매카시와 아이젠하워의 사진을
찍었다. "너무 멀리 서있어서 그들은 마치 송어 하천 양쪽에서 서로에게 닿으려
고 하는 사람들처럼 보였다." 〈타임〉은 이에 대한 기사를 썼다. "아이젠하워는
위스콘신 상원의원의 손을 잡고 들어 올렸다 갑자기 놓아버렸다."

아이젠하워가 몰랐던 것은 〈뉴욕타임스〉가 온전한 연설문의 복사본을 가지
고 있었다는 것이다. 그래서 여행에 관한 헤드라인 기사는 매카시가 아이젠하워
를 협박해서 침묵하게 했고, 히틀러에 대항했던 영웅은 웬일인지 국내 협박범에
겁을 먹었다고 표현했다. 〈타임〉 출판인 아더 슐츠버거는 애덤에게 전문을 보냈
다. "내가 무척 상심했다는 것을 말해야 할까?" 아이젠하워는 자신이 굴을 파고

들어가 안주했다는 사실을 단호히 부인했다. 참모들은 아이젠하워가 이전에도 마셜 장군을 옹호하는 발언을 했으므로 이제와서 해선 안 된다고 생각할 이유가 없다고 주장했다. "그것은 실수였다. 드와이트 아이젠하워가 마지막 날까지 고통스러워했을, 내가 느끼기에도 통탄할 실수였다"고 이왈드가 훗날 회고했다.

마셜은 직접 어떤 이야기도 하지 않았지만 부인이 나중에 전한 바에 따르면 이 은퇴한 정치인은 그날 밤 이후 매일 저녁 라디오 앞에 앉아 아이젠하워가 자신의 명예를 옹호한다는 뉴스를 기다렸다.

그가 한 실수로 트루먼은 날을 세웠다. "마셜에 대한 비판은 트루먼에게 아버지를 비판하는 것과 같았다. 그래서 그는 대단히 심각하고 언짢게 받아들였다." 그의 보좌관 매트 코넬리가 한 말이다. 트루먼은 제너에 대한 지지는 가능한 언급하지 않도록 자제했지만 후에 비난했다. "주위의 착하고 품위 있는 사람들이 그런 간교하고 소름 끼치는 무서운 사람에게 마음의 상처를 입는데도" 아이젠하워가 매카시와의 싸움을 피하려고 했던 "가장 추악하고 가장 멍청한 행위다."

이후 오랫동안 트루먼-아이젠하워-마셜 사이의 관계에 있어서 사람들이 알았던 것보다 더 많은 의문이 일었을 것이다. 트루먼 사망 후 1973년에 출간된, 논란 많은 구술 역사서 《플레인 스피킹》에서 멀 밀러는 다음과 같이 기술했다. 1945년 6월 전쟁이 끝나자 아이젠하워는 마셜에게 귀국 후 매이미와 이혼하고, 전쟁 당시 그의 운전병이었던 케이 서머스비와 재혼하고 싶다고 편지를 보냈다. 마셜은 그의 "여생이 살아 있는 지옥이 될 것"이라는 답장을 보냈다. 밀러는 트루먼의 말도 인용했다. "마셜 장군은 화를 내는 경우가 거의 없지만 그때는 폭발했다." 이는 트루먼이 재임 시에 했던 말인데, 아이젠하워는 이것을 무척 싫어하여 펜타곤 파일에서 이 편지를 꺼내 찢어버렸지만 밀러는 내용을 책에 써넣었다.

이 책의 내용 일부는 트루먼과 인터뷰한 녹음에 근거했지만, 그는 편지의 파문을 고려하여 직접 녹음하지 않았고 그것을 확인할 수 있는 트루먼도 생존해 있지 않았다. 유일한 확증은 트루먼의 수다스런 측근 해리본 소장으로, 그는 이혼에 대해 아이젠하워와 마셜 간에 실제로 마음 상하는 대화가 오간 적이 있었다고 주장했다. 그것은 아이젠하워의 적들이 1952년 대선 때 흑색선전으로 사용하려고 캐냈던 것이었다. 해리본 역시 트루먼이 중간에서 막고 편지를 회수하여 마셜에게 찢어버리도록 보냈다고 진술했다.

　　살아있는 증거는 전혀 다른 이야기를 주장한다. 아이젠하워는 1945년 6월에 마셜에게 편지했지만 그것은 장기주둔 예정으로 독일로 매이미가 와서 함께 있을지 물으려고 한 것이라 했다. 이것은 이례적으로 다정한 편지였다. "솔직히 말해서 지난 6주간은 전쟁 발발 이래 가장 힘들었던 시기였다"고 털어놓았다. "어려움이란 내 가족이 정말 보고 싶다는 것뿐이다." 매이미는 그때 병이 들어 체중이 겨우 100파운드약 45kg 밖에 되지 않았고, 전쟁은 그녀에게 큰 고통을 주었다. 아이젠하워는 "그녀가 와서 나와 같이 있어 준다면 큰 위안이 될 것입니다"라고 마셜에게 썼다.

　　관행상 그런 요구는 필요 없는 것이었다. 아시아에서 근무하는 맥아더 장군도 허가 없이 부인을 데리러 사람을 보냈다. 하지만 그들이 같은 계급이라 하더라도 아이젠하워는 존경의 마음을 담아 허가를 요청했고, 마셜은 자문을 얻고자 이를 트루먼에게 보냈다. 트루먼은 그에 대해 다른 군인도 가족과 떨어져 있는데 공평하지 않다고 했다. 아이젠하워의 반응은 어땠을까? 그는 마셜에게 자신의 요청에 대해 사과했다.

싸움에 나서다

아이젠하워가 공개적으로 마셜을 옹호하지 않은 사건은 이유가 무엇이든 〈뉴욕타임스〉의 말대로 1952년 대선에서 스티븐슨을 완전히 가릴 정도로 "아이젠하워-트루먼 적대관계"를 조성했다. 트루먼은 콜로라도 스프링에서 신중하게 준비한 연설문을 들고 싸움에 나섰다. 트루먼은 아이젠하워를 겁쟁이라 비난했다: 그는 "명예로운 상관이자 친구, 은인이었던 이의 등에 칼을 찌르려는" 매카시나 제너 같은 "도덕적 악당"이나 "소인배"를 비판하는 대신 그들을 받아들였고, "유세 열차에 오른 매카시에게 겸손하게 감사를 표했다. 왜 그랬을까? 그것은 원칙 없는 두 사람들이 11월 대선 때 자기에게 표를 가져다 줄 것으로 생각했기 때문이다." 그런 정치적 압력에 굴복하는 사람은 대통령 자리나 국가이 원자력 무기고를 맡기에는 부적합하다고 트루먼은 격론을 일으켰다. "나는 그의 대머리 꼭대기에서 등 뒤까지 늙은 아이젠하워의 껍질을 벗겼다." 트루먼은 그 후 〈워싱턴포스트〉 기자에게 말했다.

　그것은 시작에 불과했다. 트루먼은 대통령의 장갑 열차인 페르디난드 마젤란Ferdinand Magellan에 올라타고 24개 주를 거치는 첫 지방 유세 여행을 시작했다. 그는 마치 칭찬을 하듯 교묘한 정치적 수완을 발휘하여 아이젠하워를 "내 행정부의 가장 크고 중대한 책임을 맡을 부관으로 뽑은 사람"이었음을 유권자들에게 상기시키며 공격했다. 하지만 이제 그는 자신이 기초를 닦았던 그 정책들을 공격하고 있다고도 했다. 뉴욕 주를 지나는 10월 어느 날 여정에서 그는 아이젠하워를 일컬어 거짓말쟁이, 어리석은 자, 겁쟁이, 위선자라고 불렀고, 군에서 평생을 보낸 후 공화당 우두머리들의 자비를 받은 정치 문외환이고, "상원의원 태프트의 숲 속에서 놀던 아기이고, 은행 로비단체, 부동산 로비, 온갖 특권을 누리는 작자들을 위해 일하고 발언하는 반작용자들 손에서 노는 민간문제에 무지한 군인이다."

　"나는 그를 알았고 그를 믿었다"고 트루먼은 유세가 한창 뜨거웠을 때 열성 당원들에게 고백했다. "나는 그가 좋은 대통령이 될 수 있을 것으로 생각했지만 착각이었다. 유세에서 내가 그에 대해 생각한 모든 것을 다 배신했다."

　절정을 향해 달려가는 밴드처럼 트루먼은 더 높게 더 뜨겁게 열을 올렸고 종결은 언제나 마셜과 매카시로 귀결되었다. "이것은 내게 분명하다. 그런 식으로 친구를 배신하는 사람에게 미국의 위대한 직책을 절대 맡길 수 없다."

　사실 아이젠하워는 트루먼을 "선동 전문가"라고 불렀을 때 어리숙하지 않았다. 그러나 정치에 대해 잘 모른다는 비난에도 불구하고, 아이젠하워는 여론의 동향을 읽고 사적 동기를 파악할 정도로 기민하고 상황 판단이 빨랐다. 그의 정치적 "무경험"은 되려 유리하게 작용했다. 그의 언어와 태도는 근래 정치계의 패거리 싸움과 자신을 떨어뜨리기 위해 계산된 것이었다. 그의 당내 강경파는 기회마다 트루먼을 끌어내리기를 바랐지만 아이젠하워는 매카시에게 손을 내민 자신의 처신에 이미 놀라버린 부동표浮動票의 필요성을 알았다.

또한 그는 경선 취재기자들이 무엇을 발견했는지 알고 있었을 것이다. 즉, 자신의 분노에 눈이 먼 트루먼이 아이젠하워에 대한 국민의 개인적인 헌신, 그의 존재 자체가 갖는 힘을 평가절하했다는 사실이었다. 구경꾼들이 퍼레이드를 더 잘 보려고 나무에 올라갔던 9월에 리차드 로버가 다음과 같이 말했다. "국민이 썩은 행정부와 꼭두각시놀음으로 인한 상처를 각오한다는 것은 특이한 일이 아니었다. 미니애폴리스와 세인트폴 유세에서 관중들은 세 번이나 경찰 저지선을 뚫었고 행진 차량이 멈추지 않을 수 없었다." 특히 그의 지방유세 여정마다 "아이젠하워를 좋아한다!"고 외치는 군중에 트루먼은 거의 내몰렸을 것이다. 트루먼이 아이젠하워를 "도덕적 장님", 반유대주의, 반가톨릭주의라고 비난했을 때 오히려 역효과가 나타났다. "모두가 트루먼이 스티븐슨의 기회를 헤친다고 믿는다." 〈뉴욕타임스〉 헤드라인의 기사였다.

전임 대통령이 신임에게 얼마나 실제적 도움이 되는지 허버트 후버를 통해 알고 있는 트루먼은 스스로 그 역할을 배제시키고 있다는 사실을 깨닫지 못하는 것 같았다. 아이젠하워와의 우정이 조금이라도 남았더라면 유세 싸움을 자제할 수 있었을 것이다. 아이젠하워는 비할 데 없는 자신감 넘치는 지도자였고 어떤 경우에도 트루먼에게 돌아설 마음이 없었으며 1952년 대선의 상처는 클럽의 최소의 우애조차 완전히 배제시켜버렸다. 한때 친구였던 애브릴 해리먼은 그의 손자 데이비드 아이젠하워에게 말했다. 아이젠하워는 "정치를 정말 이해하지 못했다. 정치적 반대파와 개인적 반대파의 차이를 알지 못했다." 아이젠하워는 트루먼의 명예, 지도력, 존경을 의심하는 선거 유세를 치렀다. 지나친 당파심이 그를 문질러 상처 내고 마셜 문제에 대한 양심의 가책으로 긁혔다.

사실상 트루먼이 결과를 바꾸기 위해 할 수 있는 일은 없었는지 모른다. 아이젠하워는 스티븐슨과 트루먼 출신 주를 포함하여 48개 주 가운데 39개 주를 6백만 표 차로 이겼다. 당시 한 후보가 얻을 수 있는 최고의 표는 물론, 상하원마저 모두 차지해 버렸다. 스티븐슨은 새벽 1:30에 간단한 연설로 패배에 굴복했고 아이젠하워는 호텔로 돌아가 침대에 쓰러졌지만 잠들기 전 마지막 과제가 있었다.

아이젠하워가 장차 주 이탈리아 대사로 임명하게 될 전직 의원 클레어 부드 루스가 찾아와서 말했다. "귀하가 피곤한 줄 알고 있지만 해야 할 일이 남아있 어요." 그녀는 공손하게 전화기를 들고 24년 전 백악관에 입성한 마지막 공화당 대통령 허버트 후버를 불러냈다.

1952년 대선 종료 후 아이젠하워 앞에서 트루먼의 이름을 거론하는 것만으 로 "영원히 턱을 긴장시키고 얼굴을 붉힐 것이다"라고 이월드가 당시를 전했다. 웨스트포인트 사관학교에서 아이젠하워를 가르쳤던 레슬링 코치는 그에게 캠 퍼스를 떠났다 다시 돌아올 때는 언제나 만면에 웃음을 지으라고 가르쳤다. 하 지만 "아이젠하워의 무표정은 강인한 자기수련의 결과였다. 그 아래 원한이 흐 르자 역사의 방향을 바꾸어버렸다."

정권 이양의 추한 얼굴

"당신의 압승을 축하합니다." 트루먼은 아이젠하워에게 전문을 보냈다. "1954 년 예산은 1월 15일까지 의회에 제출합니다…… 당신은 즉시 예산국장과 대표 회의를 해야 합니다." 트루먼은 20년 만에 이루어지는 양 당 간의 첫 권력 이양 을 어떻게 해야 하는지 분명한 생각을 가지고 있었다. 이는 아이젠하워의 부담 을 덜기 위한 것은 아니었다.

아이젠하워와 매이미 여사, 며느리와 세 손자가 오구스다 내셔널 골프코스 끝에 있는 바비존스 별장으로 들어갔을 때 그를 백악관에 초청하겠다는 전문이 왔다. 루즈벨트의 사망으로 취임에 앞선 사전 준비를 미처 하지 못했던 트루먼 은 후임자에게 더 나은 기초를 구축시켜줄 것을 결심했다.

그래서 아이젠하워에게 중요 부서의 만나야 할 최고 참모들을 보내서 전체 담당들에게 협조를 지시했다.

즉시 아이젠하워의 참모들은 취임식까지 아이젠하워가 "아무런 행정 권한 이 없다"는 것을 밝혔다. 트루먼의 도움 제안에 그들은 극히 제한적 반응만 보 였다. "아이젠하워와 참모들은 이것이 일종의 계략이 아닌지 두려워했다." 트루먼이 11월 15일 일기에 쓴 내용이다. 그는 퇴임하는 대통령이 후임에게 덫을 놓을 가능성을 생각하고 있었다. "내가 얼마든지 일을 망쳐버릴 수 있고 그렇게 되면 1년이 지나도 바로 잡기 힘들 수도 있었다." 트루먼은 취임식 전날 밤 기자에게 그럴 의도는 없었다고 말했다. "보좌관들이 마치 내가 그를 난처하게 만들려는 사람인 것으로 만드는 건 아닌지 대단히 염려스럽다. 사실이 아니다. 내가 원하는 것은 규칙에 따른 이양이었지만 이루어지지 않았다."

그것은 정확하지는 않아도 사실에 가까웠다. 아이젠하워가 백악관에 11월 18일 오후 2시 직전에 도착할 때까지 미국 역사에 이런 식의 회의는 단 네 차례뿐이었다. 첫 번째는 악감정만 남은 제퍼슨과 애덤스 간의 미팅이었고, 두 번째와 세 번째는 후버와 루즈벨트 사이에 이루어진 것으로 서로에게 독을 내뿜었다. 트루먼과 아이크의 경우, 이것이 아이젠하워가 6월 귀국한 후로 처음으로 대면하는 자리였다. 루즈벨트의 각본에 따라 아이젠하워는 이 만남이 어떤 공동협력도 없는 "전적으로 비공식이고 개인적" 만남이라고 주장했다.

아이젠하워는 당선 후 처음으로 수도에 온 것이었다. 공항에서 백악관까지 이동하는 행사 차량을 보려고 50만 명의 사람이 나왔고 트루먼도 정부 직원에게 후임자를 보도록 쉽게 했다.

"여러분, 안녕하세요." 로비를 꽉 메운 기자들과 백악관 참모들에게 아이젠하워는 명랑하게 인사했다. 그와 트루먼은 개인적으로 집무실에서 만났다. 트루먼은 즉시 아이젠하워가 뒤끝이 있는 사람이라고 결론 내렸다. 트루먼은 백악관에 기증된 라틴아메리카의 여러 국가의 해방자들이 선물한 사진을 남겨두겠다고 제안했다. 하지만 "나는 그 사진을 가져가는 게 좋겠다는 퉁명스런 소리를 들었다. 그는 그 나라들이 틀림없이 신임 대통령에게 같은 사진을 줄 것이라고 말했다." 트루먼은 아이젠하워가 1945년 여름에 자기에게 준 거대한 지구본을 다시 돌려주었다. "그는 대수롭지 않게 그것을 받았다." (아이젠하워는 실제로 대통령 취임 후 약 2주 뒤 둘 사이의 어색한 순간을 바로잡으려고 시도하며 트루먼에게 편지했다. "나는 귀하가 이 사무실에 있는 대형 지구본에 붙여둔 명판에 새겨둔 글씨를 보았습니다. 그것을 내게 돌려준 데 대한 감사함에 고마움을 전하지 못했다는 생각이 들었습니다. 이것은 내가 몹시 감사해야 할 우정의 표현입니다.")

그들은 한국의 정세에 대해서도 논의했고, 외교 정책에 지속적 방향이 유지되어야 한다고 동의했다. 트루먼 역시 놓여있는 미래를 보는 창을 주어 직책을 성공으로 이끄는 열쇠를 주려고 했다. 장관 임명에 있어서 십중팔구를 거절하면서 사람들을 화나지 않게 하는 유능한 외교관을 찾아야 하고, 기자들을 다루려면 수다스런 홍보보좌관이 필요한데 그들은 국무부, 국방부, 재무부장관이 있는 내각회의실에 가서 질문에 답을 한다고 충고했다.

트루먼은 아이젠하워가 앞날의 시련을 충분히 인식하지 못하고, "대통령이 직면할 수많은 문제와 결정 때문에 두려워하며 그 회의와 동떨어져 있다고 확신했다. 만약 그렇다면 이 회의로 말미암은 그의 경직을 나 역시 이해할 수 있다."

아이젠하워는 전혀 다른 반응을 보였다. 그 회의는 "내 지식과 계획에 조금도 도움이 되지 않았다……."

두 사람의 긴장감을 지켜본 국무장관 애치슨은 난처함을 표했다. "아이젠하워의 친근한 매력은 온데간데 없었다. 그는 우리를 경계해서 물러나고 싶어 했고, 촉각을 곤두세워 입을 다물었고, 함께 있는 자체가 당혹스러워 마지못해 하는 듯 보였다. 내각 테이블 건너 대통령과 마주한 의자에 깊숙이 잠기듯 앉은 그는 안경테 줄을 씹으며 가끔 관심을 끄는 문제에 대해 기록을 요구했다."

아이젠하워가 떠나기 전 트루먼은 미국 안보정책, 한국, 유고슬라비아, 이란에 관한 공산주의 전면 침공 사건의 극비 계획을 요약한 세 개의 파일을 그에게 넘겨주었다. 그의 참모와 대화하며 트루먼은 후임을 기다릴 일들을 상상해 보았다. "아마 그는 여기에 앉아 이야기할 것이다. '이거 해라, 저거 해라', 그거 외엔 없을 것이다. 아이젠하워가 가여워진다. 여기는 군대 같지 않을 텐데, 굉장히 힘들다는 것을 알게 될 것이다."

트루먼은 직책의 부담이 어깨 위에 떨어지면 아이젠하워가 치를 혹독한 교훈으로 태도가 돌아설 것을 기대하고 있었다. 취임식이 가까워오자 그는 기자들에게 말했다. "이 사람은 돼지가 일요일을 모르는 것보다 정치에 대해서 더 모른다."

취임식이 가까워질수록 트루먼은 점점 행복해졌다. "어째서 대통령이 되었는가? 그의 태도 때문이다"라고 백악관 청소원이 〈워싱턴포스트〉 기자에게 말했다. 그는 쓰라린 선거패배에도, 백악관에서 물러나도, 미래가 불확실해도 조금도 괴로워하지 않았다. 평소 그에게 우호적이지 않았던 칼럼니스트 월터 립만조차 이렇게 말했다. "물러나는 그의 태도에서 트루먼이 뼛속까지 대통령이라는 사실을 알 수 있다. 위대한 직책과 그 가치를 인식한 사람이었다." 하지만 이제 막 그의 뒤를 이을 사람은 그 모습을 이해할 생각이 없었다.

모자 없는 취임식

취임식은 민주주의의 특별함, 미국의 자부심과 애국주의, 당파 싸움 끝에 오는 평화에 대한 축제일이다. 하지만 그런 날에 찾아오는 회오리바람과 된서리가 가끔 백악관 깊숙이 들어오는 오래된 역사가 있다. 존 애덤스는 제퍼슨과 마주치지 않으려고 취임식 전날 밤에 워싱턴을 떠나버렸고, 앤드류 존슨은 링컨의 두 번째 취임식에 술에 취해 나타났다. 1953년은 20세기 중 가장 원한에 사무친 취임일로 기록될지 모른다. 아이젠하워는 보좌관에게 말했다. "나는 펜실베니아 행진에 트루먼과 같이 차를 타지 않고 의사당 계단에서 만날 것이다."

그것이 바로 그날 일어난 일이다.

첫 번째 문제는 재단사였다. 미국은 관습상 대통령이 정장용 모자인 톱해트top hat에 연미복을 입게 되어 있다. "양복점에 가서 애스콧타이ascot tie, 폭이 넓은 정장용 넥타이가 있는 의상을 대여한다." 특파원 로버트 닉슨은 당시를 회고했다. 하지만 아이젠하워는 전임자와 의논도 없이 톱해트를 거절하고 자신이 좋아하는 홈부르크homburg 모자를 썼다. 트루먼은 우아한 태도로 받아들인 바 있었다. "모자로 논쟁을 벌이고 싶지 않다"고 말했지만 그 후 트루먼은 취임식 의전은 더욱 공식 의상이 보장돼야 함을 느꼈다고 썼다. (기록에 따르면 아이젠하워는 8년 뒤 케네디 대통령 취임식 때 연미복을 입고 갔다.)

아이젠하워는 간단하고 위엄 있는 축하식을 염두에 두었지만 갇혔던 축하

열기와 목마른 변화의 욕구가 솟구쳤던 시대적 상황으로 워싱턴 시가 오랫동안 봐온 것 중 가장 크고, 비싸고, 호화로운 행사가 돼버렸다. 이날은 햇볕이 화창한 아름다운 날이었고 75만 명의 사람이 펜실베니아 시가지에 늘어섰다. 일부는 마분지 잠망경으로 구경하기도 했다.

관습에 따라 취임하는 대통령은 백악관에 들러서 전임을 태우고 함께 국회 의사당에 가는 게 관례였다. 그러나 아이젠하워는 트루먼을 스타틀러 호텔에서 태우겠다는 전갈을 보냈다. "물론, 나는 그렇게 하고 싶지 않았다." 베스 트루먼은 아이젠하워를 위해 간단한 오찬까지 마련했다. "초청이 거절되고 관습이 무시됐을 때 우리는 몹시 실망했다"고 트루먼이 회고했다. 아이젠하워는 의사당 가는 시간이 다 되어 차를 갖다 대고 리무진 밖으로 나오지도 않았는데, 용서할 수 없는 적이라 하더라도 이것은 승리자의 지나친 야비한 행동이었다. 트루먼이 모습을 드러내자 그는 겨우 차 밖으로 나왔다. "이것은 너무나 충격적인 순간이었다"고 CBS 뉴스 앵커 애릭 세버레이드가 말했다. "트루먼은 우아했는데 냉대를 당했다. 그 상황에서 행동으로 우월함을 보여주었다."

행사장까지 가는 차 안은 얼어붙었다. "아이젠하워의 미소만이 전 세계적으로 밝고 온화한 사람이라는 명성을 가져온 유일한 점이라는 사실은 흥미로운 일이다. 우리는 그가 본래부터 퉁명스럽고, 화를 잘 내고, 동의하기 힘든 사람임을 잘 알고 있다"고 트루먼은 회고했다.

의사당에 도착했을 때 그들은 취임식 플랫폼까지 안내하려고 기다리고 있던 의전병장 사무실로 갔다. 그때 아이젠하워가 트루먼에게 돌아서서 질문을 던졌다. "누가 내 아들 존을 한국에서 워싱턴까지 귀환시켰는지 궁금합니다만? 누가 나를 이토록 당황하게 만들까요?"

"미국 대통령이 당신 아들을 취임식에 참석하도록 명령했습니다. 대통령은 당신 아들이 아버지가 대통령 취임 선서를 하는 모습을 직접 보는 것이 올바르고 당연한 일이라고 생각했습니다. 만약 이런 명령으로 당신을 당혹스럽게 한다면 그 책임은 미국 대통령이 지겠습니다." 트루먼이 말했다.

만약 아이젠하워가 삼일 뒤 트루먼에게 보낸 편지만으로 판단한다면 행사를 위해 아들을 귀국시킨 사려 깊은 행동에 실제로 감사했다. 그는 트루먼에게 정권이양이 순조롭게 진행되도록 "귀하가 내게 베풀어준 호의에 감사하고, 개인적으로 취임식을 위해 아들을 한국에서 불러준 데 감사드리고 싶고, 더욱이 둘 다 모르는데 당신이 배려해 준데 감사한다." 이 편지에 대해 트루먼은 자필로 답장했다. "내 행정부에서 당신에게로 질서정연한 권력이양이 이루어지는 데 내가 할 수 있는 모든 일을 돕는 것이 나의 기쁨이었습니다. 당신이 아들 사건을 묻지 않았다면 나는 전혀 언급하지 않았을 것입니다."

그 편지는 한 정치인의 겉치레 행동이었는지 모르고, 영원할 수 없는 일시 휴전이었는지 모른다. 이유야 어쨌든 이 사건은 두 사람의 또 다른 발화점이 되었다. 로버트 닉슨이 말했다. "아이젠하워는 그것을 좋아하지 않았다. 트루먼이 사생활과 가족 일에 끼어들었다고 느꼈다. 더욱이 전투상황에서 아들을 소환했다. 그는 아들이 싸워야 했다고 느꼈다. 어떤 환경이든 대통령 취임을 보도록 소환하고 싶지 않았다."

닉슨은 계속해서 이야기했다.

"물론 트루먼은 완전히 아연실색했다. 마음에서 우러나오는 호의와 가족에 대한 진정 어린 심정은 마땅히 실천할 좋은 일이라고 생각했다. 이유가 어떻든 둘 간의 깊은 금을 하나 더 그어버렸다. 하나는 선하고 사려 깊고 친절하려고 노력하는데, 다른 하나는 분개만 하고 있다."

이것이 너무나 씁쓸했기 때문에 트루먼은 부인 베스와 식이 끝나자마자 열차 역까지 걸어서 떠나려고 했다. 그러나 백악관에서 차를 내주었고 그를 배중하기 위해 워싱턴 유니언 역에 군중이 너무나 많았기 때문에 열차에 오르기도 어려웠다. "대통령님께 길을 비키시오." 확성기가 알리자 사람들은 환호하며 올드 랭 사인 이별곡을 불렀다. "정치 인생에서 나는 이런 것을 한 번도 경험하지 못했다. 내가 백 세까지 산다 하더라도 이 순간은 영원히 잊지 못할 것이다"라고 트루먼이 말했다.

그는 위대한 희망을 가진 사람이었지만 계획도 돈도 없었다. 이름을 팔아서 대통령직의 품격을 떨어뜨리고 싶지 않았기 때문에 유리한 제안을 모두 거절했다. 그 대신 정치인이 나아갈 모범이 되었다.

"허버트 후버는 자신을 완벽하게 관리했다고 생각한다"고 트루먼이 말했다.

트루먼 퇴출

트루먼이 1953년 6월 처음 워싱턴으로 되돌아왔을 때 기자들이 아이젠하워를 방문할지 묻자 그는 가볍게 아니라고 했다. "그는 너무 바빠서 워싱턴에 들리는 어중이떠중이를 만날 시간이 없습니다." 카운티페어 박람회에서 대통령 퇴임 이후 발언이 왜 온화해졌는지 묻자 그는 웃으며 "공화당 잘못을 지적하면 그들은 방향을 개선할 테니, 그러면 우리가 할 일이 없어질 것입니다."

게다가 그는 자기 생활을 즐기고 있었다. 은퇴로 인해 트루먼은 푹 쉬고 여행하고 회고할 수 있게 되었다. 런던의 윈스턴 처칠을 방문하고, 옥스퍼드대학에서 명예 박사학위를 받고, 교황 비오 7세^Pope Pius XII를 알현하고, 잘츠부르크에서 모차르트 피아노를 연주했다.

하지만 시간이 가도 백악관의 침묵은 명백했다. 아이젠하워는 트루먼에게 워싱턴 방문 제안을 하지 않았고, 트루먼의 흔적을 고의로 지워버리고 있었다. 트루먼의 초상화, 피아노, 좋아하던 샹들리에마저 치웠고, 미주리의 고향 친구들이 만든 볼링 레인마저 제거했다. 〈룩〉의 기자 플레처 네벨은 이렇게 썼다. "이 싸움은 열띤 정쟁이 끝난 이후 느낌과 달리 이 둘의 관계는 진짜 이 시대 최악의 원한이었다."

1953년 가을에는 둘 사이의 긴장감이 너무 팽팽해졌다. 아이젠하워가 캔자스시티를 국정 방문했을 때 트루먼으로부터 걸려온 전화를 무시했는지를 두고 격노가 폭발했다. 아이젠하워는 당시 트루먼이 친구들과 정기 오찬모임을 하던 뮬렌바흐 호텔에 머물고 있었다. 트루먼이 방문 중인 대통령에게 예의를 표하기 위해 호텔로 전화 걸었다고 한다. "대통령 방문시간은 끝났고 그럴 기회는 없다는 무뚝뚝한 말을 들었다."

일부 아이젠하워 보좌관들은 트루먼이 전화를 걸지 않았다고 했고, 다른 의견은 트루먼이 전 대통령임을 밝히자 "나는 줄리어스 시저다"라고 맞받아쳤던 교환원의 탓을 했다. 조지 알렌은 아이젠하워가 비밀기관에게 발생한 사건을 조사하도록 명령했다고 회고했다. 한참 후 1960년 대선 유세에서도 이 문제가 계속 논란을 빚자 리처드 닉슨이 폴리아드에게 말했다. "그것은 잘못된 일이다. 아이젠하워 대통령은 트루먼의 전화를 받았어야 마땅했고, 그에게 사과했다면 문제를 끝낼 수 있었을 것이다." 아이젠하워 자신은 수년 뒤 회고록을 집필하면서 여전히 트루먼이 사건을 조작한 것으로 확신했다. "그는 타고난 거짓말쟁이다"라고 보좌관 윌리암 이월드에게 말한 것처럼.

하지만 사건은 전화만이 아니었다. 2개월도 채 안되어 훨씬 더 심각한 공격이 아이젠하워의 검찰총장 허버트 브라우넬에 의해 진행되고 있었다. 그는 트루먼이 의도적으로 소련 간첩 핸리 덱스터 화이트를 IMF 이사에 임명했는지 조사했다. "허버트 브라우넬이 트루먼을 반역자로 획책하려던 노력은 우리 역사의 가장 추악한 일이 되었다." 트루먼의 부좌관인 클래이턴 프리치가 비난했다. 이런 일에는 아이젠하워의 승낙이 있어야만 했다. 왜냐하면 정부가 공산주의와 안보의 위험 우려가 많아서 조사해야 한다고 국민에게 말해야 했기 때문이다.

사태는 걷잡을 수 없이 확대되어 트루먼은 하원 비-미국민 행위조사 위원회 출두 소환장을 받았는데, 그는 그것이 순전히 정치적 보복이고 전 대통령 출두는 삼권분립 원칙을 훼손한다는 이유를 들어 거절했다.

트루먼은 출두 대신 "값싼 정치 모략"의 "수치스런 선동"이라고 부른 이 사건에 대해 대국민 TV 연설에서 자신을 방어했다.

이 대결은 선례를 남긴 면에서 가치가 있다. 1930년대, 1940년대 대통령 권한이 크게 증가됨에 따라 전직 대통령의 권한도 늘었다. 트루먼은 전 대통령으로서 행정특권을 주장한 최초의 대통령이었다. 헌법전문가들은 그의 전제에 논란을 많이 폈지만 일반 국민들은 그의 편이었다. 그는 출두하지 않았고 수사가 도중에 기각되었다. 수십 년 후 리처드 닉슨은 트루먼이 세운 기초에 감사했을 것이다.

아이젠하워 임기 내내 이렇게 진행되었다. 1956년 아이젠하워가 압도적으로 재선에 성공하자 트루먼은 보내지 않은 또 다른 편지를 썼다. "행운을 빕니다. 진실한 민주주의와 진보 공화당 인사들이 재난에서 당신을 구원할 수 있기를 기원합니다." 개인 글에서 그의 감정은 평온해졌다. "아이젠하워는 내가 존경하는 사람이 아니다. 그도 어쩌면 나에 대해 그럴 것으로 확신하지만, 이유를 말할 수는 없다." 트루먼은 또 이렇게 말했다. 군인은 대통령에 적합하지 않다. 너무 계급적이고 민간 현실에서 멀리 떨어져 있다. 그는 아이젠하워가 태만하고 골프 광이고 값싼 소설이나 읽는 초보로 무시했다.

그러나 그의 가장 큰 이의는 거부감에서 나온 것으로 보인다. 대통령은 전임의 성공을 바탕으로 정치를 구축할 필요가 있다고 주장한다. "전 대통령이 다른 정당 소속이라는 이유만으로 그들 노력을 버리지 말아야 한다." 그는 또 공과 사가 충돌할 때 대통령 클럽 회원들이 겪는 어려움을 피력했다.

"대부분의 대통령은 전임에 대해 이야기하고 싶지 않은 것 같다. 내 경험으로 보면 그것이 자연스런 행동이다. 신임은 자기 방식으로 대통령이 되고 싶지, 충고를 주려는 전 대통령을 주위에 두고 싶지 않다. 당선된 후에는 자기 힘으로 이끌어 가고 싶은 것이 대통령 직책의 관례다. 하지만 대통령이 전임 정책을 적극적으로 불신하고 나서면 실제적 어려움에 빠지게 되는데, 그것이 아이젠하워가 승계했을 때 발생했다"라고 트루먼이 솔직하게 말했다.

백악관이 1957년 트루먼의 도서관 건립식에 허버트 후버에게 불참요구를 했을 정도로 아이젠하워는 옹졸한 적대감이 있었다. 루즈벨트 홍보관이자 이후 방송자문 레너드 렌시는 건립식 참석자 지명을 맡고 후버에게 협조를 구했다. 후버는 그에게 정부 요청을 무시하며 말했다. "나는 불참하지 않겠다." 아이젠하워는 트루먼에게 보내는 축하편지를 민사담당 행정관에게 대독시켰다. 그것은 너무 냉정했다고 렌시가 말했다. "무더운 7월에 이 편지에서 고드름도 볼 수 있을 것이다."

"대통령 아이젠하워는 한때 진정으로 관대했던 후원자에게 여전히 격심한 사적 증오를 품고 있다. 만약 도서관에 총무청 야간경비 담당을 보냈더라면 아이젠하워는 아마 더욱 날카로운 냉정함의 극치를 보일 수 있었을 텐데."라고 시카고데일리뉴스 기자가 결론 내렸다.

한편 트루먼은 아이젠하워와 1950년대 대선유세에서 나타난 그의 국내 정치에 관한 견해에 대해 계속 비난하고 싶었겠지만, 그는 오히려 클럽 원칙 중 일부로서 대통령을 옹호했다. 1958년 경기 불황 때 아이젠하워가 애리조나 엘리자베스아던 휴양지에 매이미 여사를 데려다 주기 위해 정부 비행기를 사용했다고 공격받았다. 한때 임종 중인 어머니를 방문하기 위해 정부 비행기를 사용했다가 비난을 받았던 트루먼이 사건을 옹호하고 나섰다. "대통령이 가족의 복지를 위해서 필요하다고 생각하는 것이 무엇이든 공격 받는 일 없이 허용되어야한다. 나는 가족 문제는 공격할 일이 아니라고 믿는다."

　더 중요한 것으로 트루먼은 꾸준히 해병대의 레바논 파견, 대만 근처 키모이와 마츠 섬 보호 조약 등 대통령의 외교정책을 지지하는 공개발언을 했다는 것이다. "자유세계를 파괴하려는 자들이 우리가 만장일치로 미국 대통령을 지지한다는 사실을 똑똑히 이해할 수 있기를 희망한다"고 말했다. 이런 태도를 취함으로써 트루먼은 전 국무장관과 갈등을 빚었다. 그의 국무장관이던 딘 애치슨은 트루먼에게 편지를 썼다. "제발 이 나라의 찬반 도박판에 걸려들지 마세요. 이런식으로 하면 포스터아이젠하워의 국무장관가 우리를 도살장으로 끌고 갈 수 있습니다." 애치슨은 언젠가 또 트루먼의 주장에 문제를 제기했다. "대통령만이 모든 사실을 소유하고 있기 때문에 상황에 대한 대통령의 평가를 우리가 받아들여야 합니다." 하지만 그 순간 트루먼은 부담의 무게가 어떤 것인지 직면한 위험을 인시하고 있는 사람 같은 심정이 되어 피력하고 있었다. 깜박거리는 시야로 안락의자에 앉아있는 비판자들에게 이것을 보게 하자. 오직 대통령만이 알고 있는것이 있다. 그래서 트루먼은 아이젠하워의 모든 문제점에 대해서 의심 없는 선의로 그를 승인했을 것이다.

　그 후 아이젠하워 마음에 해빙의 조짐이 있었음은 참으로 좋은 일이었다. 1958년 백악관에서 있었던 전몰 장병 추모와 다음해 나토 창설기념회에 초청했지만 두 번 다 트루먼은 스케줄이 맞지 않아 참석할 수 없었다. 그들의 재회는 모순과 역사가 일치한 순간까지 더 기다려야 했다.

친구들의 장례식

1959년 10월 두 대통령은 6년 만에 처음으로 알링톤 국립묘지 근처 교회에서 재회했다. 장례식은 국민장군 조지 마셜을 위한 것이었다. 트루먼은 아이젠하워가 도착하여 앉았을 때 이미 옆자리에 앉아 있었다.

"안녕하세요, 대통령님." 아이젠하워가 손을 내밀며 말했다.

"안녕하세요, 대통령님." 트루먼도 대답했다. 식이 끝나고 관이 옮겨질 때 둘은 나란히 서있었다. 그 때 아이젠하워는 자기의 전 사령관에게 경례했고 트루먼도 경의를 표했다. 이후 그들은 서로 다른 문을 통해 나갔다.

같은 달 트루먼이 백악관에 방문했을 때 케네디는 전 대통령의 "잘못되고 현명하지 못한 정책"을 전국언론클럽 연설에서 맹비난했다. "3인조 전 대통령" 클럽 가능성에 대해 질문 받은 트루먼은 미소 지으며 자기와 후버가 이미 대통령 클럽을 발족시켰음을 밝혔다. "후버는 회장이고 나는 총무입니다. 다른 사람 아이젠하워은 아직 가입시키지 않았습니다."

전임들보다 아이젠하워의 시민생활 적응은 훨씬 복잡했다. 일반 옷 가게나 이발소에 발을 디딘 게 수십 년 전이었다고 스테판 엠브로스는 그의 자서전에서 언급했다. 아이크는 고속도로 톨게이트에 한 번도 요금을 낸 적이 없었고, 타이핑도 못 치고, TV 화면조정도 못하고, 오렌지 주스를 냉동실에 넣었고, 전화도 가르쳐줘야 했고, 재건을 위해 메울 부분이 꽤 있었다.

하지만 트루먼이 백악관을 방문한 지 8일 만에 역사학자 스티븐 닐이 회고했다. "그가 회원등록을 신청했다." 아이젠하워는 아빌린에 도서관 건립을 계획했으므로 트루먼의 도서관 구성을 보고 싶어 했다. 그는 전쟁기념관 재건축을 돕기 위한 캔자스시티 여행이 이미 예정되어 있어서, 인디펜던스 방문을 조심해서 타진했다.

트루먼은 아이젠하워에게 자기 도서관 개인사무실로 오게 하며 "그와 만나고 싶다"고 전하도록 지시했다.

"어서 오세요, 어서요." 그는 아이젠하워를 환영했다. 두 대통령은 약 15분간 환담을 나눈 뒤 도서관을 둘러보았다. "방명록에 사인해야 합니까?"라고 아이젠하워가 물었다.

"반드시 그렇습니다. 그래야 분실물에 대한 책임을 물릴 수 있습니다." 트루먼이 웃었다.

그들은 집무실모형과 책상 위 집기 복제를 구경했다. 아이젠하워는 둘이서 세 번이나 주고받았던 지구본을 다시 돌려주고 싶었다. 아이젠하워는 자기 초상화가 입구 오른편 명예로운 장소에 있는 것을 목격했다. 왼편에 있던 트루먼이 물었다. "아는 사람이죠?" 트루먼이 웃으며 물었다. 아이젠하워 친구 캔자스 상원의원 해리 더비가 도서관에 기증한 것이라고 했다.

"그런데 가장 좋은 자리에 두었군요." 아이젠하워가 말했다.

"그래요, 장군님. 내가 그곳에 두었어요." 트루먼이 대답했다.

또 트루먼이 서명된《유럽의 십자군》책을 가리키자 아이젠하워는 돋보이는 문구를 읽고 얼굴을 붉혔다고 트루먼의 보좌관 러프 버러가 말했다. 아이젠하워는 주위를 둘러보면서 일찍 방문했으면 더 좋았을 것이라고 했다. "이곳 모습이 더 좋기 때문에 자신의 도서관이 달라졌을 것이라고 말했다."

"아이젠하워가 "전 대통령 클럽"에 가입될 것으로 전문가들은 확신하고 있다"라고 〈뉴욕타임스〉는 선포했다.

일주일 후 그들 세대의 거인 하원의장 샘 래이번이 79세로 사망했다. 텍사스 장례식은 대통령 케네디, 아이젠하워, 트루먼과, 부통령 존슨을 보헴 제1 침례교회 신도석에 모두 참석시켰다. "아시다시피 이전에 우리가 도서관에서 만난 것보다 이 장례식은 덜 어색합니다. 이런 기회가 있어서 기쁩니다"라고 트루먼이 회상했다. 아이젠하워는 케네디 대통령과 헬리콥터로 되돌아가기 전 그와 묘지에서 담소했다.

그들은 1년 뒤에 하이드파크에서 엘리노어 루즈벨트 여사 장례식 때 다시 만났다. 11월마다 추모 재회가 있었는데, 1963년 11월에 새로운 대통령 존 F. 케네디 암살 직후 또 만나서 두 사람 간에 볼 기회가 갑자기 더 많아졌다.

케네디와 클럽:

신고식

————— ╍━o —————

입지와 상황을 감안할 때 아이젠하워는 클럽을 움직일 필요가 없었다 하더라도 케네디는 달랐다. 박빙의 승리, 젊은 나이, 초당적 지원에 의존하는 그의 능력을 둘러싼 근심이 늘 따라다녔을지 모른다. 하지만 어림짐작해 보아도 케네디는 전 대통령이 제대로 다루지 못하면 도움보다 해를 더 줄 수 있다는 것 정도는 알았을 것이다.

충실한 민주당원인 트루먼과 아버지의 오랜 친구 후버는 걱정하지 않았다. 다만 여전히 막강한 인기에 케네디에 대한 무시가 피부로 느껴지는 아이젠하워가 문제였다. "아이젠하워가 형을 못마땅하게 여긴다는 것을 언제나 느꼈다. 아이젠하워는 도움이 되는 충고도 주지 않으면서 언제나 일에 끼어들고 공격했기 때문에 행정부에 피해가 가지 않도록 노력했다." 동생 바비 케네디가 형이 사망한 뒤 한 말이다.

기록은 다른 이야기를 알려준다. 대개 대통령들은 자신이 전임보다 더 낫다고 믿으며 취임하고, 유권자들에게 이것이 사실임을 설득시키며 유세 과정을 치르기 때문에 스스로도 자연히 그렇다고 믿는다. 하지만 뒤이어 일어나는 연쇄반응은 취임한 뒤 전임을 추적하고 공격하고 반격하고 알지 못하는 사실을 가지고 대항하는 것이다. 그러나 몇 개월도 채 안 되어 쿠바 피그 만Bay of Pigs 침공의 참패로 인해 케네디는 겸손을 배웠다. 그의 실패는 무엇보다 특히 후버와 트루먼이 잘 구축했고 아이젠하워가 유익하게 이용했던 행정조직을 제거하겠다는 결심으로 인한 패착이었다. 당시 케네디의 생각이 무엇이었든, 그는 전 세계가 두 대통령의 협력을 보고 싶어 한다는 것을 알았고, 상징적 모습으로 전?현직 대통령이 캠프 데이비드^{Camp David, 메릴랜드 주에 있는 미국 대통령 전용 별장}을 나란히 걸으며 깊은 대화를 하는 장면을 연출했다.

그래서 이 클럽은 여전히 배울 게 많은 능력 있는 대통령을 위한 보고寶庫가 되어 주었다.

———— ⊓⟶0 ————

5

"그는 직책의 복잡성을 알지 못했다"

- 드와이트 아이젠하워 -

존 F. 케네디 대통령이 늘 주머니 속에 지니고 다녔던 '118,574'이라는 숫자를 적은 쪽지는 그 직책을 위임 받기 위한 싸움에서 승리할 수 있었던 박빙의 표 차를 상기하기 위한 것이었다.

이것만 보더라도 대통령 클럽의 다른 회원과 구분이 되고 나이, 경험, 성격 면에서 차이가 더욱 두드러진다. 후버는 대통령 되는 것을 별로 좋아하지 않았고 트루먼과 아이젠하워도 크게 기대하지 않았다. 반면 케네디는 대통령직을 몹시 염원하여 순서를 기다리기 힘들 정도로 조바심을 냈다. 비록 실제적인 위협에 맞닥뜨리긴 했지만 그는 위축되지 않았다. 1961년 1월 취임 직전 조지타운의 자택 거실에 앉아서 그는 〈타임〉 기자에게 "엄청나게 큰 직분임에 틀림없다"라고 말했다. "하지만 내가 아닌 다른 누군가가 더 잘할 것으로도 생각하지 않는다. 그다지 나쁜 일은 아닐 것이다. 생각해보라. 게다가 월급도 꽤 괜찮다." 하지만 취임 첫날부터 불굴의 의지는 정적과 조언자 양쪽 모두에 의해 시험을 받았고, 여기에 본인은 통수권자로서 아무런 혜택을 누려보지도 못했던 합동참모본부의 노련한 군인들까지 가세했다. 이것이 바로 클럽 회원 가운데 가장 덜 좋아했던 아이젠하워에게 가장 충실하게 된 이유였다.

아이젠하워가 백악관 재임 동안 케네디를 한 번도 만나보지 못한 것은 그가 상원 서열의 가장 말단에 있었다는 증거다. 하지만 십여 년 전 케네디가 28세의 전쟁 영웅이던 1945년 해군장관 제임스 포레스털James Forrestal과 함께 포츠담회담에 참석하기 위해 이동하던 중 스친 적은 있었다. 포레스털의 비행기가 독일 프랑크푸르트에 도착했을 때를 한 기자가 회고했다. "비행기 문이 열리자 포레스털이 밖으로 나왔다. 그리고 뒤이어 잭 케네디가 나오는 것을 보고 놀랐다. 아이젠하워가 포레스털을 맞이했고, 잭 역시 그와 인사했다."

케네디의 우상은 루즈벨트였다. 세대를 뛰어넘어 이 전임 대통령을 표본으로 삼으며 배웠고, 끝없이 루즈벨트에 대해 알고 싶어 했으며, 심지어 그의 타성조차 따라 했다. 그의 자문 아더 슐레진저가 회상한 바에 따르면, 두 사람은 도시풍이고, 귀족적이고, 권력에 쉽게 올랐고, 숨기고 싶었던 고통과 역경을 겪으며 강해졌다. 루즈벨트의 신체적 장애는 눈에 보이는 명백한 것이었던 반면 케네디의 역경은 좀 달랐다. 그는 성인이 된 후 적어도 네 차례 종부성사終傅聖事를 받았다. "일생 동안 케네디는 여자 문제보다는 고통스러운 치료 과정에서 의사나 약 때문에 더 괴로움을 겪었다"고 전기작가 리처드 리브가 말했다.

케네디의 도전은 절망적인 대공황의 한가운데 있었던 루즈벨트의 것과 크게 다르기는 했지만, 자신의 영웅처럼 새로운 미국을 보고 싶었다. 안정된 1950년대에 권력에 오른 그는 희망을 이룰 것을 기대하지 않았고, 문제를 제기하고 싶었고, 사람들을 부단히 모험하도록 만들고 싶었다. 케네디는 아이젠하워의 독실한 충성심보다는 차라리 그의 정책에 반감이 적었다. 그는 아이젠하워 집권은 정신을 짓누르고, 유머감각이 없고, 반지성주의 시대로 보았다. 슐레진저는 아이젠하워의 집권 시기를 비난했다. "몇 번의 결정적 분기마다, 미국 생활 방식의 완벽함에 의문을 제기하면 거의 대역으로 여길 정도였다."

적개심은 정치는 말할 것도 없고 문화와 세대적 차이에 의해서도 확대되었다. 케네디는 아이젠하워가 대통령직 권력을 제대로 파악하지 못했다고 판단했다. 전국적인 압승과 별다른 힘을 들이지 않고 이어진 취임으로 그가 보장 받았

던 막강한 권력을 무모하게 낭비해버렸다고 느꼈다. 그에 반하여 자신은 극소
표 차로 이겼고, 민주당은 이름만 다수당인데다 의원들은 그에게 빚진 것이 없
었고, 그의 최우선 정책 대부분을 받아들이지 않았던 보수적 남부민주당원들이
입법기구를 장악하고 있었다. 언젠가 "'정치'라는 말을 좋아하지 않는다"고 했
던 아이젠하워의 말이 케네디에게는 이상하게 느껴졌다. 그는 말했다. "나는 '정
치'라는 말을 대단히 좋아한다. 그것은 대통령이 모든 것을 할 수 있는 길이다."

　　마침내 사적인 감정까지 쌓이면서 케네디는 아이젠하워를 장군으로서 존경
한다 해도, 사람자체에는 호감을 갖지 못했고 그를 "늙은 개자식"이라고 불렀다.

　　선거 유세가 한창 진행되고 있을 때 슐레진저에게 말했다. "그가 늘 군대 친
구들과 골프를 치는 것이야 이해할 수 있지만, 아이젠하워보다 더 친구들에게
무성의한 사람은 없다. 그는 지독히 냉랭한 사람이고, 1945년 이후 그의 골프 친
구들은 부자들뿐이었다."

　　아이젠하워의 정치 파트너이면서 1960년 케네디의 경쟁자였던 리처드 닉슨
보다 그를 더 잘 아는 사람은 없었다. 아이젠하워에 앞서 닉슨이 정치 초기부터
케네디와 친구였고 가까운 사이였는 사실은 잊혀진 이야기였다. 1946년 닉슨과
케네디는 같이 의회에 입성했다. 두 젊은 해군장교는 전선을 떠나 열정적 반공
산주의 실용개혁자로 귀환하여 각각 의회 반대편에 자리 잡았다. 아버지의 돈이
하버드 출신 금수저인 케네디의 의회 진출에 기름칠을 해주었던 반면, 닉슨은
하버드 장학금을 얻었는데도 차비가 없어 갈 수 없었기 때문에 결국 포기했다.
하지만 당시 간첩으로 지목된 알저 히스Alger Hiss를 끈질기게 물고 늘어진 끝에 그
를 처단하면서 전국적인 명성을 얻고 스타로 떠올랐다. 잭 케네디는 1950년 여
름 어느 날 아버지에게 천 불을 얻어서 닉슨의 상원 출마를 돕고자 그 앞에 나
타났다. 반대로 케네디가 버닝트리클럽Burning Tree Club, 역대 대통령들과 고위 공직자들이 주요 회원인 메릴
랜드 소재 골프클럽에 가입신청을 했을 때는 닉슨이 추천서를 써주었다. 펜실베이니아 토
론회가 끝난 뒤 워싱턴까지 돌아오는 야간열차에서 이층침대를 사용하게 되었
을 때 두 사람은 서로 아래 침대를 차지하려고 제비뽑기를 하기도 했다. 닉슨이
1953년 케네디의 결혼식에 초청되었는데 참석하지 못했던 이유는 아이젠하워
의 이례적인 골프 요청을 수락했기 때문이었다. 이듬해 척추에 쉰 디스크 삽입

수술을 받은 케네디가 감염으로 혼수상태에 빠져 거의 죽게 되었을 때 닉슨은 울며 기도했다. "하나님, 그를 죽게 하지 마세요." 그리고 부인 재키에게 만약 케네디가 없는 동안 상원에서 양 당의 동점표가 나올 경우 자신이 부통령으로서 결정표를 던질 수 있는 권리를 절대 행사하지 않을 것이라고 말해주었다.

아이젠하워는 1952년 39세의 닉슨을 러닝메이트로 택했지만, 백악관에서 지낸 8년 간 단 한 번도 부통령을 관저나 자신의 게티즈버그 농장에 초청한 적이 없었다. 이것은 왕과 신하의 관계였고 닉슨은 충실히 아이젠하워에게 존경과 충성을 바쳤다. 심지어 마주하고 싶지 않은 각료를 해임하는 난처한 일이나 정치적으로 비난하는 사람을 내몰게 하여 그를 안전하게 만드는 일까지 감당했다.

닉슨은 마음의 상처가 많았다. 그의 본성은 화를 잘 내고 의심이 많은 편이었는데, 이는 상당 부분 두 명의 형제를 잃은 비극에 기반한다. 그중 한 명은 특히 가족들에게 사랑을 받는 총아였는데, 형제인 해럴드가 죽은 후 리처드가 "뚫을 수 없는 깊고 무거운 침묵에 빠졌다"고 그의 어머니가 회고했다. 그리고 "그 순간부터 세 아들 몫을 혼자 해내려는 것처럼 보였다…"고도 했다. 닉슨의 아버지는 다혈질에 화가 많은 사람으로, 전차운전사, 농장이나 푸줏간 일꾼, 페인터, 양치기, 전신주 수리공 등 다양한 일을 했다. 그가 자랑한 생애 최대 업적은 윌리엄 매킨리 대통령과 악수를 한 것이었다.

그의 아들이 이룬 업적의 의미를 상상해보라.

전투 속으로 : 1960년의 선거

1960년대에 미국에서 가장 인기 있는 사람은 아이젠하워였기 때문에 닉슨과 케네디, 두 사람은 자신들이 아무리 변화를 갈망하는 유권자를 만족시키려 노력해도 그를 넘어설 수 없음을 잘 알았다. 아이젠하워, 케네디, 닉슨 사이의 실제적인 차이는 그리 크지 않았다. 심지어 슐레진저가 1960년에 재빠르게 휘갈겨 써서 발간한 책의 제목은 《케네디와 닉슨, 과연 무슨 차이가 있을까?》였다.

따라서 유세는 나이, 정열, 향후 십 년에 대한 비전 등 다른 방향에서 공방전이 펼쳐졌다. 케네디는 "국가를 재활성화시키려"고 했다. 정체 상황의 경제를 부활하고, 전쟁 영웅 대통령의 집권으로 축 늘어진 국력을 재건하고, 명성을 회복하여 아이젠하워의 형편없는 정책을 보다 정밀하게 추진하는 것이었다.

아이젠하워는 국가를 공격으로부터 안전하게 지키고 건전하게 유지한 데 자부심을 가졌다. 무기시스템을 폐지했고, 민주당과 군부에서 반대했던 핵실험 금지조약을 추진하고, 소련 수상 니키타 흐루시초프의 "소시지를 만들 듯이 미사일을 만든다"는 자랑을 그저 말뿐인 것으로 이해하고 무시해 버렸다. 두 정상은 암묵적인 동조자였고, 양국이 수십 억 이상을 미사일 무기와 민간방어체계에 퍼부어야 한다는 목소리를 저지시켰다. "우리가 해야 하는 이상으로 국방에 돈을 써야 한다고 믿지 않는다." 1960년 초 기자회견에서 아이젠하워가 주장했다. "적절한 방위"에 대해 설명을 요구하는 기자들에게 아이젠하워는 핵심은 나를 믿으라는 것이라고 대답했다. "나는 일생을 여기에 바쳤습니다. 그 누구보다 내가 그것을 잘 알고 있습니다." 의회의 다른 의원과 연합한 초선 상원의원은 그가 국가안보보다 금융안전을 우위에 둔다고 비난하며 소련과의 미사일 경쟁 간격을 허용한 무신경한 처사라고 경고했다.

아이젠하워는 닉슨의 이미지 향상보다 자기 이미지 방어에만 신경 쓰는 대통령이라고 묘사한 데 대해 몹시 불쾌했다. 아이젠하워는 부통령으로 발탁한 일 외에 한 번도 닉슨에게 온정을 보인 적이 없었고, 그나마 신경 쓴 일이 있다면 1952년 공화당 공천 티켓을 재무부장관 로버트 앤더슨 같은 사람에게 넘겨주지 않고 닉슨의 손을 들어준 정도가 고작이었다. 그는 공화당 전당대회 이전에 닉슨을 추천하는 것도 거절했고, 그의 후보 지명이 확실해진 뒤에도 칭찬에 인색했다. "자리를 차지하겠다는 사람에 대해 언짢게 여기지는 않는다"며 마지못해 공화당 전당대회 기조연설을 했을 뿐이었다. 연설에서 닉슨의 이름 한 번 거명하지 않았고, 그저 지난 8년 간 "전례 없는 번영"과 "세계에서 가장 강력한 안보 시스템"을 이룬 자기 업적만 치하했고, 다만 "차기 미국 대통령도 공화당"이길 바라는 기원만 내비쳤다. 신세대 지도자를 키워서 더욱 강한 공화당을 구축하지 못한 대통령으로서 유감도 있었을 텐데, 오히려 선거 유세에 치명타가 될 수 있는 연설만 늘어놓았다. 주요 결정에서 닉슨의 역할에 관한 사례를 묻자 그는 이렇게 대답했다. "일주일 정도 여유를 주면 한 가지를 생각해 보겠습니다."

다소 위로가 될 수 있다면, 케네디도 원로당원들에게 푸대접을 받았다는 것이다. 민주당 후보 지명 과정에서 트루먼은 아이젠하워가 닉슨에게 했던 것보다 더 심했다. 도움은커녕 실제로 그를 막으려고 노력했다. 트루먼은 케네디의 신념과 재산, 그의 아버지 모두를 싫어했다. 루즈벨트 파가 자신을 꺾으려고 노력했던 1948년 당내 반란을 겪은 사실을 감안할 때, 전 대통령 대부분이 공감하는 반감보다 정계 실력자로서의 영향력을 케네디 탈락에 행사하려는 적대감이 깊이를 더했다. 치열한 후보경선에서 허버트 험프리를 상대로 싸운 뒤 민주당 전당대회 개최가 불과 3일밖에 남지 않았을 때, 트루먼은 전국 TV 기자회견을 갖고 전당대회를 "사전 협의된······ 비웃음거리의······ 통제 당한······ 단일후보 만들기"라고 공격했다.

트루먼은 목소리를 높였다. "상원 여러분, 우리는 틀림없이 국가를 위해 일할 준비가 되어 있고, 국가도 대통령 역할을 할 여러분을 기다릴 준비가 되어 있습니다." 또한 이런 위험한 시기는 "최고의 성숙과 경험을 갖춘 인내하는 사람이 있어야 한다"고 주장했다.

케네디에게서 인내는 찾기 어려운 소양이었고, 민주당에 대한 경의도 마찬가지였다. 케네디는 뉴욕 루즈벨트 호텔에서 가진 기자회견에 이에 반박했다. "트루먼은 공개 전당대회를 모든 후보를 검증하고, 기록을 조사하고, 의견을 수렴하는 대회로 생각하고 있습니다." 그는 트루먼의 제기에 오히려 감사한 듯 효과적으로 그 주장을 제대로 뒤엎어버렸다. 만약 자신이 정치인으로서 보낸 14년의 경험으로도 준비가 충분치 않다면, 윌슨, 루즈벨트, 트루먼을 포함한 세기의 대통령 모두를 후보에서 배제했어야 했다고 주장했다.

하지만 케네디를 저지시키려고 한 것이 트루먼만은 아니었다. 상원의 영향력 있는 거물 정치인이자 아이젠하워의 성공적인 입법안 다수를 성사시켰던 린든 존슨 역시 장차 자신의 길을 확보하고자 케네디를 저지시키려 했다. 민주당 전당대회는 7월 11일 로스엔젤리스에서 열릴 예정이었기 때문에, 마침내 린든 존슨은 7월 5일 입후보 선언을 하고 전당대회 전날 밤 백악관에 들러 자신의 공화당 친구와 이야기를 나누었다.

존슨은 아이젠하워에게 케네디가 평범하다며 불만을 표했다. "그저 부유한 아버지를 가진 애송이일 뿐입니다. 국익을 위해 당신은 이런 사람이 대통령에 당선되게 두어서는 안 됩니다. 이제 그는 LA에서 후보 지명을 받을지도 모르고 어쩌면 당선될 수도 있지만 '위험한 사람'입니다."

불과 며칠 후 아이젠하워가 TV를 켰을 때 그는 깜짝 놀랐다. 그가 기자 얼 마조에게 말했던 것을 인용하자면 "그 '위험한 사람'의 곁에 부통령 후보가 된 빌어먹을 인간이 있었다."

후보들과 미래 후원자들은 여름 내 럭비게임을 계속했다. 지명을 확보하고 존슨을 러닝메이트로 곁에 단단히 묶어 놓은 케네디는 원로들의 마음을 달래기 시작했다. 그는 엘리노어 루즈벨트의 마음을 사려고 하이드파크로 갔다. 루즈벨트 부인과는 오랫동안 까다로운 관계였다. 8월초에는 미주리로 날아가서 트루먼에게 존경을 표했다. 그는 "나는 케네디를 한 번도 좋아하지 않았다"고 말할 정도로 그는 완강했고, 심지어 상원의원인 친구에게 "그의 아버지도 싫다"고 할 정도였다. 하지만 트루먼은 적의 적을 친구로 맞이했다. "빌어먹을 닉슨이 나를 공산주의자라고 지껄였지. 나는 그를 물리칠 수 있다면 뭐든지 할 걸세."

마찬가지로 공화당 입장에서 끝내 아이젠하워를 링 위에 끌어들인 것은 닉슨에 대한 의무감이 아닌, 케네디에 관한 그의 멸시감 때문이었다. 10월에 그는 백악관을 방문한 지인을 향해 손가락으로 자기 의자를 가리키며 말했다. "젠장, 나는 케네디가 여기 앉지 못하게 온갖 노력을 다 할 것입니다." 그는 케네디를 "철부지 꼬마 녀석" 혹은 "건방진 애송이"라 불렀고 아버지의 돈으로 공직을 사는 아마추어라고 비난했다. 그리고는 버터 접시만큼 큰 '닉슨-롯지' 배지를 띄우기 시작했다.

아이젠하워는 케네디의 유세 자체가 싫었다. 이 미움은 자신이 한때 얻었던 만큼의 카리스마와 유명세가 따랐기 때문이다. 케네디는 커져가는 미국의 허약함, 경기 하락, 세계적 명성후퇴를 경고했다. 〈타임〉이 그의 말을 전했다. "역사상 어느 나라도 전례가 없는 수준의 번영을 누리며 아이젠하워의 뒤에서 중도 노선의 길을 걸어온 국민들을 대상으로 복지 국가로의 개혁에 대한 열망을 외치며 선거운동을 벌였다. ("나는 매일 밤 1천 7백만 미국인이 굶주린 채 잠든다는 것을 납득할 수 없다.") 이런 문제해결을 위한 케네디의 만병통치 처방은 간단하다. 자신을 뽑으라는 것이고, 그러면 미국을 다시 전진시키겠다는 것이다."

아이젠하워는 선거운동 내내 대체로 링 밖에 있었지만 유세 막바지 결정적인 순간에 전국 TV 연설에 출연하여 케네디의 "가공할 만큼 무책임한 발언과 우리의 도덕, 군대, 경제력에 관한 근거 없는 비방"에 대해 재임 중 가장 강력하게 반격했다. "이 젊은 천재가 어디서 그런 지식과 경험과 지혜를 얻었는가? 대통령, 전념하는 시민, 목숨을 바친 군인들이 이룩한 업적에 대대적인 개선을 가하겠다는 생각이 어디에서 왔는가?"

유세 막바지에 닉슨을 지지한 아이젠하워의 출현은 외려 대통령 자신의 존재감을 더욱 강력하게 부각시켰다. "만약 닉슨이 유세 초반에 아이젠하워의 지원을 받았다면 케네디는 닉슨을 아이젠하워의 인기 뒤에 숨어서 자신의 경력과 장점으로 홀로서기도 못하는 인물이라고 비난했을 것이다"라고 케네디 친구 켄 오도넬이 전했다.

위세등등한 아이젠하워의 일제사격에 케네디는 높은 인기를 얻고 있는 현직 대통령을 직접 공격할 수 없다는 사실을 알고 조심스럽게 정치인답게 행동했다. "아이젠하워의 한마디에 내 표의 이탈이 감지된다"고 샌프란시스코 펠리스 호텔에서 욕조에 몸을 담그며 친구 레드필드에게 말했다. "썰물이 빠져나간 모래 더미에 선 기분이다. 선거가 내일이면 이길 수 있지만, 6일이나 남았기 때문에 누가 잡느냐에 달렸다."

하지만 마지막까지 엄청난 군중을 끌어들이는 아이젠하워의 영광은 리처드 닉슨에게 양도될 수 없는 것이 분명해졌다. "우리는 아이젠하워드를 좋아한다. 닉슨이 아니다", "우리는 아이젠하워를 좋아한다. 우리는 케네디를 지지한다"라고 적힌 플래카드가 등장했었다. 아이젠하워의 인기는 임기 말에도 놀라운 수치인 61%를 기록했다. 반면 1952년 트루먼의 지지율은 32%였다. "케네디는 우회적으로라도 아이젠하워를 배제시킬 방법이 없었다"고 그의 자문 테드 소렌슨이 말하며 케네디가 대통령 클럽에 가입하는 가치를 강조하며 존경을 드러내 보였다고 했다. 다트머스 연설 도중 아이젠하워에 대해 언급하자 사람들이 야유를 보내자 케네디는 "여러분은 미국 대통령을 비난하면 안 됩니다"라며 자제시켰다. 투손에서 있었던 회의에서 민주당 의원들이 영부인 매이미 여사의 "아름다운 목장" 여행을 비난했을 때 케네디는 이 역시 옹호했다. "나는 매이미 여사가 하는 일을 비난하고 싶지 않다. 그녀는 대단히 좋은 사람이다."

닉슨은 한 발 더 나갔다. 대통령 클럽의 영향력에 대한 우호적인 감정을 표시하며 선거 전 날, 만약 당선되면 세 명의 전임 대통령을 북유럽과 소련으로 친선 여행을 보내고, 공산당 지도자들을 미국에 초청할 것을 제안했다. 그는 아이젠하워와 이에 대해 의논했고, 후버와 트루먼까지 포함했다고 말했다. "우리는 국내 정치에 대해서는 의견 차이가 있지만, 트루먼 대통령이 마셜 플랜으로 유럽을 재건한 것에 대해서는 존경하기 때문입니다." 닉슨이 그런 생각을 발표했을 때, 막상 아이젠하워는 이 '합동 임무'가 처음 듣는 소리였다. 그의 충직한 비서 앤 위트먼은 대통령이 그 제안에 깜짝 놀라며 "이런 식으로 대통령 자리를 파는 것을 불쾌하게 생각했다"고 전했다. 아이젠하워는 닉슨의 연설에 몹시 화가 나서 대변인을 통한 반대 성명 발표를 고려했지만 마음을 가라앉혔다.

하시반 이러한 클럽 활용에 대한 제안도 그다지 효과적이지 않아서 닉슨은 결국 근소한 차로 승리를 놓치고 말았다. "아이젠하워는 행정부 리더십에 대한 닉슨의 주장을 별 것 아닌 것으로 치부했다"고 역사학자 로버트 달렉이 주장하며 닉슨과 함께 참석해서 내린 결정조차 전혀 기억하지 못했다고 회고했다. 또한 "자신의 부통령의 선거 유세에서 좀 더 큰 역할을 맡지 않은 것은 건강에 대한 염려 때문이며, 이는 결국 닉슨의 막판 지지율 상승을 끌어내지 못하는 데 결정적 요소가 되었을 것"이라고 했다.

아이젠하워는 2년 후 공식적으로 시인했다. "나의 정치 활동에서 최대 실수는 1960년 대선 때 닉슨을 위해 좀 더 노력해주지 못한 것이다." 하지만 실수는 홀로 비롯된 게 아니었다. 닉슨은 매이미 아이젠하워가 사적으로 아픈 남편을 대선에 끌어들이지 말아달라고 간청했고 그도 충성과 희생적 태도로 동의했다고 밝혔다. 하지만 나중에 닉슨의 딸 줄리 닉슨은 이 말에 이의를 제기했다. "매이미 여사가 말한 1960년에 아버지에게 대통령의 건강을 이유로 유세에 끌어들이지 말라고 요청한 것은 사실이 아니다." 닉슨의 측근 윌리엄 새파이어는 줄리가 자기에게 다음과 같이 말했다고 회상했다. "아버지가 아이젠하워에게 이것은 나 스스로 치르는 선거운동이 되어야 한다고 말했다." 어쩌면 닉슨 개인의 자존심 때문에 대통령이 되는 기회를 8년간 미루는 결과가 되었는지 모른다.

클럽의 휴전 중재

닉슨 지지자들이 선거를 도둑 맞았다고 주장하기 전에 간신히 계표가 끝났다. 텍사스 어느 카운티의 등록유권자가 4,895인데 6,138명이 투표했고, 시카고 선거구에서는 43명이 투표한 후 기계는 121로 계산되었다. 케네디가 8,800표차로 일리노이에서 승리한 후 투표 용지는 즉시 폐기되었다. 친구들과 당직자들은 닉슨에게 수사를 촉구했고 딸도 크리스마스 비용을 표 재검에 바치겠다고 했다.

케네디는 선거가 진행된 방법이 그의 합법성에 실제 위협을 야기한다는 것을 알고 있었다. 그는 우선 자신이 거둔 초박빙의 승리가 어디까지나 투명하고, 확실하고, 정당함을 주장해야 했다. 국익을 위한 당파심을 뛰어넘는다는 메시지를 보내야 했지만 그것도 닉슨이 수긍할 때만 의미가 있었다. 닉슨은 아직 아무 말도 하지 않았다. 그는 재검 요구를 하지 않았고 이 생각을 분명하게 거부하지도 않았고 사적으로 검표b시비를 하고 싶지 않았다. 그렇게 되면 혼란을 일으키고 수개월 간 권력 이양이 지연되어 헌법 위기를 가져오며 세계에서 부상하는 민주주의의 모범을 훼손했을 것이다.

하지만 케네디는 알지 못했다. 개인관, 국가관, 세계관에 대한 이해가 이보다 더 클 수는 없었다. 정확하게 말해서 그런 사명감을 위해 클럽이 존재하는 것이다. 케네디는 재임기간이 너무 짧았기 때문에 클럽이 자신을 위한 것이 못 되었고 한때 자리에 앉아본 모두를 위한 것이 되었다.

최초의 정치 제안은 양 당에서 두 협력자 후버^{공화}와 조셉 케네디^{민주} 대사를 내세우자는 것이었다. 조 케네디는 후버 위원회의 중추적 인물이었고, 둘은 오랫동안 친구였다.

투표 다음날 지쳐버린 잭 케네디는 아버지 소유의 플로리다 팜비치의 흰 스투코멘션에서 휴식을 취하며 기자회견의 피곤을 씻었다. 닉슨과 그의 가족은 마이애미로 날아갔지만 지치고 피폐해져 "어느 시기보다 더욱 반응이 없었다"고 참모 허브 클레인이 회고했다. "그는 완전히 우울해져서 나흘이 지나서야 선거에 진 사실을 알았다."

그러나 두 사람 다 플로리다에 있었다는 사실은 숨길 수 없는 대화 기회였다. 조 케네디는 월도프에 있는 후버에게 전화했다. 둘을 만나게 하여 함께 사진을 찍으며 과거는 과거에 두는 것이 미덕임을 국민에게 보여주자는 제안이었다. 조는 승리한 아들이 마이애미까지 날아가서 닉슨에게 전화하게 하고, 후버가 닉슨을 설득해서 케네디를 만나게 하자고 짰다.

11월 13일 일요일 밤 딕과 부인 펫이 키비스케인에 있는 자마이카인호텔에서 친구들과 저녁식사를 하고 있을 때, 후버 대통령으로부터 닉슨을 찾는 전화가 왔다는 전갈이 왔다. "대단히 중요한 일이 아니면 후버가 전화를 걸지 않을 것이란 사실을 알고 있었다"라며 닉슨이 전화 받으러 간 일을 회고했다.

"여보세요, 대통령님," 닉슨이 말했다.

후비는 즉각 응답했다. "조 케네디 대사가 방금 내게 전화해서 당신과 대통령 당선자가 함께 방문하면 좋을 것이란 제안을 했어요." 만약 닉슨이 동의하면 케네디는 약속을 마련하기 위해 그에게 전화를 걸 것이다.

닉슨은 후버의 생각은 어떤지 물었다. 닉슨의 회고에 따르면 후버는 이렇게 대답했다. "오늘날 우리는 문제 많은 세상에서 살아간다고 생각합니다. 국가 결속은 소망뿐 아니라 필수입니다." 후버의 기억에 닉슨은 "값싼 선전용 행위"의 상대역이 되고 싶지 않다고 거절했지만 곧 그에게 반론을 제시하며 새롭게 당선된 대통령들은 선전용이 필요 없다고 말했다. "이것은 케네디 입장을 생각한 당신의 관용의 태도입니다."

그래서 닉슨은 후버에게 동의하고 케네디 대사에게 청신호를 주었다. 테이블로 돌아온 그는 생기가 도는 것 같았다. "밤과 낮 차이 같았다"고 클레인이 회고했다. 그들은 우선 아이젠하워의 입장을 알아보자는 데 동의했고, 닉슨은 백악관 교환국에 전화하여 아이젠하워가 휴가를 보내던 조지아 어구스타까지 연결시켜줄 수 있는 지 물었다. "국가의 중요한 일이 아닌 이상 집무시간 이외에 대통령에게 전화하지 않는 것이 나의 관행임을 그는 알고 있었다"고 닉슨은 말

했다. 백악관 교환대가 아이젠하워와 연결하자 닉슨은 후버의 제안을 말하며 생
각을 물었다. 아이젠하워는 통명하기만 했다.

"당신이 그 제안을 받지 않으면 바보나 다름없을 것이다." 하지만 닉슨이 의
무감이 없다고 말하자 아이젠하워는 행정부로서 역할에 동의한다고 확인해 주
었다. 이미 케네디는 박빙 당선 이유로 주요 공화당을 그의 정부에 끌어들인다
는 소문이 있고 그중 닉슨의 이름이 흘러나오고 있었다.

그들이 몇 분 동안 통화하는 가운데 또 다른 전화 소리가 저녁 식사를 방해
했고, 지배인이 케네디 전화라고 전했다.

"휴가에 방해되지 않는다면 당신과 이야기하고 싶어서 팜비치에서 그쪽으
로 가려고 합니다." 케네디의 말에 닉슨은 자신이 가겠다고 제안하며 그에게 놀
라운 말을 덧붙였다. "무엇보다 지난 화요일 결과를 볼 때 이것이 도리입니다."
맞고소도 없고 협상이나 재검표 요구도 없었다. 케네디는 그 제안을 일축했다.
무엇보다 자신은 사용 가능한 헬리콥터가 있었고 둘은 월요일에 케이비스케인
호텔에서 만나기로 했다.

"전화를 끊고 식탁으로 천천히 걸어 돌아왔다. 이것이 어쩌면 전례 없는 일련
의 대화였다는 생각이 들었다. 10분도 채 안 되는 사이 나는 미국 전직 대통령과
현직 대통령과 대통령 당선자와 이야기를 했던 것이다"라며 닉슨이 회상했다.

그들 역시 교대로 현직 부통령이자 미래의 대통령 닉슨과 이야기를 나눴던
셈이다.

케네디가 왜 직접 부통령을 만나는 여행을 하는지 질문 받았을 때 (아이젠하
워는 지난 두 번의 선거 후 경쟁자였던 스티븐슨을 한 번도 만난 적이 없었다),
그는 "공화당이 해서는 안 되는 것을 민주당이 해야만 하는 것들이 있다"고 답
했다. 겨우 당선된 후보야 더 말할 것도 없다.

친구 케네스 오도넬은 그 만남에서 무슨 말을 할지 물었다.

"지금으로서는 전혀 생각이 없어. 어쩌면 오하이오 주에서 그가 어떻게 승리
했는지 물어봐야 할지도." 케네디가 대답했다.

이것은 당시 실제 모습이었고 관례상 다소 굴욕 같은 것이었다. 케네디는 늦
었다. 닉슨은 서서 기다려야 했고 무게차 주위를 따라온 지역경찰과 보안경호와

함께 도착한 대통령 당선자를 기다리고 있던 기자, 사진사, 구경꾼들이 에워쌌다. 케네디는 뒷좌석에 앉아 있었는데 "상당히 외롭게 보였다"고 닉슨이 회고했다. 두 사람은 해군의전에 따라 이제 서열이 더 높은 케네디가 오른쪽에서 걸으며 닉슨의 빌라 69 별채에 이르렀다. 팻 닉슨과 소녀들은 해변 아래에 있었고 두 남자는 망을 친 발코니에 앉아 한 시간 넘도록 이야기 했다.

만남의 목적은 "지난 14년간 의회에서 함께 활동한 부통령 닉슨과의 진정한 관계를 재개하는데 있다." 새 행정부의 닉슨 역할도 배제하지 않는다고 대변인 피에르 세링거가 기자들에게 말했다.

거의 끝나갈 무렵 그들은 관심사를 나누었다. 닉슨은 CIA와 국무부에 있는 몇 명의 이름을 열거했고, 그들이 충성스럽지만 독창성과 상상력이 부족하다는데 동의했다. 공화당이 도와 줄 수 있는 역할도 의논했고, 임시 외교 업무를 맡을 의사를 묻자 닉슨은 케네디가 마음을 편하게 갖도록 정중하게 거절했다.

그는 새 대통령에게 몇 가지 정책 자문으로 백악관 전문가들이 할 수 있는 충고인 캠프 데이비드 별장 활용이 필요할 것이라고 말했다. "나는 당신의 정책을 비난할 수도 있지만 한 가지 확실한 것은 발표든 함축적이든 휴가를 포함하여 타인들이 하는 비난에는 참여하지 않겠습니다. 또한 중대한 결정을 내릴 때 대통령은 신체적, 정신적, 감정적으로 가장 완벽한 상태여야 하는 것보다 더 중요한 것은 없습니다."

케네디는 공손하게 귀 기울이며 반대하지 않았고, 나중에 기자들에게 "대단히 진심어린 만남"에 관해 이야기했을 때 솔직했던 대로 그는 이미 필요한 것을 가졌다. 패배한 용사에게 가장 모욕적인 일로, 닉슨 부통령은 선거인단의 결과 발표를 직접 관장해야 했다. 그는 자리에 모인 의원들에게 말했다. "대통령 후보가 자기의 패배한 선거 결과를 스스로 발표하는 일은 백 년 만에 처음입니다. 나는 우리의 헌법제도가 이보다 더 인상적이고 설득적이며 안정된 예를 가질 수 있다고 생각지 않습니다." 그는 기립박수까지 받았다.

모든 문제에 대한 닉슨의 처신은 널리 칭찬 받았고 특히 케네디 지지자들로부터 더욱 그랬다. "아이젠하워와 닉슨은 케네디와 잠시 만나서 당선의 확실성을 인정함으로써 남부 무소속 선거인단의 재검 요구와 부정선거 비난과 협박을 끝낼 수 있었다. 미국이 아닌 어떤 나라도 이런 근소한 차의 당선이 순조롭게 받아들여진 예가 없었다"고 소렌슨이 말했다. 보스턴 쿠싱 추기경은 닉슨을 "올해의 선한 인물"로 지명했고, 전국의 모든 사설도 케이비스케인 회담을 칭찬했다. "정치는 매 4년마다 전쟁터로 바뀔 수도 있다. 그렇다고 모두가 항상 분노에 차 있어야 한다는 의미는 아니다"라고 〈뉴욕타임스〉가 썼다. 두 사람은 한 시간 이상 진심어린 대화를 나누고 플로리다 골프장으로 푸른 잔디 위를 함께 조용히 걸었다. 이것이 이 땅의 최고의 전통이며 정치와 사람도 마찬가지다.

아이젠하워 지우기

대통령과 비교될 수 있는 자리가 없기 때문에 어떤 사람도 사전 대비를 하지 못한다. 하지만 적어도 케네디는 알고 있었다. 그는 워싱턴의 현자 클락 클리포드에게 말했다. "당선되면 11월 9일 아침에 눈을 뜨고 싶지 않을 것이다. 왜냐하면 '이 세상에서 할 일이 무엇인지' 자신에게 물어야 하기 때문이다."

　케네디는 클리포드와 대통령학자 리처드 노스타트에게 당선에서 취임까지 73일 간 자신을 지도해 달라고 부탁했다. 정권 이양은 반복되는 모래 함정이라고 노스타트는《대통령의 권한》에서 밝혔다. 그 권한은 대통령 희망자가 바라보던 수단과 역할의 한계로부터 모습이 달라진다. 헌법은 권력 이양의 조직도, 수단도, 돈도, 방법도, 아무것도 가르쳐주지 않는다. 즉, 1960년의 상황에서는 공무원 2,380,475명과 예산 770억 달러, 소련과의 새로운 냉전을 의미했다. "페이지를 넘기는 곳마다 이 나라 역사의 새로운 장이 펼쳐진다"라고 노스타트가 전했다. "거기에서 '그들'은 할 수도 없고, 하려고 하지 않고, 하지 않았지만, '우리'는 하겠다'라는 불가항력적 깨달음이 발생한다. '정치에서 가장 힘든 일을 우리가 방금 해내었다'라는 것처럼 통치는 비교를 통해 기쁨을 얻는다……."

　이것이 바로 대통령들이 저지르는 실수다.

　트루먼 시기부터 백악관에서 활동해온 클리포드는 신 행정부에 나타나는 자존심만큼이나 무지의 위험성도 알고 있다. 그는 아이젠하워 행정부원을 대체할 케네디의 새 임명자들 즉, 평균 10살 정도 더 젊은 신임들 사이에서 몇 차례 회합을 했다. 초반부터 그는 신임들의 태도 때문에 마음이 불편했다. 그들은 마치 역사가 방금 시작되기라도 한 것처럼 행동했다. 그는 이들이 아이젠하워와 트루먼은 물론, 그들의 부통령조차 거의 무시한다고 결론 내렸다. "마치 그들의 새 지도자이자 20세기에 태어난 첫 대통령만이 특별하다는 식이었다." 역사학자 아더 슐레진저, 소렌슨, 케네디 자신을 제외한, 새 정부의 엘리트들은 역사에 관심을 보이는 것 같지 않았다고 클리포드가 전했다. "나는 이것을 오만의 형태로 보았다."

케네디가 역사의식이 없었는지는 모르지만 과거를 깨끗하게 단절시키고 싶어 한 것은 분명했다. 케네디는 아이젠하워의 정책 보수성은 그의 추진 과정의 보수성을 반영하는 것이라고 믿었고, 경직된 군대 계급식 조직이 혁신을 파괴하고, 절차라는 진흙 속에 활력을 파묻었다고 생각했다. 아이젠하워가 구축한 힘의 논리로 모든 절차에 사람을 적용하는 업무 처리 방식보다 케네디는 조직이 더 유연해지기를 바랐다. 아이젠하워는 군에서 관리를 배웠고, 케네디는 대가족의 자녀로서 배웠다. "나는 그가 인사와 정치 이외에 다른 주제에 관심을 두고 얘기하는 것을 들어본 적이 없다"고 국가안보 보좌관 맥 조지 번디가 말했다. 한 기자는 두 대통령의 팀워크에 대한 견해를 축구와 농구로 설명했다. "아이젠하워의 축구식 시스템은 규칙적인 자리 배치와 엄격한 임무 할당을 보여주었고, 케네디 행정부는 팀원 모두 계속 움직였다."

케네디는 활동가 대통령이 되겠다고 약속했다. 정보 흐름을 막고 다른 부서에서 이미 완성된 결정만 승인하여 스스로 할 일이 없도록 만드는 치밀하게 짜인 내각의 계급을 없앴다. 케네디는 아이젠하워 이전 자신의 영웅 루즈벨트가 행정조직에 관심을 많이 기울이지 않았던 방식을 따랐다.

"그는 권위를 희석하고 분산시키는 조직 체계와 명령 계통에 거의 관심을 기울이지 않았다"고 소렌슨이 케네디에 대해 말했다. 새로운 대통령은 내각회의를 줄이려고 했고, 오래 앉아있으면 마음이 불안해지고 반복과 우회하는 논쟁을 싫어했다. "격식을 차리지 않는 것이 멋진 것이었다"라고 선거유세 때 함께 일했고 내각장관의 특별보좌관 역할을 했던 프레드 듀튼이 말했다. 그는 아이젠하워 조직을 연구하여 폐기하라는 지시를 받았다. 그가 공화당 이전 담당을 만났을 때 "그들은 심지어 내각회의에 대한 예행연습까지 했다"는 사실을 알고 "케네디는 그런 것을 참을 수 없었다."

아이젠하워는 정부 운영을 위해 신용할 만한 인사를 끌어 모았고, 케네디는 기묘한 기구의 형제 집단을 모조리 없애버리고 싶었다. 그 대신 바퀴와 살을 구상하여 자신이 중심에 서는 것이다. 추수감사절 전 월요일에 클리포드는 기자들에게 케네디의 행정부는 강력한 군수통자에 답하는 군대 조직이 아니며, 아이젠하워 때보다 훨씬 적은 팀이라고 알렸다. 케네디의 백악관에는 대통령과 참모 사이에 누구도 끼어드는 것을 원치 않았기 때문에 그런 인사는 없을 것이라고도 말했다.

이것은 비록 실제로 시험되지 못한 이론이긴 했지만 좋게 들렸다. 전쟁에서 초계정 지휘경험을 제외하고 케네디는 행정 경험이 없었다. 하원과 상원의 평의원으로서 책임질 필요 없이 투표만 하면 되는 정치 프리랜서 역할이 좋은 것이었다. 나중에 그는 "상원의원에서 대통령이 되는 일은 엄청난 변화였고 처음 몇 달은 상당히 어려웠다"고 고백했다.

아이젠하워의 의회업무를 총괄했던 브라이스 할로는 케네디가 참모 래리 오브라이언을 불러 몹시 야단을 치고 의회와 관계를 직접 처리한다는 이야기를 듣고 케네디 팀에게 경고했다. "나는 누구 못지않게 선의의 정치 싸움을 좋아하지만 기구에 대해 싸워서는 안 된다. 아이젠하워 대통령은 임기 말조차 의회로부터 하루 125건의 전화에 응대했다. 방문자는 포함하지도 않은 것이다. 옆 방의 접견 담당 비서가 400건의 요청을 조정했다." 그는 계속 말했다. "취임일 1월 20일 12:01부터 끊임없이 울리는 전화 소리를 멈추게 할 수 없을 것이다. 그런데 이제부터 직접 일을 처리하겠다면 당신들이나 당신들이 모시는 대통령 모두 견딜 수 없을 것이다. 대통령은 우리에게 정부이양 팀에게 최대한 협조하라고 했다. 나는 그것이 미쳐도 완전히 미친 생각이라고 경고하고 싶다."

오브라이언은 그 충고를 받아들였다.

아이젠하워 방식을 잘못 이해한 것으로 케네디와 그의 행정부를 비난할 수 없다. 몇 년이 지나 역사학자들은 사령관들을 파견하는 아이젠하워의 모습만 떠올렸던 자신들의 생각을 포함하여 당시 받아들여지던 모습을 몰아냈다. 아이젠하워는 군대를 운영했기 때문에 모든 결정 방식이 탈선할 수 있다는 것을 알았고, 고위관리들이 임의대로 결정하거나 각 부서의 이해관계를 우선시하는 것을 막기 위해 총체적 세부 토론을 하도록 강조했다. 공식기구가 있는데도 아이젠하워는 말 그대로 총사령관이 되어 중요 결정은 자기가 내리고 어떻게 집행되는지 상세히 감독했다. 노르망디 상륙작전 몇 년 후 비판자들이 아이젠하워가 침략군과 함께 최전선에 있지 않았다고 꼬집었을 때 그는 이렇게 반론했다. "내가 기획하고 모든 책임을 졌다. 트럭에서 직접 내려야겠는가?"

"그는 대부분이 알고 있던 것보다 훨씬 더 복잡하고 의심 많은 사람이었다. 좋게 말해서 아이젠하워는 언제나 한 문제에 두서너 개의 이론을 적용했다. 그의 생각은 말과 동떨어져서 엉망이 돼버리기 일쑤였다"고 닉슨이 전했다.

가끔 케네디는 노장군에게 배울 것이 있을지도 모른다는 생각도 했지만 얼마 동안은 전혀 아니었다.

12월의 만남

케네디는 12월 6일 아이젠하워와의 조심스런 첫 만남에 자신의 생각 몇 가지를 시험했다. 아이젠하워는 자신의 사람들에게 가능한 협조를 지시했고, 그와 케네디는 1952년 트루먼과 아이젠하워 사이에 벌어졌던 싸움의 반복을 피하고자 하는 의도가 있었다. 아이젠하워의 초청에 감사하며 케네디는 "온 나라가 국가에 봉사한 당신의 오랜 경험이 계속 활용되기를 희망한다"고 전문을 보냈다.

회동 며칠 전 밤 케네디는 팜비치에 머물며 친구들과 식당에서 저녁을 먹었다. 누군가 그에게 아이젠하워와의 만남에 대해 신경이 쓰이는지 물었다.

케네디는 웃으며 "안녕하세요, 미스터 케에네디"라고 발음을 잘 못하는 아이젠하워를 흉내 낸 다음 모자를 벗고 절을 하며 말했다. "안녕하세요, 미스터 아이이젠하워."

한편 백악관에서는 10여 명의 도공들이 관저에 새 페인트칠을 입히고 있었다. 아이젠하워는 고별 정찬을 준비하며 펜실베니아 거리를 지나는 취임 연습 사열대를 물끄러미 쳐다보았다. 그는 친구에게 말했다. "나는 그의 교수대 발판이 세워지는 모습을 쳐다보는 감옥 속 친구 같은 기분이 든다."

케네디는 유세할 당시 한두 시간 늦는 것으로 유명했지만 월요일 아침에는 조지타운 집을 떠난 뒤 너무 정시에 도착하는 것을 피하려고 백악관 주위를 한 바퀴 돌아야 했다. 해병대 밴드가 미 국가를 연주하고 의장대 모두가 차렷 자세로 서 있던 아침 8시 58분에 백악관 북쪽 현관에 크림색 링컨 승용차가 도착했다. 아이젠하워는 장차 머무를 직책에 발을 들여놓는 의식이 바로 그런 것임을 말해주고 있는 것 같은 모습이었고, 케네디는 차가 서기도 전에 뛰어내리며 모자를 손에 들고 아이젠하워가 서있는 계단 위로 가볍게 뛰어 올랐다.

"안녕하십니까, 대통령님."

"안녕하십니까, 상원의원님."

"이곳은 참 좋습니다." 역사적일 정도로 조심스럽게 케네디가 말했고 아이젠하워는 백악관 안으로 그를 안내했다.

〈뉴욕타임스〉는 "그들이 진정으로 즐거워하는 것 같았다"고 희망적으로 보도했다.

두 사람은 백악관 집무실에서 한 시간 이상 대화를 나눴다. 케네디는 언제나 잡다한 책과 신문들에 파묻혀 있는 자신의 책상과 달리 무결점의 완벽한 대통령 책상을 보고 감탄했다. 그들은 케네디가 직면하게 될 중요한 군비 축소, 나토 분담, 라오스, 베를린, 쿠바 문제 등을 의논했다. 그는 이미 CIA 알렌 덜레스 국장으로부터 보고를 받았지만, 재임 동안 자신을 괴롭힐 수 있는 세계 여러 분야에 대해 배울 것이 훨씬 더 많았다.

케네디는 아이젠하워에게 국가안보기구 관리의 세부사항에 관해 듣고 싶어 했다. 아이젠하워는 국가안전보장회의NSC가 "정부 주간 회의 중 가장 중요하다"고 강조했다. 재임 기간에 가졌던 366차례 회합 중 329회를 직접 주재했다고 했지만 아이젠하워는 케네디가 이 부분을 없앨지도 모른다는 생각이 들었다. 그들은 펜타곤 개혁을 의논했다. 케네디가 당선 한 달 전 스튜어트 시밍턴 상원이 의장을 맡고 있는 연구 그룹으로부터 받은 보고에 따르면 권력을 국방장관 하에 집중하고, 통합 4개 사령부 하에 전투 병력을 강화하며, 합참의장제도 폐지가 제안되어 있었다. 아이젠하워는 이 중 일부를 알고 있는데 "어리석고 소용이 없는 것으로 생각한다. 나는 그 보고에 관해 할 말이 없었다"고 이 만남에 대한 메모에 적었다.

이 무모한 젊은이의 앞에 놓인 중요한 사안들을 어디서부터 가르쳐 주어야 할까? 대통령은 백악관 직원들의 많은 역할, 대통령과 내각의 관계, 중앙집권적 의사결정을 위해 케네디가 서둘러 바꾸려는 것들을 살폈다. "대통령으로서 쉬운 것은 하나도 없을 것이다. 만약 쉬운 일이라면 그것은 보다 낮은 단계에서 할 일이다"라고 아이젠하워가 그에게 일러주었다. 그래서 그는 케네디에게 스스로 업무 특성을 파악할 때까지 조직개편은 피하는 게 좋겠다고 권고했다. 그는 그날 밤 일기에 썼다. "그가 제대로 이해하기를 기도한다. 확실히 그의 태도는 진지하고 성실하게 정보를 찾는 태도였다."

루즈벨트가 후버를 배척하고 아이젠하워는 트루먼을 아무 역할도 못하도록 따돌린 상황을 잘 아는 케네디는 두드러지게 문을 열어 젖혔다. 그는 아이젠하워가 어느 정도 역할을 할 마음이 있는지 물었다. "물론"이라고 아이젠하워는 대답했다. 나이와 경험을 생각해서 잦은 행정 심부름이나 긴 여행보다는 자기가 알고 있는 정책적 상담 역할을 더 선호했다.

마침내 그들은 국무장관, 국방장관, 재무장관과 함께 내각회의실로 자리를 옮겼다. 아이젠하워는 다음을 언급하며 회의를 시작했다. "우리가 2, 3시간 내에 정부의 중요 업무를 인계할 수 없기 때문에 이전에 케네디 상원의원과 그의 사람들이 언제라도 와서 보도록 초청했다." 아이젠하워 비서실장 윌턴 퍼슨 대장에 따르면 대화는 주로 베를린, (이것은 시급하고 위험한 문제라고 아이젠하워는 경고했다) 라오스통남아시아로 미국이 나가는 전략적 출구, 알제리, 모로코, 수단, 인도, 핵무기확산과 펜타곤 개혁문제를 주로 말했다.

또한 케네디가 내용을 잘 이해하지 못하는 경우, "대통령은 가장 중요한 문제는 큰 전쟁이 시작하지 않도록하는 것"이라고 강조했다.

아이젠하워는 케네디가 의도했던 대로 노골적으로 국정에 계속 참여해 달라는 부탁을 받고 기뻤다. 예상과 달리 인상 깊게 받아들였다. 비서실장 퍼슨도 나중에 클리포드에게 아이젠하워는 케네디에게 매료되었다고 전했다. "대통령이 가장 깊이 인상 받은 것은 세계 문제에 대한 그들의 이해와 케네디가 던지는 질문의 깊이와 핵심 파악력과 집중력이었다." 아이젠하워는 케네디에 대해 "내가 지금까지 만난 사람 중 가장 능력 있고 뛰어난 사람"이고 "어쩌면 내가 그를 잘못 판단한 것" 같다고 고백했다.

한편 언뜻 맹점도 보았다. 아이젠하워는 몇 년 후 케네디를 처음 만나던 당시를 회고하며 기자에게 말했다. "그는 이해가 빨랐지만 대통령 자리를 개인적 업무 정도로 생각하거나 한 사람이 이곳저곳 보조를 데리고 모두 처리할 수 있는 연구소 정도로 보았다. 그는 직책의 복잡성을 알지 못하고 있었다."

얼마 동안 케네디는 자신의 접근 방식이 성공했다는 사실에 기뻐했다. 하지만 클리포드에 따르면 그는 "여전히 아이젠하워가 자신이 활용할 수 있는 권력의 극히 일부만 이해했던 '비대통령'이라고 생각했다." 그가 포드의 천재 로버트 맥나마라Robert McNamara, 경영난에 있던 포드 사를 정상화시키며 포드 가 사람이 아닌 최초의 대표가 되었다에 대한 기사를 읽고 펜타곤 관리를 맡도록 선발했을 때, 그는 국정에 대해 알지 못한다며 손을 저었다.

"우리는 함께 배울 수 있습니다." 케네디가 그를 설득했다. 퇴임하는 국방장관 토마스 게이트와 그 직책에 대해 이야기한 후 그는 업무를 수행할 확신이 섰다고 말했고, 케네디는 미소를 지으며 말했다. "나도 대통령직에 대해 아이젠하워와 대화를 나눈 후에 할 수 있다는 확신이 들었습니다."

열쇠 양도

아이젠하워와 케네디의 최종 만남은 1961년 1월 19일, 취임 하루 전이었다. 케네디는 아이젠하워와 함께 있고 싶었다. "왜냐하면 정권 이양이 순조로움을 국민에게 확신시키는 특별한 목적 때문이었다. 그렇게 함으로써 '올바르게 구두점을 찍고' 인수한 정권을 공고히 하는 것이다." 집무실에서 단 둘이 45분을 보냈다. 케네디는 아이젠하워가 건강하고 혈색이 좋고 무장해제되어 있는 모습이라고 생각했다.

이제 장군은 부관 케네디에게 대통령이 실제로 의미하는 것이 어떤 것인지 보여줄 시간이었다.

회의는 삶과 죽음과 권력에 관한 것이었다. 핵 공격이 조만간 있을 것이 거의 확실했다. 아이젠하워는 총사령관한테만 주어지는 "즉각적 긴급 결정"에 관해 이야기했다. 그는 핵코드가 들어있는 검은 비닐가방을 든 눈에 안 띄는 남자를 소개했다. 그는 임기 내내 매일 대통령의 그림자가 되는 사람이었다. 대통령으로서 케네디는 항시 코팅된 카드를 소지하게 된다. 이것은 그가 미사일 격납고를 작동시키고, 잠수함을 띄우는 치명적인 공격을 30쪽에 달하는 방안으로부터 선택할 수 있게 한다. 아이젠하워는 케네디의 간담이 서늘해지도록 냉정한 자세로 이 모두를 설명했다. 그런 다음 마지막이 있었다. 아이젠하워는 전화기를 들고 웃었다. "이제부터 잘 보세요."

"오펄 드릴 트리Opal Drill 3." 그는 전화에 대고 칼칼한 소리로 말했다. 3분도 되시 않아 해병 헬리콥터가 떠서 백악관 잔디밭 공중에서 빙빙 돌았다. 케네디는 이것이 좋았다.

둘이 함께 내각실로 들어갔다. 그곳에는 신구 내각장관들이 모여 있었다. 아이젠하워가 웃으며 말했다. "여기 있는 친구 모두에게 이곳을 어떻게 빠져 나가는지 보여 드리겠습니다."

아이젠하워가 회의를 주재했고 내각관리들은 곧 주어질 새 팀에게 문제와 책임을 간추려 주었다. 회의 대부분이 라오스 및 중공-소련 압력 하에서 연속적 전복 가능성에 대해 집중되었다. "이것은 난해한 이해관계가 달린 포커게임과 같다. 쉬운 해결책은 없다"고 아이젠하워가 말했다.

다음으로 쿠바 문제가 거론되었다. 케네디는 CIA가 침공에 대한 대비로 과테말라에서 쿠바 망명객들을 훈련시키고 있음을 이미 알고 있었다. CIA 보고가 없었다 하더라도 그는 〈타임〉 기사에서 이를 읽을 수 있었다. "미국이 비밀 과테말라 기지에서 반 카스트로 병력훈련을 돕는다." 9일 전 헤드라인이 밝힌 내용이었다. 그로 인해 그 일은 더 이상 비밀이 아니었다. 아이젠하워는 구체적 침공은 세워지지 않았다고 설명했고, 망명 정부 수립을 위해 적법한 쿠바 지도자를 찾고 카스트로의 대안을 물색하는 것이 중요하다고 강조했다. "어쨌든 미국은 현 카스트로 정부를 쿠바에 계속 놔둘 수 없다"고 아이젠하워는 말했다.

"대국민 봉사 마지막 날, 미 육군사관학교 입학 이후 반 세기를 보낸 노병의 어조는 케네디에게 엄청난 영향을 주었다." 클리포드는 회고록에 이렇게 썼다. 케네디 사람들은 동남아시아 상황에 대한 아이젠하워의 평가에 반론을 제시할 정도로 충분히 알고 있지 않았다. "회고해 볼 때 나는 아이젠하워 대통령이 진지했지만 새 행정부에게 오만했다고 믿는다." 자신은 아시아 국지전에 말려들기를 거부했으면서 이제는 상당히 강경 노선을 취했다. "경험 없고 부드러운 성향의 새로운 기수들을 음미하고 있었다"며 이왈드가 심정을 밝혔고 클리포드는 다음과 같이 주장했다. "다음 행정부가 섣부른 결정을 하도록 그림자를 던졌고, 그 결과는 베트남과 쿠바까지 영향을 미쳤다." 몇 개월 후에 이루어진 대통령의 결정에 따른 엄청난 실패로 말미암아 케네디 충성파들은 아이젠하워의 흔적이라도 잡아 비난의 기회를 잡으려 했다.

회합이 끝나자 케네디는 아이젠하워에게 모든 브리핑과 문의할 생각도 못했던 것까지 말해주어서 감사함을 표했다.

"천만의 말씀, 언제나 환영합니다. 이것은 미국 정부의 문제지 당파는 아닙니다"라고 아이젠하워가 말했다.

회의가 끝나고 이이젠하워는 따로 케네디에게 마지막으로 강조했다. 당신이 선거유세에서 미국과 소련 사이의 "미사일 갭"에 관해서 무엇을 말했든 간에 소련이 주장하는 만큼 강력한 것은 아무것도 없다고. "당신은 국방부에 난공불락의 자산을 가지고 있고 이것은 불사신입니다."

케네디는 마지막 회의에서 고마운 마음을 갖고 헤어졌지만, 그것이 도움이 되었다 하더라도 이 인기 있는 전임자를 다시는 가까이 하지 않겠다고 결심했다.

횃불이 넘겨지다

마침내 축하의 날이 왔다. 온 도시가 단장하고 곧 있을 기념식을 준비했다. 국립

공원관리국은 링컨기념관 주위에 잔디를 깔아 초록으로 물들여 봄 느낌을 내려고 했고, 취임식이 진행될 도로를 따라 찌르레기들을 내쫓고 나무에 코팅을 입혔다. 폭탄의 위험을 방지하기 위해 맨홀 뚜껑을 봉했고 지붕 위에는 저격병을 두고 보안 경호원 5천명을 배치했다. 하지만 날씨만은 어쩔 수 없었다.

백악관 회의가 끝난 오후 케네디는 주지사 만찬회에 참석하고 트루먼을 방문했다. 첫 눈이 내리자 교통이 엉망이 되었다. 그날 밤까지 최소 만 대 이상의 차들이 오도 가도 못 하고 버려졌고, 비행기 착륙도 불가능해 후버는 플로리다에서 날아오다가 회항해야 해서 취임식에 참석하지도 못했다. 펫 닉슨은 상원에서 열린 남편의 고별 파티에 참석하기 위해 두 시간 이상 걸렸다. 백악관에서는 3천 명이 700개 눈삽으로 하루 종일 거리의 눈을 치우는 동안 수십 명의 아이젠하워 참모들은 그날 밤 눈에 갇혀 있었다.

다음날 아침도 추웠지만 날이 개었다. 백악관 분위기도 8년 전보다 따뜻했다. 잭과 재키는 아이젠하워 부부, 존슨 부부, 닉슨 부부와 커피를 마셨다. 이 광경은 현직과 퇴임은 물론 미래 대통령을 포함한 보기 드문 클럽 취임식이었다. 이번에는 홈부르크 모자 없이, 아이젠하워와 케네디 모두 톱해트를 쓰고 나타났고, 함께 방탄 리무진으로 의사당까지 가서 플랫폼으로 오르는 지시를 기다렸다.

권력 이양 전, 케네디가 독서 중인 책에 관한 그들의 마지막 대화에서 아이젠하워를 엿볼 수 있다. 그것은 노르망디 상륙작전이 개시된 작전일에 관한 코넬리우스 라이안의 《가장 긴 날》이었다. "형은 아이젠하워가 그 책을 읽은 적이 없다는 데 관심을 보였다"고 훗날 바비 케네디가 회고했다.

리처드 카디널 쿠싱이 취임식 기도를 하려고 일어났을 때 한 줄기 작은 연기가 연단으로부터 일기 시작했다. "만약 그 연기가 폭탄이고 내가 기도하는 동안 터지면 워싱턴 추모탑에 내 자신이 안장되겠지"라고 생각했다고 쿠싱이 회고했다. 그때 아이젠하워가 케네디 쪽으로 기대며 속삭였다. "당신은 오늘 뜨거운 연설을 해야만 합니다."

케네디는 다시 한 번 아이젠하워에게서 발산된 강력한 힘에 감동했다. "활력 있는 사람." 그날 저녁 케네디는 감탄했다. "취임식에 너무나 강력한 사람이 있었다. 거기에는 늙고 창백해 보이는 크리스 허터, 머리가 세고 피곤해 보이는 알렌 덜레스, 움츠러든 목 주변에 두 배로 늘어난 칼라의 앤더슨이 있었는데, 그중 가장 나이든 아이젠하워는 건강하고 혈색이 좋고 여느 때처럼 활력이 있었다."

식이 끝나자 아이젠하워와 매이미 여사는 조용히 빠져나갔다. 그들은 아이젠하워가 나중에 이런 글을 썼다는 것을 알았다. "민주국가의 일반 시민이 자유로울 수 있는 만큼 우리는 자유로워졌다." 그는 집필과 강의를 하고 소속 당을 미래로 안내할 계획을 세웠다. 그는 친구들에게 약속했다. "나를 믿으세요, 모두의 이야기를 듣고자 합니다."

그날 오후 늦게 그와 매이미 여사는 크라이슬러 임페리얼을 타고 게티스버그 농장으로 돌아왔다. 이제 호위하는 오토바이 경비대도 없고 경찰 사이렌이나 불빛도 없이 단지 보안 경비 차가 앞뒤에 있을 뿐이었고, 사람들이 '고향에 돌아온 것을 환영합니다'라는 사인을 들고 나왔다. 그들이 농장에 도착하자 경호요원들은 경적을 울리며 유턴하여 워싱턴으로 되돌아갔다.

그날 밤 닉슨은 자기의 운전기사에게 마지막으로 도시 주위를 돌아볼 것을 부탁했다. 우선 국회의사당으로 가서 길고 텅 빈 로툰다 원형복도를 걷고 의사당 서쪽 정원이 내려다보이는 발코니로 나가보았다. 산책길은 하얗게 눈이 덮였고 기념탑들은 밝게 빛났다. "나는 그곳에 서서 5분 정도 전경을 보았다. 그러다 안으로 들어가려고 방향을 틀다 문득 멈추고 이게 끝이 아니라는 생각이 솟구쳤다. 언젠가 다시 이곳에 되돌아 올 것이다." 그리고 급히 차로 돌아갔다.

케네디는 첫날부터 대통령 클럽에 공을 들이기 시작했다. 그의 첫 편지는 아이젠하워의 도움에 재차 감사를 전하는 것이었다. "당신의 관대한 도움이 우리 공화국 역사에서 가장 효과적인 정권 이양을 가능하게 만들었다고 믿습니다."

백악관의 첫 손님은 해리 트루먼이었고 원로 정치인으로서 결국 명예를 회복했다. 저녁식사 후 둘은 트루먼이 국가 보물로 보존되도록 도왔던 관저 주위를 산책했다. 8년 간 그는 전혀 발을 디뎌보지 못했던 곳이었다. 동관 입구에서 그들은 트루먼이 공관을 보수한 것을 기념하기 위해 금장으로 글씨를 새긴 벽 앞에 멈춰 섰다. 전해지는 이야기로는, 케네디 무미건조한 목소리로 트루먼에게 말했다고 한다. "이 빌어먹을 인간 [아이젠하워]가 벽을 덮어버렸습니다."

6

"잘못할수록 인기가 좋아진다"

- 존 F. 케네디 -

1961년 4월 쿠바 침공 직후 채 73시간이 지나지 않았을 때 이 모든 것이 실패로 끝나리라는 것이 명확해졌다.

애초의 계획은 미국이 과테말라에서 침공 훈련을 받은 쿠바 난민의 지원을 받아 두 차례의 공중 요격을 하기로 되어 있었다. 우선적으로 쿠바 공군을 무력화하기 위해 이틀에 걸쳐 사전 공격을 진행한다는 작전이었는데, 마지막 순간 케네디는 소란 수준을 낮추기 위해 공습규모를 반으로 줄였다. CIA 작전부장 리처드 비셀은 회의록에 썼다. "나는 대통령이 그가 승인한 작전 계획에서 공중 요격이 필수적인 부분이라는 것을 인식하지 못했다고 믿는다." 실제로 카스트로의 공군은 미국의 첫 공습에 대부분 살아남았고 피그 만의 침투를 지원하는 두 번째 공격은 모두 취소되었다. CIA는 계획이 무산되었을 때 케네디가 작전 방향을 돌려서 미군 병력을 현지 투입시킬 것으로 추측했다.

그 계획 역시 침투군들이 게릴라 작전을 펴기 위해 산악지대로 후퇴할 가능성을 추측했으나 불가능한 것으로 나타났고, 대통령뿐 아니라 작전 임무를 승인한 관계자들 대부분이 놀란 것 같았다. 국가안보보좌관 맥조지 번디는 케네디에게 우울한 보고서를 올렸다. "쿠바 육군은 생각보다 더 강했고, 우리의 대응은 더 약했고, 우리의 전술위치는 기대보다 부진했다." 정찰 영상 분석가들은 피그 만의 날카로운 산호초를 해초로 착각해서 첫날 아침 착륙선이 좌초되고 카스트로의 낡은 전투기에게 약탈당했다. 10일 간 버틸 수 있는 분량의 탄약, 식품, 통신장비는 화물선이 격침됐을 때 사라졌다. 카스트로는 사태를 잘 파악하고 침투군을 지원할 수 있을 법한 인물들을 모두 체포해버렸다. 따라서 기대했던 인력 지원도, 갑작스런 민간 봉기도 없었고, 미국이 훈련시킨 해안에 갇힌 쿠바 난민들에 대한 구제책도, 산 너머 도망갈 퇴로도 없었다.

간단하게 말해서 대참패였다.

침공이 있던 밤 케네디는 의원만찬회에 참석한 다음, 밤 12시가 지나 그곳을 빠져나와 만찬회 차림으로 내각회의실에 모인 CIA, 펜타곤, 국가안보위원회 NSC, 최고참모들과 만났다. 국가안보위원회 차관 월트 로스토는 당시를 회고했다. "모두 흰 타이를 매고 훈장을 찬 있는 사람들이었다. 힘의 한계를 드러내는 경악할 만한 결과였다. 이 세상에서 가장 강력한 힘이 이런 작은 작전에 실패했다."

이 실패로 말미암아 케네디의 취임 직후 100일이 암울하게 흘러갔다. 다른 연합국들은 격분했고, 그가 관장할 거대 군대와 정보기구에서 자신감이 흔들렸다. 그 후 몇 개월, 또 몇 년 동안 피그 만의 참담한 공습에 대해 설명하라는 압력을 받았을 때 대통령 인사들은 전임으로부터 외교 정책을 물려받는다는 클럽의 근본적인 현실에 호소했다. 대통령은 전임의 전쟁, 조약을 비롯해 이와 같은 비밀작전까지 물려받는다. "이것은 케네디의 계획이 아닌 아이젠하워의 것이었다"고 국무부차관 조지 볼이 주장했다. "그는 아이젠하워에 두려움을 느꼈다고 생각한다. 그의 계획을 시행하는 것 외에 다른 선택지는 없어 보였다." 케네디의 보좌관들은 이것이 아이젠하워가 지명한 사람들에 의해 집행되었다고 주장했다. 자국을 위협하는 공산주의를 제거하는 대장군의 계획을 젊은 새 대통령이 거부하기는 불가능한 일이었다. 그랬다가는 겁쟁이라는 비난을 면키 어려웠을 것이다.

하지만 비난은 쉬워도 실제적 책임은 그렇게 간단하지 않다. 그런 터무니없고 엉성한 침투계획을 아이젠하워는 절대로 승인하지도 않았을 것이고, 두 대통령을 보좌하는 사람들을 궁지에 몰아넣지도 않았을 것이다. 케네디는 CIA 국장 앨렌 덜레스는 말할 것도 없이 아이젠하워의 정책을 따를 것만 생각했고, 한편 아이젠하워 자신도 이런 실패에서 구원받기 위해 취했던 견제와 균형을 케네디는 거절했던 것이다.

예견된 참사

케네디는 1월 30일에 국정연설을 했다. "취임 후 단 열흘이라는 짧은 기간이라 하더라도, 대통령 직위에 오른 사람이라면 다음 4년 간 겪어야 할 시련의 가혹함을 알고 난 뒤 절대로 비틀거려서는 안 된다. 매일 위기는 배가 되고 날마다 해결책은 더 어려워신다."

〈타임〉은 "사람이 대통령직을 만나다"라는 기사에서 다음과 같이 전했다: 비록 여러분은 그가 말하는 것을 듣고도 잘 모르겠지만, "존 F. 케네디는 아이젠하워의 책장에서 어마어마한 비밀도, 특별한 기밀 정보 보고서도 찾아볼 수 없었다. 다만 그는 저명하고 기민한 상원의원이자 대통령 당선자였음에도 대통령직에 부과된 책임에 대해 제대로 인식하지 못했다는 사실을 알게 되었다."

선거 이후 케네디 사람들을 만났을 때 아이젠하워가 알려주려고 한 내용 중 쿠바 관련 계획에 대한 최신 보고가 들어있었다. 카스트로를 제거하는 아이젠하워의 시도는 군사적인 의도뿐 아니라 정치적 의도가 포함되어 있었다. 1960년 3월 한 회의에서 아이젠하워는 CIA에 그럴 듯한 쿠바 망명정부를 구성하고, 과테말라에 쿠바 망명객들로 이루어진 준군사조직을 훈련시키는 한편, 내부 선전과 정보 수집을 강화시키도록 지시했다. "그들이 실제 내 지시를 따랐는지 아닌지는 나도 모른다." 그는 당시에 그것을 신축성 있는 비밀로 남겨두고 싶었다. "모두가 그 건에 관해 들어보지 못했다는 맹세를 해야 한다"고 아이젠하워가 말했다.

아이젠하워의 측근 앤드류 굿패스터는 그런 훈련을 착수시킨 것만으로도 위험하다고 그에게 경고했음을 기억한다.

"내가 '이 작전의 기세가 커질 위험이 언제나 있다'고 말하자 아이젠하워는 내게 쏘아붙였다. '나는 이곳에 오래있지 않을 걸세.' 그래서 나는 대답했다. '네. 바로 그것이 문제점입니다.'"

선거 후 얼마 되지 않아 덜레스 국장과 비셀 작전부장은 케네디에게 보고를 하기 위해 팜비치로 향했다. 이미 굿패스터가 경계했던 기세가 조성되고 있었다. 최초 비밀작전은 전면적 수륙침투로 바뀌어 훨씬 더 대규모 병력을 필요로 했기 때문에 성공확률을 보장하기 위해 미국의 역할이 더 커졌다. CIA가 보유한 피그 만 비밀 자료에 따르면, 이 공격은 미국의 군사력이 공개적으로 참여하지 않는 한 성공할 수 없다고 침투 기동부대가 이미 결론을 내렸다. "우리의 최초 작전 구상은 카스트로가 구축한 독재사회에서 성공할 수 없는 것으로 보인다." 하지만 그들은 이것을 케네디에게 언급하지 않았다.

아이젠하워와 케네디가 12월과 1월에 만났을 때 아이젠하워는 이 임무의 진행 평가 없이, 여전히 카스트로 제거 목적만을 주장했다. 조지 볼은 마지막 회의를 기억했다. 아이젠하워가 케네디에게 이렇게 말했다. "나는 당신이 국가 원수로서 이 작전을 성공시킬 것으로 믿는다." 문제는 퇴임 대통령은 후임에게 인계하는 정책에 더 이상 관여하지 않는다는 점이었다.

1961년 1월 28일, 취임 8일 만에 케네디는 대통령 자격으로 처음 전반적인 쿠바 관련 보고를 받았다. 무엇보다 현재 카스트로를 축출할 만한 충분한 청사진이 없다는 사실을 들었다. 그는 CIA에게 쿠바 저지와 선전 노력을 계속하는 한편 펜타곤과 같이 실행 가능한 침투계획을 개발하도록 지시했다.

2월 미 국무부는 급속도로 공개적 비밀이 되고 있는 침공의 정치적 위험에 대해 걱정하고 있음이 확실해졌다. CIA의 주요 군사작전 진행 능력에 대한 의혹도 있었지만 대부분 회의 분위기는 이미 "추측한 여론 중 하나였다. CIA 대표들이 논의를 주도했고 합참의장은 그대로 진행하는데 만족하는 것같이 보였다"라고 슐레진저가 말했다.

3월 11일 정책보고에서 케네디는 의심이 깊어졌다. 소련이 위반한다고 늘 비난해온 국제법을 미국이 어기면서 외국 영토를 침공하는 문제에 관련된 행위가 자신의 첫 주요 외교정책이 되는 것이 내키지 않았다. 덜레스와 비셀이 설계한 이 계획은 "너무나 엄청난 것이고, 마치 노르망디 상륙작전 같이 들린다. 소란 수준을 낮추어야만 한다"고 케네디가 경고했다. 계획 설계자들은 동의했고, 작전은 유지하기로 했다. 다만 쿠바 내 봉기를 일으키는 데 성공의 여부가 달려 있기 때문에 최대한 소란을 일으킬 필요가 있었다. 정치적 위험부담을 줄이기 위해 취해지는 동작은 군사적 위험을 증가시키고, 이는 실패할 가능성으로 이어졌다.

그렇다면 케네디는 왜 겨우내 이 계획을 추진시켰는가? 그들의 기억에 의하면 아이젠하워의 망령이 백악관을 떠나지 않았다고 보좌관들이 말했다. "취임 10여 일만에 이 작전이 성공하지 않을 것으로 생각했다고 해서 취소할 수 있겠는가?"라고 케네디 의전수석 엔젤 비들 듀크 대사가 반문했다. "당시 그는 자기 판단도 믿지 않았다. 그는 연합총사령관과 재선에 성공했던 미국 대통령, 그리고 신망 받는 인물 앨렌 덜레스를 존중했다."

강한 가부장적 인사에 대한 관리를 중하게 여겼던 케네디는 정치 면에서는 아이젠하워를 거의 존경하지 않았어도 군은 별개였다. "앨렌 덜레스는 그것을 말하지 않았고 군이 말할 필요도 없었다. 미국에서 2차 대전 당시 육군 중위였던 사람이 역사상 최대상륙작전의 사령관에 의해 합의된 계획을 뒤엎기는 쉽지 않았을 것이다. 유산이 덫에 걸려버린 것이다." 슐레진저가 회상했다.

1964년 바비 케네디는 이것이 단순한 계획이 아니라 물려받은 사람들이 케네디를 잘못된 자신감으로 이끈 결과라고 주장했다. "대장군이자 위대한 군대 인사였던 아이젠하워 대통령의 승계자로 케네디는 정부에 들어갔다. 그는 아이젠하워 대통령이 했던 대로 요직에 동일인을 유지했다. 앨렌 덜레스도, 렘니처도, 합참의장도 제자리였다. 케네디는 어느 한 사람도 전출시키지 않았다. 침공작전을 진행시키는 권고, 제안, 보안정보에서 그들이 알고 있는 것이 결정에 바탕을 이루었다."

그런 구실은 아이젠하워가 전문가나 장군들 인사관리에 더 경험이 많고, 조직체계를 구성하는데 더욱 신중했지만, 정치 인물 배치에는 크게 회의를 가졌다는 사실을 간과했다. 케네디는 공산주의와 카스트로에 대해서라면 아이젠하워와 닉슨 팀 이상으로 강경정책을 약속하며 유세했다. 딜레스는 그를 달가워하지 않았다. "여러분은 정말로 이 젊은이 그룹에게 호소하려는 것입니까? 그들은 여러분의 동정이나 지지도 얻지 못하면서 조국을 위해 죽을 각오를 하는 정도입니다." 만약 그들이 해체되면, 쿠바를 전복시킨 독재자를 퇴위시킬 임무를 케네디가 배신했다고 퍼트릴 것은 말할 여지도 없다.

불법 도박게임

3월에서 4월로 계획이 진행됨에 따라 의혹과 토론이 펼쳐졌고, 딜레스는 아이젠하워의 생각을 직접 호소하며 어느 보고회의에서 다음과 같이 말했다. "대통령님, 당신이 이 계획을 미심쩍어 한다는 것을 알고 있습니다. 하지만 나는 바로 이 책상에서 아이젠하워 대통령께 유사한 과테말라 작전에 대해 '이것이 성공한다고 믿습니다'라고 말씀 드렸습니다. 그리고 이제 이렇게 말씀 드립니다. 대통령님, 과테말라 경우보다 이 작전은 훨씬 더 전망이 좋습니다."

비셀은 케네디가 집권 몇 주 만에 예정된 계획을 폐기하여 쿠바를 상실할 경우를 전망한 몇 가지 기사를 읽고 고민하는 것을 감지했다. 그는 평범한 정보원이 아니기 때문에 그런 두려움을 떨쳐버릴 강한 입장이었다. 예일에서 경제학 박사학위를 받고 예일과 MIT에서 강의했고 심지어 번디Bundy를 가르친 적도 있었다. 온화하고 영리하며 침착한 성격에 설득력이 있으며, 늘 생각하는 정보기관 팀장이었고 딜레스를 계승할 꼭 필요 인물이라고 많은 사람이 생각했다. 그래서 함께 대통령을 확신시켰다. 3월 16일 돼지의 모습을 했다고 해서 이름 붙여진 피그 만에서 훨씬 떨어진 지점의 대안책을 들고 대통령을 찾았다. 3월 말 케네디는 어떤 상황에서도 미군의 지원이 공공연해질 수 없음을 강조했고, 상륙과 민중 반란 야기가 성공할 수 있음을 재확인 받았다.

케네디가 알지 못했던 것은 작전 성공에 대한 확신은 작전 실패에 대처할 구체적인 안에 달렸다는 것이었다. 일단 최초의 침투가 저항을 받으면 케네디가 육군 전력을 퍼부을 것으로 그들은 계산했다. 실패로 인한 굴욕적 상황을 새 대통령이 받아들이지 않을 것으로 짐작했다. 최고 기획자 두 사람은 사임 언급도 하지 않은 채, 축소된 계획의 실패를 확신하고 있었다.

이 점에 대해 CIA의 일부는 백악관을 "불법 도박게임"이라고 말했다. 케네디는 두 번의 내각회의를 했고, 전체 국가안보위원회를 단 두 차례 소집하며, 필요에 따라 구성과 해체가 가능한 임시 특별대책기구를 더 선호했다. 케네디 특별보좌관 프레드 듀튼이 말했다. "케네디는 실제로 정부의 살림살이를 맡는 일에 자신을 개입시키려고 하지 않았고, 관심도 기울이지 않았다." 대회의란 그를 귀찮게 만들고 사람들이 허세를 부리는 자리 정도로 취급한다고 듀튼이 결론 내렸다.

그는 교수, 기자, 국무부 하위담당자에게 직접 전화를 걸었기 때문에 한동안 행정관리들은 대통령을 사칭하는 것이 아닌지 확인하느라 시간을 보냈다. 케네디는 일선담당들에 대한 특별한 생각이 있었다. 나중에 그는 슐레진저에게 말했다. "만약 누군가 들어와서 이런저런 최저임금법안에 대해 말하면 나는 주저 없이 무시해버린다. 하지만 당신은 군이나 정보관계자들이 일반인은 불가능한 특별안보기술을 가지고 있다고 생각한다."

상원 외교분과위원장 윌리엄 풀브라이트는 처음부터 쿠바 작전을 반대했고, 회의나 의사결정을 체계 없이, 지휘 계통 없이 되는 대로 진행하는 방식이 못마땅했다. 케네디의 "바퀴의 살" 방식의 관리 철학은 말하자면 "집무실로 향하는 문은 항시 열려 있다"는 것이다. "아무때나 그 방에 들어가는 사람이 하루에 열두 명은 되었다"고 자서전 작가 샐링거가 말했다. 노르망디 상륙작전 기념일까지 2주가 채 남지 않은 4월 첫 주에 전 하버드대 국가안보보좌관 맥조지 번디가 케네디에게 메모를 보내려면 어떤 절차를 거쳐야 하는지 대단히 걱정했다. "여러 차례에 걸쳐 정책 건의가 취소되었다. 왜냐하면 어떤 사람도 지속적인 책임감을 느끼지 않았기 때문이다"라고 경고했다.

쿠바 작전 암호는 범피로드였다. '비포장도로'라는 암호의 의미가 모든 것을 말해주었다. "나는 모두가 이 작전에 신경이 곤두서 있다는 것을 알고 있다." 케네디는 침공 직전에 소렌슨에게 말했다. 그런 다음 최악의 두려움이 곧 현실화되었다.

피해 관리

침공이 참사로 드러났는데도 추진자들은 최악의 상황을 피하려고만 노력했다. 관계자들이 전투 이틀 후 4월 18일 밤늦게 집무실에서 만났을 때 비셀은 케네디가 공군을 지원하기 위해 해군을 파견해주었다면 임무를 성공시킬 수 있었다고 여전히 주장했다.

"전투기 두 대만 주시만 적군기를 격퇴하겠습니다"라고 해군 작전사령관 알레이 벌크 제독이 요구했다.

"미국이 관련되기를 원치 않습니다"라고 케네디가 주장했다.

"대통령님, 이미 개입되었습니다." 벌크가 반박했다.

회의는 새벽 4시에도 계속됐다. 케네디는 회의 도중 갑자기 로즈가든으로 나가버렸다. 봄이지만 아직 찬 밤 공기 속에 홀로 45분 간 거닐었다. 다른 사람들은 창문 밖의 그를 바라보기만 했다. "그는 깊이 실망한 고독한 사람 같았다"고 소렌슨이 말했다.

재키 케네디는 열정적이고 낙관적인 남편을 실패의 무게가 짓눌렀다고 회고했다. "그는 백악관 침실로 돌아와 내가 있는데도 울기 시작했다. 머리를 감싸고 눈물을 흘렸다. 그의 모든 꿈과 취임 백일에 벌어진 참담함 때문에 슬퍼했다. 많이 울었다"고 그녀는 3년 지난 후 슐레진저에게 말했다.

마침내 케네디는 아침 한 차례 공습 출격에 동의했고 이것이 마지막 패배였다. CIA는 니카라과로부터 B-26폭격기를 출격시켰고, 해군은 초계정 에식스함으로부터 전투기를 출격시켰다. 각기 다른 시간대에 왔기 때문에 한 시간 차로 목표점에 도착했다. 폭격기 2대가 격추당하여 알라바마 공군경비대 소속 조종사 4명이 사망했다. 천 명 이상의 쿠바 난민들이 용감하게 싸웠으나 항복 이외 다른 방법이 없었다. 여단사령관 호세 페페 산로만으로부터 온 마지막 메시지는 이런 것이었을 것이다. "당신들이 어떻게 우리에게 이럴 수 있는가?"

"대통령님, 비밀과 성공이라는 두 가지 토끼를 다 잡고자 했던 이 작전은 비밀이 되기에는 너무 규모가 크고 성공하기에는 너무 가능성이 작았습니다." 소렌슨은 언급했다.

다음날 내각총회의가 열렸다. "회의는 내가 상당히 멋지다고 말할 수 있는 이 정부회의 중 가장 우울했다. 대통령은 완전히 풍비박산 상태였고, 그 마음이 이해가 되었다." 전국 주^州 대표 대사 체스터 보울이 전했다. 그는 작전 반대파였다. "상황이 실패하자 회의 참석자들 반응은 한결같이 책임을 다른 사람에게 돌리며 거칠어졌다"고 이야기했다. 이 상황을 보고 케네디는 파멸 직전에 다행히 불행을 피한 인생이라며 자신감을 회복했다. "물론 처음에 케네디의 판단이 잘못되었다는 상황에 직면하여 몇 주간에 걸쳐 회의가 계속되기는 했지만 그는 청신호를 얻게 되었다."

하지만 듀튼은 회의에서 다른 것을 보았다. 케네디는 발생한 사건이 무척 고통스러웠지만 그에 대한 모든 책임을 졌다고 기억했다. "각료들과 털어놓고 이야기하면서도 그는 그들에게 책임을 묻지 않았다. 케네디는 그들이 실패에 대한 비난을 피해야 된다는 것도 말하지 않았고, 받아야 할 대중들의 비난도 언급하지 않았다." 그 주 금요일에 기자들을 만났을 때도 똑같았다. 그는 "승리하면 백 사람의 아버지가 생기고 실패하면 고아가 된다"는 옛 속담을 언급하며, "나는 정부를 책임지는 관리이고, 그것은 명백한 사실이다"라고 말했다.

하지만 사적으로 소렌슨을 비롯한 보좌관들은 케네디가 같은 질문을 되풀이해서 물었다고 했다. "내 인생에서 나는 전문가에 의존하는 것보다 스스로 더 잘 알고 있었다. 그런 내가 그들에게 일을 진행시킨 것이 얼마나 어리석었던가?" 문제는 그가 그들을 몰랐기 때문만이 아니고, 그들의 강점과 약점을 알지 못했고, 그들 또한 케네디를 몰랐다는 것이다. "나 같은 신참 대통령도 두려움을 피하고 체면을 유지하려고 노력한다는 것을 그들은 믿지 않는 것 같았다. 그들은 나를 잘못 이해했다"고 케네디가 전체 계획을 파악하며 말했다.

전 세계의 반응은 통렬했다. 케네디가 공개적으로 침략하기라도 한듯이 비난이 거셌고 흐루시초프는 이 침공을 "전 세계를 상대로 벌인 범죄행위"라고 불렀다. 미국은 도전적이면서 동시에 허약하게 보였다. "미국은 과테말라에서 성공했지만 상처를 남겼다"고 한 남미외교관이 유엔 미 대사에게 말했다. "당신들은 쿠바에서 실패해서 두 개의 상처가 남게 될 것이다." 당시 유럽에 있던 애치슨은 말했다 "이 사건은 유럽인들의 마음을 분열시키고 철저히 상식에 어긋나는 무책임한 행동이었다. 세계인이 새 행정부에 높은 기대를 걸고 있던 때에 벌어진 사태로 실망감이 끝 모를 밑으로 추락해버렸다."

미국의 저명한 칼럼니스트 월터 리프만은 TV에 출연하여 취임 몇 개월에 행한 일들은 전임자의 희미한 그림자 역할이었다고 불평했다. "그 행정부는 아이젠하워 정부보다 30년이나 젊지 않은가." 케네디 백악관에게 이보다 더 모진 악담은 없었다.

그래서 케네디는 피해 복구를 진행하면서 4개월 전만 하더라도 불러들일 것을 상상도 못했던 사람들에게 도움을 받고자 했다. 먼저 닉슨에게 손을 뻗었다. 닉슨의 딸 트리시아가 백악관에서 온 전갈을 보고 말했다. "나는 케네디가 머지 않아 어려움에 빠지면 아빠에게 도움을 청할 것임을 알고 있었어요." 닉슨이 전화를 걸자 케네디는 백악관에 와줄 것을 요청했다. 그들은 집무실에서 만났는데, "분위기가 긴장되어 있었다"고 닉슨이 말했다. 그는 당시 케네디가 대단히 분노해서 CIA, 합참의장, 백악관 참모들까지 비난하며 이렇게 말했다고 전했다. "내가 논의했던 군사 전문가나 CIA도 마찬가지고 모든 작자들이 이 작전이 성공할 것이라고 거듭 보장했어요."

두 사람은 거의 1시간 동안 이야기하며 공감대를 형성했다. "외국 관련 문제는 대통령만이 처리할 중요 이슈임은 틀림없는 사실이지요?" 케네디가 시인했다. "내 말은, 국내 최저임금이 시간당 얼마가 되든 큰 문제는 아닌 것과 비교되는 문제라고 생각합니다." 닉슨이 그곳을 떠나던 순간을 회고했다. "전혀 자기 책임이 아닌데도 피할 수 없이 자기 책임이 되어버린 참담한 비극에 직면해야 하는 남자에게 공감을 느꼈다."

케네디는 후버 역시 문제가 되지 않을 것을 알았다. 그는 월도프 호텔에서 전 대통령에게 전화했다. "귀하는 내가 퀘이크 평화주의 교도이며 전쟁을 싫어하는 것을 잘 아시겠지만, 내가 만약 미국 대통령이라면, 피그 만에 필요 병력을 명령하고, 그들이 피그 만에 있는 한, 쿠바 군대를 모조리 살육하고 당장 일을 끝냈을 것입니다."

하지만 문제 해결 방법은 아이젠하워와의 만남뿐이었다. 그가 케네디의 참사 해결을 도울 지구상의 유일한 사람일지 몰랐다. 둘은 그다지 연락을 하지 않있는데, 아이젠하워는 3월에 의회가 그의 군 계급을 다시 부활시킬 거라는 케네디의 제안에 감사의 전문을 보낸 적이 있었다. 하지만 관계는 공식적이었고, 케네디가 사태 확인이 필요했던 시점까지 시간이 걸렸다.

당시까지 케네디는 한 번도 캠프 데이비드에 발을 디뎌본 적이 없었다. 이 지역은 루즈벨트 대통령이 후 별장지로 조성했고 아이젠하워의 손자가 개명한 곳이었다. 다음날 케네디는 처음으로 메릴랜드 산악지대를 방문하려고 헬리콥터를 탔다. 그곳에서 게티스버그에서 날아온 아이젠하워가 신임 대통령에게 주변을 보여주기 위해 만나기로 했다.

아이오와로부터 한 여성이 아이젠하워에게 전문을 보냈다. "귀하가 거기 가면, 그 소년에게 조심하라고 일러주세요. 솔직히 그 자리를 귀하가 인수하는 게 더 낫겠어요."

지금은 신참을 위한 시기가 아니었던 까닭이다. "만약 아버지가 재임 중이었다면, 피그 만 사태가 일어났을까요?" 아들 존이 물었다. 아이젠하워는 과거 노르망디상륙작전 당시를 회상했다.

"나는 불리한 침공은 안 한다."

창고로 가다

케네디는 아이젠하워의 조언에 별로 관심이 없었는지 모르지만, 최소한 관심 있는 듯 보여야 한다는 것은 알았다. 최소한 두 사람이 자문을 주고받는 모습을 비춰주기라도 해야 젊은 대통령이 필요한 충고를 얻고 있다며 국민들을 안심시킬 수 있었다.

덜레스가 하루 전 아이젠하워에게 보고했기 때문에 전 대통령은 무엇이 잘못되었는지 대략적으로 알고 있었다.

아이젠하워가 캠프 데이비드에 도착했을 때 케네디는 그를 만나려고 헬리콥터 착륙장으로 향했다. 두 사람은 곧바로 상황 검토를 시작했다. 케네디는 아이젠하워에게 다소 원망 섞인 마음을 억제하며 솔직하게 대했다. 나중에 아이젠하워는 말했다. "그는 매우 솔직했고 마음을 가라앉히고 있었지만 갈피를 잡지 못하고 있었다. 나는 그에게 꽤 상세하게 질문했는데 그 순간 그 자신의 내면이 보였다." 두 사람은 완전히 달라졌고 수개월 전 정권 이양 때의 공식적인 상황에 비해 더 생생하고 감정적인 만남이었다.

그들은 애스펀 캐빈에서 점심으로 프라이드치킨을 먹은 뒤 그림 같은 창에 앉아 2번홀 퍼팅그린을 바라보았다.

"단 몇 개월 만에 이런 가혹한 일이 발생할 줄은 아무도 올랐을 것입니다." 케네디가 시인했다.

"대통령님, 기억하실지 모르지만 3개월 전에 그런 언급을 했다고 생각합니다만."

"그 후 확실히 많은 것을 배웠습니다."

케네디는 그간 처했던 심리적 압박, 자신의 약속, 이어지는 정보 실패, 타이밍, 수송과 전략 이야기를 모두 털어놓았다. 장군은 듣고 난 뒤 못마땅한 듯 화를 냈다.

아이젠하워의 손자 데이비드 아이젠하워가 자신의 회고록《영광으로 가는 길: 드와이트 D. 아이젠하워의 추억, 1961-1969》을 통해 다음과 말했다. "두 사람 사이의 자존심은 국가안보위원회와 아이젠하워의 까다로운 참모시스템_{레진저는 후에 번디가 기쁜 마음으로 가차 없이 이를 '도살'했다고 말했다}을 바라보는 견해가 다르다는 점에서 살펴봐야 한다. 아이젠하워에게 케네디의 가장 신경 쓰이던 대선 약속은 루즈벨트의 즉흥적 조직 구성 방식을 복구하는 것이었다."

그래서 아이젠하워는 케네디에게 결정이 어떻게 내려졌고, 누가 중추적 역할을 했고, 담당자가 어떻게 역할했는지에 관해 압박했다. 아이젠하워는 군대생활에서 재주는 필요하지만 성공의 충분조건이 아님을 배웠다. 아이젠하워는 현명한 결정은 책임자들을 하나로 묶고 또 서로 논쟁시키는 것이 유일한 방법이라고 믿었다. "최근 사건에서 더 강조된 것처럼 모두를 하나로 묶어서 단번에 일을 수행할 수 있다고 믿지 않는다. 먼저 용감하고 강한 견해를 가진 사람이 있어서 그들끼리 토론하고 논쟁을 시켜야 한다"고 그는 나중에 말했다.

그래서 그는 이 사건에 대해 강조했다. "대통령님, 계획을 승인하기 전에 당신 앞에서 문제를 토론시키고 직접 찬반을 확인한 후 최종결정을 내렸나요? 아니면 한 번만 이들을 만났습니까?"

"한 번 회의를 했습니다." 케네디가 말했다. 그러나 그것이 전체 안보회의는 아니었다. "나는 CIA와 합참의장이 추천한 계획을 승인했을 뿐이고 충고를 받아들였을 뿐입니다."

하지만 당신은 합참의장이 사인한 계획을 바꾸지 않았는가? 직접 명령을 내렸던 아이젠하워는 장군들이 대통령에게 보고할 때는 다소 힘주어 신중한 계획을 강조하거나, 의무사항은 반드시 글로 작성한다는 것을 알고 있었다. 케네디는 공습의 규모를 축소했다고 시인했고, 아이젠하워는 이미 군대가 바다에 있는데 왜 그가 계획을 변경했는지 따졌다.

케네디는 전반적 작전에서 미국의 역할을 숨기려는 노력이었다고 설명했다. "쿠바 반란군이 아니라 실제로 미국이 그런 일을 한다고 알려지면 소련이 베를린에서 문제를 제기할 가능성이 있다고 생각했습니다."

그것은 잘못된 생각이라고 아이센하워는 맞받아쳤다. 크렘린의 지배자는 힘을 숭배하고 자기의 이해관계를 철저히 계산하는 사람이었다. "그들이 우리의 허점을 보면 강하게 나옵니다. 그렇지 않고 우리의 강인함을 보고 우리 힘의 효과를 보면 그들은 몹시 조심합니다." 피그 만 실패는 곧장 흐루시초프를 용감하게 만들고, 그렇지 않았다면 하지 않을 일을 하게 만들 수도 있다고 그는 예상했다.

이 점에 있어서 아이젠하워의 예측은 바로 입증되었다.

미국의 역할을 숨긴다는 말에 아이젠하워는 조소했다. "대통령님, 우리와 관련 없다는 말을 세상이 믿을 것으로 기대합니까? 중앙아메리카에서 쿠바로 가는 배를 어디서 얻고 무기는 어디서 얻을까요? 어디서 통신연락을 하며 필수품은 어디서 나오죠? 미국 개입 없는 세계가 가능하다고 생각하세요?"

취임 전 둘의 만남에서 그가 제시했던 대로, 또한 CIA가 케네디도 그렇게 생각할 것으로 짐작했던 '성공은 비밀보다 더욱 중요하다'는 말을 했다. "이럴 때 해야 할 일은 성공뿐입니다." 그렇지 않으면 아무것도 얻지 못한다고 아이젠하워가 말했다.

"네. 잘 알겠습니다. 이후 또 다시 이런 이야기를 나누면 그때는 성공할 것으로 확신합니다." 케네디가 대답했다.

아이젠하워는 서유럽에 공산당 기지 구축을 막을 수 있는 일이라면 지원하고 싶다고 말했다. 하지만 미국인들은 극단적 도발 상황을 직면한 경우가 아니라면 직접적인 침공은 지지하지 않을 것임을 경고했다. 유산으로 물려받은 잘못된 계획이 문제였다는 케네디의 이야기를 듣고 아이젠하워는 마음이 편치 않았다.

봄날 오후 두 사람은 125에이커 일대를 걸으며 대화를 나눴다. 이곳은 전기선 울타리로 둘러싸고, 무장 해병대가 보초를 서고, 적절한 위치에 카메라가 설치되어 있었다. 이 모든 것은 사적인 공간 보호를 위해 디자인되었다.

이들의 만남은 대통령들의 결속을 보여주는 중요한 사진으로 마무리됐다. 이는 겸손한 미국이라도 문제 해결을 위해서는 결속한다는 사실을 전 세계에 전달하는 신호였다. 〈뉴욕타임스〉 일면은 "아이젠하워가 쿠바 문제에 대해 케네디를 지원할 것을 국가에 촉구하다"라는 헤드라인과 기사 옆에 캠프를 산책하며 머리를 숙이고 등 뒤로 모자를 잡고 있는 아이젠하워의 사진을 실었다. "나는 이곳에서 최근 사건에 대해 아이젠하워 대통령의 지혜와 경험을 얻었다." 케네디가 말했고 아이젠하워는 진심으로 선언했다. "우리의 외교 관계를 책임져야 하는 사람을 후원하는 미국에 전적으로 찬성한다."

회의가 끝나자 아이젠하워는 어린 후임에게 주변을 구경시켜주고 싶었다. 그는 그곳의 길과 일하는 사람들을 잘 알고 있었다. 경 내에는 볼링장, 영화관, 수영장, 야외 사격장이 있었고, 루즈벨트가 지은 방 한 칸짜리 오두막과 두 칸짜리 오두막에 각각 해군용 괘종시계를 두었다. 그는 케네디를 '층층나무dogwood'라고 부르는 작은 별장으로 데려가서 "이곳을 보여주고 싶었다"고 말했다. 그 후 케네디는 헬리콥터 이륙장으로 그를 데려다 주고 다음에 함께 골프를 치자고 제안했다.

아이젠하워는 루즈벨트의 샹그리라를 손자의 이름을 따서 캠프 데이비드로 개명했고, 케네디도 이름을 바꿀 특권이 있었지만, 추측과 달리 백악관은 3일 후 대통령 별장의 이름을 그대로 캠프 데이비드로 사용할 것이라고 공식 발표했다.

신의 있는 반대

아이젠하워는 며칠 내 신의를 입증했다. 뉴욕 주 공화당 의원 빌 밀러가 아이젠하워의 공중작전을 케네디가 변경하여 쿠바 침공에 실패했다고 비난하자 아이젠하워는 공습에 대한 세부적인 사전 계획은 없었다고 부인했다.

캠프 데이비드 회동 일주일 후 공화당 의회 지도부는 아이젠하워의 미숙한 후임에 대한 따끔한 비난을 기대하며 게티즈버그까지 찾아갔지만 마녀사냥을 하지 말라는 준엄한 경고만 들었다.

"지난 일을 들추지 말고 잔해라도 거둬들여서 장차 무엇을 더 잘 할 수 있는지 보자." 그는 주장했다.

그렇지만 소리 없이 계속되는 일부 케네디 충성파들의 침공에 대한 아이젠하워 연루와 비난 주장에 대해 아이젠하워는 사적으로 불쾌했고, 케네디에게 이 점을 압박하고 싶은 마음이 커졌다. 케네디의 신비로움에 금이 갔고, 공화당은 충실한 야당으로서의 강력한 비난을 내지 않았다. 손자 데이비드 아이젠하워가 당시를 회고하길, "쿠바사태 직후 아이젠하워는 이전 내각과 공화당 당선들과 긴밀한 관계를 유지하며, 그림자 정부 같은 조직을 진지하게 구상했다." 그는 옛 친구들과 정책 고문들을 게티즈버그 점심에 초대했고, 여기에 전 상공부장관 싱클레어 윅스, 상원의원 트러스턴 몰튼, 전 예산국장 모리스 스텐스, 검찰총장 윌리엄 조저스, 유엔대사 제임스 워드워스, 국가안보위장관 고든 그레이, 농무장관 에즈라 태프트 벤슨이 포함됐다.

손님들은 케네디의 밀월 기간이 끝났다고 말하며 새 정부가 아이젠하워의 업적과 명성을 훼손시키려 하므로 공화당은 케네디의 언론 장악을 저지할 강력한 존재가 필요함을 주장했다. 피그 만 참사 이후 케네디는 "책임 분산 노력"으로 공화당 인사들과 접촉했다고 아이젠하워는 전했다. "나는 사태 이후 쿠바 문제 논의를 책임질 수 없습니다."

"사람들은 여전히 당신을 믿고 있습니다. 이제 본격적으로 맞서야 합니다. 케네디에 대한 반대가 미국에 불충하는 것은 아닙니다"라고 갓 설립된 초보수주의 존 버치 소사이어티 회원인 벤슨이 말했지만, 아이젠하워는 특정 인사들과 꾸준히 접촉하지 않는 성격이 강했고 당시 그는 클럽의 규약을 따르고 있었다.

"나는 퇴임한 사람으로서 침묵해야만 합니다."

결국 100일 만에 고든 그레이는 "실패"의 경고를 외쳤고, 그 그룹은 아이젠하워가 책임에 무관하다고 동의했다.

몇 주 후 아이젠하워는 워싱턴과 미국 전역의 친구들로부터 작전의 사후보고를 들었다. 그 작전을 자문했던 전 라틴아메리카 대사가 제시한 침공 개요를 일기장에 적고, 목표 지점에 공중 엄호가 필요했지만 백악관 명령으로 취소되어 침투군의 운명이 해안가에 버려졌다고 기록했다.

그는 공적으로 지지를 유지했지만 내심 대단히 무시했다. 만약 그가 염려한 대로 알려지면 엄청난 회오리가 몰아쳤을 것이다. "잘못된 시기에 실정, 우유부단, 소심함이 자못 심히 염려된다. 이것이 사실이라면 소심과 의심의 오판의 모습이 드러나게 될 것이다." 아이젠하워는 기록했다.

교훈을 배우다

이것은 CIA 감사관 라이먼 커크 패트릭이 침공에 대한 사후 조사에서 내린 결론과 크게 다르지 않았다. 당시 일급비밀 문서인 그의 보고는 비셀과 참모들이 무정부적이고 지리멸렬한 지휘체계를 구성하여 "순간 솔깃하여 감행한 침공"이었다고 비난했다. 그 작전은 "잘못된 기획, 어설픈 참모, 성공 가능성이 없는 정보로 대통령에게 자문하고" 파멸에 이른 것이었다.

국가안보위원회 고문 번디는 사임했지만 케네디는 승인을 거절했다. 번디는 장문의 사직서에서 케네디의 태도와 방법을 트루먼과 아이젠하워의 그것과 비교하며 결점을 열거하고 비판했다. "우리는 당신이 가만히 앉아 있게 할 수 없다. 5일간 고작 세 차례 이루어진 회의 소집은 어리석고, 6주 간의 회의 연기도 좋지 않다." 케네디는 보고서를 읽을 시간에 다른 일을 했기 때문에 요청했던 보고서의 절반을 검토하지 않았다.

번디는 케네디가 전임들로부터 중요한 것을 본받기를 마음속으로 바랐다.

"트루먼과 아이젠하워는 아침에 우선적으로 외교업무를 십여 건 처리했는데, 2주 전에 미리 이들을 검토하고 그것을 바탕으로 해서 회의하자고 요청했으며, 나는 3일 간 아침에 그들을 만나 약 8분 정도에 일을 마쳤는데, 당신은 이런 것을 좋아하지 않는 것으로 결론 내렸다."

피그 만 사건은 그의 국정운영 방법을 바꾸어 버렸다. 케네디는 전문가들의 판단은 신뢰할 수 있다는 믿음을 버렸고, 아이젠하워 체제 일부를 수정하거나 의도적으로 폐지했던 위원회를 다시 부활시켰다. 1956년 아이젠하워는 외교 정보 활동에 조 케네디를 최초 설립위원으로 한 대통령 자문국을 설립했다. 우선 케네디는 활발한 외교정책을 방해하는 관료 잡음과 더불어 조직 폐지를 계획했고, 피그 만 사건 후 새로이 대통령 외교정보 자문국PFIAB이라는 이름으로 재가동시켰으며, 회장으로 아이젠하워의 과학고문이던 MIT 총장 제임스 킬리앤 주니어를 임명하고 덜레스를 해임했다.

케네디는 혼란스러웠던 일 년을 끝내며 스스로에게 다짐했지만, 필요할 때 지지했던 사람들에게 감사할 수 있는 방법을 찾았다. 그는 아이젠하워의 옛 친구 존 맥콘을 CIA 신임국장에 임명하여 캘리포니아 팜디저트의 아이젠하워에게 상황 보고 차 보냈다. 크리스마스 며칠 후에 맥콘은 대통령 인장이 찍힌 골프공 한 박스와 케네디의 자필 편지를 들고 갔다.

이번에는 아이젠하워가 좋아하는 호칭으로 편지를 썼다.

"장군님, 제가 골프공을 크리스마스 선물로 받았지만 유감스럽게도 허리가 아파서 한동안 사용할 수 없습니다. 장군님만이 적임이라 생각되어 제 성의를 보냅니다."

아이젠하워는 케네디의 재난 수습 과정에 대한 비난을 포기하면서 전임은 현 대통령의 한마디보다 얼마나 힘이 없는지 깨닫게 되었다. 역사학자 스테판 앰브로스가 설명하듯이 그의 역할이 어떻게 기억될지 우려하여, 그 동안에 발생했던 사건들에 관한 회고에 반영될 공식기록 수정을 시작했다.

아이젠하워가 처음으로 CIA 훈련 임무를 승인한 쿠바 침공 회의는 1960년 3월에 진행되었다. 침공 2개월 후 아이젠하워는 내부 자리에 아직 있는 자기 사람들에게 회고와 관련하여 회의기록을 부탁했다. 그의 참모 고든 그레이는 회의 대화를 직접 기록했으며, 메릴랜드 폴트 리치에 아이젠하워 대통령 일급비밀 문서에 저장되어 있다고 대답했다. 아이젠하워는 아들 존에게 해당 기록을 찾아오게 한 다음 게티즈버그에서 검토를 위해 그레이와 함께 앉았다. 이것이야말로 아이젠하워가 카스트로에 대한 실제 작전 이전에 임시 정부를 완전히 퇴출시키려고 했다는 중요한 확인이었지만 "계획"이라는 단어가 나오자 아이젠하워는 동요했다.

"이것은 잘못된 것이다. 우리는 군사 계획은 하지 않았다." 그가 승인한 것은 쿠바 망명자 훈련이지 작전 배치의 세부 계획이 아니었다고 주장하며 그레이에게 말했다. "당신이 동의하면 사실을 반영하여 이 부분을 수정하고자 한다." 그레이는 동의한 지 십 년 뒤에 아이젠하워 도서관 부관장에게 기록 원본이 어떻게 바뀌고 수정됐는지 설명하는 편지를 썼다.

케네디에게 피그 만 사건은 부담이 낮았지만 취임 첫 해에 겪은 도전치고는 힘든 일이었다. 그는 라오스와 앙골라 및 대통령 암살 이후 콩고에 대한 소련의 영향력을 저지하기 위해 애썼다. 1961년 3월에 제네바 핵실험금지 협상이 불발했고, 4월에 소련은 유인우주선 발사경쟁에서 미국을 제쳤으며, 5월에 남한 정부가 전복되었다. 6월에는 소련 수상 흐루시초프가 비엔나 정상회담에서 케네디를 협박하며 맹공한 뒤, 여름에 3년 중단을 끝내고 핵실험을 재개했다. 이때 케네디는 국가안보위원회 회의를 개최하고 질문했다. "이런 문제가 유산으로 물려받은 것입니까? 아니면 우리 자신의 문제입니까?"

다른 회의에서는 이렇게 말했다. "자, 우리가 물려주게 될 다음 번 가여운 정부에 관해서도 생각해야 합니다."

한편, 참사를 포함한 연속된 난관에도 그의 인기는 손상되지 않는 것 같았다. 피그 만 사건 2주 후 4월 말 진행된 갤럽조사에서 케네디 지지율은 83%에 고정되어 있었다.

"세상에, 아이젠하워와 비슷하다. 일을 잘못할수록 인기가 더 좋아진다." 케네디가 말했다.

두려움과 위협

홍보관 피에르 샐링거는 케네디의 최대 두려움이 "그가 핵전쟁을 시작하는 대통령이 될지 모른다는 것"이었다고 말했다.

1961년 여름 빈에서 흐루시초프와 가진 첫 정상회담에서 그는 두려움에 면역이 되거나 아마겟돈 같은 최후 대격돌에 무관심한 지도자를 만난 느낌이었다. 케네디는 동생 바비에게 "그는 나를 마치 어린이 취급했다"고 불평했다. 그리고 아이젠하워가 경고했던 대로 피그 만 사건 이후 흐루시초프가 자신을 여리고 미숙한 사람으로 추측하는 것으로 판단했다. 〈뉴욕타임스〉 기자로부터 회담 진행에 대해 질문을 받고 케네디는 퉁명스럽게 답했다.

"내 일생 최악의 경험으로 야만인 취급을 당했다."

워싱턴으로 돌아온 케네디는 전문가들에게 물었다. 핵전쟁 시 얼마나 많은 미국인이 죽을 것인가? 이에 대한 대답은 7천만이었다. 이에 대한 군사보복적 아이젠하워 독트린은 장거리 미사일에 의존하고, 양극 지방에 잠수함을 배치하여 소련과 중국, 동유럽에 대한 무차별 공격에 의한 전면 도발에 대응하는 것이다. 군역사학자 프레드 카플란이 말했다. "단일통합 작전계획SIOP"에서 위기 시 대통령의 선택은 변경이나 오차를 허용하지 않는 "자살 아니면 항복"만 있다.

실제 SIOP 계획은 세계를 끝장내는 버튼 한 개 밖에 없지만 자동조정장치로 작동된다. 일단 대통령이 승인하여 군대가 명령을 받으면 돌이킬 수 없다. 처음 케네디가 합참의장 라이만 램니처 장군에게 핵 정책보고를 받았을 당시 리비스가 기록했다. "의자 팔걸이를 잡은 케네디의 양 손에 너무 힘이 들어간 나머지 마디가 하얗게 튀어나왔다. 그는 국무장관과 함께 회의실을 나오며 중얼거렸다. '우리는 분명 인간이지.'"

첫 여름에 케네디는 가까운 사람들에게 시무룩하고 위축된 모습이었고 밤늦게까지 전쟁에 관해 이야기했다. 어떻게 우리가 냉전 드라마를 피하고 정책을 이론이 아닌 사업처럼 만들 수 있을까? 맥라마나의 언급대로 미국은 사용 가능한 힘이 너무 작다. 특히 흐루시초프가 베를린을 동독으로 흡수하려고 으르렁거리는 위협적인 시기에 최소의 선택만으로는 안 된다. 제3세계에 공산국가가 근로자들의 낙원임을 선전하려는 시점에서 동독에서 서독으로의 난민 유출은 흐루시초프에게 대단히 굴욕적 광경이었고 막을 필요가 있었다.

하지만 케네디와 유럽 국가는 자유도시를 삼키게 둘 수 없었다. 그는 베를린을 서방의 용기와 의지를 시험하는 중요한 장소라고 말하며 "베를린 공격은 우리 모두에 대한 공격으로 간주한다"고 선언했다. 긴장이 고조되고 탱크가 자리를 잡았다.

1961년 8월 13일 새벽, 동독 군인이 베를린 장벽 축성을 시작하여 도시를 둘로 나누고 시대의 경계를 지었다. 이미 전체 인구의 20%인 3백만이 넘는 사람이 국경 넘어 서독으로 빠져나간 상황에서 서방의 꿈을 꾸는 동독인에게 장벽은 나쁜 소식이었지만, 냉전이라는 사악한 계산은 케네디에게 호재였다.

케네디는 흐루시초프에 대해 측근인 켄 오도넬에게 말했다. "좋은 해결은 아니지만 장벽이 전쟁보다 훨씬 더 낫다."

10월에 케네디는 핵잠수함 생산을 50% 늘렸고, 군 항공수송 능력을 75%까지 증가시켰다. 긴급 미닛맨 미사일Minuteman Missile, 대륙간 탄도탄을 두 배로 늘리고, M-14 소총을 9천에서 한 달 사이 4만 4천대로 생산으로 늘렸다. 소련의 핵실험 재개 후 이에 실망한 케네디도 같은 방법 외에 다른 선택이 없다고 생각했다. 그가 대통령 클럽에 의견을 물었을 때 특히 트루먼은 판단이 얼마나 어려운지 잘 이해하며 공감했다. 아이젠하워에 대해 말하자면 이렇게 말했다. "당신이 오래전에 이미 했어야 된다고 생각한다."

또 다시 쿠바

흐루시초프는 자신의 전략적 단점을 잘 알고 있었다: 미국은 훨씬 더 많은 핵무기와 그것을 실어나를 훨씬 더 능률적인 핵탄두를 가지고 있었다. 중공은 비연대 국가들의 이념에서 차츰 유리한 입지를 얻고 있었다. 흐루시초프의 국내 입지는 경기침체로 더욱 흔들렸다. 이런 상황은 1962년 여름 쿠바에 중거리 미사일을 설치한다는 도박의 이면적 동기가 되었다. 그는 추종 국가들에게 말했다.

"미국을 따르는 모든 꼭두각시들이 전쟁을 시작할 수 있으나 전쟁에서 이길 수는 없다……. 그러므로 이 미사일의 단 한 가지 이유는 그들에게 공포를 주어 제압하고 우리의 힘으로 그들을 보복을 하는 것이다."

미사일 설치는 비밀이었지만 소련 내 군사 활동이 전례 없이 뚜렷하게 증가했다. 미국은 1962년 중간선거를 앞두고 있어서 공화당이 공공연하게 '쿠바' 하면 케네디를 떠올리게 만드는 은유적인 절호의 기회였다. 케넷 키팅 같은 보수계 상원의원은 쿠바에 공격 무기 구축을 주장하는 케네디를 상대로 "하는 일 없는 대통령"이라고 공격했다. 이 시점에 대통령 클럽의 예전 라이벌이 재부상했다. "우리가 쿠바에서 어려움을 겪는 이유는 아이젠하워가 먼로 독트린을 실행할 용기가 없었던 탓이다"라고 말하는 해리 트루먼 외에 누구도 비판에 반박하지 않았다. 한편 케네디는 "이런 핵시대에 미국인은 지혜와 용기를 낼 것"을 희망한다고 말했다.

마찬가지로 케네디는 자신에게 이 말을 하고 있었을 것이다.

1960년 닉슨 패배 이후, 아이젠하워는 불안을 느끼고 뒤처지고 간접적으로 거부당하고 있던 상황에서 1962년 의회선거는 그에게 해명할 기회는 주었다. 바비 케네디는 이렇게 언급했다. "아이젠하워는 정치 생명을 잃었다. 추종도 사라져서 중심 복귀를 몹시 희망했다. 대통령 재임 때보다 1962년 정치와 선거유세에 훨씬 더 많은 관심을 기울였다."

이 언급은 9월 말경 케네디가 아이젠하워의 텃밭인 펜실베니아 해리스버그 지역에서 선거유세를 벌인 뒤 특히 더 기정사실이 되었다. 그는 미국에게 "우리가 이미 만들고 있는 진보를 구축할 것인지, 표류하여 교착상태로 회귀할지 선택하라"고 제안했다. 그는 취임 당시 상황을 청중에게 상기시켰다. "나라의 엔진이 공회전하고 있다……. 거의 550만에 달하는 실업자는 2차 대전 이래 가장 큰 수치다……. 전 세계의 모습이 암울하다."

유세 내용을 듣고 아이젠하워는 납빛이 되었다. 〈뉴스위크〉는 그를 "격노한 사람"으로 묘사했다. 대통령 클럽은 외교문제에 있어서 전직이 현직을 공격하는 것을 금지한다는 규정이 있지만 참는 데도 한계가 있었다. 그는 양쪽을 잘 아는 친구를 통해 케네디에게 경고했다. "해리스버그 같은 공격이 더 있으면 외교에 있어 당을 초월한 나의 지지 입장은 영원히 끝날 것이다."

10월 15일 그는 6천 명의 흥분한 보스턴 공화당 의원들 앞에 서서 취임 21개월 간 이어진 암담한 케네디 외교정책을 맹비난했다.

"너무 비참해서 말하기조차 힘들다." 아이젠하워는 주장하며 날카롭게 반격했다. 그의 대통령 임기 동안 "우리는 독재주의자들에게 한 치의 땅도 남김없이 잃었다. 책임 회피조차 본 적이 없었다……. 쌓인 벽도 없고 구축된 외교 기준의 위협도 없다."

이 공방은 〈뉴욕타임스〉 사설에 두 대통령의 난타를 고쳐시켰다. 아이젠하워의 공격은 "적어도 최근 케네디 대통령의 아이젠하워 재임 시 외교 기록에 관한 불쾌한 언급에서 야기되었음이 틀림없지만, 전반적으로 애매모호하게 묘사되는 외교 정책의 파벌적 논쟁은 국민에게 전혀 도움되지 않는다." 신문은 이렇게 결론 내렸다.

하지만 그때 케네디는 다른 걱정이 있었다. 아이젠하워의 발언 다음날인 10월 16일 아침 8시 45분경에 번디가 U2 정찰사진 몇 장을 들고 케네디의 침실 문을 두드렸다.

"대통령님, 러시아가 쿠바에 이미 공격미사일을 설치했다는 확실한 사진증거가 있습니다."

케네디는 바비에게 전화했다.

"엄청난 문제가 발생했어. 이곳으로 빨리 와줘."

그날 아침 모인 그룹은 공산당 퇴출을 뜻하는 엑스콤ExComm으로 그 즈음 케네디의 의사결정 핵심기구가 되었다.

쿠바의 미사일 위기는 대통령직을 걸고 해결할 최종적인 시험이었다. 케네디와 정책 자문들은 거의 해결 불능의 수수께끼에 직면했다. 미사일 제거를 위해 전부 다 없앨 수 없음을 알면서도 공습을 감행할 것인가? 아니면 먼저 전면공격을 시작한 후에 공습을 확대할 것인가? 외교부터 시작하면서 중요 요소를 놓칠 것인가? 실패할 경우 확전 가능성을 두고 해군기지 차단이나 격리를 할 것인가? 강경파들은 전면공격을 주장했고 외교관들은 외교를 주장하고 있었다.

합의 도달까지 기밀 유지는 필수였다. 그 주 내내 케네디는 선거 유세 일정을 유지했고, 어느 날 밤 각료 9명이 국무부 회동 후 차 한 대에 끼어 타고 기자들을 따돌렸다. 바비 케네디는 부차관 알렉시스 존슨의 차를 타고 백악관으로 갔다. 백악관 회의는 낮밤으로 계속하면서 지하 방공호에 잠자리까지 마련했다.

전 세계에 쿠바 해군기지 차단 결정을 설명하는 동시에 케네디는 클럽의 공적, 사적 역할도 필요했다. 저녁시간 대국민연설을 준비하던 10월 22일 월요일 아침에 전임자들의 전폭적인 협력을 기대하며 후버, 트루먼, 아이젠하워에게 전화했다. "임박한 핵전쟁 가능성에 케네디를 짓누른 압박은 상상 이상이었다. 전 대통령들만이 자신의 부담을 공유할 수 있다는 것이 전화를 건 이유였다"고 역사학자 로버트 달렉이 밝혔다.

특히 아이젠하워가 도움이 되었다. 그는 옛 친구이자 CIA 국장 존 맥콘의 상황보고를 받고 주말에 워싱턴까지 날아갔다. "그는 처음에 민주당 후보를 돕기 위해 케네디가 고의로 이런 타이밍을 맞추어 위기를 조장한 것이 아닌지 의심했다." 그런 생각을 오랫동안 일부 공화당에서 품어왔다고 데이비드 아이젠하워가 회상했다. 하지만 맥콘은 케네디와 아이젠하워의 중간을 연결하며 아이젠하워의 생각을 바로 잡아주었다.

"맥콘은 아이젠하워를 안심시켰다. 상황을 설명하여 그의 생각을 전환시킬 수 있는 사람은 그뿐이었다"라고 바비 케네디가 1964년 말했다.

맥콘은 아이젠하워가 '늘 도끼 든 사람들이 내려친다'는 소리만 귀 기울인다는 것을 잘 알고 있었다. "자기에게 말하는 사람들이 독을 만들어 퍼뜨리는 것으로 의심했다." 그래서 맥콘은 늘 바로 잡아주려고 노력했을 것이고, 케네디에게도 올바른 것을 원하는 아이젠하워를 이해시켰다. "맥콘은 아이젠하워와 그렇게 협력하거나 최소만 공유했다"라고 바비가 말했다.

일요일 아침 아이젠하워는 TV에서 클럽 일원으로서 완벽하고 든든한 방탄조끼 역할을 했다. 그는 지난주 자신의 연설과 쿠바가 유세의 최대 관심사라는 공화당 의장 발언을 모두 부정했다. 〈뉴욕타임스〉에 이와 관련된 헤드라인이 실렸다. "아이젠하워는 선거에서 해외 위기 이슈를 금한다." 또한 "그는 파벌공격 이슈로 현 외교정책을 거론하는 것은 적절치 못한 토픽이라고 주장한다"고 덧붙였다.

공화당원들이 전통과 오랜 관습을 두고 논쟁을 벌이는 동안, 아이젠하워는 주말 내내 케네디의 국제위기관리를 공격하는 사람들이 국가를 약화시키고 분열시킨다고 비판했다. 아이젠하워는 선언했다. "내가 관여하는 한 대통령이 공표하는 심각하고 절박한 위기 상황은 신성불가침이다."

다음날 아침 케네디가 전화하자 아이젠하워는 경의를 표하며 약속했다. "당신이 무슨 일을 하든 나는 지원을 위해 최선의 노력을 다할 것입니다." 일방적인 미국의 작전에 대해 유엔과 중미의 격렬한 항의 가능성도 환기시켰다. "당신이 할 수 있는 유일한 정책을 실행한다고 생각한다"고 아이젠하워가 말했다.

"대단히 어렵습니다. 시간이 가기 전에 침공에 착수해야 될지 모릅니다." 케네디가 대답했다.

군사적 관점에서 단행이 명확했다. "하지만 세계 여론을 주시해야 합니다……." 아이젠하워가 말했다.

"베를린 문제는……." 케네디가 끼어들었다. 쿠바 공격이 베를린에 대한 러시아의 보복을 야기할 수 있음을 우려했지만 여기서 아이젠하워는 한 발 물러섰다. 이전에도 들은 것이 있었다.

"대통령님, 개인적으로 그런 생각은 동의하지 않습니다. 골칫덩어리 소련은 그들이 원하거나 유리하다면 무엇이든 다 할 것입니다. 그들이 한 상황을 다른 것과 관련시킬 것으로 믿지 않습니다." 모든 것이 잘못될 수 있지만 두 발화점 연결은 생각하지 않는다고 그가 덧붙였다.

그래서 케네디는 따르기로 했다. 그때까지 전화는 공식적이고 의무적으로 들렸지만 아이젠하워의 자신감에 케네디는 다소 안심했다. 전체 계산이 여기에 이르렀기 때문에 그는 돌이킬 수 없을 움직임을 진행하려는 것이고, 이 움직임을 알고 있는 유일한 사람이 지구 다른 곳에 있었다.

"만약 흐루시초프가…… 만약 미국이 쿠바를 공격하면, 핵전쟁을 발표할까요? 우리가 쿠바를 침공하면 그들의 핵 발사 가능성에 대해 장군님의 판단은 무엇입니까?"

"그들이 실행할 것으로 믿지 않습니다." 아이젠하워는 대답했다.

"그들이 발사하지 않을 것으로 생각하십니까? 다시 말해서 당신은 가능성이 높더라도 그 위험을 감수하겠다는 뜻입니까?" 케네디가 다그쳤다.

아이젠하워는 대답했다. 취할 수 있는 방법이 무엇이 있겠는가? 그들은 우리 뒷마당에 핵미사일을 심었다. 그것이 없어지기 전에는 안전을 느끼지 못할 것이다. "그들은 어떤 것에도 쏠 수 있다." 그는 시인했다. "하지만 쏠 것으로 생각지 않는다."

둘은 불안한 쓴웃음을 지었고, 그는 경계 유지를 충고했다.

"네. 긴장태세를 갖추겠습니다." 케네디는 말했다.

그날 밤 수많은 사람들이 케네디 대통령의 TV 연설을 시청했다. 긴장으로 우울해 보이는 그는 소련이 공격 의도가 있다고 비난하면서, 이에 단호히 대처하고 쿠바의 선박 입항을 금지한다고을 발표했다. "국가 안보의 위기 상황에서 실제 무기 발사만이 충분한 대응이 되는 그런 세계에서 더 이상 살 수 없다. 이런 갑작스럽고 은밀한 소련 영토 밖 전략 무기 설치는 고의적 도발로 보이며, 적이든 친구든 우리의 용기와 사명감을 신뢰해준다 하더라도 이 나라가 수용할 수 없는 현상 유지의 부당한 변화다."

템파 지역에는 소총 판매가 성행했고, LA 식품점에는 마지막 남은 돼지고기와 콩 통조림을 두고 육탄전까지 벌어졌다. 상원의원 마이크 멘스필드는 케네디 부인에게 전화해서 공항에서 만나자고 말했다. 그들은 몬타나로 비행 중이었다. "당신의 조치는 절망적이고 인류생존에 대한 위협이다"라고 철학자 버트랜드 러셀이 케네디에게 전문을 보냈다. 미 국무부 부차관 조지 볼은 발표가 있던 날 밤 사무실 소파에서 잠이 들었다. 다음날 아침 국무장관이 깨우자 이렇게 인사했다. "우리는 대승했습니다. 당신과 내가 여전히 살아있어요." 한편 케네디와 보좌관들은 해군 격리 관리를 어떻게 처리할지 의회와 대중에게 지지를 얻는 동안 시간을 벌기 위해 의논했다. 아이젠하워에게 전화하여 의원들에게 말할 때 그의 이름을 거론해도 되는지 승인을 받고, 군인으로서 이 사태에 대한 그의 견해는 무엇인지 얻자고 CIA국장 맥콘이 제안했다. 수요일 아침 갤럽조사에서 미국인 대부분은 쿠바 침공이 3차 전쟁을 유발할 것으로 믿는다고 발표했다. 바비 케네디는 회의하는 형의 모습을 묘사했다. "그의 눈은 긴장되어 거의 회색이었고, 우리는 테이블에서 서로 마주볼 뿐이었다. 세상이 홀로코스트 대참사 벼랑 끝에 있다. 우리는 무엇을 잘못했던가? 나는 절벽 끝에 서서 빠져나갈 길이 없는 기분이었다."

케네디와 전체내각은 민주당 의원들을 위한 추가적인 선거운동을 중단했다. 아이젠하워가 공화당 지원을 계속한다는 민주당의 불만이 있었지만, 다음날 그는 위기 속에서 미국인 모두 케네디를 지지하라고 촉구했다. "쿠바와 소비에트 러시아가 우려되는 한 향후 몇 주 우리가 당파심을 내세울 수 없다."

그 주말에 케네디는 특별히 한 번 더 모든 이들에 전화하여 이 위기가 지나가고 있음을 알렸다. 흐루시초프는 미국이 쿠바를 침공하지 않고 또한 미국도 터키로부터 미사일을 철수한다는 협의가 이루어지면 쿠바로부터 미사일과 핵전문가를 철수시킨다는 조건이었다. "상황이 어떻게 전개될지 기다려 봐야 합니다." 케네디는 소련의 말을 신용할 수 없다고 표현한 아이젠하워에게 이야기했다. 트루먼으로부터 진심어린 축하의 말을 절반 정도 기대하며 전화했더니 그의 입에서 나온 첫마디는 "죽음에서 빠져 나오게 되어 기쁠 뿐입니다"였다.

쿠바의 첫 번째 도전이 대참사로 끝났는데 어째서 이번 사건이 해피엔딩으로 끝났는가?

확실히 이것은 미국 무기 증강과 관련이 있었다. 흐루시초프는 어떤 방법으로든 미국이 일단 미사일 방어 구축을 결정하면 자신들이 열세일 것을 알았다. 그렇지만 군사 부분은 거대한 정치난관의 일부일 뿐이어서 케네디는 아이젠하워로부터 배운 교훈과 그만이 생각하는 다른 방법 두 가지를 활용했다고 사학자들이 주장한다.

한편 미 대통령 역사학자 마이클 베슈로스는 이렇게 본다: 아이젠하워의 경우, 보다 강한 계급방식 때문에 위기를 평화로 전환하는 데 필요한 유동성이 없을지 모른다. "아이젠하워가 자신의 위엄을 내세우는 방식으로 이런 회의를 주재했다면 거의 효과적이지 못했을 것이다. 따라서 위기관리에 대한 케네디 능력이 전 세계를 살렸을 것이다."

케네디는 두 차례의 쿠바 위기를 전혀 다른 방법으로 처리했다. 우선 아이젠하워의 충고를 참고하여 수행한 다음, 두 번째는 스스로 방향을 잡았다. 10월에는 신뢰할 수 있는 멕스웰 테일러를 합참의장에 임명했다. 케네디는 엑스콤 회의에 매번 참석하지는 않았다. 대통령이 없을 때 사람들은 좀 더 자유롭게 말하기 때문이라고 슐레진저는 설명했다. "미사일 보유에서 적국의 미사일 폭격까지 모든 대안이 검토되었고, 사람들은 문제를 능률적으로 접근하며 여러 각도로 검토했다."

2주일이 지난 뒤 웨스팅하우스 전자회사 사장 윌리엄 녹스가 모스크바를 여행했을 때, 흐루시초프가 자신의 이야기를 듣고 싶어 할 한 사람을 생각하며 그를 불렀다. 그는 케네디가 임박한 선거 때문에 그렇게 행동했음을 믿고 싶지 않을 것이라고 말했다. 하지만 케네디가 아이젠하워와 함께 문제를 다루면서 전 대통령은 좀 더 원숙한 방법으로 처리했을 것을 확신했다고 말했다. 흐루시초프는 미국-소련 관련 문제 일부가 자기 장남이 케네디보다 더 나이가 많다는 사실에서 발생했다고 말했다.

이 사건이 끝난 후 리브스가 이에 대해 기록했다. 흐루시초프가 배의 방향을 되돌려 철수하고 미사일이 제거되자 케네디는 티파니 상점에 전화하여 운명의 10월 13일을 깊이 새기고 그의 이름 이니셜과 여러 엑스콤 멤버를 한쪽에 표시하는 아크릴로 만든 달력 30개를 주문했다. 티파니 사장 월터 호빙은 순은이 더 좋다고 제안하여 비용을 올렸다.

역사의 무게

케네디는 좋아하는 시가 많았다. 다음은 미사일이 배치에 대한 보고를 받았던 날 그가 읊은 시다.

> 투우 분석가들이 줄줄이 들어서고
> 군중은 거대한 토로스 광장을 메운다
> 하지만 누가 이길지 아는 단 한 사람은
> 황소와 싸우는 투우사다

그때 그는 백악관의 다른 누구보다 구별되는 대통령만의 역할을 인지했다. 〈타임〉은 이렇게 전했다. "충고자, 연설자, 입법자, 그리고 마지막 결정을 내리는 사람 사이에는 차이가 있다. 충고자는 자주 의견이 나뉜다. 당신이 방향을 잘못 택하고 내가 그 경우에 들어가도 바로 대통령이 모든 책임을 진다. 충고자는 충고를 계속하며 또 새로운 충고를 낸다."

1962년 초 저명한 역사가인 아더 슐레진저의 아버지는 학자들에게 대통령 수행 능력을 평가했다. 케네디에게 표를 던진 사람에게, 또한 직책을 맡고 있는 사람과 본인에게도 질문을 던지고, 리더십 연구가로서 퓰리처상 수상작가로서 분석했다.

케네디는 항목을 채우다 갑자기 중단했다. 대통령직의 의미를 자리에 앉아 본 경험이 없는 사람들이 충분히 이해할 수 있는지 강한 의구심이 들었기 때문일 것이라고, 아들 슈레진저가 결론 내렸다.

그리고 케네디는 슐레진저의 아버지에게 편지를 썼다. "일 년 전이라면 나는 자신감을 갖고 응답했겠지만, 지금은 나도 확신이 없습니다. 대통령이 된 지 일 년이 된 지금, 보다 좋은 판단을 내리기 위해 충분한 정보가 필요하다고 느낍니다." 분명한 판단을 내릴 수 있는 위대한 워싱턴, 링컨, 루즈벨트와 달리 "나 같은 잘 알려지지 못한 사람은 이 자리를 떠난 뒤 좀 더 사람들의 연구 대상이 되고 싶다."

그는 아들에게는 더 간단히 언급했다. "지옥을 어떻게 설명할 수 있겠는가?" 케네디는 아더 주니어에게 물었다. 링컨이 어떻게 재건을 관리했는지 우리는 알 길이 없고, 때때로 유권자는 언제 대통령들이 한 일에 좋은 평가를 해야 하는지, 어떻게 개인 노력의 차이가 있는지 잘 알지 못한다. "오직 대통령 스스로 실제적 압력과 실제적 대안을 알 수 있습니다. 그것을 모르면 어떻게 수행평가를 하겠습니까?"

그럼에도 이 당파심이 강한 용사는 설문에서 아이젠하워가 "평균"의 아랫부분에 랭크된 반면 트루먼이 "훌륭한 편임"에 랭크된 결과를 보고 기뻐했다. 케네디는 슐레진저에게 이 결과 때문에 아이젠하워가 중간선거 때 공화당을 돕기 위해 무조건 사죄하는 임무에 빠져들게 되었다고 농담하며 언급했다. "아이젠하워는 지난 시절 내내 인기를 누리며 사람들의 갈채를 만끽했습니다. 하지만 여론조사 결과를 보고 역사의 냉정한 눈길 앞에 자신이 트루먼 저 먼 아래에, 심지어 후보보다 더 밑에 서있음을 깨닫고, 이제 자신의 명예를 회복하려고 미칠 지경입니다."

이것은 어느 정도 사실이었다. 아이젠하워는 이 여론조사를 당파 무대로 취급하며 무시할 수도 있었지만, 그 결과를 자신의 가슴에 새겼다. 아이젠하워의 아들 존이 말했다. "이 원로께서 그것에 상처를 받았다."

이 사례는 자리에 앉아본 경험이 있는 회원들에게 각성제가 되었고, 홍보관 샐린거는 특별히 세 명의 전 대통령을 한데 모으는 기회가 될 것으로 기대했다. 그들 모두 처칠의 미국시민권 수여 행사 초청을 거절했다. 트루먼과 후버는 평화프로그램을 위한 미국식품의 명예 공동자문 역할에 초대받았다. 둘은 의논하여 사절하기로 합의했다. 트루먼이 자신의 거절 편지 복사본을 후버에게 보냈고 후버는 감사의 말을 했다. "명백히 우리는 이 행사를 피했습니다."

케네디는 1963년 여름에 이루어진 핵실험 금지조약 서명을 지지하고, 전임들의 반공산주의 정신 공유로 가장 수월하게 진행된 쿠바 문제 해결을 지원하기 위해 대통령의 무역 권한을 확대하고자 세 대통령과 집회를 가졌다. 특히 아이젠하워에 대하여 케네디는 그가 자문해 주는 기분을 확실히 느끼도록 맥콘을 게티즈버그에 보내 정기적으로 보고하게 했다.

트루먼을 위해 케네디는 그가 쌓은 명예를 축하하는 기회를 한 번도 놓치지 않았다. 두 사람은 모두 5월 생이었는데, 1963년 5월 케네디는 트루먼에게 자신이 올바르게 나이 들어가는 모델이라고 편지했다. "저의 46세와 당신의 79세가 평안하고 수월하길 희망합니다."

케네디는 결코 그런 기회를 얻을 수 없었다.

7

"들어와서 한 잔 하시겠습니까?"

- 해리 트루먼 -

1963년 11월 케네디 암살이 일어나기 전까지 1901년 맥킨리 이후 살해된 미국 대통령은 없었다. 이 젊은 대통령의 갑작스런 죽음은 국가적 심장마비 같았다. 특히 전 대통령들한테는 자신들이 담당했던 위험한 수행의 정도를 뼈저리게 되새기는 순간이었다. 클럽은 회원이나 친구, 혹은 영부인의 죽음에 익숙하지 않았다. 하지만 현대에 들어 케네디만이 재임 중 목숨을 잃었기 때문에 남은 회원들은 서로 위로하고 국가에 봉사하기 위해 즉시 공무에 복귀했다. 그리고 린든 존슨은 느닷없이 클럽의 회원이 되었다.

살아 있는 세 전임 대통령 모두 암살 위협에 직면한 적이 있었는데, 1950년 11월 트루먼에도 미수 사건을 겪은 적이 있었다. 딸 마거릿 트루먼이 케네디의 죽음에 대해 이야기했다. "아버지는 몹시 충격을 받았다. 생애 처음으로 그는 차마 기자들을 마주볼 수 없었다." 허버트 후버도 너무나 충격을 받아서 아들 앨런은 월도프에서 아버지와 같이 그날 밤을 보내기로 했다. 린든 존슨이 연락을 원하여 다음날 아침 후버는 새 대통령에게 편지를 썼다. "나는 어떤 작은 일이라 하더라도 필요하다면 정부에 봉사할 생각입니다."

닉슨은 펩시 이사회 참석차 댈러스에서 뉴욕까지 갔다가 돌아왔고 공항에서 오는 택시 안에서 뉴스를 들었다. 오후에 그는 FBI 국장 J. 에드가 후버와 대화를 나눴고, 그로부터 닉슨이 최초 목표물이었음을 들었을 것이다. 닉슨이 자신의 회고록에 리 하비 오스왈드의 부인이 자신에게 한 말에 대해 적었다. "오스왈드는 내가 댈러스를 방문했을 때 나를 죽일 계획이었고, 부인은 그를 말려 집에 붙잡아 두기가 대단히 어려웠다고 말했다."

아이젠하워는 뉴욕의 경찰에게 그 소식을 듣고 비밀 무기 소지 허가를 받아야겠다고 생각했다. 콜럼비아대학 총장 당시 그는 주머니에 데린저식 권총을 주머니에 넣고 센트럴파크를 산책하기도 했다. 윌리엄 맨체스터의《대통령의 죽음》에 보면, 아이티의 젊은 장교였던 아이젠하워가 그 나라 궁궐을 산책하다 여러 국가원수의 흉상을 보게 되었고, 기록을 통해 그들 셋 중 둘이 모두 임기 중 죽었다는 사실을 알게 되었다. 이것은 바로 후진 국가들이 어떻게 운영되었는지 생각할 수 있지만 미국은 그와 같지 않았다. "지금 그는 자신의 생각에 확신할 수가 없고 가슴이 쓰리도록 슬펐다."

장례식은 전 세계를 워싱턴에 집중하게 했다. 관을 보려는 행렬이 국회의사당으로부터 8열로 32개 구역까지 늘어섰다. 11월 25일 차갑게 맑은 아침 거리를 백만이 메웠다. 도시가 마비되어 트루먼과 딸 마거릿은 백악관 건너 영빈관에 머물렀고, 아이젠하워는 스테틀러 호텔에 매이미 여사와 같이 있었다. 그는 트루먼 가족이 리무진 없이 꼼짝 못하고 있다는 소리를 들었다.

곧 영빈관에 전화가 울렸고 아이젠하워의 목소리가 울려퍼졌다. 기자 에드워드 폴러드의 회고에 따르면 그 말은 다음과 같았다. "대체 책임자가 누군가? 의전을 모르는 얼간이 아니면 천재겠군. 세상에, 내가 차가 있으니 그를 태울 수 있다."

북소리는 천둥같이 들렸다. 아이젠하워와 트루먼은 장례 인파로 인해 세인트매튜 성당에 갈 수 없었는데, 실제는 아니더라도 마음으로 대통령 모두가 그 자리에 참석했다. 케네디의 관을 끄는 마차는 18년 전 루즈벨트 대통령 장례식 때 사용했던 것이었다. 일등병의 팔에 끌리며 놀란 기수 없는 흑마가 관을 따라

갔고, 그 뒤로 케네디 가족과 존슨 대통령이 걸었다. 뒤따르는 무리에는 드골 프랑스 대통령, 프레드리카 그리스 여왕, 바우드윈 벨기에 국왕, 하일레셀라시에 에디오피아 황제을 비롯한 213명의 세계 지도자들, 대법원판사들, 내각장관들, 친구들, 조문객들이 있었다.

추도미사에서 아이젠하워와 트루먼은 케네디 가 사람들과 존슨과 닉슨의 가족들, 빌리 그레이엄 목사, 헨리 포드 2세와 함께 자리했다. 마틴 루터 킹 목사는 늦게 도착했다가 홀로 떠났다. 죽기 전날 밤 케네디는 연설에서 한 성경 구절을 인용했다. "너희의 젊은이들은 환상을 보고 너희의 늙은이들은 꿈을 꾸리라." 추기경도 눈물을 흘렸고, 군인들은 경의를 표했고, 군악대는 원수를 칭송하며 너무나 슬프게 연주했다.

바비 케네디가 재키 여사를 리무진에 태웠을 때 아이젠하워와 트루먼이 다가와 차창에서 재키에게 위로를 건넸다. 그런 다음 그들은 함께 차를 타고 안장을 위해 알링턴 국립묘지로 향했다. 암살로 세상을 또 한 명의 대통령인 링컨기념관을 지나 포토맥 강 너머 묘지에 도착했다. 그들은 암살에 대해 오스왈드가 단독범인지, 집단의 음모인지 논의했고 지난 날들을 말했다.

매이미 여사는 다리가 불편했고, 알링톤 국립묘지는 모두에게 개방되어 있었다. 그래서 두 대통령은 아이젠하워가 얘기한 것처럼 "비현실적으로" 대화를 끝냈다. 장례식이 끝났을 때는 황혼이 가까웠고 시내로 돌아오는 길에 트루먼은 아이젠하워와 매이미 여사에게 이후 일정을 물었다. 그들은 차로 곧장 게티즈버그로 돌아갈 것이라고 했다. 참으로 길고 힘든 하루였고 아무도 점심을 먹은 사람이 없었다. 마거릿은 떠나기 전에 영빈관에 들러 요기를 하면 어떻겠냐고 제안했다. 리무진에서 내린 트루먼이 아이젠하워를 향해 몸을 돌리며 말했다. "잠깐 들어와서 한 잔 하시겠습니까?" 아이젠하워는 매이미 여사를 쳐다보았고, 그녀 역시 동의하는 듯했다.

아이젠하워가 재임하던 8년간 트루먼은 백악관에 발을 들여놓은 적이 없었다. 10여 년 간 그들의 관계는 적대적인 것에서 조심스럽고 형식적인 것으로 변했다. 그러나 격식은 무자비하고 무모한 죽음 앞에서는 맥을 추지 못했다. 그래서 늦은 오후 두 사람은 매이미 여사, 마거릿을 비롯한 측근 몇 사람과 함께 영빈관 거실에 앉아 샌드위치와 커피를 마셨다.

트루먼의 전 해군보자관 로버트 L. 데니슨 제독이 당시를 회고했다. "우리 몇 명만 그 자리에 있었는데 어떻게 그런 마법이 통했는지 모르겠다. 필시 트루먼 대통령이 안으로 들어오라고 권유한 때문이었거나 아니면 애초에 아이젠하워가 사려 깊게 그와 동행한 때문일지도 모른다. 어쨌든 그들은 카우치에 나란히 앉아 지난날을 회상하며 이야기를 나누었다."

물론 자신들의 죽음에 관해서도 이야기했을 것이다. 장례식 광경은 마음을 숙연하게 했다. "나는 아마 애빌린Abilene에 묻힐 거라고 생각합니다. 장례식이 워싱턴에서 치러질지는 모르지만 사실 별로 상관은 없습니다." 아이젠하워가 말했다. 트루먼은 벌써 인디펜던스에 있는 그의 도서관 뒤뜰에 묻힐 계획을 세운 뒤였다.

그들의 대화 중에 경호원이 들어와서 한 군장교가 메시지를 들고 왔다고 전했다. 데니슨 제독이 나가자 문에서 주저하는 대령의 모습을 보았다.

"무슨 일인가?" 데니슨이 물었다.

"저, 케네디 여서가 보내셨습니다. 부인은 두 분을 백악관에 모시는 것을 잊어서 몹시 난처하고 당황해 하고 계십니다." 많은 외국 고위인사들은 장례식 후 백악관 만찬에 참석한 참이었다.

먼저 아이젠하워가 입을 열었다.

"케네디 여사께 충분히 이해한다고 전하세요. 우리를 생각해 주셔서 정말 고맙지만 게티즈버그로 돌아가야 해서 오히려 미안한 마음입니다. 사과의 말을 전해주세요." 트루먼이 이어서 말했다. 그 역시 감사하며 전혀 언짢음이 없다고 했다. "우리를 생각하지 못한 점을 충분히 이해합니다. 그 분도 마음이 복잡하고 나 역시 피곤하여 휴식이 필요하니 못 가더라도 이해해 주실 것으로 생각합니다."

안심한 대령이 떠나고 두 대통령은 하던 대화를 계속하며 황혼 무렵까지 더 마셨다. 마거릿은 밖에 모인 기자들이 이야기를 궁금해 하고 두 사람에게 말을 걸고 싶어 하는 것을 돌려보냈다. 어느 대통령도 내키지 않아 했다.

데니슨 제독이 말했다. "모든 것이 해결된 것은 아니겠지만, 그들이 옛 앙금을 완전히 묻어버린 채 함께 있는 모습에 마음이 훈훈했다. 그들도 마찬가지였을 것이다. 그들은 마치 아이젠하워가 유럽에서 돌아온 당시로 되돌아 간 것 같았다."

아이젠하워가 출발할 시간이 되어 경호원이 엄중하게 지키는 길로 나섰을 때, 트루먼은 아이젠하워가 차에 오르기를 기다리는 동안에도 멈추지 않고 이야기를 계속했다. 마거릿이 아이젠하워에게 입을 맞추며 인사했고, 매이미 역시 트루먼의 양 볼에 키스하며 십 년 전 남편 취임식에 아들을 불러준 데 고마움을 표했다.

워런 로저의 기자에 따르면 두 대통령은 "길게 오랫동안 조용히 악수를 나누었다."

그들의 우정이 오랫동안 되돌아오지 않았어도 여전히 남아 있었고 적대감도 엷어졌다. 그들은 2년 반 뒤에 유엔 기구에서 개최한 캔사스시티 오찬회에서 노르망디 상륙작전 개시 22주년 기념식에서 다시 만났다. 그들은 다정하게 농담을 주고받았다. 트루먼의 친구 톰 게빈이 말했다. "그 모습이 보기 좋았고 너무나 멋있었다. 트루먼 대통령 역시 그렇게 생각했다."

마거릿의 남편 클립턴 대니얼은 장례식 이후 둘의 변화를 감지했다.

"두 사람은 예전에도 친밀한 관계를 유지했었고, 그 날 공감하는 부분을 나누었다. 그들 모두 대통령이었던 순간이 있었고, 그것은 잭 케네디도 마찬가지였다. 바로 이것이 그들이 대통령이 아니었다면 가질 수 없었던 위대한 정신을 만들어냈다."

존슨과 아이젠하워:

의형제

———— ┉⚬ ————

직면한 상황 때문에, 또한 갑작스럽게 대통령이 되었기 때문에 린든 존슨은 그 어느 대통령보다 클럽과의 연대가 더욱 절실했다. 트루먼은 당을 뛰어넘는 기술이 있기도 했지만 후버의 전문성이 필요했기 때문에 그를 선발했다. 케네디는 아이젠하워를 향한 반대가 자기에게 실제적인 위협이 될 수 있음을 알았기 때문에 그를 예우했다. 하지만 존슨은 달랐다. 전 대통령에 대한 그의 의존은 정치적인 동시에 지극히 개인적이었다. 미국의 안정이라는 이유 때문에 케네디 암살에 뒤이은 취임 선서 몇 시간 만에 그는 트루먼과 아이젠하워를 불러들여 다음날부터 백악관 자신의 옆에 두었다.

　그는 전임들의 힘과 특권 보호를 잘 인지하고 있었다. 그들을 살피고, 지원하고, 신경 써주고, 꽃도 보내고, 인장 커프스나 조각상도 보내고, 공군 1호기와 헬리콥터도 필요에 따라 제공했다. 보좌관들에게 일찍이 그의 상원의원 시절부터 접촉했던 사람들을 모두 연구하게 했다.

　외교정치는 대통령이 최대권한을 행사하는 영역으로 클럽 회원의 유대를 묶을 수 있는 분야지만, 많은 대통령은 연합의 가치나 적의 위험에 관해 전임들과 의견이 달랐을지 모른다. 전임들은 미국 신뢰의 후견인이 되고 조국의 명분을 위해 이미 죽은 자의 희생을 실제로 잘 알고 있었다. 그래서 아이젠하워의 잘못된 쿠바

정책을 케네디가 유산으로 받은 것과 마찬가지로, 존슨도 케네디의 월남공약과 그의 내각을 물려받고, 케네디의 불분명한 계획을 절반으로 줄였다. 월남으로부터 철수한 국무부차관 조지 볼은 말했다. "그는 케네디 정책을 부인해야 할 일로 보았겠지만 그럴 일이 아니었다."

　하지만 그가 1965년 월남전을 "가장 엄청난 혼란"이라고 말한 것은 무엇 때문이었는가? 그 공약 속으로 끌려들어 가서 결국 대통령 직책도 가라앉고, 오랫동안 미국이 고통을 당하게 되자 아이젠하워에게 도움을 요청하고 별이 번쩍이는 그의 어깨에 매달렸다. 중요한 어느 회의에서는 어느 대통령이 실제 국가통수권자인지 분간하기 어려웠다. 어쨌든 8년 임기 내내 군사적 모험을 열심히 피해왔던 용사인 아이젠하워는 공식적으로 스스로 결정을 내리지 않을 때는 너무나 호전적이 되었다. 케네디와 관계에서도 그랬고, 특히 존슨과의 관계에서도 그는 말 그대로 의자에 앉아 소리만 지르는 장군이었다. "현재 긴급현안 문제를 충분히 이해하는 사람은 단 두 사람밖에 없는데, 당신이 그중 하나입니다." 불만의 목소리가 커지고 있던 1966년 봄 존슨이 아이젠하워에게 말했다. "당신의 지혜와 충고에 어떻게 감사드려야 될지 이루다 말할 수 없습니다. 또한 당신과 나를 갈라놓을 사람은 아무도 없다는 것이 저의 진심입니다."

8

"국가가 우리보다 훨씬 더 중요하다"

- 드와이트 아이젠하워 -

1963년 11월 22일 오후 1시, 케네디 대통령의 사망이 공식적으로 선포되었다. 눈물에 젖은 백악관 보좌관들과 옷에 피가 얼룩진 미망인에 둘러싸인 채 대통령 전용기, 에어포스원에서 98분을 보낸 뒤 린든 존슨 스스로 얻지 못했던 직책에 대해 선서했다.

대통령 클럽에 들어가는 대부분의 사람들은 수십 년 간 그 자리를 꿈꾸고, 오랫동안 선거 유세를 하고, 승리에서 취임까지 몇 개월 동안 준비를 한 다음 가입하게 된다. 존슨이 전용기에 오르자 가족 같았던 보좌관들이 갑자기 기립했을 때, 그는 이제 자신이 대통령이 되었다는 사실을 깨달았다.

"이전과 같지 않다는 사실을 알게 된 것이 바로 그 순간이었다. 이제 우리 사이를 갈라놓는 벽이 생긴 것이다. 높고, 제한적이고, 역사적인 그 벽은 미연합국 대통령의 집무실로부터 비롯된 것이다. 내가 이곳에 머무는 한 가족 이외에 그것을 뚫을 사람은 없을 것이다. 이 점이 장차 두렵고 혼란스러웠다"고 그가 회상했다.

정도의 차이는 있지만 대부분의 대통령은 앞서간 전임들의 망령에 시달리기 마련이다. 하지만 존슨처럼 글자 그대로 영향을 받은 사람은 거의 없다. 어떤 대통령도 전임이 살해되는 것을 목격하는 경우는 없었고, 그렇게 무자비한 권력 이양을 겪은 경우도 없었다.

존슨은 이틀 후 한 보좌관에게 말했다. "나는 언제나 해리 트루먼과 그가 대통령직에 오른 방식이 안타깝다고 생각했지만, 그래도 그는 전임이 암살당하지는 않았다."

이 사람은 트루먼은 "소의 다섯 번째 유두 정도의 소용이 있는 자리"로 표현했던 부통령의 직책을 싫어했다. 한때 여당 지도자로 상원을 통제하던 우두머리였던 그가 주재 역할은 감소하고 대통령의 대리인 정도가 된 것은 정치적 사망 선고 같았다. 그의 보좌관이자 이후 자서전 작가이기도 한 도리스 컨스 굿윈에게 그는 말했다. "나는 매순간이 싫었다. 존 케네디의 위치로 들어갈 때마다 그의 어깨 위를 맴도는 까마귀 신세를 느꼈다."

하지만 이제 케네디는 떠났고, 존슨이 신음하는 국가의 보호를 맡았다. 나라는 찢기고 상심하고 수치를 당했고, 전 세계는 미국의 의도와 해법을 의심했다. 케네디 신화는 금세 추억에 묻혔다. 전 세계 도시들이 거리, 다리, 빌딩을 영예로운 케네디의 이름으로 바꾸었다. 런던 교회들은 너무 많은 추모식을 거행했기 때문에 미 대사관 국기 대여가 동날 정도였고, 25만 명 이상 사람들이 서베를린 시청 앞에 추모기도회에 참석했다.

이것과 비교되기를 희망하는 사람이 누가 있을까?

존슨은 굿윈에게 말했다. "선서하고 대통령이 되었지만 수백만 미국인에게 나는 여전히 합법적이지 못하고…… 왕관 속에 가장된 불법 횡령자다." 그의 고향 텍사스 주도 범죄의 현장이었다. "그곳은 편협한 분리자들과 동부 지식인들이 있어서 내가 우뚝 서기 전에 때려눕힐 기회를 노리고 있다. 모든 것이 참을 수 없는 것들이다."

냉전시대의 세계는 일촉즉발 상황이었다. 러시아인이나 쿠바인이 책임을 질지 알 수 없는 가운데, 미국이 흔들리고 지도자 없이 취약하다는 생각은 혼란뿐 아니라 위험이었다. 그래서 그의 취임 첫 순간부터 존슨은 기민하고 조직적으로 움직여서 통제의 조짐을 보였다. 선서 후 몇 시간 만에 전용기가 워싱턴 앤드류 공군기지에 착륙했다. 바비 케네디는 그곳에서 재키와 아버지의 시신을 맞이했고, 양당 지도자들이 존슨에게 인사를 건넸다. 허버트 험프리 등 일부가 참지 못하고 훌쩍이며 눈물을 훔쳤다.

헬리콥터로 존 케네디와 딸 캐롤라인의 그네 가까이 착륙하여 조명등이 비치는 워싱턴기념관을 지나 백악관으로 가면서, 존슨은 국방장관 로버트 맥나마라와 이야기했다. 참모들은 이미 집무실의 케네디 집기, 가족사진, 그의 해군중위 시절 PT보트 침몰 후 메시지를 새긴 코코넛 껍질까지 말끔히 치운 뒤였다. 존슨은 원래 있던 진홍색 카펫이 살인을 떠올리게 한다는 이유로 치워버리고 대통령 인장이 새겨진 것으로 대체시켰다.

그날 저녁 존슨은 행정부 건물에 있던 예전 자신의 아지트에서 일하는 게 낫다고 생각했다. 아직 집무실에 들어갈 준비가 되지 않았다. 그는 FBI의 J. 에드가 후버, 상원의원 윌리엄 홀브라이트에게 전화했고, 옛 포커 친구 트루먼에게 7시 5분에 전화했다.

하지만 진정 원했던 아이젠하워에게는 5분 후에 전화했다.

"대통령님, 린든 존슨입니다. 오늘은 충격적인 하루였어요."

"내 마음이 당신에게 가고 있습니다." 아이젠하워가 말했다.

"나는 늘 당신이 필요했지만 지금은 이전보다 더 절실합니다."

"대통령님, 저를 필요로 할 때는 언제나 그곳에 있겠습니다." 실제로 그는 국가안보보좌관 맥조지 번디를 통해 지원 의사를 벌써 보냈다.

"당신의 훌륭하고 확고한 판단력과 의지에 의존하고 싶습니다. 당신의 메시지를 받고 얼마나 감동했는지 알리고 싶었습니다. 오랫동안 당신을 존경해온 것이 얼마나 특별했는지 아실 것입니다."

아이젠하워는 대답했다. "국가가 우리보다 훨씬 더 중요합니다." 그는 추모식 아침에 워싱턴으로 오면서 존슨이 기회를 잡았다고 말했다. "추모식 후 바로 내게 전화를 걸어주시면 어떨까요?" 그가 말했고 존슨은 특별 경호요원에게 명령해서 아이젠하워 농장에 경비를 서게 했다.

텍사스인의 단결

트루먼이 갑자기 대통령직을 인수하고 공적, 사적으로 국정자문을 위해 후버에게 연락했던 1945년의 메아리를 듣는 듯하다. 아이젠하워와 오랜 유대관계 때문에 존슨의 경우는 훨씬 더 쉬웠다. "우리 세 사람의 텍사스인이 뭉쳐야 합니다." 존슨과 하원의장 샘 레이번은 가끔 달라스 북쪽 75마일 떨어진 데니슨에서 태어난 아이젠하워를 성가시게 하곤 했다. 아이젠하워의 난공불락의 인기를 감안하면 존슨과 레이번은 일찍부터 공화당 대통령과 싸우기보다 아부로써 더 얻어낼 게 많다고 생각했다. 이미 그의 소속 민주당과 거리를 유지해왔기 때문에 외교정책에 대해 아이젠하워에 반대할 이유가 없었다. 국내 문제에 있어서 통과할 수 있거나 없거나 그들은 아이젠하워와 의견을 맞추며, 양 당이 신뢰할 수 있도록 그의 안건을 수정했다. 이것은 행정부 뒷배경이 없는 아이젠하워 대통령이 어떻게 민주당 의회를 통해 그의 프로그램을 83%를 통과시켰는지, 또한 어떻게 민주당이 1956년에 상원을 장악하고 존슨이 역대 최소 젊은 여당 지도자가 되었는지 이유가 된다.

"그들은 아이젠하워와 일하길 원치 않았고 죽이고 싶어 했다. 정치적으로 그렇다는 말이다"라고 아이젠하워의 참모 브라이스 할로가 존슨과 레이번에 대해 설명했다. "그들은 행복하고 즐거운 것 같았지만 그럴 수 없었다." 백악관도 존슨이 양 당에 손을 뻗치는 것이 어느 정도 책략이라는 것을 알고 있었고, 그것이 양쪽에 도움이 되었다. "아이젠하워는 미국인들이 전혀 공화당계라고 간주하지 않았다"고 할로가 말했다.

게다가 둘은 사이가 좋았다. 아이젠하워는 특별히 존슨을 칭찬하지도 않았고, 신뢰도 하지 않았다. 그를 애걸하는 사람, 기회주의, 술책의 천재로 보았지만, 둘은 이 나라에서 강력한 두 권력자였고, 만약 하고자 한다면 공통의 견해를 찾아야 했다. 아이젠하워와 부통령 리처드 닉슨보다 그들은 더욱 일치단결된 팀이 틀림없었다.

존슨은 클럽 가입 전부터 이미 대단한 역할을 했다. 1957년에 그는 전 대통령의 경제 지원 제공을 위한 감동적 호소를 상원에 제출했다. 미국인은 여전히 은퇴한 전 대통령의 자문과 상담과 "어려운 시기에 그들의 정신적 영향을 기대한다"는 사실을 인정해야 하기 때문이라고 했다. 트루먼은 "현상 유지를 위해" 다소 경제적 도움이 필요했다고 그가 레이번에게 말했다. 공화당은 늦장을 부리며, 전 대통령이 파벌적 목적을 위해 공금 사용을 하지 못하도록 막는 것이라고 주장하며 논쟁했지만, 존슨은 그 청구를 선도했다. 그는 대통령직의 정신에 깊이 빠져 역할에 대해 숙고했고, 자신은 기회가 없다 하더라도 그 자리에 앉을 모습을 상상했다. "언젠가 일반 시민으로 되돌아가면 이런 역할을 이행할 사람이 아무도 없다." 연금법안을 추진하며 그가 주장했다. 그는 트루먼에 봉사한 후버의 가슴 훈훈한 사례로 어떻게 대통령들이 백악관 퇴임 후 초당적 활동을 하는지 인용했다. "개인적으로 나는 전임 대통령들의 역할을 더 잘 활용할 수 있는 방법을 모색하고 싶다. 그들은 일반 사람이 얻을 수 없는 특별한 경험과 지식을 갖고 있다." 그는 전직 대통령에게 연 2만 5천불의 상여금, 사무실과 직원, 무료 우송 특권, 미망인 연금 등을 제공하는 안건을 제출했다. "이 일을 추진함으로써 우리 스스로 만족할 수 있는 이 순간은 이 땅의 가상 위대한 직책의 진정한 성격을 이해하는 단계다." 마치 그는 대통령 클럽의 영광스런 경리부장인 듯 미국인이 그 세금을 내길 원했다.

그래서 존슨은 아이젠하워가 퇴임 후 편안하도록 확실히 도왔고, 아이젠하워도 존슨이 집무실에서 자기 입장을 지지해준다는 소문을 자주 흘렸다. 그가 존슨에게 대통령 권한을 제한시키거나 훼손할 수 있는 법적 노력을 하지 말라고 타이른 것은 "훗날 그 자신이 자리에 앉을 가능성도 있다"는 데 근거를 두었다고 했다.

"아닙니다. 대통령님, 그 자리는 제가 앉을 자리가 절대 아닙니다." 텍사스 힐컨트리 출신인 그가 말했다.

1960년 대선 유세가 가까워지자 아이젠하워는 측근들에게 존슨을 민주당의 가장 강력한 후보로 생각한다고 말하곤 했고, 민주당 인사들이 저녁시간에 백악관에 방문할 때면 아이젠하워는 "어째서 린든 당신이 출마하지 않지? 당내 가장 재능 있는 사람인데?"라며 존슨을 압박했다.

존슨은 언제나 같은 대답을 했다. "오, 아니에요."

할로는 아이젠하워의 킹메이킹에 관해 이야기한다. "어쩌면 그것은 말뿐이었는지 모르지만, 사실 아이젠하워가 둘러말한 것은 아니었고…… 나는 다소 순수했을 것으로 생각한다."

아이젠하워의 기대를 담은 환상은 국가적 충격 직후에서야 현실화 되었다. 아이젠하워가 게티즈버그에서 차를 몰아 케네디의 시신을 보기 위해 백악관에 도착한 것은 1963년 11월 23일 11시 15분, 살해된 대통령의 서류박스가 치워지고 있던 때였다.

존슨의 보좌관 호래스 버스비는 반전된 역할을 회상했다. "그는 태도마다 협조적이고 겸손하고 지나치지 않고 고분고분했다"고 아이젠하워를 설명했다. 시신을 본 뒤 아이젠하워는 존슨을 만나 같이 점심을 먹었다. 그들은 나토, 시민권리, 까다로운 프랑스 대통령 샤를 드골 다루기, 그 주 내로 세워야 할 예산 편성에 대해 이야기를 나눴다.

아이젠하워는 존슨에게 "독립적인 사람이 되라"고 말했다. 그는 나라 전역에 바비 케네디의 법무부가 펼치는 전략으로 말미암아 "공포는 아니더라도 불안"이 조장되었다고 언급했고, 사업계, 대학, 재단에 있어서 케네디의 정적들을 상대로 국세청이 파견조사를 한다는 비난도 포함했다. 아이젠하워는 품위 있게 거리를 두되 내부청소 뒤 자신의 팀을 임명하라고 충고했다.

"6년 간 그 직책에 매달리기보다 일 년 간 좋은 대통령이 되는 것이 훨씬 더 좋습니다." 그는 존슨에게 말했다.

그들이 대화를 끝냈을 때 존슨은 그에게 앞으로 며칠 간에 필요한 구체적 제안을 메모로 써달라고 부탁했다. 아이젠하워는 존슨의 바깥 사무실로 가서 메모 용지를 가져다 생각들을 적었다. 그는 자기가 아는 비서 앨리스 보이스가 아직 백악관에 있는지 물었고, 신뢰하는 그녀를 불러서 받아쓰게 했다. 그는 그녀가 자필로 쓴 것은 불태우고 복사한 서류 둘 중 하나는 존슨에게, 하나는 그에게 달라고 지시했다.

그는 존슨이 도움을 청할 사람들로 아이젠하워 행정부 당시 재무부장관 로버트 앤더슨, 그가 합참의장 당시 부관이었던 앤드류 굿패스터를 추천했다. 그들은 행정부서의 조직적 기구 부활을 도울 수 있을 것이다.

다음, 아이젠하워는 존슨에게 상하원 합동회의를 소집하라고 말하면서 존슨이 해야 할 연설내용을 받아쓰게 했다. "우선 당신이 예상 밖에 이 직책에 올랐음을 말하고 전지전능한 신의 결정을 받아들인다고 전하세요." 그렇게 말한 다음 모두에게 "의도나 정책혁명이 모의되거나 발생될 일은 없음"을 확신시키라고 했다. 그것보다 존슨이 수행할 임무는 "위대한 전임자에 의해 자주 거론되었던 고귀한 목적을 달성하는 것"이 되어야 한다. 또한 의회, 사업계, 노동계 역시 그런 목표달성을 위해 긴밀히 협력할 것을 서약해야 한다.

그것은 놀라운 충고였다. 공화당 전 대통령이 불안한 민주당 대통령에게 촉구하여, 민주당의 우상의 정책을 계승하여 구축하게 하는 것이다. 아이젠하워는 당시 국가가 필요로 하는 것을 알았고, 당파적 자리다툼 시기가 아닌 건전한 금융 정책 추진 기회로 잡았다.

"나는 모든 국민들에게 국가가 계속 발전할 것임을 인식시켜야만 했다." 존슨은 당시를 회고했다. "주저나 망설임, 그릇된 정책, 자아불신의 조짐은 재난이 될 수 있다." 아이젠하워 외에 트루먼도 그날 백악관을 찾은 덕분에 존슨은 두 대통령과 사진을 찍을 수 있었다. 그와 함께 국무장관 딘 러스크, 맥나마라, 번디가 같이 찍힌 사진이 저녁 뉴스 시간에 언론에 보도되고 미국 정부가 확고히 그에게 들어갔음을 전 세계 사람들에게 보여주었다.

존슨은 케네디 사망 5일 만에 의회 앞에 섰을 때 지지율이 79%까지 치솟았고, 케네디가 의회에 상정했던 세금법안에서 옹호했던 민권법안까지 그가 남긴 모든 정책을 그대로 계승하라는 아이젠하워 지침을 그대로 따랐다. "그가 오랫동안 싸워온 민권법안 조기 통과는 어떤 연설이나 찬사보다 케네디 대통령을 향한 추모에 더욱 설득력이 있었을 것이다"라고 그는 말했다. 아이젠하워의 제안도 언론에 나타났다. "나는 정부의 예산이 근검절약을 바탕으로 집행될 것을 약속한다." 가장 불길하게도 케네디의 유산을 지키는 정신으로 그가 맹세했다. "우리는 월남에서부터 서베를린까지 미국의 공약을 지킬 것이다."

크리스마스 날, 대통령이 된지 한 달째에 기진맥진한 존슨이 목장에 있는 아이젠하워에게 전화했다: 나는 당신의 지시에 따라 연설했을 뿐 아니라 연설문 위에 당신의 이니셜을 새겨 가죽 제본을 하여 보냈습니다. 그 다음으로 레이디

버드 여사가 전화를 넘겨받아 아이젠하워에게 추억이 얼마나 좋았는지 말했다. 존슨과 아이젠하워가 함께 일했던 그날을 기억하며 "나는 우리가 앞으로 더 많은 일을 할 수 있을 것으로 확신합니다"라고 언급했다.

도움을 필요로 하는 친구들

"공직생활을 한 사람들 가운데 린든 존슨이 가장 친구가 없었다." 작가 테디 화이트가 언젠가 말했다. "그와 연락하는 사람은 친구, 협력자, 청원자, 고용자 정도였다. 하지만 진정한 친구는 거의 없었던 까닭은 무엇보다 타인의 정감을 불러일으키는 능력이 부족했기 때문이다. 케네디가 선천적으로 갖추고 있는 모든 장점이 그에게는 없었다. 부, 배경, 품위 등 어쩌면 존슨은 사랑과 우정을 자아내는 케네디의 능력이 부러웠는지 모른다.

사실 존슨은 우정보다 협력을 구축하는 경향이 있었다: 존슨은 도리스 컨 굿윈에게 말했다. "나는 언제나 고독했다." 관심을 끌어들이지만 친밀감을 배제하는 힘의 무대에서 권력을 행사하는 자리로 갑자기 상승하면서 이 상태는 더 악화되었다. 행동의 중심에 자신들이 있는 것처럼 자기들의 해결책을 내세우는 조언자와 아는 이들의 유혹은 실제로 뿌리칠 수 없다. "어쩌다 누구와 대화를 나누면 그 뉴스가 사람들에 의해 굉장히 빨리 퍼지는 것이 대통령에게 부담이 된다"고 아이젠하워의 재무장관 로버트 앤더슨이 얘기했는데, 존슨은 케네디가 암살되던 날 그에게 전화를 걸었다. "대통령들과 관련을 맺어 온 내 견해에서 볼 때, 대통령은 인간이고 대화할 누군가가 필요하다⋯⋯ 그들은 '나 대통령과 얘기했어' 정도는 말하지 않을 사람이 필요하다."

존슨의 고립은 누구를 만났을 때 관계를 맺는 센스가 부족한 탓도 있었다. 그는 만남을 말 그대로 인간성 테스트로 흘러가게 만들어 버리곤 했다. 그는 출판인, 목사, 사업계 지도자 등 사람들과 대화 도중, 백악관 수영장에서 옷을 벗고 함께 수영하겠냐고 물으며 회의를 중단시키는 것으로 유명했고, 욕실에서도 미팅을 가졌다. 그의 텍사스 목장에 온 손님들에게 개별 소총을 나눠주고 함부로 사슴이나 영양을 격추시키거나, 등골이 오싹하게도 그의 지게차에 승차시켰다. 그는 가끔 이야기했다. "나는 뜨거운 여름 날 내 엉덩이에 키스하며 엉덩이에서 장미 냄새가 난다고 말해주는 사람이 필요하다."

하지만 아이젠하워와의 관계는 그때까지도 돈독했다. 아이젠하워는 행동하는 영웅이었다. 존슨과 같은 사람이 동부 기득권으로부터 후견인 생색의 지분을 받는 것은 말로 표현할 수 없는 것이었다. 아이젠하워처럼 두려운 존재와 똑같은 취급을 받는 것은 자존심 향상이 전신에 미치는 메시지였다. 아이젠하워 홍보관 제임스 해거티가 말했다. "린든 존슨이 내게 말할 때는 내 쪽으로 기울이고 나를 찌르면서 이야기하지만, 아이젠하워 대통령과 이야기할 때는 한 번도 그러는 것을 본 적이 없다. 그들이 얘기할 때는 마치 친구 같이 말했다. 전 세계 사람들에게 영향을 미치는 대화를 제외하고는 평범한 친구들 대화 같았다."

존슨이 자신이 갑자기 태풍의 눈 같은 존재가 되었음을 알게 되었을 때 아이젠하워는 도울 준비가 되어 있었다. 하지만 오래 전 트루먼과 후버 사이에 있었던 상황처럼 그는 요청을 기다리고 있었다. "그는 존슨 대통령이 초청해 주길 바랐다." 앤더슨은 설명했다. "왜냐하면 전직 대통령임으로서 그는 특정 직위를 원하지 않았기 때문이다. 즉 지금의 대통령에게 '내가 일을 처리하는 방식은 이것이다' 또는 '이것이 내가 하고자 했던 일이다'라고 설명해야 하는 자리는 내키지 않았던 것이다." 아이젠하워 동생 밀턴은 존슨에 대한 아이젠하워의 영향력이 순수했다고 믿었지만, 존슨은 늘 그들에게 전화와 편지로 애원하는 역할이었고, 귀찮게 하지 않겠다고 약속하며, 아이젠하워를 위대한 군인이며 정치인으로 칭송했다. 아이젠하워의 반응은 진심으로 예의를 표했지만 친밀하지 않았다. 그들은 언제나 원칙적이었다.

존슨이 그의 자문의 진실한 가치에 대해 질문했을 때 해거티가 설명했다. "아이젠하워, 이 사람을 알아야만 합니다. 그는 가장이 없고 이중적 대화는 없습니다. 당신이 답을 얻으려고 질문하면 그는 한 가지 답을 주려고 합니다."

아이젠하워는 자기 당과 다소 소원해진 관계 때문에 존슨에게 하는 국정자문을 즐겼는지도 모른다. 1964년 대선이 다가오고 베리 골드워터의 보수주의 정치혁명이 힘을 얻었을 때 아이젠하워는 보다 중도적 인물로 동생 밀턴과 아이젠하워의 국무부에서 일했던 허버트 후버 주니어를 살폈다. 하지만 더욱 과격해진 공화당은 가장 인기 있던 사람들의 기억을 지우려는 것 같았고, 전당대회에서 아이젠하워 행정부가 긍정적인 평가를 받았던 정책을 거부했다.

이것은 1964년 역사적 압승을 거두는 길목에서 아이젠하워가 공화당 인사임에도 그의 양해를 구하는 데 편안함을 주었다. 존슨은 아이젠하워에게 가능한 모든 경제 혜택 특권은 물론, 그를 농장으로 데려다주는 헬리콥터, 캠프 데이비드 사용, 월터리드 국군병원에 있는 대통령 전용실까지 전폭적으로 제공했다. 그는 대통령 인장이 찍힌 브레저 단추, 넥타이 클립, 스톱워치 시계를 선물했고, 아이젠하워의 수없이 많은 병원 방문마다 지속적으로 꽃꽂이를 공급했다. 심지어 그의 초상화를 더 눈에 띄는 위치로 옮겨서 존슨이 여러 백악관 손님을 맞이할 때 보이는 배경이 되게 했다.

가장 놀라운 것은 백악관 연구자들에게 지금까지 트루먼과 아이젠하워 두 사람이 했던 접촉기록을 취임 전, 임기 동안, 퇴임 후까지 모든 점심식사, 모든 전화, 모든 법안서명, 국빈만찬, 기록에 없는 전략회의 기록을 수집하도록 요구한 것이다. 그것은 그와 다른 사람과의 관계를 중요시했다는 사실을 입증하는 사료였다. 아이젠하워와 존슨이 1953년과 텍사스의 가뭄 상황을 둘러보기 위해 함께 비행기를 탄 적이 있었고, 1959~1960년에 걸쳐 비밀 만남을 갖기도 했다. 이런 면에서 존슨은 클럽의 진정한 기록담당 비서이자 그에 대한 잠재력을 가장 잘 인식한 사람이었다. 존슨이 커프스 단추를 주었을 때 아이젠하워는 그에게 감사의 편지를 썼다. "어느 날 애빌린에 있는 박물관에서 모든 것이 존슨으로부터 왔다는 메모와 함께 그것들을 볼 날이 있을 것으로 생각합니다."

존슨은 그것이 좋았다. 그는 보좌관들이 보도록 메모를 붙여놓았다. "이것은 사람들이 물건을 줄 때 사용해야 할 문구다."

트루먼 역시 그의 다정다감한 보살핌의 대상이었다. 그도 초청장과 선물을 받았고, 그중에 트루먼이 책상 위에 잘 보존하겠다고 약속했던 존슨의 조각상도 있었다. 트루먼이 1964년 대선 승리 후에 그에게 축하전화를 했을 때 "당신이 기뻐하는 만큼 나도 즐겁습니다"라고 트루먼이 말하자 존슨은 그 기회에 경의를 표했다. "당신은 자기 자신의 안위보다 당과 동료들들 더 생각하시는 분이라서 더 기쁘실 것입니다." 그러고 나서 그는 한 걸음 더 나아갔다. 아마 클럽의 독특한 유대에 대해 이보다 더 명백한 문장은 없었을 것이다. "내가 이 자리에 있는 한 당신도 같이 있는 것이고, 내가 가진 모든 특권과 권력, 목적에 있어 당신과 나누지 못할 것은 아무것도 없을 것입니다. 당신의 침실이 마련되어 있고, 당신의 비행기가 당신 옆에서 대기하고 있습니다."

이것은 단순한 빈말이 아니었다. 다음해 마지막 순간에 존슨은 역사적인 의료보험법안의 위대한 서명식이 계획대로 워싱턴이 아니라 미주리 인디펜던스에서 거행되도록 지시를 내렸다. 그래서 트루먼도 참석할 수 있었고, 바로 첫 번째 의료보험카드를 받을 수 있게 되었다. 이것은 그가 전국의료보험 시행을 계획한 지 20년 만이었다. 트루먼은 존슨에게 말했다. 이것이 "백악관 퇴임 후 나의 가장 빛나는 정책입니다." 보좌관들이 이 말에 항의하자 존슨이 그들을 물리쳤다.

"이제하지 못하겠나?" 존슨이 말하며 또 다시 클럽의 치료적 목적에 대한 그의 세심한 배려를 보여주었다. "나는 해리 트루먼을 위해 이 일을 하는 거다. 그는 연세가 많고 지치고 이곳에 혼자 남겨져 있다. 나는 그의 나라 미국이 그를 잊지 않았음을 보여주고 싶다.

나와 같은 의지를 갖고 있는 사람이 있는지 모르겠다."

9

"나는 자문이 필요하고, 당신을 좋아합니다"

- 린든 존슨 -

존슨이 대통령에 취임했을 때 베트남은 "지평선 위에 주먹만한 구름"이었다. 자문관 잭 밸런티는 다음과 같이 회고했다. "의논할 가치도 없었기 때문에 거의 언급하지 않았다."

베트남이 서서히 붕괴하기 시작했을 때 상황이 달라졌다. 존슨은 전략을 내놓아야 했다. 오랫동안 아이젠하워와 케네디는 베트콩과 싸우는 남베트남 정부에 정치경제적 지원을 해왔다. 베트콩은 북베트남이 지원하는 게릴라였다. 하지만 사이공의 군 쿠데타와 부패한 대통령 고 딘 디엠Ngo Dinh Diem이 1963년 11월 암살된 이후 그 정도 지원으로는 남베트남 붕괴를 막는데 충분치 않았다. 그래서 붕괴를 막는 것이 존슨에게 중요한 도전이 되었다.

그가 무엇을 하든 존슨은 전임이 옆에 있기를 바랐다. 정책이 어떻게 될지 그것만 이해할 수 있다면, 트루먼과 아이젠하워가 그가 선택하는 결정에 동의해 준다면 케네디의 정책 수행을 계속하고 싶었다. 그는 "나는 피신탁자다전 대통령의 임기를 위임 받은 사람"라고 취임 몇 개월 후 번디에게 말했다. 적어도 스스로 선거에서 당선되기 전까지는 그랬다.

법무장관 바비 케네디는 화염의 불길을 주시하고 있었다. 존슨은 그가 미래의 적이라는 생각에 사로잡혀 베트남이 실패하면 비난 받을 것을 염려했다. "실패란 민주주의를 공산주의 속에 빠뜨리는 일이었다. 겁쟁이, 남자답지 못한 사람, 줏대 없는 남자라는 비난이 눈에 선하다." 몇 년 후 굿윈이 그의 말을 회고했다. "매일 밤마다 허허벌판 가운데 묶여 있는 꿈을 꾼다. 좀 떨어진 곳에서 수많은 사람의 목소리가 들리고 그들 모두 나를 보고 소리치며 달려온다. '겁쟁이! 배신자! 나약한 놈!' 하며 돌을 던지기 시작했다." 순간 그는 깨어났다.

케네디가 쿠바에 대한 아이젠하워의 비난을 두려워한 것처럼 존슨도 동남아시아에 대한 케네디의, 적어도 그의 형제인 바비의 질책을 두려워했다. 하지만 1964년 선거가 있던 해에 그의 주요 전략은 베리 골드워터공화당 5선 상원보다 더 온건하지만, 프랑스보다 더 강한 지연 작전이었다. 1964년 6월 그는 기자회견을 열고 아이젠하워가 1954년 디엠 대통령에 쓴 편지 한 상을 읽어주면서 사이공을 "강력하고 생존가능 국가"로 건설시키고, 프랑스 식민제국의 붕괴에 뒤이은 공산주의 압력 저지를 돕겠다는 제안을 했다. 하지만 그날 오후 로버트 앤더슨 이 문제를 아이젠하워와 의논할 것을 제안했다. 그는 얼마 전 전임 대통령과 점심식사를 했고, 존슨에게 공화당 중에서 그의 "열정적인 지지자"가 없음을 분명히 했다. "어째서 아이젠하워에게 나서도록 요구하지 않고, 동남아시아에 관해 의논하지 않으십니까?" 하지만 1964년 선거는 절정에 있었고, 존슨은 자칫 공화당에 기밀을 흘릴 수도 있는 사람과 의논하고 싶지 않았다. 대체적으로 볼 때, 말은 적게 하는 편이 더 좋았다.

그는 번디에게 말했다. "내 생각에 이건 그다지 싸울 가치가 적고, 우리가 내몰릴 것으로 생각지 않고, 다만 큰 규모의 혼란일 뿐이다." 하지만 실제 지상전이 벌어질지도 모를 만일의 사태에 대비한 계획은 이미 진행되고 있었다.

존슨은 그 해 가을 압승하자마자 결정을 내려야만 했다. 그는 하원 공화당 의장 제럴드 포드에게 예언하듯 말했다. "내가 기꺼이, 하지만 염려하는 마음으로 인정하려고 합니다. 만약 나처럼 어느 날 아침 갑자기 운명적으로 이 자리에 앉게 되면 당신도 그럴 거예요. 바로 모든 문제에 대한 답을 알 수는 없다는 겁니다." 그것은 미국의 전쟁이 아니었고, 5백 명이 채 안 되는 미군이 사망했다. 디엠 대통령 암살 이후 정부는 매달 이어지는 쿠데타로 변화되고 있기 때문에, 미국이 사이공의 무능한 정부에게 무엇을 약속했던 간에 효과가 없었다. 남베트남은 실제 국가가 아니었고 1954년 프랑스군 패배 이후 인민 혁명지도자 호치민의 부상을 막기 위해 임시 방편으로 급조되었다. 공산 게릴라 지휘를 받고 있는 그 사람이 얼마나 많은 인기를 얻고 있는지 측량할 길이 없었다. 특별국가정보기관에서는 남베트남 군인은 효과적인 군대가 될 수 없는 것으로 예측했다. 리프만 같은 흔들림 없는 기득권 칼럼니스트들은 주장했다. "비아시아 국가가 아시아인을 상대로 승리하기는 불가능한 세상에 우리가 너무 많이 개입해버렸다는 것은 통탄할 실수였다."

"나는 처음부터 내가 어떤 결정을 내리든 십자가를 져야 한다는 것을 잘 알고 있다"고 보좌관 굿윈에게 말했다. "내가 진정으로 사랑한 '위대한 사회Great Society, 1964년 존슨이 정책이념으로 내세운 민주당의 목표를 지구 반대편에서 벌어지고 있는 엉망진창인 전쟁에 개입하기 위해 지구 떠났다면, 나는 고국에서 모든 것을 잃어버리게 될 것이다. 나의 모든 정책 프로그램, 굶주린 이를 먹이고 노숙자에게 안식처를 주려는 나의 모든 꿈은 사라질 것이다……. 하지만 만약 공산주의자가 남베트남을 손에 넣도록 내버려둔다면 나는 겁쟁이로 비치고, 나의 국가 미국도 마찬가지가 될 것이다. 그것은 비열하고 파괴적 논란을 야기하여 내 직책을 흔들고 행정부를 죽이고 민주주의를 훼손할 것이다."

사실, 조 올솝 같은 보수계 칼럼니스트는 쿠바에 대한 소련 문제로 케네디 패배를 언급하며 만약 존슨이 이 싸움에서 뒤로 물러선다면 "그의 패배는 미국인의 패배"가 될 것이라고 말했다. 존슨은 군사고문으로부터 들은 "폭격, 폭격, 폭격" 이야기가 과연 도움이 될지 알 수 없다고 불평했다. 군인은 영광에 목말라 하기 때문에 그는 언제나 경계했다. "전쟁 없이 영웅이 되기 힘들고, 영웅은 전쟁과 폭격이 필요하며, 위대해지기 위해 총탄이 필요하다. 그래서 나는 군대를 의심한다."

다른 말로 하자면, 그가 필요한 것은 믿을 수 있는 군인 단 한 사람, 이미 필요한 영광을 이룩한 그는 전쟁 무기도 알뿐더러, 대통령이 무력행사를 꺼린다는 것도 잘 안다. 그는 크리스마스 전에 아이젠하워에게 정책을 검토하기 위해 백악관으로 와달라고 전화했다. "국제적으로 다급하지 않는 한, 당신에게 어려움을 무릅쓰는 부탁은 하지 않습니다." 그러자 아이젠하워는 확실하게 말해주었다. "내가 그곳에 갈 일이 있다면 뛰어 가겠습니다."

이런 상황이 되기까지 오래 걸리지 않았다. 1월 말 사이공에서는 또 다른 쿠데타가 일어 군대는 혼란에 빠지고, 베트콩은 더욱 강해졌다. 번디와 맥나마라는 존슨에게 미국의 수동적 자세는 "비참한 패배를 가져올 것이고, 그때는 더 어려운 선택을 해야 한다"고 경고했다. 2월 7일 공격으로 플레이쿠 지역에서 8명의 미군이 사망한 후, 존슨의 군사고문들은 밀고 당길 것이 아니라 대대적인 공세를 펴야 한다고 주장했다. 번디는 지상군 상황 파악 차 짧게 둘러본 후, 베트남은 미국 대통령이 "의지와 병력, 인내와 판단으로 필요한 작전과 상황유지를 취할 수 있다고 믿어지지 않는다"고 주장했다. 그는 전면적 폭격 작전을 촉구했나. "베트남이 패배했을 때 치러야 할 대가를 감안할 때 이 작전은 너무 인색해 보인다."

하지만 존슨은 지상전 폭격과 군대 투입에 대한 군사 지원 증가를 감안할 때, 직면해야 할 이해관계를 너무나 잘 알고 있었다. 문제는 정치가 아니었다. 미국인의 압도적 83%가 전면적 폭격 확대에 찬성했고, 동남아시아를 공산주의가 집어삼키지 못하게 막아야 한다는 정책에 79%가 지지했다. 문제는 더 개인적이었다. "나는 일시적 기분으로 움직이는 총사령관이 되고 싶지 않다." 버드 여사는 내부 논란이 격해졌을 때 남편이 부통령 허버트 험프리에게 말한 소리를 들었다. "나는 명령을 내리기에는 너무 감상적이다."

존슨은 손을 잡아줄 누군가가 절실했다. 미국을 이런 큰 사건에 휘말리게 하고 싶지 않았고, 자기가 해야 하는 다른 사명감으로 의회를 산만하게 하고 싶지 않았다. 사실 그는 아이젠하워에게 부탁해야 하는 것이 얼마나 비참한지 다른 사람이 아는 것을 원치 않았다.

"장군님, 다음날 당신을 방문해서 동남아시아의 문제를 의논하고 싶습니다." 2월 15일 밤 그는 전화로 아이젠하워에게 말했다. "당신 일정이 어떻게 되는지 궁금합니다."

언제나 훌륭한 군인인 아이젠하워는 필요하다면 무엇이나 가능하다고 대답했다.

"위기상황에 달했다고 생각지 않기 때문에 마치 우리가 깊은 어려움에 처한 듯이 취급하고 싶지는 않습니다." 존슨이 그에게 확인시켰고 그런 다음 그를 태우러 여객기를 보내겠다고 조심스럽게 제안했다. "현재 비상사태에 있기 때문에 잠시라도 자리를 비우는 것이 걱정됩니다."

아이젠하워가 말했다. "잘 알겠습니다. 내가 무엇인가 방안을 짤 수 있다고 생각합니다." 그들은 출판업자를 만나러 가는 것처럼 행동하며 가는 길에 우연히 워싱턴에 들른 것처럼 하자고 의논했다.

"공식적으로, 당신은 뉴욕에 가는 길이고, 내가 당신에게 일반적인 문제의 조언을 듣고 싶어 해서 이곳 백악관에 오셔서 나와 하루를 보내는 것으로 합시다. 실제 비상이라 해도 극적으로 보이지 않습니다." 존슨이 알려주었다. "그렇게 심각하지 않습니다만 당신과 이야기하고 싶습니다. 어쩌면 다른 누구보다 당신이 내 마음에 위안이 됩니다. 여기서 하룻밤을 보내면 어떠세요? 링컨의 침대에 뉘어드리겠습니다."

그러자 아이젠하워는 껄껄 웃었다. "링컨의 침대요?" 아이젠하워는 또 다른 위대한 전쟁 영웅 링컨 대통령을 존경했다.

"나는 당신이 백악관에 머물기를 바랍니다." 존슨이 재차 말했다. "당신의 조언이 필요하고, 근래에는 빌리 그레이엄 목사도 필요하고, 누군가가 필요합니다. 하루이틀 정도 여기 같이 있을 수 있도록 준비하고 오세요. 내가 필요하다고 너무 서두르지는 마십시오."

아이젠하워만이 그가 연락한 유일한 사람은 아니었다.

아이젠하워와 통화한 뒤 30분 후 그는 트루먼에게도 전화했다.

"안녕하세요?" 트루먼이 물었다.

"지옥입니다." 존슨이 대답했다. 그리고 핵 시대에 한국에서 제한적인 전쟁을 치러야 한다고 주장한 사람에게서 충고와 영감을 구하고 있다고 설명했다. "역사를 읽어서 당신이 얼마나 어려운 시기를 보냈는지 또 훌륭하게 다루었는지 잘 알고 있습니다. 당신에게서 무엇인가 배울 수 있을 것으로 생각합니다."

존슨은 옳은 일을 하려고 노력하고 있다고 강조했다. 그는 과거와 미래에 죽은 군인들의 환상이 자신을 따라다닌다고 말했다. "그들이 들어와서 당신의 아들들을 죽이면 당신은 보복하지 않으면 안 되겠지요."

"당신은 틀림없이 그럴 겁니다." 트루먼이 적극적으로 말하며 자기 책임이 아닐 때 강경정책을 쓰기는 쉬운 일이라고 동의했다. "기회가 있을 때마다 그들의 코를 치며 길을 들이면 그들은 어떤 것보다 그 말을 잘 이해합니다."

존슨은 또 다른 초청을 제의했다. "미스 베스와 함께 당신이 타고 올 비행기를 보내면 주말을 백악관에서 보낼 수 있습니다……. 당신은 어떤 부담도 가질 필요가 없고 사양할 필요도 없습니다. 함께 술이나 한두 잔 하고 그런 다음 교회나 같이 가고 싶습니다."

트루먼은 최근 몸이 좋지 않다는 것을 밝히고 끝으로 건강이 약해져서 여행을 할 수 없다고 말했다.

"당신께 부담을 드리고 싶지 않습니다. 하지만 언제든지 당신의 자문이 필요하고 당신을 사랑한다는 것을 알아주셨으면 합니다." 존슨은 말했다.

어느 때보다 진실 어린 목소리로 트루먼은 존슨의 베트남 정책을 지지한다는 성명을 발표했다. 한편 아이젠하워는 워싱턴으로 가고 있었다. 백악관은 기자들에게 아이젠하워가 정기검진을 위해 월터리드 병원에 갔다가 옛 친구를 보러 백악관에 들릴 것이라고 말했다.

그리고 대통령에게 가장 운명적 결정을 안내하고 있었다.

클럽 전쟁위원회

2월 17일 오전 10시, 핵심 참모들이 내각회의실에 모였다. 존슨과 아이젠하워, 국무장관 맥나마라와 번디, 육군참모총장 얼 휠러 장군, 그리고 언제나 기록을 담당하고 다음 3년간 아이젠하워 담당 존슨의 개인 밀사로도 활약하게 될 앤드루 굿패스터가 포함되었다. 여러 현안이 테이블에 올랐다. 베트남의 역사, 프랑스의 역할, 소련과 중국, 성공 가능성, 확전 위험, 핵무기 사용 여부 등이었다.

이런 중요 회의에서 아이젠하워는 여전히 군 통수권자처럼 행동했고, 존슨이 그렇게 시켰다. 존슨이 들어오기도 전부터 아이젠하워는 이야기를 시작하여 45분이나 이어졌고, 마치 올바른 권력 행사에 관한 신입생 세미나를 듣는 기분이 들게 했다. 그는 소수 군인을 지역전쟁에 파견하는 것도, 사령관들에게 임무를 주고 그들을 구속시키는 것도 믿지 않았다. 동맹국 사기 진작 및 적의 심리교란과 실패에 대비한 필요 병력까지 "정보와 영감"을 사용하는 소프트파워와 하드파워를 강조했다. 그는 거듭 폭격 지점 선택보다 존슨의 의지가 중요하다고 강조했다. 또한 사기의 중요성에 나폴레옹을 인용하며 하노이를 파괴하는 한편 사이공을 강화할 필요를 강조했다.

그가 강경노선으로 공중 공습을 제안하며 지금은 "압박 작전"을 강화할 시기임을 충고했을 때, 그들의 목적은 북에서 남으로 침투하는 세력을 막는 것보다는 베트콩을 지지할 경우 치러야 할 대가가 무엇인지 베트남 북부 사람들에게 보여주는 것이었다. 지난여름 의회에서 통킨 만Tonkin Gulf, 베트남 북부 라오스와의 국경 근처에 위치한 만 결의안을 통과시켜 공식적 선전포고 없이 "미군 보호조치"를 가능하게 했고, 필요한 모든 권한이 주어졌음을 대통령에게 확인시켰다. "그는 그런 공격이 전 세계 앞에 정당화될 수 있다고 생각했다"고 굿패스터가 회의록에서 기록했다.

지금 맹공을 가하는 또 다른 이유는 평화를 조속히 가져와야 하는 데 있다고 아이젠하워는 주장했다. 여기서 그는 링컨을 연상시켰다. 링컨 대통령은 흑인 해방령을 선언했고, 이를 시행할 주요 군사작전이 승리할 때까지 기다렸다. 왜냐하면 그는 이것이 무력으로부터 가능하다고 판단했기 때문이었다. 베트남에 대해 아이젠하워는 "약한 상태의 협상은 속고 취약해질 가능성이 있고 우리를 파괴할 수 있다"고 경고했다. 중국이 미국의 능력을 제한적이라고 결론 내리는 것이 최대의 위험이다. "그것이야말로 파멸의 시작이 될 것이다." 아이젠하워가 주장했다. "그 이유는 우리가 하는 것보다 그들이 더 많은 것을 해야 한다는 것을 알게 되기 때문이다."

아이젠하워는 참석자들에게 바둑이 아닌 장기 게임을 하는 것임을 상기시켰다. 핵무기는 정치적이고 심리적인 도구이면서 군사용이기도 하다. 적은 상대가 물러날 때까지 기다릴 수 있다면 우위를 선점한 것으로 생각한다. 한국 휴전 협정이 정체된 채 몇 년을 보낸 후 그가 어떻게 비밀 채널을 통해 외부에 알렸는지 회고했다. 중립주의를 표방한 인도의 총리 자와할랄 네루Jawaharlal Nehru에게 휴전이 조기에 체결되지 않으면, 그는 국경선을 긋거나 무기를 사용하거나 핵무기를 하는 등 방법에 제한을 두지 않을 것임을 유출시켰다. 아이젠하워는 북한에게 경고했다고 말했다. "우리는 엄청난 무기를 개발하고 제작하는 데 막대한 돈을 썼다. 도대체 어째서 보유하면서도 사용하지 않을 그것들을 제작해야만 하는가?" 아이젠하워는 북한 사람들의 생각을 돌리게 하는 것 외에 어떤 의도도 없다고 설명했다. 하지만 북한이 그와 협상을 원할 것이라고 확신했다. (아이젠하워가 그의 말을 어떻게 기억할지 모르지만, 당시 국가안보위원회 회의 중이었고, 임기 이후였으며, 중국의 침공에 대응해 한국에 핵무기를 사용할지를 진지하게 검토했고, 미국 연합군들에게 핵무기 사용의 합법성을 강하게 설득해 왔다.)

맥나마라는 베트남에 전략적 핵무기를 사용하도록 아이젠하워를 촉구했다. 만약 중국이 지금 개입하려고 한다면 존슨은 공중에서 그들을 공격해야 하고 핵무기를 포함하여 어떤 병력이라도 사용해야 한다고 아이젠하워가 말했다. 그는 과연 그런 일이 일어날지 의심했지만, 미국은 동남아시아를 해방시키는 것을 국가의 위신을 세우는 일로 삼았다. "그렇게 되려면 6개에서 8개 정도의 사단이 필요하다"

1954년 베트남 정글이 미군 전 사단을 삼켜버릴까 두려워하며 군사 개입을 꺼려왔던 그가 지금 더 많은 공격을 취해야 된다고 압박하고 있었다. "1961년 케네디 대통령에게 했던 대로, 아이젠하워는 대통령이었을 때 한 번도 하지 않았던 여러 가지 강력한 작전을 주장하고 나섰다"라고 클락 클리포드가 그의 회고록에서 언급했다. 어쩌면 이것은 전 대통령들에서 보이는 패턴이고, 어떻게 입지 상황이 변했는지를 반영하는 것이기도 하다. 하지만 아이젠하워의 자문은 장군 시절부터 백악관 재임 수년간, 또한 이제 베테랑 상담 역할에 이르기까지 계속되었다. 즉, 이길 자신이 없으면 싸우지 마라. 어림짐작으로 시간과 생명을 낭비하지 마라. 이것은 너무 감상적이어서 결정하기 어렵고 스스로 불확실해서 남을 설득시킬 자신이 없었던 존슨이 이해하기에는 대단히 어려운 메시지였다.

이런 문제에 있어서 그는 확신을 갖기 어려웠고, 따라서 "현명한 사람"에게 더욱 의존했다. 그것이 아이젠하워든, 애치슨이든, 클리포드든 간에 그의 부족을 메워주고 소심하고 무능해 보이는 자신을 보호해주면 되었다.

존슨은 당시 가장 필요로 했던 것을 얻었다. 아이젠하워와 깊은 대화를 나누는 사진 한 장이 "놀라운 손님"이란 타이틀과 함께 〈뉴욕타임스〉의 일면에 실렸다. 아이젠하워보다 더 번쩍이는 후광은 없었다. 공화당의 가장 위대한 영웅이 존슨을 지원한다면 그 대통령은 옳은 일을 하는 것이 틀림없었다.

함정

1965년 2월 존슨은 "천둥소리 작전"을 조용히 승인했다. 그것은 그의 친구 빌리 그레이엄 목사가 자주 불렀던 부흥 찬송가 "주 하나님 지으신 모든 세계How Great Thou Art"의 한 구절에서 이름 붙인 연속폭격작전이었다. 2차 대전 당시 모든 전선에서 전체 연합군이 사용했던 것보다 더 많은 폭탄이 베트남에 투하된다는 소식이 미 전역에 알려졌다. 지상군 투입 작전도 곧 뒤를 따랐다: 해군 2개 대대 약 1,500명이 최우선 투입되어 다낭Danang에 있는 공군기지를 보호하고, 4월 말에 5만 병력이 해군을 지원한다는 계획이었다. "유혈작전을 펼칠 시기가 온다"라고 〈뉴욕타임스〉 제임스 레스턴 기자가 썼다. "이 나라는 베트남에서 선전포고도, 설명도 없는 전쟁을 치르게 된다." 한편 존슨은 "두 지점 사이의 가장 가까운 거리는 터널이다"라며 근본적 생각에 변화가 없다는 것을 한동안 후렴처럼 반복했다고, 백악관 상주 〈타임〉 특파원 휴 사이디가 말했다.

존슨은 3월에 아이젠하워에게 편지하여 양 당 의원들도 두 사람의 협의에 안도한다고 썼다. "나는 우리의 대화로부터 계속 힘을 얻습니다. 특히 의회의 공화당 지도자들은 굉장한 박수갈채를 보냈습니다." 존슨은 말했다. 굿패스터의 브리핑은 아이젠하워에게 필요한 정보를 제공했고, 덕분에 아이젠하워는 과민한 공화당원들이 선을 넘지 않도록 관리했다. 존슨에게 문제는 민주당이었다. 또한 제이콥 제빗과 같은 진보 공화당 의원이 존슨에게 공개적인 평화 협상 개최를 촉구했을 때, 아이젠하워는 존슨의 불쾌함을 이해했다. "협상이라는 것이 가능하려면 협상할 상대가 있어야 하고, 상대가 협상의 의지를 가지고 있어야 한다는 것을 왜 사람들이 인식하지 못하는지 알 수가 없다."

무조건적인 공개 평화 협상과 개발원조금 10억 불 제공에 대해 언급한 존스홉킨스대학에서 있었던 4월의 역사적 연설 이후, 존슨은 정치 기류가 유리하게 감도는 것을 느꼈다. 〈댈러스 모닝뉴스〉는 린든 존슨이 한 손에 폭탄, 다른 손에 10억 불을 들고 전투기 안에 있는 시사 만화를 실었다. 의원들은 그것을 걸작이라고 평했다. 1965년 봄 유권자의 2/3가 비록 지상군을 8만 2천명까지 늘이기는 했어도 전쟁에 대해 존슨이 잘한다고 생각했다.

그러나 존슨은 또 다른 어려운 선택에 직면했다. 5월, 클리포드는 존슨에게 "수렁"에 빠져 함정에 갇힐 위험이 있다고 경고했다. 남베트남 군대는 격침되고 정부는 다시 붕괴 직전이었다. 베트남 주둔 미사령관 윌리엄 웨스트모랜드 장군은 맥나마라에게 "이 전쟁에서 적을 물리치기"를 바라면 15만 명의 병력을 더 파견하라는 요청서를 보냈다.

"우리는 지옥의 혼란에 빠졌다." 맥나마라가 동료에게 말했다.

케네디처럼 존슨도 군사적 견해에 예민했다. 나중에 번디는 그가 부대에 일반 명령을 내리는 것을 어려워했다고 설명했다. "그들보다 더 높은 자리에 있었던 아이젠하워나 그런 명령 따위 내리지 않았던 트루먼과 그는 상황이 달랐다…… 양쪽 모두 극단적이긴 하지만, 모든 것을 감안할 때 트루먼과 아이젠하워, 특히 루즈벨트는 군의 고위인사들을 다루는 데 있어 케네디나 존슨에 비해 좀 더 자신감이 있었다."

존슨은 아이젠하워의 생각을 알고 싶었다. "그가 나이가 너무 많다고 보지 않는다." 6월 10일 아이젠하워에 대해 이야기를 하며 맥나마라에게 말했다. 굿패스터는 정기적으로 두 주에 한 번씩 워싱턴에서 게티즈버그까지 오가고 있었고, 웨스트모랜드 장군의 추가 파병 요구에 대한 보고와 함께 존슨의 백악관 논의 요청을 전했다. 그래서 6월 30일 아이젠하워는 존슨과 맥나마라와 함께 백악관 식당에서 점심을 했다. 영부인 버드 여사는 아이젠하워에 대한 언급을 일기장에 기록했다. "심각하고 나빠질 수 있는 상황에서 아이젠하워의 말은 해결의

알맹이였다….”

버드 여사는 역사가 로버트 달렉에게 자신의 남편에게 가장 어려웠던 것은 과연 그 전쟁이 옳은 것인지 알지 못하는 것이었다고 말했다. “마치 목에 걸린 가시 같았다. 민권, 가난, 교육의 어려움이 있는 이때 존슨은 이 전쟁이 옳다는 강력한 느낌을 갖지 못했다. 사실 옳다는 확신만 있으면 책임을 감수하고 대가를 치를 수 있다. 하지만 모를 때는…….” 그녀는 말문을 닫았다.

걱정은 그녀만의 것이 아니었다. 존슨의 커져가는 우울증은 측근이 보기에도 뚜렷했다. 편히 자지도 못했다. “나는 순교자 같은 기분이 든다.” 캐나다 총리 레스터 피어슨이 그를 만나러 캠프 데이비드에 왔을 때 한 말이다. “국내외 친구들에게 오해되고 오판되고 있다.” 홍보관 빌 모이어는 커져가는 자책감과 공포증이 시달리는 “고통스런 사람”을 보았다고 말했다. “베트남전은 이미 돌이킬 수 없는 길이 되었음을 누구보다 잘 인식하고 있었다.” 옳지 않았다면 퇴임 후 어떤 의미가 될지 존슨은 모이어에게 그의 기분을 말했다. “마치 루이지애나 늪에 빠져 자꾸 아래로 빨려들어가는 것 같다.”

“그 이야기를 했을 때 존슨은 침대에 누워 이불을 머리 위까지 덮었다”고 모이어가 기억했다. 그리고 이때는 겨우 1965년이었다.

맥나마라는 존슨에게 세 가지 선택 사항을 내놓았다. 미군을 완전 철수시키든지, 현재의 7만 5천 병력으로 버티든지, 아니면 확전이었다. 합참의장도 웨스트모랜드 장군이 원하는 지원에 동의했음을 존슨에게 전했다.

7월 2일 미결 상태에서 존슨은 요청하는 20만 군인을 파견할 경우 그에게 보장되는 것은 무엇인지 확신시키라고 맥나마라를 다그쳤다. “베트콩이 들어와서 갈갈이 찢어버리고 이것이 끝없이 계속되며 절대로 끝나지 않으면 어떻게 될까?” 밤 11시가 지나 그는 확실하고 분명한 것을 원한다며 아이젠하워에게 전화했다.

아이젠하워는 말했다. “전면전밖에 없습니다. 이것이 전쟁입니다. 그들이 우리를 계속 전력을 투입하는 한, 내 충고는 당신이 해야 할 일을 하라는 것입니다.” 만약 존슨이 “빌어먹을, 우리는 이 전쟁을 끝낼 것이고, 이길 것입니다……. 우리는 굴복할 생각이 없습니다”라고 각오한다면, 어떤 식으로든 협상의 기회가 찾아올 것이다.

"우리가 정말 베트콩을 격퇴할 수 있다고 생각하십니까?" 존슨이 물었다. 그는 국내 상황도, 의회 분위기도 알고 있고, 공화당 경쟁자들이 어떻게 협상 체결을 요구하는지 정확하게 알고 있었다. 그는 수단과 목적과 실제적 타협의 달인이었지만, 적에 대해서만은 감이 오지 않았고, 목적을 달성할 수 있을지 알 수 없었다. "이 점이 가장 어려운 것입니다." 아이젠하워가 그의 말에 동의했다. 그들이 상대하는 게릴라가 얼마나 되는지, 유입되는 군대와 반군이 얼마나 되는지 전혀 몰랐기 때문이었다. 하지만 다시 한 번 더 그는 이해관계를 분명히 했다. "자유국가에서 벗어나게 하려는 것이 아니라, 우리는 그들의 체제 수립을 돕는 것입니다."

물론 아이젠하워는 "'내가' 그들의 체제 수립을 돕는 것"이라고 말하는 것 같았다. 그가 재임 시 군사적 보호를 거절했다 하더라도 남베트남 독립에 그의 사적 이해관계를 가지고 있었다. 프랑스가 1954년 패배한 이후 베트남은 제네바협정에 따라 임시로 둘로 나뉘고 2년 내 자유선거를 통한 재통일이 계획되어 있었다. 하지만 선거가 진행되면 호치민의 공산주의 정부가 탄생한다는 사실이 명백해졌기 때문에, 아이젠하워 정부는 통일을 막고 남베트남에 경제적, 군사적 지원을 추진하여 공산주의의 도발로 인해 "국가들이 줄도산" 되지 않도록 보루로 삼았다. 남베트남은 아이젠하워 행정부가 실제적으로 만들어주지 않았더라면 국가로 존재하지 못했을 것이다.

통화를 끝내며 존슨이 아이젠하워에게 말했다. "귀하야말로 내가 본 최고의 참모총장입니다. 이번 문제를 귀하의 의견에 따르겠습니다."

결국 존슨은 철군은 재난을, 현상 유지는 천천히 맞이하는 패배를 의미하는 것으로 결정 내렸다. 10월까지 20만 군대를 추가 파병하기로 했지만, 꼭 필요한 것 이상은 의회나 국민에게 알리지 않기로 했다. 교육, 주택, 의료보험, 투표권, 지역사회개발에 대한 정부 지원 등 국내 문제를 의회를 통해서 차례로 추진시켜왔기 때문에 추가 파병으로 인해 지불해야 할 대가를 인정하고 싶지 않았던 것이다. 즉, 세금 인상의 필요성이나 23만 5천 명의 예비군 소집 등 전쟁의 장기화와 비용 감수에 대해 대비해야 한다는 사실을 밝히지 않았다.

아이젠하워의 지지가 있는 한 다른 것은 필요 없었다. 만약 아이젠하워와 케네디의 정책을 유지하고 명예롭게 그들의 공약을 이행하는 일이었다면, 그조차 필요 없었는지 모른다. 기회가 있을 때마다 존슨은 "작지만 용감한 나라를 수호하는" 전임들의 "성스런 공약"을 마음속에 부적처럼 새겼다. 존슨은 아이젠하워가 디엠에게 보낸 1954년 편지 사본을 늘 주머니에 넣고 다니며, 남베트남 수호가 미국의 성스런 의무의 원천임을 수시로 인용했다. 공산주 확대의 저지 역시 미국의 "위대한 이해관계"가 포함되고, 또 국가의 명예를 드높이는 기본 테두리라고 말했다. 우리의 약속은 11년 전 케네디와 아이젠하워 행정부 시대로 거슬러 올라간다고도 주장했다. "우리의 약속 불이행으로 인한 불명예를 받아들일 수 없고…… 우리를 믿고 신뢰했던 사람들을 테러와 탄압에 내몰아 살해되도록 내버려 둘 수 없다."

그래서 비록 그가 만들지 않았어도 버릴 수 없었던 성스런 공약, 실질적인 조약이 있음을 제시함으로써 스스로 함정을 팠다. 월남의 미래뿐만 아니라 미국의 신뢰까지 위험한 줄타기에 올려놓았고, 물론 자기 자신도 마찬가지였다. 국가적 공론화를 피하는 한 그것은 미국의 전쟁이 될 수 없었고, 결국 린든 존슨의 전쟁이 되는 상황이었다.

이것은 아이젠하워를 거북한 입장에 빠뜨렸다. 그가 어떤 희생을 치르더라도 남베트남을 수호하겠다는 서약을 한 적이 없었기 때문이다. 8월 17일 기자들에게 말하면서 아이젠하워는 단언했다. "베트남에서 공산주의는 단절되어야 합니다…… 공산주의가 다른 곳까지 확대되면 더욱 어렵고 힘들게 될 것입니다." 하지만 그는 존슨의 작전이 근본적으로 자신의 정책 결과였다는 언급은 슬며시 부인했다. 그는 베트남 수호에 대한 일방적 군사 공약을 한 번도 한 적이 없었고, 단지 디엠에게 "경제적 해외 원조"만 약속했을 뿐이라고 주장했다. 그는 군사적 직접 개입이 두려워서 프랑스 군대에 전투기 공급을 거절했다. 베트남 "국가"는 인위적으로 설립되었는데, 그런 국가를 수호하기 위해 어떻게 더 많이 희생해야 하는가?

어떤 사람도 답을 아는 사람은 없다. 이이젠하워는 그가 절대로 하지 않은 파병을, 존슨이 군대를 보낸 이유로 상황이 바뀌었다고 말할 수 있다. 어쨌든 유권자들에게 아이젠하워는 아시아의 육지전만은 피했다는 사실로 기억된다. 〈뉴욕타임스〉 헤드라인은 이렇게 말했다. "사이공의 군사적 약속은 아이젠하워에 의해 거절되었다."

이제 사설 편집인들도 백악관의 정보들이 유인 상술이었다며 논쟁에 끼어들었다. 그들은 백악관이 은밀한 전쟁 확대에 아이젠하워 이름을 이용했다고 주장했다. 이틀 후 〈뉴욕타임스〉 사설은 다음과 같이 꾸짖었다. "의회의 논의도 피했을 뿐 아니라, 추가 파병에 대한 결정도 끊임없이 부인해 왔다. 실제로 1954년 이래 미국 정책에 투입된 노력들이 아무것도 바꾸지 못한 것으로 드러났다."

이것은 백악관 통치에 치명적 손상을 입혔다. 그는 아이젠하워에 대해 몹시 분노했을지 모르지만, 어느 때보다 그를 필요로 했다. 존슨은 아이젠하워에게 곧바로 전화했다. "그들이 우리를 싸움 붙이려고 하지만, 내가 여기 있는 한 그럴 수 없을 것입니다"라고 언론에 대해 말했다.

아이젠하워는 그를 안심시켰다. "알다시피, 외교 부분에 있어서 모두에게 인기를 읽을 수는 없습니다. 언제나 많은 사람이 각자 답을 갖고 있습니다. 나도 나름대로 답을 가지고 있다고 확신합니다."

번디는 굿패스터에게 써준 메모에서 이해관계를 분명히 설명했다. "베트남의 군사 작전 다음으로 존슨 대통령과 아이젠하워 전 대통령 간의 친밀한 이해관계 유지를 위해 지난 20개월에 걸쳐 해왔던 협력보다 더 중요한 것은 없습니다." 그는 모든 서류 자료를 굿패스터가 아이젠하워에게 전달하도록 넘겨주었고, 그 안에는 1954년부터 처칠과 디엠에게 보낸 아이젠하워의 편지 사본과 동남아조약기구SAEATO 설립에 관한 아이젠하워의 의회연설문이 들어있었다. 처칠의 편지는 공산주의가 동남아시아로 확대되면 "전체 자유진영에 심각한 위협이 될 것"임을 단언했다.

"대통령은 이 서류들을 아이젠하워 장군이 볼 수 있도록 해달라고 요청했다"고 번디는 굿패스터에게 전했다. "이것은 존슨 대통령이 서류를 기록에 남기고자 한 것이 아니라, 다만 세 대통령에 걸쳐 지난 10년 간 이룩된 향후 정책 결정의 기본노선을 분명히 밝히기 위한 것입니다……. 존슨 대통령은 아이젠하워 장군과 근본적 원칙에 견해를 일치시키고 있다는 믿음에서 엄청난 용기를 얻고 있습니다."

국가와 조직에 영향을 끼치는 아이젠하워의 중요성을 긍정하는 존슨의 편지는 은근한 위협이었지만 달콤한 위안이기도 했다. "어떤 사람도 대통령직에 대한 누적된 요구를 당신보다 더 잘 아는 사람은 없습니다. 어떤 사람도 우리 국가의 최선의 이해관계에 당신보다 더 많은 관심을 기울이는 사람은 없습니다"라고 덧붙이고 그를 칭찬했다. "당신의 품격과 지혜에 막대한 힘이 있습니다."

존슨에 따르면 아이젠하워는 자신이 늘 받아왔던 영원한 존경, 즉, "애국자, 군인, 대통령, 이제는 국가에 대한 현명한 정책자문관"에 자신감이 차 있었다.

"아이젠하워 장군은 이 편지에 대해 몹시 기뻐했습니다." 그를 만난 다음날 굿패스터가 보고했다. "여러 차례 이 문제에 대해 언급했습니다." 아이젠하워는 굿패스터에게 베트남에 대한 책임감과 연속적 관심에 문제가 없다고 확신을 주었고, 또 그에 대한 목표는 언제나 동일했고 지난 11년 동안 단지 방법만 바뀌었을 뿐이라고 강조했다. 그것은 좋은 일이었지만, 존슨이 수만 명이 넘는 미군들에 대한 파병 문제를 고려했던 대로 가장 중요한 것은 방법이었다.

1965년 8월 19일 당일, 아이젠하워는 리처드 닉슨과 제럴드 포드를 포함한 여러 공화당 지도자들과 회의를 하고 있었다. 기자회견에서 아이젠하워는 베트남에 대해 그가 존슨과 의견이 다르다는 루머는 "헛소리"라고 주장했다. 존슨의 진행 방향은 1954년 이래 많이 바뀌어온 현재 상황에서 최선이었다고 말했다. "이런 위기에서 선량한 미국인이 할 수 있는 유일한 길은 대통령을 지원하는 일이다." 한편 백악관은 두 대통령 사이에 분열은 없다고 언급했다. "그런 분열을 조장하기 위해 아이젠하워 장군을 이용하는 것은 국가 이익에 도움이 된다고 생각할 수 없다."

하지만 모든 공화당계 인사들이 여기에 동의하는 것은 아니었다. 백악관이 말하는 "정치적 목적을 위해 누군가를 꼭두각시로 이용했다는 무책임한 변명"에 대해 백악관이 아이젠하워에게 사죄해야 한다고 포드가 비난했다. 그는 공화당 의원들이 미국의 베트남 공약에 관한 지금까지의 정황에 대해 세부보고서를 발표할 거라고 장담했다.

그러자 이에 대해 반격했다. 포드가 조악한 등사판 백서[白書]를 오기 페이지 그대로 급히 만들어 공개하기도 전에, 백악관은 매끈하게 만들어진 푸른 표지의 27쪽 짜리 소책자《왜 월남이 중요한가》를 공개했다. 아이젠하워는 전쟁의 정황에 관한 공화당의 기록 백서를 부인했고, 존슨은 그를 "힘의 큰 탑"이라고 불렀다.

굿패스터의 정규 브리핑에도 불구하고, 아니, 어쩌면 그 때문에 아이젠하워의 근심이 커져가고 있었다. 그는 존슨의 망설임을 감지했다. 임무에 대한 확고한 약속도, 베트남에 대한 설명이나 방어 의지도, 비용에 대한 국내 정책의 보호 의욕도 부족했다. 데이비드 아이젠하워는 어느 정도 아이젠하워 전 대통령이 자신이 이용당하고 있었음을 깨달았다고 주장했다. 존슨을 만나기 위해 데이비드가 워싱턴에 들렀을 때, 예전 비서 브라이스 할로의 사무실에 먼저 들렸다가 함께 백악관으로 가기 위해 동승했다. 할로는 데이비드에게 말했다. "전반적으로 '존슨이 나를 이용한다'라고 하면서 깊은 신음 소리를 내셨습니다." 때때로 할로는 장군이 마음을 돌려 게티즈버그로 돌아가는 것이 아닌가 생각했다. "그런데 외교 리셉션룸에서 장군은 대통령을 보고 마음을 바꾸었고, 갑자기 미소를 지으며 온화한 모습을 보였습니다." 존슨과의 회담은 매우 따뜻했고 "장군은 그 만남을 무척 좋아했습니다. 적어도 처음에는 말입니다." 할로는 말했다.

그의 연설문 작성자 윌리엄 이왈드는 존슨이 아이젠하워를 워싱턴으로 불러서 워싱턴 공항 헬리콥터 안에서 비밀회의를 했던 일을 기억했다. 아이젠하워는 비행기를 타고 가면서 대화를 메모했고, 그의 보좌관 한 사람이 스포츠 경기 점수를 확인하려고 라디오를 켰을 때 속보를 흘러나왔다. "대통령이 방금 아이젠하워 장군과 만났다."

"저런 빌어먹을!" 아이젠하워가 화가 나서 외쳤다. 그리고는 "그는 이것이 비밀회의가 되어야 한다고 했다"고 말하고 나서 기록하던 종이를 찢어버렸다.

아이젠하워는 1965년 11월에 또 한 차례 심장마비를 일으켰는데, 그것은 정치에서 한 발작 뒤로 물러서는 것을 의미했다. 그 해 말 린든 존슨은 지지율 64%로 갤럽 여론조사에서 가장 존경 받는 인물이 되었고, 아이젠하워는 두 번째였다.

국론 갈등

1966년 베트남 문제가 교착상태에 이르면서 강경파들은 전면 공격을 원했고, 반대 측은 즉각적 철수를 주장했다. 연방준비위원회 의장은 수백 명의 사업가들과 더불어 〈월스트리트저널〉에 존슨에게 보내는 반전 요구 편지를 실었다. 보스턴 컬리지의 한 대학생은 맥나마라 국무장관의 창문 밖에서 분신 자살을 기도했다. 마틴 루터 킹 목사도 1964년 대선 때 존슨을 지지하는 선거 광고에서 수호성인 역할을 했던 벤자민 스포크 박사와 함께 반전운동을 벌였다. 목사들, 가정주부들, 일생 한 번도 정책 시위를 해본 적 없던 사람들조차 이게 참가했다. 조지 H. W. 부시라는 젊은 텍사스 의원도 지역 유권자들에게 편지를 썼다. "나는 솔직히 말해서 더 많은 미국 청년들을 베트남에 파견하는 데 반대한다." 데이비드 아이젠하워는 언급했다. 존슨은 "정신적, 역사적" 지원만을 기대한 것이 아니라 인기 없는 전쟁을 치를 명분이 필요했고, 정책 수행에 따른 여론을 얻기 위한 역사적 노력에 대통령 클럽 한 회원의 승인이 필요했던 것이다.

　　1967년 중반까지 7만 명 이상이 죽고 부상을 당했다. "군인들을 전쟁에 내몰고, 펜타곤으로부터 오는 전화를 통해 그날의 사상자 수를 점검하는 일보다 더 비참한 일은 없다. 언젠가 나는 존슨에게 '당신은 어떻게 이런 일을 참을 수 있습니까?'라고 물었더니 그는 매일 아침 석탄산石炭酸, 소독할 때 쓰는 냄새나는 약품을 마시는 것 같다고 대답했다"고 잭 발렌티가 말했다. 잠이 오지 않을 때 그는 손전등을 들고 백악관을 거닐었고, 집무 중 뇌일혈로 마비가 왔던 우드로 윌슨 대통령의 초상화를 쳐다보거나, 가장 최근 뉴스와 사상자 수를 살펴보기 위해 새벽 3시에 상황실에 들르기도 했다. "어떤 야비한 신이 가장 무자비한 방법으로 그를 고문하는 것은 아닌지 의심을 떨쳐버리지 못하는 것 같았다"고 굿윈은 전했다.

　　아이젠하워는 존슨의 개인적 역량을 염려했다. "전쟁이나 전투는 사람의 마음을 불안하게 하고 판단을 잘못 내리게 할 수도 있다." 아이젠하워는 1967년 가을에 농장을 방문하러 온 닉슨에게 말했다. 당시 그는 존슨이 재선에 도전하도록 계획을 세우고 있었다. 아이젠하워는 걱정했다. 존슨 대통령은 "언제 내적 압박의 정도를 제대로 측정하지 못해 휴식을 취해야 할 타이밍을 잡지 못하고 있다. 정치 외에는 취미나 관심도 없다." 존슨은 점점 더 정치계에 몸 담아왔던 오랜 추억을 갖고 있는 사람들과 있을 때 마음의 위안을 얻었다. 미주리 주에 있는 트루먼을 방문하곤 했고, 이를 "전쟁 동안 나의 작은 위안"이었다고 평했다.

그는 언젠가 굿윈에게 말했다. "당신도 알지만, 트루먼의 위대한 점은 원폭을 포함해서 일단 결심을 하면 전혀 뒤를 돌아보거나 '내가 해야만 하는가?'라고 묻지 않는다는 것이다. 할 수 있는 최선으로 결정했음을 자신은 잘 알고 있다. 되돌아가지 않는다. 나도 그런 인격이 있으면 좋겠다."

어느 날 존슨이 수술을 받은 뒤 월터 리드로 아이젠하워를 방문했을 때 우연히 아이젠하워의 목사인 에드워드 엘슨 박사를 만났다. 그가 존슨에게 아이젠하워의 정신에 대해 물었을 때 한 대답은 그가 많은 도움을 필요로 한다는 점을 드러냈다. "엘슨 박사님, 위안이 필요할 때면 나는 이곳에 와서 그를 만납니다."

그러나 시간이 가면서 아이젠하워도 존슨의 이중성에 대해 점점 불안해졌다. 목표와 희생에 대한 올바른 평가란 무엇인가? 성격이 온화한 존슨이 주장하는 "고통 없는 진쟁"에 대한 신념은 아이젠하워를 공격하겠다는 결심으로 보였다. 아이젠하워는 불평했다. "그는 미국인에게 총과 더 많은 버터를 주겠다는 약속을 했고, 지금 총은 거의 버터에 뒤덮이고 있다. 나는 이 약속이 가능하다고 믿지 않는다." 존슨의 인기는 1951년 트루먼이 23%로 떨어진 이래 최저 수준까지 가라앉았다. 그는 시저, 잔혹한 정치인 칼리구라, 이태리 독재자 무솔리니와 비교되었다. "리 하비 오스왈드, 당신은 지금 어디 있는가?" 시위자들은 그렇게 플래카드에 적었다(리 하비 오스왈드는 케네디 대통령 암살범이다-옮긴이). 바비 케네디는 무조건적인 폭격 중단을 촉구했다. 1967년 봄 미국인 2/3가 존슨의 지도력을 신뢰하지 않는다고 답했고, 나라의 절반이 무엇을 위한 전쟁인지 알지 못했다. 볼티모어 징집사무소에서 그 해 가을 한 가톨릭 신부는 16개의 기록물 서랍에 1리터의 피를 부었고, 맨해튼 뉴스쿨에서 진행된 한 쇼에서는 미스 네이팜napalm, 화염성 폭약의 원료로 쓰이는 젤리 형태의 물질과 다른 죽음의 심볼에 둘러싸인 존슨의 모습을 전시했다. 이어 펜타곤에서 가두 시위가 벌어졌고, 이 일로 존슨은 집회 참석자 수를 줄이기 위해 버스 회사에 운행 보류를 촉구했다.

특히 하노이 정부가 반전운동가들의 "가치 있는 지원"과 "대대적인 격려"

를 환영했을 때 백악관은 불만이 고조되는 상황을 지켜보았다. 장군들은 "저쪽"에서 승리하고 국내에서는 패배할 수 있는 상황에 대해 공개적으로 이야기하기 시작했다. 정책자문 제임스 로위는 "엘리트층의 의견이 반전 쪽으로 빠르게 기울기 시작했고, 결국 이 전쟁을 반대하지 않던 사람조차 변하고 있을지 모른다"고 경고했다. 대선이 서서히 다가오고 있었다.

전적으로 정치적인 고문이란 바로 이런 것이었다. 사랑 받는 위대한 대통령이 되고 싶었던 존슨이 이런 저주 받을 전쟁에서 승리하는 데 있어서 첫 장애는 그가 하는 것을 더 이상 믿지 않는 일반 대중의 반대였다.

1968년 대선을 위해 리처드 닉슨이 "침묵하는 대중"에게 유세를 하는 동안, 존슨은 그의 공약에 애매모호한 태도를 취하는 중산층 표를 얻으려고 노력하며 대통령 클럽을 이용했다. 자기 자신은 이 전쟁의 당위성을 설득할 수 없더라도 어쩌면 클럽은 가능할지도 모른다. 시위자들을 막기 위해 존슨의 빈틈없는 특별자문이자 전 브렌다이스대학 정치학교수였던 존 로슈에게 임무가 맡겨졌다. 로슈는 전형적인 냉전 시대의 자유주의자였고, 미국민주활동의 의장을 역임한 적이 있었다. 상원의원 당시 케네디의 정책자문이기도 했으며, 험프리의 연설문을 작성했고, 존슨 당선 후 백악관 상주 정보관으로 들어갔다. 그는 베트남에 대해 다음과 같이 말했다. "이 전쟁은 지금까지 우리가 겪었던 모든 싸움 중 가장 이념적인 것이다. 나는 이를 죽는 날까지 주장할 것이다."

로슈는 이렇게 말하곤 했다. "정치에서 일직선은 재난으로 향하는 지름길이다." 그래서 정당화를 위해 완곡한 주장을 내놓았다. 존슨이 아우성치는 지성인들과 수습할 수 없는 시위대를 상대로 지원 세력이 절실했을 때, 로슈는 1967년 봄 세간의 주목을 끌 만한 저명한 위원회를 구상했다. 그는 기밀 문서를 통해 "흔적을 남기지 않을 것"이라고 약속했고, 또 위원회를 지원할 편지 작성단까지 약속했다. 전 일리노이 상원 폴 더글러스는 완벽한 적임이면서 친시민과 노동권리를 지지하는 강력한 반공인사였다. 역시 협력할 제임스 로위는 존슨 대통령이 하버드대학 교수가 최소 두 명은 참여하면 좋겠다는 의사에 따라 합류했다. 존슨은 계획에 동의했지만 "표면에 드러내지 말도록" 주의를 주었다.

10월 말 내셔널프레스클럽에서 더글러스는 초당적 베트남 자유평화 시민위원회 창설을 발표했다. 그리고 명예 공동의장은 해리 트루먼과 드와이트 아이젠 하워였다.

　이 그룹은 과격 좌익과 우익에 대한 평형추로써 제시되었다. "반대의 목소 리는 실제 숫자에 비해 훨씬 과장된 관심을 받곤 한다." 위원회 임무성명서에서 말했다. "우리의 목표는 미국 주류의 목소리가 크고 똑똑히 들리게 하여 북경과 하노이가 일부 반대자들의 비판의 목소리 때문에 미국의 의지가 약화되고 좌절 했다고 오해하지 않도록 하는 것이다." 이 위원회는 사업가, 교수, 노벨수상자들 로 명망 있는 현자의 분위기를 풍겼다. 거기에는 이전 국무장관 딘 애치슨과 제 임스 바이너, 전 하버드대 총장 제임스 코넌트, 전 캘리포니아 주지사 팻 브라 운, 미국노동총연맹 회장 조지 미니, 작가 랄프 엘리슨, 장군 오마 브레들리와 다 른 현존 장군 5명으로 이루어졌다.

　세계가 미국의 의지가 와해되어 버리는지 아닌지를 지켜보고 있었다. "미국 내 침묵하는 중도세력이 시민위원회나 다른 채널을 통해서 효과적인 목소리를 찾을 수 있다면 미국 외교 정책은 우방과 적들에게 똑같이 상당히 더 많은 권위 가 서게 될 것이다"라고 〈타임〉이 밝혔다.

　여러 차례에 걸쳐 전 상원의원 더글러스는 이 위원회의 독립성을 확인시키 곤 했다. "목적에 대한 의심과 달리 우리는 행정부를 위해 전면에 선 것이 아니 다." 몇 개월 후 이 위원회가 하노이에 대해 일방적 양보를 하는 것은 항복하는 것과 다름없다고 성명서를 내놓았을 때 그는 기자회견에서 이렇게 이야기했다. 하지만 어떤 중량급 위원회도 이 전쟁에 대한 미 중산층의 커져가는 불안을 진 정시키기에는 너무 늦었다.

　아이젠하워는 존슨의 노력에 대한 지원을 계속했고, 그에게 끝까지 강경하 게 나갈 것을 촉구했다. 존슨은 이렇게 회고했다. "언젠가 아이젠하워에게 풀브 라이트와 친구들이 나를 곤란하게 하는 것에 관해 불만을 표하자 내게 말해주 었다. '계속 앞으로 나아가고 그들을 물리치고 지나치게 교육받은 상원의원들을 신경 쓰지 마세요. 그것이 문제를 해결할 수 있는 길입니다.'" 크리스마스 때 한 기자와의 인터뷰에서 아이젠하워는 단언했다. 베트남에서 철군하겠다는 공약으 로 대통령에 출마하는 민주당이나 공화당 후보는 "나와 논쟁하게 될 것이며 나로 하여금 미국 전역에 선거 유세를 시작하게 만드는 일이 될 것이다." 이 발언에 대해 〈뉴욕타임스〉의 칼럼니스트 톰 위커는 다음과 같이 언급했다. 그의 발언은 "대단히 호전적"이고, 1952년 후보 시절 한국전쟁에 대해 질문 받았을 때 "우리는 어디로 가야 하는가? 언제 끝이 날 것인가? 과연 끝이 있을 것인가?"라고 한 발언과는 상당한 차이가 있어 놀랍다고 했다.

　여하튼 아이젠하워의 유세 시절은 끝났고 지금은 존슨 대통령 시절이었다. 1968년 초 그는 실제적으로 백악관의 포로였다. 베트남의 구정 공세Tet Offensive가 1월말에 시작됐고 8만의 공산군이 남쪽의 백 개 이상 되는 도시와 마을을 공격했다. 공격이 끝났을 때 북쪽은 막대한 피해를 입었지만, 백악관과 펜타곤이 '터널 끝의 불빛'이라고 약속한 데 대한 모든 신뢰 역시 사라졌다. 맥나마라는 사임했고, 웨스트모랜드 장군은 아직도 더 많은 파병을 요청했다. 1948년 해리 트루먼에 반대했을 때처럼 또 다시 미국민주행동단체의 진보주의자들이 반란을 꾀했다. CBS 뉴스앵커 월터 크론카이터는 베트남전은 성공할 수 없는 것이라고 공개적으로 주장했고, "나는 이제 미 중산층을 잃었다"고 존슨은 말했다. 평화를 주장하는 후보 유진 매카시가 뉴햄프셔 예비선거에서 42.4% 표를 얻어 승리했고, 이 후 분석에서 그의 표 중 60%가 존슨이 빠르게 확전을 하지 않는다고 느꼈던 사람들한테서 나왔음을 보여주었다. 정치의 교착상태, 거짓, 고향으로 돌아오는 끝없는 시체 열차에 그들은 앓고 있었다. 존슨은 1968년 3월 31일 일방적 폭격 중단을 선언하고, 평화를 이룩할 수 있다면 "어느 곳이든 언제든" 방문가는 아베렐 해리먼을 그의 개인 특사로 임명했다. "세계의 균형 유지"라는 가히 충격적인 책임을 진 그는 매 호흡마다, 매 시간마다 "대통령직이라는 두려운 임무"에 전념하지 않으면 안 되었다고 하면서 다음과 같이 말했다. "더 이상 그 직책을 추구하지도, 연임을 받아들이지도 않을 것이다."

　이렇게 하여 린든 존슨의 대통령 임기는 사실상 끝이 났다. 그러나 이후 7개월 동안 그는 자신의 결정에 대해 다시 숙고했다. 스스로가 가장 기만적이고 위험한 현대사회의 충돌 속에 있음을 깨달았기 때문이다.

닉슨과 레이건:

캘리포니아 사나이들

―――――― π•0 ――――――

리처드 닉슨과 로널드 레이건은 1966년부터 1994년 닉슨 사망까지 미국 공화당 정치의 정제를 이끌었다. 신실한 어머니와 불운한 아버지 사이에서 태어난 두 사람은 모두 남부 캘리포니아의 보수적 사회에 뿌리를 두었다. 하지만 비슷한 환경에서 태어난 많은 사람들과 마찬가지로, 50년에 가까운 세월 동안 이 둘의 관계는 협력자로, 때론 경쟁자로 계속되었다.

두 사람이 전국 무대로 나갔을 때 그들의 정치적 성향은 개성만큼이나 차이가 뚜렷했다. 닉슨이 냉정한 현실주의였다면 레이건은 열정적 낙관주의였고, 닉슨이 의심 많고 계산적이었다면 레이건은 사람을 잘 믿고 때로 순진했다. 닉슨은 자신이 국내외에서 추진한 많은 정책들이 지지를 받았던 것에 비해 인간적으로는 그다지 인기가 없었다. 그에 반해 레이건은 연설과 무대 연출로 이끌어낸 쾌활한 개성과 달리 추구한 정책은 별로 인기가 없었다. 14년의 간격을 두고 백악관을 떠난 후에도 두 사람은 각기 다른 길을 걸었다. 한 명은 20년간 구원을 위해 세간의 주목을 받으며 노력한 반면, 다른 한 명은 거의 하룻밤 사이에 사라졌다. 둘 사이의 서신 왕래는 35년간 지속되었고 언제나 다정하고 존경심과 정중함을 담고 있었다. 하지만 이것은 두 사람에 대한 이야기의 시작일 뿐이다.

―――――― π•0 ――――――

10

"약속하지만,
악의적인 이야기는 하지 않겠습니다."

- 로널드 레이건 -

리처드 닉슨의 전화는 연결되지 않았다.

1966년 6월의 어느 저녁, 전직 배우 로널드 레이건Ronald Wilson Reagan, 미국 제40대 대통령
이 캘리포니아 주지사 공화당 예비선거에서 다른 후보들을 패배시켰던 날이었
다. 1960년과 1962년의 패배로 여전히 속이 쓰렸던 리처드 닉슨은 당의 새로운
스타와 통화를 시도했지만 성공하지 못했다.

레이건의 압승이었다. 납작하게 눌렀다는 게 더 정확한 표현일지도 모른다.
공화당 온건파인 샌프란시스코 시장 조지 크리스토퍼를 상대로 58개 카운티 중
세 곳만 제외한 모든 지역에서 승리를 거뒀다(패배한 3곳 가운데 두 지역은 박
빙이었다). 바로 지난 주지사 선거 당시 공화당 후보였던 닉슨은 축하 전화를 할
수 없었다. 이 즈음이면 늘 그렇듯 뉴욕에서 LA까지 모든 통화선이 마비되었다.
웨스턴유니언 통신회사는 파업 중이었고 닉슨도 어쩔 수 없이 가장 좋지 못한
방법을 통해 바쁜 공화당 본부로 연락을 취해야 했다. 우편을 보낸 것이다.

"예비선거 경선은 귀하의 능력과 품위로 대단히 효과적으로 치러졌습니다." 닉슨은 레이건에게 편지하면서 우편으로 보내는 사정을 사과했다. "예비선거 상대후보에게 밀리지 않고 크게 물리친 덕분에 11월 선거에서 이길 기회가 한층 높아졌습니다."

일리노이 태생인 레이건은 닉슨의 부모가 오하이오와 인디애나 출신으로 두 사람이 미국 중서부 지역 출신이라는 공통의 약점을 갖고 있음을 우려하며 덧붙였다. "전임인 팻 브라운과 그의 지지자들이 지난 8년간 머물던 험난한 자리에서 물러나는 만큼 이제 당신에 대한 언론과 TV의 대대적인 공격이 이어질 것임을 잘 알고 계실 겁니다. 나의 뿌리이기도 한 중서부 지역에 전해지는 속담 가운데 어려운 때일수록 마음에 새겨 두었으면 하는 말을 전합니다. '흔들리지 말고 마차 속에 단단히 자리 잡고 앉아 있어라.'"

1966년 중반까지 닉슨은 거의 20년 간 로널드 레이건과 가까이 지내며 정책자문을 해왔다. 하지만 이제 레이건의 길은 닉슨의 길로부터 벗어나게 되었다. 비록 두 사람 모두 그 사실을 숨기려고 노력했지만, 두 사람은 더 이상 동맹자가 아니었다.

"그 영화배우 말입니까?"

1947년 여름 34세의 초선의원은 캘리포니아에서 36세의 배우와 마주앉았다. 첫 만남이었다. 닉슨은 자신의 정치 후원자로부터 영화배우조합의 신임 회장이 된 레이건이 조합에 공산주의가 침투할 것을 걱정한다는 이야기를 들었다. 당시 미국의 권력 중심부에 대한 공산주의 유입을 조사 중이던 하원노동위원회의 초선의원에게 이 이야기는 검토해볼 가치가 있었기 때문에 닉슨은 그 해 봄 출신 주에 머무는 동안 레이건을 방문했다.

그들은 생각했던 이상으로 공통점이 많았다. 이른바 대공황 세대였던 둘은 고향의 작은 대학에서 축구와 드라마를 좋아하며 행복한 시절을 보냈고, 1947년 가정을 꾸렸다. 하지만 진로는 대조적이었다. 그 해 11월 오레곤 카운티에서

의석을 차지한 해군참전용사 닉슨은 가는 곳마다 두각을 나타내며 자력으로 명성을 얻었다. 반면 레이건은 배우 셜리 템플Shirley Temple과 함께 '하겐 걸That Hagen Girl'이라는 영화를 찍었지만 활동이 뜸해지면서 조합 일로 시간을 보냈다. 두 사람은 정치적으로는 정반대여서 딕닉슨은 보수주의 공화당을 지지한 반면, 론레이건은 정치가 중요하지 않던 고향에서 솔직하게 의견을 주장하는 루즈벨트 계열 민주당을 지지했다. 닉슨이 곤란한 점에 관해 마음을 털어놓지 않는데 반해 레이건은 성격이 느긋하고 매력적이어서 십 년 이상 인기인들, 그리고 선도하는 사람들과 함께 어울리며 활동했다. 대학 졸업 후 레이건의 첫 번째 직업은 아이오와 데번포트의 라디오 방송국 소속 축구 해설가였고, 닉슨은 법대 졸업 후 FBI에서 일했다.

닉슨의 소속위원회는 레이건의 증언이 이상적인 사례처럼 들렸다. "나는 그의 말에 특히 관심을 갖고 위원회의 조사가 상당히 도움이 될 것이라고 생각했다"라고 최초로 그에게 의회 출마를 권했던 위티어 은행장 허먼 페리에게 보고했다. "레이건은 진보주의자이기 때문에 정치적 반대 논리라는 비난을 받지 않는 좋은 증인입니다."

레이건은 가을에 워싱턴에서 증언했고 닉슨도 그 청문회에 출석했다. 그가 질문을 거의 하지 하지 말아달라고 요청했고, 또 그 배우의 말은 대단한 것이 아니어서 당분간 둘의 협력 관계는 휴면에 들어갔다.

1959까지 둘은 서로 연락이 없었다. 그 사이 이혼과 재혼을 겪은 레이건은 영화 사업에서 손을 떼고 제너럴일렉트릭의 사원들에게 강연을 하며 전국을 순회했다. 그러는 동안 진보적이고 반파시즘적이던 성향이 점차 보수적이고 반정부적인 것으로 변했다. 한편 닉슨은 예전 레이건의 친구이자 할리우드 여배우 출신 헬렌 가하간 더글라스 의원을 상원의원 선거에서 이긴 뒤 마흔이라는 젊은 나이에 아이젠하워의 부통령이 되었다.

닉슨은 대통령 선거준비에 한창이던 1959년 레이건과 다시 만났다. 당시 "사업, 투표, 관료"라는 제목으로 이어진 레이건의 강연이 뉴욕시에 있던 동료에 의해 닉슨의 귀에 전해진 것이다. 레이건의 정치적 견해였던 그 연설은 보수주의 원칙에 부합하는 호소로, 정부의 과소비 일화와 미국 역사 이야기들이었다. 레이건의 강연 자체가 주목할 만한 내용이라고 보기는 어려웠다. 하지만 전국 각지를 누비며 제너럴일렉트릭 사의 대변인으로서 수천은 아니어도 매달 수백 명을 상대로 연설하는 것을 감안할 때, 닉슨은 12년 전에 만났던 그와 다시 연락할 기회라고 생각했다. 그래서 닉슨은 그에게 편지를 보냈다. "당신은 우리의 현 조세제도를 대단히 잘 분석했다고 생각합니다. 최근 몇 개월간 나는 미국인이 세금과 예산소비들, 선거 등에 의혹을 품는 뚜렷한 추세에 자극을 받았습니다. 가능하다면 당신의 지혜를 나눌 기회가 많기를 희망합니다." 간단한 추신에서 닉슨은 1947년 만났던 좋은 인상에 대한 회고를 언급했다.

일주일 뒤 레이건은 닉슨의 편지에 감사하는 내용의 깨끗한 자필 편지를 보냈다. 닉슨을 도울 준비가 된 것처럼 보이는 답장이었다. "귀하가 내 강연에 호의적인 편지를 보내주셔서 영광입니다." 전국을 다니는 자신의 상황을 설명하며 연설에 대한 반응도 언급했다. "청중들이 무엇인가 이루어져야 한다고 표현할 때는 호전적이어서 놀랐습니다. 그래서 나는 오늘날의 '국가통제'의 전반적 전환을 구성할 보수적 경제 확대의 필요성을 확신합니다. 실제로 우리 미국인은 민주주의의 힘인 지혜를 충분히 가지고 있는 것으로 보입니다."

닉슨은 즉시 레이건에게 답을 보내며 물가안정에 관한 내각위원회 보고서를 동봉하고 서신에 대한 감사와 전망을 추가했다. "당신은 복잡한 기술적 견해를 이해하기 쉽게 표현하는 능력이 있습니다. 오랫동안 워싱턴에 있는 사람들은 이런 식의 표현력이 너무 부족합니다."

이런 찬사는 널리 알릴 만했다. 7월 8일, 인기 있는 배우 겸 칼럼니스트 헤더 후퍼는 할리우드 가십기사를 통해 소식을 전했다. "뉴욕 월도프에서 로니레이건가 한 연설에 관해 부통령 닉슨이 치하하는 편지를 보냈다." 거기서 닉슨은 "복잡한 세금 문제를 쉽게 파악했다"고 말했다. 헤더 후퍼의 이야기가 표준은 아니라 하더라도 레이건이나 그의 친구들 간에는 상당히 효과가 있었고 닉슨은 레이건의 정치 경력에 도움이 되었다.

곧 양쪽의 친밀한 관계가 다시 시작되었다. 9월에 레이건은 닉슨 부통령이 취한 공산주의 독재자에 대한 강경노선에 치하의 편지를 썼다. 닉슨은 밤새 답

장을 써서 최근 그의 연설문 사본들과 함께 보냈다. 닉슨을 사적으로 만날 희망
을 갖고 12월에 레이건은 1960년 새해에 ABC방송국이 주최하는 로즈볼 퍼레이
드에서 다시 앵커를 맡게 되었다는 사실을 알리는 편지를 보냈다. 그 행사에 닉
슨과 참모들은 육군사령관으로 특별출연이 예정되어 있었다. 어쩌면 레이건이
행사 뒤 만남을 제안했겠지만, 닉슨은 사양했다.

　레이건이 닉슨에게 접근하면서 그는 스스로 민주당으로부터 멀어지고 있었
다. 영화배우연합회 회장으로서의 경험도 그랬고, 그의 친구들도 레이건을 우파
로 밀고 있었다. 또한 그의 장인인 시카고 출신 의사 로열 데이비스가 은퇴 후
정착한 피닉스에서 공화당 상원의원 배리 골드워터와 가까워진 것도 영향을 미
쳤다. 1960년 7월 민주당 전당대회에서 존 F. 케네디가 후보 지명을 받는 것을
본 레이건은 정치적 무대에 대한 전문가적 조언을 주기로 결심하고 서둘러 편
지를 보냈다. 공화당 후보가 "각 후보에 따라 전통적 시범행사를 실시하는 공화
당 후보 지명행사"를 촉구하는 내용이었다. "전당대회에 참석한 대의원들에게
영향력을 보여주기 위한 목적으로 실제로 그런 행사가 존재했던 적이 있지만,
이제 TV가 전당대회를 공개적으로 방송하기 때문에 구체적 운동이 되어야 할
시범행사는 우리를 하찮게 보이게 할 뿐이고 오히려 종합적 시간 낭비로 드러
났습니다."

　케네디의 소년다운 외모를 폄하한 후 레이건은 투표하지 않는 사람들에게
관심을 두면 수백만 표를 더 얻을 수 있을 것이라고 닉슨에게 말했다. 이 내용은
장차 닉슨과 레이건 사이에 일어날 유세싸움의 전조였다. 닉슨은 레이건에게 짧
은 감사의 답장을 보냈다. "나는 옳다고 고집하는 전문가 행세를 할 생각은 없
지만, 이 나라의 2천만 무투표자는 경제를 걱정하는 사람들 중 어느 쪽도 차이
가 없다고 비꼬는 보수 성향 사람들일 가능성이 크다고 생각합니다."

　이제 레이건은 좀 더 편안하게 닉슨에게 사적인 문제까지 조언할 수 있게 되
었다. 심지어 아주 중요한 문제조차도 예외는 아니었다. 그 해 여름 시카고에서
열린 전당대회에서 닉슨이 여전히 러닝메이트를 찾고 있을 때 블랙스톤호텔에
전보가 왔다. 그것은 "부통령 후보로 골드워터를 고려해 주기를 촉구합니다. 만
약 록펠러를 후보에 포함한다면 지원할 수 없습니다."

발신인은 로널드 레이건 부부였다.

닉슨 참모 한 사람이 전보의 서명 아래에 낙서로 질문했다. "그 영화배우 말입니까?" 바로 아래 줄에 닉슨이 답을 썼다. "맞아요."

닉슨 캠프에서 레이건을 단순히 배우라고 취급하는 실수는 이것이 마지막은 아니었을 것이다.

여름 내내 닉슨의 참모들은 레이건을 정치 무대로 데려올 묘안을 궁리했다. 위티어에서 닉슨과 함께 성장한 후 저명한 기자가 되어 허스트 신문사 삽화기자가 된 아델라 로저 세인트 존은 닉슨의 참모 스탠 맥카피에게 월트 디즈니, 제임스 케그니 같은 할리우드계 인사들을 선거캠프로 끌어들일 수 있을 것이고, 그 가운데 레이건은 "아마 가장 적합한 사람일 것"이라고 말했다. 레이건은 당적을 바꾸고 공개적으로 존 F. 케네디에 반대하며 닉슨을 지지하겠노라 제안했는데, 닉슨은 그러지 말고 민주당원으로서 자신을 지원해 달라고 말했다. 그것이 보다 의미 있는 행동이라 보았던 것이다.

1960년 10월에 레이건은 닉슨을 지지하는 남부 캘리포니아의 민주당 부총재가 되었다. 이 유명한 전향자는 선거를 몇 주 앞두고 성명서를 발표했다. "일생 민주당원으로서 살아온 나는 오늘날 민주당이 파벌만 일삼는 영국의 사회노동당 정부 이후 정치 모습을 벗어나지 못하고 있는 것을 느꼈습니다. 이것은 더 이상 내가 젊은 시절 합류했던 민주당이 아닙니다." 레이건의 이런 태도 전환을 본 조 케네디 대사가 몸소 그를 찾았다. "그는 내게 마음을 바꾸어 자기 아들을 지지해 달라고 설득했지만 거절했다"고 레이건이 당시를 회고했다.

선거에서 닉슨은 케네디에게 석패했다. 그리고 2년 후 레이건은 공화당에 입당하게 된다. 그 사이 레이건은 점점 더 뒤로 처져 어려움에 빠지는 캘리포니아 주 공화당이 잘 항해하도록 닉슨을 도왔다. 가령 대선에서 패배한 닉슨은 일년 동안 뉴욕에서 지낸 다음 1962년 캘리포니아 주지사에 출마하려고 돌아왔을 때, 이것은 명백히 잘못된 생각이었고 심지어 닉슨의 부인인 팻 여사조차도 이에 반대했다. 닉슨 본인도 마찬가지로 이 결정에 대해 확신이 없었지만 정계로 복귀하기 위한 더 나은 선택지도 없었다. 하지만 떠난 지 10여년이 지난 후에 가족을 고향으로 이사시켰다는 이유로 모든 공화당 사람으로부터 공격을 받았다.

약 12년 전 주 공직시절 이래 캘리포니아에서는 초보수주의 신세대가 영향력을 얻고 있었다. 그곳 공화당 인사들은 닉슨을 신뢰하지 않았고, 아이젠하워와 같은 국제주의자 편이 되어 워싱턴에서 보낸 8년을 존중하지도 않았으며, 뉴욕에서 온 여행자 모습의 닉슨을 인정하지도 않았다. 그래서 닉슨은 레이건에게 도움을 청하여 무엇보다 우익인사들을 어떻게 다룰지에 대해 조언을 구했고, 레이건도 무대 뒤에서 닉슨이 너무 진보적이라고 생각하는 사람들을 설득하여 기회를 얻을 수 있도록 협력했다.

그러나 중재하는 레이건의 신뢰도 역시 여전히 그가 민주당이라는 이유로 의심을 샀다. 마침내 레이건은 자신의 집 근처 퍼시픽 팔리세이드 지역에서 1962년 열린 공화당 자금 모금대회에서 닉슨을 대신하여 지지 연설을 하기로 결심했다. 연설 도중 청중 가운데 한 여성이 질문했다. "공화당에 정식으로 등록하셨습니까?"

"아닙니다. 아직 하지 않았지만 곧 할 것입니다."

즉시 레이건을 향해 걸어나온 이 여성은 자신을 이 지역 공화당 등록 담당자라고 소개하며 입당 서류를 내놓았다. 그러자 청중들이 박수를 쳤다고 레이건이 당시를 회고했다. "입당서에 서명하고 공화당이 된 다음 물었다. '자, 이제 저는 누구입니까?'"

이것도 닉슨을 구하기에 충분치 못했다. 1962년 거의 30만 표로 팻 브라운에게 패한 다음 날 아침 그는 비벌리힐튼 호텔에서 예정에 없던 즉흥적인 기자회견을 열고 정계에서 영원히 은퇴하겠다고 밝혔다. "여러분은 더 이상 닉슨을 공격할 필요가 없습니다. 왜냐하면 이것이 저의 마지막 기자회견이기 때문입니다."

전문가들은 닉슨에게 정치적 추도사를 고하고 그를 매장시켜 버렸다. 〈타임〉은 이렇게 예견했다. "기적이 아니라면, 그의 정치 생명은 지난주에 끝났다. 그는 불과 49세다."

닉슨의 상황을 밀려난 것이라고 표현하자면, 레이건의 경우는 자유의 몸이 된 것이라 하겠다. 1962년 3월 GE 사는 일요일 밤에 방송하는 '제너럴 일렉트릭 시어터'의 진행자 역할을 더 이상 레이건에게 맡기지 않기로 했다. 그가 두 번째 직업을 얻을 수 있는 배경이 된 자리였다. 이것은 CBS 방송국이 공화당 성향의 사회자로 대변되는 보수적인 프로그램을 감당하지 못한다는 상징적인 사건으로 여겨졌지만, 사실 레이건을 물러나게 한 것은 정치적인 이유가 아니었다. 돈 때문이었다. 같은 시간대에 방영된 NBC의 서부극 '보난자'에 시장 점유율을 뺏기고 있었기 때문에 CBS가 이 쇼를 종방시킨 것이다.

이런 까닭으로 레이건은 자신의 두 번째 직업에 몰두하게 되었다. 오롯이 정치인이 될 때가 된 것이다.

게티즈버그의 작은 도움

1965년 3월 애리조나에서 열린 배리 골드워터 상원의원을 위한 감사 만찬에 피닉스의 시의회 의원들이 닉슨을 초청했을 때, 그들은 레이건에게 주인공 소개를 해줄 것을 부탁했다. 이 선택은 일리 있는 것이었다: 1964년 선거의 진정한 승자는 린든 존슨 대통령이 아니라 부인할 여지 없이 레이건이었다. 전국적으로 전파를 탄 골드워터 지지 연설인 "선택의 시간A Time for Choosing"은 보수주의자들을 깜짝 놀라게 했고 레이건을 하룻밤 사이에 정치적 총아로 만들어 놓았다.

며칠 후 닉슨은 레이건에게 애리조나 연설에 대한 감사 편지에서 캘리포니아 차기 주지사 선거 때 출마하라고 충고했다. 그는 "다른 잠재적 후보들에게 '반격'을 가하고 싶은 유혹을 물리치세요"라고 하며 사실이라기보다는 간절한 기원인 말을 덧붙였다.

"나는 당신의 정치적 계획이 어떻게 될지 모르지만, 내가 당신에게 이야기했던 대로 공화당 예비선거가 피투성이 싸움이 되는 한, 누구도 현 브라운 주지사를 물리칠 수 없을 것으로 확신합니다."

레이건은 일주일 후 닉슨에게 답장했다. "당신에게 맹세코 나는 그 어떤 공격도 하지 않을 것입니다. 우리끼리 하는 이야기지만, 나는 다른 사람들도 같은 생각을 해주면 좋겠습니다. 하지만 당신께 약속드리건데, 나는 악담도 하지 않고, 악담을 듣지 않은 것처럼 행동할 것입니다. 그것은 나의 연기력을 시험하는 장이 되겠지요."

닉슨이 레이건의 첫 정치 유세에 참여할 예정은 아니었을 것이다. 레이건은 1966년 1월 〈LA타임스〉와의 인터뷰에서 닉슨이 도와주기를 원치 않음을 확실히 했다. 이에 대한 이유는 여러 가지였다. 이전까지 중립적이던 캘리포니아의 정치 성향이, 특히 남부지역을 중심으로 서서히 우파적으로 바뀌고 있었다. 1930년과 1940년대에 더 많은 일자리, 낮은 생활비, 좋은 학교를 찾아 중서부 지역에서 이곳 해안지대 낙원으로 몰려들었던 수백만에 달하는 사람들이 높은 세금, 도심 폭동, 교내 갈등, 도저히 익숙해지지 않는 낯선 사회적 규율 등 새로운 정착지에 대한 불만이 고조되고 있었다.

1965년 여름, 모든 것이 급변했다. 샌페르난도밸리San Fernando Valley에 자리한 캐노가 일렉트로닉Canoga Electronics, 로겟다인Rocketdyne, 벤딕스Bendix, 노스롭Northrop과 같은 방위산업체들의 애국적인 직원들은 1965년 6월 첫째 주에 텔레비전 앞에 달라붙어 우주비행사 에드 화이트Ed White가 최초로 우주 유영을 하는 모습을 지켜보았다. 그가 탄 제미니 4호는 바로 그들이 함께 만든 우주선이었다.

그로부터 두 달 후인 8월에 그들은 다시 TV를 틀었고 이번에는 한 시간 정도 떨어진 흑인 거주 지역인 와츠Watts가 화염에 휩싸이고 약탈과 폭동이 벌어져 40 기갑 사단 1만 5천 병력이 진입하여 전 지역을 차단하는 것을 지켜보았다. 와츠 폭동은 제미니 4호의 스릴만큼 LA의 백인들에게 공포였다. "천사들의 도시가 지옥이 되다." 한 TV 시사해설자가 선언했다. 그것은 내전이었다. 우주 공간의 위대한 성취를 거둘 수 있는 이 나라가 어떻게 지구상의 시민 무질서를 허용한단 말인가?

레이건은 이 물음에 직접 책임을 맡고 만약 당선되면 "정부의 새로운 도덕적 십자군운동"을 약속했다. 그 역시 중서부 인구 대이동의 일원이었기 때문에, 또한 모든 계층에서 정부가 너무 커지고 비용이 너무 많이 들고 너무 진보적으로 되었다고 믿기 때문에 갖는 희망과 두려움을 잘 이용했다. 주지사 골드워터로부터 문화적 이슈를 이끌어내면서도 그는 미소를 잃지 않았다. 지방 순회 유세를 돌며 세율 인하와 베트남에 대한 강경한 군사대응을 강조하고, 범죄로부터 마약, 부정한 복지 혜택 수급, 미국 내 공산당 침투에 이르기까지, 교내 성적 문란까지 모든 것에 대한 단속을 주장했다. "배리 주지사가 믿었던 것을 기본적으로 그도 믿었고 배리가 했던 많은 것을 그도 말했지만, 그는 좀 더 부드럽게 관용적으로 말했다"고 선거유세 참모 스투 스펜서가 회고했다.

사람들은 그가 하는 말을 좋아했다. 레이건은 조지 크리스토퍼를 상대로 140만 표라는 예비선거로써는 놀라운 표를 획득했다. 동해안지역 엘리트층 여론 조성자들은 할 말을 잃었다. 〈뉴욕타임스〉 사설은 다음과 말했다. "캘리포니아 공화당원들은 상식과 신중한 조언과 달리 배우 로널드 레이건을 주지사로 지명해야 된다고 주장했다." 실제로 레이건이 1966년 11월 주지사 선거에서 경쟁자 팻 브라운을 물리쳤을 때 그는 닉슨의 자문도 필요 없었다. 온화하고 잘 생긴 배우 출신 정치인은 1968년 단번에 공화당 대통령 후보 자리에 도전할 수도 있었다. 바로 닉슨이 추구했던 그 지위 말이다.

경선 대승 후 일주일 정도 지났을 무렵 레이건은 승리를 공고히 하기 위해 동부로 날아갔다. 우선 펜실베니아 게티즈버그에 들려 몇 개월간 그를 지켜본 아이젠하워와 사전 조율된 회의를 2시간 동안 진행했다. 그는 캘리포니아 기업가 짐 머피에게 1965년 9월에 이렇게 편지를 보냈다. "한동안 나는 레이건에 관한 기사를 모두 읽어 보았습니다. 대부분 TV 화면에서 그를 보았는데 단순한 오락 연예물이었지만 그는 대단히 쾌활하고 관심을 끄는 매력이 있었습니다. 정치적인 면에서는 그가 1964년 공화당 후보를 성실하게 지지했다는 것이 내가 아는 유일한 점입니다." 그 후 대통령 클럽에서는 거의 알려지지 않은 유대관계로 아이젠하워는 레이건에게 충고와 조언을 직접, 혹은 중재인을 통해 보내기 시작했다. 그는 레이건에게 정책을 만들고, 유세 연설문을 간략하게 작성하고, 주요 문구를 강조하는 방법을 제안했다. 그의 충고는 극히 기본적인 것으로 보일 수 있지만, 두 사람 다 정치가 생애 첫 직업이 아니었고 비교적 인생 후반기에 시작했다는 공통점이 있었다(처음 정치에 입문한 나이는 레이건 55세, 아이젠하워 60세였다).

당의 화려했던 과거와 매력적인 미래 사이의 정상회담을 위해 방송 3사는 카메라 전문가들을 게티즈버그로 급파했다. 기자 십여 명이 워싱턴에서 아이젠하워의 사무실이 있는 작은 대학까지 레이건의 도착을 취재할 수 있도록 한 시간 거리에서 대기했다. 만약 아이젠하워가 그의 옛 부통령인 닉슨을 좋아했더라면, 1968년 대선 후보 지명에 관한 이야기는 그날 말하기 어려운 주제였을 것이다. 아이젠하워는 말했다. 레이건이 주지사 선거에서 브라운 후보를 물리치면 그는 1968년 대통령 후보가 될 것이다. "틀림없이 나는 1962년에 공화당 내에 많은 젊은이들이 자기의 견해를 알려야 된다고 주장했습니다. 우리 당은 당연히 리더십 있는 목소리가 필요하고, 가만히 앉아서 지명이 잘못 진행되게 내버려두어서는 안 됩니다."

그런 다음 레이건은 워싱턴으로 옮겨, 그곳에서 내셔널프레스클럽의 스타가 되었다. 그 행사는 닉슨의 관심과 조정의 테두리 안에 있었다. 닉슨은 무대 뒤에서 영향력을 행사했고, 캘리포니아 상원의원 조지 버피(마찬가지로 배우 출신이었다)에게 만약 기자들로부터 미래계획에 대해 불가피한 질문을 받을 때 어떻게 처리할지 레이건에게 사전코치를 해주도록 시켰다. 닉슨은 1968년의 대망이 어떤 것인지 레이건이 측면에서 조금이라도 탐색할 수 있기를 희망하고 있었다. 닉슨의 추적팀들은 성공적으로 활동했지만 어쩌면 레이건은 코치가 필요 없었을지도 모른다. 그날 기자들이 질문했을 때 레이건은 순진한 처녀처럼 연기했다. "아이쿠, 이번 일로 신경을 쓰느라 일생을 다 보낸 것 같습니다. 그것이 지금까지 쫓아온 내 꿈입니다."

6월 말 여행은 닉슨의 차례였다. 캘리포니아로 날아간 것은 레이건 때문이 아니고, 오랜 그의 보좌관 로버트 핀치의 부지사 출마에 유세를 해주기 위해서였다. 레이건과 사적으로 저녁식사를 한 후, 닉슨은 기자들에게 레이건이 훌륭한 중도주의로 자리매김하는 모습에 감명을 받았다고 말했다. 물론 레이건이 하지 않은 사실에 대한 언급은 그저 주목을 끄는 데 불과했다. 1962년 주지사에 출마했을 때 닉슨은 존 버치 협회John Birch Society, 공산주의에 맞서 싸우기 위해 설립된 미국의 극우단체 회원들에 대해 견해가 극단적이라고 비난했고, 그 결과 일부 보수주의 유권자들의 표를 잃었다. 그와 대조적으로 4년 후 레이건과 선거참모 스펜서는 극우세력의 도전을 어떻게 처리할지 많은 고민을 한 후 협회를 비난하지도 지지도 하지 않기로 결정했다. 오히려 레이건은 이 그룹과의 관련성에 대한 의심에 다음과 같은 답으로 반격을 가했다. "이 협회의 회원 누구든 나를 지지하는 것은 받아들여도 그들의 철학은 받아들이지 않을 것입니다."

이것은 교묘한 양다리 걸치기였다. 하지만 6월에 팻 브라운을 상대한 총선이 가까워졌을 때, 오랫동안 캘리포니아 공화당 의원이면서 명성 있는 라디오 프로그램 '아모스엔앤디Amos'n'Andy'의 공동 진행자인 프리먼 고스든Freeman Gosden이 팜스프링 골프 파트너였던 아이젠하워의 청탁을 받았다고 과격파들이 비난하자 레이건은 대단히 초조해졌다. 고스든은 1966년 7월초 아이젠하워에게 위장한 비밀편지를 보내면서 그 회원 다수가 레이건을 지지하기 때문에 그가 반유대주의라는 비난에서 빨리 벗어나야 한다고 보고했다. "나는 레이건이 공개적으로 질문에 답하는 상황이 아니라면 사람들 앞에서 반유대주의가 아님을 밝힐 수는 없다고 생각합니다. 이 점을 생각해 보는 것이 좋겠습니다."

아이젠하워는 편지를 받자마자 답장을 쓰면서, 관심을 갖고 레이건을 추적하는 기자들에 대한 자세한 대안을 제안했다. 이것은 아이젠하워가 어떻게 가상 대화를 상상했는지 알 수 있다.

"레이건 씨, 나는 당신이 존 버치 협회와의 관계를 부인했다고 알고 있습니다만, 동시에 반유대주의라는 보고도 있습니다. 이 점에 대한 의견을 말씀해 주시겠습니까?"

아이젠하워는 같은 날 또 편지를 썼다. "답변은 가능한 간결하고 단호할수록 좋습니다. '나는 악의적 비난을 들었습니다만, 그것은 사실이 아닙니다. 이런 소문을 퍼뜨린 사람은 거짓 유포에 대해 책임을 져야 합니다.'"

아이젠하워는 언급했다. "또한, 기자회견에서 다른 점을 이야기할 수도 있습니다. '이번 유세에서 나는 우리 캘리포니아 사람들에게 도움이 되는 중요한 일들을 제시하고 있습니다. 나의 관심사에 시민들을 제외하지 않을 뿐만 아니라 나는 무의미한 인종이나 피부색을 차별하지 않습니다.'"

그런 다음 아이젠하워는 편지를 다음과 같이 끝마쳤다. "이런 의미가 일반 사람들의 이야기 속에 스며들게 하면 더 좋을 것입니다. '내가 관심을 두는 한 소수차별은 없고 우리는 모두 미국인입니다.'"

여름 중반까지 아이젠하워는 친구들에게 무슨 소문을 들었든 간에 레이건은 반유대주의자가 아니라고 말했다. 7월에는 뉴욕 사교계 한 인사에게 편지를 썼다. "그런 악성 루머를 차단하는 것은 대단히 어렵습니다. 후보로서 구체적 질문을 받지 않는 한 '나는 도둑이 아니다, 거짓말쟁이가 아니다, 반유대나 암살범이나 위증자가 아니다'라고 말할 수 없기 때문입니다. 나는 차라리 레이건이 질문을 받으면 좋겠습니다. 그러면 그가 어떤 대답을 할지 나는 알고 있습니다. 그는 품위 있는 미국인으로 당선되기를 희망합니다."

바로 이 문제는 8월초에 절정에 달했다. 젊은 주 감사관 앨런 크랜스톤은 레이건이 존 버치 협회와 관련이 있기 때문에 유세에서 반유대주의자라는 의혹이 있음을 지적하는 사적인 노력을 들여 작성한 28페이지 보고서를 전달하기 위해 세크라멘트 공항까지 따라갔다. 레이건이 LA행 비행기에 탑승하는 중에 참모가 보고서를 들고 있는 크랜스톤을 가로막았다. 레이건은 아이젠하워가 일러준 대사를 연습하지 못했지만 그럴 필요가 없었다. 대신 그의 트레이드마크인 머리를 뒤로 젖히는 제스처를 쓰며 말했다. "당신은 당신의 인기를 노리며 과장된 연기를 하세요. 내가 인종차별을 개탄하는 것은 비밀이 아닙니다."

브라운은 존 버치 협회를 레이건 유세에 대한 중요 사안으로 거론하지 않았고, 닉슨도 하지 않았다. 가을에 닉슨은 공화당 부주지사 후보 로버트 핀치의 유세를 도우려고 한 차례 더 캘리포니아로 날아갔다. 당시 동행한 30대 참모 팻 브캐넌은 전직 의원이면서 공화당 충성파인 패트릭 힐링스가 선거 유세 뒤 기자들에게 이야기하는 것을 보았다고 회고했다. 부캐넌이 주위를 어슬렁거리며 들은 이야기는 레이건이 전적으로 버치를 비난해야만 했다는 것이었다.

그런 암시가 레이건과 협회 간의 관련을 더욱 분명히 강조했음을 부캐넌은 알고 있었다. 이런 불필요한 언급에 놀란 그는 나중에 힐링스를 슬쩍 당겨서 물었다. "대체 뭐 하는 거예요?"

힐링스가 대답했다. "저 사람이 시킨 일이에요."

닉슨이었다. 그는 공화당 의원 후보들을 위해 전국적 캠페인 전략을 짜왔고, 뉴욕 드레이크호텔 스위트룸에서 관계자 40여명과 함께 1966년 선거결과를 지켜보았다. 놀랄만한 공화당의 밤이 되었다. 중서부와 서부에서 엄청난 표를 얻은 것이다. 의회를 차지한 47석 가운데 휴스턴 출신 젊은 신세대 주지사 부시가 포함되어 있었다. 닉슨은 그 방에서 밤새 서성대며 말했다. "압승! 압승이다!"

이것은 레이건의 정치 입문 순간이자 닉슨의 부활 순간이었다. 캘리포니아의 대승에서 과소평가되기 쉬운 전 영화배우 출신은 브라운이 270만 표를 얻는 데 반해 370만 표를 얻었고, 닉슨이 4년 전에 받은 것보다 백만 표를 더 끌어들였다. 1962년 상황이 늘 머리에 떠올랐다. 그때 캘리포니아 58개 카운티 중 닉슨은 불과 20곳에서 승리했는데 4년 후 레이건은 3곳만 빼고 전역을 휩쓸었다. 이번에는 LA 지역의 전화가 불통이 될까봐 걱정할 필요도 없이 그날 밤 레이건이 드레이크 호텔로 전화했고 닉슨이 직접 받았다.

그가 참모들에게 모습을 드러내며 말했다. "그는 문제 없어. 론 역시 캘리포니아에서 압승을 거두었네." 그러고나서 닉슨의 선거 진영은 함께 스파게티를 먹으러 나갔다.

며칠 지나지 않아 레이건은 〈뉴욕타임스〉에서 1968년에 있을 대선 경선 후보자들 중 가장 인기 있는 보수주의 인사로 거론되고 있었다. 2주 후 레이건은 백악관 입성을 위한 자신의 선거운동에 조용히 착수했다.

섀도 복싱

이후 2년 간 닉슨과 레이건 사이에 벌어진 사건은 가장 친했던 두 사람이 이제는 경쟁 상대가 되었다는 것이었다. 그러나 이 사실이 둘 사이에 싸움을 일으키지는 않았다. 그것은 레이건 당선 며칠 후부터 시작되었다.

안녕하세요, 로니

〈뉴욕 선데이 타임〉 잡지 워런 위버의 기사는 당신이 현장에서 즉석 질문에 대처하는 재능을 인정하고 있습니다. 이런 식의 인정은 중요한 업적입니다. 팻도 나와 함께 당신과 부인 낸시에게 크리스마스와 새해의 축하를 보냅니다.

진실한 친구, 딕으로부터

1966년 11월 28일

1966년 선거 직후 1968년 공화당 전당대회가 시작되었다. 레이건과 닉슨은 다른 공화당 인사들이 전방에 나서게 했다. 미시간 조지 롬니, 뉴욕 넬슨 록펠러, 서류상 민주당원이지만 알라바마 조지 월러스는 전 보수계의 영웅들이었다.

닉슨이 1966년 정치인으로서 대리 성공했음에도 불구하고 레이건 팀 일부는 그를 쓸모없는 패자로 보았고 당도 상처투성인 사람을 두 번씩이나 후보로 지명하는 경우는 없었다.

그래서 레이건 팀은 조용히 자신들의 선거운동을 시작했다.

루 캐넌의 결정적인 언급에 따르면, 주지사 당선 9일 후에 레이건은 퍼시픽 팰리세이드에 있는 자신의 집에서 대선 출마 가능성을 논의하려고 소수의 최고 자문들과 회동했다. 레이건의 참모들은 미 전역으로 흩어져 주요 당 리더 가운데 관심도를 측정하라는 임무가 주어졌다. 접촉한 모두가 관심을 보이지는 않았지만, 정치 자문 톰 리드는 며칠 후 뉴욕 라이의 애포아미 클럽에서 골드워터의 1964년 후보 지명에 중요한 정책 설계자였던 F. 클립튼 화이트와 만났다. 그는 리드에게 레이건이 주지사로서 주요한 점들을 부각시킬 때까지 움직이지 말도록 타일렀다. 며칠 후 리드는 샌프란시스코에서 레이건에게 개인적 의견을 이야기했다.

레이건의 첫 번째 대선 유세는 미숙하게 뒤죽박죽되었다. 칼럼니스트 로버트 노박과의 대화에서 화이트는 레이건의 대선 출마는 실제로 비밀작전이라고 설명했다. 즉, 주지사 선거 직후 대선에 출마할 수는 없는 일이었다. 오히려 "레이건이 후보가 아닌데도 비밀리에 닉슨 쪽 밀사들이 동정을 살피러 다녔을 것이다"라고 덧붙였다. 그때 레이건 본인은 대선 출마에 애매모호했던 반면 일부 참모들이 더 적극적이었다. 은밀한 캠페인이 드러나고 있을 때에도 스튜어트 스펜서는 돌이킬 수 없을 정도로 관계가 악화되지 않도록 닉슨 진영과 뒤편에서 연락을 유지시켰다.

스스로 비밀후보가 되는 일은, 자신의 전망을 거의 숙명적으로 생각하며 일부 무대에서 적극적인가 하면 다른 데는 소극적이 되는 것이다. 마치 추리 게임이라도 하듯이 참모들에게 습관처럼 중얼거렸다. "직책은 사람을 찾는다." 정확하게 무슨 의미였을까? 그 당시 답을 요구했다면, 유권자들이 들고일어나 당신에게 봉사를 요구할 것이라고 풀이하는 것이 가장 설득력이 있다. 하나님이 그를 위해 특별한 계획을 세워놓았고, 그것을 변경하기 위해서는 최선의 노력을 하는 길뿐이라고 굳게 믿는 레이건에게 그것은 확실히 위안을 주었다. 하지만 다음 2년간 측근 내외인사 다수가 그에게 중단할 것을 타일렀을 때도 1968년 공화당 후보지명 드라마에서 레이건은 자기 역할을 다방면으로 지속했다.

한편 닉슨은 레이건이 자신의 승리에 장애물이 될 수 있음을 의심하지 않았다. 레이건이 캘리포니아에서 브라운을 엄청난 차이로 패배시키는 모습을 보았다. 영화배우 출신의 이 신참 정치인이 카메라 앞에서 부드럽게 사람의 마음을 당기는 위력을 알게 되었고, 베트남 전쟁의 불안과 불행을 도시에 제시하여 사람들로 하여금 공화당이 1960년대 했던 것보다 더욱 서부로, 더욱 시골로, 더욱 보수연합으로 향하게 만든다는 사실도 알게 되었다. 록펠러나 롬니와 달리, 보다 더 온건한 중서부와 동부사람들이 오랫동안 지배했던 당에서 역할이 점점 커져가고 있는 남부와 서부 보수주의 사람들에게 레이건은 대단히 매력적으로 보였다.

닉슨은 나중에 이렇게 적었다. "로널드 레이건은 많은 남부 공화당 사람의 마음을 들뜨게 한다. 그는 특히 보수적 언어로 정열을 담아 말했다. 그렇기 때문에 내가 지명 받을 때까지 나는 우파에 대한 갑작스런 관심부활 위험에 극도로 주의를 기울여야만 한다. 마찬가지로 위험은 레이건주의를 월리스 캠프로 가져가는 심각한 당 내분도 있을 것이다."

닉슨은 1967년 1월 맨하튼 월도프 아스트리아 호텔에서 그의 정책고문들과 사적으로 전략회의를 가졌다. 닉슨은 라이벌을 평가하면서 롬니에게 자신을 2:1 대결과 레이건의 기회를 4:1로 고정시키는 결과를 얻는 데 돈까지 제공했지만, 레이건은 닉슨 참모들이 의논하다 팽겨치다를 반복하는 우려의 대상이었고, 1968년 대선에 출마하지 않는 조건으로 1972년 후보지명 약속이라는 구상까지 나왔다.

1967년과 1968에 걸쳐 닉슨과 레이건은 후보 지명을 두고 점점 더 공개적으로 싸울 태세를 취하면서도 사적으로는 긴 편지를 주고받으며 이 모든 것이 완벽한 논리적 오해에서 비롯되었다고 여겼다.

마이애미 비치에서 열린 전당대회에서도 두 사람은 순수하게 각자의 역할만
수행했다.

> 안녕하세요, 론
>
> 나의 개인적 관계망을 통해 당신이 3월 1일 그리다이언 만찬회Gridiron dinner, 중견 언론인
> 모임 연사임을 알게 되었습니다. 이 편지의 목적은 당신에게 축하의 말을 전하고, 그날
> 내가 세계여행 일정에서 첫 기착지로 유럽에 있게 되어 참석하지 못하는 데 대한 미
> 안함을 전하기 위한 것입니다.
>
> 그리다이언 연설은 당신도 알다시피, 보통 수준의 정치인들에게 상당한 실험대가
> 되지만, 연미복을 차려입은 이 청중들이 당신에게 그다지 큰 어려움이 아닐 것으로
> 짐작합니다. 버클리 싸움 이후 다른 것들은 모두 쉬운 일로 보이는 게 당연하겠지요!
> 팻과 더불어 당신과 낸시에게 행운을 기원합니다.
>
> 진심으로, 딕
> 1967년 2월 24일

이 편지 몇 줄에서 레이건의 부상으로 인한 닉슨의 복잡한 심경이 잘 드러난
다. 정치인이라면 닉슨이 레이건에게 한 경우처럼 경쟁자가 충고로 군중을 매료
시키는 능력을 절하하는 일은 좀처럼 드물다. 표현은 다정하고 부드럽지만 어투
에서 닉슨은 레이건을 정치적 충고와 경험 있는 정치인의 찬사에 대해서 감사
할 줄 알아야 하는 운 좋은 신참이라고 여기는 것이 여실히 드러난다. 닉슨은 레
이건을 손안에서 관리할 수 있고, 앞으로 있을 해외일정과 그의 비밀 정치스파
이 조직망에 대해서 타인과 다름을 강조하는 것처럼 보였다. 거론하지 않았지만
마찬가지로 그해 봄 워싱턴의 명사 만찬회 때 정치기자단이 축배연사로 청한
사람이 레이건이었다는 사실도 아마 부러웠을 것이다. "닉슨은 대부분 다른 사
람에 대한 존경심이 없었고 레이건도 예외가 아니었다"고 1968년에 닉슨과 같
이 일했고 그 이후 레이건 쪽에서 일한 존 시어스가 회고했다. "닉슨은 화려한

포장 안에 들어 있지만 특별할 것 없는 시시한 존재들을 싫어했다. 그것은 케네디 가에 대한 생각의 일부인데, 레이건도 거기에 해당했다."

1967년 초 레이건의 정치적 야심은 공개적인 이야기가 되었다. 1967년 4월 말에 1966년 레이건을 지지했던 LA 시장 샘 욜티가 "주지사는 곧 대통령에 출마한다"고 말했다.

5월 초 약 1천 5백만 미국인은 레이건이 전국적으로 방송된 CBS에 출연하여 바비 케네디와 함께 인공위성을 통해 런던에 있는 20여 학생들과 주로 베트남 전쟁에 관한 시사를 토론하는 모습을 지켜보았다. 학생들은 상당한 관심을 갖고 철저히 준비했고 적대적이기도 했지만, 레이건은 케네디가 부족했던 분야를 차분하게 잘 대응하며 처리했다. 정치 신인 레이건이 뉴욕의 업적 많은 상원의원을 쉽게 능가했다고 나중에 평론들이 입을 모았다. 레이건은 케네디를 "눈만 껌벅이게 했다"라고 〈뉴스위크〉가 말했다. 그 후 케네디는 말했다. "나를 궁지로 밀어넣은 이 망할 작자는 누군가?"

이는 백악관에서 한 블록 거리에 있는 펜실베니아 1726번지에 선거본부를 개설 중이던 닉슨 진영에서도 무시하지 못할 엄청난 대성공이었다.

안녕하세요, 로니

나당신이 바비 케네디와 TV 프로그램에 합동 출연했을 때 나는 여전히 남미에 있었지만, 다양한 채널을 통해 당신이 무척 능수능란하게 잘 처리했다는 칭찬의 말은 많이 들었습니다.

〈뉴스위크〉가 당신을 격찬했다면 당신이 최고로 훌륭히 해냈다는 뜻입니다.

나는 7월 22~23일 주말휴가로 보헤미안 그로브에 갈 계획입니다. 그때 당신이 세크라멘토 행사에 참석하여 만나게 되면 좋겠습니다. 내 생각에 내가 지금까지 모은 여행정보에 당신도 관심이 있을 것으로 생각합니다.

진심어린 안부를 담아, 딕으로부터

1967년 5월 31일

레이건도 그를 만나는 데 동의했지만, 닉슨을 가히 존경해준 적 없는 공화당 사람들에게 중점을 둔 선거유세 일정이 여의치 않아 꼼짝하지 못했다. 6월 중순 오마하의 영리퍼블리칸 전당대회에서 레이건은 관중을 사로잡았다. 그의 연설은 20여 차례 박수로 중단되었고, 그 도시 스포츠경기장에서 보여준 "우리는 레이건을 원한다!"는 5분간의 연창이 클라이맥스를 이루었다. 6월 말 와이오밍 잭슨 호숫가에서 개최된 하계 전국 주지사협회 여론전에서 가볍게 승리했고, 당의 우측 날개를 휘어잡으려고 군마 위에 올라 탄 백기사 같이 당대회를 휩쓸었다고 한 참관인이 전했다. 뉴멕시코 주지사 데이비드 카고는 그 주말에 기자들에게 말했다. "레이건은 당대회의 한쪽 날개에서 빠르게 딕 닉슨을 대체하고 있다." 여전히 드러내지 않는 레이건은 말하기를 꺼리고 지원제안도 다음과 같이 일축했다. "만약 공화당이 내 문을 두드리면 '당장 가라'고 하지는 않을 것이다. 하지만 그런 일은 없을 것이다."

테톤 회의 한 보고는 틀림없이 레이건과 닉슨을 서로 반목하게 만들었다. 타임이 보고했다. "레이선의 부상은 보수계 분열에 위협적이다. 사실 레이건은 공화당 주지사의 한 사람으로서 닉슨에 대해 언급했다. '그는 패배자다. 팻 브라운에게 패한 사람은 누구도 결코 대통령에 당선될 수 없다.'"

어쩌면 그것으로 레이건의 비밀입후보에 대한 근본적 이유가 갑자기 공개되어 버린 건지도 모른다. 만약 〈타임〉이 맞는다면, 레이건 스스로 자신을 그런 입지에 둔 것이다. 이 문제가 대두된 며칠 후 레이건은 자신의 전략을 숨기려고 〈타임〉지 편집인에게 분노하는 항의편지를 보냈다. "〈타임〉지는 딕 닉슨은 패배자'라고 말한 익명의 주지사를 나로 짐작하게 만든 책임이 있다. 내가 그렇게 말한 적도, 생각한 적도 없기 때문에 정말 웃기는 일이다. 공화당지도자들이 당 결속을 위해 애쓰는 이때 〈타임〉이 근거 없는 이야기로 결속을 파괴하려는 품위 없는 행위를 한 것을 유감으로 생각한다."

그런 다음 레이건은 닉슨에게 절반의 사과의 뜻으로 〈타임〉 편집자에게 보낸 항의 편지의 사본을 동봉한 편지를 보냈다.

안녕하세요, 딕

첨부한 편지를 보시면 당신이 관심을 가질 것으로 생각합니다.

진심으로, 론
1967년 7월 12일

닉슨은 6일 후 답장을 보냈다.

안녕하세요, 론,

〈타임〉에 보낸 당신의 편지는 표적이 명확했습니다. 그들의 실수가 결코 묵과될
수 없음을 알리는 데 도움이 될 것 같기도 합니다.

진심으로, 딕
1967년 7월 18일

〈타임〉지는 이 부분에 대한 레이건의 해명 요구를 받아들이지 않으면서 편
집인들이 답변했다. "본지의 제보는 모두 익명으로 처리되는 것은 아니다. 하지
만 익명을 원하는 본인의 의사는 수용하며, 주지사 레이건 역시 정치인으로서
그런 요구는 확실히 이해할 수 있을 것이다."

5일 후에 오래 기다려온 닉슨과 레이건의 회동이 이목을 피할 수 있는 샌프
란스시코 북 65마일 해안가 보헤미안 그로브Bohemian Grove, 미국에서 매년 7월 열리는 최상위 엘리트 남
성들의 비밀 모임에서 이루어졌다. 그곳은 키가 큰 미국삼나무 숲이 2,700에이커에 걸
쳐 퍼져있고, 기업계 거물들, 금융인들, 정치인들, 각료들이 사업이나 정치 이야
기를 하고 뮤지컬을 보러 지난 수십 년 간 모여왔던 일종의 클럽하우스 같은 곳
이다. 1967년 닉슨은 이 거대한 천연 원형극장에 기조연사로 초청되었고, 그의
연설은 허버트 후버에게 헌정하기로 계획되어 있었다. 1950년에 후버가 닉슨을

여기서 아이젠하워에게 소개했다.

주말에 닉슨은 1968년 대선계획에 관하여 확실하게 못 박는 말을 했다. 그 로브 클럽 이웃 "로스트 엔젤Lost Angels"의 벤치에 캘리포니아 상원의원 조지 머피와 함께 앉아 닉슨은 공식적으로 레이건에게 1968년 대선 출마 계획을 명백하게 밝혔다. 그들이 나누었던 이전 대화를 다시 상기시키며 닉슨은 공화당 인사와 싸우지 않고 오직 린든 존슨을 상대로 싸울 것을 약속했다.

그렇다면 정확하게 레이건의 계획은 무엇이었을까? 닉슨의 말을 빌리자면 레이건은 "놀라며 저자세로 자신을 둘러싼 대선 의혹이 꽤 우려된다"고 했다. 레이건은 닉슨에게 자신이 "출신 주의 추천을 받는 후보자가 될 생각이 없다"고 했지만, 그의 이름이 캘리포니아 통합대선거구의 후보명단에 오르는 것은 허용할 것이라고 했다. 그렇게 되면 그 약속은 지킬 수 없게 되는 것이다. 레이건은 또 닉슨에게 예비선거는 나서지 않겠다고 말했다. 레이건의 역사학자 제임스 맨은 말했다. "당을 위한 최선이라고 위장하며 각자의 정치 관심사를 밀고 나가는 대화"를 나누었다고 전했다.

하지만 둘의 정치 휴전은 밤새도록 이루어지지 않았다. 다음날 닉슨의 참모는 레이건의 유세에 닉슨이 심각하게 신경을 썼음을 연합 칼럼 기사를 인용하여 말했다. 특히, 뉴욕주 공화당음모에 관한 애번과 노박의 추측 잠정안 기사에서, "주지사 레이건의 부상으로 인해 닉슨 진영이 극우경계에 있는 후보 레이건을 고립시키려 할 것"이라고 전망했다. 닉슨 진영의 참모는 이에 대해 "레니에게 광대놀음을 시키는 것"이라고 말했다.

이제 닉슨이 사과할 차례가 되었다. 8월 4일 그는 레이건에게 길고 빽빽한 2페이지짜리 긴 해명 편지를 썼다.

안녕하세요, 론,

지난 주 서부 해안가에서 돌아온 나는 애번과 노박이 쓴 최근 칼럼을 접하게 되었습니다. 우리 관계를 소원하게 만들려고 애쓰는 사람들의 소행의 증거로 이것을 동봉합니다. 1964년에 공화당을 분리시킨 동부 패거리들이 이제는 1964년 대선 때 단합했던 사람들을 분열시키려고 획책하고 있습니다.

　　로스트 엔젤스에서 당신과 연관된 지난번 〈타임〉 잡지 사건에서 알다시피, 이런 언론 행동을 차단하기는 참으로 어렵습니다.

　　(…) 그 기사를 쓴 칼럼기자에게 사실을 바로 잡아달라는 요구는 효과가 없습니다. 지난 번 〈타임〉의 실수투성이 기사를 정정할 때 당신이 겪은 대로 편집자에게 보내는 항의편지는 최초의 잘못된 기사를 재기사화 하는 경우가 대부분입니다….

진심을 담아, 딕

1967년 8월 4일

　　레이건은 12일 후에 답을 하며 7월에 닉슨이 레이건에게 했던 대로 닉슨의 긴장을 풀게 해주었다.

　　안녕하세요, 딕,

　　내게 칼럼을 보내주셔서 고맙습니다. 이런 일들로 정신없이 바빠지는 게 틀림없습니다. 우리가 자주 연락하여 그런 인용기사를 믿지 않는 것이 중요하다고 생각합니다. 나는 언제나 할리우드 시절을 생각하며 그때 칼럼에 나오는 가십이 어땠는지 기억합니다. 또한 그런 가십에 대한 당신의 불신이 어떨지 잘 알고 있습니다. 다른 사람에 관한 그들의 이야기는 두 번째 단락 이후부터 믿는 것이 좋습니다.

진심을 담아, 론

1967년 8월16일

　　그런 다음 레이건은 다시 선거유세장으로 되돌아갔다.

　　10월에 레이건은 사우스 캐롤라이나의 콜럼비아에서 열린 만찬에서 35만 달러의 후원금을 모았는데, 이것은 주 역사상 가장 많은 정치자금 모금 행사였다. 다음날 저녁 위스콘신에서 레이건의 특색 있는 연설을 들으려고 수천 명이 밀워키의 지방자치회의장을 빽빽이 채웠다. (식사 제공석을 위해 100달러, 발코니석을 5달러를 내는 사람도 있었다.)

레이건이 청중에게 말했다. "캘리포니아에는 히피도 있습니다. 히피를 잘 모르는 분을 위해 설명을 드리자면, 타잔 같은 머리에 제인처럼 걷고 치타처럼 냄새를 맡는 사람들을 말합니다."

레이건은 11월에 오레곤에서 유세한 다음 12월에 코네티컷으로 가서 군대 자원 발언으로 예일대 학생들을 사로잡으며 "대통령이 되려는 사람은 머리가 깨져야 할 것"이라고 주장했다.

그러나 치솟는 유명세를 중단시켰다면 레이건은 미쳐버렸을 것이다. 10월 중순 〈타임〉에서는 레이건과 록펠러를 표지에 올리고, 공화당은 출마선언도 하지 않은 두 사람을 잘 이용하면 민주당의 린든 존슨-허버트 험프리 팀을 무난히 꺾을 것이라고 제안했다. 커버스토리는 닉슨의 존재나 1968년 하게 될지 모르는 역할을 형편없이 무시하며 간접적으로 두 사람을 동급에 놓았다. 닉슨은 다음과 같이 말했다. "월드시리즈에서 종종 타율이 좋시 않아도 인기몰이에 능숙한 타자만 원한다. 다음 대통령은 반드시 판단력, 냉철함, 침착함이 있어야 한다. 이곳이 최초의 등판무대가 될 수 없다."

서부의 스타

마침내 1968년 대선이 코앞으로 접어들자 레이건의 승산이 떨어지면서 닉슨이 예측한 대로 경험 부족이 문제가 되었다. 레이건은 초반 선거 주에서 주저 앉아버리고 표를 얻어야 하는 많은 곳에서 유세를 하지 못한 반면, 닉슨은 대의원수를 그러모았다. 록펠러가 3월에 경선 도중 사퇴했을 때 닉슨은 참모 빌 새피어(Bill Safire)에게 전화했다. "이제 우리를 막을 수 있는 사람은 레이건뿐이다." 일주일 후 닉슨은 휴전과 단념 권유 의도가 숨겨진 감사의 편지를 레이건에게 보냈다.

안녕하세요, 론,

뉴햄프셔와 위스콘신의 예비선거 결과가 나온 지금, 적극적인 선거유세를 기대했던 당신의 열성지지자들에게 실망을 준 데 대해 내가 얼마나 감사하게 생각하는지 알아주었으면 고맙겠습니다.

나는 캘리포니아의 인기를 계속 유지해야 하는 난처한 당신의 입장을 완벽하게 이해하고 있습니다. 예비선거에서 어떤 결과가 나오던 간에 11월 승리를 위해 우리가 함께 협력해야 된다는 것을 당신은 알고 있을 것입니다.

애정과 진심을 담아, 딕
1968년 4월 4일

레이건은 닉슨의 요구를 못 들은 듯 즉시 답장으로 쏘아부쳤다.

안녕하세요, 딕,

뉴햄프셔와 위스콘신 예비선거의 좋은 결과에 축하드립니다. 없는 시간을 쪼개어 편지를 써준 데에 대단히 고맙게 생각합니다.

특히 내가 캘리포니아의 추천후보로 출마하는 동안 중립을 취하는 어려운 입장이라는 점을 이해해주어서 감사합니다.

당신의 기원대로 나의 희망도 11월에 누가 후보가 되든 우리는 공화당으로 단결되어야 할 것입니다.

진심을 담아, 론
1968 4월 10일

그리고 나서 레이건은 후보가 되는 노력으로 되돌아갔다.

그는 4월에 아이다호와 콜로라도에서 순방연설을 했고 네브래스카에서 1만

3천 5백 달러만 쓰고도 22퍼센트의 표를 얻었다. 닉슨은 기자들에게 레이건이 "대단히 좋은 성적"을 거두었다고 말했다. 5월 말 오리건 예비선거에서 그는 새로운 대담한 도전을 했다. 20초짜리 TV광고와 60초짜리 라디오 광고를 하며 닉슨이 팻 브라운을 상대하여 보여준 1962년 초라한 실적에 4년 후 자기가 브라운을 상대했던 승리와 비교했다. 그의 참모들은 오리건 신문에 75만 장의 전단지를 뿌렸고 바비 케네디와 벌였던 그의 승리 토론을 재방송하기 위해 CBS 승인을 얻으려고 애썼지만 거절되었다. 결과적으로 이번에는 닉슨이 3:1로 레이건을 제대로 혼내주었다. 그로부터 일주일도 되지 않아 레이건이 캘리포니아 예비선거에서 압도적으로 이겼지만, 그 승리는 저녁 늦게 로버트 케네디가 LA호텔에서 암살되었기 때문에 주목 받지 못했다.

그래서 닉슨보다 더 많은 표를 얻어 1968년 예비선거 끝에 레이건이 부상했다는 사실도 묻혀버렸다.

그러나 후보 지명 경쟁에서는 유권자가 아니라 대의원들이 더 중요했다. 예비선거가 끝나고 닉슨이 실제적으로 지명을 확보했음에도 불구하고 레이건은 싸움을 계속했다. 나머지 일부 남부 주들을 순회하며 당의 선거 자금 모금이라는 명목으로 아직 결정하지 못한 대의원을 마지막 순간까지 찾아 다녔다. 레이건은 새크라멘토에서 애머릴로, 리틀록, 샬롯빌, 볼티모어, 신시내티, 켄터키, 버밍엄까지 갔다. 이런 휩쓰는 식의 지방순회를 하더라도 실패가 운명 지어져 있었지만 레이건에게 연속되는 대통령 선거유세를 처음으로 맛보여준 경험이었다. 그의 행보를 밀착 추적해왔던 기자들은 실제로 켄터기 주 공화당회의에 참석한 대의원들 모두가 레이건과 사진을 찍겠다는 요구를 했다고 전했다. 새너제이 머큐리 뉴스를 위해 장거리 취재를 하던 루 캐넌은 그 행사에 있었던 단 한 명의 대의원도 레이건으로 마음을 옮기지 않았다고 보고했다. 자신의 판매행사는 헌신적이었지만 아무도 사주지 않았다.

닉슨은 레이건의 행보를 주목하며 나중에 회고했다. 레이건은 남부지역 대의원들과 대화하기 위해 캘리포니아로 날아갔고, 마이애미에 도착해서 주요 호텔들을 돌며 "그의 개성과 언변으로 대의원의 마음을 사로잡았다." 짧은 유세 중에서 가장 강력한 호소는 어쩌면 레이건 자신의 출마를 공식적으로 시인해주는 마지막 순간을 기다린 것이었는지 모른다. 8월 4일 일요일 전당대회 전날 밤 레이건은 거의 2년 동안 해왔던 일을 공식적으로 밝혔다. "후보명단에 이름이 오르자마자, 마치 대의원들이 선거유세를 해온 사람들과 나를 나란히 생각하며 선택할 후보처럼 자신을 여겼고, 그렇게 하도록 그들은 내버려 두었다"라고 페이스더네이션Face the Nation에서 언급했다.

　낸시 레이건은 예상치 못했던 이런 마지막 단계의 이상한 행동을 라디오를 통해 알게 되었다. 한편 무대 뒤의 레이건 참모들은 대의원들을 궁지에 몰아 첫 번째 선거가 끝날 때까지 누구도 지지하지 말도록 촉구했다. 만약 닉슨의 첫 득표를 막을 수 있다면 다음으로 레이건이 당이 선호하는 대안으로 부상할 수 있다고 주장했다. 마지막 순간까지 공화당 기득권들 대부분의 발목을 단단하게 잡겠다는 의도로 레이건은 노력을 두 배로 늘렸다. 닉슨이 말했다. "록펠러와 레이건 사이에 상호협력관계가 최강으로 작동했다. 록펠러는 북부와 중서부에서 움직였고 레이건은 나의 남부 우호 지역을 뚫으려고 애썼다."

　레이건의 선거유세는 불과 며칠로 생명력이 짧았다. 닉슨 생존력에 끝까지 의구심을 버리지 않았던 레이건 팀의 노력은 일단 개표가 시작되자 빠르게 사라졌다. 닉슨은 첫 득표에서 지명에 필요한 대의원 667명 모두를 차지했다. 레이건이 구상한 복잡한 두 번째 투표전략은 필요가 없었다. 8월 8일 새벽 2시가 지나 패배가 확실해지자 레이건은 인정해 줄 것을 호소하려고 연단으로 뛰어갔다. 마침내 단상에 오르자 그는 전당대회로부터 "차기 미국 대통령으로 리처드 닉슨 후보를 만장일치로 단합하여 지지할 것을 선언"하도록 요청 받았다.

　이것이 바로 레이건의 대선 첫 출마가 어떻게 끝났는지 보여주는 모습이며, 도저히 손에 쥘 수 없는 상을 얻기 위해서 닉슨을 후보 박탈시키려고 노력한 바로 그 사람이기도 했다.

　최종 대의원 집계는 닉슨 697, 록펠러 277, 레이건 182였다.

　아직 한 가지, 닉슨의 러닝메이트 문제가 남아있었다. 뷰캐넌, 시어스, 젊은 연설문 작성자 리처드 훼일런은 닉슨에게 알라바마 주지사 조시 월리스에게 기우는 남부 백인 민주당 인사들의 마음을 얻기 위한 방법으로 레이건을 명단에 올리도록 촉구했다. 한여름이 되자 일부 여론조사에서 월리스는 유권자의 거의

1/4을 끌어들이고 있어서 닉슨 측은 그런 집단의 규모를 줄일 방법을 찾았다. 시어스가 한 분석에서 월리스는 남부 선거인단 수십 명을 얻을 것이지만, 제2인자로 레이건을 정할 경우 닉슨은 절반으로 수를 줄일 수 있었다. 각 주별 분석에서 "미국 내에서 할 말을 하며 선거유세에서 조지 월리스를 물리칠 수 있는 유일한 공직자"는 레이건뿐이라고 시어스는 주장했다. 팻 뷰캐넌도 별지에서 레이건이 쉽게 월리스 표를 끌어들이면 닉슨이 순탄한 길을 걸을 수 있다고 비슷하게 주장했다. "우리가 이번에 이기기 위해서는 대담해져야 한다. 베드타임본조 영화주인공을 공화당 부통령후보로 올리는 것보다 더 대담한 일은 지금으로서는 생각할 수 없다"고 뷰캐넌이 말했다.

닉슨의 외교정책 연구실장 리처드 알렌은 여름에 닉슨이 필요로 하는 진보 유권자들에게 호소할 수 있는 일리노이 척 퍼시와 같은 중도파를 생각하기 시작했다. 하지만 월러스의 인기가 점점 커지자, 그는 마음을 바꾸어 내부에서 캘리포니아 주지사가 알력 없이 남부 백인들에게는 더 호소할 수 있기 때문에 레이건을 러닝메이트 후보명단에 올리기를 주장했다. "레이건에게 원색적 매력은 없지만, 오늘날 잃어버린 법, 질서, 애국주의, 근검절약 같은 요소들을 그의 옛 신조에서 찾을 수 있고 상식적인 사람의 평범한 언어로 쉽게 이해할 수 있다."

이런 모든 주장의 핵심은 국가가 보수로 이동하고 있다는 아직 입증되지 않은 생각들이었다. 닉슨 진영 누구도 그것이 사실이라고 믿지 않았고 누구도 1966년 선거결과에서 거대한 40년 조류의 흐름을 본 사람은 없었지만, 닉슨의 내부 보수주의는 진보나 온건파를 부통령후보로 선택하면 유권자들의 점점 커져가는 반진보, 반관용, 반기득권 정서를 크게 잘못 해석하며 월리스를 강화시키게 될 뿐이라고 주장했다.

닉슨에게 보내는 보고에서 알렌은 심지어 진보적 기득권은 닉슨의 등장에 놀랐고 레이건으로 이중으로 놀라게 될 것이기 때문에 레이건을 명단에 올리는 것은 더욱 절대적이라고 말하기에 이르렀다. "기득권은 닉슨이 대통령 되는 것을 허용하지 않는다. 따라서 기득권 견해를 가진 모두를 무시하고 욕되게 하며 영원히 표를 잃고 다시는 붙잡을 수 없을 것이다."

하지만 그런 생각은 드와이트 아이젠하워의 부통령한테 다소 너무 과격한 생각이었다.

　　그래서 결론은 인성으로 귀결되었다. 리처드 훼일런은 개인적으로 레이건을 닉슨의 파트너로서의 사례를 제시했고, 그는 손을 저으며 젊은 보좌관 의견을 일축했으며 "그는 배우일 뿐이다"라고 말했다. 하지만 전문가들은 그런 말은 닉슨의 개인취향일 뿐으로 훨씬 더 깊은 우려를 나타냈다. 시어스와 다른 사람들은 같은 식이었던 1960년의 헨리 캐봇 로지의 경우처럼, 화면을 잘 받는 레이건이 유세에서 닉슨보다 빛날 것을 두려워한다고 믿었다. 시어스가 당시를 회고했다. "그는 그런 상황이 재현되는 것을 원치 않았다. 모든 것이 공평했으면 닉슨은 아마 레이건을 선택했어야만 했지만 그는 고려하지 않으려고 했다." 훼일런은 닉슨에게는 모든 대상이 예민한 문제였다고 회고했다. "우리가 레이건을 더욱 매력적으로 보이게 할수록, 어쩔 수 없이 나란히 서서 비교당하는 괴로움을 겪어야 하는 닉슨에게는 더욱 매력이 감소되었다. 닉슨은 명백하게 레이건을 측근으로 생각지 않았다." 닉슨과 경선여행 대부분을 함께한 뷰캐넌이 덧붙여 말했다.

　　결국 닉슨은 한번도 스타 반열에 오른 적이 없었던 메릴랜드 주지사 스피로 애그뉴를 선택하여 공화당을 깜짝 놀라게 했다.

　　딕과 론의 싸움은 이어지는 총선유세 싸움으로 재빨리 잊혀졌다. 보수진영 밖의 많은 사람도 레이건에 대해 진지하게 생각하지 않았고, 그가 대통령이 되기 전에 두 번 더 출마할 것이라는 상상도 하지 않았지만, 그들의 가부키 경주는 관계를 바꾸어 놓았다. 몇 년 뒤 닉슨은 회고록에서 지적했다. 선거투표에서 보여준 레이건의 "일관된 자세는 강력한 정당인이 되도록 그의 태도를 유지시켜 주었다." 레이건이 비밀리에 추었던 춤은 상처를 남겼다.

　　닉슨만이 아니라 레이건도 회고록에서 1968년 이야기 대부분을 빼버렸다. 거기에 그는 유세에 관하여 적었는데 거의 전반적으로 다른 사람에 의해 각색되고 때론 자기 의지와 다르기라도 한 십자군처럼 표현하고 연출하고 만들어졌다. 심지어 그의 이름이 지명자 명단에 들어간 후에도 레이건은 자기가 복합적 의미에서 화가 났다고 주장했다. 닉슨이 첫 득표에서 승리했을 때 그보다 더 기뻐하는 사람은 없었다고 적었다. 수십 년 이후 회고록에 기술한 대로 그는 말했다. "닉슨이 지명되었을 때 나는 세계에서 가장 마음이 놓이는 사람이었다. 나는 당시 대통령 준비가 안 되어 있다는 것을 알고 있었다."

　　20여 년 후의 때늦은 지혜였거나 어쩌면 아닐지도 모르지만 당시 그것은 한 번쯤 해볼 만한 선택같이 보였다. 서신교환을 오랫동안 유지해온 옛 친구 로레인과 엘우드 바그너 두 사람에게 보낸 1968년 9월 편지에서 레이건은 대담하게 마이애미 비치에서 주사위를 던졌다고 시인했다. "전당대회 열기는 굉장했고 첫 득표에 관해 당신이 옳았다. 만약 그가 성공하지 못했다면 게임은 끝났을 것이다. 왜냐하면 한 번 선서했던 대의원들이 두 번째 투표에서 선택을 바꾸는 경향이 있기 때문이다. 어쨌든 그를 뽑기 위해 우리는 머리를 돌렸을 것이다."

존슨과 닉슨:

병 속의 두 전갈

———————— ⊶〇 ————————

클럽은 미국 대통령을 보호하기 위한 무언의 선서로 함께 묶여있지만, 회원들은 이따금 대통령의 업적 보호에 대한 의욕이 넘친다.

대통령의 임무는 대부분의 경우 거의 일치한다. 하지만 2세기에 걸쳐서 보다 크고 보다 우회적 두 인물이 정치 중앙무대에 나타남으로써 클럽이 찢어지는 위협과 갈라지는 분열의 압박에 시달렸다. 5년간 3개 대륙을 넘나들며 닉슨과 린든 존슨 대통령들은 선거유세 내내 대단한 정치 체스게임을 벌였다. 게임이 격렬해진 이유는 판돈이 너무 크고 움직임이 무척 복잡했던 탓이다. 그리고 양측이 모두 속임수를 썼기 때문이다.

문제는 베트남전쟁이었다. 전 국무장관 헨리 키신저가 비극이라고 경고했던 그 전쟁은 관계한 대통령마다 혼란 속으로 파괴시킨 재앙이었다. 무엇보다 존슨은 평화를 유지시키는 중재자로서 대통령직에서 퇴임하기를 원했다. 이를 위해 희생된 목숨과 재물, 그 자신의 대통령으로서의 꿈은 의미 없이 버려진 것은 아니었다. 닉슨은 사적으로 명예롭게 종전시키겠다고 약속하며 신뢰를 나누었다. 존슨은 이를 믿고 받아들였는데 1968년 대선이 펼쳐지면서 음모가 꾸며지고 닉슨이 확실한 대선 승리를 위해 베트남 평화 협정 절차를 비밀리에 방해함으로써 자신을 배신했음을 알게 되었다.

그로써 존슨은 개인적인 꿈의 보호와 직책 보호 중 결정의 기로에서 후자를 선택했다. 영웅들이 살해되고 여론이 분열된 피와 화염의 1년을 보냈는데, 어떻게 새로 선출된 대통령의 반역에 가까운 배신행위라는 트라우마를 추가할 수 있겠는가? 그래서 존슨은 침묵을 지키기로 했다. 당분간.

물론 닉슨은 같은 사건을 두고 전혀 다른 시각을 바라보았다. 즉, 임무 회복을 찾는 절박한 대통령이 처리한 좋지 못한 평화 협상으로부터 나라를 구했다는 것이다. 그 이유가 존슨의 회복을 부정하는 데 있었다 하더라도, 전쟁을 단축할 수 있는 기회를 상실한 책임은 마땅히 닉슨이 져야 하는 것이다. 그는 위대한 대통령이 되고자 했고 국가는 그가 필요했다. 그는 계획을 품고 오랜 시간 수모를 참아낸 인내로 기회를 잡았다. 이제 모든 것을 보여줄 것이다.

1968년 말 일어났던 일은 클럽에서 발생한 첫 번째 추악한 싸움이었다. 그 후 국가를 본 궤도에 올리기 위한 각자의 선택은 대통령 사임이었고, 그것이 미국정치를 영원히 변화시켰다.

———————— ⚷ ————————

11

"이것은 반역행위다"

- 린든 존슨 -

아이젠하워—트루먼 사이의 적대적 관계와 달리 존슨—닉슨의 경우는 사적인 문제는 아니었다. 존슨은 회고록에 다음과 같이 썼다. "민주당 동료가 느끼는 리처드 닉슨에 대한 깊은 혐오를 나는 한 번도 가진 적이 없었다." 사실 그들은 평범한 가계, 헌신적 어머니, 무지한 아버지, 은수저에 대한 적의, 진실에 대한 무차별 관계 등 공통점이 많았다. 하지만 곤란하고 부담스런 일에 닉슨은 영원히 팔짱을 끼는가 하면 존슨은 폭넓게 개입하며 닉슨이 전혀 기대하지 않는 곳에 서조차 사랑 받기 위해 결사적이었다.

링 안에 섰던 많은 대통령을 코치했던 신중하고 예의 바른 브라이스 할로가 두 사람의 꼬인 관계를 비유했다. "대통령 딕 닉슨은 발톱에 칼을 달고 빙빙 돌며 싸우는 수탉이지만 한쪽이 먼저 움직이지 않는 한 아무 일도 일어나지 않는다."

무엇보다 닉슨은 1968년 공화당 후보로 부활하는 데 존슨에게 빚을 졌다. 1960년 패배 후 조직을 형성하고 협력자들을 모으느라 몇 해가 걸렸지만 그는 여전히 패자였다. 1965년 11월 〈뉴스위크〉는 표지에 나이치고는 "가장 주목되는 중요한 정치인"이라는 제목으로 초선 의원 존 린지를 소개할 정도로 공화당은 뚜렷한 지도자가 없었고, 당시 논평들은 닉슨의 정치 복귀 가능성을 천분의 일로 두었다.

1966년 중간 선거를 통해 닉슨이 부활할 수 있었던 것은 정적을 대통령 권한만큼 동등하게 끌어올릴 수 있는 힘을 가진 유일한 사람인 존슨의 공이 가장 컸다.

그해 봄 두 사람은 정치 대리전과 관련된 신사협정을 맺었다. 3월 그리다이언 만찬 때 존슨은 다음날 오전 커피타임에 닉슨을 백악관으로 초대했다. 닉슨이 이를 다음과 같이 회고했다. "그는 전날 만찬에 늦게까지 있었고 후두염으로 목이 심하게 부어 침대에 있었다." 아이젠하워의 부통령으로 8년을 보낸 이후 닉슨은 이제 처음으로 사저인 2층으로 올라갔고 존슨은 파자마를 입은 채 킹 사이즈 침대에 앉아 있었다. 그들은 베트남과 중국에 관해 이야기하고 다음 대선 때 소속당 후보를 위해 주요 대리인 역할을 논하며 닉슨이 말했다. "내가 개인적으로 직접 당신에게 문제를 거론해도 비난하지 않고 이해해줄 것으로 알고 있습니다."

"딕, 알고 있습니다. 우리 정치인은 법정에서 지옥같이 서로 공방을 벌인 후 함께 한잔하는 변호사 같은 사람들입니다"라고 존슨이 대답하고 일어나 안으로 들어가더니 사전예고를 하듯 선물로 대통령 커프스 단추를 가지고 돌아왔다.

닉슨은 중간 선거를 위해 야전사령관같이 작전을 짰다. 1964년 민주당이 압승을 거두었기 때문에 여전히 취약한 지역의 공화당 출마자를 돕는 데 열중했다. 어쨌든 그런 식으로 도운 지역에서 승리를 거두면서 신용을 얻는 한편 존슨을 사로잡을 덫을 세심하게 놓고 있었다.

이번에는 베트남전이 대부분의 미국인에게 혼란스런 이슈가 되면서 닉슨은 그가 선호하는 다양한 입장을 취하며 그들을 도울 방법을 찾을 수 있었다. 평화협상을 하며 비슷한 규모 의 병력으로 전쟁 확대를 원했다. 닉슨은 군사적으로 이길 수 있는 전쟁이 아니라고 개인적으로 참모들에게 말하면서도 협상 가치를 지도 위에 올려놓았다. 어떤 면에서 협상이란 전쟁을 연장시킬 뿐이라고 말했지만, 여름에 전 아시아 평화회담에 관한 의견은 지지했다. 유권자들은 자신들의 감정이 너무 복잡했기 때문에 이런 상반된 메시지의 의미를 알아차리지 못했을 것이다. 국가를 사랑하면서 국가가 싸우는 전쟁은 싫어한다? 총사령관을 지지하지만 그의 정직성을 의심한다? 대부분은 닉슨에게 그다지 관심을 기울이지 않았다. "비틀고 뒤집은 언급들을 지켜볼 매의 눈과 신경을 곤두세운 누군가가 필요했다"고 역사학자 릭 펄스타인이 전했다. 그가 바로 린든 존슨이었을 것이다. 그는 매번 자기 입장에 반대하는 닉슨을 보았다. 전쟁을 확대하면 3차 세계 대전으로 이어질 것이고, 그렇지 않으면 3차 전쟁을 끝낼 것이다. 이것은 불가능한 환경 속에서 불안을 느끼는 대통령을 괴롭히면서, 그가 떨쳐버릴 수도 없고 누구도 원치 않는 전쟁을 계속하게 만드는 완벽한 방법이었다.

　　10월에 존슨이 지역 정상회담 참석 차 마닐라로 날아갔을 때 닉슨이 두려워했던 최악의 상황이 무르익었다. 존슨이 1966년 선거 직전에 베트남에서 돌파구를 모색한다면, 위대한 공화당 재기를 지휘하면서 실추된 그의 이미지에서 벗어나려는 어려운 노력은 아무 쓸모없는 결과가 될 것이다. "모자 안에서 평화의 토끼를 꺼내자." 이것이 닉슨이 생각한 방법이라고 참모들에게 이야기했지만 존슨은 시기의 적절성과 동기에 대한 의구심을 슬며시 드러내며 신문 칼럼에서 물었다. "이것은 평화를 위한 노력인가? 아니면 표를 의식한 것인가? 반발의 목소리가 일자 닉슨은 마찬가지로 존슨에게 비난의 작살을 찔렀다. "그는 전쟁 시기에 소속 당을 단결시키지 못한 역사상 최초의 대통령이다."

　　선거일이 다가오면서 아이젠하워도 외야석으로부터 ("계속 쳐라!"라며 그를 촉구하는) 박수를 보내고 있기 때문에, 닉슨은 길이 열리고 있다고 보았다. 창의적인 젊은 보좌관 윌리엄 새피어는 마닐라에서 나온 존슨의 성명서를 신성한 경전 보듯이 연구했다. 닉슨 팀은 베트남의 상호 병력 축소에 관한 마닐라 제안을 비난하는 성명서를 작성했다. 남부 베트남의 운명을 베트콩에게 맡기는 것이라고 닉슨이 경고했다. 미국은 "공산주의 약속을 믿어서는 안 되고 반드시 보장된 행위를 주장해야 한다." 성명서는 명확하게 모두를 승복시키는 설득력이 있었으며, 새피어가 그들에게 유리하다고 불렀던, 대단치 않은 사실이었다. 그는 〈뉴욕타임스〉에 있는 친구 해리슨 솔즈베리에게 연락하여 닉슨을 무시했다고 주장했다. 닉슨은 언제나 베트남에서 행정부 목표를 지지했기 때문에 그런 책략에 대한 그의 반발은 중대한 뉴스로 다루어져야 한다. 새피어는 〈뉴욕타임스〉를 설득하여 마치 대통령 연설이기라도 한 것처럼 항의성명 전문을 기사로 실었다.

이것은 닉슨을 존슨 대통령의 맞수로 띄우고 공화당 대통령 임명을 향한 중요한 첫 움직임이었다. 그것이 존슨의 살갗을 파고들었다. 부정직한 대통령이라고 헐뜯긴 존슨은 중간평가인 선거를 불과 며칠 앞둔 1966년 11월4일 기자회견에서 "2년에 한 번씩 국가와 정부의 단점을 찾아 비판하는 고질적 버릇이 있는 선거원"이라고 닉슨을 매도했다. 전 부통령이 "관할선거구 한두 개를 얻으려는 희망에서" 그런 비난이나 퍼뜨릴 정도로 "국가에 큰 도움이 되지 못했다." 또한 아이젠하워조차 그를 밀도록 부추겼다고 비난을 덧붙였다. 존슨은 이어 말했다. "닉슨은 정부 공직에 있을 때 무슨 일이 일어나고 있는지 전혀 인식하지도, 실현시키지도 않았다. '일주일 정도 시간을 주면 닉슨이 무슨 일을 했는지 찾아보겠다'고 말했던 아이젠하워의 언급을 우리는 기억하고 있다."

이러는 사이 영부인 버드 여사Lady Bird Johnson는 벽에 몸을 기대고 앉아 머리를 흔들며 남편을 중단시킬 의도로 관심을 돌리려고 애썼다. 한 음악평론가는 딸의 노래를 감히 평가절하했다고 호되게 혹평했던 트루먼 이래 대통령이 사적으로 그렇게 신랄하게 공격한 적이 없었다고 했다.

존슨의 보좌관 잭 밸런티가 나중에 새피어에게 이에 대해 말했다. "그가 공개적으로 그런 적은 처음 본다. 닉슨이 그의 염소를 훔쳐서 손 안에 들고 있는 것이 분명하다."

뉴잉글랜드에서 유세 중인 닉슨은 싸움을 좋아하는 참모 팻 뷰캐넌으로부터 새피어의 유인책이 얼마나 멋지게 들어맞았는지 보고받았다. 경탄하며 뷰캐넌이 말했다. "그가 우리를 쳤습니다. 원 세상에! 그가 우리를 쳤어요!" 이제 닉슨은 정치인으로서 행동만 하면 다시 한 번 더 타이틀은 그의 것이 될 것이다. 대통령은 "충격 받은 기분을 드러내는" 죄를 지었다고 말하며 분노보다 더 슬픈 목소리로 추가했다. "지금 존슨 대통령과 내가 불일치할 수 있지만 신사협정에서 불일치라고 내버려 두자." 이것이 닉슨의 전형적인 작전이었다. 공격하도록 적을 자극한 다음, 명예를 보호하기 위해 동정의 파도를 탄다. 그는 1946년부터 이 역할에 의지해 출마해 왔지만 그다지 효과가 없었다. 〈뉴스위크〉에서 보도했다. "가을 단 하루 만에 린든의 천일 집권이 끝났다."

"내가 갑자기 온 나라의 관심 한가운데 있다는 것을 알았다." 닉슨은 상당히 놀랐고 아이젠하워는 게티즈버그에서 전화를 걸었다. "존슨이 이 문제에 너무 멀리까지 가서 당신에게 유리한 큰 반발이 있을 것이다." 공화당 의회선거위원회는 TV시간 30분을 넘겨주어서 닉슨이 또 다시 칼을 휘두를 수 있었다. 그는 "지난주 미 대통령이 정적을 상대하는 중에서 가장 야만적인 인신공격을 받았다"라고 주장하며 현자인 듯 카메라를 응시하고 이야기를 마치며 존슨에게 직접적으로 말했다. 그는 함께 공직에 몸담았던 지난 14년을 회상했다. "나는 당신을 존경했고 지금도 존경합니다…. 내 존경은 당신이 내게 한 사적 공격 때문에 변하지 않습니다. 모두가 알다시피, 피곤에 지치면 화를 참을 수 없다는 것을 잘 이해하고 있습니다."

닉슨은 이제 공화당 고위대변인으로 부상했고 공화당은 47석의 하원의석을 차지했다. 〈뉴욕타임스〉는 다음과 같이 발표했다. "1966년 선거의 정치적 챔피언의 성공 타율이 리처드 닉슨에게 가버렸다." 〈세인트루이스 글로브-데모크랫〉 일간지는 이렇게 주장했다. 이것은 1968년 대선에 영향을 미치게 될 것이다. "오늘 공화당 지지자들은 린든 존슨을 공개전투장으로 유인하여 내려친 유일한 사람이 닉슨임을 다 알고 있다. 린든 존슨은 1회전의 승자를 알아볼 것이다."

그럴지도 모른다. 하지만 닉슨 역시 전문가를 상대하는 것이고, 그래서 실제로 덫에 걸리는 사람이 누구일지는 섣불리 알 수 없었다. '의도적인 경우를 제외하고 사람들 앞에서 절대로 기분을 드러내서는 안 된다'는 규정을 존슨도 알고 있다. 그의 보좌관 빌 모이어는 대통령이 기자회견 시작 전까지만 해도 침착했고, 닉슨을 "고질적 버릇이 있는 선거원"으로 젊잖게 내려칠 계획을 세웠다고 회고했다. "그날 아침 존슨은 닉슨을 미국정치에서 가장 취약한 사람이라고 생각한다고 말했다."

존슨은 1968년에 누가 출마하기를 원했는지 정확하게 알았다. 그래서 그를 돕지 않을 수 없었다.

평화 추구

물론 존슨은 출마하지 않을 것으로 알려졌다. 1968년 3월 31일, 남부 베트남을 치기 위한 베트콩의 최대군사작전 신년공세^{Tet Offensive}와 뉴햄프셔 예비선거에서 모욕당한 그는 자신이 출마하지 않을 것이라고 발표했다. 이로 인해 존슨이 보람도 없고 이길 수도 없는 파괴뿐인 저주받을 전쟁에서 자신의 명성을 구하여 역사적 인물로서의 자신의 명예를 회복하려는 의도가 있음이 확실해졌다.

북부 베트남은 지칠 줄 모르는 간악한 적이었다. 존슨이 존중을 보이며 벌인 종전협상결의는 어쩌면 처음부터 불가능한 것이었는지 모른다. 그렇다 하더라도, 어떤 경우라 하더라도, 닉슨이 그 일을 일으켜서는 안 될 일이었다.

1968년 봄 존슨이 대선 경선 철회와 평화회담을 위한 사전포석으로 베트남 부분 폭격 중단을 발표했을 때 지지율이 13%나 뛰어올랐다. 5월에 국방장관 클락 클리포드는 존슨에게 이 전쟁은 군사적으로 이기지 못할 것이고, 유일한 희망은 파리에서 진행되는 비밀 협상에 달렸다고 말했다. 하노이 북베트남 지도자들은 미국이 북쪽을 폭격하는 한 순수한 평화회담은 시작될 수 없다고 오랫동안 요구해왔고, 사이공 남베트남 정부를 거부한 채 미국에게 협상요청을 했다. 한편 북베트남의 적군과 물자가 공산주의 베트콩을 돕기 위해 남으로 흘러 들어가는 한 존슨은 폭격 중단을 고려하는 것조차 거절해왔다. 당시 베트남의 미국 사령관 크라이튼 아브람은 폭격이 중단되면 며칠 내에 공산군이 5배로 증가하게 될 것이라고 경고했다.

그리고 사이공정부 역시 북베트남 군대 철수까지 폭격을 중단해서는 안 된다고 요구했다. 7월 중순 사이공을 돌아본 국방장관 클리포드는 무능하고 부패한 정부는 종전을 원치 않는 것이 명백하고, 누엔반티우 대통령 정권도 50만 미군과 황금 같은 자금 유입으로 보호받는 한 종전은 없다고 존슨에게 보고했다. 중국, 소련, 닉슨이 벌이는 이해관계를 풀기 전에는 해결불능의 난제였다.

소속당 후보 지명을 받기 위해 유세를 벌이는 닉슨은 정당한 정치인 같은 입장을 취하고 있었다. "미국 대통령이 되고자 하는 일부 후보들의 무책임한 말 때문에 평화회담의 기회를 파괴하지 맙시다. 여러분이 적의 입장이 되어 생각해

보기 바랍니다"라고 일리노이 에번즈빌에서 5월에 연설했다. 그는 린든 존슨과 러스크 국무장관과 협상한 다음 신문에서 다음과 같은 기사를 읽게 된다. "상원의원도, 하원의원도, 편집자도 아닌 미국의 대통령 당선가능자가 현 대통령 존슨이 제시하려는 것보다 더 나은 제안을 하게 될 것입니다. 그는 무엇을 하려는 것인가? 그것은 지금까지 심사숙고는 무효가 될 것이고 적들은 다음 대통령을 기다리게 될 것입니다."

이런 시나리오는 경고로 제시되었지만 사실은 계획 같은 것이었다. 다음 여러 달이 지나면서 닉슨은 꼼꼼하게 계획의 조각을 제자리에 맞췄다. 그가 우선 해야 할 일은 존슨의 충실한 부통령 휴버트 험프리의 당선에 대해 손끝 하나 건들지 못하게 하는 일이었고, 그것은 생각보다 쉬웠다.

승리의 기회를 얻기 위해서 험프리는 존슨의 변론을 넘어 독립적 정체성이 필요했다. 오랫동안 "그를 주머니에 넣고 다닌다"는 식으로 기자들에게 이야기해온 대통령에 대해 그렇게 음모를 꾸미기는 쉬운 일이 아니었다. 베트남 혹은 다른 문제로 말미암아 존슨과 결별한다는 추측과 암시는 존슨을 분노하게 만들었을 것이다. 그는 보좌관들에게 전화하여 험프리가 허약하고 불충하다고 말했고, 너무 의심스런 나머지 험프리의 전화까지 FBI에게 도청시켰다.

부통령이 자신의 정부를 공격할 수는 없었지만, 그렇지 않으면 험프리에게는 승산이 없었다. 지략에 전문가였던 닉슨은 그의 상황을 잘 이해하고 이용할 수 있는 위치에 있었다. 이미 기자들은 린든 존슨이 연승보다 역사에서 자신의 입지를 더 신경 쓴다고 결론 내렸다. 클락 클리포드는 결과를 보고 있었다. "험프리에 대한 분노는 존슨을 그의 오랜 정적 닉슨에게 이끌었다."

역사에서 존슨의 입지를 높여주는 사람이 누가 되던 존슨의 축복을 얻는 것이다. 존슨은 클리포드, 국무장관 딘 러스크, 국가안보보좌관 월트 로스토우에게 말했다. "닉슨이 어떤 세계를 원하는지 알아보기 위해 그와 자리하고 싶다. 그가 지명을 얻으면 민주당보다 더 많은 책임을 입증해야 할 것이다."

다음 몇 주 간 펼쳐진 일들은 일반에게 그다지 눈에 띄지 않는 것으로 우리의 정치가 변해온 교훈을 보여주었다. 두 사람은 먼저 마이애미 공화당 전당대회에서, 다음으로 백악관 정보브리핑 때 만난 다음, 존슨의 텍사스 목장에서 좀 더 스스럼없이 시간을 가졌다. 7월 26일 백악관에서 존슨은 베트남 폭격 중단에 대한 조건을 제시했다. 평화회담에 미국뿐만 아니라 북베트남이 남베트남 정부를 참여시키는 데 동의해야 하고, 비무장지대 존중과 도시에 대한 공격중단이 조건이었다. 닉슨은 자국의 입장을 저해하는 어떤 행동도 하지 않겠다고 약속했다.

이에 대해 닉슨은 2주 후 자신의 후보 지명 전당대회 때 되풀이해서 약속했다. 그는 스테이크와 옥수수를 비롯해 버드 존슨 여사가 만든 쿠키를 농장에서 같이 먹었다. 존슨은 몸소 닉슨을 헬리콥터가 있는 곳까지 태워다 주는 도중에 자신이 태어난 수수한 생가와 부모가 묻힌 묘지도 보여주었다. 만남을 끝내면서 두 사람이 이해한 것은, 존슨이 베트남에 강경 노선을 유지하고 험프리나 다른 민주당원들이 원했던 대로 파리 평화협상에서 물러서지 않는 한 닉슨은 존슨에 대한 공격을 자제한다는 협의였다. 클리포드에게 이것은 "가여운 허버트 험프리를 추운 밖에서 얼린다"는 의미였다.

"나는 대통령이 기뻐하는 만큼 아연실색했다." 클리포드가 회고했다.

그들의 전화 통화에서 닉슨은 존슨에게 견해가 일치함을 분명히 했다.

닉슨은 8월 말경 존슨에게 말했다. "나는 빌어먹을 정치가 무엇인지 말할 수 없지만 우리는 확고한 입장을 취해야만 합니다. 또한 당신을 당혹스럽게 할 수 있는 빌어먹을 말은 하지 않을 것입니다. 당신도 확신할 수 있습니다."

"잘 알고 있습니다." 존슨이 대답하자 닉슨이 덧붙였다. "좀 더 터놓고 말해서, 당신은 부통령과 측근들에게 이 문제에 대해 확고한 입장을 취해줄 수 있습니까? 왜냐하면 잘 알다시피, 빌어먹을 선거전에서 우리는 생각이 확고해야 하기 때문입니다."

"솔직히 말해서, 나는 모릅니다. 이것은 정직한 대답입니다. 나는 단지 분명하게 모릅니다." 존슨이 말했다.

닉슨은 오는 기회를 잡는 사람이 아니었다. 존슨이 파리평화회담을 성공리에 완수하면 자신이 설 입지를 상실한다는 것을 알고 있었다. "전쟁이 있으면 그것을 끝내도록 내게 표를 줄 것이고, 평화가 있으면 그들의 재정을 위해 민주당에 투표할 것이다."

그래서 그는 보험금 일부를 미리 타기로 했다. 존슨이 하노이에 무엇을 제시할지, 사이공정부를 어떻게 설득할지, 또한 선거가 지나면 이런 무지한 전쟁으로부터 빠져나갈 길이 열릴 수 있을지 그는 알아야만 했다.

애나 세놀트Anna Chennault는 닉슨을 지원하는 공화당 여성단체 공동의장이었다. 2차 세계대전 당시 중국에서 플라잉타이거 비행대를 지휘했던 클레어 세놀트 장군의 중국 태생 미망인인 그녀는 당시 43세로 몸집이 작고 단단하며 "리틀 플라워", "드래곤 레이디"로 알려졌다. 그녀는 1954년에 닉슨이 부통령으로 대만에 여행했을 때 만났는데, 그녀는 베트남 티우 대통령의 동생 응웬 반 키에우 Nguyen Van Kieu와 가까웠다. 7월 12일, 미망인 애나 세놀트와 인기 있고 상냥하고 특히 발이 넓은 외교관 베트남 대사 부이 디엠은 닉슨과 선거참모 존 미셸과 함께 닉슨의 뉴욕 아파트에서 조우했다. 디엠의 이야기에 의하면, 만남의 목적은 닉슨의 유세와 사이공 사이에 비밀 대화 채널을 열어두는 데 있었다.

닉슨은 디엠에게 말했다. "애나는 좋은 친구입니다. 그녀는 아시아에 관한 것을 잘 알고 있고, 당신 역시 그녀의 친구라는 것도 알고 있습니다. 그러니 이제부터 나와 당신 정부 사이의 유일한 접촉망으로 그녀를 생각해주세요." 만약 메시지가 있으면 그녀를 통해서 보내고 그도 그렇게 할 것이라고 닉슨이 말했다. "애나는 훌륭한 미국인이고 공화당에 헌신하는 사람으로 우리도 그녀의 충성심을 믿을 수 있습니다." 닉슨이 승리하면 베트남을 최우선 과제로 하고 "베트남이 민주당 정권보다 더 나은 대접을 받을 수 있도록 하겠다"고 약속했다.

이렇게 해서 닉슨은 메시지를 보내고, 자신의 압력을 적용하고, 자신의 약속을 사이공에 전달할 수 있는 방법을 마련하는 한편 존슨의 움직임을 주시했다. 역사학자 로버트 댈럭의 말이다. "미국 역사의 다른 경우에 못지않는 부정과 비밀 음모가 꾸며진 추악한 선거운동"이 닉슨에 의해 초석이 놓였다.

험프리의 지옥, 닉슨의 행진

존슨은 민주당이 제정신을 차려서 시카고 후보 지명 전당대회 때 자신도 당을 위해 봉사할 수 있도록 요청받기를 희망했다. 그가 바람의 도시인 시카고를 선택한 이유가 있었다. 전쟁터의 장군같이 명령하는 시장 리처드 달레이에 대한 믿음 때문이었다. 그는 경찰에게 방화범을 발견 즉시 총격하라며 제안하는 사람이었다. 존슨은 이렇게 말하곤 했다. "닉슨이 패배할 수 있다. 그는 처음에는 누구보다 빨리 달리지만 그 다음에는 뒤로 돌아 달리는 스페인 말과 같다. 반드시 끝에 가서 실수를 범할 것이다. 언제나 그랬다."

그는 심지어 시카고에서 60회 생일파티를 거대하게 개최할 계획까지 세웠다. 그러나 베트남 종전을 위한 전국운동위원회가 베트남 시민을 도살하는 사진을 전시하며 "생일파티 반대"를 주장했다. 험프리가 후보 지명을 받던 날 밤, 대회장 주변으로 철조망이 둘러쳐졌고, 정치적 부활을 꿈꾸던 존슨의 희망은 부서졌다. 시위자들이 벽돌, 병, 못 박힌 골프공을 폴리스라인에 던지자 경찰이 거칠게 대응했고 평화주의자와 시위자들까지도 거칠게 다루었다.

베트남에 대한 민주당의 입장은 조금도 누그러지지 않았다. 사위 두 사람이 베트남에서 복무 중인 존슨은 그 점을 확신했다. 민주당 다수는 무조건적인 폭격 중단 정책을 지지했다. 여전히 총사령관인 존슨은 목장에서 보좌관에게 전화했다. "절대 안 된다. 나는 그들이 나를 체포하고 권력을 빼앗지 않는 이상 폭격 중단은 없다. 왜냐하면 나는 거기에 책임이 있고 병역기피자들이 아닌 그들 가슴에 총을 쏘지는 않을 것이다."

험프리는 베트남 문제에서 발이 묶이고 선거유세 자금이 고갈됐다. 한편 시사평론가들은 더 이상 최고를 헐뜯지 않는 성숙하고 여유로운 새로운 모습으로 등장한 닉슨을 보면서 월터 리프만은 유명 TV 코미디 '로원&마틴 쇼'에 출연할 만하다고 평했다.

닉슨 반대자들도 이 사실을 받아들였다. 그해 닉슨은 그 어느 정치인보다 침묵하는 다수에서 팽배한 흥미와 자유가 뒤섞인 새로운 의심과 강렬한 불안감을 잘 이해하고 있었다. 일반 대중 다수는 환각적 불안감을 가진 자녀들, 방탕한 사치에 물든 할리우드, 이것을 진보로 환영하며 혁명으로 격려하는 분석가들로부터 거부당해온 사람들이고, 중심 지역을 경멸하면서 자신의 자녀를 사립학교에 보내는 한편 사회 정의를 장려하는 사람들이었다.

닉슨의 큰 특징은 새롭게 상처받고 분개한 사람들에게 손을 뻗어서 한 번도 연합한 적이 없던 단체들을 연합시키는 능력이었다. 히피 반전운동가들에게 욕을 퍼붓는 조합 고집쟁이들은 닉슨이 전쟁 반대자들을 "수염이나 기르는 정신병자"라고 부르자 공화당 일반인들, 남부 거부파들, 전국 단체인사들, 지역활동가들과 정치적으로 연합했다. 루즈벨트 식의 노동계, 도시인들, 소수자들, 남부 지역인들 연대와 다르게, 닉슨은 집단을 뚫고 들어가 정치적 이해관계를 지지하지 않던 그들에게 문화적 필요성을 역설했다.

이 전략은 닉슨은 존슨을 옆으로 배제시키는 동안은 완벽하게 작동했다. 그래서 그는 또 다른 비밀채널을 개설할 때라고 생각했다. 평화협상을 강요할 필요가 없다고 존슨에게 설득시키는 방법은 비록 선거 이후에 이루어진다 하더라도 언제라도 확실한 협상을 보장하는 일이었다. 9월 중순 닉슨은 클럽이 명예롭게 여기는 한 인사를 끌어들였다. 복음주의자 빌리 그레이엄 목사는 과거와 미래의 다른 대통령들과의 관계처럼 존슨과 닉슨 둘 다 개인적인 관계가 돈독한 세계적으로 드문 인물이었다. 지난 20년간 가깝게 지냈으며 마이애미 공화당 전당대회에서 닉슨이 러닝메이트를 스피로 애그뉴Spiro Agnew로 낙점하는 마지막 순간까지 선택을 고려했던 사람이기도 했다. 하지만 그는 민주당 시카고 전당대회에서도 청원을 받았고, 백악관에서 존슨과 여러 날 또는 몇 주씩 같이 보내기도 했다. 그는 분열된 나라의 가교역할을 하고 싶어 했다. 그래서 9월초 닉슨이 존슨에게 전하는 비밀 메시지 건으로 피츠버그 힐튼 호텔에서 만나기를 청하자 그레이엄은 이를 흔쾌히 승락했다.

그레이엄은 존슨이 닉슨에 대해 한 말을 꼼꼼히 메모했다. "나는 선거 이후 결코 존슨을 당혹스럽게 하지 않을 것입니다. 남자로서, 대통령으로서 그를 존경합니다. 140년 역사에서 가장 열심히 일하는 충실한 대통령입니다." 닉슨은 가까운 실무관계를 바랐고, 존슨의 충고를 받기를 기대하고, 특별임무로 가능하다면 해외파견을 보내주기를 원했다. 마침내 전쟁이 마무리되면 존슨이 받아야 할 최대의 명성을 부여해주고 싶었다.

닉슨은 "귀하는 충분히 자격이 갖추었기 때문에 역사에 길이 남을 자리를 만들어 드리고 싶습니다." 그는 클럽의 가장 달콤한 자산을 흔들어 대고 있었다. 즉, 당신은 게임을 계속하고, 나는 당신을 높은 자리에 세우고, 역사적으로 이름을 남기도록 당신의 입지를 확보할 것이며, 우리는 함께 평화의 파트너가 될 것이라는 메시지였다.

그레이엄은 9월 15일 워싱턴으로 날아갔다. 그는 다음과 같이 회상했다. "이 회동은 내가 그에게 만나자고 요청한 몇 안 되는 약속 중 하나였다. 나는 이것이 자발적으로 말하는 것임을 이야기했다." 대통령 집무실에서 그는 조목조목 노트한 내용을 전달했다. 존슨은 일부분을 반복해서 읽어달라고 요청했고, 심지어 그에게 종이를 달라고 하여 그레이엄의 날려쓴 글씨를 읽기 위해 애를 썼다. 존슨은 자신이 여전히 험프리를 도우려고 하지만 "만약 닉슨이 당선되면 모든 힘을 다해 협력할 것이다"라고 말했다.

처음부터 그레이엄의 메시지는 닉슨이 존슨에게 약속하는 바를 반영했지만, 그가 빌리 그레이엄을 사랑하는 만큼 존슨도 사랑하는 사람이라는 추가적 영향력을 잘 알고 있었다. 이틀 뒤 닉슨이 그레이엄에게 전화했을 때 그는 다음과 같이 대답했다: "존슨은 당신의 관대한 제의에 대해 깊이 감사했습니다." 이것은 존슨의 내심을 떠보면서 닉슨의 구애 작전을 알아차리지 못하게 한 교활한 정치적 술책이었다. 물론 린든 존슨이 놓친 것은 닉슨이 확실하게 도울 것으로 믿는 사람, 또한 존슨 역시 마찬가지로 신뢰하는 그레이엄이 이 메시지를 가져왔다는 사실이었다.

9월 내내 존슨은 닉슨을 초토화시킬 무기를 입수하고도 발사하지 않았다. 존슨의 보좌관 찰스 로슈는 그리스 선박 거물들이 그리스 이민자 스피로 애그뉴를 부통령 러닝메이트로 지명해준 데 대해 닉슨에게 5백만 달러 정치 자금 기증 소문이 있다고 충고했다. "내 정보가 맞을 것입니다. 만약 그렇다면 비밀리에 선박 대표들을 만났다는 사실 하나만 폭로해도 험프리한테는 막대한 가치가 있을 것입니다." 험프리의 선거참모 래리 오브라이언은 그리스 군부독재자가 닉슨에게 정치 자금을 기증했다고 이야기하며, 존슨에게 CIA가 이것을 수사하도록 요청했지만 그는 기자들에게 유출하는 것조차 거부했다. 험프리의 고문이자 친구인 제임스 로는 존슨에게 주요 주의 유세연설을 부탁했지만 그는 이 역시 거절하며 말했다. "당신도 알지만, 닉슨이 험프리보다 더 내 정책을 가깝게 따르는 사람이다."

9월말 마침내 험프리는 솟아날 방도를 만들려고 노력했다. 그는 전국으로 방송될 솔트레이크 시에서의 연설문을 만족할 때까지 일곱 차례에 걸쳐 공들여 작성하여 여섯 번이나 타이핑했다. 이것은 특별히 그가 이행하려는 주요한 전략이었다. 불만을 품은 진보세력에게 존슨과 자신이 별개임을 확신시키고 중도파들이나 존슨조차 이탈 없이 평화를 위해 더 큰 위험부담을 떠맡아야 했다. 연단에 부통령 인장이 치워지고 험프리는 민주당 대통령 후보로 연설했다. "내가 대통령이 되면 평화에 대한 위험을 감수해서라도 북베트남에 대한 폭격을 중단할 것입니다. 이것이 협상을 성공시킬 수 있는 길이고 전쟁을 단축할 것으로 믿기 때문입니다." 하지만 폭격 중단은 무조건이지만 돌이킬 수 없는 일이었다. "만약 북쪽 정부가 믿음을 보이지 않으면 폭격재개권리를 유보할 것입니다."

실제 연설문안은 존슨에게 제안된 채 수 주 동안 잠자고 있었고, 두 자문관 클락 클리포드, 조지 볼과 아베렐 해리먼 대사도 그렇게 알고 있었다. 이것은 정치적으로 지적의 차이도 없었으며 파장을 막으려는 희망에서 그들이 존슨에게 이 점을 지적했다. 험프리는 직접 백악관에 전화해서 존슨에게 정보를 주었다. "나는 당신이 하려는 문제를 위태롭게 만들지 않으면서 신중하게 작성했다고 생각합니다."

존슨은 냉정하고 애매했다. 연설문에 관해 이미 알고 있었던 것은 그것을 읽어서가 아니고 닉슨이 전화해서 선수를 쳤기 때문이었다. 의심 많은 대통령에게 부통령이 개인적으로, 정치적으로 배신했음을 알리는 것보다 더 좋은 기회가 어디 있겠는가?

닉슨은 존슨에게 설령 험프리 연설이 공식적인 백악관 입장 변화를 나타내는 것처럼 보이긴 해도 실제로 백악관이 입장을 바꾼 것이 아닐 것이라고 믿는다고 말했다. 이에 존슨은 대답했다. "명백히 그것은 나와 의논되지 않은 사실입니다."

"무슨 말씀이신지 이해합니다."

"나는 당신이 내가 한 말을 인용하거나 되풀이하는 것을 원치 않습니다. 그래야 자유롭게 이야기할 수 있습니다." 존슨은 말을 이었다.

닉슨이 그에게 확신을 주었다. "그럴 일은 없습니다. 나는 당신에게 전화 거는 것조차 다른 사람에게 알리고 싶지 않습니다." 존슨이 연설문을 볼 기회가 없었기 때문에 닉슨은 별 어려움 없이 그 내용이 어리숙하고 신뢰할 수 없는 것이라고 폄훼했다. 두 사람은 적에 대처하는 험프리의 어리석음에 똑같이 실망했다. 존슨은 심지어 월트 로스토우에게 전화하여 에이브럼 장군의 최신 보고 내용을 가져오게 했다. 에이브럼은 다음과 같이 보고했다. "7월 중순까지 일일 천 명이던 적군의 투입 병력이 최근 150명 이하로 줄었다. 북베트남 폭격을 중단하면 다시 하루 천명 수준으로 되돌아 갈 것으로 예상된다."

닉슨은 존슨에게 일침을 놓았다. "저는 지금 AP 속보를 보고 있습니다." 그는 뉴스에서 연설문을 어떻게 표현했는지 전했다. "베트남 전쟁 정책으로부터 존슨 정부가 극적으로 물러나려고 한다." 비록 험프리가 자신의 행동이 베트남 DMZ에서의 공산주의자들의 제제에 달려 있다고 했지만. 닉슨이 계속했다. "당신도 알지만, 언론이란 언제나 이야기의 가장 큰 부분을 가지고 노는 경향이 있습니다."

그렇지만 그는 충성스런 지지자로 남게 될 것이라고 닉슨은 다시 존슨에게 확신을 주었다. "그런 방향으로 움직이지 않는 게 저의 입장입니다. 상응조치를 할 만한 증거가 있을 때까지, 또한 있지 않는 한, 선의로써 우리가 폭격을 중단할 수 없습니다." 존슨은 기자회견 때 사용하는 단어로 닉슨에게 말했다. 즉, 대통령은 한 사람뿐이고 국무장관은 하나다. "새 대통령 당선까지 그들은 책임을 다해야 합니다. 그러므로 확실한 증거도 없이 누구도 어깨 너머 들여다보거나 무엇이 최선인지 말해서는 안 됩니다."

닉슨은 파리평화협상에 침투해 있던 자신의 이중요원이 말해준 내용에 대해서는 침묵했다. 바로 존슨 역시 10월쯤 베트남 전선탈출을 선언할 방법을 찾고 있다는 정보였다.

솔트레이크 연설은 하나의 전환점이 되었다. 마침내 진보 성향의 민주당 하원의원들은 험프리에 대한 지원을 최종 발표했고, 자금이 유통되자 여론조사는 그의 정책 방향으로 흔들렸다. 플래카드가 말해 주었다. "당신이 진정이면 우리는 당신 편이다!"

그러나 존슨과의 관계는 거기서 하향길을 걸었다. 대통령은 험프리의 텍사

스 유세지원을 거절했고, 부통령의 수정을 위한 회의 제안도 지연시키며 그를
보는 것 자체를 거절했다. 험프리는 한 참모에게 말했다. "존슨은 아주 못된 놈
이다…. 그가 자기 사무실에 앉아있는 것을 똑똑히 보았다. 짐 존스가 건너편 문
쪽에 서있어서 내가 말해줬다. '대통령에게 지옥이나 떨어지라고 전해라.'"

　　그런 후 상황은 재미있게 돌아가기 시작했다.

10월의 이변

10월 9일, 파리회담이 발전되고 있었다. 북베트남은 협상에 사이공 남측대표단
을 받아들일 준비를 했고, 파리 주재 소련 대사관 직원들의 움직임을 확인했다.
미국 협상단 수석대표 해리먼이 미국 공화당과 옛 냉전의 적수 닉슨의 승리를
막고 싶고, 그렇게 되면 소련이 민주당을 도울 방법으로 평화협상을 추진하면
된다고 모스크바에 제안했다. 한편 북베트남 군대 4만에서 6만 정도가 남베트
남에서 철수했고, 그 대부분은 북쪽지역에서 캄보디아와 라오스 방면으로 빠져
나갔다는 정보가 있었다. 미국 관리 한 사람이 말했다. "그들은 밀림으로 사라진
것처럼 보일 뿐이다."

　　관계자들은 협상 준비를 마무리했지만, 남베트남인들이 문제였다. 평화협상
으로 미군이 철수하게 되면 대통령 티우는 잃을 것이 참으로 많았다. 미국 대선
을 불과 3주 전 앞둔 10월13일에 미국대사 엘스워스 벙커는 고도로 긴장된 사
이공회의에서 티우를 만났다. 그는 DMZ나 다른 도시들이 공격당하게 될 때 미
국이 폭격을 재개해준다면 받아들이겠다고 말했다. "무엇보다, 중요한 것은 폭
격 중단이 아닌 전쟁 중단이고, 그들의 진정성을 확인하고 이런 방향을 실행해
야 한다."

　　"이것은 정치인으로서의 견해라고 생각됩니다." 벙커가 워싱턴으로 돌아온
뒤 보고했다. 클리포드, 러스크, 합참의장 모두는 오래 끌었던 전쟁을 끝낼 기회
가 가까워졌다는 데 동의했다.

　　10월16일 정오 직전, 존슨은 세 후보와 유선 회의를 했다. 솔트레이크시티에

서 미움을 샀던 험프리는 사전예고도 받지 못한 채 세인트루이스에 있는 크리스천 브라더스 고등학교 체육관 남자 탈의실에서 전화를 받았다. 닉슨은 캔자스 시티에, 월리스는 LA에 있었다. 존슨은 전화로 말했다. "나는 당신들을 위해 국가의 가장 중요한 문제를 검토하는 것입니다." 그는 공산주의자에 대해 전혀 온건하지 않음을 확신시키고 이 이야기를 외부에 알리지 않도록 당부하며 전화내용을 극비에 부치도록 지시했다. 즉, 북하노이는 폭격 중단을 위한 미국의 조건에 동의했고 이것은 남북 양측 모두에 해당된다. "미국이 말하는 모든 것을 적군이 주시한다는 것을 언제나 내 마음속에 되새기고 싶습니다. 조국이 정치 놀음에 이용되기를 당신들도 원치 않는다는 것을 나는 잘 알고 있습니다."

험프리는 아무 말도 하지 않았다. 닉슨은 이전 약속을 되풀이했다. "협상에 방해가 될 이야기는 하지 않겠다고 이미 명백하게 밝혔습니다. 따라서 우리는 바른 자세를 유지하며 성공하기를 희망합니다." 그들은 현재 합의된 바 없이 협상 중이라는 통상적인 뉴스만을 언론과 기자들에게 이야기하는 데 합의했다. 닉슨은 자기 팀에게 존슨을 공격하지 않도록 주의시켰다. 닉슨의 특출한 정책자문 브라이스 할로가 새피어에게 설명했다. "존슨은 지옥과 같은 앙심을 품을 수 있다. 그가 국제적 차원에서 끌어내릴지 누가 알겠는가?"

다음 2주에 걸쳐서 계획은 계속 뒤틀렸다. 우선 북하노이가 함정을 팠다: 협상가들은 어떤 경우든 폭격중단이 "무조건적"이어야 한다고 주장했고, 이 회담은 베트콩 강화와 사이공 약화를 위한 "4자 회담"이라고 불렸다. 동시에 공산정권 베트콩만이 북베트남 대표자격으로 파리에 가야 한다고 주장하는 벙커로부티우가 강한 압력을 받았다는 것이다. 닉슨 진영 내에서 어쩌면 존슨이 전쟁을 누그러뜨리면서 험프리에게 당선을 위한 돌파구를 찾기에 결사적일지도 모른다는 우려가 커졌다. 할로가 설명했다. "존슨은 선거에서 외교를 완전히 빼버린 정책 유지를 약속했다." 무대 뒤에서 벌어지는 상황을 알아서 그에 따른 적절한 계획수립이 필수적이었다.

다행히 닉슨은 뛰어난 스파이계의 대부였다. 그는 존슨과 협상자들이 하는 일들을 모두 알고 있었다. 우선 작년에 존슨의 신임 받는 조언자가 된 헨리 키신저가 게임의 양쪽 편에서 일하고 있었다. 어쨌든 그는 닉슨을 "구제불능", "대통령에 부적합한 사람”, “출마자 가운데 가장 위험한 인물”이라고 불렀다. 그는 닉슨의 참모 리처드 알렌과 접촉하여 파리의 미국 협상팀에 가까운 친구가 있다고 말하면서 닉슨에게 회담 진행 정보를 제공했다. 또한 자신의 역할이 노출될 것을 염려하여 공중전화로 알렌과 통화할 때 독일어로 대화할 것을 제안했다.

해리먼의 측근 리처드 홀브룩은 나중에 키신저의 전기작가 월터 아이작슨에게 말했다. “닉슨 진영이 미국 협상팀 내부에 비밀 정보통을 갖고 있다는 말이 과장이 아니었다.”

이중첩자로 백악관에서 근무 중인 할로는 닉슨에게 사태가 빨리 움직이고 있음을 쪽지로 보냈다. “그는 폭격중단을 명령할 수 있는 구실을 찾는 데 거의 병적으로 집착하기 때문에 어떤 조정이라도 다 받아들일 것으로 생각된다. 그리고 앞으로 무슨 일이 일어나든 HHH^{험프리}를 돕는 조심스런 계획이 진행 중이다. 백악관은 여전히 이런 음모를 가지고 HHH를 당선시킬 수 있다고 생각한다.”

이 소식은 닉슨 진영에 불을 붙였다. 존슨이 선거 막판의 판세를 흔들어버릴 궁극적 10월 기습을 획책하고 있음을 알게 된 것이다. 할로는 지난 날 닉슨이 캘리포니아 주지사에 출마했을 때 극적으로 민주당 지지만 더욱 끌어올렸던 1962년 10월 참패의 뼈아픈 상처를 건드렸다. “1962년 쿠바 미사일사태 때 했던 것과 똑같은 일을 그들이 하려고 합니다. 단지 시간문제일 뿐입니다.”

둘이서 벌이는 게임이었다. 존슨을 중립으로 유지시키려는 닉슨의 전략은 여름에서 9월에 접어들기까지는 제대로 효과를 보았지만 이제 공격을 감행할 때가 되었다. 존슨이 평화협정을 얻어낼 준비가 되었다면 닉슨은 존슨을 중단시킬 일을 해야 했다. 그는 평화회담 협상 과정을 잘 알고 있는 사람 중 하나인 부이 디엠 대사로부터도 사이공과 국무부 간의 상황을 전달받고 있었다. 한편 애나 세놀트는 전직 세미프로 하키선수이자 지방채권으로 부자가 된 쾌속초계 어뢰정 사령관이었던 닉슨 선거 참모장 존 미셸과 비밀채널을 잘 유지하고 있었다. 그들은 이제 거의 매일 통화를 했다. 그는 그녀에게 말했다. “통화는 공중전화로 하고 사무실에서 이야기하지 마세요.”

소련에서 존슨의 백악관으로 경고가 들어왔다: 우리의 우방 하노이가 통제를 받고 있는데 당신들의 소행인가? 날이 갈수록 대선캠페인은 치열해졌고 런던의 출판업계조차 9월에 7:4에서 이제 12:1로 민주당에게 더 나은 승률을 주었다. 유진 매카시는 최종적으로 험프리 지지를 선언했고 반체제 진보주의자들은 다시 무대로 돌아왔다.

워싱턴, 파리, 하노이, 사이공, 모스크바 간에 신호와 응답이 빠르게 날아다니고 있었다. 협상이 최종 단계에 접어들자 백악관 관리들은 인터뷰와 전화도 거절했다. "쿠바 미사일사태 때와 비교하면 단서에 접촉할 수 있는 사람이 거의 없다"고 한 사람이 기자에게 설명했다. 파리의 외교관들은 정체를 알 수 없도록 임대 자동차로 신중하게 여러 비밀장소에서 북베트남 협상자와 만나는 것으로 보고되었다. 백악관이 모스크바로부터 중대한 메시지를 받았을 때 존슨은 클리포드, 러스크, 윌러 장군에게 국무부 지하실에서 만나고, 평범한 시보레 세단을 몰고 백악관으로 오도록 지시했다. 불행히도 CBS뉴스 마빈 칼브 기자가 그들의 움직임을 포착하고 유턴하여 추적했다. 그의 보고서는 존슨이 10월 기습을 준비하고 있다는 공화당의 의심을 확인해 주었다.

존슨이 다른 후보보다 험프리에게 유리한 여러 행사를 기획하고 있다는 의심을 부추기는 것만이 유일한 방법이라고 닉슨은 결론을 내렸지만, 다른 공화당 인사는 그렇게 할 수 있다 하더라도 대통령의 노력을 지지해온 그로서는 신랄한 비난은 차마 할 수 없었다.

대신 그의 지원세력 중 한 사람에게 당시 그가 정당하게 제기해왔던 비난을 하도록 시켰다. 닉슨은 10월 25일 발표한 성명서에서 이렇게 말했다. "지난 36시간 동안 나는 백악관과 베트남의 여러 곳에서 있었던 연속적인 회의에 관해 자문을 받아왔다. 이런 돌발 행동은 존슨 대통령이 험프리 후보를 구원하기 위해 마지막 순간에 벌인 비난 받을 행동이었음을 나 역시 들었다. 나는 이것을 믿지 않는다." 그는 존슨이 다른 세 후보에게 공정하게 대우해 왔다고 언급했고, 그가 "'거짓 평화'라고 적절하게 묘사한 평화를 조작"하라는 당내 압력을 단호히 뿌리쳤다고 존슨을 칭찬했다.

소문이 부채질되었다는 식으로 정적을 감싸며 칭찬하는 후보의 태도는 참 아름다운 일이었고, 강조하지 않아도 스스로 영웅이 되는 일이었다. 닉슨 역시 존슨이 전쟁을 가지고 정치놀음을 한다는 비난은 잘못된 것임을 알고 있었고,

존슨도 7월에 닉슨에게 개인적으로 제시했던 조건의 수준을 낮추지도 바꾸지도 않았다. 그것은 모스크바의 사주를 받아서 문제를 일으킨 하노이 정부의 탓이었지 존슨의 탓이 아니었다. 하지만 선거가 코앞에 닥치면서 닉슨은 점점 마음이 다급해졌다.

이틀 뒤 10월 27일 하노이가 존슨의 조건을 이행했다는 소식이 실제로 파리에서 나왔다. 만약 10월 29일 존슨이 폭격을 중단하면 협상 당사자들은 11월 2일 파리에서 회담을 소집할 것이고 그날은 선거 3일 전이었다.

"우리는 어떻게 해야지?" 존슨은 그날 밤 고위보좌관들에게 물었다.

"그대로 밀고 나가야 합니다." 러스크 장관이 단호히 말했다.

"어째서?"

"그 안에서 보드카와 캐비어 냄새가 납니다. 소련이 개입되어있습니다." 러스크가 대답했다.

"만약 우리가 열 발자국 떨어져 있으면 그들은 여덟을 차지하고 우리에게 둘을 남깁니다." 클리포드가 난언하자 러스크는 아홉에 하나로 두며 북베트남이 우리를 이미 둘러쌌다고 했다.

소련의 알렉세이 코시긴 수상이 하노이는 "의향이 진지"하고 "미국의 의심은 근거가 없다"고 확인해 주었다. 미국 벙커 대사는 티우의 지지를 얻기 위해 파견됐다. 즉, "화상당한 아이는 불을 두려워한다"며, 그래서 티우는 신중하게 처리해야 한다는 존슨의 말을 전했다.

평화협상에 대해 존슨이 실망한다는 이야기도 있었지만 끝까지 버텼던 것도 존슨이었다. 돌파구가 가까웠는데도 그는 미군이 위험에 놓이지 않을지, 적에게 군사적 유리함을 주는 건 아닌지 걱정했다. 클리포드조차 험프리를 돕고자 평화협상을 한다는 비난 때문에 존슨이 당황하는 것이라고 의심했다.

클리포드가 회상했다. "재차 자신에게 묻지 않을 수 없었다. '린든 존슨은 마음 깊이 진정으로 험프리 승리를 원하는가?'"

지금까지 장군들을 존중해온 존슨은 야전사령관으로부터 희생과 이익에 관한 마지막 평가를 듣고 싶었다. 대통령은 명령했다. "될 수 있는 대로 빨리 그를 데려 오시오." 에이브럼 장군은 C-141스타리프터에 탑승하여 예고 없이 워싱턴으로 날아갔다. 10월 29일 새벽 2시 38분에 도착해서 사복차림으로 아무도 모르게 백악관으로 갔다.

그 시간 존슨과 최고정책고문들은 내각회의실에서 기다리고 있었다. 에이브럼은 대통령 왼편에 앉았고 존슨은 이 시점까지 있었던 사건과 당면하고 있는 조건을 검토했다. 북베트남의 남베트남 참석 수락이 가장 큰 관심거리였다. "많은 전문가들은 북쪽 하노이정부가 절대 수락하지 않을 것으로 전망한다"고 존슨이 말했다.

그런 다음 존슨은 에이브럼에게 그의 평가를 물었다. 무엇보다, 그는 폭격 중단에 따른 위험을 경고했지만 현장 상황이 몇 개월 동안 상당히 개선되었고, 적도 크게 약화되었으며, 이제 폭격중단은 군사적 관용이 될지도 모른다고 말했다. 그는 북측이 DMZ에 침입할 것으로 생각지 않았고, 도시 가운데 특히 사이공을 더 걱정했다.

"그들이 공격을 시도하면 우리가 쉽게 전면폭격을 개시할 수 있겠습니까?" 존슨이 물었다.

"네, 물론입니다."

존슨은 보급노선, 군대이동, 사기에 관한 것도 물은 다음 진짜 중요한 질문을 했다. "과연 사상자를 내지 않으면서 폭격을 줄일 수 있을까요?" 에이브럼은 대통령을 똑바로 바라보았다.

"네, 우리는 할 수 있습니다."

만약 당신이 내 입장이라면, 존슨은 알고 싶었다….

"만약 당신이 대통령이라도 그렇게 할 것인가?"

"즉시 할 것입니다. 비난의 구렁텅이에 빠진다는 것은 알지만 나는 그게 옳고 합당한 일이라고 생각합니다." 에이브럼이 대답했다.

"사람들이 수긍할까?" 대통령은 또 물었다.

"네, 그렇습니다."

사실이었다. 에이브럼은 확실하게 대답을 피력했다고 클리포드는 생각했다.

졸음이 오는 사람은 아무도 없었다. 존슨은 새벽 무렵 2층으로 갔다. "대선후보가 동시에 평화주의자가 되기는 어려운 일이다"라고 보좌관에게 말했다. 그는 현재의 실제 상황을 후보들에게 설명해야 된다는 생각이 들었다.

"닉슨이 오후 5시에 어디에 있을까?" 또한 월리스와 험프리의 일정도 궁금했다. "그들이 모일 수 있는지 전화를 해보라."

아침 6시 4분에 러스크로부터 전화가 왔다. 사이공에서 벙커 대사와 이야기를 나누었고 티우는 약속이 잡히지 않았다. 그는 파리에 파견할 대표 선정에 3일은 너무 짧다고 했다. 베트남국회와 협의가 필요했고, 예기치 않게 나타난 다른 걱정들도 말했다.

이야기를 듣고 존슨과 보좌관들은 순식간에 이해가 되었다. 러스크가 "비공식 정보"라고 부른 것 외에 갑작스런 티우의 심정 변화에는 논리가 없었다. 한 비밀 CIA 보고는 티우의 생각을 전했다. "지금 진행 중인 움직임과 험프리 부통령을 존슨의 희망으로 보는 관계 사이에 연관이 있음을 확신한다. 티우는 여러 차례 미국 선거에 대해 말하며 현 회담은 험프리 후보 지원을 위해 기획된 것으로 방문자들에게 이야기했다." 존슨 역시 닉슨이 회담 결렬을 원한다는 〈월스트리트〉 신문기사를 입수했나. 그렇게 되면 새로운 공격이 벌어지고, 사상자가 늘고, 주식시장이 폭락하게 될 것이고, 닉슨이 집권했을 때 예전 아이젠하워가 한국전쟁을 끝내야 했던 것처럼 평화협상을 체결시키기가 한결 쉬워질 거라는 기대감 때문이라는 것이다. 국가안보 보좌관 로스토우의 동생 정무차관 유진의 메모는 다음과 같이 말했다. "1953년 아이젠하워 때처럼 대통령이 받아들일 수 없는 조건을 가지고 닉슨은 베트남 문제를 해결하려 들고, 지금부터 1, 2월 사이에 상황 악화에 대해 전임자를 비난할 것이다." 다른 말로 하자면, 닉슨은 피스메이커가 되고자 하는 존슨의 제안을 부정하지 않은 채 미국이 어쩔 수 없이 최악의 협상을 하게 만들었다고 그를 비난할 것이다.

존슨은 FBI에게 미국인과 남베트남 대사 간 접촉 여부를 관찰하고, 세놀트에 대한 감시 및 도청을 명령했다. 국가안보보좌관 브롬리 스미스는 FBI 사무관 카타 '디키' 들로슈에게 "그녀가 어딜 가든 따라붙을 것"을 명령했다. 이것은 본인은 아니어도 닉슨의 부관들이 벌일 적극적 평화협상 파괴공작의 명백한 증거가 될 것이다. 존슨도 개인적으로 이 흐름을 지켜보았고, 10월 28일 국가안보청은 디엠 대사가 사이공에 보내는 암호 메시지 하나를 엿들었다. 사이공이 버티기만

한다면 험프리보다 닉슨과 더 나은 거래를 하게 된다는 예상을 전하는 내용이었다. "나는 닉슨의 수행원들과 정기적으로 접촉한다. 상황을 더 끌수록 우리에게 유리하다"고 그가 조언했다.

선거가 며칠 밖에 남지 않았기 때문에 상황이 휘청거렸다. 닉슨의 방해공작이 알려지면 "세상이 발칵 뒤집힐 것이다"라고 존슨은 그의 보좌관들에게 밤샘 전략회의 끝에 말했다. "우리가 도달한 조건들을 달성하지 못하게 방해하는 닉슨의 음모가 알려지면 사람들이 무슨 이야기를 할까?"

존슨은 닉슨에 대해 격분했지만, 험프리에 대해서도 남부 베트남을 불안하게 한 솔트레이크시티에서 한 연설을 이유로 비난했다. "닉슨의 참모들은 부이 디엠 대사가 우리보다 닉슨과 더 나은 협상을 할 수 있다고 생각하게 만들었다." 국가안보보좌관 로스토우는 비밀 메모를 존슨에게 썼다. "대통령님, 공화당이 남베트남을 부추겨서 그들이 원하는 대로 행동하도록 조정하고 있다는 정보를 폭로하면 어떨지 깊이 생각해 보았습니다. 물론 닉슨이 여기에 개입했다는 직접적인 증거는 없습니다. 정보가 너무 충격적이기 때문에 닉슨 당선에 관계없이 국가에 중대한 손실을 가져올 수 있습니다. 이 소행이 알려지면 그들은 이제까지 보지 못했던 가장 신랄한 비난을 받게 될 것입니다."

그날 저녁 요직인사들이 백악관에서 다시 만났다. 존슨은 티우를 배제한 추진이 지나치게 정치적으로 비칠까 걱정했다. "내 생각에 티우에게 좀 더 시간을 주어야 한다고 생각한다." 이미 힘을 상실해 가고 있던 까닭에 다음날 그는 폭격 중단 발표 연설을 사전 점검했다. 31일, 선거 5일전이자 할로윈이었던 그날 방송은 저녁 8시로 정해졌고, 벙커는 미국이 티우를 배제한 협상을 추진할 것이라고 당사자에게 전달하라는 지시를 받았다.

방송 2시간 전 오후 6시, 존슨은 한 번 더 세 후보에게 전화해서 발표 계획을 말하며 거의 가려졌던 의제를 꺼내었다. 일부 "옛 중국 로비스트들"이 사이공 주위를 돌며 다른 대통령이면 "보다 나은 거래가 있을지도 모른다"고 퍼뜨리고 다닌다. 그것이 사태를 더 어렵게 한다고 존슨은 말하며 덧붙였다. 나는 "여러분 후보들은 이에 대해 책임이 없다는 것을 잘 알고 있습니다."

존슨은 선거에 관심이 없다고 주장했다.

"나는 대통령님을 위해 기도합니다." 조지 월리스가 말했다.

"우리 모두 당신을 지지합니다." 닉슨이 동의했다.

"당신을 지지합니다, 대통령님." 험프리도 주장했다.

닉슨은 평화에 대한 희망을 부풀리게 해야 할 이유가 있었다. 티우가 적절한 순간에 협상에 매달리게 하고, 존슨이 부정직하고 교활한 사람으로 보이도록 하는 것이 그에게 유리했다. 비밀활동 중인 키신저는 전화로 해리먼 팀이 샴페인을 터뜨렸다고 했다. 몇 년 후에 국가안보 보좌관 리처드 알렌이 저널리스트 사이 허시에게 말했다. "국가안보에 휘말릴 위험 때문에 우리에게 그런 정보를 주는 것은 상당한 용기가 필요한 일이다."

존슨은 그날 저녁 방송연설에서 정치 이력 가운데 최고의 약속을 했다. 북베트남은 사이공과의 평화협상 거절을 철회했다. 그래서 존슨은 선언했다. "나는 지금 모든 육해공군에게 북베트남에 대한 폭격을 중단할 것을 명령합니다." 이 명령은 12시간 후 실행될 것이었다. "지금 우리가 기대하는 것, 당연히 기대할 권리를 가지고 있는 것은 즉각적이고 생산적이며 진지하고 강도 높은 협상입니다."

대통령이 연설을 마쳤을 무렵, 미셸이 워싱턴 쉐라톤파크 호텔에 있는 저명한 사교계 명사 펄 미스터의 아파트에서 저녁식사를 끝낸 세놀트를 찾았다. 그녀가 전화를 받자 미셸은 좀 더 안전한 전화로 다시 걸어줄 것을 부탁한 후 전화벨이 울리자마자 수화기를 집어 들고 말했다. "닉슨을 대신하여 전화합니다. 우리 베트남 친구들이 공화당 입장을 이해해주는 것이 상당히 중요합니다." 세놀트는 티우가 평화협상에 동의할 리 없음을 확실히 했다. "티우는 파리행이 현실과 관계 없는 연막 속으로 걸어가는 일이라고 여러 차례 말했습니다."

린든 존슨의 연설이 있던 그날 티우도 베트남국회에서 연설하기로 예정되어 있었다. 외교 리셉션에서 그는 벙커 대사에게 모든 것이 잘 될 것이라고 확신을 주었다. 그가 연단에 섰을 때 벙커는 앞자리 오른쪽에 앉아 있었는데, 티우는 파리 협상에 사람을 보내지 않을 것이라고 선언했다.

그는 이 도발적 행동으로 베트남 국내에서 영웅이 되었다. 분리되었던 정부는 그를 따르며 단결했고, 언론들은 갈채를 보냈으며, 국회의원 50명은 대통령

궁에서 행진하며 붉고 노란 국기를 흔들고 환호했다. "국민들은 공산주의를 물리치고 조국 수호를 위해 단결했다" 사이공 곳곳에 현수막들이 내걸렸다. 베트콩과 동일하게 취급되던 협상 제안에 대한 거절이었다.

이것은 존슨과 험프리에게 재난이었다. 마지막 주말에 치뤄진 여론조사 결과는 막상막하였고, 이제 아직 체결되지 않은 협상에 존슨이 매달리는 모습이었다. 〈워싱턴포스트〉는 다음과 같은 헤드라인을 내걸었다. "남베트남이 11월 6일 회담을 퇴짜 놓다" 닉슨의 보좌관들은 존슨 대통령이 자신과 국민에게 평화 전망에 대해 호도했다고 시사했다. 그런 반면 FBI는 11월 2일 세놀트에 관해 보고했다. 그녀는 대사관에 있는 부이 디엠에게 전화하여 자신의 상관으로부터 연락을 받았다는 내용이었다. "그가 개인적으로 디엠 대사에게 메시지를 전하고 싶다고 했으며, 내용은 '기다려라, 우리가 승리한다'였다. 그녀는 메시지는 그것뿐임을 되풀이했다. '그는 당신 상관에게 기다리라고 전하라고 했습니다.'"

존슨은 화가 나서 제정신이 아니었다. 그는 이제 나라의 장래를 가지고 자신의 이익을 챙기는 비열한 모사꾼처럼 묘사되고 있었다. 그것은 바로 그가 자신의 정적들을 향해 갖고 있던 관점이었다. 과연 이 사태를 어떻게 수습할 수 있을까? 사이공에서 온 비밀 전문에서 벙커는 선거가 끝날 때까지 그들이 아무것도 하지 않으려는 것이 틀림없다고 조언했다. "티우는 닉슨의 승리를 확신하고 강경 정책을 펴면서 충분히 기다릴 것입니다." 로스토우는 존슨에게 닉슨에게 직접 전화하기를 제안했다. 그에게 이 협상이 10월 중순까지 고착되어 있었고, 10월 28일에 공동성명서를 내는 대단히 어려운 협상을 했는데 마지막 순간에 수포로 돌아가게 되었음을 자각시키자는 것이었다. 로스토우는 존슨에게 덧붙였다. "지금부터 며칠간 더 이상 상황이 악화되지 않게 극히 유의하도록 닉슨에게 촉구해야 합니다."

공식적으로 그런 말을 하기에는 여전히 문제가 있었다. 클리포드에 따르면 그들은 "FBI, CIA, 국가안보청의 정보수집을 통해서 닉슨 캠페인에 대한 대단히 민감한 증거"를 확보하고 있었다. 여기에는 세놀트 사찰, 사찰 당시 워터게이트에 살았던 민간인, 디엠, 외교관이 포함되어 있었고, 국가안보청의 사찰과 암호 해독 능력보호도 중요했다. 존슨의 사람들은 입수한 정보를 사용할지 의논했고 러스크는 경고했다. "우리가 그 경계를 넘어서는 순간 우리는 딴 나라 사람이 되는 것입니다."

11월 2일 이른 저녁, 러스크는 세뇰트 개입과 관련된 적어도 몇몇 주요 공화당 인사들에게 대한 내용을 브리핑할 것을 조언했다. 그날 저녁 9시가 넘어 존슨은 옛 친구인 일리노이 공화당 상원지도자 에버럿 더크슨에게 전화하여 잔뜩 겁을 주었다.

"우리는 위험한 세계에 살고 있습니다. 나는 당신에게 사실을 알려야 한다고 생각합니다. 당신이 선택하면 다른 사람에게 전해야 하는 것이고, 선택하지 않는다면, 내가 조금 늦어지는 것뿐입니다." 그는 서두르지 않고 침착하게 티우가 닉슨의 충복들이 연락할 때까지 기다리고 있을 것이라고 강조했다.

"최근 입수한 정보에 따르면, 우리 친구 일부가 이 일에 연루되어 있는데 그 중에는 당신의 오랜 중국계 친구도 있습니다. 여기 우리가 가장 최근에 입수한 정보가 있습니다." 그는 세뇰트가 남베트남 대사에게 기다리라고 말한 FBI 보고를 인용했다.

린든 존슨은 그들에게 손을 뗄 것을 전하라고 말했다. "나는 이것이 선거에 개입되는 것을 원치 않고, 그들도 그렇게 해서는 안 됩니다. 이것은 반역 행위입니다."

"나도 압니다." 더크슨이 시인했다.

그런 다음 존슨은 위협적으로 이야기했다. "주요 후보가 이런 중대사를 가지고 장난하는 일이 밝혀지면 미국은 충격을 받게 됩니다. 나는 그런 일은 하고 싶지 않지만, 이것이 계속되면 누군가 그들의 소행을 파악하고 있다는 사실도 알려야 합니다. 나는 그들이 누구와 무슨 대화를 하는지 알고 있습니다."

"네." 더크슨이 말했다.

"자, 그러면 이 문제를 어떻게 처리하면 좋겠습니까?"

"제 생각에는 그에게 연락하여 이야기하는 게 좋겠습니다."

"나는 그들이 전쟁 가운데 외세와 접촉하는 사실도 알고 있습니다." 존슨이 중대성을 재차 반복하며 대화는 끝났다.

"그것은 실수입니다." 더크슨이 공감했다.

"아주 심각한 실수입니다… 당신이 그들에게 이야기할 수 있는 유일한 사람입니다…. 그들이 신문 헤드라인에 오르기를 꺼린다면 즉시 그만두어야 합니다."

큰 충격을 받은 더크슨이 닉슨의 참모 할로에게 전화했다. 그는 캘리포니아 센추리 플라자 호텔에 머물며 닉슨과 여행 중이었다. 더크슨이 그에게 경고했다. 존슨은 "모든 것을 폭로할 만큼 화가 났으며" 닉슨 진영이 "행동을 중지"하지 않으면 음모를 폭로하겠다고 위협했다고 전했다.

할로는 전화를 끊고 옆 복도 쪽 닉슨의 스위트룸으로 달려갔다. 충직한 문지기 H. R. 할드먼이 닉슨의 방밖에서 철저히 보초를 서고 있었다.

"보스에게 할 말이 있어."

"그는 자고 있어요. 지금은 이야기할 수 없습니다." 할드먼이 말했다.

"해야 해. 중요한 일이니 그를 깨워."

둘이 실랑이했지만 할로가 설득한 후 함께 닉슨을 깨웠다.

할로는 닉슨에게 속보를 전하며 말했다. "존슨에게 이야기해야 합니다. 당신이 평화협상을 막으려고 남베트남에 방해 공작을 한다고 누군가 그에게 말했고, 그는 그것을 사실로 믿으려고 합니다. 조속히 존슨에게 사실이 아님을 알리지 않으면 그는 모든 것을 폭로할 것입니다." 그는 더크슨도 몹시 분노했다고 보고했다. "그는 대통령이 지금 대단히 흥분했기 때문에 우리가 무엇이라도 해야 한다고 말해주었습니다."

그래서 닉슨이 그의 인생에 있어서 가장 예민하고 미묘한 외교적 임무를 시작하지 않으면 안 되었다.

다음날 일요일 아침 선거 48시간 전, 그는 기자회견장에 나가 존슨의 노력에 대한 완전한 절대적 옹호는 물론, 심지어 당선이 되어 도움이 된다면 자신이 직접 사이공으로 가겠다는 제안까지 했다.

그날 오후 1시 25분에 또 다른 중재자인 플로리다 상원 조지 스매더가 존슨의 마음을 누그러뜨리기 위해 전화를 걸었다. 존슨이 회담을 방해하는 데 대한 책임을 물으려 하자 닉슨이 몹시 겁내며 걱정을 한다, 닉슨은 전혀 그렇지 않다고 맹세하고, 전적으로 대통령을 지지한다고 말했다. "그는 당신이 가라고 하는 곳이라면 마다하지 않고 가서" 파리회담 정체에 성공적인 해결책을 가져오겠다는 제안을 할 것이라고 했다.

존슨은 반박했다. "문제는 그가 어디를 가느냐 하는 게 아닙니다. 문제는 담장 양쪽에 있는 사람들이 일주일만 기다리면 집값을 좀 더 많이 받을 수 있다는 인상을 받고 있다는 것입니다."

스매더가 닉슨 쪽 사람이 무슨 이야기를 했는지 본인은 모르고 있다고 주장하자 존슨은 그가 자기 편을 좋게만 생각한다고 대꾸했다. 스매더가 다시 말했다. "나는 이런 이야기를 그에게 전하겠습니다. 당신이 결정한 일을 닉슨 쪽 누군가가 망쳐놓는 것은 좋지 못한 일입니다."

다음으로 닉슨이 존슨에게 전화를 걸 차례였다. 존슨은 화가 나서 비난했고 닉슨은 그의 기분을 풀기 위해 과장하며 애를 썼다. 닉슨은 더크슨으로부터 보고를 받았다고 말하며, 혹 존슨이 듣지 못했을 것을 대비하여 자신이 기자회견 때 한 메시지를 다시 들려주었다. "원 세상에, 나는 사이공이 협상에 나오지 말도록 부추긴 적이 결코 없습니다. 근본적으로 폭격 중지는 피할 수 없는 상황이기 때문입니다. 우리는 그들이 파리협상에 나오기를 바라고 나오도록 만들어야 합니다. 그렇지 않으면 평화를 얻을 수 없습니다."

이것으로 충분한 것같이 보였다. 전화를 끊고 "닉슨과 친구들은 승리의 웃음을 터트렸다"고 사건 몇 달 후 〈건던 선데이 타임스〉가 보도했다. 기사는 다음과 같이 덧붙였다. "여기에는 마지막 순간에 이르러 가까스로 승리를 얻게 되지 않은 사실에서 오는 안도감도 있었다."

48시간이 지나 닉슨은 아슬아슬하게 0.007% 표차로 당선되었다. 험프리는 마지막 며칠을 남기고 상대방의 반역 행위 소식을 들었지만 폭로하지 않는 데 동의했다. 1968년은 충격과 고통스러운 사건이 너무나 많았는데 팽팽한 대선 막판에 반역 행위 혐의를 차마 더 추가할 수 없었다. "험프리는 교활하고 능수능란한 부도덕한 사람에게 당선을 빼앗겼다. 그는 린든 존슨을 상대하는 워싱턴 정치 게임에서 책략으로 압도했다." 그 후 클리포드가 주장했다.

우방을 전화 도청하고 범죄 기소되지 않은 미국 시민을 감시하는 활동 역시 규정에 의한 행위는 아니었기 때문에 존슨과 보좌관들이 입수된 정보를 활용하는 데 제한이 있었다. 이 선거 유세에 대하여 새피어는 들로슈가 다른 것을 제안했음에도 법무장관 램지 클락이 민간인 사찰을 승인한 적이 없었다고 했다. "J. 에드거 후버가 조사한 바에 의하면, 닉슨에게서도 확인된 여러 정부 부처에서 하는 이런 활동에 대해 '아량'을 보이는 것은 나중에 재난과도 같은 결과를 일으켰다."

이것은 테이프가 공개될 때까지 오랫동안 클럽비밀로 지켜졌다.

1997년 세놀트는 닉슨의 전기작가 앤서니 서머스에게 그를 위해 평화협상을 막으려고 했음을 공개했다. "권력은 모든 이유에 우선한다. 이것은 정말로 극비였다."

1968년 존슨은 닉슨과 적이 되는 것을 원치 않았다. 게다가 그는 대통령 직책을 수호하는 클럽의 의무를 존중했다. 게다가 방금 그 직위를 차지한 사람과의 대결은 누가 이기든 직책을 약화시킬 것이었다. 이것은 8년 전 1960년 대선 결과에 항의하지 않기로 결정했던 닉슨의 결정과 다르지 않았다.

이 기회는 지나갔다. 1968년 10월 임시합의 했던 당시와 거의 같은 조건으로 마침내 종결을 고할 때까지 베트남전쟁은 계속 확대되어 사망자 수는 더 늘고 오랫동안 피해가 심화되었다는 사실은 눈 여겨 보아야 한다.

복잡한 아이러니가 많아서 다 말할 수 없지만, 그 가운데 이길 수 없는 전쟁을 끝내려는 대통령과 국가의 이해관계가 얽혀 있는 티우의 부채가 닉슨에게 남겨지는 결과가 되었다. 닉슨은 티우의 완강한 고집을 위험하게 생각했다고 칼럼니스트 새피어는 결론 내렸다. 선거 몇 주 후, 닉슨은 72시간 정도만 지나면 곧 평화가 올 것처럼 언급했다. "우리는 토요일에 실제로 위험했었다. 그들이 하루만 더 기다렸다면 틀림없이 당선을 보장받았을 것이다." 이 이야기를 할 때 그는 존슨이 클럽 예우로 당선자에게 빌려준 공군1호기의 안락의자에 앉아 버튼을 눌러 커피 테이블을 꺼내어 발을 얹었다.

"확실히 패배를 물리쳤다." 그는 웃으며 말했다.

권력 이양

막판 사건들을 감안할 때, 존슨에서 닉슨으로 이루어진 권력 이양은 1952년 트루먼에서 아이젠하워 때처럼 서리가 내릴 상황이었지만 실제로는 그렇지 않았다.

닉슨은 존슨의 호의가 얼마나 절실한 것인지 이해하고 있었다. 민주당은 여전히 상하양원을 모두 장악했고 그는 국정수행을 하기 위해 양당의 지원이 필요했다. 또한 존슨도 닉슨을 적대시 하고 싶지 않았다.

두 사람은 11월 11일, 선거 일주일 만에 만났다. 검은 리무진을 타고 온 닉슨을 맞이하기 위해 존슨은 남쪽 현관 밖에 나와 기다렸다. 옛 친구로 착각할 정도로 따뜻한 인사를 나누고 팻과 딕 부부는 린든과 버드 여사와 점심을 같이 했다. 개인 사저를 둘러보며 닉슨은 진중하고 공손했고 존슨은 따뜻하고 너그러웠다.

그들은 함께 오후 시간을 보낸 다음 그 어느 때보다 특별한 권력 승계를 위해 기자 앞에 섰다.

닉슨은 평화회담, 무기감축, 중동문제 등 지금이 얼마나 중요한 시기인지 지적하며 외교정책이 3개월 정도 정체되면 미국이 견딜 수 없을 것이라고 했다. "여러 분야에서 발전이 이루어지려면 다음 행정부가 추진할 수 있는 정책을 현 행정부가 내놓고 양당이 그것을 현실화시킬 때만 가능합니다"라고 선언했다. 그렇기 때문에 닉슨은 존슨과 러스크 국무장관이 "이 행정부뿐 아니라 국가를 위해서도 대변해야 하고 다음 행정부도 마찬가지"라고 단언했다.

닉슨이 본질적으로 존슨의 대통령직 연장을 제안한 것인가? 아니면 자신의 대통령직을 곧 시작하겠다는 의미였는가? 그는 며칠 후 외교문제에 있어서 중요한 조치를 취하기 전에 그와 백악관 사이에 "사전 협의와 동의"가 있을 것임을 예측하고 있다고 분명히 밝혔다. 지원제안보다 오히려 닉슨은 마치 쿠데타 전개나 적어도 인계과정의 공백 동안 존슨과의 공동 대통령직을 요구하는 모습을 보였다. 이것은 권력 이양 진행에 관한 존슨의 생각은 아니었기 때문에 다음 날 그는 기자들에게 말했다. "물론 이런 결정은 이제부터 1월 20일 사이에 대통령, 국무장관, 국방장관들이 하게 될 것이다." 실습이 끝났다.

한 달 뒤 양측 가족이 백악관 사저에서 다시 만났다. 퇴임 내각들은 신임들을 국무부에서 대접했고, 사적인 직원들은 닉슨의 직원들에게 백악관 식당에서 리셉션을 열어주었다.

집무실까지 온 닉슨은 소파에 앉았고 존슨은 그의 킹사이즈 흔들의자에 앉아 있었다. 퇴임 대통령은 모든 업무상 비밀을 이야기해 주었다. 또한 국가안보위원회를 부활시키지 말라며,, 비밀은 체 사이로 새어 버린다고 충고했다.

"딕, 한 가지만 말씀 드리자면, 중요한 결정을 전체 내각과 의논했더라면 나는 바보가 되었을 것입니다. 왜냐하면 아침에 무엇인가를 말하면 틀림없이 오후 신문에 나오게 되니까요. 당신에게 다시 강조하지만, 비밀이 새어나가면 죽을 수도 있습니다."

12

"이제 가고 싶다, 신이 나를 부른다"

- 드와이트 아이젠하워 -

1968년 4월, 아이젠하워는 캘리포니아 팜데저트에서 골프를 치던 중 네 번째 심장마비를 일으켰다. "버드 여사와 내가 매순간마다 당신을 생각하며 할 수 있는 만큼 깊이 기도하고 있습니다." 존슨은 전보를 보내고 아이젠하워젠하워를 월터리드 육군병원까지 이송하도록 비행기를 내주었다.

월터리드 제8병동은 다른 곳과 다른 클럽 전용의 의료 휴양지 같은 곳이다. "이곳은 매일 펼쳐지는 행사와 드라마가 있고, 상원의원, 군장성, 대통령들이 환자복을 입고 약국 한켠에서 만나 이야기를 나누고 외부 세계에 떠도는 소문을 교환하는 곳이다." 데이비드 아이젠하워가 한 말이다. 1946년에 VIP 명사들의 치료 목적으로 설립된 제8병동은 영국의 처칠 수상이 조지 마셜 장군과 존 포스터 댈러스 국무장관이 사망했던 1959년에 방문했던 곳이다. 매이미 [아이젠하워] 여사가 좋아하는 색으로 장식한 거실 벽난로 선반 위에 아이젠하워는 처칠의 사진을 올려놓았다. 존슨이 영화 스크린과 영사기를 상시 가동 가능하도록 설치해 주어서 아이젠하워는 백악관의 영상자료실에서 영화를 빌려 볼 수 있었

276

다. 존슨은 6월말에 그에게 편지했다. "외롭거나 심심하면 연락주세요. 자리를 떠나 움직이도록 부탁 받으면 저 역시 좋은 일입니다."

그리고 실제로 수행원 없이 혼자 조용히 정기적으로 그를 찾아갔고 끊임없이 선물과 꽃을 보냈다. 장군의 78세 생일을 기념하도록 10월 아이젠하워 주일을 선포하기도 했다. 존슨은 3월말 재선에 출마하지 않겠다고 발표함에 따라 그의 업적에 대한 역사적 적대 평가를 조기부터 불러들였다. 데이비드 아이젠하워에 따르면, 존슨은 자신의 영웅 루즈벨트와 같은 사람이 되겠다는 생각은 하지 않았을 것이다. 그래서 "존슨은 가장 위대하지는 않다 하더라도 가장 사랑 받는 대통령이 되려는 듯한 모습 같았다."

실상은 1968년 초 갤럽 여론조사에서 세계에서 가장 존경 받는 사람은 또다시 아이젠하워였지만, 그의 상태는 점점 악화되었다. 세 차례 이상 심장마비로 건강이 악화되었고 울혈성 심부전이 뒤따랐다. 이식이 필요하면 심장을 기증하겠다는 제의가 월터리드 병원으로 많이 들어왔다.

이것은 아이젠하워가 건강이 좋지 않아서 가장 뜻 깊은 클럽 내 결혼식도 참석하지 못했다는 의미였다. 클럽은 친목단체이자 조합이면서 특정인의 모임이었지만, 때로는 문자 그대로 닉슨의 딸 줄리가 아이젠하워의 손자 데이비드와 결혼한 1968년 12월 행사 같은 가족적인 표상이기도 했다. 아이젠하워와 닉슨이 정치적 결합을 제대로 완성시키지 못했다 하더라도 후손들이 차선의 아름다운 결합을 이루었다.

줄리와 데이비드는 어린 시절 두세 번 만난 적이 있었다. 〈워싱턴포스트〉의 언급처럼, 보통사람들은 자녀가 대통령이 되면 좋겠다고 말하지만, 두 사람은 '나는 자식들이 평범한 생활을 했으면 좋겠다'라고 늘 같은 이야기를 하는 엄마들을 두었다.

클럽 회원들 사이에 자연적인 유대감이 있다면 마찬가지로 그 연민은 가족까지 연장되었을 것이다. 영부인들은 자유 세계의 지도자들을 평소대로 대하며 현실감을 유지하게 하고, 풀 죽어 있지 말고 다시 시작하라고 말하는 유일한 사람일 것이다. 그들과 그들의 자녀들은 유리병에서 산다는 게 어떤 의미인지 알고 있다. 가족 휴가가 사진으로 인쇄되어 언론에 실리고, 진정성 없는 주변 사람들의 과도한 관심이 쏠린다. "공인으로 생활하는 대통령과 영부인은 선택에 어려움이 많다"고 린든 존슨의 딸 루시가 표현했다. 상당히 정치적 견해차를 가졌다 하더라도 대통령 가족들이 서로 비난하는 경우가 극히 드문 데는 이유가 있다. "그것은 대통령 가족이 특권의식이 있고 멋있어서가 아니라 가족 생활에 있어서 모든 것이 노출되고 사회적 요구로 인한 피해의식에 서로 감정이입을 하기 때문이다. 어느 누가 이런 식의 생활을 원하겠는가?"라고 그녀는 덧붙였다.

동시에 가족들은 버릇 같은 경향도 보여준다. 1961년 할아버지 아이젠하워가 백악관을 떠날 때 손자는 백악관 양탄자 아래 "다시 돌아온다"라는 메모를 남겼다. 1966년 데이비드 아이젠하워는 애머스트 대학에 들어갔고, 줄리 닉슨은 스미스 대학에 진학했다. 두 사람이 모두 매사추세츠 해들리의 공화당 여성클럽에 초청받았을 때, 둘은 전화로 의논한 뒤 참석을 사양했다. 하지만 오래지 않아 데이비드와 그의 룸메이트가 스미스 대학을 방문하여 줄리와 그녀의 친구에게 아이스크림을 먹으러 가자고 제안했다. 데이비드가 당시를 회상했다. "나는 돈이 떨어졌고 룸메이트는 지갑을 두고 와서 여자들이 돈을 냈다."

1966년 11월 그들은 중간선거 집계를 함께 지켜보았고, 12월에 데이비드가 줄리의 첫 사교계 데뷔파티에 동반한 일로 헤드라인이 들끓었다. 일이 심각해지자 아이젠하워 대통령은 정신을 빼앗긴 손자를 진정시키려고 애썼다. 학교를 빨리 끝내고 자리 잡기 전에 우선 자신의 입지를 굳건히 세우도록 타일렀다. 아이젠하워와 매이미는 손자 교육비를 마련해 두었다.

리처드 닉슨으로서는 좋은 일이었다. 그는 1967년 오레곤 포틀랜드에서 한 기자에게 말했다. "그들은 일학년 때 차를 얻어 타고 서로의 캠퍼스를 방문했다. 나는 아이젠하워 장군에게 입김을 넣어 데이비드에게 차를 사주도록 권했다." 1967년 추수감사절에 데이비드는 줄리에게 매이미 여사의 축복의 말과 함께 할머니의 반지를 선물했다. 2주 후 뉴스가 나오자 데이비드는 웃으며 말했다. "모든 언론이 우리를 도피 중인 연인같이 다루었다."

두 사람의 사랑은 닉슨에게 개인적, 정치적으로 큰 축복이었고, 그와 팻은 순수한 마음으로 데이비드를 좋아했다. 닉슨은 강압적인 사람, 패자, 뻣뻣한 사람 같다는 옛 인상을 지워버리려고 애쓰며 이제는 미국 정치계에서 가장 유명한 집안과 결합하는 자랑스러운 아버지가 되어야 했다. 두 사람의 이야기는 공화당 내의 사랑 이야기치고는 엄청난 사건이었다. 대학생들이 빌딩을 차지하고 펜타곤을 들썩이게 하는 사이, 그 한 쌍은 뉴욕 메디슨 거리의 '존경과 품위'의 광고 같았다. 〈타임〉지는 이렇게 썼다. "연례 경영회의 벽두부터 공화당 전략가들은 이같은 홍보성 쿠데타가 형성되리라고 전혀 기대도 못했을 것이다. 대통령 예비선거경선 직전에 후보의 활달하며 아름다운 20대 딸 줄리가 드와이트 아이젠하워의 20대 손자와 약혼을 맺는다는 것은 식상하고 조잡한 소설 같은 이야기다."

〈뉴욕타임스〉도 놀라움을 금치 못했다. "정치사에서 루즈벨트의 딸 앨리스와 당시 하원의장 니콜라스 롱워스 결혼 이래 이 같은 사건은 전무했다."

정작 소년과 소녀는 끊이지 않는 언론기사를 의식하여 서로 재미있는 별명을 불렀다. 줄리는 NCPD^{No Cream Puff Deb, 슈크림을 먹지 않는 소녀}, 트리시아는 FP^{Fairy Princess, 요정 공주}, 데이비드는 TCC^{Teen Carbon Copy, 젊은 시절 할아버지 복사판}였다. 줄리와 언니 트리시아는 "불순응시대에 정치계의 매력으로, 건전하고 아름다운 전형으로 피어났다"고 〈타임〉이 기사를 달콤하게 써주었다.

엄밀히 말해 데이비드는 아이젠하워 때보다 닉슨의 공화당에 더 충성했다. 1968년 7월 그가 '닉슨 조직청년부' 회장이 되었을 때 〈뉴욕타임스〉에 단호한 편지를 보냈다. "리처드 닉슨과 관련하여 중대한 실수나 의도적 무시는 범죄행위다." 그는 여름 사이 캠페인 스타가 되었다. 닉슨이 환호하는 관중에게 데이비드를 소개하며 농담했다. "내가 유세할 때 아이젠하워와 함께하면 더 잘됩니다." 〈타임〉은 이에 대해 언급했다. "할아버지의 이름과 특유의 미소를 물려받은 머리가 헝클어진 청년은 때때로 다른 대학생들과 함께 공화당 사람의 마음속에 닉슨 운동의 균형을 부여한다. 데이비드의 출현은 차분했던 아이젠하워의 백악관 시절을 회상시킨다."

장차 모든 것을 갖게 될 신부에게 무엇을 선물하면 좋을까? 줄리의 결혼 축하 선물로 닉슨의 비서 로즈메리 우드는 스팀다리미를 주었고, 다른 사람들은 향초, 나이트가운, 책꽂이, 수세미, 〈요리의 기쁨〉 책을 주었다. 하지만 11월 닉슨이 간신히 승리한 후, 12월 결혼식이 다가오자 전 세계 곳곳으로부터 평범한 집 단장 용품이 아닌 선물들이 쏟아져 들어왔다. 프랑스 샤를 드골 대통령은 12

인용 세브르 도자기 티파티 세트를, 이스라엘 국방장관 모세 다이안은 고대 가나안 사람이 쓰던 기원전 200년 다산의 상징인 목걸이를 보냈다. 보스턴 프리실라에서 제작된 웨딩드레스는 국가 기밀처럼 보존되었다.

줄리와 데이비드는 백악관 결혼식도 가능했지만 그녀는 보다 사적인 결혼식을 바랐다. 줄리는 그들이 백악관 동관에서 결혼식을 올리지 않더라도 이미 역사적 의미가 충분하다고 말했다. 선거 후 루시 존슨은 젊은 커플에게 백악관을 구경시켜 주면서 이곳은 살기에 "가장 고독"하면서 "가장 따뜻한" 장소라고 말했다.

"이곳에 가장 적합한 말이에요."

줄리는 아버지가 제2차 세계대전 당시 해군장교였을 때 예배를 드린 적이 있는 브루클린 네이비야드Brooklyn Navy Yard에 위치한 맨해튼 마블 콜리짓 교회를 택했다. 닥터 노만 빈센트 펄이 결혼식을 집전했다. 1960년 9월 당시 가톨릭 신자인 존 F. 케네디가 대통령에 부적합하다고 비난했던 펄의 복음교회 지도자들의 이곳 모임이 오히려 닉슨의 경선을 도운 점은 또 하나의 커다란 정치적 모순이다.

맥을 같이하지 않지만, 데이비드의 신랑 들러리로 엑시터 고등학교 룸메이트인 프레드 그랜디 이야기가 있다. 그는 여러 해 동안 존 딘의 '맹목적 야심'의 잊지 못할 1979년 TV 각색판에서 워터게이트 책략가 도널드 세르게티 역할과 가장 유명했던 '사랑의 보트'에서 실수투성이 고퍼 역할을 했고 1986년에 아이오와 주 의원으로 당선되기도 했다.

결혼 리셉션은 플라자 호텔에서 진행됐고, '에델바이스'를 첫 댄스음악으로 선정했다. 〈뉴욕타임스〉는 익살스럽게 현장의 모습을 전했다. "전설의 아서왕 궁정의 카멜롯 거리조차 음악선정은 없었을 것이다. 아마 당시는 '불가능한 꿈'이었을 것이다."

결혼식이 가까웠지만 아이젠하워는 참석하지 못할 정도로 병세가 악화되었다. 11월 말 닉슨은 가족 축제 분위기를 가지고 월터리드를 방문하여 제8병동 공용 탁자에 칠면조와 호박파이를 올려놓고 아이젠하워 가족과 함께 추수감사절을 보냈다. 닉슨은 내각 각료를 모으는 과정에서 지명자 전원이 아이젠하워에게 문안하도록 부탁했다. 그 후 아이젠하워는 닉슨에게 편지를 썼다. 우선 손자가 "그런 소녀를 얻는 세상에서 가장 운 좋은 사람"이 되는 결혼식에 참석하지 못하게 되어 미안하다고 했고, 둘째는 백악관 인사에 대해 생각했다. 그는 첨부한 제안을 읽은 후 폐기할 것을 부탁하며, 자신의 오랜 친구이자 검찰총장 허브 브로넬을 연방대법원장으로 임명할 것을 추천했다.

결혼식과 피로연 모두 언론에 공개되지 않았다. NBC가 단 두 사람 아이젠하워와 매이미를 위해 병원에서 시청할 수 있도록 결혼식 중계를 시도했지만 성공하지 못했다. 교회는 크리스마스 장식과 붉고 하얀 포인세티아, 3미터 이상의 화환 하나로 치장되었다. 하객들은 크리스마스 캐롤과 헨델의 '워터뮤직'이 울려 퍼지는 교회 안으로 들어갔다. 이 행사는 놀라울 정도로 비정치적이었고, 신임 내각 각료들과 닉슨가 친지들, 그리고 커플의 대학친구들이 많이 참석했다. 전 뉴욕 주지사 토마스 듀이가 들어왔을 때 안내원이 어느 쪽 하객인지 알 수 없어 그에게 물어보자 그는 "양쪽 다"라고 답했고 닉슨 측으로 안내되었다.

줄리는 아버지가 신부를 인계하려고 교회 앞쪽에 서 있을 때 몸을 돌려 그에게 키스해서 놀라게 했다. 나중에 닉슨은 딸은 자기만큼 긴장하지 않더라고 말했다.

피로연 샴페인 중 절반은 출신 주 캘리포니아 산이었고, 절반은 지역구인 뉴욕 산이었다. 6단 결혼 케이크는 1.5미터에 250킬로그램이나 나가는 크기였다. 커플이 신혼여행을 떠나면서 부케를 언니 트리시아 손에 던져주었다. 언니는 1971년 6월 어느 날 백악관에서 결혼식을 올렸다. 전통에 따라 줄리는 1916년 매이미 여사가 사용했던 푸른 가터밴드를 찼지만, 신랑 들러리들에게 던져주도록 데이비드에게 다른 것을 주었다.

이 날은 양가에 기쁜 날이었지만 몇 달 후에는 슬픔이 뒤따랐다. 아이젠하워는 점점 쇠약해져서 1969년 3월에 폐렴이 발병했다. "나는 가고 싶다. 신이 나를 부른다." 그는 마지막 말을 하며 3월 28일에 눈을 감았다.

아이젠하워는 스스로 요청하여 정부가 제공하는 80달러짜리 관에 군복을 입고 누웠다. 장례 준비는 군사작전처럼 오래 전부터 계획되었고, 장례 행렬 속도부터 총을 든 군인의 위치와 밴드 연주까지 상세했다. 시신은 1865년 링컨 대통령의 장례식에 사용된 검은 천을 두른 수레 위에 놓여 국회의사당이 있는 건물

앞에 안치됐다. 장례식으로 인해 존슨은 퇴임 후 처음 워싱턴으로 되돌아왔다. 그는 매이미 여사를 방문했고, 닉슨의 백악관 초청만은 사양하며 관심 받기를 사양했다. 그날은 그의 재선 불출마 선언 1년이 되는 날이면서 데이비드의 21번째 생일이기도 했다.

국립 성당에서 장례를 마친 후 아이젠하워의 시신은 말과 장의차로 유니언 역까지 운반되었고, 역에서 새로 단장한 C&O 열차가 시신을 싣고 애빌린까지 거의 이틀이나 걸리는 여행을 했다. 수화물차가 문을 닫고 검은 커튼이 내려졌을 때 31발의 총성이 울렸다. 사람들은 차가운 밤 날씨에도 철로에 도열했다. 워싱턴에서 1만 천 명, 인디애나에서 만 명의 사람들이 그에게 인사하기 위해 50마일 정도 떨어진 곳으로부터 몰려들었다. 존슨은 시신을 따라 애빌린까지 갈 계획은 없었지만 아이젠하워 가족들이 그를 초청했다. 그는 텍사스로 돌아갔다가 공군에 젯스타 제공을 요청해 닉슨이 공군1호기로 도착하기 직전에 캔자스에 내렸다.

존슨은 친구이자 정치 상담자 그 이상의 인물을 잃었다. 아이젠하워는 1969년을 좀 더 편안했던 이전 시대처럼 느끼게 했던 살아있는 상징이었다. 이전 시대란 미국에 태어난 자체가 위대했던, 변화의 급류가 아직 구석구석까지 미치지 않았던, 대통령직에 대한 위엄이 있어서 아이젠하워가 퇴임해도 여전히 사랑하고 존경하고 무엇보다 신뢰하던 때를 의미했다.

"우리 시대의 거인이 떠났다. 그의 죽음은 내 가슴에 공허함을 남겼다"고 존슨이 말했다.

또한 진심으로 필요했던 강인하고 믿을 수 있는 안내자인 멘토를 잃었다. 그의 연설문 작가들은 추도연설의 어조에 대해서 "우아하고, 웅변적이고, 경의를 표하고… 아첨하지 않아야 한다"고 제각각 주장했다.

한 연설문 작가가 충고했다. "이번은 아이젠하워와 관련 있는 유명한 말을 할 기회다. 평화추구, 국가 안정, 선한 심성, 선한 천성, 선한 양심… 견고한 진실성, 도덕적 권위."

이런 모두가 아이젠하워에게 묘사되는 특성이었다. 그 외에도 말로 다 표현할 수 없는 것들이 많이 있었다. 그중 닉슨은 그를 기억할 말을 찾아내었다. 아이젠하워가 백악관을 떠난 뒤 후임들은 대통령 집무실에서 아이젠하워의 골프 신발 밑창의 뾰족한 쐐기가 코르크 바닥을 긁어 놓은 것을 발견했다. 케네디는 교체하지 않기로 했고, 존슨도 그랬다. 닉슨은 패인 판자를 걷어내고 교체한 다음 자국이 난 바닥은 5센티미터 크기 정사각형으로 잘라서 액자에 담아 좋아하는 친구에게 선물로 보냈다.

닉슨과 존슨:

우애와 협박

———— ⌗━●━ ————

리처드 닉슨은 대통령 직책을 거의 모독했을 때조차 그것을 성스러운 것으로 생각했다. 집무실을 제국의 황제 스타일로 꾸몄고, 백악관 직원들에게 직접 말을 건네지 않도록 지시했고, 자신을 제3인칭으로 불렀다; 그는 더 이상 "나"가 아니었고, 더 이상 개인적인 존재도 아니었다. 그는 미합중국 대통령, 리처드 닉슨이었다. 그는 법 위의 존재가 아니라 스스로가 곧 법이었다. 그의 유명한 표현을 빌리자면 대통령이 무슨 일을 하면 "그것은 불법이 아니다." 특히 전쟁 시기에 대통령의 권한은 그의 관점에서 실제 무한대다.

그래서 닉슨은 대통령 클럽인 린든 존슨에게 특히 도전을 가하곤 했다. 대통령직을 훼손하려는 무리 가운데 자기들이 더 잘 안다고 생각하는 진보주의자와 엘리트뿐만 아니라 건물을 불태우고 비밀을 유출시키며 부도덕한 전쟁만 종식되면 어떤 행위도 정당하다는 명분으로 적을 돕고 정당화하는 열혈 반전주의자들로부터 나의 직위를 보호해야 한다고 존슨에게 말했다. 〈뉴욕타임스〉가 《펜타곤 백서》를 발간했을 때 닉슨은 초당파적 비난에 가세하도록 존슨을 압박했다. 비밀 폭로자를 상대한 암암리의 싸움이 워터게이트 사건으로 이어졌을 때 닉슨은 상원 조사를 폐쇄시키도록 존슨이 돕기를 바랐고, 존슨에게 '대통령은 필요한 것을 한다'고 상기시켰다.

하지만 존슨은 협박이나 위협을 거절했다. 오랫동안 그는 리처드 닉슨을 돕기 위해 많은 일을 했지만 더 이상은 아니었다. 클럽이 대통령 직위나 회원들을 보호하기에는 한계가 있었고, 결국 그것은 의미가 없었다. 닉슨이 압도적으로 재선에 성공한 직후 해리 트루먼은 1972년 크리스마스 때 사망했고 존슨도 한 달 뒤 세상을 떠났다. 그로써 닉슨은 한동안 홀로 남았다.

———— ⚷ ————

13

"뚫고 들어가야 한다"

- 리처드 닉슨 -

리처드 닉슨이 끊임없이 새로운 클럽을 만들려고 한 것은 단순히 그가 기존 클럽에 의해 종종 거절되었기 때문만은 아니었다. 그는 대학 안에 '오소고니언 Orthogonians'을 창단했다. 이는 바르고 정직하고 곧다는 의미의 라틴어를 본떠 만든 것으로, 위티어 칼리지의 엘리트 친목단체인 '프랭클린'에 대항하기 위한 장학 단체였다. 의회에 진출하자 그는 초선의원 15명으로 구성된 '차우더앤마칭 소사이어티Chowder and Marching Society'를 결성하여 기성의원들이 장악한 의회에 어느 정도 영향력을 갖기를 희망했다. 여기에는 제럴드 포드가 포함되어 있었고, 이후에 조지 H. W. 부시도 가입했다. "차우더앤마칭은 왕성한 우정으로 접합되어 힘의 모형을 세우고 공교롭게도 세 사람의 대통령을 배출하고 반세기의 미국을 형성하는 역할을 했다"고 〈타임〉의 휴시드니 기자가 10여 년 후에 기사를 썼다. 닉슨은 대통령 클럽에 관해서도 가입하기 전부터 기구만이 아니라 회원 자체를 수십 년 간 병적으로 연구했다. 자기 것을 직접 쓰게 되기 전까지 취임사들을 모조리 읽고 또 읽었다. (특히 제11대 대통령인 제임스 K. 포크의 바로크식 웅변술을

286

좋아했다.) 아이젠하워가 신체 접촉을 좋아하지 않는 것까지 모두의 비밀을 다 알고 있었다.

닉슨은 나중에 저널리스트 밥 그린에게 이야기했다. "그는 악수 대신 주로 손을 흔들었고 다가가서 '안녕하세요, 아이크' 하며 포옹하는 것도 싫어했다. 케네디도 같은 식이었다. 우리는 그가 상당히 우아하고 편안하게 보이는 사람이라고 알고 있지만, 실은 철저한 프라이버시와 위엄을 원하는 사람이었다."

그의 영웅은 용감한 사람들이었다. 닉슨은 마법이 전염되기를 기대하기라도 했는지 아이젠하워의 초상화를 내각실에 걸어놓았지만 자신의 모델은 아니었다. 아이젠하워는 강건했고, 나란히 걸어놓은 28대 우드로 윌슨은 이상주의였다. 그는 둘 다 가지겠다고 결심했다.

그래서 닉슨의 모델은 두 명의 루즈벨트인 26대 테디와 32대 프랭클린이었고, 비전과 강인함, 이상과 불굴에 현실을 결합했다. 그는 집무실 건너편 회의실의 이름을 (루즈벨트가 수족관을 놓아두어서 이름 붙인) 피쉬룸Fish Room에서 루즈벨트 룸Roosevelt Room으로 바꿨고, 자신의 망토 위에는 테디의 흉상까지 새겨 넣었다. 새피어는 말했다. "프랭클린처럼 그는 원하는 목표에 도달하기 위해 정도에서 벗어난 방법을 즐겨 사용했다.

비밀과 거짓

닉슨과 존슨 사이의 세 번의 대화 가운데 둘은 1968년 선거 직후에, 나머지 하나는 취임 2개월 후에 있었다. 대화마다 어떻게 린든 존슨의 유령이 닉슨의 대통령직에 자주 출몰하여 실제적, 가상적 동기와 움직임을 어둡게 운명 지었는지 드러낸다.

두 사람의 첫 번째 만남은 1968년 11월 11일 선거 직후 닉슨이 백악관으로 존슨을 방문했을 때였다. "존슨이 처음 한 일은 나를 위층으로 데려가 케네디가 침대 밑에 설치한 녹음장치를 그대로 보존하고 있음을 보여준 것이었다. 침실은 안전하다는 것을 알려준 것이다. 그는 바닥에 앉아 시트를 들어 올리고 침대 아래에서 손을 흔들었다." 닉슨이 몇 년 후에 젊은 보좌관 모니카 크로우리에게 말한 것이다. 맨 먼저 닉슨에게 백악관 도청장치를 구경시킨 것이다.

두 번째 만남은 11월 달 닉슨 대통령이 인수본부를 설치한 뉴욕 시내 우아한 피에르 호텔 39층에서였다. J. 에드가 후버 FBI 국장도 대통령 당선자 요청으로 참석했다. 존슨은 후버를 중요한 대통령 자산이라고 칭찬한 바 있었다. "에드가 후버가 없었다면 나는 최고사령관으로서의 책임을 수행하지 못했을 것입니다. 그는 허약한 사람들이 있는 도시에서 힘의 기둥입니다." 존슨은 닉슨에게 말했다.

그리고 그날 후버는 또 다른 사명을 부여 받았다.

"혈색이 좋고 머리가 헝클어진 후버가 스위트룸으로 들어와 즉시 일에 착수했다"고 H.R. 홀드먼이 회고하며 설명했다. 그의 일이란 "대통령의 뒤를 봐주는 것이었다. 이 일에 그보다 더 광범위하게 철저한 사람은 없다."

후버는 존슨이 FBI에게 국가보안의 이유로 닉슨과 그의 비행기를 도청하고 세놀트 여사도 감시할 것을 명령했다고 닉슨에게 말해주었다. 존슨은 FBI가 실제로 실행하거나 비행기를 도청한 적이 한 번도 없다며 미화했기 때문에 닉슨은 그 사실을 전혀 몰랐고, 바로 그 점이 존슨을 두려워할 이유가 되었다. 그리고 어쩌면 후버는 파리협상 방해 작전에 닉슨을 연계시킬 강력한 증거를 갖고 있을 수도 있었다. 폭격 중단과 1968년 가을 평화협상 관련 기록에 대한 자연스러운 근심으로부터 닉슨의 강박관념이 생겨나기 시작했다.

후버는 닉슨에게 충고했다. "백악관에 들어가면 절대 전화 교환원을 통하지 마세요. 존슨이 도청하게 만들어 놓았기 때문에 당신이 모르는 평범한 사람들이 듣게 됩니다." 게다가 버튼 하나만 누르면 대통령 집무실 대화 도청도 가능했다.

홀드먼이 회상했다. 후버가 떠난 후 닉슨은 커피 한 잔을 더 따르며 자신을 감시한 존슨을 비난하지도 화를 내지도 않았다. "저주받을 전쟁 때문에 그가 그런 압박을 받았다. 그는 무슨 일이든 하려고 했을 것이다." 홀드먼은 잠시 말을 중단했다가 닉슨의 말을 전했다. "밥, 나는 존슨처럼 길거리에 얼굴 내미는 것을 두려워한 나머지 백악관에서 칩거만하다 끝내지는 않을 걸세. 전쟁을 끝낼 거야. 가능한 빨리."

그는 대통령으로서 할 수 있는 첫 결정을 내렸다. "서둘러서 백악관에 있는 빌어먹을 도청장치를 다 쓸어버려야겠군."

세 번째 대화는 취임 후 2개월 뒤였다. 홀드먼은 집무실에서 책상에 다리를 올려놓고 여러 제스처를 써가며 자신에게 첫 업무를 설명하는 닉슨의 편안한 모습을 보며, 아이젠하워가 말한 "대통령은 누구나 '개새끼' 한 놈씩은 반드시 필요하다"는 충고를 이미 실천하고 있는 것으로 보였다.

닉슨은 홀드먼에게 유세 마지막 몇 주 동안 그의 선거를 거의 격침시켜버릴 수 있었던 존슨의 베트남 폭격 중단 결정을 조사하길 요구했다. "존슨의 행동 가운데 수상한 부분이 많았어. 그가 한 것으로 보이는 서류 전체에 관한 보고서를 작성하길 바라네. 정치를 전쟁 결정 속에 끌어들인 사건 전모를 알고 싶어."

"하지만 그건 이미 지나간 일입니다." 홀드먼이 이의를 제기했다. 홀드먼은 완전히 알지 못하고 닉슨은 알고 있던 사실은 그 서류들 가운데 유세 기간 동안 이루어진 닉슨의 비열한 행위에 대한 증거 역시 들어있을 수 있다는 것이었다.

닉슨은 테이블 위 펜꽂이를 만지작거렸다. 그는 무엇이 필요한지 알았다. 펜타곤부터 시작해서 존슨이 했던 군사조치 전체 조사를 명령했다.

홀드먼은 조사에 착수했고 "앞으로 벌어질 통치 싸움에 처음으로 전율을 느꼈다"고 회고록에 썼다. 그는 전직 펜타곤 관리 레스리 겔브가 브루클린 연구소로 자리를 옮기며 폭격중단 관련 중요 파일을 가져갔음을 알았다. 홀드먼이 펜타곤에 파일을 요청하자 유일한 자료가 당시 민주당 정부기록보관소로 기능하던 브루클린에 있다는 대답을 들었다.

닉슨은 이 소식이 즐겁지 않았다. "젠장, 겔브의 서류가 필요해. 무슨 수를 쓰든 손에 넣어야 하네."

홀드먼이라면 이 골칫거리를 적당히 넘겨버렸을 테지만, 홀드먼이 "닉슨 저격수"라고 일컫는 찰슨 콜슨은 아니었다. 그는 자칭 "선봉자, 해결사, 반언론주의, 반진보주의적 닉슨 지지자"였다. 그와 닉슨 주변인들은 무한희생을 감수하고라도 그의 명령을 따르고 그의 이해관계를 보호했을 것이다.

따라서 엄청난 일을 하기 위한 기초를 마련했다. 닉슨은 자신의 흔적을 덮는 한편 예전 전임들부터 존슨이 해왔던 원칙 무시, 법규 위반, 측근 지원, 정적 공격에 대한 강력한 자료를 입수했다.

신중한 린든 존슨

전기작가 리처드 리브에 따르면, 닉슨은 취임 순간부터 "배려하자, 대담하자, 새로워지자, 용감하자"고 결심했고 취임 3주도 안되어 "가장 강력한 직책에서 사람들에게 영원히 기억되는 매일의 변화를 만들자, 선의를 행하는 선인이 되자"라고 자기 자신에게 편지를 썼다.

그는 자신의 재임 동안 "고독이 아니라 경외심이 들 정도의 훌륭함을 보여주는 것"이 중요하다고 다짐했다. 하지만 대통령직은 외로운 자리고, 특히 고독한 사람이 자리에 오르면 더욱 그렇다. 닉슨은 늘 말했다. "고통은 마음속에 간직해야 하는 것으로 믿는다." 다른 대통령들과 전혀 다를 수밖에 없었다. 존슨은 혼자 있는 것을 견딜 수 없었고, 케네디는 대가족과 존경하는 신봉자들이 있었고, 아이젠하워는 전우들이 많았다. 보좌관 존 에를리히먼은 닉슨을 '열혈 스님'이라고 불렀다. 그는 여러 시간씩 숙고하기 위해 백악관 서쪽 예전 행정부 빌딩 OEOB의 개인 사무실로 슬그머니 빠져나가곤 했다. 공화당의장 렌 홀은 이에 대해 다음과 같이 언급했다. "어느 누구도 일주일씩 닉슨과 낚시하러 가고 싶지는 않을 것이다."

따라서 닉슨은 존슨이 했던 대로 회원과 우애를 다지고자 관계망을 넓히는 일은 없었고, 아이젠하워는 닉슨 취임 두 달 후 사망했고, 트루먼은 편안히 미주리에 은거했다. 트루먼의 도서관 건립 때 그의 재임 중 사용하던 피아노를 증정하기 위해 닉슨은 미주리 인디펜던스 시까지 여행했다. 두 사람이 악수와 미소를 나눌 때 오랫동안 서로를 물고 뜯는 사람들 눈에는 보이지 않는, 클럽 회원다운 정겨움이 있었다. 닉슨이 피아노 앞에 앉아 "미주리 왈츠"를 두드려대자 트루먼은 사실 그 곡이 싫었지만, 그 순간만큼은 청각에 장애가 생겼다.

닉슨이 주의한 사람은 존슨이었다. 그래서 그에게 구애하고 아첨하며 문제를 야기하지 않도록 매와 같은 눈으로 지켜보았다. 이것은 그의 텍사스 퇴거에 따른 정치적 영향력 저하를 유지하려는 뜻이 아니라, 존슨이 닉슨의 과거를 너무 많이 알고 있었기 때문이었다.

제대로 손을 잡으면 존슨이 진정한 미래의 가치 있는 친구나 자산이 될 수 있고, 잘못되면 무슨 일이든 벌어질 수 있었다.

닉슨은 백악관 내 따로 관리할 전담 사무실을 만들 정도로 존슨이 불안했다. 그는 전임과 교섭하는 대통령 특별보좌관 직책을 새로 설립한 '행정명령 11456'을 발부했다. "대통령이 직접 국내외 중요 정책 전망"에 대해 클럽 회원들에게 알리고 그들의 견해를 듣게 되는 것이다. 트루먼은 옛 친구 해리 본으로부터 아이젠하워의 전 군대 보좌관 로버트 슐츠가 시시한 장사로 2만 5천불을 벌었다는 이야기를 들었다. 그는 농담을 건넸다. "매주 정보를 주는 사람이 없었다면 슐츠는 틀림없이 더 많이 벌기 위해 존슨을 꽤 성가시게 했을 것이다."

이것은 실제와는 정반대 이야기였다. 존슨은 백악관에 자주 전화를 걸어 유리한 정보를 얻고, 언제나 군용기를 이용하고자 젊은 군보좌관 브렌트 스코크로프트를 난처하게 만들었다. 처음에는 거의 불가능한 궁색한 요구를 한다고 생각했지만, 시간이 가면서 오히려 그의 전화를 기다렸다. 존슨은 자주 전화해서 워싱턴에 머물 장소를 찾았기 때문에 닉슨은 스코크로프트와 다른 참모들에게 정부 행정지원실 자금 일부를 마련하여 클럽하우스를 매입하도록 지시했고, 그들은 예전 대통령들이 사용한 적 있는 허름한 라파예트 타운하우스를 찾아내어 새롭게 단장했다.

이렇게 하여 1977년 제럴드 포드가 그곳에서 체류한 첫 번째 인물이 되었고, 마침내 옆에 붙어있는 영빈관 블레어하우스 직원이 함께 관리하며 벽에 이전 대통령 사진들을 걸었다. 41대 조지 허버트 워커 부시가 그의 아들이자 43대 대통령이 길 건너에 있을 동안 그곳에 머무를 때면 바바라 여사가 이곳을 "움막"이라고 불렀다는 후문이 있다.

사실 이 집의 발단은 존슨을 배려하기 위함이었다. 매주 금요일마다 닉슨은 비행기에 일급 국가안보 기밀서류를 실어 목장에 있는 존슨에게 보내주었다. 각료들은 정기적으로 그에게 전화해서 최신 정보를 보고했고, 핸리 키신저는 베트남 평화회담 진행을 의논하기 위해 사적으로 직접 존슨을 찾았다. 버드 여사는 몸소 운전하여 키신저를 공항까지 데려다 주면서 존슨의 근래 모습에 관한 인상을 물었다. 키신저는 역사가 새피어에게 말했다. "내가 '은퇴의 차분한 분위기'에 관해 어물거렸더니 그녀는 하마터면 길 밖으로 탈선할 뻔했다. 겉치레 인사는 애매하게 현실과 관련되어야 한다고 생각했다."

존슨은 이야기했다. "뒤에서 검은 가방을 든 병장이 나를 따라오지 않는 한 기분은 좋은 편이다." 하지만 평온과 안정이란 자신이 어떻게 기억될지 늘 걱정하는 사람에게는 쉽게 찾아오지 않았다. 60은 아직 젊은 나이였고, 아이젠하워의 첫 취임 때보다 두 살이나 적은 것이었다. 그래서 존슨은 자신의 정치 인생 업적을 축하하고 연구하는 사원이 될 도서관 건립에 심혈을 기울였다. 때로는 마치 사원처럼 변한 자신이 태어난 집에 들르거나 다른 주의 사례를 보려고 주차장 자동차 번호판을 일일이 조사하기도 했다. 판매율이 좋은 우편엽서를 추적하기도 하고, 또 그의 출생지에 보다 많은 관광객들을 끌어들이기를 바랐고, 도서관 직원들은 방문객 수를 늘리는 방법도 궁리했다. 오스틴 시 텍사스 대학 스타디움에서 돌을 던지면 닿을 거리에 도서관을 개원한 후, 그는 롱혼 풋볼 경기 진행 아나운서에게 부탁하여, 반시간만 더 투자하고 존슨 도서관만 돌아가면 풍부한 온천을 즐긴다는 점을 수만의 팬들에게 알리게 했다.

닉슨은 환심을 사겠다는 일념으로 존슨을 텐트 안으로 데려갔다. 1969년 8월 존슨의 61세 생일을 축하하기 위해 그의 가족을 비행기에 태워 샌클레멘트 소재 서부 백악관 파티까지 날아갔다. 홀드먼이 그날의 시작부터 마무리까지 일기에 기록했다. "최초 아이디어 구상에서부터 헬리콥터 착륙장의 마리아치 가두밴드연주에 이르는 세부사항까지 모든 것이 닉슨의 작품이었다."

축하노래를 불러줄 손님들을 닉슨이 직접 이끌었고, 존슨은 웃음을 지으며 서서 중절모를 잡고 찬란한 캘리포니아 태양이 다소 눈부신 듯 멍하니 바라보았다. 스냅사진을 찍는 사진사들 중 하나에게 닉슨이 말했다. "그가 그다지 늙어 보이지 않죠?"

그런 다음 두 대통령은 골프카트에 올라 닉슨 사무실로 갔다. 존슨은 올바른 직원 구하는 문제부터 기자들 관리까지 모든 것에 불만이었다고 홀드먼이 당시를 기록했다. "그는 정말 정신병환자 같았다. 모든 것이 대단히 모욕적이라며 계속 화를 드러냈다." 존슨은 뉴햄프셔에서 매카시가 모욕을 주고 바비 케네디가 선거에 뛰어들기 훨씬 전에 재선에 출마하지 않겠다고 결정했던 캠페인 당시를 회고하고 있었다. "역사에 남을 존재가 되는데 지나치게 심취되어 있었던 것인가?"라고 홀드먼은 결론 내렸다.

일행이 점심식사를 위해 다시 모였고, 삼단 레몬 케이크는 노란 장미와 텍사스 주화 블루버닛으로 장식되었다. 닉슨 가족은 존슨에게 19인치 높이의 일제 분재와 더불어 사려 깊게《초보용 분재실습》책까지 선물했다.

닉슨과 존슨이 같이 비행기를 타고 북쪽 레드우드 국립공원으로 날아가자 캘리포니아 주지사 로널드 레이건과 빌리 그레이엄 목사도 함께했다. 가는 길에 존슨은 닉슨에게 자기의 비평에 귀 기울이지 말고 자신을 기쁘게 해줄 방법을 찾으라고 충고했다. 존슨은 도서관 건립완성단계에 있어서 문서보관실에 필요한 서류와 자료들을 구하는데 도움이 필요했다. 홀드먼은 다음과 같이 적었다. "존슨은 우리의 이해관계와 대단히 밀접하면서 공개를 원치 않는 서류들이 그 안에 전부 들어있다는 점을 틀림없이 강조하고 있었다."

레드우드공원 내 "레이디 버드 숲" 헌정식 언급은 상당히 흐뭇했다. 존슨의 생일을 맞아 닉슨은 축복하며 기원했다. 평균 수명이 500년인 "나무처럼 그는 장수할 수 있을 것"이다.

이에 대한 감사로 존슨은 처음으로 공식적이고 공개적으로 닉슨이 대통령 친목단체회원이 된 것을 환영했다. 그는 이런 시간을 마련하여 영광을 준 닉슨에게 감사했다. "대통령이 되어보지 않고는 그것을 아는 사람은 아무도 없습니다. 대통령은 고독한 사람이고, 실질적으로 지지해주는 여성들이 있을 때 안심할 수 있습니다. 대통령 닉슨과 나는 여성에게 의존할 수 있는 것이 또 하나의 공통점입니다. 나의 부인이 언제나 동반해 주는 것과 같이 닉슨 부인도 항상 그렇습니다."

그는 계속해서 말을 이었다. "내가 절대로 확신하는 것은 37은 오고 36은 가는 것입니다. 그런 삶에 관해 읽고 연구해서 확실히 느낀 점은 대통령의 최대 문제는 옳은 것을 알고도 그대로 할 수 없다는 것입니다."

"최선의 노력을 원치 않는 사람이 그 자리를 차지하는 경우는 없습니다. 일부는 성공하고 일부는 덜 성공할 뿐입니다. 전임들이 행복을 이룩한 오늘만큼 성공할 수 있다면 당신은 가장 성공한 대통령이 될 것만은 확실합니다."

"진심으로 당신에게 깊은 감사를 드립니다."

존슨은 두세 달 후 감사에 보답하는 방법을 찾았다. 1970년 2월 기자들이 전화하여 애나 세놀트와 1968년 사건의 결말을 취재하기 위해 그를 찾고 있다는 사실을 보좌관 홀드먼에게 알려주면서 자신은 인터뷰를 거절했고 참모들에게도 같은 것을 지시했다고 전했다. 말할 필요도 없이 홀드먼은 깜짝 놀라 기뻐하며 대통령을 위한 존슨의 지지에 재차 감사했다. 닉슨이 1970년 5월 캄보디아 침공을 발표한 날 저녁, 존슨은 퇴임 후 처음으로 시카고 민주당 자금모금대회에서 연설했고, 하노이에 대해서 무력 충돌을 비난했다. "미국은 한 번에 한 대통령만 있습니다. 미국인 모두가 우리의 대통령을 지지합니다." 전국의 대학들이 들고 일어났고, 주방위군은 켄트주립대 학생 4명을 사살했다. 두 대통령은 백악관에서 회의를 가졌다. 존슨은 나중에 닉슨에게 편지했다. "귀하도 알다시피 이런 어려운 시기에 나는 가능한 일이라면 언제나 도울 준비가 되어있습니다."

존슨은 곧 닉슨에게 유산물과 관련된 몇 가지 충고를 보냈다. 펩시 사의 회장 돈 켄달은 닉슨의 대통령 도서관 건립을 계획하고 기념 유산물 관리 전반에 관하여 존슨과 의논했다. 존슨은 켄달에게 닉슨이 도청 시스템을 전부 없애버릴 정도로 어리석은 사람이라고 말했다. 그도 자서전을 쓸 때가 되면 그것이 필요할 것이다. 닉슨은 외국 지도자들과 나누는 대화에서 오해나 잘못 표현될 여지가 너무 많은 점과 집무실 대화의 기억은 시간이 가면서 멋대로 변할 수 있음을 키신저와 같은 자문들과 이야기하며 늘 걱정했다. 그래서 존슨의 도청시스템을 없애버린 뒤 1971년 2월 비밀리에 새 시스템으로 5개 마이크를 집무실 책상에, 2개는 벽난로 양편에, 2개는 내각실에, 4개는 예전 행정부 빌딩(OEOB)의 개인사무실에 눈에 띄지 않게 설치했다. 그런 사적인 일들이 어떻게 궁극적으로 일반에게 공개될 수 있었을까? 역사가 새피어는 주장했다. "그것은 진보 성향의 역사학자들이 역사의 제 위치에서 그를 부정할 것이라고 닉슨이 확신했기 때문이고, 처칠보다 더 나은 회고록을 쓰기를 바랐기 때문이며, 케네디와 존슨이 애용했던 전체 도청장치와 같은 것을 그도 사용할 것으로 확신했기 때문이다."

하지만 그의 것은 수동이 아닌 자동음성작동 시스템이었다. "전환 스위치가 없었기 때문에 대통령직을 잃었다"고 백악관 직원이 말했다.

펜타곤 보고서

닉슨의 운명을 제대로 이해하려면 우선 그가 언제나 전쟁과 함께했던 사람임을 알아야 한다. 비판자들은 권력과 권리를 보호하거나 남용하기 위해 그가 무슨 일이라도 했을 것이라고 비난했다. 반면 닉슨은 자신이 대통령직을 보호했다고 영원히 주장할 것이다. 이것이 그가 그 모든 차이와 복잡한 역사에도 불구하고 린든 존슨을 적이라기보다 협력자라고 믿었던 이유이기도 하다. 닉슨이 취임한 지 1년이 채 안 되어 〈워싱턴포스트〉에 기사를 쓴 젊은 데이비드 브로더는 싸움을 예견했다. "1968년 린든 B. 존슨의 권위를 파괴한 사람들과 1969년 리처드 M. 닉슨을 파괴하기 위한 움직임이 드러나고 있음이 시간이 감에 따라 점점 더 분명해진다." 닉슨의 적들은 환영 받지 못하는 값비싼 전쟁을 부도덕하고 추악하다고 매도했고, 어떤 대가를 치르더라도 그것이 국제무대를 선도하고, 협상하고, 조정하는 대통령의 능력의 쇠퇴를 의미한다 하더라도 전쟁은 끝나야 한다고 주장했다. 브로더 기자는 대담하게 "그를 탄핵으로 몰아 유죄를 시험하자. 이것이 실제로 아니라면 올바른 방법은 무엇인가? 오히려 지난 3년간의 문제적인 대통령을 국가 수장에 유지한다는 것이 명분이 되지 않으며, 나라가 대통령 제거를 위해 헌법적 방법에 호소하는 것이 더 낫지 않겠는가?"라고 언급했다. 그것이 1969년 10월이었다.

"그들은" 존슨을 직책에서 내몰았고, 이제는 닉슨마저 파괴시키려고 했다. 아니면 그 직책을 재로 날릴 싸움에서 첫 사격을 시작했을 때 그런 식으로 대통령들을 바라보았다.

1971년 6월 13일 〈뉴욕타임스〉 일면에 딸 트리시아의 결혼식 날 함께 자랑스럽게 웃는 닉슨의 멋진 사진이 실렸다. 그것은 171년 만에 거행된 백악관 옥외 결혼식이었는데, 닉슨은 공군으로부터 좋은 날씨가 유지된다는 기상 예보 정례 보고를 받았다. 닉슨은 이따금 치안에 나가는 사람만이 대중 앞에서 춤을 춘다고 이야기했지만, 카메라 앞에서 트리시아, 줄리, 린다 버드 존슨 여사까지 모두와 함께, 또한 팻 여사와 같이 춤을 추었다.

사진 옆 기사는 다른 이야기를 게재했다. "베트남 기록: 미국개입 확전擴戰 30

년 펜타곤 추적연구 보고서." 해설 3천 쪽, 비밀지원문건 4천 쪽, 250만 단어에
달하는 로버트 맥나마라 국방장관에 위임된 베트남전쟁의 비밀 역사 전말이 레
슬리 젤의가 주도하에 전 해병대 대위이자 펜타곤 보좌관 다니엘 엘스버그로부
터 〈뉴욕타임스〉에 넘어갔다. 이것은 미국 역사상 최대 기밀 서류 누출이었고,
다른 영향은 차치하고라도, 대부분이 싸우고 싶지 않은 전쟁을 미국국민에게 대
통령들이 얼마나 노골적으로 속여 왔는지 드러나게 되었다.

이에 대한 닉슨의 첫 반응은 침착했다. 그의 이야기는 취임 5일 전인 1969년
1월에 끝났기 때문에 기사가 밝힌 것은 케네디의 비밀과 특히 존슨의 비밀이었
다. 키신저의 보좌관 알렉산더 헤이그가 누출 사건을 논의하기 위해 정오가 지
나 전화하자 닉슨은 아직 〈뉴욕타임스〉 기사를 읽지 않았다고 말했다. 헤이그는
이것을 재앙 수준의 보안 침해라고 불렀다. 그는 말했다. "존슨 대통령에게 치명
타입니다. 이 문제를 둘러싼 민주당 내 엄청난 계파 갈등을 그들이 야기하는 것
입니다."

다른 말로 하자면, 이것은 바로 민주당의 내분이었다. 닉슨과 당시 국가안보
청 고문 키신저가 그날 오후에 의논하면서 〈뉴욕타임스〉 기사에 관하여 안심시
키듯 말했다. "그들의 자승자박이라고 생각합니다. 왜냐하면… 그들은 이 전쟁
을 '닉슨의 전쟁'으로 만들려고 꽤 많이 노력했는데 그것이 누구의 전쟁이라 하
더라도, 이 엄청난 증거는 케네디와 존슨의 것입니다."

그러나 대통령을 옭아매는 것은 그다지 많지 않았다 하더라도, 닉슨의 비밀
폭로가 아니기 때문에 그에게 피해가 없다는 의미는 아니었다. 만약 대통령이
미국 국민에게 뻔뻔한 얼굴로 거짓말한다는 비난을 받게 되면 모두의 신뢰에
손상을 입는 것이었다. 또한 대통령이 국가 비밀을 보호할 수 없다면 허약하고
공격하기 쉬운 존재로 보인다. 닉슨의 외교전략 전체가 비밀에 달려 있었다. 즉,
캄보디아 비밀 공습, 러시아와 민감한 군비 축소, 역사적인 중국 통상 시장 개방
의 사전 초석을 깔기 위해 은밀히 진행해온 노력 등이 있었다. 키신저의 최초 극
비 중국 방문이 불과 3주 밖에 남지 않은 시점이었다. 그런 전선에 대한 돌파는
그에게 북베트남과의 비밀협상을 하는 데 부담을 주었을 것이다. 만약 이 폭로
가 전쟁을 끝내라는 국민의 요구를 부채질했더라면 하노이 정부는 협상 필요를

훨씬 적게 느꼈을 것이다.

모든 것이 연결되어 있었다. 백악관이 사건 통제를 못한다 하더라도 할 수 없는 것처럼 보여서는 안 된다. 닉슨이 키신저에게 말했다. "폭로하는 놈들은 반역 행위를 하는 거다."

키신저가 동의했다. "정확하게 말해서, 대통령님, 이것은 모든 보안법 위반이 틀림없다고 생각됩니다."

이것은 실제로 닉슨에게 취약했고, 관료, 진보주의자, 국내 배신자들이 자신의 이념 추구를 위해 국가안보를 위기에 빠뜨린 히스 사건으로 회귀였다.

"사람들은 이런 일에 횃불을 밝혀야만 된다." 닉슨은 말했다.

당시 법무장관 미셸은 신문 발행 중지 법정 명령을 얻는 한편 정부는 그들의 국가안보 위기초래 여부를 사정했다. 하지만 닉슨은 기밀 유출 사건에 대해 여론을 조성하여 이런 악행이 국가안보를 어떻게 훼손하는지 밝힐 필요가 있었다.

다른 말로 그는 어느 정도 존슨의 도움이 필요했다. 닉슨의 대통령직만이 아닌 미국 대통령직책 자체에 관한 싸움이었다.

6월 14일 월요일에 존슨의 국가안보고문 월트 로스토우는 존슨을 대신해서 키신저에게 전화를 걸었고, 키신저는 닉슨과 미셸에게 보고했다. "그는 이것이 정부 전체의 위상에 대한 공격이라는 강력한 존슨의 견해라고 말했습니다. 서류함 전체가 도난당하여 언론에 공개된다면 더 이상 정부 질서를 바로 세울 수 없다는 것입니다." 만약 닉슨이 미국의 안보 수호를 위해 행동한다면 "우리가 취할 수 있는 어떤 조치라도, 존슨은 공개적으로 닉슨을 지원할 것입니다."

미셸은 로스토우로부터 들은 정보를 전했다. 가장 가능성 높은 유출 혐의자는 엘스버그라는 이름의 인물이었다.

키신저는 그 순간 틀림없이 괴로웠을 것이다. 국가안보위원회에서 최고 인재를 소집했고, 존슨을 위해 일해 왔던 영리한 민주당원들 중 엘스버그는 두 행정부를 위해 정책을 협의하고 베트남 정책에 대해 키신저를 도왔던 사람이다.

사실 여러 사람 가운데 엘스버그는 새 대통령과 새로운 팀들이 갑자기 집무실로 들어와서 최고비밀정보에 접했을 때 일어날 수 있는 상황에 관해 키신저에게 충고해준 사람이었다. 그는 선거 이후 키신저에게 말했다. "우선 갑자기 이런 새로운 정보를 믿을 수 없을 정도로 많이 이용할 수 있다는 데 흥분될 것이다. 하지만 다음 순간, 당신이 짐작조차 못할 방향으로 그들 판단에 영향을 미쳤을 이런 정보의 존재조차 오랫동안 알지도 못한 채, 대통령들이 내린 결정들을 평가하고 분석한 주제들에 관하여 연구되고, 작성되고, 논의해왔다는 사실에 갑자기 바보가 된 기분도 느낄 것이다." 내부인들이 아는 정보를 누설하지 않으면서 외부인들의 푸념에 관대하게 참아왔다는 사실에 놀라기 때문에 바보가 된 기분을 느낄 것이라고 그는 설명했다. 하지만 곧 "당신이 매일 들어오는 정보를 읽기 시작한 이후, 일급비밀보다 더욱 철저한 보안기밀문서가 너무 많기 때문에 한때 그런 정보가 없었던 때를 망각하고, 이제 자기만 그런 정보를 가지고 다른 사람은 그런 정보가 없다는 사실만 인식하고, 그래서 다른 사람들이 바보가 된다고 생각하게 된다." 그 경고는 비밀을 가진 사람들 이외에 대통령도, 그들의 측근도 철저히 정보로부터 격리된다는 의미를 담고 있다.

다음 며칠 간 닉슨의 강박감이 커졌다. 모두에게 "케네디-존슨 서류"는 민주당 문제라고 언급하는 동시에, 외교 정책을 수행하는 정부의 능력에 대한 불법 개입을 강조하도록 지시했다. 별도의 기고를 통해 〈뉴욕타임스〉가 적을 지원하고 안위를 제공한다고 비난해야 한다. 어느 일간지도 법 위에 존재하는 신문은 없다. 무엇보다 존슨을 여기에 관여하게 해야 한다.

1971년 6월 17일 땅거미가 지기 시작할 무렵 닉슨은 백악관 집무실에서 홀드먼, 키신저, 존 에를리히먼을 만났다. 이때가 워터게이트 사태 1년 전이었다.

이것이 사건의 발단이라고 말할 수 있다.

키신저는 엘스버그 사이에 다소 거리를 두어야 했다. 키신저는 말했다. "그는 천재다. 내가 만나본 중 가장 우수한 학생이다." 그를 지도한 적이 없지만 실제로 기용했고 하버드 세미나에 연설하도록 초청한 점을 감안하면 흥미로운 관찰이었다. "그는 당시 해병대였을 것이다. 그러더니 어디론가 사라졌다가 1967년 말 갑자기 반전 평화운동가로 변했다." 키신저는 비정상적인 섹스와 마약 탓이었을 것으로 추측했다. 그리고 이제 엘스버그가 최대의 적이 되어 자칫 일이 잘못되면 정책입안을 마비시킬 의제와 증거를 갖고 나타난 맹신자였다. 키신저 설명에 의하면 그는 펜타곤 신문과 관련 있는 랜드RAND연구소에서 일했다.

"그는 랜드의 서류 뭉치를 훔쳐 사진을 찍었거나 복사한 뒤 제자리를 갖다 놓았다고 생각합니다."

물론 〈뉴욕타임스〉도 이것을 입수하려고 몹시 노력했을 것이다. 그렇다면 민주당의 피해를 극대화시키는 방법은 무엇인가? 베트남의 디엠 대통령을 실각시키는 쿠데타에 있어서 케네디 역할과 관련된 자료를 언론에 누출시킬 수 있는지 닉슨은 고민했다.

"이 사건에 대해서 존슨을 협박할 수도 있고 그것이 도움이 될 수도 있을 것 같습니다." 홀드먼이 말했다.

그때 닉슨은 물었다. "어떻게?"

"베트남 폭격중단에 관한 자료는 같은 파일 안에 있습니다. 혹은 같은 자료 일부에 있습니다." 라고 홀드먼이 설명했다.

닉슨은 생각했다. 어째서 홀드먼과 키신저가 그 서류를 내놓지 못하는 것인가?

"젠장, 서류가 필요하니 가져오시오."

"밥과 저는 3년 간 그 빌어먹을 것들을 모으려고 노력해왔습니다"라고 키신저가 말했다.

"… 하지만 서류가 거기에 있습니다." 홀드먼이 말했다. 이제 닉슨이 흥미를 보였다. 닉슨의 진취적 젊은 내부 첩보기관장 톰 찰스 휴스턴은 브루킹 연구소에 베트남 폭격중단에 관한 최고 비밀파일이 있다고 단언했다. 법집행 방법으로 도청 행위를 지지한 악명 높은 1970년 정책메모랜덤을 직접 기안한 사람이 바로 휴스턴이었고, 그것을 닉슨은 승인했지만, J. 에드가 후버는 겁을 먹고 은폐했다. 휴스턴은 서류보관함을 약탈하기 위해 브루킹으로 침입할 것을 제안했었다.

키신저가 물었다. "좀 더 깊이 생각해보면 어떨까요? 브루킹 연구소에 기밀문서를 소지할 권리는 없다고 생각합니다만."

"나는 도둑질을 해서라도 실행되길 바랍니다." 닉슨이 말한 의미는 자기 이외에 누구도 그 서류 보는 것을 원치 않는다는 것이다. "제기랄, 무조건 들어가서 파일을 꺼내야 하고 장치를 부셔서라도 입수해야 한다."

홀드먼은 존슨의 전략을 다시 생각해보았다. "내 생각에 존슨도 이 파일의 존재를 알고 있을 것입니다. 하지만 우리에게 서류가 없다는 것을 존슨은 모르고 있습니다."

키신저는 여전히 동의하지 않았다. "하지만 폭격중단 파일이 당신에게 무슨 도움이 될까요?"

"존슨을 협박하기 위해서. 왜냐하면 그는 정치적 목적으로 폭격 중단 카드를 이용했기 때문이지"라고 닉슨이 말했다.

"폭격 중단 서류는 어쩌면 존슨의 정치 생명을 끝낼 것입니다." 홀드먼이 말했다. 존슨이 정치적 이익을 위해 폭격 중단의 시기를 조정했음을 폭로하게 되지만, 그것으로 닉슨의 비행기를 불법 도청 하지 않은 것을 암시하게 될 것이라고 추측했다.

키신저도 최소한 이 정도는 알고 있었다. 그도 그곳에서 양쪽에 협력했고, 그들이 평화협상을 추진하고 있을 당시 파리에 파견된 미국 협상자들로부터 보고받은 내용조차 닉슨에게 보고했다. 이것을 선거 전략이라고 보지는 않았다. 사실 정치적 이익 극대화를 위해 중단 시점을 조율한다는 이야기는 한 번도 들어본 적이 없었다. 키신저는 말했다. "내가 아는 한, 거기에 우리가 10월 30일까지 보류하겠다는 대목은 전혀 없었습니다."

닉슨 역시 잘 알고 있었다. 폭격 중단 파일의 핵심은 존슨에게 압력을 가할 수 있지만, 또한 평화협상 좌절을 기도한 그의 소행이 밝혀지면 불리해질 것이 두려웠다.

사건이 점점 복잡해졌다. 닉슨은 여전히 〈뉴욕타임스〉의 기밀문서 누출에 대한 비난에 존슨이 동참하여 초당적 문제로 이끌어가길 희망했다. "어쨌든, 왜 존슨은 기자회견을 하지 않지?"

그의 물음에 홀드먼이 답했다. "그가 기자회견을 하지 않을 정도로 현명하기 때문입니다. 만약 기자회견을 하면… 그가 이루고자 했던 모든 것을 자신의 신뢰 유지에 바치는 꼴이 됩니다."

홀드먼이 옳았다. 존슨은 매일 자신에게 타격을 줄 기밀서류 문제를 어떻게 처리할지 고민하며 시간을 끌고 있었다. 존슨은 실제로 전쟁 확대 계획을 세우고 있으면서, 확전하지 않겠다는 공약으로 1964년 선거유세 당시 비난을 받았고, 공산주의를 중단도 못하고, 남베트남을 해방하지도 못하면서, 국방부 차관의 메모에 의하면, "미국 패배의 굴욕을 피하기 위해서" 자국의 군인을 죽음으로 내보낸다고 비난 받았고, 무모한 군사작전이라는 보고를 받고도 오랫동안 치명적인 폭격을 계속 추구한다고 비난 받았다.

그는 서류 유출을 부인하여 대통령직을 보호하려고 할지 모르지만, 마찬가지로 자신의 업적이 위기에 놓여졌다. 그래서 이것을 어떻게 방어할지 방법을 강구해내야 했다.

30분 후 닉슨은 보좌관 찰스 콜슨에게 전화하여 존슨이 성명서를 발표하게 만들 가능성이 있는지 알아보게 했다. 닉슨은 말했다. "이것은 대단히 중요한 일입니다. 존슨은 적어도 이것까지 해주어야 합니다. 앞으로 상황이 복잡하게 전개되는데, 이 가운데 많은 사건이 벌어질 수 있다는 이유 때문에 그가 해줘야 한다." 칼슨은 여러 존슨 관련자들이 그에게 침묵으로 오해 받지 않도록 기자회견을 촉구 중이라고 보고했다. 하지만 이때 로스토우는 〈뉴욕타임스〉 소송이 아직 미결이기 때문에 존슨에게 어떤 이야기도 해서는 안 된다고 충고하고 있었다.

닉슨이 말했다. "천만에, 그것은 변명에 불과하다. 로스토우는 일에 개입하길 원치 않고 모든 비난이 우리에게 떨어지는 것을 바라는 것뿐이다." 물론 존슨은 그의 농장에, 닉슨은 백악관에 각자 틀어박혀 〈뉴욕타임스〉를 법정소송 중이기 때문에 분노는 계속 백악관에 집중될 것을 알고 있었다. 존슨이 모든 것을 밝히면 문제의 핵심이 그에게 옮겨갈 것이다.

닉슨은 약간의 협박이 필요하다고 생각했다. "지금부터 그는 악당이다"라고 닉슨이 말했다. 민주당 주요인사인 험프리와 에드 머스키조차 언론에서 존슨을 죽이고 있었다. "만약 그가 자신을 변호하지 않으면 역사와 신에게 버림받을 것이고 나의 옹호도 중단될 것이다." 둘 모두에게 친구인 브라이스 할로에게 오늘 저녁 존슨에게 전화 걸도록 닉슨이 지시했다.

"존슨에게 전하시오. 그가 자신을 변호하지 않으면 나도 다른 선택이 없고… 내버려 두는 수밖에 없다고. 이런 용어를 사용합시다…. 나는 전쟁의 책임을 존슨에게 돌리고 싶지 않다…. 그가 거짓말했다고 생각하지 않는다. 하지만 자신을 옹호하지 않으면 나도 옹호를 거절할 수밖에 없고 그러길 원치 않는다."

"브라이스에게 즉시 말을 전해 수행하도록 하세요."

할로가 전화하자 존슨은 몹시 화를 냈다. 텍사스 일간지를 읽고 강하게 충격받고 사무실에 신문들을 내동댕이쳤다. 그는 지금 "지옥에 빠져있다"고 할로가 콜슨에게 주의시켰다. 존슨에 의하면, 그가 공개적으로 말하는 무엇이나 그를 다시 한 번 무너뜨리고 싶은 〈뉴욕타임스〉가 불리하게 이용한다는 것이다.

다음으로 닉슨은 키신저에게 전화해서 직접 로스토우에게 연락하라고 재촉했다. 로스토우가 방해해도 반복해서 위협하라. "존슨은 기자회견을 해야 한다. 하지 않는다면 나도 가만있지 않겠다. 냉정해야 한다. 저들이 알아버렸다. 나도 그를 옹호해 주지 않겠다. 내가 왜 그래야 하나?"

키신저는 존슨이 따라줄지 의문이었다. "틀림없이 존슨과 〈뉴욕타임스〉 간에 시끄러운 싸움이 터질 것입니다."

닉슨은 대답했다. "맞는 이야기야. 그래야 우리가 여기서 벗어날 수 있지. 말의 의미를 알겠는가?"

키신저는 동의했다. "물론 우리의 당면문제는 모면할 수 있지만 결국은 '존슨이 유죄냐, 무죄냐?' 수준까지 끌 것입니다."

"헨리, '내가 유죄인지 무죄인지'보다는 훨씬 낫다고 보는데요."

그래서 이제 닉슨은 콜슨과 키신저에게 임무를 부여하여 존슨을 싸움전선으로 끌어들이게 했다. 두 참모는 의논하면서 키신저는 칼슨에게 자신들이 직접 존슨에게 전화해서는 안 된다고 말했다. 그는 로스토우한테 직접 연락할 것이며, 할로와 콜슨이 한동안 존슨 괴롭히기를 중단해야 한다고 했다.

콜슨은 키신저가 존슨을 싸움 대열로 끌어내는 공을 자기 것으로 하여 닉슨의 비위를 맞추는 목적이 아닐까 의심했다. 그는 키신저에게 "대통령은 내가 그 일을 하길 바란다"고 말했다. 닉슨은 그 시각 침대로 갔고, 그래서 콜슨은 휴전을 제안했다.

그는 키신저에게 말했다. "협상합시다. 당신이 오늘 밤 대통령에게 전화를 걸지 않는다고 약속하면, 나도 오늘 밤 존슨에게 연락하지 않겠다고 약속하겠습니다."

키신저는 동의했지만 콜슨은 그를 믿지 않았다. 몇 분 후 콜슨은 백악관 교환원에 전화해서 혹시 그날 밤 닉슨에게 전화를 건 사람이 있는지 물었다.

"3, 4분 전에 키신저 박사가 전화했어요. 지금 통화 중이에요." 그녀가 말했다.

결국 누가 강요하는 것이 문제가 되지 않았고, 존슨은 도우려 하지 않았다. 다음날 홀드먼은 다음과 같이 일기에 썼다. "오후 늦게 상황을 보니 존슨은 완전히 허탈해져 정신을 못 차리는 상태였고, 나라를 잃은 것처럼 그들이 자신을 파괴시키고 있다고 했다. 그래서 그의 동참에 대한 기대는 끝났다."

2주 후 6월 30일 대법원은 〈뉴욕타임스〉의 출판권에 6:3의 승소 판결을 내렸다. 닉슨은 홀드먼, 키신저, 미셸을 불러들여 다음 대책을 강구했다. 그는 여전히 폭격 중단 파일을 원했다.

닉슨은 말했다. "브루킹에 침입해야 합니다. 침입해서 서류를 빼내야 해요. 알겠어요?"

홀드먼은 대답했다. "네. 그렇지만 뚫고 들어갈 사람이 있어야 합니다."

그 순간 사무실에서는 녹음 안 되는 것이 없다는 사실이 생각난 것같이 보였다. "여기서 이야기하지 말고 헌트에게 말해요." 닉슨이 말했다.

E. 하워드 헌트는 정보입수를 위한 불법 침입에 있어 전천후 인물이었다. 1950년도에 CIA의 외국정부 전복을 도왔고, 1961년 피그만 침공을 도왔고, 1964년 대선 때 존슨을 위해 골드워터 공화당 선거진영을 염탐했다. CIA국장 리처드 헬름이 헌트를 가리켜 "냉정하고 차분하고 신중한 호랑이 같은 사람이다… 그는 CIA에서 외국 정부를 전복시키며 20년을 보냈다"고 평했다고 홀드먼이 전했다.

닉슨은 여전히 되풀이했다. "브루킹으로 침투해야 한다. 젠장, 그들이 하니, 당신도 반드시 그곳에 침입해 약탈해서 서류를 가져와야 한다. 무조건 가서 가져오라."

닉슨이 구상하는 임무를 맡길 특별팀이 필요했다. 이것은 공정하거나 정당한 절차를 지키는 게 아니었다. "나는 비열하게 엉덩이를 걷어차며 상대팀을 겁먹게 만드는 휴스턴 팀의 톰 같은 인력이 필요하다." 닉슨은 7월 1일 아침에 회의에서 그렇게 말했다. 그는 개인적으로 지시했을 것이다. "나는 어떻게 이 게임을 할지 알고 시작하는 것이다."

정당한 싸움을 해야겠지만 실은 그렇지 않았기 때문이었다.

"구세주를 위해 〈뉴욕타임스〉가 법적 정확성을 걱정한다고 생각하는가? 그런 망할 작자들이 일을 다 망치고 있다. 그래서 우리는 적을 상대로 모의를 한다. 그들은 무슨 수단이든 사용한다. 우리도 '무슨 수단이든 사용'하려는 거다"라고 그는 단어를 끌며 강조했다. "이해하는가? 그들이 지난 밤에 브루킹 연구소에 침투했나?"

"아닙니다. 그들은 침투하지 않았습니다." 홀드먼이 사실을 말했다.

닉슨은 책상을 치며 말했다. "입수하세요. 해야 합니다. 브루킹 연구소를 털어 오세요."

입장을 바꿔볼 때 그는 공정하다고 생각했다. 닉슨은 정치적 술수를 만들어 내는 사람 같지는 않다. 그는 홀드먼에게 강조했다. "민주당 사람들은 오랫동안 우리에게 이런 일을 자행해 오고도 한번도 붙잡히지 않았다." 루즈벨트는 비밀리에 사람들을 도청했고 존슨도 상대후보 골드워터를 염탐했다. "지성인은 누구나 자신을 법 위에 두고 싶은 유혹에 끌린다는 사실을 기억하리. 그것이 내 인생에서 배운 규칙이다. 특히 그들이 어떤 학교를 다녔는지 지켜보라. 그들이 동부지역 학교나 버클리를 나왔다면 대단히 좋지 못한 인간일 가능성이 있다."

나중에 닉슨의 보좌관들이 상원 수사관들에게 말했다. 그에 따르면 며칠 후 콜슨은 브루킹 공격계획에 대해 진지하게 말한 다음, 백악관의 비밀 작전원들을 공작원과 함께 파견하여 파일을 빼내어 혼란을 틈타 빠져 나온다. 그 계획은 실행되지 않았지만 다른 일이 있었다. 닉슨이 특수수사대를 창설하고, 플럼버^{배관공}라는 별명의 비밀경찰이 FBI도 절대 하지 않을 작전을 한다는 정보를 펜타곤이 폭로했기 때문이다. 1971년 9월 그들은 엘스버그의 기록보관실을 침입하는 작전을 수립했고, 마침내 도널드 세그레티와 그의 팀들이 1972년 닉슨의 정적들을 괴롭히기 위해 이 "더러운 작전"에 참여했다. 바로 이것이 워터게이트 침입 사건이다. 이것이 폭로되었을 때 미셸이 "공포"라고 말한 그 사건의 긴 꼬리가 은폐되어서는 안 되었다.

이 모든 것은 닉슨과 존슨, 파괴된 평화협상, 국가비밀보호, 특히 대통령의 비밀보호에서 비롯되었다.

선거와 연대

비록 이 순간에 존슨이 닉슨을 도울 준비가 안 되어 있다 하더라도 돌아가는 상황은 그럴 수밖에 없었을 것이다. 《펜타곤 보고서》가 국민에게 베트남전쟁 반대 여론을 더욱 자극하자 상원은 베트남에서 미군 강제 철수와 모든 군사 작전 중단을 촉구하는 헌법 수정안을 통과시켰다. 이제 반전주의자가 된 국방장관 클라크 클리포드가 포함된 평화주의자가 민주당을 장악한 데 대해 존슨이 분노하고 있다는 사실을 홀드먼이 닉슨에게 보고했다. 존슨이 말했다. 클리포드는 "어리석은 자식이다."

그의 당 나머지에 대해서도 같은 감정이 격했다. "1972년 썩어빠진 개새끼들을 완전히 물리치기 위해 내가 할 수 있는 일을 모두 다 할 것이다." 존슨이 맹세했다.

리처드 닉슨도 그랬을 것이다. 그의 재선 전망이 전혀 확실하지 못했다. 닉슨은 1968년 원내과반수를 차지하지 못했고, 공화당은 1970년 중간선거에서 하원 12석을 잃었다. 하지만 재선 목표의 핵심은 존슨의 힘을 뺏고 적절히 공화당을 배치시키는 것이었다.

우선, 닉슨은 1972년에 앞서 민주당을 분열시킬 유용한 무기를 존슨에게서 찾아냈다. 모든 잘못은 전쟁을 둘러싼 외교정책, 법과 질서, 시민 인권에 있었다. 허버트 험프리는 1968년 현직인 존슨과 결별을 망설였는지 모르지만, 1972년 대선이 다가오자 후계자들은 양심의 가책조차 느끼지 않았다. 민주당이 존슨을 버릴수록 닉슨이 흔들기가 더 쉬워지고 다른 민주당 의원들이 존슨을 비난하면 닉슨에게 더욱 유리해지며 둘의 반감이 굳건해질 수 있었다.

1970년 여름 닉슨은 존슨에게 편지를 썼다. "나는 케네디의 친구 케니 오도널이나 NBC 앵커 챗 헌틀리 등이 귀하에게 했던 모욕적 공격에 용납할 수 없는 분노를 느낍니다. 정치인으로서 물론 우리는 재임 시 모든 일을 공정하게 처리하고 있습니다만, 퇴임하여 특히 미국 전 대통령이 된 사람에 대한 공격은 내가 생각하는 한 경악할 짓입니다." 그는 적을 분열시키는 작전에 대통령 클럽을 이용하면서 편을 들었다.

"모든 역사는 동시대보다 훨씬 더 당신에게 호의적일 것으로 확신합니다."

1972년 대선이 가까워졌을 때 존슨은 선거에 관심이 없음을 고백했다. 그는 CBS뉴스 프로듀스 버드 벤자민에게 말했다. "내가 선거에 개입하면 자신을 바보로 만들뿐입니다. 나는 공직도 민주당 직책도 맡지 않을 것입니다. 정책강령도 정책군단도 없습니다. 전직 대통령보다 더 무능한 것은 치열한 경선의 허수아비가 되는 것입니다."

하지만 닉슨은 사우스다코타 상원의원 조지 맥거번이 민주당 대선후보가 될 전망에 존슨이 불쾌해 한다는 소리를 들었다. 이 사람은 기회가 있을 때마다 열정적인 웅변술로 베트남전쟁을 비난해왔다. 존슨은 주장했다. "역사상 가장 무능한 정치인이 맥거번이다. 그들이 그런 멍청이를 대통령 경선후보로 정할 줄은 몰랐다." 민주당은 마이애미에서 1972년 7월 10일 전당대회를 열어 맥거번을 후보로 지명했고, 애드 머스키, 테드 케네디, 소비자보호운동가 랄프 네이더, 당내 실세들이 그에 대해 부정적 의견을 드러내자 누구든지 자기를 따르는 사람이라면 러닝메이트가 될 수 있다고 납득시켰다. 텍사스의 먼 뒷자리에서 지켜보는 존슨으로서는 달갑지 않은 장면이었다. 당 지도부는 존슨을 전당대회에 초청하지 않았고, 실제 민주당의 우상인 루즈벨트와 케네디의 사진은 걸려있는데 그의 것만 빠졌다.

전당대회 이후 닉슨은 농장으로 존슨을 찾았다. 소속 당에 낙담하면서 닉슨을 지지하는 민주당 인사로부터 소식을 듣고 있다고 그가 말했다. 이에 대해 존슨은 어떤 기분이었을까?

존슨도 소식을 듣고 있었다. 전당대회가 끝나자 "맥거번에 완전히 실망했다"는 수천 건의 전화와 편지가 농장으로 왔고, 이런 반감이 존슨의 가족까지 확대되어 딸과 사위들도 맥거번 출마에 위협적으로 반대한다고 닉슨에게 말했다.

존슨은 친구에게 보내려던 편지를 읽어주었다. 오랫동안 민주당에 몸담았던 그 친구는 전반적으로 민주당 사람들의 지지를 받고 있었다. 하지만 "나는 대통령 선거유세의 사적인 일은 양심의 문제로 보고 그런 결정에 개입하지 않는 입장을 취했습니다." 변절하려는 민주당 인사에 대해서는 완전히 예외다.

"이 점을 어떻게 생각하십니까?" 존슨이 물었다.

"저는 그저 감사하다고 말씀드릴 뿐입니다. 대통령님."

닉슨은 호감을 갖고 있는 텍사스 인사 존 코넬리에게 전화했다는 이야기도 전했다. 그는 닉슨의 재무장관을 사임한 후 "닉슨을 위한 민주당운동"을 전개했던 사람이다. 닉슨은 코넬리에게 존슨이 모든 닉슨 정책에 실제로 동의했지만 맥거번 정책은 그렇지 않았다는 사실을 말해주었다. 닉슨은 진짜 문제는 맥거번이 존슨의 지지를 얻기 위해 공식 방문을 했을 때 존슨의 태도에 있었다고 결론 내렸다. 지지 성명서와 사진은 "우리에게 해가 될 수 있다." 코넬리는 닉슨이 한 번 더 공동의 친구였던 빌리 그레이엄 목사의 협력을 받아야 한다는 데 공감하고, 목사가 존슨에게 연락하여 가능한 한 맥거번에 대한 지지를 유보시키도록 설득하도록 부탁했다.

그레이엄은 열성적으로 이 일을 맡았다. 주말에 그는 존슨의 목장으로 날아갔고, 홀드먼에게 자신의 방문을 보고했다. 그리고 존슨의 충고에 따라 닉슨에게 말을 전했다. "존슨은 P대통령에게 맥거번을 무시하라고 조언했다. 존슨은 일반 사람들 생각과 마찬가지로 현재 상황에 맞추어 전면적으로 밀고 나가야 한다고 충고한다. 맥거번 사람들은 스스로 무너질 것이라고 생각한다. 자신은 대단히 강력하게 맥거번에 반감을 느낀다. P에게 유세를 너무 많이 하지 말고 존슨이 골드워터 후보에게 했던 대로 초연한 자세를 취해야 한다고 전하라."

그레이엄이 보고했다. 그가 이른 여름에 알려졌던 워터게이트 침입을 거론하자 존슨은 웃기만 하고 "전혀, 닉슨에게는 해가 안 될 거야"라고 말했다.

다음주 존슨은 맥거번과 러닝메이트 사전트 슈라이버를 농장으로 초대했다. 그는 단지 충실한 민주당원으로서 역할을 할 뿐이라고 밝히고 언론도 사진도 없다고 주장했다. 그들이 떠나자 존슨은 그레이엄에게 전화하여 홀드먼에게 알리게 했다.

존슨은 맥거번의 베트남정책을 "무분별한 일"이라고 생각한다고 맥거번에게 말해주었다. 그는 맥거번의 유세를 돕기를 거절했다. 홀드먼은 8월 22일 일기장에 다음과 같이 썼다. "존슨은 대통령이 자기를 위해 해준 여러 고마운 배려들을 다시 거론하며, 맥거번이 아마추어인사들과 어울리면서 존슨의 보좌관 절반을 바꾸어야 하며, 자신이 나서서 이 나라가 얼마나 멋있는 나라인지 말해야 된다고 맥거번이 말했다고 전했다."

"닉슨이 자기를 방문해주면 기쁘겠다고 존슨이 그레이엄에게 밝혔다."

워터게이트

닉슨이 압도적으로 재선에 승리를 거둔 9개월 후 1973년 5월 14일, 월트 로스토우는 특급 기밀에 속하는 "사료를 위한 비망록"을 작성했다. 그것은 애나 세놀트와 1968년 대선 전 닉슨의 선거유세 활동에 관하여 존슨이 알고 있는 내용을 정리했고, 거기에는 그녀를 감시하되 침묵한다는 결정이 들어 있었다. 로스토우는 주목할 만한 점 즉, "나는 1968년 공화당 선거 작전이 1972년 워터게이트 사건과 두 가지 측면에서 관계가 있다고 믿고 싶다"라고 쓰면서 끝냈다.

첫째, 1968년 경선은 초박빙이었고, 닉슨 측이 평화협상에 악의적으로 개입하여 험프리의 인기를 중단시키고 닉슨에게 승리를 가져다 준 결과가 되었다고 생각할 수 있다.

둘째, "그들은 그러고도 잘 넘겼다." 여러 소문이 있는데도 사건은 제대로 수사되지 않았다. 이와 관련하여, 1972년 대선이 다가왔을 때 "그들의 의심스런 이전 소행을 경고할 적법한 명분이 없었고, 어떻게 초박빙이 되거나 한계점 이상으로 밀어붙이는 수단이 되었는지 기억만 남아 있다."

다른 말로 하자면, 1968년 선거에서 비밀조작에 성공한 닉슨 팀은 대담하게 4년 후에 또 다시 그런 일을 하게 되었다.

1972년 6월 17일 워터게이트 빌딩 내 민주당 전국선거본부 침입 사건은 도가 지나친 범죄 행위와 과도한 욕심이었고, 이 사건이 닉슨의 백악관 심장부에서 지시된 것임을 알기까지 워싱턴 당국은 상당히 오랜 시간이 걸렸다. 닉슨은 국내에서 성공적인 업적을 계속 쌓아갔고, 역사상 획기적인 중국과 관계를 타개했으며, 모스크바에서 평화를 협상하고 방금 돌아온 한편 민주당은 예측대로 스스로 무너지고 있었다.

하지만, 최초에 두려움을 모르는 두 명의 〈워싱턴포스트〉 기자 밥 우드워드와 칼 번스타인이 시작하고, 결국 FBI와 상원조사위원회까지 가세하여 추적되던 침입 수사는 위협을 가할 준비가 되었다. 1972년 9월 15일 워터게이트 사건을 맡은 대배심원은 침입자 5명 및 공동공모자 E. 하워드 헌트와 G. 고든 리디에 대하여 기소판결을 내렸다. 백악관 연루를 지적하는 수많은 폭넓은 공모증거, 비자금 존재 등 모든 것이 이때는 기각된 것으로 나타났다. 백악관 법률고문 존 딘이 집무실로 소환되어 왔을 때 닉슨과 홀드먼이 웃으며 피해를 저지했다는 안도감을 축하하고 있었다. 이 모임에 대해 워터게이트 검사들이 닉슨의 연루 은폐를 보여주는 것이라고 지적하게 되었고, 다시 한 번 닉슨과 존슨의 비밀이 다음에 일어났던 사건에 중요한 역할을 했다.

닉슨은 그날 아침 홀드먼에게 물으며 안심했다. "워터게이트에 관하여 사람들이 돌벽에 대고 뭐라 뭐라 한 것으로 이제 상황이 꽤 잘 넘어간 거지?"

그날 오후 존 딘은 침입사건 수사가 전담되고 있었다는 정보에 깜짝 놀랐다. "이것은 케네디 암살사건 때보다 훨씬 더 엄청난 수사다."

배리 골드워터가 "모두가 다른 사람을 도청한다"고 주장했을 때, 또다시 저들은 존슨이 어떻게 1968년 당시 공화당 후보에 대해 도청했는지 논란을 벌였다. 저들이 존슨의 1968년 전화도청에 대해 알게 된 것이 무엇이든 간에 존슨은 닉슨의 비밀을 폭로하고 싶지 않을 것이라고 닉슨은 여전히 조심스럽게 확신하고 있었다.

"물론 그것을 이용하면 존슨이 어려움을 겪게 된다"고 닉슨이 말했다. "그가 그것을 명령했다. 만약 그렇지 않다면, 도청 정보를 이용했을 것이다. 존슨을 고려치 않고 우리가 그것을 이용할 방법이 있는가?" 혹시 저들이 민주당전국위원회가 그것을 했다고 말할 수 있을까? "FBI가 그런 도청을 했으면 했지" 민주당 쪽은 아니라고 닉슨이 회고했다.

존 딘이 저들이 부통령 험프리에게도 도청 책임을 지울 수 있는지 묻자 닉슨은 부정했다. "천만에, 그건 아니다."

"존슨은 험프리 역시 도청하고 있었습니다." 홀드먼이 말하자 모두 다 웃음을 터트렸

그러나 FBI, 법무부, 국세청을 이용해서 보복할 차례라고 생각했을 것이다.

닉슨이 말했다. "나는 우리를 파고드는 시도에 관한 가장 포괄적인 자료가 필요하다. 저들도 이런 자료를 요청하고 입수하려고 한다… 우리는 첫 임기 때 권력을 사용하지 않았지만 이제 상황이 바뀌고 있다."

한 달 뒤 10월 10일, 〈워싱턴포스트〉는 일면에 "FBI의 닉슨 보좌관들의 민주당본부 무단침입 사실 발견"이라는 제목의 헤드라인을 발표했다. 우드워드와 번스타인 두 기자는 예비선거 내내 도널드 세그레티와 그의 하수인들의 더러운 음모소행을 낱낱이 밝혔다. 학교동아리 조직에서 출발한 그들은 문서를 조작하고, 상대 집회를 훼방하고, 비행기를 대여하여 민주당전당대회 위를 날며 "평화는 엉망이다 맥거번을 찍자"라는 사인을 끌어내리는 최고의 악행을 저질렀다. 〈워싱턴포스트〉는 이를 가리켜 "대대적인 염탐과 훼방이 닉슨의 재선을 위한 기본 유세전략이다"라고 표현했다.

그래서 또다시 닉슨은 자신들의 선 거유세에서 주저하지 않았으면서, 진보주의와 민주당의 모략과 도청에 대하여 철저히 다른 이중 잣대를 직용했다. 닉슨은 10월 17일 홀드먼과 존 코넬리와 집무실 회의에서 말했다. "에드가 후버는 우리 비행기가 지난 대선 2주 동안 도청당했다는 이야기를 미셸에게 했다. 존슨이 도청하도록 직접 명령했다. 험프리도 역시 당했다고 생각한다… 하지만 그가 말하는 이유로서, 존슨이 시킨 것은 베트남에 대한 계획이 있었던 존슨이 우리가 베트남에 관해 이야기하자, 정보를 얻기 위한 것 때문이었다. 도청이 어디에서 이루어졌겠는가? 나의 비행기 칸 안에서 2주 간 내가 했던 대화 모두를 존슨이 알고 있었다."

존슨 도서관에서 20년간 일했던 구술역사가 후버의 부관 들로치에 의하면 적어도 이것은 사실과 달랐다. 존슨은 닉슨 진영에서부터 국무부나 남베트남 대사관까지 전체 통화기록을 요구했다. "하지만 대통령은 내게 비행기 안에 마이크 장치를 지시하지 않았다"라고 딜로치가 말하며 존슨 회고록에서 강하게 부인했다. "비행기 도청은 '불가능 임무'로 분류되었고 비행기 도청은 구금이나 보안 심문 없이 누구도 할 수 없는 일이다. 기내 폭탄설치도 마찬가지일 것이다." 하지만 그것조차 후버가 닉슨이 도청 당했다고 생각하도록 여지를 주는 의미는 아니었다.

불과 1주후 홀드먼은 두 기자 우드워드와 번스타인의 유출은 마크 펠트라는 (그의 신분은 '우드워드 밀고자'로 알려진 핵심 출처로, 그 후 30년 간 확인되지 않았다) FBI 고위급에게서 나왔음을 알았다고 닉슨에게 전했다. 하지만 그에게 접근할 수 없고 어쩌면 그가 폭로할 것이라고 홀드먼이 경고했다. "그는 FBI 내부 일이라면 모르는 것이 없으며 또 무엇이나 접근이 가능한 사람이다."

닉슨의 측근들이 워터게이트 사건에 대한 유예를 축하하고 있을 때 국무장관 키신저는 북베트남 공산당정치국원 레 둑 토와 파리에서 평화협상안 교환준비를 하고 있었다. 미국이 단호한 춘계 공격 작전을 실패한 이후 닉슨의 재선은 거의 확실해 보였고, 하노이가 협상 준비를 결정했다. 키신저에게는 국제적 영광, 미래의 영향력, 대통령으로부터 무한 감사를 받을 수 있음을 의미하지만, 선거 전에 보이는 역사적 위업의 성공전망은 닉슨을 떠나 있었고, 잘 봐준다 해도 모호하기만 했다. 그는 공산주의자들이 진보주의자들에게 더 나은 협상을 끌어내려는 희망에서 전쟁을 끌고 있었는데도, 전쟁을 끌어온 책임을 민주당에게 돌리고 싶었다. 즉, 2월로 돌아가면, 닉슨은 사실은 전쟁을 끌어온 장본인이었음에도 불구하고, 반전 민주당의원들은 "선거 이후로 전쟁을 지연시켜 적에게 혜택을 주었을지 모른다"고 말했다.

역사 자체가 되풀이되는 게 아니고 단지 유사한 구성이 있을 뿐이라고 마크 트웨인이 말했다. 존슨이 험프리 후보를 위해 10월 기습으로 1968년 선거를 훔쳐가지 않을까 두려웠던 닉슨이 지금은 그 사람, 구체적으로 말해서 키신저가 공을 빼앗을까 두려웠다. 그러면서 그는 콜슨에게 키신저를 비난했다. "개새끼지. 내게 선거 승리의 빚을 갚으라고 한다."

키신저의 사력을 다한 노력과 동시에 궁극적인 북베트남과 성공적 협상으로 선거 일주일 전에 "평화 임박" 발표가 가능했다. 키신저마저도 우선적으로 자신을 믿어주지 않는 대통령의 복잡하게 뒤얽힌 계산을 항상 이해하는 것은 아니었다. 닉슨은 최종 승리와 거리가 있는 선거 전 평화협상이 실제 자신에게 해가 될까 두려웠다. 콜슨이 군사저널리스트 사이 허시에게 말했다. "우리의 최대 두려움은 사람들이 안도감을 이야기하는 것이다. '신의 가호로 전쟁이 끝났다. 이제 평화에 대한 우려는 사라지고 민주당 후보를 뽑을 것이다. 왜냐하면 민주당은 평화의 시기에 일을 더 많이 하기 때문이다.'"

콜슨이 말을 이었다. "또 다른 하나는, 존슨이 1968년 노골적으로 속이 보이도록 정치적이었던 폭격 중단을 활용했던 것처럼, 우리가 민주당을 이용하는 것 같이 보이는 것을 원치 않는다. 10월 15일 이후 협상동의를 얻어낸다는 우리의 이해관계에 확실하게 정반대가 되었다." 헤이그와 홀드먼도 그렇게 생각이 같았다. 키신저가 1968년 양당 모두에 역할을 했던 것은 무한한 정의의 아름다운 일면이라고 헤이그는 닉슨에게 키신저의 행동을 보고하고 있었고 그 행동은 나중에 많은 보상을 염두에 둔 충성심이었다.

그래서 닉슨은 자기 오랜 우방인 남베트남 대통령 티우가 키신저가 협상한 조건을 수락하도록 압력을 가하지 않았다. 그는 전쟁의 "사전 해결 분위기"를 피했고, 재선 표차를 의식하며 보호했고, 키신저에게 피해를 충분히 입혀서 재임기에 공동 대통령으로 끼어들지 못하도록 막았다. 20년 후 그는 1992년 뉴햄프셔 예비선거 전에 기자들과 대담에서 이런 불성실행위를 거의 시인했다. 조지 H. W. 부시는 이미 재선 출마에 많은 피해를 입은 것으로 보였지만 사실이 아니었을 것으로 닉슨은 상황을 짐작했다. 만약 걸프 전쟁에서 조금만 더 길게 끌어가는 재치가 있었다면 재선에서 피해를 보지 않을 수 있었다. "우리는 1972년 그것으로 성공을 많이 거두었다."

11월 3일, 선거를 불과 4일 앞둔 날 닉슨과 존슨은 임시휴전협정을 맺었다. 홀드먼은 닉슨에게 이전 존슨 홍보관이면서 닉슨을 위해 코넬리의 민주당에 가입했던 조지 크리스천과 연락해 왔다고 말했다. 존슨은 직원들에게 1968년 이후 자료연구를 시켰고, 닉슨이 평화회담에 관한 어떤 행위도 부인할 것을 확신하고 있었다. 존슨은 크리스천과 같이 1968년 대선의 극적 종결을 검토하여 닉슨과 선거참모들이 평화회담을 방해했다고 비난하며 닉슨에게 항의했다. 홀드먼은 닉슨을 확신시켰다. "존슨은 이 사건을 누구라도 닉슨 정도의 지식이 없는 사람이 저지른 바보짓으로 해석하도록 당시 판단했다고 이야기했습니다." 하지만 FBI가 과연 이런 견해에 동조할 것인가? 홀드먼이 말했다. "만약 우리가 이것을 계속 밀고 나가면 이것은 함정이 될 수도 있습니다. 다른 말로 하자면, FBI가 사건 유출을 시킬 수 있습니다."

"맞습니다." 닉슨이 말했다.

"존슨은 즉시 그것을 알았습니다"라고 홀드먼은 대답했다.

"알겠습니다." 닉슨은 말했다.

1973년 1월2일 닉슨은 존슨에게 전화를 걸었다. 그는 겉으로 보기에 지금 거의 끝이 난 것처럼 보이는 전쟁에 대해서 보고하는 듯했지만, 사실은 대통령 클럽 업무를 그가 직접 관리하고 있었기 때문이었다. 해리 트루먼은 크리스마스가 지났을 때 88세로 사망했다. 당시 그는 리처드 닉슨, 빌리 그레이엄 목사에 이어 미국에서 세 번째 가장 존경 받는 인물이었다.

닉슨은 30일간 국가 애도 기간을 선포하고, 트루먼을 "미 역사상 가장 용감한 대통령 중 한 사람"이고 "용기 있는 인물"이었다고 말했다. 트루먼은 최대예우 5일 장례식에 대한 군대제의를 개인적으로 승인했었다. ("이런 쓸데없이 공을 들인 장례식을 내가 살아서 보지도 않는데 절대 원치 않는다"고 말한 적이 있었다.) 하지만 결국 (그의 보스인) 베스 여사가 이겼고 절차는 축소됐다. 즉, 마부 없는 마차, 덮개 천 없는 북과 관 수레케이슨, 장례식장에서 트루먼 도서관까지 가는 차량 행렬 정도였다. 닉슨과 영부인도 장례식에 와서 붉고 희고 푸른 카네이션을 헌화했다. 닉슨은 "그는 재임 당시 허세를 부리지 않았다." 가장 수수한 예식이 이 사람한테 어울린다고 베스에게 말했다. 존슨과 버드 여사는 텍사스로부터 날아와서 마찬가지로 조문하며 강조했다. 그는 "20세기의 위인"이었다.

닉슨은 워싱턴에 다른 추모식이 있는지 확인 전화를 했다. 그는 존슨이 추도식에 참석하지 않는다는 소식을 듣고 무슨 일인지 확인하고 싶었다.

"당신이 추도식에 와야 내가 불참 의도를 드러내지 않을 수 있습니다"라고 닉슨이 말했다. 한편 그들은 이미 개인적으로 추도를 했기 때문에 "우리가 또 간다면 마치 장례식을 이용하는 것처럼 보일 수 있다고 생각했습니다. 이에 대해 어떻게 생각하세요? 그 누구도 우리가 트루먼 대통령에게 불손한 것으로 내비치고 싶지 않습니다"라고 물었다.

존슨은 워싱턴에 오지 않겠다는 의지가 확고했다. 우선, 건강이 나빠지고 있는데 그날따라 심장통증이 더욱 심해졌다. 남자 가족들은 조기 사망 경향도 있다. 친구에게 가끔 이렇게 말하곤 했다. "나는 아이젠하워처럼 워싱턴 주위를 기웃거리고 싶지 않다. 떠날 때는 빨리 떠나고 싶다." 그는 골초가 되었고 매일 오후 통증이 나타나면 숨 쉴 때마다 찌를 듯이 아파서 견딜 수가 없었다.

닉슨에게 존슨이 필요한 해독제가 있었다. 플로리다 키비스케인의 자수성가 백만장자 비비 리보소의 사유지를 존슨이 이용하는 제안을 연장했다. "오랜 친구 비비는 늘 옆에 둘 수 있는 위대한 사람입니다. 당신이 알다시피 그는 사람의 기운을 북돋아주고 불쾌하게 만들지 않는 사람입니다."

그때 닉슨은 봄에 공청회가 정해졌기 때문에 상원의 워터게이트 사건 수사 가능성이 온 머리속에 가득 차 있을 때였다.

이것은 대단히 불공평했다. 닉슨은 전임보다 도청도, 설치도 훨씬 적게 했다는 억울한 생각이 늘 자리했다. 존 딘 법률 고문에게 말했다. "우리는 그들에 비하면 아무것도 아니다. 선의에서 후버는 우리에게 그것을 영원히 이용할 수 있다고 했고, 분명히 존슨은 사설경비처럼 FBI를 활용하여 언제나 도청했다." 법무장관 리처드 클라인디엔스트가 닉슨에게 말했다. 그런 이야기를 폭로하세요. 그러면 "실제 이 일을 다른 국면으로 전환시킬 수 있고… 어쩌면 다른 이야기가 될 수도 있고, 우리를 구할 수도 있습니다."

"존슨도 했고, 모두가 그렇게 했다"는 반복된 변호는 매력적이었다. 그래서 닉슨과 보좌관 다수가 일종의 상호 보장된 파괴 저지를 희망했던 오랫동안 수많은 규정선을 넘었다. 1973년 1월8일 워터게이트 침입 사건 형사재판이 시작된 날, 백악관 법률고문 딘은 상원조사단계에서 보고했다. 그는 콜슨과 대책반을 세우고 "의회를 설득할 약점을 알아보고 재판 시작 전에 그들의 노력을 막을 수 있는지 궁리했다." 만약 행정부가 1968년 닉슨 선거유세 비행기가 도청되었다는 확실한 증거를 내놓을 수 있다면, "의회가 어쩔 수 없이 72년뿐 아니라 68년 72년 모두 부정행위를 조사하게 만들 수 있다." 홀드먼은 〈워싱턴스타〉 일간지가 그 이야기를 입수했을지도 모른다는 이야기를 들었지만, 그들이 과연 증거까지 가지고 있을지 의문이었다. 왜냐하면 J. 에드가 후버가 닉슨에게 해준 이야기가 유일한 증거였고 그 후 후버는 죽었다.

하지만 무슨 상관이 있을까? 그들은 법정에서 사건진술을 하려 하지 않았다. 핵심은 만약 민주당이 워터게이트 사건을 계속 밀고 나간다면 그들 자신의 추악한 역사 또한 드러내는 신에 대한 두려움을 민주당에게 인식시키는 일이었다. 닉슨은 말했다. "해야 할 일은 바로 이것이다. 그리고 신문은 빌어먹을 이 사건을 계속 기사화할 것이고 〈스타〉지는 공개할 것이다."

혹은 어쩌면 그들은 후버의 부관 델로치에게 비행기도청을 시인하도록 압박을 가할 수도 있다고 닉슨이 말했다.

홀드먼이 제안했다. 또는 "존슨이 했던 또 다른 도청에 대해 우리가 추진할 수도 있습니다. 왜냐하면 존슨은 그의 참모와 측근까지 많이 도청했기 때문입니다."

에를리히먼이 언급했다. 그들이 직면한 실제문제는 대중이 모른다는 것이다. "이런 일이 있었는지 이전에 오랫동안 이루어져내려 왔는지 나라 전역에서 거의 모르고 있습니다."

닉슨이 결론을 내렸다. "자, 내가 하고 싶은 말은, 우리는 존슨의 자료를 이용해야만 한다. 만약 미셸이 확실한 증거가 없다면 우리가 그것을 밝히면 된다. 이제부터 소문을 띄운다."

하지만 그들이 이야기해 가는 동안 전략이 바뀌어 갔다. 어쩌면 이것은 여론을 변화시키는 것은 아니었을지도 모른다. 전면에 나서지 않고, 잠자코 위협이나 가하며, 신사협정을 맺는 것이 더 안전했는지 모른다. 어느 단체라 하더라도 동기가 모호할수록 방법은 더욱 야비해진다. 즉, 존슨과 주요 민주당 인사들을 폭로라는 술책으로 위협하면 그들은 공격적 수사의욕이 줄어들지도 모른다. "존슨은 전반적 의회수사를 거절할 수도 있다"고 홀드먼이 말했다. 아니면 허버트 험프리가 그렇게 할지도 모른다. 험프리는 1968년 존슨 다음 가는 인물이었다. 선거에 관한 이야기가 모조리 폭로되면 험프리에게 얼마나 추악한 일이 될지 상상해 보라. 그들은 또 다른 강력한 미네소타 출신 아처 대니얼 미들랜드 CEO 드와인 안드리아스를 전면에 배치할 수도 있다. "안드리아스는 허버트에게 이야기하게 되면 지금은 이런 상황이라고 말할 것이다." 닉슨은 제의했다. "무엇을 하자는 것인가, 존슨을 죽이자는 뜻인가?" 물론 험프리는 도청에 대해

모른다고 부인하겠지만 "누가 그 말을 믿겠는가?" 닉슨이 결론 내렸다. "안드리
아스가 허버트에게 말하기를, 이것은 어쩔 수 없이 해야 하는 이유라고 생각한
다. 그래서 당신은 철저히 진행해야 할 것이다."

　　1월 11일 존슨의 오랜 친구 노스캐롤라이나 상원의원 샘 어빈이 공식적으로
상원조사위원장을 수락했고 닉슨은 "제2기 행정부목표"를 구상하는 메모를 들
고 앉았다. 그는 세 가지 항목을 적었다. "실질적 중요문제"에는 "러시아—솔트
SALT: 전략무기 제한협상, 중국—상호교류"가 있고, 거기에 중동 문제 해결과 남미 교역 증
진을 추가했다. "정치문제"에 소속 공화당을 강화시키고 1974년을 위한 더 나은
후보를 발굴하고 싶었다.

　　마지막 "개인문제"는 "대통령 직책에 대한 국민의 존경회복, 국기와 국가를
존중하는 새로운 이상주의, 깊은 마음의 이해"였다.

　　그날 닉슨은 "1968년 우리를 도청했던 자가 아직 FBI에 있는지, FBI 국장대
리 L. 패트릭 그레이가 거짓말탐지기로 그를 조사하도록 확정됐는지, 우리가 필
요한 증거를 줄 수 있는지" 확인할 것을 지시했다고 홀드먼이 일기장에 기록했
다. 이제 그는 협박전략에 착수했고 워싱턴스타는 이 이야기를 추적했다. "그것
이 존슨을 불안하게 할 것입니다. 그것은 우리에게 기본적으로 존슨에게 보복할
방법을 주고, 여기서 벗어날 수 있게 됩니다. 왜냐하면 이것이 다른 이야기로 방
향이 전환되어 우리가 보유할 수 없고 존슨을 두렵게 하기 때문입니다." 홀드먼
이 말했다.

　　"나도 압니다." 닉슨이 공감했다.

　　홀드먼은 의회의 존슨 지지의원들을 의식하며 말했다. "그는 그의 아군에게
알리려고 결심할지 모릅니다. 그렇게 하면 도움이 될 수도 있습니다." 그들은 코
넬리와 크리스천에게 연락하여, 누가 도청문제를 언론에 공개했는지 알려지면
존슨과 닉슨 둘 다 대단히 피해를 입게 될 것임을 존슨에게 경고하는 방법을 의
논했다. 닉슨이 말했다. 크리스틴은 "존슨에게 가서 우리도 그 일을 주목하고 있
다는 사실을 말하게 해야 한다. 우리는 최선을 다하겠지만, 존슨도 보좌관 요셉
캘리파노와 험프리를 더 잘 단속하고 그 이외 모두에게도 입을 다물게 해야 한
다… 그러면 어려워지더라도 의심 없이 우리가 그것을 이용할 것이다."

그것은 닉슨이 즐겨 사용하는 '냉정한 대결판'을 의미하는 최후 수단이었다.

하지만 당황할 정도로 존슨이 경직되는 분위기는 없었다. 한 일간지 기자가 존슨에게 전화하여 도청행위에 관해 질문했고 다음으로 존슨이 들로치에게 전화했다.

존슨은 경고했다. "닉슨 측이 나를 괴롭히면 내 파일에서 자료를 꺼내 역습하겠다." 이번에는 들로치가 홀드먼에게 존슨을 건드리지 말라고 경고했다. 홀드먼은 자필기록노트에 적었다. "존슨 대통령이 대단히 화났다. 닉슨 대통령에게 전하라. 측근들이 이 문제를 가지고 장난치면 그 역시 그렇게 해줄 것이다." 존슨은 닉슨을 도청하지 않았다고 주장했고, 단지 세뇰트만 도청했고, 그런데도 닉슨이 엿들었다고 추궁하면 워싱턴 주재 베트남 대사관이 사이공으로 거는 전화를 도청했음을 폭로할 것이며, 닉슨 유세가 평화 해결을 얼마나 방해했는지 드러내 보이겠다. 만일의 경우를 대비하여, 정치적 클럽 보험처럼 존슨 홀로 알고 있는 그리스 군부독재정권으로부터 닉슨 선거진영에 비밀기부도 그중 일부다.

존슨의 1968년 평화협정을 방해한 사건을 폭로하겠다고 위협해 왔기 때문에 닉슨과 측근은 일단 주춤했다.

취임식이 일주일도 남지 않았다.

존슨은 연설문 작성자에게 전쟁 완전 종식을 기념하는 성명서 작성을 부탁했지만 그 연설문은 끝내 받지 못했다. 닉슨은 1월 20일 대통령에 취임했고, 그날 오후 존슨이 설립했던 가난과 인종 불평등 해소를 추구한 '그레이트 소사이어티' 해체 계획을 발표했다. 이것은 존슨이 오래 전부터 예견했던 일이었다. 도리스 컨스 굿윈 작가는 존슨이 그레이트 소사이어티를 아름다운 여성같이 비유하며 말했다고 전했다. "그녀는 너무나 위대하고 아름답기 때문에 미국인은 그녀를 보는 순간 사랑하지 않을 수 없고, 언제나 주위에 두고 싶어 하면서, 영원히 미국생활의 일부로 만들고 싶어지질 것이다."

"하지만 지금은 닉슨 시대고 내가 하려던 모든 것이 파괴되었다…. 나는 그가 아침에 눈을 뜨는 것을 보고, 그가 승리의 V사인을 만들며 프로그램 해체를 결정 내리는 모습만 볼뿐이다. 누군가 나의 그레이트 소사이어티를 아사시키는 것을 옆에서 지켜보며 앉아있기란 끔찍한 일이다… 이제 그녀의 뼈가 튀어나오고 주름이 보이기 시작했다. 머지않아 그녀가 추해져 아무도 보지 않게 되면, 그들은 그녀를 헛간에 처넣어 보이지 않게 숨길 것이고 거기서 그녀는 죽게 된다. 그녀가 죽을 때 나 역시 죽을 것이다."

그의 말이 맞았다. 1월 22일 존슨 혼자 방에서 낮잠을 자다 일으킨 심장마비가 치명적이었다.

다음날 저녁, 세 개 전국방송에서 닉슨은 베트남 전쟁 종식을 선언했다.

그는 그날 저녁 버드 존슨 여사에게 자필 편지를 썼다.

> 린든 대통령이 살아서 오늘 저녁 베트남 평화해결 선언을 들을 수 있었다면 좋았을 것입니다.
>
> 나는 그가 소속 당원들로부터 많은 어려움을 겪으면서도 명예롭게 평화를 위해 굳건히 소신을 지킨 것을 알고 있습니다.
>
> 이제 그와 같은 평화협정 체결로 우리는 끝까지 이를 유지시키기 위한 모든 노력을 다하여 존슨과 목숨을 희생한 용사들의 명분이 헛되지 않게 해야 할 것입니다.

다음날 내각회의는 평소보다 늦게 시작되었고, 닉슨은 회고의 감정에 사로잡혔다. 사람이 나이 60세에 달하면 수명을 꼽는다고 닉슨이 말했다. 모든 대통령의 사망 연령을 적어보니 대부분 60세 전에 죽었다. "우리는 매일을 헤아려볼 필요가 있다."

그 뒤 닉슨은 한때 친구이자 응보였던 존재를 회상했다.

"나는 존슨 대통령이 사실은 마음이 찢어지는 실망으로 죽었다고 생각합니다. 존슨은 크고 강하고 지적이고 단단한 사람이지만 실제로 너무나 감정이 복받쳐서 거의 울 듯한 모습이었습니다. 왜냐하면 그에 대한 비판은 그를 제대로 평가해주지 않기 때문이었습니다. 마지막 순간 끝까지 그들을 설득시킬 수 있을 것으로 생각했는데, 문제는 '다른 사람들에게 사랑 받기'보다 그가 잘할 수 있는 '존경하게 만드는 일'을 했어야만 했습니다. 결국 사랑도 존경도 모두 잃었습니다."

백악관 참모들에게 한 마지막 언급으로 그날 사임하며 닉슨은 모든 사례를 자신의 교훈으로 삼았다.

"언제나 기억하세요. 설령 다른 사람이들이 당신을 미워한다 해도, 그들을 미워하지 않으면서 자신도 파괴하지 않는 한, 당신을 미워하는 그들은 승리하지 못합니다."

닉슨과 포드:

값비싼 대가의 자비

———— ㅠ→0 ————

리처드 닉슨과 제럴드 포드Gerald Ford, 미국 제38대 대통령 간의 관계는 미국 의회에서 초년기를 같이 보낸 시점부터 1994년 닉슨 사망 때까지 45년 간 이어졌다. 하원 동료로 시작하여 친구가 된 후 협력자가 되었고, 대통령과 부통령으로서 한때 정치적 한 배를 탔다. 닉슨은 1960년과 1968년 포드에게 부통령직을 내비치는 것처럼 보였지만 실제로는 다른 대안이 없었던 1973년에서야 제안했다. 그런 뒤에도 그는 당의 1976년 대선후보로 포드 아닌 다른 사람을 택했다가 큰 상처를 받았다.

닉슨은 물론 1974년 사임으로 킹메이커의 입장은 못 되었다.

투표 없이 대통령이 된 포드는 조속히 오랜 친구를 사면하는 것으로 자신의 대통령직을 시작했다. 어쩌면 너무 이른 행보였을지 모른다. 이러한 결정은 사심 없고 애국적인 것이었고, 그의 2년 임기를 충당했다. 다만 유권자의 승인을 추구했던 1976년까지 닉슨의 유령과 사면이 너무 강하게 지속되었다.

수년 후 그는 냉정한 의회에 직면한 또 다른 대통령을 위해 탄핵을 피하도록 불신임의 구제자로서 노력했다. 그는 이것이 당시의 옳은 일임을 믿고 시도했을 것이다.

———— ㅠ→0 ————

14

"등에서 원숭이를 떼어놓아야 한다"

- 제럴드 포드 -

미국 역사에서 부통령 8명만이 두 번의 임기를 제대로 채웠다. 그중 누군가 부통령이란 자리에 대해 "뜨뜻한 요강만큼의 가치도 없다"고 말했다. 리처드 닉슨이 제럴드 포드에게 그 직책을 내어주면서 두 번 모두 우롱했던 것은 사실이다.

하지만 1973년 10월 정치무대 3회전이 펼쳐졌을 때 닉슨은 곤경을 맞이했다. 그는 소수 변호인단에게 닉슨의 충복들이 벌인 정치적 술수의 매듭을 풀어내려는 특별검사의 요구에 맞서 싸우게 했다. 한때 충성하던 백악관 사무실 보좌관들의 비밀 껍질이 벗겨지고 정부를 상대로 증인이 되어 매주 새로운 뉴스가 나오고 있는 것 같았다. 한편 스피로 애그뉴 부통령도 상황이 어려워졌다. 메릴랜드 공직에 재임했을 때 뇌물 10만 불을 받은 적이 있었기 때문에 연방검찰들이 빠르게 그를 조였고, 백악관은 동시에 두 개 범죄를 변호할 상황도 못되었다. 애그뉴한테 검찰들이 부통령직을 사임하면 가볍게 처리할 수 있다는 쉬운 방법의 힌트를 주었다.

그래서 애그뉴가 사임했다. 다음은 닉슨 차례가 거의 확실했기 때문에 1973

322

년 가을 부통령은 그 어느 때보다 중요했다.

하지만 이런 관점에서 그 자리는 더 이상 닉슨의 수여가 아니었다.

친구와 동지

1949년 첫 주에 미국 하원의장 샘 레이번이 초선의원 의원 선서식 거행을 끝내자, 체구가 작고 머리가 까만 사람이 하원의원들이 모인 가운데 있는 제럴드 포드에게 다가왔다. 마른 체구의 그는 손을 내밀어 축하를 건네며 말했다. "나는 캘리포니아 출신 딕 닉슨입니다. 미시간의 압승 소식을 듣고 당신에게 축하인사를 하고 싶었습니다. 하원 입성을 환영합니다."

딕 닉슨이 포드의 첫 워싱턴 친구가 아닐 수도 있지만 닉슨의 접근으로 안면을 익혔다. 둘은 6개월 차 1913년 동년배로 그해 지프 자동차가 처음 생산됐고, 미국연방준비은행이 탄생했고, 민권운동가 로사 팍스도 태어났다. 그들은 소도시에서 태어나 근처 대학에 들어가려고 열심히 노력했고, 해군에 복무했으며, 모두 법대를 갔다. 닉슨은 1946년 제2차 세계대전 직후 하원에 당선됐고, 포드는 2년 후에 그의 뒤를 뒤따랐다.

닉슨이 포드의 소식을 들었다면 포드 역시 간첩사건으로 알려진 앨저 히스를 상대로 승리한 닉슨 소문도 틀림없이 알았을 것이다. 포드는 첫 임기 대부분을 하원의사당에서 다른 의원과 만나 정치 이야기를 하며 보내기를 좋아했고, 특히 닉슨이 연설할 때면 반드시 참석하여 그의 주장이 타당함을 지지했다. 포드는 구체화하는 닉슨의 주의력, 토론을 위한 빈틈없는 준비, 국내외 외교 정치의 복잡한 역할을 맡은 중요 인물들의 깊은 이해에 매료되었다. 닉슨은 준비된 미소, 동료로서의 편안함, 중서부인의 올곧은 태도, 가식 없이 명료한 포드에 감명을 받았다. (포드는 첫날 의사당 사무실로 들어가는데 머리부터 발끝까지 정장을 갖추느라 어려움을 겪었다.) "우리는 국내 정책과 해외에서의 미국의 지도력에 특히 전념했고 실제로 정치철학에 있어 둘은 근접할 수 있는 최대치를 얻으려고 노력했다. 특권이 아닌 혜택증가의 의미를 이해했다"고 포드는 말했다.

　동갑이라는 공통점이 그들을 결속시켰고, 차우더앤마칭 소사이어티 회원 가입도 그랬다. 북버지니아에서 국회의사당까지 같은 차로 출근하며 서로의 사회성을 보았고 팻 닉슨과 베티 포드도 물론 친구가 되었다. 닉슨은 원대한 계획을 세우고 1950년 상원이 된 다음 해, 미시간 그랜드 래피즈에서 공화당 명사들이 링컨 탄생 기념 만찬회 때 그의 명사 등극에 힘을 실어주도록 포드가 애를 썼다. 덕분에 닉슨을 위한 행사에 포드의 고향 마을의 대회장이 가득 찼다. 닉슨은 연설 도중 퓨즈가 나가며 엉망이 될 뻔했던 상황을 침착과 재치로 모면한 일화가 있다. 논란이 많은 히스 사건에 대한 그의 조사에 관해 그날 늦게까지 지역 소규모단체들을 확신시키며 보냈는데, 그중 몇 가지 적대적 질문이 있었지만 닉슨은 처음부터 끝까지 냉정을 유지했다고 포드가 회상했다. 포드는 닉슨을 부모의 집으로 데려가서 밤늦도록 자지 않고 술을 마시며 다가올 1952년 대선에 관해 이야기했다. 닉슨은 포드 어머니의 침대를 차지했는데, "그 후 어머니는 '부통령이 여기서 잤다'는 설명을 붙여놓았다"고 포드가 말했다.

　시간이 가면서 포드는 두 사람이 정책 관점은 거의 유사했는지 몰라도 성격은 다르다는 것을 알았다. 쾌활한 포드는 닉슨의 우울함이 인상적이었다. 어느 모임에서 닉슨은 활발한 쇼맨이었는데 그 자리를 뜨자 우울한 사람으로 되돌아갔다고 포드는 기억했다. "내가 나가자 그가 길가에서 차를 기다리며 혼자 중얼거리는 모습을 보았다. 슬퍼 보였고 세상과 격리되어 보였다." 포드는 그의 감정 기복이 복잡하다고 짐작했다. "한 순간 외향적인가 하면 다음 순간에는 사색에 깊이 빠져 시무룩해졌다. 우울함이 곳곳에서 묻어나는 것이 그의 인상이었다."

　하지만 대중은 포드의 인생 후반에 대해 똑같다고 생각했다. 당시 포드는 굳건한 닉슨맨이었다. 1952년 대선유세 때 후보가 개인 용도로 국회 비자금을 조성했음이 밝혀지자 자신도 직접 똑같은 일을 한 적 있다며 닉슨을 변호했다. 수많은 공화당 의원들이 닉슨의 공천 취소를 촉구했을 때 닉슨에게 개의치 말도록 촉구하는 전문을 보내기도 했다. "나는 백퍼센트 당신 편입니다. 당신이 앨저 히스 혐의를 입증하면서 공산주의로 인해 상처 입었을 때처럼 끝까지 싸우세요. 미시간의원 모두 나와 같은 생각입니다."

　유사 사건이 일어난 1956년 해롤드 스타슨 의원이 이끄는 공화당 하원의원

단체가 공천에서 부대통령을 쫓아내려고 하자 포드는 다시 닉슨을 위해 반박했다. 이번에는 샌프란시스코 전당대회에서 차우더앤마칭 소사이어티 회원을 집결한 방어단을 조직하여 그들 주 대의원들에게 닉슨 편에 서도록 압력을 넣었다. 포드의 작전은 카메라의 먼 곳에서 진행되어 대중여론을 피하도록 처리했다. 이 일이 마무리 되자 닉슨은 누구의 덕분인지 잘 알고 있었다. 포드에게 16일 간의 도움에 감사하는 편지를 네 차례 보냈다. "나에 대하여 당신이 몸소 보여준 신뢰에 어떻게 깊은 감사를 드려야 할지 편지 한 장으로는 적절히 표현하기 어렵습니다." 포드가 더 이상 감사는 불필요하다고 부탁하는데도 며칠 후 또 편지했다. "당신이 '답장하지 말라'는 것을 잘 알지만, 당신이 나를 위해 애써준 일에 대해 대단히 감사의 말씀을 드리고 싶습니다."

1960년은 어느 시점에서 우정이 중단되고 전략적 연합이 시작될지는 말하기 어려웠다. 왜냐하면 1960년 시카고 전당대회 때 닉슨의 부통령후보 계획에 포드 이름이 떠돌았다. 닉슨은 전통적 방법을 취했다. 그는 중견 〈뉴스위크〉 기자 레이먼드 몰리에게 포드가 의회에서 흔치 않은 존재임을 격찬하는 칼럼을 쓰도록 부탁했다. 몰리는 이렇게 작성했다. "포드를 주목하자. 젊은 기백을 가진 시대의 지혜를 겸비한 보수주의자."

포드의 동의를 (다소의 용기와 함께) 받아 미시간 공화당은 이런 계획을 수용했다. 그해 여름 지지자 약 100명이 시카고 미드웨이 공항 도착에 기발을 흔들며 환영했고, 미시간 에비뉴 거리의 콩그레스 호텔은 포드의 배너를 내걸었고 많은 숙박객들은 푸른 금색 포드배지를 달았다.

이런 야단법석은 주 대표이자 명예직 지도자를 부각시키는 시대에서 지명 받은 후보에 바치는 일종의 관례적 예우였고, 그런 최고직책 후보자의 총아로서 주지사들이 종종 공화당 전당대회에 참석했으며, 그런 가능성이 확실한 지명을 못 박을 때까지 대의원들을 결집하기 위한 일면이 있었다. 그 후 포드는 1960년도 부통령 후보 가능성이라는 반짝 흥행에 그다지 마음을 쓰지 않는다고 주장하면서, 오히려 켄터키 공화당 상원의원 트러스턴 모턴을 후보로 제안했다. 어쩌면 그럴 수도 있지만 포드가 자신의 후보 가능성을 닉슨의 제1 위장만으로 생각지 않았다는 증거로, 그는 미시간 법에 부통령과 의회를 동시에 출마할 수 있는지 변호사의 자문을 구했고, 부인의 기억에 의하면, 1960년 포드를 희망했던 닉슨은 어느 정도 진심이었을지 모른다고 전했다. 1973년조차 (물론 실현되었지만) 닉슨이 포드를 부통령 러닝메이트로 지명할 것이란 소문이 돌았을 때, 베티 포드는 이전 사례를 감안하여 소문을 진심으로 받아들일 이유가 없다고 일기에 썼다. "우리는 1960년 새벽 4시까지 앉아서 시간을 세고 있었는데, 닉슨이 헨리 캐벗 로지를 거론해서 그때부터 우리는 소문에 둔감해졌다."

포드로서는 1960년에 닉슨과 부통령에 관해 교훈을 익혔다. 닉슨의 최종 발표 전날 포드는 닉슨의 한 참모로부터 부통령 선택 긴급회의에 참석해줄 것을 초청 받았다. 포드가 켄터키의 모턴을 추천한다고 답하자, 참모는 이미 로지를 결정했다고 말했다. 그렇다면 긴급회동 목적은 무엇인지 의아해서 물었다. "어째서 그는 우리의 의견을 묻는 체하려는가? 그것은 게임을 하는 올바른 방법이 아니다… 마음을 정하고 난 뒤 선택은 아직 열려있다는 가장은 내가 다시 목격하는 닉슨의 특성이다."

포드는 마음이 내키지 않았지만 어쨌든 닉슨의 회의에 참석하기 위해 블랙스톤 호텔로 갔다. 포드도 그런 사이코드라마에 자발적으로 참여할 역할이 있었다면 다행이었을 것이다. 회의에서 닉슨은 포드에게 몸을 기울이며 말했다. "나는 국내외 정책에 대해 제리만큼 마음이 일치하는 사람을 알지 못합니다. 하지만 내가 당선되면 의회에서 나를 도와주면 더 좋겠습니다." 따라서 포드는 남겨졌다. 상처에 모욕까지 추가하며 닉슨은 포드에게 로지 지명지지연설을 요청했다. 그래서 영원한 아군 포드는 동의했다.

닉슨은 대통령 후보로 재지명 받고 당 원로들로부터 러닝메이트에 대한 충고를 구했던 1968년에도 포드에게 유사한 광대놀음을 시켰다. 이번에는 마이애미비치 호텔 스위트룸의 가부키 가면놀이 회의에 닉슨은 또 부통령 후보 선별 논의로 공화당 원로들을 모았다. 또 다시 닉슨은 포드 쪽으로 몸을 돌리며 말했다. "제리, 과거에 부통령을 희망했다는 것을 알고 있습니다. 올해 지명을 받으시겠어요?"

그와 같은 준공개적 방식으로 그런 제안을 하다니 상상하기가 힘들다. 광대놀음의 배역을 맡은 포드는 찬사는 감사하지만 뉴욕시장 존 린제이를 (포드만큼 닉슨의 마음과 거리가 먼) 대신 추천하고 싶다고 말했다. 포드 자신의 기회와 관계없이 후보군 가운데는 포드가 용인할 수 없는 사람도 있었다. 회의 끝에 닉슨이 메릴랜드 주지사 스피로 애그뉴의 이름을 부드럽게 흘리자 한쪽에서 앓는 소리가 나더라고 포드가 전했다. 포드가 다른 참석자들의 생각을 표현했지만 자신의 반응으로 닉슨을 막기에는 역부족이었다. 다음날 파운틴블루호텔 풀장에 베티와 같이 앉아있던 포드는 보좌관에게서 닉슨이 애그뉴를 최종 낙점했다는 소식을 듣고 다시 어안이 벙벙했다. "도저히 믿을 수 없다. 그도 좋기는 하지만 국가 차원의 경험도, 인지도도 부족한 사람이다. 주지사 2년 만에 부통령으로 출마하다니 도저히 믿기지 않는다."

오랜 친구가 대역배우로 2급 인물을 고른 것이 포드의 마음을 쓰리게 했지만, 닉슨은 애그뉴를 선택하면서 자기가 바라던 것을 정확하게 얻었다. 닉슨의 적에게 기꺼이 칼을 찌르는 사람으로 선량한 포드는 전혀 맞지 않았다.

세 번째 유혹

닉슨이 마침내 부통령으로 포드를 지명했을 때는 1960년도, 1968년도 아닌 애그뉴 부통령이 형량을 조정하는 사법거래plea bargain로 사임한 1973년도였고, 실제로 그를 선택한 사람 역시 닉슨이 아니었다.

포드와 보좌관들은 부통령 지명은 그의 마음에서 거리가 멀었다고 여러 회고록에서 주장했다. 1973년에 포드는 정계 은퇴를 희망했다. 그는 하원에서 25년을 보내며 친구도 많이 사귀고 연방연금도 확보했지만, 다 자란 자녀들이 몹시 그리웠다. 사교적이던 부인도 고독으로 술과 약으로 외로움을 달랬다. 닉슨이 1972년 49주 압승을 지켜보며, 하원이 민주당 장악으로 안정적으로 통제하게 되자, 포드는 더 이상 하원의장이 되지 못할 것을 알았다. 1973년 여름 포드는 다수당 원내대표 팁 오닐에게 자신의 은퇴 전 연금을 올리도록 의회에 월급 인상고려를 부탁했다. 포드가 오닐에게 이야기한 바에 의하면, 미시간 그랜드래피드로 돌아가서 법률사무소를 차리고 일주에 "3일은 일하고 4일은 골프를 친다"고 했다. 오닐은 "생각해 보겠습니다"고 조심스럽게 말했다.

애그뉴가 부통령직을 유지할 수 없게 되었을 때 포드는 또다시 자신이 제2인자 자리의 경쟁자가 되었음을 알았다. 포드와 몇 의원들은 닉슨으로부터 애그뉴의 후임 추천 의뢰를 받았고 비공식적 투표 일등은 포드 자신밖에 없었다. 그는 거의 모든 문제에 대해서 대통령과 완벽하게 동조가능하고, 의회에서 인기가 높고, 민주당도 거부감이 없고, 스캔들도 없다는 것을 닉슨도 잘 알고 있었다. 팻 닉슨조차 포드에 내기를 걸었다.

하지만 닉슨은 내키지 않았다. 그는 오랫동안 존 코넬리를 더 선호한 것은 그가 존슨 측 사람으로서 닉슨 행정부에 참여했고 그 후 공화당으로 들어왔기 때문에 머지않은 1976년 선거에서 민주당을 둘로 쪼갤 수 있다고 믿었기 때문이었다. 코넬리도 그 자리를 얻으려는 것이 확실했다. 10월 10일 애그뉴가 사임하던 날 코넬리는 이미 워싱턴 메이플라워 호텔에 자리를 잡고 조용히 부통령 참모진을 모으고 있는 중이었다.

하지만 닉슨은 하원의장 칼 앨버트의 반응을 전혀 예상치 못했다. 영향력이 작은 오클라호마 주 민주당원인 그는 1946년 닉슨과 함께 의회에 들어왔고 딕 닉슨이 자기가 만났던 첫 공화당 의원이었다고 나중에 이야기했다. 상원다수당 원내총무 마이크 멘스필드와 같이 앨버트는 닉슨에게 워터게이트 위기가 확대되고 있는 가운데 의회인준을 얻기 가장 쉬운 사람은 포드뿐이라고 말했다. 앨버트는 로널드 레이건, 넬슨 록펠러, 특히 코넬리같은 다른 후보자들은 의회의 가혹한 질문에 봉착할 것이 틀림없다고 했다. 민주당이 다수당인 의회는 절대 코넬리 같은 당 배신자를 부통령이 되게 내버려두지 않을 것이다. 그들은 1976년 대선의 강력한 경쟁자가 되도록 증명해주지 않을 것이다. 닉슨이 나중에 회상한 대로 "이것이 제리 포드를 살렸다."

한 백악관 관리는 리처드 리브에게 말했다. "닉슨은 받아들이지 않으면 안되는 생각이 몹시 싫었다."

아마도 거의 선택이 없었기 때문에 닉슨은 그렇게 하는 척하며 이틀 동안 캠프 데이비드 별장에서 숙고했다. 그런 다음 10월 12일 아침 헬리콥터로 돌아와서 보좌관들에게 결정했음을 알렸다. 보좌관들은 그날 밤의 놀라운 발표문을 작성했다. 닉슨의 지시로 수석보좌관 알 헤이그는 코넬리에게 나쁜 소식을 전한 후, 포드에게 굿 뉴스의 힌트를 전화로 알렸다.

인터넷, 휴대폰, 케이블 TV가 없던 시대에 워싱턴에 배어있는 닉슨의 선택이 무엇인지 확실히 잡아내기는 어려운 일이다. 그날 오후 내내 〈워싱턴포스트〉를 포함한 언론들은 닉슨이 거의 알려지지 않은 버지니아 주지사 린우드 홀턴을 임명할 것이란 소문을 미친 듯이 추적했다. 닉슨은 포드 가족이 북부 버지니아 집에서 구운 스테이크로 저녁식사를 막 차렸을 때 포드에게 전화했다. "좋은 소식이 있어요. 베티 여사도 함께 들어주면 좋겠어요." 포드 부부는 급히 옷을 갈아입고 백악관으로 갔다. 그곳 저녁 9시는 숨 막히는 촬영용 클리그 조명, 난무한 추측, 가장 이상한 라이브 실내악단까지, 마치 '길버트&설리번'의 코믹 오페라 한 장면 같은 분위기가 연출됐다. 정치계 모두가 초청되었고 넘쳐흐르는 손님에게 제공하기 위해 겹겹이 금도금 의자가 빼곡했다. TV 방송국들은 긴장감과 꽉 들어찬 동관과 결과를 모르는 그들의 모습을 앵커가 생중계했다. 닉슨이 "대통령 만세"라는 환영을 받고 들어왔을 때, 실제로 그 방에 있는 누구도 미국의 차기 부통령을 아는 사람은 없었다.

그러나 부통령이 누가 되든 그는 차기 최고통수권자가 된다는 것만은 모두 알고 있었다.

닉슨은 자신의 선택을 천천히 펼쳤다. 우선 그의 의제에 관해 말하고 전쟁과 인플레이션 없이… 이 나라가 필요한 것은 "새로운 전망을 구축하는 일"이다. 심지어 그는 당면 문제에 접근하면서도 아직 거명 안 된 후보의 자질과 합리성에 관한 설명으로 몇 분을 보내며 겨우 이었다. 닉슨이 리허설이라도 하듯 이유를 늘어놓고 있는 동안, 많은 사람들은 나름대로 최종지명자를 머릿속으로 업데이트하며 끝도 없는 서두를 걷어버리고 싶었다. 닉슨이 언급할 단계가 되어 후보의 하원 25년을 칭찬하자, 조바심이 깨어지고 침묵은 휘파람, 환호, 박수갈채로 바뀌었다. "멋진 일이다. 참 잘됐다." 실내 뒤쪽의 한 의원이 소리쳤다. 당시 〈디트로이트뉴스〉 제리 터호스트 기자가 포드를 취재하여 기사를 게재했다. "포드의 주위에 있던 사람들이 주먹으로 그를 두드리고 손으로 등을 치고 어깨에 펀치를 날렸고," 그는 곁에 있던 앨버트와 오닐 두 하원 지도자들의 악수와 축하를 받았으며, 동시에 사람들은 몇 마디라도 하려고 서로 팔꿈치로 밀쳤다. 포드는 군중으로부터 나와 대통령을 향하여 연단으로 갔다. 관중은 닉슨보다 먼저 자기들의 비준을 내리고 싶어 하는 것처럼 보였다.

하지만 닉슨은 연설을 계속하며 이름 호명 없이 포드를 칭찬만 하다가 하던 말을 멈추고 청중에게 섣불리 판단하지 말 것을 촉구했다. "여기에 여러 후보가 있습니다. 그는 하원에서 25년간 일했고" 마치 그 순간 포드를 빼버리고 싶은 것 같았다. 그리고 몇 문장이 더 나온 다음 닉슨은 자신의 선택을 밝혔고 방에서는 환호가 폭발했다. "나는 여러분에게 한 사람의 이름을 밝히는데 자부심을 느낍니다. 미국 부통령으로 미국 의회에 승인을 제출할 그 이름은 미시간 출신 상원의원 제럴드 R 포드입니다."

생방송 마이크가 대통령과 그의 새 멤버 사이에 왔다 갔다 했다. "저들이 당신을 좋아합니다." 닉슨이 말하자 포드가 답했다. "거기에는 친구가 몇 있습니다."

이것은 앞날을 암시하는 정치무대의 한 장면이었다. 그날 종일 키신저는 욤 키푸르1973년 아랍:이스라엘 전쟁 발발 문제와 씨름하며 보낸 뒤 동관 행사 종료 후 닉슨에게 말했다. 그의 회고록에 기록한 관찰은 면밀했다. "포드는 여전히 컨디션이 좋은 상태였는데 호명에 대한 놀라움으로 더욱 원기가 넘쳐흘렀다. 이성적인 그는 의회와 단기간에 협상이 가능할 것이다." 닉슨은 이런 선택이 탄핵 추진을 지연시킬 것으로 생각했다. 왜냐하면 의회는 외교문제 경험이 없는 사람으로 대체하는 위험을 원치 않을 것이기 때문이라고 기대했다. 이는 닉슨이 적을 제대로 몰랐음을 보여주는 것이었다. 키신저가 당시를 전했다. "무엇보다 닉슨은 박수갈채가 포드에 대한 경의임을 인지하지 못했고, 그의 운명이 전략적 책략에 의해 더 이상 바뀌지 않음을 전혀 이해하지 못했다. 실제로, 닉슨의 선택은 비록 포드가 닉슨의 생각만큼 훨씬 못 미친다 하더라도 부통령 지명은 탄핵 지연보다 닉슨 붕괴를 가속화시키는 의미를 가리키고 있었다. 민주당으로서는 1976년 대선에 쉽게 승리할 수 있는 사람이기만 하면 닉슨 제거가 더욱 유혹적이다."

닉슨은 8개월 후 사임했다.

"아이젠하워 사망 이후 울지 않았다"

제럴드 포드는 부통령 직무 8개월 동안 55차례 기자회견을 했고, 이것은 대통령 닉슨의 6년간의 회견 횟수보다 더 많았다.

드디어 1974년 8월 중순 대통령으로서 기자회견을 하게 되었을 때 포드는 백악관에서 닉슨의 유령을 내몰았음을 입증하려고 노력했다.

포드는 묵직한 벨벳을 드리운 벽쪽보다 넓게 트인 중앙통로에 서서 기자회견을 하면서 마치 새로운 시작을 알리기라도 하듯 화장기 없이 의도적으로 왼쪽 옆문으로 들어왔다. 그는 거의 평소처럼 태연히 은제연단 앞에 섰는데 포드 체구에 비해 하도 작아서 거의 묻혀버리고 간신히 대통령 인장만 걸린 듯 했다. 행사는 수수하고 솔직해 보였다. 첫 번째 대통령 기자회견에서 누군가 이야기 초점을 잃자 포드는 다소 가벼운 개인적 이야기로 서두를 꺼내며 무표정하게 말했다. 통수권자가 어쩔 수 없이 부인의 첫 번째 기자회견을 다음 주로 미뤘더니 "그때까지 아침도 점심도 저녁도 직접 해결해야 합니다."

중압적이고, 방어적이고, 때에 따라 묵직한 닉슨의 태도가 오랫동안 자리했던 터라 기자들은 포드를 대단히 좋아했고, 29분에 걸쳐서 27개의 질문을 받았다.

불행히도 10개는 닉슨과 워터게이트에 관한 것이었다.

미국의 가장 귀중한 자산은 포트 녹스에 저장되어 있는 금괴도 아니고 탄도 미사일의 암호도 아니다. 통수권자의 시간이다. 그것은 별로 많지 않으며 어떻게 그 시간들을 사용하느냐에 따라 중요한 일의 형태를 갖추게 된다. 그것이 어째서 포드가 첫 번째 기자회견 종료 후 화를 내며 보좌관들과 같이 걸어 나왔는지에 대한 이유다. 그는 집무실로 돌아와서 말했다. "젠장. 이제부터 규정과 관계없이 모든 기자회견은 '내가 닉슨을 사면할 것인가?'에 대한 질의응답으로 퇴보할 것이다."

다음날도 같은 생각을 하며 그는 동관 회의에서 서류들을 검토했다. 닉슨은 떠났어도 전임에 관한 질문은 자신의 대통령직을 무기한 소모시킬 것이었다. 한편 중서부 출신의 솔직한 포드, 수려한 십대 자녀들, 베티 여사의 정직한 특성 등은 진부하고 손상된 백악관을 환기시켰다. 임기 중 포드는 최초로 여성, 흑인,

노동계 지도자들을 백악관에 초대했고, 베티 여사는 동관에서 행하던 닉슨의 딱딱한 일요예배에 불편을 느낀 후 금지했고, 빌리 그레이엄과 로런스 웰크도 나갔으며, 공식 만찬회 때 새 대통령 부처가 짐 크로체의 "베드, 배드, 리로이 브라운" 음악에 맞춰 새벽 1시까지 춤을 추었다는 이야기는 뉴스거리가 되었다.

닉슨은 갔지만 그의 그림자는 남아있었다. 법정에 설 그의 운명, 계속된 의회 수사, 비밀서류 처분, 수십의 닉슨 보좌관들이 여전히 포드의 백악관 참모로 남아있는 것은 물론, 이 모두가 수개월 동안 새 대통령의 주의를 낭비하도록 공모했다. 포드는 나중에 적었다. "등에서 원숭이를 떼놓아야 한다."

기자회견 이틀 후 포드는 은밀히 그의 백악관 자문 필 버큰에게 사면 검토를 지시했다. 버큰과 보좌관들은 사면 결정에 대한 법적 기준을 찾기 위해 노동절 주말까지 일했고, 특히 유죄 판결 전에 사면 승인이 가능한지 조사했다. 포드가 그의 보좌관들에게 사면 고려를 알리면서 비밀 유지 선서를 받자, 그들은 거의 항명하며 재고하거나 최소한 몇 개월을 기다리도록 간청했다. 하지만 그는 이미 결심했을지 모른다. "포드 행정부의 양심"으로 불리는 존 마쉬가 물었다. "시기가 적절하다고 생각하십니까?" 포드가 대답했다. "적절한 시기가 따로 있을까요?"

당시 이것은 거의 생각할 수 없는 일이었지만, 포드는 역사상 미국 대통령이 직면한 있을 수 없는 일로 보았고, 자신은 우연히 대통령이 되었지, 그 자리를 원하지도 않았고 당선된 적도 없었다. 어쩌면 더 나쁜 것은, 직위를 물려받기는 했어도 아직 자기 것이 아니었고, 최고직까지 올라온 이유가 특이했기 때문에, 그로서는 여전히 획득해야 하는 매우 중대한 일이었다. 포드는 서둘러 대통령직을 장악할 필요가 있었을 뿐 아니라 자신의 성공적 직무수행을 위해서도 보이지 않는 전임의 잔영을 무대에서 밀어내어 딕 닉슨을 보내야 했다.

형사기소와 재판이 결론까지 가자면 수년은 아니어도 수개월은 걸릴 것으로 판단했고 어느 쪽이든 포드는 중심 역할이 아닌 어색한 측면이 될 게 뻔했다. 포드는 재판으로 끊임없는 구경거리가 되어, 전임이 이루어 낸 외교업적에 대한 능력까지 깎일 것을 염려했다. 또한 그의 가족과 친구들이 전 대통령이 이상한 행동을 하고 의기소침하여 다소 걱정되고 자괴감에 빠져 있는 것 같다는 보고를 백악관에 돌린데 대해 닉슨을 걱정했다. 이 모든 요소가 유일한 해결책인 기소와 재판 전에 완전하고 절대적인 사면을 가리키고 있었다. "결정을 빨리 내릴수록 쟁점을 빨리 벗어날 것이다." 그는 이렇게 판단했다.

사면이란 막대한 정치 희생을 가져오는 한편, 포드의 수석고문들은 그보다 포드와 불명예 전임 간의 공모가능성 수사라는 더 심각한 상황으로 이어질 것을 우려했다. 소수 보좌관만이 포드가 대통령직 인수 불과 일 개월 전에 닉슨 사면조건에 동의했음을 알았다.

이 드라마는 닉슨 사임 8일 전 1974년 8월 1일 닉슨의 수석보좌관 알 헤이그가 포드에게 백악관 긴급회동을 요청하면서 전개되었다. 두 사람은 그날 아침에 이미 포드 보좌관 한 사람과 함께 만났지만, 이후에는 둘만의 회의에서 강요조로 헤이그가 포드에게 "짧은 시간 내에" 대통령직 인수 준비를 하도록 재촉했다. 그 이유는 새로이 1972년 6월부터 녹음된 테이프 발견으로 워터게이트 침입의 범죄적 은폐에 닉슨 역할이 더 이상 의심의 여지가 없다는 것이었다.

헤이그는 닉슨이 사임해야 하는데 움직이지 않고 있고, 어떤 방식으로 떠날지 아직 정확히 예측하기 어렵다고 전했다. 그런 다음 그는 포드와 몇 가지 선택을 검토했다. 닉슨이 사임할 수도 있고, 상원 탄핵기도에 맞서 싸울 수도 있고, 헌법 25조 수정조항에 의거하여 일시 직위 중단 이후 불리해지면 차후에 사임할 수 있다. 또한 헤이그는 닉슨이 자기 사면을 할 수도 있다고 말했다.

여기에 이르기까지 8월 1일의 대화는 이례적이었지만, 솔직하고 직접적인 해결방안이었다.

헤이그는 마지막으로 사면조건 사임도 가능성이 있다고 설명했다.

이것은 놀라운 회유책이었다. 사면 발표나 차후 사면 조정을 조건으로 닉슨이 직위에서 떠날 수 있다는 대통령 수석보좌관으로부터 나온 제안이었다. 대통령직책이 거래되고 면책이 교환되고 있었다. 과거부터 거의 언제나 옹호해주던 오랜 충성스런 친구 포드에게 닉슨은 협상을 제안했다.

포드가 충격을 받았다 하더라도, 증거도 없고, 그는 전혀 드러내지 않았고 전혀 말하지도 않았다. 나중에 이 이야기를 털어놓으며 포드는, 너무나 집요하고 너무나 독보적으로 강직하고 어떠한 위협에도 충분히 대응하며 살아남는 닉슨이 과연 밀려날 수 있을지 의심스러웠다고 말했다. "바로 이 점들이 게임에 뛰어드는 닉슨의 독특한 인성을 보여준다. 그는 사임할 사람이 아니다. 누가 그에게 '당신은 내일 사임해야 한다'고 말하면 반드시 결정을 비틀고 버티며 끝까지 싸울 것이다."

하지만 헤이그는 닉슨에게 사퇴를 종용하지 않고 정반대로 면죄카드로 대통령직 거래를 설득용으로 책상 위에 올려놓았다. (그의 회고록에 따르면, 헤이그는 전화로 "비상식적" 조건거래를 암시했다. 그러면서 방안들은 백악관 법률고문 프레드 버즈할트로부터 나온 것이고 마지막 선택은 "별지에 타이프되어 있었는데, 이유는 나도 알 수 없다.")

여하튼 포드는 헤이그에게 이 문제를 고민하고 부인과 의논해야 된다고 하며 그 장군에게 말해주어서 고맙다고 했다. 다음 24시간 동안 포드는 보좌관과 자문들과 함께 헤이그의 대화를 검토했다. 한 사람까지 그들 모두는 헤이그가 거래를 제안했음을 믿었고, 포드의 모호한 태도로 보아, 포드는 헤이그에게 다시 전화하여 확인하고 최초제안을 명확하게 파악할 의무가 있었다. 포드는 다음날 늦게 일을 시작하며 오해 없도록 전화 내용의 단어를 일일이 써가며 재검토했다. "대통령이 사임해야 하는지 아닌지 내가 판단할 의도가 없고, 어제 오후에 우리가 나눈 이야기는 대통령이 어떤 결정을 내리든 그 결정에 대해 전혀 재고할 것이 없음을 이해해 주기 바랍니다."

적어도 이 점만은 헤이그도 어쩔 수 없는 상황이 되었다. 닉슨은 며칠 후에 이어질 자신의 사임에 대해 우왕좌왕하며 한 순간에 사임으로 기울다가 다음 순간에는 멀어졌다. 8월 7일 오후 5시경 닉슨은 의회의 공화당 최고대표단을 만났다. 애리조나 상원 배리 골드워터와 존 로즈, 펜실베니아 휴 스콧은 국회의사당에서 닉슨에 대한 지지가 증발하고 있음을 알리러 왔다. 골드워터가 말했다. "대통령님, 좋은 소식이 아니지만, 지금 상황이 별로 좋지 않습니다." 골드워터는 닉슨이 상원의 탄핵결의 일부 조항들을 물리쳐버릴 수 있지만 무뚝뚝한 애리조나 사람들조차 대통령 권력남용을 비판하는 항목에 찬성할 수 있다고 말했다. "내가 할 수 있는 다른 대안이 없습니다"라고 닉슨이 말하며 천정을 응시하며 이해해줄 형제님이라도 찾는 것 같았다.

"걱정하지 마세요. 눈물은 흘리지 않습니다. 나는 아이젠하워 사망 이후 울지 않았습니다. 내 가족은 건강하고 나도 잘 지낼 겁니다. 이야기하러 와 주신데 감사할 따름입니다."

세 사람이 떠날 준비를 했을 때 닉슨은 진정으로 혼자임을 느끼고 방문객들에게 말했다. "해리 트루먼도 돌아가셨기 때문에 내 주위에 친구는 아무도 없습니다."

"할 수 있는 일이면 반드시 하겠다"

포드와 헤이그의 만남의 심각성을 고려할 때, 전직 대통령이어서만이 아니라 닉슨의 사면 거래는 반드시 해야 할 필수적인 요인이 되었고, 포드 보좌관 일부는 닉슨의 순수한 유죄고백을 받아내도록 포드에게 촉구했다. 법적 여러 연구 가운데 부헨은 60년 된 법정사례를 찾아냈고, 그것은 대통령 사면은 유무죄 인정 여부를 불문하고 명확하게 유죄와 밀접한 관련이 있다고 판결 내리고 있지만, 포드 보좌관들한테는 그것도 충분치 않았다. 부헨은 어쨌든 이번 사면조치의 일환으로 (닉슨의 서류 확보는 물론) 닉슨에게서 유감이나 참회의 명확한 성명을 이끌어 내고 싶다고 포드에게 말했다.

한편 포드는 닉슨의 성명서는 동의하지만 그것이 필요하다고 생각지 않았다. 포드는 사면연기를 원치 않았고 신속히 처리하고 싶었다. 그랜드 래피드의 법률파트너였던 부헨과 포드는 의논하여 닉슨의 개인변호사 잭 밀러를 잘 아는 워싱턴 형사범죄변호사 벤턴 베커를 캘리포니아로 파견하기로 했다. 그의 임무는 대통령 서류를 교환하고 닉슨으로부터 참회성명이 보이는 사면수락합의서를 받아내는 일이었다. 베커가 집무실을 떠날 때 포드가 말했다. "모든 일을 빈틈없이 하고 본 것을 내게 이야기해 달라."

포드가 몰랐던 것은 헤이그가 워싱턴에 남아 포드의 임시수석보좌관으로 일하며, 은밀히 샌클레멘트의 닉슨 보좌관들에게 새 대통령의 생각을 통지해주고

있었던 것이다. 이것은 베커가 공군기를 (닉슨의 개인변호사와 함께) 타고 서해
안까지 날아갔을 때, 닉슨과 보좌관들은 협상의 모든 면이 유리했다는 의미였
다. 그들은 이미 헤이그로부터 분명한 형집행유예의 가능성대가로 많이 내주지
않아도 된다는 것을 들어서 알고 있었다. 그래서 베커가 도착하자 닉슨팀은 해
결방법이 없는 듯 뻔히 보이는 놀음을 가장했다. 닉슨의 전 홍보관 론 지글러가
베커에게 말했다. "즉시 문제를 처리합시다. 제리 포드 대통령님이 사면을 하든
안하든, 닉슨 대통령님은 워터게이트에 관해 어떤 성명도 내지 않습니다." (헤
이그는 나중에 사면에 역할을 하거나 닉슨과 이야기하지 않았다고 부인했다.)

닉슨은 끝까지 강경자세를 취하고 있었다. 베커와 지글러는 다음날 닉슨 성
명서문안을 두고 옥신각신하며 거의 진전이 없었다. 만약 지글러가 헤이그의 사
전정보의 도움을 받았다면, 베커는 시간이 몹시 다급했을 것이다. 포드는 24시
간 내에 사면을 빨리 처리하고 싶었다. 베커가 닉슨 보좌관에게서 억지로 짜내
어 얻은 최선은 참회의 한마디뿐이었다. "워터게이트 사건을 둘러싼 나의 실수
가 국기와 대통령직에 끼친 고동에 대한 참회와 안타까움의 깊이는 거의 표현
할 말이 없다." 당시는 포드의 요청을 받고 베커가 개인적으로 닉슨을 방문했다.
그 만남은 한마디로 이상했는데, 닉슨은 베커에게 대통령 커프스 단추를 선물했
고 프로 미식축구 시즌 개최에 관한 이야기를 강조했다. 베커는 워싱턴으로 돌
아갔고, 사과의 주제는 나오지 않았다.

포드는 나중에 보좌관에게 말했다. "그를 빨리 쫓아내야 했다. 나는 도저히
일을 할 수 없었다. 모두가 그를 십자가에 못 박으려고 해서 마침내 나는 사람들
에게 '그 정도면 됐다. 그를 사면하자'고 했다. 또 필 부헨은 이렇게 말했다. '무
슨 근거로 사면을 하나요?' 그래서 나는 이렇게 대답했다. '상관하지 않아. 여기
서 그를 몰아내자. 사람들의 관심을 멈추지 않고는 일을 할 수 없다. 이 정도면
됐다.'"

9월 8일 일요일 포드는 백악관 건너편 교회의 예배에 참석한 다음 백악관 집
무실에 돌아와서 전국민에게 알렸다. 포드는 스스로 훌륭한 연설가로 생각하거
나 연설을 잘한 적이 없지만, 그날 한 연설만큼은 대통령의 고독함에 대하여 감
동적이고 웅변적인 연설 가운데 탁월했다. "존경하는 전 대통령 리처드 닉슨과

영부인과 가족에 대하여 올바른 일을 결정하기 위해 특별한 주의를 기울여 내 양심에 따라 추구했습니다…

"그들의 일은 우리 모두가 동참한 미국의 비극입니다. 그것은 계속되고 반복될 수 있지만 누군가는 종결을 지어야 합니다. 그 일은 오직 나만이 할 수 있다고 판단했고, 내가 할 수 있는 일이라면 반드시 하겠습니다."

포드는 어떤 사람도 법 위에 존재하는 사람은 없다고 믿었지만, 이 나라가 닉슨과 워터게이트를 그들 위에 놓이게 한 것이었다고 설명했다. "나는 감히 전 대통령인 나의 오랜 친구라는 개인적 동정에 좌우되지도 않았고, 변호사로서 전문적 판결을 내리지도 않았습니다. 대통령으로서 최우선 관심사는 나를 공복으로 삼은 미국인들에게 언제나 최고의 선이어야 한다는 점입니다. 한 남자로서 첫 번째 고려는 자기의 신념과 양심이 진실해야 한다는 것입니다… 내 양심이 내게 말하는 임무는 단순한 국내안정 선언뿐 아니라 정상화시키기 위해 모든 수단을 다하는 것입니다. 나는 무엇이 옳다고 말하는 대중 여론을 여기서 멈추게 할 책임이 있습니다."

이것은 극적이고 전면적인 최선의 결정이었다. 일주 전에 사적 대화에서 말한 대로, 그는 미국인의 선의를 믿었다.

그런 후 카메라가 집중되는 가운데 사면 성명서에 서명했다.

포드의 연설 10분 후 샌클레멘트에서 언론기관을 위해 닉슨 보좌관이 소집한 기자회견이 있었다. 닉슨의 최종 성명서는 한 참모가 대독했는데, 그것은 부헨이 희망했던 내용은 아니었지만 그렇게 해야만 했을 것이다. "대부분 올바른 마음을 가진 사람들이 워터게이트사건에서 나의 동기와 행동은 의도적 이기와 불법이었다고 믿는 것을 알고 있습니다. 이제 나의 실수와 오판이 신념에 어떻게 영향을 미치고 지지를 보이는지 이해하고 있습니다. 이것은 견디기 어려운 가장 무거운 부담입니다. 내가 워터게이트를 시도한 잘못된 방법은 앞으로 나의 여생 마지막 날까지 져야 할 부담입니다."

클럽의 한 회원이 다른 회원에게 제공한 백지 유예 증명서는 의심을 야기할 수밖에 없었다. 반응이 계속 불거졌고, 의회 진보계는 닉슨 퇴임 전에 사면 조정으로 이루어졌을지도 모를 비밀 거래 원안 전체를 요구했다. 헤이그의 비밀 대화를 모르는 민주당 사람들도 사퇴-후-사면 수순이 퇴임 몇 개월 전에 꾸며진 전말을 사실로 믿을 정도로 닉슨과 그의 수법에 대해 충분히 알고 여기에 포드가 연루되어 있다고 믿었다.

몇 개월 전에 닉슨을 조사하던 같은 위원회는 포드 변호사들에게 많은 질의서의 포문을 열기 시작했다. 즉, 포드는 언제 무엇을 알았는가? 닉슨 사임 전 둘 사이에 어떤 거래가 있었는가? 이런 질문을 변호하려던 포드 팀의 시도는 사태를 악화시킬 뿐 9월에서 10월로 접어들면서 포드는 똑같은 완강한 공화당대통령으로 보이기 시작했다. 하원의장 이상 바라지 않던 포드는 펼쳐지는 혼란을 조속히 종식시킬 방법을 알고 있었다. 그는 보좌관에게 말했다. "다 알겠지만, 국회의사당에 직접 가서 증언하고 모든 것을 설명하는 것이 최선이다."

그래서 현직 대통령이 전임과의 관계를 의회에서 증언해야 하는 상황이 발생했다.

10월 17일 포드는 부통령으로 지명된 일 년 전 증언했던 같은 청문회회의실 하원법사위원회에 모습을 드러냈다. 의회와 대통령의 "어느 역사에도 유례가 없는 일"임을 언급하며 포드는 "본인의 의회 출석은 역사를 만들기 위한 것이 아닌 역사에 보고하기 위해 왔습니다."

포드는 의원들에게 지난 8월 2일 그의 비서실장 헤이그와의 대화를 상세히 설명하고, 일 개월 후에 닉슨을 영원히 검찰로부터 석방시키는 결정을 내렸다고 말했다. "사면의 목적은 우리 국가의 주안점을 바꾸는데 있었습니다. 나는 낙마한 대통령에 쏠리는 우리의 관심을 국가성장에 필요한 시급한 요구로 전환하고 싶었습니다…. 국민인 우리가 이미 오랫동안 고통을 겪고 재임 시 부끄러움과 불명예를 가져옴으로써 이미 비난 받은 전 대통령을 기소해야 되는가, 아니면 재판해서 처벌해야 되는가 하는 문제를 가지고 심각하게 분열되어 있다면, 어려운 문제를 해결하지 못하게 될 것입니다. 확실히 우리 미국인은 보복하는 국민이 아닙니다."

포드는 백악관에 들어가기 위해 거래했다고 격렬하게 항의하는 뉴욕주 여성의원 엘리자베스 홀츠먼의 관점을 전혀 받아들이지 않았다. 포드가 말했다. "거래도 시기도 없었고, 그럴 상황이 아니었습니다." 하지만 청문회는 다른 두려움을 제기하며, 닉슨 사면으로 전 대통령의 참회를 도출할 다시 주어질 수 없는 기회를 포드가 놓쳤다는 것이다. 그 주장에 대해 포드는 반박하며 사면 자체에 비행고백이 함축되어 있다는 법원 판례가 있음을 주장했다. 닉슨이 사면을 받아들임으로써 고백했음을 제시했다. "사법당국에 따르면, 사면 수락은 우리의 신중한 사면 검토를 포함하여 수락 자체가 유효한 유죄 시인을 나타냅니다."

이것은 9월에 닉슨으로부터 좀 더 명시적인 사과를 받아내지 못한 포드의 잘못을 문서화한 한 변호사의 주장이었다. 그는 사면에 대해 닉슨에게 더 큰 참회를 받아내지 못한 점과 옛 친구로부터 유죄인정을 명확하게 받아내지 못한 점에 마지막까지 감정이 남아있었다. 사임 이후 이야기로, 포드는 밥 우드워드 변호사에서 이렇게 이야기했다. "좀 더 나은 상황이 될 수도 있었을 것입니다." 하지만 우드워드가 더욱 압력을 가하자 포드는 지갑에서 무엇인가를 꺼냈다. 우드워드가 "개의 귀 모습 같이 접힌 메모"라고 묘사했던 그것은 예일법대 졸업생이 항상 소지하는 1915년 대법원판례로 당시 우드로우 윌슨 대통령이 대배심원 재판에 증언을 거부하여 신문 편집인을 사면한 내용이었다. 이것을 전 대통령들이 오랫동안 기도문처럼 갖고 다녔음을 포드의 개인변호사가 찾아냈다. 우드워드가 메모를 읽었다. "사면이란 '유죄의 오명을 동반하며, 수락은 유죄의 고백'이라고 대법원 판사는 판결했다."

포드는 우드워드에게 말했다.

"마지막 부분이 언제나 내게 확신을 주었습니다."

중환자실

닉슨이 여러 곤란을 끼쳤음에도 불구하고, 가장 짧은 임기의 위험으로 내몰았음에도 불구하고, 포드는 절대 옛 친구를 버리지 않았다.

포드가 의회에 출석한 후 2주가 안되어, 1974년 국회의원선거 불과 4일을 남겨둔 10월말 포드는 공화당후보를 위해 주로 서부와 중서부 7개 주 1만 마일 선거 지원 유세에 나섰다. 포드가 출발한 시점은 닉슨이 캘리포니아 주 롱비치 병원에서 다리 혈전 제거 수술을 받은 직후였고, 상태가 위험하고 회복이 불확실했다. 일부 이야기에 의하면, 닉슨은 충격으로 거의 죽을 정도였다.

포드가 로스엔젤레스 센추리 플라자 호텔에서 10월 31일 선거자금 모금 500불 달성 만찬 참석이 예정되어 있었을 때, 대통령이 남쪽 30마일 떨어진 곳에 있는 아픈 전임 방문이 가능한지 보좌관들은 틀림없이 질문 받았을 것이다. 그때 백악관 신임 대변인 론 네슨은 포드-닉슨 관계의 새로운 의심을 일으키지 않도록 포드에게 병문안 예방 자제를 강조했다.

선거가 임박했고 전례 없는 포드의 의회 출석 불과 2주밖에 안된 시점에 닉슨 방문은 분노는 아니더라도 또다시 의심을 야기한다는 것이다. 하지만 포드는 즉시 네슨의 염려를 일축했다. "인정과 자비는 정치와 호환되지 않지만, 어떤 것은 정치에 중요하다."

포드는 직접 일정을 잡았다. LA 도착 후 팻 닉슨에게 전화하고 문병이 그녀 남편 회복에 도움이 될지 물었다. 그녀는 대답했다. "그보다 더 좋은 일은 없어요." 11월 1일 아침 스케줄에 알 수 없는 공백이 있었지만, 방문은 헬리콥터로 비버리힐 호텔에서 롱비치까지 날아가는 공식행사로 잡혔다. 기자들이 밖에서 기다리는 동안, 포드와 네슨과 소수 보좌관들이 들어가서 엘리베이터로 7층까지 갔다. 거기서 그는 팻, 줄리, 트리시아를 포옹하고 잠시 위안의 시간을 보냈다.

닉슨은 집중 치료를 받고 있었다. 포드 보좌관들은 닉슨의 방이 안쪽에서 잠긴 문제를 해결할 때까지만 있었다. 사면된 전 대통령은 거의 정말 같지 않게 이제 잠긴 방안 침대에 뉘어져 감금되어 있었다. 네슨이 당시를 회상했다. "닉슨은 홀로 방에 있었는데 너무 아파서 침대에서 내려올 수도 문을 열 수도 없었다." 약 10분 후 관리인이 와서 쇠톱으로 자물쇠를 잘랐다.

그제서야 포드가 방에 들어갈 수 있었고 침대 옆으로 걸어가 전임에게 인사했다. 닉슨은 바로 누워있었다. "코와 입은 튜브가 꽂혔고 팔, 가슴, 다리는 오렌지 불빛이 점멸되는 기계에 전선으로 연결되어 있었다." 포드가 회상했다. "얼굴은 잿빛이 되었는데 내가 죽음에 임박한 사람을 본적이 없다는 생각이 들었다." 대화가 불가능한 것은 아니었지만 상당히 어려웠다. 두 사람은 선거유세에 대해 간단히 말해도 닉슨은 고개만 끄덕였다. 포드가 지난 밤들을 어떻게 지냈는지 묻자 닉슨의 거친 소리로 대답했다. "좋은 밤이라고는 없어요." 포드는 일정을 서두르고 닉슨을 쉬게 하는 것이 좋겠다고 생각했다. 그가 떠날 때 닉슨은 방문에 감사했다. "대통령님, 이번 방문은 제게 큰 의미가 있습니다. 깊은 감사를 드립니다."

네슨은 나중에 기자들에게 두 대통령은 8분 정도 시간 중 실제 이야기는 4분뿐이었다고 말했다. (네슨은 회고록에서 이런 식으로 과장했다고 자신을 비꼬았다. 즉, "현실과 다르게도 나의 첫 거짓말은 닉슨 옹호였다.") 몇 분 후 기자와의 직접대담에서 포드는 두 사람은 외교문제 관심사를 서로 주고받았다고 밝혔다. "분명히 그는 대단히 아프기는 하지만 차츰 대단히 좋아질 것으로 생각합니다. 전 대통령은 집중 치료를 받고 있습니다"라고 설명했다. 실제 여러 상황으로 짐작할 때, 포드는 닉슨이 살아나지 못할지 모른다고 생각하며 병원을 떠났고 가지 않은 것보다 방문하길 훨씬 잘했다고 생각했다. 포드는 나중에 적었다. "닉슨이 죽고 내가 방문 기회를 놓쳤다면, 나는 평생 자신을 용서치 못했을 것이다."

닉슨과 포드라는 시간과 기회로 묶여진 둘은 대통령직이 끝난 후 오랫동안 살았다. 닉슨은 1974년 퇴임 후 20년을 더 살았고 포드는 1977년 초에 떠나 거의 30년간을 더 살았다.

포드는 이후 30년간 계속된 많은 인터뷰를 끈기 있게 반복해서 받아들이며, 국가가 워터게이트 악몽을 잊기 위하여 또 생각도 못했던 자신의 대통령직을 수행하기 위하여 닉슨 사면을 단행했음을 설명했다. 시간이 가면서 사면결정이나 1974년 적기를 맞췄다고 비난했던 대부분은 진정으로 사심 없이 올바른 일을 한 포드를 믿게 되었다.

마침내 대통령 클럽도 포드의 결정을 인정했고 어쩌면 희생을 감수해야 했던 대통령 능력까지도 인정했다. 2001년 포드는 또 다른 대통령 가족으로부터 명예훈장을 받았다. 즉, 그에게 존 F. 케네디 프로파일 커리지어워드Courage Award, 진정한 용기 있는 사람 상을 수여 받았다. 이 상은 진보계에서 논쟁이 되었다. 워터게이트 사건 후 25년 이상, 케네디 가는 닉슨을 용서한 공화당 누구도 용서한 경우가 없었다. 상원의원 테드 케네디는 88세가 된 전 대통령에게 말했다. "당시 대부분의 우리와 다르게, 포드 대통령은 국가가 앞으로 나아가야 함을 인식하고 닉슨 전 대통령 기소노력만 계속할 수는 없었습니다. 그래서 포드 대통령은 역사가들이 말하는 그의 자리를 희생시키는 용감한 결단을 내렸습니다."

이것으로 케네디 가문은 닉슨을 사면한 포드에게 사면을 준 것과 마찬가지였다.

포드와 레이건:

당내 불화

————— ⊨○ —————

제럴드 포드와 로널드 레이건 간의 관계를 불화라고 부르는 것은 잘못이다. 현실은 그보다 더한 철천지원수였다. 이는 1970년 중반 공화당 당내 중도와 보수, 외교정책을 둘러싼 현실주의와 이상주의, 전통적 기반 지역인 동부와 중서부 대 빠르게 성장하는 새로운 기반의 서부지역 사이에 벌어진 계파 싸움이었다. 게다가 서로의 지성을 강하게 부정하며 각자 더 우수하나고 믿는 극히 개인적 이유도 있었다. 포드는 레이건을 통수권자로서 준비가 되지 않은 가짜 혹은 벼락스타로 보았고, 레이건은 포드와 그의 무리를 헨리 키신저가 세계정세의 긴장 완화를 이끌고 소련의 생존을 돕는 일방통행으로 몰아넣은 닉슨주의 찌꺼기로 믿었다. 포드는 레이건에 대해 할리우드 경력에 구멍이 뚫리자 번드르르하게 기름칠하고 정치계로 이해관계를 찾아온 신참 기회주의자로 간주했고, 레이건은 포드가 신뢰할만한 당의 대역배우이지 진정한 정치계 스타는 아니라고 믿었다.

그들은 절대 가까워질 수 없었지만 대통령 클럽의 유인이 둘을 함께 묶어버렸을 것이다. 1976년 두 사람은 결사적으로 대통령이 되고자 했기 때문에 뉴햄프셔 예비선거에서부터 전당대회 이틀 전까지 곳곳에서 대전했다. 불화가 너무나 노골적이었기 때문에 대의원들이 원하는 것은 다른 무엇보다 공화당 후보 지명에 대한 서로의 협력이란 것을 둘 다 상상도 하지 못했다. 하지만 4년 뒤 이례적이면서 딱 들어맞지 않는 권력 분담 계획을 구상하며 결국 각자 오래도록 염원하던 것을 얻는 해법으로 가까워졌다. 즉, 레이건은 대통령이 되고 포드는 마침내 공직에 당선되게 된다.

———— ⚷ ————

15

"머리끝까지 화가 났다"

- 제럴드 포드 -

1976년 1월 초 제럴드 포드는 미국 대통령 선거에서 그의 첫 유세가 어떤 모습으로 전개될지 설명했다.

로널드 레이건에 맞서 초기 예비선거를 성공으로 이끈 후에 포드는 총선에서 오랜 친구 허버트 험프리와 맞붙을 것을 예상하며 말했다. "허버트는 신사다. 그도 나도 천박한 정치적 비난은 하지 않을 것이다…. 그런 바람직한 경쟁은 국가를 위해서도 유익한 것이다."

포드의 이 말은 너무 순진하여 대통령으로 16개월을 보냈어도 여전히 정치색에 물들지 않았음을 의미했다. 그는 대통령도 부통령도 당선경험이 없었고 출마한 적도 없었다. 이제 그는 투표용지에서 자신의 이름을 본적이 없는 수천만 유권자들을 끌어들이는 유세를 하지 않으면 안됐다. 정치계 28년 활동에서 지금 하려는 규모의 일과 예견을 실현하기 위해 준비된 것이 없었다. 수년 후 1990년 그는 자신의 오산을 인정했다. "나는 의회에 출마해서 언제나 혼자 하는 유세를 주로 많이 했다. 돈에 여유가 없기 때문에 확실한 승리만 도전했다. 열심히 노력한 만큼 일대일 기준의 유권자들이 열렬해지는 선거운동을 보았다. 갑자기 다른 생각 속에 빠져 있었다는 것을 깨닫고, 나로서는 납득되지 않는 거대한 차이를 인정해야 했다."

* * *

1976년 포드는 미국 정치에 대하여 좋은 후보들이 좋은 주장을 하면 유권자는 둘 중 더 좋은 선택을 할 수 있는 다소 안정된 시대가 도래한 것으로 상상했다. 이것은 고상한 오해였다. 대선 출마 경선의 관점 변화는 차치하고, 그는 상상보다 훨씬 더 복잡한 상황에 직면했다. 쉽게 짐작할 수 있고 많은 사람이 같은 생각이겠지만, 워터게이트, 닉슨, 베트남 전쟁 여파로 민주당은 상황이 유리했다. 거기에다 이제 18세에도 투표권이 부여되고, 징집도 끝나고, 성평등 혁명이 미국 전역에 요동치고 있었다. 문화적으로 급속한 사회적 자유화 사상이 국가정치를 확실하게 변모시키고 있었고 몇 군데에서는 실현이 되었다. 하지만 40년 민주당시대는 이미 지나갔는데, 그럼에도 불구하고 혹은 그 때문에, 주류의 변화는 아직도 이 나라 모서리만 두드릴 뿐이었다. 광범위한 종교 재각성이 진행되면서 복음주의 기독교가 선두에 나섰다. 민주당이 육성해 온 석유금수와 천연가스, 민주당이 초래한 경기불황과 예산적자, 한때 신뢰받던 산업체 균열 등이 국가를 서서히 우측으로 향하게 했다. 장기간 지속되던 협력적 초당파주의가 끝나고, 워터게이트와 베트남전은 미국 정치를 혈투에 더 가까이 몰아 넣었다. 포드가 상상했던 신사의 시대는 벌써 가버렸다.

돌아온 고양이

1976년 대선이 시작됐을 때 제럴드 포드를 곤경으로 몰은 것은 레이건만이 아니라 닉슨도 마찬가지였다.

18개월 전에 사임했고, 포드가 상당한 정치위험을 감수하며 사면한 전 대통령은 1976년 2월을 은둔에서 나오는 적기로 삼아 중국인민공화국을 방문하며 세인의 주목을 끌었다.

닉슨은 몇 달 전 1976년 대선이 끝날 때까지 국제여행 잠정연기를 포드에게 약속했지만, 1975년 말경 마음을 바꾸었다. 닉슨은, 레이건의 압력을 받고 있는 포드가 미중 국교정상화를 미루고, 중국개방 설계조항을 준수하지 않을 수 있을 것으로 생각하는 등 이유가 불확실한 채 남아있다.

포드와 키신저가 몇 개월 전 중국을 방문한 일은 아무 진전이 없었는데, 닉슨 방문에 대해서 한 중국외교관은 "젖은 대어로 키신저의 배를 쳤다"고 표현했다. 중국의 게임이 무엇이든 간에 워싱턴 정치인들은 닉슨의 갑작스런 여행의도 저변에는 이전보다 더욱 사악한 음모를 엿볼 수 있다고 생각했다. 즉, 예비선거 시작부터 포드의 기를 꺾고, 닉슨의 영원한 후배 정치인 존 코넬리가 1976년 전 당대회 때 분열된 당을 구원할 수 있는 가능성을 더욱 끌어올리는 음모라고 생각했다. 어느 쪽이냐 하면 닉슨은 언제나 제멋대로 굴며 자기중심적 인물이었다. 어쨌든 포드도 시기가 적절치 않다는 것을 시인해야 했다. 포드는 공산주의 유화정책에 대항하는 레이건의 도전을 받는 바로 이때, 불명예의 전임이 북경귀환 환영축제를 즐기는 모습을 비디오로 보는 것보다 더 나쁜 일이 있을까?

포드 보좌관들은 중국이 닉슨을 태우기 위해 보낸 보잉 707 비행기 착륙권 거부를 논의했고, 심지어 강경 시위로 중국 비행기를 볼모로 삼는 제안까지 의논했다. 마침내 포드는 사면해준 사람에게 직접 말해야 할 입장이 되었다. "닉슨 대통령은 민간인 신분으로 중국에 가려는 것이다." 라고 말했지만 이목 밖에서는 끓어올랐다. "그가 일을 계속 추진하면 박살내버리겠다." 국가안보고문 브렌트 스코크로프트는 더 솔직했다. "닉슨은 골치덩이다."

몇 개월 동안 은둔했던 닉슨과 부인은 뉴햄프셔 예비선거 3일 전 북경에 모습을 드러냈다.

그의 여행은 대통령 방문의 품격을 갖추었다. 닉슨은 15명의 보안경호와 20명 기자가 동행하여, 최신 중국곡예공연을 참석했고, 모택동 주석과 40분간 만났다. 타임 편집인들은 선명한 기술분야가 아직 초기단계였던 당시의 방문 관련 칼라 사진을 2페이지에 걸쳐 실었다. 방문이 끝난 후 양국은 이룬 성과가 없었고 미국 내 반응 역시 싸늘했다. "이 방문에서 얻은 것이 아무것도 없었다. 전혀 없었다. 엉망이 되어버린 그의 인생에서 조그만 의미라도 찾으려 했지만 자기구원도 못할 것이다."라고 데이비드 브로더가 기사를 썼다. 상원의원 배리 골드워터는 한 술 더 떠서, 민간인 신분으로 비승인 외교정책 이행을 금지하는 1799년 로간 법 위반이라고 닉슨을 비난했다. "만약 그가 국가에 좋은 일을 하고 싶다면 그곳에 머무는 것이다."

　태연히 참는 것 외에 포드가 할 수 있는 게 없었다. 귀국 이후에도 닉슨은 백악관에 존경을 보이지 않았다. CIA 월트 부국장을 샌클레맨트에 보내어 방중보고를 받겠다는 포드의 요구를 닉슨은 거절하면서, 대신 60 페이지 여행보고서를 백악관에 보내겠다고 주장했다. 포드가 그것을 읽은 후 스코크로프트와 CIA 조지 부시 국장과 다른 여러 사람에게 회람했지만 "가치 있는 내용이 없다"는 반응만 돌아왔다. 닉슨의 해외 재출현 때문에 포드는 뉴햄프셔 예비선거에서 패배를 겨우 모면하는 정도였다. 10만 표 중 700표만 바뀌었더라면 아마 레이건이 현직 대통령을 상대로 첫 번째 주에서 승리를 얻었을 것이다. 이것은 앞으로 벌어질 일의 전조였다.

당내 싸움

레이건에 있어서 포드는 계획 밖이었다. 좋게는 불편한 존재고 나쁘게 말해 권리 찬탈자였다. 레이건 참모 린 노프지거가 말했다. "우리는 닉슨이 두 번 임기를 채우고 난 뒤 레이건 출마를 생각했다. 그런데 닉슨이 실수를 해서 포드가 대통령이 되었다. 레이건의 대통령 출마에 열중하던 많은 사람이 현직 대통령을 상대하는 예비선거는 원치 않았기 때문에 문제가 되었다."

　포드가 지난 40년간 정치에 협력해온 오랜 친구였기 때문에 닉슨의 개인치욕과 자신에 대한 무례를 용서한 것이야말로 클럽의 모순이다. 하지만 포드와 레이건은 깊은 정치연대에서도 서로의 사소한 실수나 상처로 크게 갈라졌다. 레이건이 공화당 운동가들과 회동 차 1974년 8월 워싱턴으로 날아갔을 때 포드는 레이건이 백악관에 들를 것을 묻지 않은 데 실망했다. 포드가 캘리포니아를 여러 차례 방문할 때마다 주지사 레이건이 대통령 혹은 부통령 넬슨 록펠러를 마중하러 공항으로 나와주지 않은 데 모독을 느꼈다. 게다가 오랜 공화당의원 포드는 레이건이 때때로 공화당정치자금 모금행사에 나타나서 그의 주군을 비방했다는 사실을 용납할 수 없었다.

한편, 레이건과 참모들은 포드 백악관이 취하는 모든 움직임을 세크라멘토의 레이건 전략에 대한 숨겨진 공격으로 보았다. 그들은 포드가 부통령으로 록펠러 선택은 당내 레이건의 입지약화의도로 믿었다. 특히 레이건은 포드가 1976년 출마하지 않겠다는 약속을 깨면서 유권자를 배신했다고 주장했다. 어쨌든 이런 근거의 뉴스위크 기사들이 게재 되자마자 대체로 불신을 받았다.

다른 후보들의 경우처럼 포드가 1976년 경선에 레이건을 매수하지 못한데 대해 양진영 참모 모두가 놀랐다. 닉슨은 의도적으로 레이건을 외국여행으로 내보내며 진정시켰다. "레이건의 기분을 달래줄 때다."라며 닉슨은 당시 군사보좌관 스코크로프트에게 말하곤 했다. 닉슨은 레이건을 해외에 네 차례나 보내면서 공군1호기에 보안경호까지 붙여주었다. 레이건은 주지사 당시에도 이런 식으로 18개 국가원수를 만났다. 가장 좋았던 점은 워싱턴이 모든 비용을 지급했다는 것이다. (레이건은 주머니에 몇 달러만 넣은 채 어떻게 유럽 수도를 일주했는지 이야기하길 좋아했다.)

레이건은 오랫동안 그렇게 해왔는데 포드는 사소한 쓰다듬기조차 보인 적이 없었다. 포드가 레이건에게 내각자리를 넌지시 제안했을 때 그는 무시해버렸다. 레이건이 은근히 마음을 둔 외교직책 대신 포드는 따분한 상공부장관직을 흔들어 댔다. 그리고 전화를 집어 들고 충고를 얻고 도움을 청하기보다 불평을 늘어놓았고, 자기의 수석보좌관 던 럼스펠드조차 그보다 더 높은 자리를 희망했을 텐데도, 그를 시켜 그 직책을 제안했다. 레이건의 거절은 당연했다. 로 케논이 보도한 에피소드에 의하면 레이건은 "있을 수 없는 모독"을 느꼈다.

어째서 포드는 레이건의 진로를 놓고 평범한 대통령의 성수를 뿌려주지 못했을까? 원인은 질투였다. 1974년 레이건은 적어도 보수계에서 둘 중 더 유명하고 더 확실한 지지를 받았다. 그는 포드에게 없는 기품이 있고, 연설이 대담하고, 신념이 강하며, 출구를 만들 줄 아는 등 많은 장점을 지녔다. 포드의 여론조사원 로버트 티터는 그의 회고록에서 말했다. 레이건은 "뉴햄프셔와 플로리다의 공화당예비선거 투표장에 가면서 생각나는 보수주의 우상이고 거의 완벽한 맞춤 인물이었다."

부러움이 멈춘 곳에 부정이 자리한다. 포드 보좌관 다수가 레이건의 도전규모를 늦게까지 전혀 파악 못했음을 나중에 시인했다. 공화당 사람들 다수가, 포드를 대통령직에 적합하지 않다고 느끼는 것을 알고, 백악관 내에서 극복대책을 강구하느라 바빴다. 1976년 유권자 21%만이 자신들이 공화당이라고 밝혔고, 그런 사람들이 포드보다 더 보수성향으로 기우는 숫자가 커져가고 있었지만, 레이건이 공화당의 위험한 결집 뒤집기나 현 대통령에게 도전을 가할 것으로 믿지 않았다. "레이건에게 견제를 받고, 개인적으로 대의원을 끌어 모으고 자금을 모금하느라 내 시간을 엉뚱한 곳에 허비하게 된데 머리끝까지 화가 났다"고 포드는 훗날 고백했다.

1976년 중간선거가 빠르게 진행되어 조기에 뚜렷한 승자를 정했다면 문제가 별로 없었겠지만, 상황은 정반대로 포드-레이건의 원한관계는 예비선거 후 늦여름에도 수개월 간 계속되어 켄자스시티 전당대회까지 그런 식이었다.

중간선거는 레이건과 포드 둘 다 유리한 외교정책에 집중되었다. 레이건은 닉슨-포드-키신저의 화해주의 외교정책과 달리하는 만큼 사실 포드를 상대로 출마하고 싶지 않았다. 화해주의란 미국과 공산주의국가인 소련·중공은 평화적 공존뿐만 아니라 어쩌면 공동목표를 달성할 수 있다는 생각이었다. 닉슨과 포드에게 화해주의란 견제확대였고 이는 수십 년간 모스코바 견제유지를 초당파적으로 추구해왔던 정책이었다. 하지만 레이건한테 화해란 항복 같은 것이었고 미국은 대가 없이 공산정권에게 도덕적 합법성을 부여해주는 것이었다. 화해를 공격함으로써 레이건은 공화당 내 현실주의와 이상주의 사이에 분열을 확대시키고 있었다. 즉, 소련은 과연 관리할 수 있는 존재인가 아니면 파괴될 존재인가?

포드가 초반 예비선거 대부분을 승리했지만 레이건은 노스캐롤라이나, 텍사스, 네브래스카에서 승리하며 반격했다. 레이건은 포드가 베트남 공산주의 통치를 인정하려 한다는(사실이 아니었지만) 주장으로 여론입지를 얻어갔고, 파나마 운하의 운영통제권을 "허풍쟁이 독재국가" 파나마에 넘기려는 새로운 조약을 협상하려는 포드계획을 즉시 파기하도록 촉구했다. 레이건은 30분 유료광고로 노스캐롤라이나 예비선거를 승리로 이끌었고 거기서 유명한 운하 이야기를 했다. "우리가 그것을 짓고 돈을 지불했으니 우리 것이고 끝까지 지킬 것이다!"

노스캐롤라이나 패배는 포드를 상당히 어렵게 만들었기 때문에 일부 보좌관들은 키신저를 해고하거나 아니면 일부 기자들을 국가안보회의에 참석시켜 포드가 키신저에게 명령하는 모습을 보게 해야 된다는 이야기가 나왔다. 동시에 레이건 진영에도 가장 주목할 만하게 그의 부인이 주지사가 대통령 후보경선에서 빠져 나오기를 바라고 있었다. 왜냐하면 그의 공격에도 불구하고 포드가 점차 대의원 수를 빼가고 있었다. 포드는 캘리포니아 최종 예비선거에서 스튜 스펜서 광고의 도움을 받았다. "화요일 투표할 때 기억하세요: 주지사 레이건은 전쟁을 시작할 수 없지만 대통령 레이건은 할 수 있다."

레이건 부통령?

예비선거가 끝나자 둘 다 지명에 성공하지 못했다. 레이건은 필요한 1,130 대의원 수 중 90이 모자랐고, 포드는 63표가 부족했다. 그래서 레이건 선거참모 존 시어스는 이 경선을 살리기 위한 몇 개 꾀를 마련했다.

우선 시어스는 레이건에게 진보성향 펜실베니아 상원 리처드 슈바이커를 러닝메이트로 지명하도록 설득시켰다. 포드에게 표를 던지는 일부 진보 펜실베니아 대의원들이 충성심을 바꾸어 지역주의에 지지할 것이라는 희망에서였다. 그것은 효과가 없었고 시어스로서는 레이건이 여전히 후보지명을 빼앗을 수 있다는 의혹만 몇 주 간 계속되게 만들었다.

시간은 지나고 시어스는 지명법 16-C로 알려진 당내규로 가리는 원내싸움 전개를 결정했다. 그것은 최종후보 지명투표가 시작되기 전에 부통령 희망자를 지정하여 발표할 수 있다. 따라서 슈바이커를 부통령으로 지명하면 레이건은 포드에게 러닝메이트 지명을 촉구할 수 있는 영리한 발상이었다. 제임스 베이커가 당시 포드의 대의원 표 계산에서 이렇게 설명했다. "시어스가 포드의 러닝메이트 지명을 강요하고 있다. 그는 포드 대의원 일부를 빼앗거나 또는 대통령 포드가 누구를 러닝메이트로 선정하든 미결정자들을 이간시킬 수 있다."

그것이 비밀로 진행되었다 해도 이 싸움은 수백만 달러, 로비스트 군단, 강인한 팔씨름, 엄청난 대통령 특혜와 깊은 불안을 야기했다. 포드 팀은 미조리 주 캔자스시티 켐퍼 아레나 실내경기장 특별개인관람석을 마련하고, 주저하는 대의원들에게 술을 대접하고, 또한 승리하면 여러 대통령 특혜를 제공한다거나, 그렇지 않으면 보복위협까지 했다. 싸움은 전당대회 3일 전까지 끝나지 않았다. 내규에 의거하여 포드는 극히 적은 29표차로 이겼다.

포드 진영은 시어스의 묘수를 물리치느라 또한 바빠서 부통령 지명 없이 전당대회를 맞았다. 보수측 압력에 굴복한 포드는 1975년 가을 당시 부통령 넬슨 록펠러에게 후보자 지명을 받지 못하게 될 것을 통보했다. (이 결정은 일생 중 가장 소심한 것으로 나중에 포드가 털어놓았다.) 하지만 아직 부통령 지명을 결정하지 못했다. 존 코넬리? 하워드 베이커? 윌리암 사이먼? 엘리엇 리처드슨? 레이건까지 상상가능 이름들이 포드 명단에 올랐다.

레이건이 부통령을 원했다 하더라도 실제로 아무런 행동도 하지 않다가, 캔자스시티에 도착해서야 거래를 서둘렀다. 뮤러바커 호텔에서 주요 지지자들과 점심을 하는 중 레이건은 일부 캘리포니아 대의원들이 부통령추대운동을 시작했다는 소리를 들었다. 레이건은 펜으로 단숨에 써내려 갔다. "캘리포니아 대의원 나의 친구들에게, 나는 여러분들이 포드 대통령 후보지명에 내가 부통령을 선택할지 궁금하게 생각한다는 것을 알게 되어서 이점을 분명히 합니다. 정확히 말해서, 나는 수락하지 않습니다. 이것이 현재 솔직하게 말할 수 있는 답입니다. 어떤 경우에도 부통령 지명수락은 없습니다. 이게 나의 최종대답입니다."

레이건은 동생 문에게 쪽지를 주며 전하게 했다. 문은 대답하며 물었다. 그들이 이것이 형의 쪽지라고 알아볼까요? 그러자 레이건은 끝에 자필서명을 했다. 수십 부를 복사하여 의심을 진정시키고자 원내지도자들과 대의원대표들에게 전달했다.

레이건에게 문은 닫혀 있지 않았지만 그는 쾅 하고 닫아버렸다.

그날 저녁 포드가 레이건 호텔로 사전 조율된 방문을 했다. 양진영 보좌관들이 며칠 전부터 구상하여 당 결속유지와 승자가 패자를 방문한 후 공동기자회견을 하도록 합의된 것이다. 레이건 참모들은 회동에 대한 당규정 기본원칙을 주장했고, 포드는 어떤 상황에서도 레이건에게 부통령후보제안을 할 수 없었다. 레이건 참모들은 레이건의 제안거절에 따른 당혹감을 포드에게 주지 않으려는 노력이었다고 말했지만, 나중에 포드진영이 레이건은 단합에 관심이 없었다고 주장할 환경은 만들고 싶지 않았기 때문에 그들은 아무 말도 하지 않았다. 그래서 제안도, 기대도 하지 않았다. 포드가 말했다. "주지사님, 멋진 싸움이었습니다. 당신은 엄청난 일을 했습니다. 당신의 능력과 조직이 부럽습니다."

사진 포즈를 취한 후 포드는 기자들을 무시하며 레이건에게 사적으로 몸을 돌리며 물었다. "론, 내가 부통령을 지명한다면 누구를 추천하고 싶으세요?" 이것은 적어도 돌려 말하는 포드의 마지막 제안이며 레이건이 자원할 마지막 기회였다. 포드는 이 질문에 대해, "그가 티켓을 원치 않음을 내 스스로 확인하기 위해" 공개방식으로 물었다고 나중에 주장했다. 그렇게 레이건은 미끼를 사양했고, 대신 둘은 여러 후보 윌리엄 러컬샤우스, 리처드슨, 베이커, 코넬리에 대해 의논했고, 레이건은 그날 밤 놀에 대해 가장 호의적으로 이야기했다. (이것은 당시 기록에 따른 것으로, 그날 일찍 돌은 만약 레이건이 부통령직을 원치 않으면 레이건이 그를 추천하도록 노프지거에게 부탁했다.) 그래서 가을 대선유세에 같이 참여하기를 레이건에게 물으며 포드는 설득했다. "나는 당신이 우리를 도와줄 수 있을 것으로 생각합니다." 포드가 떠난 후, 전반적인 경선을 완전히 승복한 레이건은 이제 쉬면서 돈을 벌고 싶다고 이야기하면서 가을에 유세를 할 수도 있을 것이라고 말했다.

꿈의 공천이 무엇이었든 간에 이루어지지 않았다.

여러 레이건 참모들과 지지자들은 앞으로 다가오는 대선에 있어서, 레이건을 승선시켜 당을 결속시키고, 11월에 지미 카터를 물리칠 수 있는 우호연합구축의 엄청난 기회를 포드가 뮤러바커호텔 스위트룸에서 놓쳤다고 주장했다. 사전조율로 내규에 따르기보다 포드가 직접 레이건의 애국주의에 호소했어야 했고, 국익을 위해 자존심을 접어두도록 강조했어야 했다고 주장했다. 그들은 또 레이건은 한 번도 통수권자를 무시한 적이 없었다고 주장했다. 포드와 레이건과 절친한 제임스 베이커는 레이건이 대통령이 된 후 역사적인 이 제안에 대해 언급했는데, 비록 레이건이 후에 대통령이 될 기회가 멀어진다 하더라도 그 제안에 동의했을 거라고 말했다. 그 뒤 베이커는 설명했다. "나는 (대통령 레이건과) 두세 번 일대일 대화를 해본 적이 있다. 거기서 나는 말했다. '포드 대통령이 부통령 자리를 제안하고 당신이 받아들였다면 당신은 절대 대통령이 되지 못했을 수도 있다.' 레이건이 답했다. '나도 안다. 그렇지만 당시 포드가 내게 직접 제안했다면 나는 제안을 받아들이는 것이 당연한 의무라고 느꼈을 것이다.'"

하지만 포드는 같은 배를 타도록 권할 정도로 레이건을 곁에 두고 싶은 생각이 없었기 때문이었는지도 모른다. 그가 말한 약간의 증거가 있다. "나는 감정이 복잡했다. 그가 부통령 자리를 희망한다고 생각했는데 반대로 우리는 심하게 싸웠고 서로 강하게 불일치했고 공공연하게 이런 다른 점들이 조정되는데 대단히 어려웠을 것이다."

그것은 자제된 표현이었다. 두 사람과 일해 본 스펜서가 말했다. "처음부터 레이건은 원치 않았다는 것을 내가 알고 있었고, 포드도 원치 않는다는 것을 나는 알았다."

여하튼, 포드가 레이건을 부통령으로 제안했어도 그 경선이 다르게 전환되지 못했을 것이다. 레이건은 힘없는 제2인자가 되었을 것이고, 보좌관들은 끊임없이 싸움을 계속했을 것이고, 레이건이 남부 일부에서 포드를 도왔다 하더라도, 그곳은 카터 강세지역이어서, 포드가 반드시 이겨야 하는 더 온건한 중서부 기회를 카터가 깎아 내렸을 것이다.

어쨌든 결과는 레이건에게 실망스러웠다. 전당대회에서 레이건은 8년 동안 두 번이나 지명에서 벗어났다. 켄자스시티를 떠나기 전 그는 참모, 캘리포니아 대의원, 친구들에게 감사와 고별을 전했다. 타임의 딘 피셔는 그날 오후 뉴욕편집자들에게 이 행사의 전문을 다음과 같이 발송했다. 한 순간 울기 시작한 친구를 본 레이건은 마음을 억제하려고 방을 떠났다. 캘리포니아 대의원들에게 연설하는 동안 낸시가 흐느꼈다. 레이건 자신은 말하기조차 어려워했다고 근처에 있던 참모가 설명했다. "그는 유능한 배우가 아니었다."

즉흥연설이 아니었다

마지막에 이상한 드라마가 연출되었다. 캔사스시티 전당대회 끝에 레이건이 단순한 정치보다 더 폭넓은 임무에 자신의 승부를 겨루어 볼 수도 있었던 큰 기회들을 놓쳤다는 생각이 들게 했다. 목요일 밤 풍선이 띄워지고 밴드가 준비되어 대의원들은 흥분했다. 포드가 수락연설을 마무리하고 전당대회 매니저 스탠 앤더슨에게 몸을 돌려 말했다. "진행이 잘 되었습니다. 이제 레이건을 데려오십시오." 그래서 앤더슨이 단숨에 단상 아래로 곤두박질하듯 달려 휴지통이 곳곳을 막고 있는 통로를 뚫고 엘리베이터를 타고 첫 발코니 위에 있는 특별개인관람석 위로 올라갔다. 그곳에서 레이건, 낸시, 정책참모 린 노프지거가 아래 쪽의 전당대회 진행을 지켜보고 있었다. "레이건 지사님 대통령께서 연설대에 함께 자리해주시기를 바랍니다." 앤더슨이 말했다.

노프지거가 대답했다. "말도 안 되는 소리."

낸시가 덧붙였다. "로니, 하지 마세요."

앤더슨은 레이건 부부가 아직 상처를 느끼고 있음을 느꼈다. 하지만 지금 포드는 진정으로 레이건이 연단에 나란히 서주기를 희망하고 있었고, 대회장 내 많은 사람도 그들 부름에 레이건이 나와주길 바라며 손짓으로 부르며 연창했다. "레이건! 레이건!" TV 관련자들은 카메라를 관람석에서 연단까지 고정하고 한 사람이 마음을 누그러뜨리고 참여하기를 기다리고 있었다. 한편 앤더슨은 재촉했다. "모든 예우를 갖추어 미국 대통령님이 주지사님께 당의 유익을 위해 함께하기를 요청했습니다." 낸시와 참모 노프지거가 어떤 충고를 하던 간에 제의수락까지 시간이 걸리지 않았다고 앤더슨이 전했다. 레이건은 "하겠다."라고 말하여 부인 손을 잡으면서 앤더슨을 따라 홀 앞을 향했다.

세 사람이 엘리베이터를 타고 내려가서 통로를 지나면서 반대하던 낸시가 물었다. "로니, 어째서 하겠다는 거예요?" 하지만 레이건은 마음을 정했고 주머니에서 빗을 꺼내어 머리를 단정하게 빗어 넘겼다.

다음에 펼쳐진 것은 '거의 다 왔어요. 다시 돌아옵니다'는 뜻으로 해석되는 공연이었다. 레이건은 무대연단의 포드 부부, 부통령 후보지명자 밥 돌, 그의 가족들과 나란히 섰고, 대통령이 마이크를 항복시킨 경쟁자에게 넘겨주었고, 그는 모두가 거의 즉석이라고 믿을 정도의 연설을 했다. 확실히 즉흥처럼 보였지만, 실은 포드 보좌관에게 암시를 받은 레이건 참모가 대통령이 연설을 시킬지도 모른다는 주의를 주었다. 비록 아무런 언급이 없었다 하더라도, 레이건은 포드가 연단으로 부르면 무슨 말을 할지 정책고문 마틴 앤더슨과 충분히 의논했었고, 아무 생각 없이 연단에 오른 게 아니었다.

그의 언급은 현대정치집회에서 있었던 어느 것보다 더욱 흥미를 끈 연설이었다.

레이건은 포드에게 연설서두에 간단하게 감사의 말을 언급하고 포드 지명에 대한 지지는 별로 많지 않았다. 그는 "용감한 깃발, 그림자 없는 명백한 색체"로 표현되는 강한 외교정책 입장을 밝힘으로써 신용을 쌓았다. 하지만 약 1000단어 정도의 핵심은 그가 최근래 2076년의 미국인에게 편지를 쓰도록 부탁 받았다는 이야기였다. 레이건이 미래의 미국인들에게 무슨 이야기를 할지 깊이 생각하면서 그는 1976년에 상당히 많은 것들이 어려움에 처해 있다는 것을 이 편지를 둘러앉아 읽게 될 때 더욱 분명해질 것을 깨달았다고 언급했다.

"백 년 후 사람들이 과연 감사하는 마음으로 100년 전을 되돌아보며 말을 할까요? '1976년 사람들 감사합니다. 자유를 빼앗기며, 100년 후 세상을 자유롭게 만들고 핵 파괴로부터 구해주어서 감사하다고 할까요?' 이것이 우리가 겪어야 할 도전이며 오늘 저녁 홀에 모이는 이유가 됩니다. 즉, 우리가 서로에게, 서로에 관해 이야기하기를 중단하고 밖으로 나가, 숫자 면에서 우리가 더 적을지 모르지만, 그들이 기다리고 있을 이전보다 더 나은 메시지를 세계에 전달해야 합니다. 많은 대중이 몇 년 전에 말한 것이 전부 사실이었다는 결의로 우리는 오늘 이곳의 단합으로부터 앞으로 나아가야 합니다. 즉, 승리를 대신할 수 있는 것은 없습니다. 대통령님."

이것은 강력하고 자기만족적이고 다소 이상한 것이었다. 마치 경쟁 상대에게 하는, 어쩌면 그 이상 포드와 그의 팀에게 하는 대단한 도전이었다.

레이건은 포드가 지명되기 전보다 더 섭섭한 마음으로 다음에는 반드시 대통령이 되겠다고 결심하며 캔자스시티를 떠났다. 노프지거가 나중에 말했다.

"그는 제럴드 포드가 그의 대선공천을 훔쳐갔다고 생각했다. 제럴드 포드는 그러지 않았다. 하지만 레이건이 포드가 정직하게 이겼다는 것을 인정 못했다고 생각한다. 그래서 그는 출마를 결심했다."

몇 개월 뒤 레이건은 포드를 대신해서 20개 주를 방문했고, 포드는 그 후 레이건이 그의 대선을 위해 최선을 다해주지 않았다고 불평했는데 이것 또한 완전히 공정한 평가는 아니었다. 하지만 텍사스와 미시시피 주 특히 포드가 약하고 지미 카터가 강했던 두 지역 선거유세에 협력해 달라는 요구를 레이건이 거절한 것은 사실이다. 전기작가 로 캐넌은 새롭게 조명한 레이건의 자서전에서 썼다. 그는 가을 캘리포니아 유세 때 포드와 같이 모습을 드러냈지만, 그때 포드가 평생 잊을 수 없는 대통령과 유세에 참여하지 못할 심사숙고 한 이유가 생겼다. 스펜서가 나중에 말했다. "이것은 레이건이 도울 마음이 없었다고 말하는 게 옳을 것이다. 포드도 그것을 안다. 그것이 패배 이유는 아니다. 핵심은 닉슨의 정치철학파 출신이면 스스로 독약 마실 각오를 한다. 스스로 신념을 만들고 교류하며 다른 사람을 위해 노력을 해야 된다. 그것이 내가 배운 방법이다. 레이건은 그런 철학이 전혀 없었다."

그러면 어떤 철학이 레이건을 움직였는가? 그는 언제나 다른 정치인들과 다른 리듬의 음악소리를 들었다고 스펜서는 믿는다. 그 리듬은 반공이었다. 그는 가난하고 모든 것이 제대로 돌아가지 않는 배경으로부터 자랐고, 대공황 한 가운데서 라디오 아나운서로 허리우드 배우로 성장한 레이건의 미국 사랑은 언제나 선과 악의 프리즘을 통해 사회에 비춰졌다. 미국 스크린 배우협회회장으로서의 경험은 그에게 공산주의는 귀중한 것을 손상시킬 수 있음을 가르쳐주었다. 스펜서가 레이건에게 본질적으로 왜 레이건이 대통령이 되기를 원하는가 물었을 때 그의 대답은 언제나 똑같은 공산주의 종식이었다. "이것은 레이건이 진정으로 깊이 생각한 유일한 것이었고 만약 이를 위해 무엇을 할 수 있고 무엇을 할 수 없는지, 무슨 방법으로 할 수 있는지를 생각했다."고 스펜서가 말했다. "이외에… 그는 행동으로 보여주었다." 몇 년이 지나가서야 이 나라 나머지 사람들이 스펜서의 통찰력을 이해할 수 있었다.

그 해가 지나기 전 포드는 지미 카터가 아니라 레이건이 1976년 선거에서 그를 희생시킨 것을 알았다. 예비선거와 함께 그의 주의를 산만시켰고, 시간과 자원과 대의원들의 기력을 고갈시켰고, 전당대회 3일 전까지 계속 싸움을 끌고 가을까지 천천히 움직였다. 포드의 생각에서 레이건이 그의 첫 대통령 선거승리를 방해했다. 그가 말했다. "저들은 내가 이기든 지든 아랑곳하지 않았다. 이유는 레이건 측은 이미 1980년 대선 계획을 세우고 있었기 때문이었다." 포드는 오랫동안 레이건에 원한을 품었다. 그가 죽기 몇 개월 전 캐논에게 말했다. "레이건이란 사람의 본질 속에는 남을 돕는 천성은 없었다. 그는 스스로 승리한다고 믿었다."

꿈의 공천 실패

1970년대 말까지 클럽은 연명 수준에 머물렀다. 포드와 카터는 정권 이양기 동안 긴밀히 협력하기는 했지만, 카터는 선서 당시부터 전임과 관련을 맺고 싶지 않았고 닉슨과는 더욱 그랬다. 카터는 1979년 1월 덩샤오핑鄧小平 주석 국빈 초청 만찬에 닉슨을 초청했고, 백악관 관저에서 등소평을 위해 카터와 영부인 로잘린이 주최한 작은 리셉션에만 포드를 포함시켰다. 한 보좌관이 나중에 이야기해서야 닉슨이 베이징과 국교정상화를 시작했기 때문에 "닉슨이 초청되어야 한다"는 것을 카터가 알게 되었지만, 닉슨이 존슨을 위해 만든 백악관 건너 특별 라파예트 스퀘어 게스트하우스 체류는 거절했다.

닉슨은 그 후 오랫동안 이미지 개선 노력을 한 번도 중단한 적이 없었고, 이를 성공시키기 위한 지렛대로 클럽을 자주 이용했다. 1976년 패배 후 포드의 도전은 우선적으로 합법적 당선이라는 보다 근본적인 것이었다. 1978년 6월 포드 옛 친구 잭 마쉬는 포드가 1980년 공화당대회에서 지명 받기 위해 해야 할 이성적 다양한 실천일정을 자세하고 길게 구상하여 작성했다. 마쉬의 메모는 어려움을 깎아 내리지 않으면서 도전을 진지하게 바라보았다. 레이건은 유명 인기인으로서 경선운동을 시작했지만 다른 대선후보군 조지 부시, 코넬리, 하워드 베이커 모두 나름대로 공화당내 자신이 공천을 받아야 하는 명분이 있었다. 포드의

오랜 여론조사원이었던 로버트 티터는 포드가 이런 싸움을 견딜 의지가 있을
지 걱정했고 포드 역시 자신을 의심했다. "내가 할 수 있다 해도 레이건을 물리
치기 위해 또 나가서 사오백만 달러 대선자금모금을 해야 한다고 생각을 하니
머리가 아프다."

그러나 예비선거가 다가오면서 포드는 계속 이 생각을 하고 있었다. 1979년
10월 모두가 그의 계획에 대해 모호하게 생각하는 가운데 워싱턴에 나타났다.
대부분 오랫동안 알아왔던 기자들과 조찬회에서 포드의 이야기는 수줍어하는
십대같이 들렸다. 그는 비꼬면서 말을 시작했다. "내가 이곳에 경선후보로 왔다
면 어려운 질문에 답해야 할 것입니다. 이제 나는 여러분을 유혹할 목적을 가지
고 온 게 아닙니다. 옛 친구와 지인들을 보고 싶어서 왔습니다. 이것이 오늘 아
침을 기분 좋게 보내는 방법이 아니겠습니까?" 재차 삼차 계속 계획에 대해 독
촉하자 그는 출마를 생각하지 않는다고 말하며 만약에 지원병이 될 수 있다면
환영한다는 점을 분명히 했다. "나는 소련과 핵무기감축협정SALT이나 또는 다른
문제를 이야기하고 싶습니다. 그것은 담배연기 자욱한 방에 앉아 차트와 전문
가들과 함께 계획 짜는 일을 의미하는 게 아닙니다. 만약 무슨 일이라도 발생된
다면 내버려둘 수밖에 없습니다. 나는 운명주의자입니다… 정치에 관해서 나는
'절대'라는 말은 절대 안 합니다."

그런 다음 이런 언급이 완전히 명확하지 못했음을 느낀 그는 그들을 더욱 혼
란 속으로 끌고 갔다. "나는 후보가 아닙니다. 어쩌면 그것을 안 믿을 수도 있습
니다. 또 한편 시나리오가 잘 발전되면 다른 관점에서 볼 수도 있습니다."

포드가 전략이 있었다면 그것은 공화당이 이런 위기상황에서 그에게 도움을
청해주길 기도하는 심정으로 해석되었다. 레이건이 1980년 초 예비선거를 성공
적으로 진행시키면서, 공화당 내 좀 더 중도의원 일부가 레이건이 민주당후보
카터를 물리칠 능력에 대해 사적으로 회의를 나타냈다. 이것은 포드 복귀의혹
에 불을 지폈다. 실제 중도파 일부는 레이건이 승리할 수 없음을 걱정하는 게 아
니라 오히려 레이건이 승리할 것을 더 걱정했다. 2월1일 포드는 뉴욕타임스기자
애덤 클라이머에게 만약 레이건이 이번에 이기지 못할 가능성이 있고 이에 대
해 요청 받으면, 초청 상임위원처럼 자원해서 뛰어들겠다고 말했다.

이 언급은 포드 진영 내 또 한 차례 비상기획을 촉발시켰다. 대선유세에 뛰어들기에는 너무 늦었다. 즉, 아이오와 전당대회는 레이건이 조지 부시에게 지면서 이미 끝났고, 뉴햄프셔 예비선거도 3주밖에 남지 않았다. 2월 12일 오랜 포드 참모 도그 베일리와 존 디어도프는 마지막 순간 후보참여에 대한 찬반을 기록한 긴 보고서를 마련했는데 거의 반대내용이었다. 즉, 일부 예비선거는 이미 지났고, 자금모금 시간여유도 거의 없고, 55세 부시는 레이건에 관심 없는 중도 공화당 성향 사람을 얻을 좋은 기회처럼 보였다. 집무실을 떠난 지 3년이 된 어느 날 포드는 마침내 개인적으로 영원히 귀향하겠다는 두 번째 결심을 했다. 몇 주가 지나서 3월 중순 맑은 어느 오후에 그는 기자들에게 후보로 나서지 않을 것임을 밝혔다. "미국은 새로운 대통령을 필요로 합니다. 온 힘을 다해서 당 후보를 지원할 것입니다." 포드는 귀가하면서 베티 여사에게 말했다. "내가 술꾼이라면 나는 술통이 되었을 것이다." 나중에 그는 인생에서 가장 힘든 결정이었다고 말했다.

12일 후 여론조사기관의 리처드 위드린은 레이건에게 대선캠프 선거위원장 빌 케이시를 포드에게 보내어 "관계개선"을 지시하도록 촉구하는 메모를 보냈다. 이제 전 대통령에게 구애할 차례가 되었다. 위드린은 레이건이 스스로 포드를 끌어 들이는 마음을 보이지 않는 한 포드를 누그러뜨리지 못할 것이라고 전망했다. 레이건은 7월 전당대회 전에 승리해야 했다.

"모든 공화당 가운데 제럴드 R. 포드는 다른 누구보다 우리를 해할 수도, 우리를 도울 수도 있는 사람입니다. 전주를 통틀어서 그는 유권자의 엄청난 존경을 받고 심지어 공화당내 고위인사들에게도 그렇습니다. 왜냐하면 그는 대통령 후보를 고려했기 때문에, 우리의 명분을 전환시킬 그의 마음과 행동은 엄청난 정치영향력을 행사할 것입니다. 제럴드 포드와 로널드 레이건이 화목하고 친밀하게 결의를 다짐하며 장기적 희망에서 함께 자리할 때 1976년에 발생했던 심각한 어려움도 해결할 수 있을 것입니다."

그래서 1980년 6월 5일 80% 득표로 캘리포니아 예비선거 승리 이틀 후 레이건은 랜초 미라지에서 전 대통령을 90분간 방문했다. 그들은 금새 지난 원한을 해소하며, 레이건은 포드에게 카터와 싸울 가을에 도움을 요청했고, 추측한 대로 그는 1976년 전당대회 이후 노력을 게을리 하지 않았음을 주지시켰다. 로 캐넌은 두 사람 다 용서하고 공동목표추진 방향으로 의견을 봉합하는 것으로 보였다고 보도했다. "포드는 오랜 적에게 이상하게 동향인의 자연스런 호감을 느끼게 되었다. 포드는 또한 카터가 좋은 대통령은 못됐다고 생각하고 그를 끌어내는 데 도움을 주고 싶었다고 생각했다."

LA 랜초 미라지 화해대담에서 지적할 점은 레이건이 포드가 예상치 못했던 비밀 제안을 했다. 이번 공천에 함께 참여하자는 제안이었지만 포드는 사양했다.

그래도 우정관계만은 계속 진행되었다. 포드는 몇 가지 요소를 깊이 생각했다. 첫째, 레이건은 자신 이외 다른 선택을 좋아하지 않았다. 초여름 워드린 여론조사는 단 세 사람만이 카터를 대항하는 레이건에게 도움이 된다고 밝혔다. 예비선거에서 두 번을 마친 부시와 포드와 하워드 베이커였다. 베이커는 몇 개월 전에 대선후보를 포기했지만, 부시는 5월 말까지 예선전에 있으면서, 자기들의 정치보스가 대선후보 공천권획득을 1968년 이래 계속 기다려온 레이건 진영 내부인사들을 불안하게 했다. 더욱이 레이건은 부시 판단을 어느 정도 의심하고 있었다. 린 노프지거가 나중에 말했다. "레이건은 조지 부시가 소심하다고 생각했고, 하워드 베이커에게는 파나마운하문제를 반대한다고 여전히 분노하고 있었다." 결국 포드는 전 대통령이고, 그의 경험과 신뢰는 백악관에 무경험인 레이건을 불안하게 여기는 유권자를 널리 달랠 수 있었다. 한편 카터는 국내외에서 허둥대면서도 레이건이 과연 통수권자로서 적합한지 의심하는 가운데 포드를 옆에 둠으로써 안심할 수 있었다. 하지만 6월에서 7월 초까지 포드 진영과 중간역할의 특사들이 레이건의 선거사령부에 전 대통령은 부통령으로 고려되는 것을 원치 않는다고 보도했다.

그리고 8월 디트로이트 공화당 전당대회 첫날밤에 포드는 카터를 향해 따가운 공격을 퍼부었다. 마치 검찰총장 같은 어조로 말했다. "여러분도 카터의 알리바이를 모두 들었습니다. 인플레이션은 절대 통제될 수 없고 세상은 변했습니다. 우리는 더 이상 외국정부에서 우리의 외교정책을 보호할 수 없고, 디트로이트 대량 생산라인에서 우리의 근로자도 보호할 수 없습니다. 우리의 기대를 낮추어야 하고, 현실적이어야 하고, 신중하게 뒤로 물러서야 합니다. 카터는 잠꼬대를 하고 있습니다!" 그런 다음 흥미를 끄는 말이 나왔다. "원로정치인은 한쪽에 조용히 앉아 현명하게 미소나 보내는 것으로 생각합니다만, 나는 앉아 있는게 습관이 되지 않았고 구석에 서서 시간 보내는 것을 좋아하지도 않습니다. 나에게 이 나라는 벤치에 있기에는 너무나 중요한 의미가 많습니다. 이번 전당대회가 주지사 레이건 팀을 전면에 내세울 때 나를 포함시켰습니다."

연설은 우레 같은 박수로 이어졌고, 호텔방에서 지켜보던 레이건은 무엇보다 포드가 레이건 세력에 서서히 열기를 준비한다고 생각했다. 6명의 당지도자 대표단이 다음날 아침 여러 부통령 후보자를 선택하기 위해 레이건의 디트로이트 르네상스 호텔 69층 레이건 방에 도착했을 때 레이건이 물었다. "포드가 어떨까?"

대표단은 머뭇거리면서 델라웨어 주지사 피트 뒤 퐁이 말했다. "물론, 제리포드가 최고입니다." 하지만 레이건 방문자 중 누군가가 포드가 받아들이도록 유혹할 수 있다 하더라도, 과연 현명한 시도일지 대부분 의심했다. 전 대통령이 부통령이 되는 일이 저자세도 아니고, 포드가 할 수 있다 해도, 양쪽 참모들이 혼합되면서 빠르게 문제가 드러날 수 있다. 하지만 전국전당대회의 열기 속에서 때론 논리가 소멸하기도 한다. 하원소수당 대표 밥 마이클은 레이건에게 개인적으로 포드에게 간청하도록 촉구했다. "이 문제는 일대일로 해야지, 참모들을 시켜서는 안 됩니다. 그래야 실수가 없습니다. 포드에게 가슴을 열고 속내를 보여줘야 합니다. 그러면 포드도 솔직한 진실을 알아볼 것입니다."

우연하게 르네상스호텔 레이건 바로 위층에 투숙한 포드는 그날 오후 늦게 계단을 내려와 레이건과 만났다. 65분간 회의에서 레이건은 다시 직접적으로 공천동참을 포드에게 호소했다. 지난 몇 주 동안 더욱 가까이에서 포드를 지켜보았고 일시적 충동이 아니라고 말했다. 레이건은 국방장관과 같은 제2위 직책을 자기이력에 추가하게 된다는 달콤한 조건을 제안하며 한층 더 나아갔다. 이 회동의 대화에서 포드 참모가 포드의 대답을 전했다. "나는 그것을 효과적인 일로 생각하지 않고 당신에게 권하고 싶지도 않습니다."

이런 막연한 실망스런 이야기가 레이건이 대화를 계속했던 전부였다.

1976년의 역설적 재연이 틀림없었다. 1976년 레이건은 포드가 부통령직을 제안하기도 전에 아예 문을 닫아버렸고, 1980년에는 레이건이 무조건 그 자리를 제안했고 포드는 거절밖에 할 수 없었다. 최초에 당선된 대통령이 아닌 한, 대통령 이후 부통령은 상상할 수 없는 일이었다. 레이건의 로비팀들은 당시 몹시 바빴다. 레이건-포드 조합을 "천상의 정치결혼"이라 보았던 폴 렉솔트는 포드의 국무장관 이후 외교고문인 헨리 키신저에게 전화해서 중매임무를 맡겼다. 키신저는 화요일 초저녁에 레이건 참모 빌 케이시, 에드 미스, 마이크 디버를 만나 포드에게 이 생각을 권해보겠다고 약속했다. 한 밤중 포드는 가족과 앨런 그린스펀, 존 마시, 키신저를 같이 불러서 그의 호텔 방에서 레이건 제안에 대해 의논했다. 좀 늦기도 했지만 포드와 키신저는 45분간 단독 회동했다. 키신저는 포드에게 제안을 진지하게 받아들일 것을 강조했다. 그곳에 있던 한 사람은 나중에 키신저는 그날 밤 포드가 승낙하도록 감언으로 설득하다 거절이 나오면 위험협박을 번갈아 했다고 보고했다. "이 나라가 당신이 필요합니다." 키신저는 포드에게 핵심을 말하자 포드는 대답했다. "하지만 헨리, 이것은 바람직하지 않아." 둘의 대화는 거의 새벽 2시까지 끝이 나지 않았다.

수요일 아침 포드는 앞으로 나갈 수도 내버려 둘 수도 없는 교차된 감정과 야심으로 혼란상태가 되었다. 로버트 티터는 그날 아침 포드가 레이건의 러닝메이트가 되면 어떤 다른 부통령후보보다 전국여론 11% 증가를 보여주는 결과를 회람했다. 투데이 쇼에서 포드가 자존심 때문에 제2인자를 주저하는지 질문 받았을 때 상당히 애매한 답을 했다. "제리는 속내를 잘 안 드러낸다"라고 밥 마이클이 공화당 대표 빌 브룩의 플라자호텔 조찬회에서 그를 보며 말했다. 몇 분 후 디트로이트 애스레틱클럽에서 타임편집인들과 함께 한 조찬모임에서 포드는 전날 레이건과 좋은 회동을 했는데 지금도 바람직하지 않다는 생각이 여전하다고 말했다. 하지만 그나 참모들이 레이건 캠프에 최종답변을 보냈는지에 대한 질문의 답변은 피했다. 10시 30분 포드는 참모 로버트 배릿, 마쉬, 키신저, 그린스펀에게 그 이야기를 끝내고 싶다고 말했지만 그 때 레이건의 선거매니저 케이시가 11시 15분에 전화해서 포드의 참모들과 만나기를 요청했다. 모두는 포드가 계속 제안 반대 입장이라는 것을 알고 있었기 때문에 그도 만나는데 동의했다. 여전히 딱 잘라 거절할 수 없었다. 뉴스위크 편집자들과의 점심식사에서 포드는 레이건과 그의 가능한 관계는 "국가수반이면서 정부수반을 겸하는" 일부 유럽정부들과 다르지 않다고 생각했다. 11시간 마라톤식 집중협상은 점심 경에 시작했다. 포드의 그린스펜, 키신저, 마쉬는, 레이건 대표단 케이시, 애드 미스, 워드린, 디버와 머리를 모았다. 오후 중간쯤 레이건 그룹이 10개 항목을 두 줄 간격으로 타자 친 반 장짜리 서류를 제시했다. 거기에는 포드에게 수석보좌관과 국가안보위원회, 예산청, 경제자문위원회 총괄이라는 엄청난 특대역할을 부여하는 한편, 레이건은 모든 최종결정을 유보하고 있었다. 이는 공식제안이 아닌 미래토론의 기준 같은 것이었다. 이례적 형태로라도 레이건은 효과적으로 포드에게 백악관 주요직책과 부처 전체와 대통령에 준하는 모든 서류통제는 아니라 하더라도 일상 행정통제권을 주고자 했다. 그들이 제안하는 권력위임이 얼마나 엄청난지 포드와 그의 참모들도 잘 알고 있다. 과연 헌법적으로 타당한지 확실치도 않았다. 또한 대통령직 모든 면에, 고갈되듯 충성하지 않은 고위보좌관 한 사람이, 모든 것을 다 운영할 수 없는 실제 백악관의 움직임에 대해, 협상 상대가 잘 모른다는 것을, 포드 팀은 알았다. 하지만 그것이 레이건 팀의 제안이었다. 이제 7월16일 수요일 오후, 포드는 지치고 심적 압박을 느꼈고, 레이건 지명에 대한 대의원 최종호명투표가 불과 몇 시간 남았다. 주지사들과 의원들이 그날 하루 종일 포드의 스위트룸에 줄을 이어 드나들며 레이건 합류를 촉구했다. 5시경 그가 말했다. "그것도 방법이지만 나는 아니라고 생각한다."

저녁 때가 되어, 그 계획은 그저 굳혀가는 게 아니라 응결되어 버렸다. 신임 대통령이 전임과 영향력을 공유한다는 개념은 잘 봐줘도 어색하고 나쁘게 말하면 위험이었다. 나중에 레이건은 어려운 시기는 비정상적인 방법을 부르지만 이 제안은 절반만 너무 독창적이었다고 말했다. 외교강경파들은 키신저의 정계복귀를 뜻하는 포드와 연대에 간담이 서늘했다. 보수주의자들은 제안 모두가 대통령직 자체의 위험시도 같은 것으로 생각했다. 애리조나 하원의원 존 로드는 대통령직 공유에 대해 말했다. "있을 수 없는 일이다. 만약 있다면 많은 사람이 비정상으로 받아들일 것이다." 로드 의원은 결국 이런 레이건 계획은 명분을 얻지 못하게 되고, 실천되어도 백악관을 파열시킬 것으로 믿었다. 그는 타임 소속기자에게 물었다. "과연 두 갈래로 갈라진 대통령직이 국가에 유익하겠는가? 이런 말을 듣게 되다니 믿을 수 없다."

그날 이른 오후 레이건과 포드가 다시 만났을 때, 레이건 처소에서 15분간 포드는 키신저를 국무장관에 임명해야 한다고 주장했다. 포드는 자기가 사생활로 떠나는 커다란 양보를 하는 것을 실감하며, 그 대가로 레이건도 양보해 주기를 촉구했다. "론, 나는 희생을 하고 있습니다. 그러니 당신도 희생하기 바랍니다." 레이건이 1976년 예비선거에 키신저를 문제 삼았다는 점을 감안할 때 이것은 놀랄만한 요구였다. 이번에는 레이건이 정중하게 사양할 차례가 되었다. "제리, 키신저의 장점을 잘 알고 그의 역할이 틀림없다는 점을 의심하지 않아요. 내가 그를 쓸 수 있지만 국무장관은 아닙니다. 나는 몇 년간 나라 전역을 다 돌았고 키신저 역시 많은 짐들을 지고 있어요. 나는 받아들일 수 없습니다. 실제로 국민이 받아들이지 않을 것입니다."

세 시간에 걸친 대화가 결렬되었다. 그것은 포드가 권력 분담 같은 말이 떠다니고 있는 것에 관한 CBS뉴스 월터 크론카이트와 어색한 인터뷰를 하고 난 뒤였다. 수요일 저녁 TV방송망에 권력분담에 관한 그의 견해가 계속 되풀이 되어 나오는데도, 포드는 공동후보의 개념이 전당대회에 참석한 대부분의 대의원과 기자들에게 새 뉴스로 떠올랐다는 것을 전혀 알지 못했다. 그의 언급은 축하의 파문을 일으켰다. 어쩌면 대회장 참석자 사이에 말보다 소요가 더 효과적이었고 모든 기자들은 사실을 확인하려고 온 도시를 고삐가 풀린 채 뛰어다니게 했다. 이 파문은 이름하여 꿈의 공천이었다.

하지만 레이건 숙소 위층에서는 포드의 언론공연 반응이 없었다. 협상은 여전히 진행 중이었는데, 언론이 전하는 포드의 새로운 개념을 보고 참모들이 놀랐다. TV에 등장한 포드를 본 레이건은 믿기 어려웠다. 몇 년 후 자서전에서 레이건은 그 순간 완전히 멈칫했다고 주장했다. "잠깐, 포드가 말하는 것은 두 대통령에 관한 것이다." 레이건과 참모들은 그들이 권력분담 개념을 의논해왔다하더라도 갑자기 온몸에 압박을 느꼈다. 반면 위층에서 세부사항을 검토하는 포드 참모들은 레이건 제안의 모호함을 우려했고, 레이건 참모들은 포드 요구가 커짐에 따라 피곤이 커졌다. 포드는 키신저나 그린스펀과 같은 야심적 측근만큼 권력복귀에 흥미가 없다는 레이건 강경파 사이에 귀에 못이 박히도록 반복된 이야기가 있었다. 게다가 이 논쟁의 골격인 키신저는 실제로 협상을 성사시키려고 그의 유명한 중동서틀외교를 재현하는 식으로 레이건과 포드 거처를 위 아래로 오르내리며 했던 포드 협상팀의 중추적 역할은 그다지 큰 도움이 되지 못했다.

레이건은 저녁 9시 15분에 포드에게 전화를 걸어 그날 밤 협상을 마무리하자고 말했다. 10시까지 아직 협상은 깨지지 않았다. 포드 팀이 목요일까지 연장을 요구했는데, 미스는 레이건에게 확인 후 요구를 거절했다. 꿈의 공천 대박을 건져 올리려는 언론들의 광기는 지금쯤 절정에 달하여 CBS 10시 방송 이후에도 때때로 포드가 레이건의 러닝메이트가 될 것이라는 노골적인 보도를 내보냈고, 게다가 네트워크 언론들도 두 사람이 저녁 늦게 대회장에 같이 나올 것으로 덧붙였다. 다른 방송사들은 현장기자들에게 사실여부를 확인하도록 명령했지만 실제 그 개념은 곧 끝났다. 10시 30분에 포드는 부인에게 모든 것을 끝내겠다고 이야기했다. 30분 뒤 그는 정장으로 갈아입고 레이건에게 직접 이야기하러 아래층으로 내려갔다. 포드는 말했다. "아무리 생각해도 될 수 없는 일입니다." 로 케넌은 잠시였지만 감동적 회동 과정에 대해서 포드가 레이건에게 감사하며 포용했고 가을 유세 때 협조를 약속했다고 보고했다. 둘은 우호적인 말을 건네며 헤어졌고, 레이건은 오랫동안 견뎌온 부시에게 전화하여 부통령을 요청했다. "그는 신사다. 지금도 우리는 친구로 느낀다." 레이건은 그 후 포드에 대해 말했다.

며칠 후 전당대회 관련기사에서 〈타임〉은 협상의 전 과정이 "무분별하고 바람직하지도 않았고, 후보의 판단에 의문이 제기될 정도로 11월 대선에서 얼마나 승리하고 싶은지를 보여주는 놀라운 광경"이었다고 평가했다. 사실 이 디트로이트 에피소드는 대통령직의 서곡이었다. 그는 이상을 정한 다음 백악관에서 그의 성공적 핵심요소가 될 직관의 부족을 해결하려는 성향을 보여준다. 동시에 그는 요구에 적합하다면 다른 사람들에게 대통령직의 수행의무를 지우며 재임임기 동안 직책을 유리하게 만드는 성향도 나타냈다.

양 진영은 그 후 몇 년 동안 공동 대통령이 한 때 거론되었다는 생각을 불식시키려고 노력했고, 또는 어느 한쪽은 필요하다면 이 개념을 시도하려 했던 것을 애써 평가절하했을 것이다. 양측은 공동으로 사건책임을 상대에게 돌렸다. 린 노프지거는 나중에 비난했다. 포드 사람들은 "마음이 좋아서 레이건은 장례 행사나 다니고, 포드는 국무장관과 국방장관을 뽑았을 것이다. 대통령을 만나고 싶어 하는 사람이 있으면 틀림없이 포드를 거쳐 가게 했을 것이다."

포드 입장에서는 국가를 지키는 제일수문장이 되기를 원했던 것으로 생각되었다. "나의 국민들에게 부통령으로서 수석비서관임을 기록하도록 말했을 것이다. 나는 그런 결정을 하고 싶지 않았다. 했다면, 무슨 일이 진행되고 추천사항이 통과되는지 알아야 했을 것이다. 하지만 대통령은 직접 결정하는 사람이어야 한다… 제안을 받아들였다면, 나는 훌륭한 수서비서관이 되는 것을 목표로 생각했을 것이다."

1968년 출마 때 했던 것을 레이건은 자기 아닌 다른 사람의 생각이었던 것처럼 전체 이야기를 거의 환상적으로 썼다. 역사가, 해설가, 기록선별가로 구성된 레이건 기록전담 팀에게 당시 있었던 에피소드보다 훨씬 줄여서 쓰도록 다 그쳤다.

나중에 스튜 스펜서는 이렇게 말했을 것이다. "두 사람 사이에 실연은 없었다. 50명쯤 와서 해야 한다고 말해도 레이건은 하지 않았을 것이다. 그는 꿈의 공천에 포드를 올려놓으려고 하지도 않았다." 스펜서는 포드 참모들이 게임을 벌였을 뿐이라고 믿었다. "그들이 권력분담을 이야기했다. 당신은 이쪽을 하나 갖고, 나는 둘을 얻고, 또 당신은 이쪽 하나를 차지한다. 이것은 웃음이 나오는 이야기다."

하지만 하마터면 실제로 이런 일이 일어날 뻔했다.

닉슨, 포드, 카터:

장례식과 세 사람

———————— ⚷ ————————

서로 5년간이나 싫어하던 제리 포드와 지미 카터는 둘 다 로널드 레이건을 훨씬 더 싫어한다는 사실을 알게 되었다.

그러다 둘은 친구가 되었다.

그들은 1981년 카이로에서 진행된 안와르 사다트의 장례식 참석 후 돌아오며 분열보다 연합이 더 좋다는 것을 깨닫게 되었다. 16시간 동안 707보잉기에서 꼼짝달싹 못하던 포드와 카터는 몇 시간도 안 되어 그동안 있었던 사소한 의견 차이는 제쳐두고 협력하는 친구가 되었다. 이 화해는 닉슨과 케네디 경우에 필요했던 중재자나, 후버와 트루먼 경우처럼 몇 주간에 걸친 막후협상이 필요 없었다. 각기 재임 시 역할을 다해주던 공군 1호기 기내 앞좌석에 틀어박혀 스스로 해결했다. 한 사람은 꼼꼼하고 까다로운 엔지니어에 다른 사람은 태평한 성격의 전 풋볼선수였지만, 어려움을 극복하고 유익을 찾는 공통점이 충분했다. 즉, 둘은 예기치 못하게 대통령이 된 다음 유권자들로부터 자리에서 내몰린 후 20년 정도 더 살았으며 둘 모두 패배의 책임을 레이건에게 돌렸다.

포드는 미국 성공회에, 카터는 침례교에 둔 확고한 종교 신념이 도움이 되어 용서를 향하여 자신을 굽혔다. 두 사람은 영원한 통수권자인양 활동하며 여전히 무대를 떠받치는 닉슨의 틀림없는 처방을 얻은 것 역시 확실한 도움이 되었다. 클럽은 경쟁의 장소가 될 수 있다. 카터와 포드는 닉슨이 평생 멈추지 않았던 명예 회복 추구에 서로가 필요하다는 공감대가 있었다. 포드와 카터는 한때 클럽 내에서 힘이 있고 생산적인 그들만의 소클럽을 만들었고, 그것은 역사적으로 그들의 입지를 다지는 노력으로 몇 차례 레이건과, 나중에는 부시와 클린턴과 협력하게 된다.

———— ⌐━•○ ————

16

"우리라고
딕, 지미, 제리가 못 될 리가 있습니까?"

- 제럴드 포드 -

에어포스원의 규정에도 시대마다 임무가 있다. 존 F. 케네디의 시신을 텍사스 댈러스에서 집까지 운구했고, 리처드 닉슨의 최초 중국 방문 때 그를 날라다 주었던 보잉707에 대하여 공군병사는 닦고, 연료를 주입하고, 세척하며, 점검한다. 이번 여행을 위해서 특별 기내지원품이 함께 승선했다. 수석승무원 테리 야마다는 닉슨이 죄의식을 느낄 정도로 좋아하는 돈 디에고 시가를 싣도록 지시했다. 냉장고에 버터브리클 아이스크림을 채우는 것은 포드를 배려한 것이고, 카터 선물용으로 비좁은 기내우측 어딘가에 전기 프라이팬, 특란, 쇠고기 안심, 대게 집게발도 실었다. 백악관 선발요원 조 캔제리는 푸르고 흰 오래된 공군 1호기 내에 재임 당시 분위기를 내기 위해 종이성냥에 닉슨, 포드, 카터의 이름을 각각 적어 곳곳에 두었다.

만약의 경우를 대비해 승무원들은 방탄조끼 세 벌도 준비했다.

세 전임 대통령은 이집트 고 안와르 사다트 대통령 장례식에 참석하기 위해 워싱턴에서 카이로까지 1만 5천 마일을 비행할 예정이었고, 이를 위해 백악관 참모들은 이례적인 여행을 성공시키기 위해 모든 노력을 기울이고 있었다. 제럴드 포드는 지미 카터에게 마음을 쓰지 않았고, 카터는 리처드 닉슨이 전혀 필요치 않으며, 닉슨은 자신만의 비밀임무를 둘에게 들키지 않도록 주의했다. 세 사람은 각각 관계가 복잡한 로널드 레이건에게 소환되어 임무를 띄고 지구 반 바퀴 거리에 보내지는 것이었다. 1981년 10월 대통령 클럽의 재탄생 신호가 지상 3만 5천 피트 상공에서 다른 사람 25명 거의 전부가 지켜보는 가운데 전개됐다. 몇 년 간의 휴면을 끝내고 클럽이 눈을 뜨려 하고 있었다.

이슬람 과격주의자들이 카이로 군대 퍼레이드 동안 사다트와 다른 11명을 암살한 지 몇 시간 만에 백악관 관리들은 보안과 관련하여 레이건의 참석 불가능 결정을 내렸다. 그는 6개월 전 암살음모를 겨우 피했고, 이제 일반인식 이상으로 생명위협이 피부 가까이 다가왔다. 레이건이 참석할 장소에 부통령 조지 부시가 대신 가는 것도 보안상 민감하기 때문에 허용되지 않았다. 부시는 다음날 말했다. "이집트의 우리 친구들도 이해할 것이다." 하지만 누가 참석할 것인가?

국무장관 알렉산더 헤이그는 전혀 예상치 못한 차선책을 제안했다. 전직 대통령 세 명의 대표단을 헤이그가 인솔하여 평화 추진에 앞장서서 많은 노력을 했던 그에게 경의를 표하는 것이다. 닉슨은 그 임무에 자원했고, 카터는 처음에 레이건이 여행을 꺼리는 속셈을 알고 화를 내며 주저한 뒤 전 보좌관들로부터 여행을 촉구하는 전화를 수 차례 받고 마음이 누그러져 부인 로잘린 동반조건으로 허락했다. 백악관 보좌관들은 가족들이 여행을 걱정하는 포드로부터 마침내 참석을 얻어내었다. 공군1호기는 삼자를 태우기 위해 분주했고 그들은 그날 오후 1분 간격으로 거의 동시에 앤드류 공군기지에 도착했다.

이번 임무는 명예를 회복하는 흔치 않은 가능성과 자칫 폭발의 가능성이 있었다. 각자는 불명예, 실망, 거절을 당하며 워싱턴을 떠났다. 카터는 다시는 백악관에 돌아온 적이 없었고, 닉슨은 이전 카터 초청으로 딱 한번 온 적 있던 그들이 이제 함께 되돌아 와서 예전에 활동하던 세계무대에서 몇 시간의 임무를 시작하려는 것이다. 세 사람 모두 처음으로 고향마을에서 해군 헬리콥터를 타게 되는 상황에 자신들도 어리둥절했던 것이 사실이었다. 엄밀하게 따져서 가장 최근의 대통령이 우두머리로 이번 대표단을 이끌어야 한다고 제안한 사람은 닉슨 이었다고 카터가 회고했다. 중요 의전이 끝난 후조차 기내승선에 긴장이 상당히 감돌았기 때문에 앤드류공항에서 백악관까지 날아가는 동안, 온화한 포드가 분위기 조정을 제안했다. "자, 편안한 여행을 위해서, 우리라고 딕, 지미, 제리가 못될 리가 있을까요?" 나머지 둘도 즉시 동의했다.

옛 백악관 주인들도 이번 임무가 전례 없는 특별한 상황임을 감지했다. 수백의 백악관직원들은 남쪽 잔디밭에 서서 헬리콥터로부터 한 사람씩 내렸을 때 일렬로 정렬해서 그들에게 박수를 치더니 대통령들이 이어서 내려오자 박수가 더 커졌다. 세 남자와 로잘린 여사가 옆으로 나란히 걸으며 남쪽 잔디밭을 지난 곳에서 레이건이 맞이했다. 위층 창문에서 남편의 도착을 지켜보던 바바라 부시는 네 대통령이 함께 서있는 모습에 경탄했다. 그녀는 회상했다. "그 광경은 정말 환희였다. 그들은 좋아하는 사이는 아니라고 생각한다. 로잘린도 같이 왔지만 그녀와 낸시도 그다지 좋아하지 않는다고 생각한다."

모두가 백악관 안으로 안내되어 블루룸 섭견실에서 커피와 카나피가 나왔고, 물론 부시 부부까지 합석했다. 레이건은 그의 일기에 이렇게 적었다. 지금까지 네 대통령이 백악관에서 이렇게 만난 것은 처음이다. (부시도 같이 있었는데, 나중을 생각하면 부시까지 다섯인 셈이다.) 레이건은 손님들이 그곳까지 와 준데 감사하며 이번 그룹은 사다트와의 짧은 추억의 교류라고 말했다. "무엇보다 여러분이 즐거운 여행이 되기 바랍니다. 그런데. 여러분들 모두 해군 출신이니까, 즐거운 항해를 기원한다는 말이 더 좋겠습니다."

다음 그들은 서둘러 밖으로 나왔고, 남쪽 정원에서 단결을 암시하는 짧은 의전을 했을 때 황혼이 내려 앉았다. 전직 세 대통령은 다시 헬리콥터로 향했다. 어렵게 구성된 인상적인 장면을 기자들에게 간단히 인사하도록 마련된 장소로부터 다른 쪽으로 가며 카터가 레이건 보좌관들에게 못마땅함을 드러냈다. "나는 가는 것을 기쁘게 생각하지만 이것은 슬픈 행사다." 의전을 끝내고 카터가 먼저 승선하고 포드, 다음에 닉슨이 뒤를 따랐다. 마린헬리콥터는 밤하늘로 이륙했다. 예전에 발을 구르며 다니던 그곳에 머문 36분이 지나갔다. 클럽이 다시 모였을지 모르지만, 회원들이 서로 교감을 나눌 준비가 되었다는 의미는 아니었다. 헬리콥터 창밖으로 사임했던 8월 어느 오후에 일찍이 7년 간 경험했던 자리를 물끄러미 내려다보며 닉슨이 클럽형제들에게 말했다. "나는 저 밑에 있는 저 집이 한없이 좋아요. 당신들도 그렇죠?"

첫 기착지

특별공군임무 26000은 전 대통령들의 짐은 없었다 하더라도 기억에 남는 비행이 되었을 것이다. 국방장관 개스퍼 와인버거, 전 국무장관 헨리 키신저, 가수 스티비 원더, 주 유엔대사 진 커크패트릭, 사우스캐롤라이나 상원의원 스트롬 더몬드, 일리노이 하원의원 척 퍼시, 텍사스 다수당 원내대표 짐 라이트 등 미국 대표단을 헤이그 국무장관이 인솔했다. 그 밖에 육군참모총장 에드워드 C. 메이어, 전 카터 보좌관 조디 포웰, 중동특사 솔 리노비치, 그 외 사우스캐롤라이나 출신으로 사다트와 편지를 주고 받았던 샘 브라운 14세소년도 갔다. 여기에 닉슨, 포드, 카터가 끼어 있어서 기내 탑승자들은 대단히 놀랄 일이었다.

헤이그는 무표정하게 말했다. "이 비행기는 너무 과적되었다."

일반 비행기라면 이런 역사적인 화물로 이륙하지 못하기에 충분했을 것이다. 닉슨이 1974년 헤이그가 마련한 협상으로 키신저에게 사퇴의사를 제출했던 일, 또한 포드가 1개월쯤 후에 대부분이 보상이라고 생각한 닉슨을 사면했던 일, 혹은 카터가 2년 뒤 갑자기 어딘가에서 나타나 포드를 자리에서 내쫓아 버린 일, 지금 기내에 사진이 걸린 레이건이 1980년에 돌연히 카터의 자리를 빼앗아버린 일들을 이 동체는 쉽게 잊는다.

비행기 안에는 숨을 곳이 없었다. 노후한 707기는 좁고, 소음이 들리고, 단일 통로에 개인실이라 할 수도 없는 방 두세 칸이 있다. 헤이그는 위층 대통령 전용 작은 칸을 차지하고, 닉슨과 포드는 좁은 4인용 칸에서 키신저와 와인버거와 함께 쓴다. 옆쪽에 카터와 부인이 2인용 칸에 들었다. 로잘린 카터는 분위기를 부드럽게 하기 위해 기내 이곳저곳을 다니며 탑승한 모두에게 인사했고, 특히 그녀는 겸손하고 예상 밖으로 이야기를 잘한다는 것을 알게 된 닉슨에게 인사했다. 닉슨은 동료들 앞자리에 있는 헤이그에게 미세스 카터가 침대 하나가 있는 대통령 내빈실을 사용할 수 있게 부탁했지만, 그는 의전상의 이유로 거절했다. (닉슨이 로잘린을 배려한 것은 이번이 처음은 아니었다. 카터가 불과 수개월 전 백악관을 떠난 후에 참모를 닉슨에게 보내어 대통령직 이후 업무를 어떻게 할지 자문을 구했다. 닉슨은 카터 밀사에게 특별히 핵심적인 충고를 해주었다. "카터부인의 개인전용 사무실을 내주세요.")

이와 비교해서 포드와 커터는 어울리지 않으려고 결심한 것 같아 보였다. 상처는 좀 더 깊었고 분노는 아직 가시지 않았다. 카터는 비행 초에 기자들에게 가볍게 미소하며 자신을 설명했다. "물과 기름이다." 그 후 포드 참모들이 말했다. "그들은 서로 이용할만한 가치가 없었다." 공군1호기 내의 승무원이 셋에게 사진 찍기를 청하자 카터는 머뭇거리며 물었다. "찍는데 얼마나 걸리죠?" 그런 다음 카메라 앞에 미소를 지었다. 나중에 포드는 대표단 한 사람에게 중얼거렸다. "웬 팥 없는 찐빵 같은 헛소리."

카터는 그 후 닉슨이 딱딱한 분위기를 부드럽게 히려고 푸른 양복을 입고 기내를 뻣뻣하게 걸으며 사람들에게 인사하고, 다른 사람들이 사진 찍자고 다가오면 포드와 카터에게서 멀리 떨어져 주는 등 대단히 매력적인 사람임을 알게 되었다고 말했다. "그들이 나와 사진 찍고 싶어하지 않는다." 닉슨은 자신의 불운을 반어적 장난으로 만들었다. "닉슨은 대단히 사교적이었다"고 ABC뉴스 외교부 특파원이며 세 기자 중 하나인 배리 던스모어가 첫 기착지에서 말했다. "그는 통로를 오가며 실제로 상냥한 태도를 보였다." 하지만 지난 날의 거북함도 여전히 있었다. 기자들이 따로 모여 있는 작은 뒤쪽 공간에 닉슨이 배회하다 왔을 때, 주위를 둘러보고 수수께끼 같은 몇 마디를 중얼거렸다. "이게 전부군." 그러고는 다시 앞쪽으로 되돌아갔다.

여행 시작부터 보안 강박에 사로잡혔다. 갑작스러웠고 무자비했던 사다트 암살이 비디오에 잡혔다. 이때 정부 측 누구도 무슬림 세계의 엄청난 세력 활동을 거의 알지 못했다. "정말 두려웠고 모두가 불안했다"고 동석했던 〈워싱턴포스트〉 기자 해인스 존슨이 회고했다. "무슨 일이 일어날지 아무도 알지 못했다." 전 대통령들을 위해 방탄조끼가 마련되었다 해도 같이 여행하는 유명인사들에 대해서는 충분치 않았다. 리비아 지도자 무아마르 가다피 대령이 목숨 바치거나 공군력으로 수비하겠다고 위협한 시드라만 가까이 비행할 때 과민한 농담도 있었다.

일단 비행기가 공중에 뜨면 다소 마음이 놓이는 것 같았다. 스웨터가 나오자 카터는 베이지 카디건을, 포드는 빨간 것을, 닉슨은 손에 마티니를 들고 푸른색을 입었다. 이것은 한때 각자의 전용기였던 비행기를 함께 탑승함으로써 느끼는 지난날에 대한 향수였는지도 모른다. 아니면 707보잉기 자체가 상징하는 완전한 힘이었는지도 모른다. 비록 낡고, 좁고, 소음이 나고, 꽉 채워졌지만, 공군1호기 안으로 걸어 들어가는 것은 들뜨던 전성기를 다시 경험하는 순간이 되었고, 전력을 다하여 복잡하고 위험한 임무를 띤 공군 병력으로 두껍게 꽉 들어 찼을 때와 같은 기분에 취할 수가 있다. 헤인스 존슨이 다음과 같이 회고했다. "이 비행기에 탈 때마다 역사 속으로 날아가고 있는 것이다. 모두가 그것을 느끼고 당신 자체가 역사다."

전 대통령들은 재빨리 주제를 암살된 이집트 대통령으로 옮겨서 사다트가 세 사람들에게, 각각의 대통령직에게 또한 전세계에 의미했던 바를 이야기했다. 세 명의 전 최고사령관들은 그날을 막아야 했다고 안타까워했다. 닉슨은 사다트 시코르스키 헬리콥터를 팔았고, 포드는 CIA가 이집트 정보기관에게 특별 암호 문자기기를 주게 하여 그들이 비밀리에 사다트 움직임을 보고할 수 있었다. 카터는 레이더 비행기를 보내, 리비아 카다피가 전투기를 사다트 방향으로 보내는 경우에 대비해서 카이로 상공을 순찰하게 했다. 1978년 카터, 베긴 이스라엘 수상, 사다트가 연합한 캠프 데이비드 협정 체결을 포드에게 전화로 알렸다고 카터가 회고했다. 카터는 같이 여행하는 소규모 기자단에게 사다트 사망을 들었을 때 귀를 의심했다고 말했다. "아버지 돌아가신 날 온 종일 불운했던 이후 처음이었다."

키신저는 이렇게 전했다. "사다트는 자신의 완벽한 심리적 능력으로 네 사람의 미국 대통령을 다루어 왔다. 그는 닉슨을 위대한 정치인으로 대했고, 포드를 살아있는 선의 화신, 카터는 세계를 위해 지나치게 품위 있는 선교사, 레이건은 호의적이고 인기 있는 혁명지도자로 보면서, 그들의 신용을 쌓으면서 각각에게서 받은 인상을 섬세하게 표현했다." 그리고 중동문제를 보다 폭넓게 의논하며 레이건이 사우디아라비아 방위를 위한 조기경보항공기^AWACS^를 승인하도록 상원에게 압박하는 것이 옳다고 동의했고, 무엇보다 임기 말년에 그 안건을 제안하고 1980년 정권이양 동안 레이건에게 추진을 독려했던 카터는 더욱 그랬다.

분위기가 다소 진정된 듯 보였을 때 닉슨이 기내에 동요를 일으켰다. 이륙 몇 시간도 안 되어 헤이그가 위층 캐빈에서 내려와 키신저에게 자기가 워싱턴에서 탑승 직전 받은 정보를 말한 것이다. 국무부에서 닉슨이 며칠 내 사우디아라비아 수도 지다에서 개인 만찬회 참석예정이 분명하기 때문에 이에 대한 지침이라고 설명했다. 헤이그는 미국의회가 사우디 방위^AWACS^ 승인 문제를 두고 힘든 공방 싸움을 하고, 사다트 암살 직후 혼란한 가운데 닉슨의 이 지역 행보뉴스에 당황했다. 헤이그는 키신저에게 닉슨의 의도를 알아보도록 부탁했다. 동시에 백악관 교환대에서 레이건 보좌관 마이크 디버 역시 닉슨의 지다 만찬 참석에 관해 묻는 전화 대기를 알렸다. 닉슨이 공식일정 안에서 개인 비밀 임무를 수행하고 있는 것인가?

키신저는 닉슨에게 설명을 촉구했다. 휴 시드니가 보고했다. "영원한 음모자 닉슨은 손을 내저으며 확실하지 않다고 주장했다. 그는 여러 중동 국가의 방문을 요청받았다. 사우디가 그를 오게 할지 아직 결정된바 없다." 닉슨은 다시 예전 술책을 부리며 그의 다음 행보에 관해 그의 주인 미국 정부를 또 어둠 속으로 몰았다. 스페인 마드리드 근교 토레존 공군기지에 재급유를 위해 착륙했을 때 키신저 머리는 돌았다. 헤인스 존슨으로부터 앞자리는 모두 문제가 없는지 물음에 키신저는 스페인 활주로 주변을 돌아다니는 기자들과 외교관들을 점검했다. "모두 있다. 포드도 있고, 카터도 있는데, 닉슨은? 닉슨은 아무데나 다 있다!"

일행이 카이로에 도착한 저녁 셋은 워싱턴에서 공수한 무장리무진에 탑승하여 중심가 호텔로 달렸다. 한 포드 참모 로버트 배렛은 여행선발대로 역할하며 매번 행사 전에 셋에게 일일이 다가가서 연락했는데, 나중에 회상하며, 이곳에서 저곳으로 장소를 안내하며 "대통령님"하고 부르기가 얼마나 어색했는지 실토했다. 그들은 사다트가 직접 뽑은 후계자 호스니 무바라크에게 예의를 표한 다음, 기자지역의 집에서 사다트 미망인과 30분간 보냈다. 이집트 의회를 방문하여 국회의장도 만났고, 카이로 주재 미 정부 관리들도 방문했고, 각자 즉흥적인 연설도 했다. 닉슨은 연설에서 남을 의식하며, 이번의 슬픈 사건은 전 세계로부터 훌륭하든 "악명 높든" 모든 사람을 끌어들였다고 언급했다.

　다음날 방탄조끼 착용으로 표정이 굳어진 세 대통령은 카이로 외곽에서 거행된 대규모 장례식에 참석했다. 그 행사는 무섭고 대단히 불안했다. 1970년 가말 압델 나세르 대통령 장례식 때 수백만 이집트인들이 야기한 혼란을 염려한 이집트 당국은 이번에 단호히 인구 집중도시에서 꽤 떨어진 곳에 규모를 줄여서 사다트 대통령의 장례를 치렀다. 전 대통령들은 대형 가건물에 모인 다음 수십 명의 다른 국가지도자들과 함께 사다트 대통령 무덤까지 반 마일 정도 걸었다. 묘지는 나흘 전 사다트가 암살되던 사열대 바로 건너편이었다. 존슨 기자가 회고했다. "베르디 아이다에 나오는 오페라 한 장면 같았다."

　완전 무장한 이집트 군인들이 왼쪽과 오른쪽에 2열 종대로 나열한 사이로 추모객들이 800야드를 걸어가자 두려움에 소름이 끼쳤다. 며칠 전 이슬람 과격주의자들이 이집트 군복을 입고 트럭에서 몰려나와 사다트와 많은 그의 당 인사를 죽였던 암살사건이 재현되는 것은 아닌지 모두가 한결같이 불길한 생각을 떠올렸다. 던스모어가 회고했다. "우리는 대단히 길게 끝없이 늘어선 행렬 사이를 걸었다. 나는 메나힘 베긴 이스라엘 수상과 같이 걷고 있는 키신저 장관에 가까이 붙었다. 전 대통령들은 바로 우리 앞에 있었는데, 행렬 어느 지점에서 이집트 경호 무리가 직접 총을 겨냥하지는 않았지만 확실히 그런 자세로 우리 방향을 막아섰다. 우리 앞에 적어도 군인 십여 명이 있었기 때문에 갑자기 모두가 경직되고 두려움에 하얗게 질렸다. 불과 며칠 전 여기서 일어났던 일을 떠올리자 공포가 엄습했다. 내 인생에 가장 두려웠던 순간이었다."

　마침내 누군가 아랍어로 크게 명령하자 군인들이 비켜섰다. 그 순간 일행 거의 모두가 레이건과 부시가 참석하지 않은 것은 옳은 판단이었다고 생각했다. 특히 포드는 극도의 긴장으로 무력해졌다. 존슨 기자가 말했다. "모든 일이 현실 같지 않았다. 암살이 공중에 떠다녔다. 우리는 특별내빈석에 도착했는데 여전히 거기에 피 자국이 있었다." 가까이 임시 묘소에 명판이 있었다. "전쟁과 평화의 영웅 모하메드 안와르 사다트 대통령. 그는 평화를 위해 살았고 신념을 위해 순

교했다." 분명 사다트는 자신이 3년 전에 이 묘비를 직접 썼다. 그 때 21발 예포
가 시작되었지만 VIP 대부분은 예포가 끝나기도 전에 리무진으로 달려갔다. 전
과정이 비참한 결말 같았다. 그런데 여행은 겨우 반이 지났을 뿐이었다.

닉슨은 어디로?

그날 아침 일찍 한 ABC프로듀서가 방송국의 스티브 벨 기자를 깨웠다. 그는 미
국 굿모닝 아메리카 라디오방송을 위해 장례식 취재 차 카이로에 왔다. 던스모
어는 이 여행에서 이탈된다고 프로듀서가 설명했다. 벨 기자는 그날 늦게 전 대
통령들과 함께 워싱턴으로 돌아가고 싶었던 것일까? 벨은 여행에 자기를 끼워
달라고 말했고, 귀국 비행은 특히 벨에게는 크게 역사적인 일이 되었을 것이다.

미국 대표단이 귀국을 위해 오전 늦게 카이로 공항에 도착했을 때 이집트 지
상 근무원이 탑승대 한 대만 끌고 와서 푸르고 희고 금색의 미끈하고 날씬한 보
잉707기에 가져다 댔다. 그것은 대수롭지 않게 들릴지 모르지만 세 기자들에게
는 기적과 같은 일이었다. 즉, 본국으로 돌아갈 때 뒷문이 아니라 대통령, 고위
인사, 다른 VIP들과 같은 문으로 탑승할 기회를 뜻했고, 그들이 비행기 앞쪽부터
지나가면서 운이 좋다면 30초 정도 말을 걸어볼 기회를 포착할 수 있음을 의미
했다.

벨은 바로 그것이 필요했다. 그는 계단을 올라 조정석 가까운 쪽으로 들어가
서 뒤쪽 기자석으로 향하기 전 오른쪽으로 몸을 돌렸다. 그는 얼른 카터에게 가
서 자기를 (백악관 재임 당시 카터를 취재한 적이 있었다고) 소개하면서 벨이
물었다. "대통령님, 다른 대통령들과 함께 합동인터뷰에 응해 주시겠습니까?"
카터는 대답했다. "그럴 생각이 없어요." 벨이 반응했다. "죄송합니다만 대통령
님, 부인 이외에, 대통령 경험을 나누면 다른 사람과 더 가까워질 것으로 생각합
니다만." 카터는 언제나 그의 상표인 미소로 답했다. "한 번 생각해 보지요."

벨은 뒤쪽으로 간 즉시 존슨과 UPI 짐 앤더슨 기자와 같이 셋이서 로버트 배
렛을 통해 전 대통령들과 합동인터뷰에 대한 공식 요청서를 작성했다. 인터뷰는

기록되어 미국 착륙 즉시 모든 언론사에 배포될 것이다. 배렛은 이런 요청서를 가지고 비행기 앞으로 돌아왔다.

앞좌석으로 가는 도중 배렛은 한 보안요원을 만났는데, 그는 닉슨이 탑승하지 않은 것 같다고 보고했다. 그 사실은 닉슨의 사우디 지다 비밀임무를 듣지 못했던 배렛을 놀라게 했다. 그는 서둘러 포드와 카터의 인터뷰 동의를 얻어 기자석으로 되돌아가서 말했다. "좋은 소식과 나쁜 소식이 있어요. 좋은 것은 대통령들이 돌아가는 길에 대화에 응하겠다는 뉴스고, 나쁜 것은 그들 중 둘만 있다는 것이다."

깜짝 놀란 헤인스 존슨이 말했다. "제기랄, 닉슨은 어디로 갔죠?"

배렛은 말했다. "미치겠군. 하지만 찾아야 돼."

한편 기내 앞쪽에서는 훨씬 중요한 일들이 벌어지고 있었는데, 카터와 포드에게는 붕괴의 시간이 찾아온 것이었다. 4년 간에 걸친 그들의 반목이 긴장 풀린 긴 귀국비행 동안 녹고 있었다.

무슨 일이 있었던 것일까? 계기는 그들이 다시 마법의 비행기에 몸을 실었다는 것이다. 황당한 헤이그는 그 지역에 남았고 음모꾼 닉슨은 사우디아라비아로 빠져나갔다. 몇 년 후에 존슨 기자가 이때를 회고했다. "닉슨이 없으니까 분위기가 굉장히 달랐다. 파리하고 바이러스에 감염된 듯한 거물이 없으니까 훨씬 더 편안했다." 역시 다른 요소도 있었다. "우리는 하마터면 죽을 뻔했다. 방탄조끼를 벗고 던지고, 자유롭게 움직이며, 장례식이 얼마나 이상했는지 이야기했다." 어느 승무원에게 부탁해야 하는지 알기만 하면 공군1호기에는 언제나 알코올이 제공되었는데, 카이로 장례식 후 실제로 칵테일 부탁이 몇 건 있었다.

게다가 죽음은 관점을 재조정해주는 경향이 있다. 카터와 포드는 그들의 불만과 불화가 얼마나 어리석었는지 깨달았다. 배렛은 포드, 카터, 키신저, 로잘린이 첫 기착지로 되돌아가면서 박사과정이라고 부를 수 있을 정도의 중동정치학에 관한 연구를 하며 시간을 보냈다고 회상했다. 이런 대화는 대단히 생동감이 있었고, 특히 사람들이 이스라엘에 대한 유엔 내 계속되는 적대관계에 관한 토론을 할 때는 열기가 뜨거워지기까지 했다. 비행기가 급유를 위해 기착하고 세 기자도 인터뷰를 위해 앞으로 왔을 때 포드와 카터가 테이블 양쪽에 셔츠 바람으로 마주앉아 있었다. 카터는 넥타이를 맺지만 포드는 위쪽 단추를 풀고 있었다. 카메라 기자도 없이 스틸 사진작사만 있었다. 벨이 기내 바닥에 앉아 두 대통령 사이에서 녹음기를 이쪽저쪽으로 가져다 대었기 때문에 엔진의 심한 소리에도, 그의 조그만 기기가 그들의 말을 모두 녹음했고 존슨과 앤더슨은 부지런히 받아 적었다.

기자들이 느낀 점은 중동문제에 있어서 전례 없이 솔직하고 초당파적으로 해부한 시각이었다. 카터가 말했다. "아랍이 평화를 위해 한 단계 전진한다는 건 거의 불가능한 일이다. 왜냐하면 암살 위협이나 무능한 정부 내 폭력 때문이다. 그들은 사다트의 안정을 원하지 않았다. 그리고 그 옆의 요르단도 허약한 정부를 가지고 있고 요르단 후세인 왕도 허약한 지도자다… 사우디아라비아도 역시 적은 인구의 약한 국가다. 군대 힘도 없고 대단한 부를 가진 것도 아니어서 그들은 사다트의 용기를 갖지 않았다." 포드는 사다트가 평화를 간곡히 희망했던 만큼 중도적 아랍지도자들의 위선도 그 만큼 컸다고 말했다. "여러 내부적 이유 때문에 그들은 나에게, 또는 카터에게, 다른 사람에게 이야기하는 것을 전면에 나와 이야기 할 수 없다." 각각은 서로에게 심중을 많이 털어놓음으로써 클럽은 한 목소리로 말하기 시작했다. 카터와 포드는 함께, 미국은 중동의 평화라는 명분을 추진하기 위해 팔레스타인해방기구PLO를 인정해야 한다고 말했다. 포드는 미국이 그런 조치가 필요하고 일어날 일을 예상해야 한다고 말했고, 카터는 미국이 PLO를 인정함으로써 이스라엘 생존권을 인정해 주는 협상가능성 관련 개요를 구상했다. 포드가 말했다. "중요한 관점에서 이것이 이루어져야 한다. 날짜는 지적하고 싶지 않지만 실현되도록 대화가 이루어져야 한다." 카터는 더욱 강조했다. "앞으로 팔레스타인 문제를 해결하지 않고는 이스라엘의 영원한 평화는 없기 때문에, 토론이 이루어져야 한다는 제리의 생각이 명백히 옳다고 생각한다." 함께 취하는 그들의 주장은 공식적 미국 정책에서 상당히 벗어났음을 듣고 있던 모두가 알았다. 존슨은 보고했다. "전 대통령들의 솔직함은 탑승한 일부 외교관들을 불안하게 했다."

하지만 두 사람은 준비단계 수준이었고, 처음에는 다소 공식적이었지만 대화는 빠르게 일반적으로 바뀌어, 실제로 전 대통령들은 끝에 가서는 서로 남의 말을 중단시키고, 이름을 부르며, 서로의 업적을 칭찬하고 있다는 사실을 모두 알았다. 이 회견은 며칠 전 거북한 형식에서 180도 달라져 있었다. 존슨이 회상했다. "둘이 정말 화기애애한 모습을 보게 되었다." 전 대통령의 역할수행에 관해 질문 받자 두 사람은 클럽은 대통령직 지원이라고 주장했다. 포드가 말했다. "카터 대통령과 닉슨 대통령과 이 임무에 참가하는 나 자신의 사례를 들어 전 대통령의 훌륭한 표본이 얼마나 많이 국가에 봉사할 수 있는지 믿는다."

그 회견은 30분 이상 계속 되며 둘은 서로에게 기대고 있었다. 어떤 사람이 물었다. "최종 결론은 무엇입니까?" 카터가 대답했다. "아니, 그거면 충분합니다." 그리고 둘은 악수했다.

앤더스, 존슨, 벨은 비행기 뒤로 돌아가면서 자신들을 꼬집어보았다. 분명히 무엇인지 놀라운 일이 생긴 것만은 틀림없었다. 전혀 예상치 못한 일이었다. 존슨과 앤더슨은 메모를 타이프로 정리했다. 착륙 전까지 사본이 작성됐고, 조디 포웰은 편집인으로서 복사기를 가동시켰다. 며칠 내 전 대통령들의 언급은 공식적으로 워싱턴을 뒤흔들었다. 칼럼니스트 메리 맥그로이는 그 회견을 전례 없는 "집무실 밖 솔직함"의 분출이라고 말했다. 레이건은 전임들의 언급에 거리를 두었고, 워싱턴 기자들의 일상적인 자체검열이 있던 당시에 한 교훈으로, 워싱턴 원로들 중 권위 있는 목소리 조셉 앨솝은 먼저 인터뷰 내용을 보도한 기자단을 나무랐다.

하지만 앞좌석의 평화회담 이야기는 계속되었다. 둘은 소련과의 제2차 전략무기제한협상SALTII에 근거한 카터행정부의 무기통제 업적은 블라디보스톡에서 있었던 포드의 핵무기협상의 업적 위에서 구축될 수 있었다고 이야기했다. 크루즈 미사일 보존에 따른 어려움도 이야기하며 시간에 맞추어 대통령 서류를 작성하기가 얼마나 힘든지 서로 동정했다. 5년 간 불신 끝에 둘은 상호 무장을 해제했다. 포드가 밝혔다. "우리는 공통점이 너무나 많다는 것을 알게 되었다."

머지않아 그들은 협력에 관하여 말뿐 아니라 실천을 만들어 내고 있었다. 카터는 포드 도서관 건립 기자회견에 참석하기로 했고, 포드는 카터 센터에서 진행되는 여러 프로젝트에 카터와 공동 의장을 맡겠다고 자원했다. 감정이 그렇게 변하는데 스스로도 놀랐다. 카터가 말했다. "우리는 기내에서 또 2인용 칸에서 여러 시간을 보내면서, 둘의 이전 관계, 자녀들이 하는 일, 베티와 로잘린의 관심사에 관해 이야기를 나누었다. 그 중에서도 특히 우리를 하나로 묶어준 것은 대통령 도서관 건립을 위한 부담스럽지만 필수적인 모금 과제였다.

지상 일만 미터 상공에 둘의 도끼를 묻어버렸다는 비밀을 아는 몇 사람조차, 시간이 가면서 얼마나 조화로운 관계가 이루어졌는지 상상도 못했을 것이다.

그 후 30여년 간 포드와 카터는 십여 개 프로젝트에 함께 참여했고, 1983년 리더스다이제스트에 함께 이스라엘에 대한 비판 기사를 썼다. 둘은 1993년 북대서양자유무역협정NAFTA을 추진하도록 노력했고, 공동으로 1996 캘리포니아 마리화나 합법계획에 반대했다. 부인들도 때때로 팀이 되었다.

어쩌면 가장 주목할 만한 일은, 둘 중 먼저 죽는 사람에게 다른 사람이 추도 연설을 하자는 것인데, 카이로의 역사적 비행 후 25년이 지난 2006년 12월에 카터에게 차례가 왔다.

레이건과 닉슨:

추방자의 귀환

—————— ⊶═◦ ——————

제리 포드가 닉슨을 사면시켜 주었지만, 그를 정치 활동에 복귀시
킨 사람은 레이건이었다. 닉슨은 레이건을 대단하게 생각한 적이
없었고, 그를 통수권자로 고려했을 때조차 대수롭지 않게 여겼기
때문에 이는 다소 역설적이다. 그는 1971년 대통령 집무실에서 키
신저와 나눈 대화에서 "품위"는 있지만 "편협"한 단어들로 레이
건을 묘사했다. 심지어 그때 닉슨은 레이건의 대통령 당선 가능성
이 거듭 고려하던 때였다. 닉슨은 1968년 좀 이상했던 예비선거
경선 뒤 레이건을 경계해왔고, 1973년 닉슨을 대체할 경쟁이 이미
지평선에서 드러나고 있었기 때문에 생각지도 못하는 사이 레이
건이 자리를 빼앗을 가능성을 재고했다. 닉슨은 강조했다. "신은
마음도 좋으시지, 상상이 돼? 그가 여기 앉는 게 가능하겠나?"

하지만 1980년 레이건 당선은 카터와 포드가 닉슨을 거의 이
용하지 않았던 클럽에서 적어도 보호지원특권을 누릴 수 있는 새
출발의 기회를 주었다. 1974년 사임 후 닉슨이 대중 앞에 모습을
드러내고 뒤에서 영향력을 행사하기에 충분한 시간이 흘렀다. 닉
슨은 이면 해결사로서 개인적인 충고를 신임 대통령에게 제공하
며 레이건의 신뢰를 얻었다. 이 역할은 닉슨이 선호하는 비밀주의
와 적절하게 어울렸고, 여전히 남아 있는 그의 대중적 오명이 레
이건으로 하여금 그것을 받아들이기 쉽게 했다. 그 역할이 자리를
잡으면서 닉슨은 책을 쓰고, 연설을 하고, 민간인으로서 외교 정책

문제에 해결책을 제안하며 공개적으로 명예 회복에 노력을 가했다. 공적인 언급에서 레이건과 차이가 있을 때조차 닉슨은 언제나 조심스럽게 레이건을 지지했다. 포드와 카터가 하지 않은 방법으로, 레이건은 닉슨의 자문을 구하고 받아들이는 방법으로 닉슨에게 보답했다.

17

"당신들의 사령관"

– 리처드 닉슨 –

닉슨의 도움은 레이건이 백악관에 들어가기 전부터 시작됐다. 닉슨은 1980년 9월 선거유세 마지막 기간에 카터 대응 방안에 관해 작성한 빽빽한 3쪽짜리 상세 제안서를 레이건에게 보냈다. 그는 레이건에게 제3당 후보 존 앤더슨이 참석하지 않는 한 카터와 정책 토론은 피하도록 권유했다. 노련한 연기자인 레이건에게 정치 무대를 두려워하는 척 가장하여 경쟁자가 가벼운 토론자로 취급하게 만들도록 유도했다. 좋은 연설안을 내놓도록 팻 뷰캐넌을 고용하는 한편 행사 직전보다 며칠 전에 시작하도록 충고했다. 닉슨은 말했다. "어떻게 보이는가는 무슨 말을 하는가에 비하여 훨씬 더 중요한 의미를 줍니다. 카터를 긴장시키고, 트집을 잡아 괴롭히고, 모욕을 느끼게 하면서 당신은 강하지만 날카롭지 않게, 위엄 있고 침착하게, 대인배 대 소인배의 대조적인 모습을 만들어야 합니다."

닉슨은 레이건의 마지막 유세 집회를 실내에서 개최하는 것이 목소리를 더 돋보일 수 있다는 것까지 충고하다.

일단 레이건이 카터를 쓰러뜨리고 새로운 민주당 부흥의 희망을 꺾어버리자, 닉슨은 선거자문에서 비공식 백악관 안내자로 직분을 바꿨다. 전 캘리포니아 주지사가 과연 정치 함정과 워싱턴 관행에 대해 무엇을 알고 있을까? 닉슨은 레이건의 백악관 길잡이가 되어 레이건의 새로운 권력 쟁탈을 도우며, 자신의 옛 명성을 회복하려는 것이다. 11월 17일 닉슨은 조용히 레이건에게 최고 내각 직책은 물론 총무청장과 같은 덜 중요한 자리까지 구체적 인물을 추천하고, 더불어 대통령직 조직 구축 청사진을 전달했다. 보다 나은 백악관 업적을 실행할 빈틈없는 처방전이었다. 레이건에게 차관급조차 인사 다양성을 주문했다. ("이제 영원히 공화당 이미지에서 백인, 앵글로색슨, 프로테스탄트 이미지를 없앨 시기입니다.") 레이건에게 국가안보위원회 인사는 진보주의자들을 철저히 배제하고, 백악관 수석직원들을 절대 내각회의에 참여시키지 않는 대신, 재임 조직 구성을 대비해 장래성 있는 부관들을 참석시키도록 제안했다.

하지만 11쪽에 달하는 편지의 중심에 닉슨의 오랜 정보부 부하 알렉산더 헤리그를 국무장관에 임명하라는 엷은 권유가 숨어있었다. 이것은 이중 의미의 작전이었다. 신문에서 전 닉슨 노동재무장관 조지 슐츠가 국무장관 가능성이 유력하다고 보도한 바로 그날 닉슨이 편지를 보냈다. 닉슨은 슐츠를 좋아하지 않았다. 그들의 반목은 닉슨의 수많은 정적 대상들의 국세청 세무수사를 슐츠가 묵살했던 1972년부터였지만, 헤이그를 추천한 데는 다른 이유가 있었다. 즉, 전 4성 장군이 국무부 7층에 자리하면 해외 정보와 국내 의사 결정이 닉슨에게 직통으로 연결된다. 당연히 이것을 레이건에게 말하지 않는 대신 대선을 팔았다. 대통령 당선에 대단히 큰 도움을 준 헤이그는 "유럽인을 안심시키고, 러시아인의 한숨을 돌리게 하고, 게다가 지난 5년 이상 헨리 키신저의 부관으로 백악관에 있었고, 2년간 나토사령부에서 중국, 일본, 중동의 다양한 부족, 아프리카, 중남미까지 두루 경험을 섭렵했다는 잡다한 칭찬을 늘어놓았다. 그가 무르다는 생각으로 반대하는 사람들은 무지하고 생각이 짧은 사람들이고, 워터게이트 사건 개입 의혹 제기는 진실을 전혀 모르는 사람들의 이야기입니다."

그런 다음 보유보다 제공이 훨씬 더 쉽다는 의도의 우아한 문체로 마무리했다. "내 개인적 입장을 고려하자면, 나는 어떤 공식 직책도 원하지 않습니다. 다만, 특별 경험이 있는 분야에 관하여 당신에게 조언을 제공할 수 있는 기회는 환영합니다. 1968년 당선 직후 아이젠하워 대통령이 입원한 월터리드 육군병원에 방문했을 때 그는 내게 이렇게 말했습니다. '나는 당신들의 사령관입니다.'"

"이제 나도 같은 말을 합니다. 앞으로 우리 관계에 이 말이 유지될 것이라고 믿습니다."

5일 후 레이건은 건전한 제안들에 대하여 닉슨에게 감사하는 편지를 보냈다. "비록 모든 유세를 실내 집회로 할 수는 없었지만 캠페인 마지막 일정은 당신의 충고를 따랐습니다. 하지만 나는 입증된 선거 연설을 그대로 고수했고 여론조사도 매일 한두 포인트씩 올라갔습니다. 앞으로 실행될 당신이 내게 준 인사와 내각회의에 관한 제의지침서에 대한 고마움은 일일이 다 표현할 수 없습니다."

레이건은 몇 주 후 헤이그를 국무장관에 임명했다.

다음 6년간 닉슨은 편지와 전문으로 레이건에게 수시로 외교정책 해결방법, 해외여행 때 수집한 정보, 시기적절한 정치 전망을 퍼부었다. 주요 연설 뒤에는 언제나 짧은 격려문을 보내고, 해외여행에서 귀국할 때마다 환영인사를 줄줄이 보냈다. 그는 제안도 주고, 역사적 공예품도 주고, 개인취향의 소장품도 주고, 사소한 정치 각색부터 광범위한 지정학적 전략에 이르는 모든 정치적 충고를 주었다. 선의에서 비롯된 조언의 본질은 내용의 절대적 사실보다 덜 중요했다. 레이건이 항상 충고를 받아들이지 않았다 하더라도 (대부분은 받아들였지만) 닉슨은 레이건을 위해 너무나 많은 충고를 무료로 제공하면서 닉슨이 초기에 느낀 것은 그가 듣고 있다는 것이었다.

닉슨은 더 이상 환영받지 못하는 존재가 아니었다. 1982년도 중반 어느 저녁, 그는 레이건에게 크리스마스 전에 정치 조직 개편을 단행하라고 독려하는 편지를 썼다. 그는 조언했다. "임기 중반 개각은 취약점을 드러내는 게 아닙니다. 올바르기만 하면, 불성실하거나 부정직은 말할 것도 없고, 내각의 비효율을 절대 용납하지 않는 강력한 지도자의 입지를 국내외에서 한층 더 높여 주게 됩니다. 나의 경험으로 이야기합니다만, 어떤 사람은 내가 아랫사람들에게 너무 엄격하다는 비난도 있지만… 회고해 볼 때, 내가 엄격했다면 마지막 순간의 나의 정치 오명은 피할 수 있었을 것입니다." 레이건이 1986년 초 이란-콘트라 스캔들 사건으로 기반 구축에 어려움을 겪던 당시, 닉슨은 조속한 조치항목을 작성했다. "크리스마스 이후 잔여임기 2년간 팀을 더욱 강화하기 위한 여러 변화를 고려해야 합니다." 3일 뒤 이번에는 간호 역할의 편지를 썼다. "당신의 건강 유지는 자유세계의 가장 큰 자산입니다. 의사의 충고를 따르고 홍보 효과의 이유로 단 하루라도 관리를 미뤄서는 안 됩니다."

클럽 위력

둘 사이의 서신에서 가장 많이 할애되었던 주제는 미소관계를 어떻게 관리하는 가에 관한 것이고, 편지에서 닉슨은 여전히 현장에 있기를 갈망하는 신경과민 코치의 어조였다. 닉슨이 미소관계를 두고 레이건이 별로 관심 없는 문제까지 대통령의 관심을 끌기 위해 칭찬하는지 모른다는 느낌이 든다. 적어도 소련연방 문제를 언급하면서 닉슨은 레이건에게 진솔한 예의를 표했고, 이 편지들의 어투는 좀 차이가 나는, 더 강경하면서 다른 것에 비해 거의 과장 없이 있는 그대로였다. 닉슨이 강의하는 식으로 보이지 않으려고 노력하는 분위기를 거의 느낄 수 있다. 그리고 1983년 2월 작성한 한 편지의 끝에 닉슨은 누가 원수인지 조심스럽게 인정하고 있다.

"언제나 마찬가지로, 이런 생각들은 역사나 기록을 위한 것이 아니라 귀하가 개인적으로 참고할 사항들입니다. 최종 판단이 무엇이든 나는 물론 그것을 지지할 것입니다."

1985년 미하일 고르바초프가 소련 공산당 서기장으로 출현하면서 이 약속은 시험대에 올랐다. 고르바초프는 경화된 소련 체제를 흔들어 대면서 개혁하기 시작했다. 처음 그의 변화는 주로 사소한 공산당지도자 선출방법이었지만, 소련 내 경제개혁으로 폭을 넓히면서, 가장 성역시 되는 소련의 경제 부흥의 원천이 되는 소련군비와 핵심전략 핵무기 축소에 관심을 기울였다. 미국 내 소련 이론가들은 수개월 동안 고르바초프가 어떻게 비전을 추진하는지 심각하게 의견이 갈라졌고, 크레믈린 강경파들에 의해 과연 정책추진이 허용이 될지 안 될지, 그가 권력에 계속 남을 것인지조차 의견이 각기 달랐다. 만약 서방이 고르바초프의 말을 믿었더라면, 세계 속의 미국 입지, 세계 전역의 자유에 대한 전망, 미국 국방산업기준에 대해서도 막대한 영향을 미쳤을 것이다.

점점 나이가 들어가는 냉전시대의 용사 닉슨은 처음부터 회의론자였다. 레이건은 새로운 소련 지도자가 과거의 지도자들의 모습에서 벗어나고 있고 비록 그 정도가 불충분하더라도 믿고 싶은 반면, 그것을 바라보는 닉슨은 여전히 완전한 냉전 용사였다. 닉슨은 무대 뒤에서 협력하면서도 때때로 대중 앞에서 고르바초프의 개혁 이미지를 평가절하하고, 그의 호소가 친근해 보인다 해도 그는 철저한 소련 공산당 수뇌부원이었음을 경고했다.

닉슨은 1985년 9월 〈뉴욕타임스〉 사설에 다음과 같이 기고했다. "소련 공산당에서 최고직책까지 오르는 사람은 철저한 공산주의여야 하고, 소련의 지배 야욕을 비공산세계까지 확대하는 정책을 지지하는 무자비한 지도자여야만 한다." 닉슨은 그 칼럼을 레이건과 고르바초프의 최초 제네바회담 예정 2개월 전에 발표했다. 그해 가을 외교부에 우려 사항 자료 11페이지를 보내기도 했다. 정상들을 위한 정상회담은 어리석은 것이라고 주장했다. "이것은 끝이 보이지 않는 긴 투쟁이고, 54세 고르바초프는 서두를 필요가 없는 사람이다. 앞으로 미국 대통령 다섯 사람까지 협상할 정도로 오래 살 사람이다."

클럽은 더욱 강한 자신을 필요로 한다고 닉슨이 실천하며 레이건에게 말하고 있었다.

레이건이 듣고 있다는 증거는 많다. 1985년 말 그가 처음으로 고르바초프와 회동하기 위해 제네바로 날아가기 전날 일기에 다음과 같이 썼다. "딕은 무기 협상에 대단히 좋은 아이디어를 가지고 있었다. …그의 제안은 우리들이 지금까지 협상을 계속해왔던 것이다. 즉, 우리가 다른 분야에 있어서도, 결과를 성취하기 위한 결의의 표시로 협상은 계속 진행하고, 각자 무기고에서 100개의 미사일을 꺼내어 일정기간 동안 보관한다. 만약 감축 협상에 동의하지 못하면 그것을 무기고에 도로 집어넣는다."

제네바에서 고르바초프와 레이건의 첫 회담은 필수공동 성명서와 사진 몇 장 이외에 별 소득이 없었고, 단지 일 년에 두 차례 회담 기준을 마련했다. 1986

년 봄 닉슨은 고르바초프를 직접 진단할 결심으로 "개인적 사실 확인"을 위해 모스크바로 6일간 여행했다. 고르바초프를 어떻게 다룰지에 대해 거의 매일 서로 입씨름만 하던 레이건 보좌관 일부는 닉슨의 임무에 회의를 표하며 반대했다. 하지만 레이건은 닉슨 역시 고르바초프와 회동시간이 주어질 것으로 예상했기 때문에 그를 보내기로 했다. 레이건은 닉슨이 이륙하기 전 15분간 전화하며, 상대방과 대화 기회가 더 많아질수록 더 유리하다고 느꼈다.

닉슨은 1986년 7월 12일에 모스크바에 도착했다. 다시 한 번 그의 본분대로 백악관과 크레믈린 간 1인 배후 통로로서 조용히 역할을 담당했다. 그가 레이건에게 밝혔던 계획대로, 닉슨은 소련 최고이사회의장 안드레이 그로미코와 2시간 이상, 오랜 워싱턴 주재 소련대사 아나톨리 도브리닌과 2시간, 고르바초프와 1시간 45분 가량 시간을 보냈다. 일주일 뒤 닉슨은 식도락 얘기에서부터 소련 전략에 이르기까지 놀라울 정도로 다양한 정보를 담은 26쪽 짜리 상세 보고서를 레이건에게 보냈다. 그는 이렇게 썼다. 모스크바 여행계획이 있다면 "토마토, 오이, 캐비어, 철갑상어를 실컷 먹을 준비를 하라. 그들은 아직도 아침, 점심, 저녁 세끼 식사를 한다. 덧붙여 말하자면, 고르바초프는 소련 외교정책을 변경하지 않을 수도 있지만, 국내 분야에 있어서는 이미 엄청난 개혁을 이룩했다. 내가 보드카 한 방울조차 제공받지 못한 것은 지금까지 6차례 가졌던 모스크바 여행 중 이번이 처음이었다."

보고서는 닉슨이 여행에서 다목적 역할과 몸소 수행을 즐겼음이 명백해졌다. 그는 정보를 수집했고, 고르바초프 인물 중 누가 위고 아래인지 파악했고, 소련에 대해서 레이건에게 자신 있게 설명하면서, 크레믈린 내부에서 미국 대통령을 어떻게 바라보는지 대단히 상세한 귀국 보고를 했다. 닉슨은 또한 앞으로 중도성향 대통령을 기다리면, 어쩌면 후임 대통령은 미국상원 조약 승인이 지금보다 훨씬 더 어려워질 수도 있다고 그들에게 기민하게 설명하며, 그보다 레이건과 무기 감축 협상을 하도록 촉구하는 대변인 역할까지 했다. 그는 엄격한 냉전 용사와 자애로운 미국 아저씨 사이를 오갔다. 닉슨은 러시아인들에게 말한 것을 회고했다.

"나는 레이건 대통령을 30년 간 알아왔다. 그는 신념이 강하지만 합리적이기 때문에 협정이 미국 국익에 도움이 되면 체결할 것이다. 하지만 그는 협상이 결렬되어도 높은 지지도로 퇴임하기 때문에 자기의 정치목적을 위한 거래는 필요하지 않다는 것을 또한 강조했다."

또한 닉슨은 덧붙였다. "하지만 미국-소련 간 긴장 완화, 역사적인 핵무기 감축 협정 논의, 후임에게 퇴임 후 오래도록 살아남을 대립 관계 완화가 레이건의 재임 주요 외교 정책 목표라는 내 개인적 확신을 표명했다."

악당이 실력 행사를 한 게 아니라, 전 대통령은 양 행정부의 아득한 고도 위에서 역할을 수행한 것이었다. 닉슨이 전 세계를 연합시키기 위해 기름을 칠하는 동시에, 압력을 가하는 복합역할로 얼마나 간절히 다시 돌아가기를 갈망했는지 상상하기는 쉬운 일이다. 어느 순간 도브리닌은 닉슨에게 중단된 미소무기협상을 새로 가동시킬 방법이 무엇인지 물었을 때, 닉슨은 몇 가지 제안에서 신뢰 구축 측정 방법으로 최종 협상이 이루어질 때까지 핵미사일 100정을 예탁하는데 동의했다. 닉슨은 러시아인들에게 그가 이미 그런 생각을 레이건과 의논했음을 말하지 않았고, 대신 그가 민간인으로서 이야기할 뿐 "미국 측 협상단의 반응은 알 수 없음"을 여러 차례 주지시켰다. 러시아인들은 닉슨에게 이 생각을 적어주면 그들이 번역하여 고르바초프에게 전달할 수 있다고 부탁했고, 닉슨도 이에 응했다.

전 대통령 닉슨은 고르바초프와의 105분간 회담을 끝낸 뒤 회담 전보다 훨씬 더 강한 인상을 받았는데, 고르바초프는 카리스마적 인물이지만 여전히 거칠고 세련되지 못하고, 전 수상 레오니드 브레즈네프보다 외교에 더 능숙하고 섬세하고, 니키타 흐루시초프보다 덜 급하고 덜 무책임한 사람임을 알아챘다. 닉슨은 레이건에게 다음과 같이 썼다. "그는 내가 만난 소련 지도자 가운데 가장 사교성 있는 사람이지만, 동시에 틀림없이 그의 목표는 이전 지도자들과 같고, 목표 달성에 더욱 능률적으로 움직이고 있기 때문에 가장 무서운 사람입니다."

물론 닉슨의 이 생각은 오판이었다. 고르바초프는 전임자들과 명백히 다르게 벗어나고 있었다. 하지만 클럽의 가치를 미국의 힘의 도구로 사용한 한 가지만은 옳았고, 닉슨이 고르바초프를 확실히 이해시킨 것도 바로 클럽의 힘이었다. 닉슨은 1988년 이전의 무기협상은 "레이건 정책을 그대로 추진할 수 있도록 후임에게 레이건이 강하게 지원하도록 보증하겠다"고 고르바초프에게 말했다. 그리고 이렇게 주장했다. "레이건 대통령 재임 동안 미국과 소련이 협정을 체결하지 못하면 어쩌면 후임에 의한 미소정책이 강력한 비난을 받는 상황이 야기될 위험이 있다." 다른 말로 하자면, 전 대통령이 소련에게 미래의 전 대통령의 반대 가능성에 대해 경고한 것이다. 대통령 클럽과 혼돈하지 말라고 닉슨은 충고했다.

닉슨의 이런 말은 헛된 위협이 아니었다. 레이건에게 보낸 보고서에서 그는 이렇게 덧붙였다. "대담 중 내가 한 어떤 이야기 가운데 이 주장보다 큰 영향을 끼친 것은 없다고 믿습니다."

레이건이 1986년 10월 아이슬란드 수도 레이캬비크로 날아가서 갑자기 떠오른 희망적인 생각에서 고르바초프에게 미국과 소련이 자신들의 핵무기 전부를 폐기하자고 제안한 이후, 닉슨과 레이건, 그리고 백악관의 관계는 냉각되었다. 오랫동안 레이건의 판단을 우려했던 닉슨은 이런 발상을 경계하며 무모하다고 생각했다. 아이슬란드에서 그 생각이 실패한다 하더라도 레이건은 재임 마지막 2년 내에 작은 단계까지 무기협정을 진전시킬 결심을 했다. 그의 주요 목표는 국무장관 조지 슐츠에게 유럽에 배치된 중거리핵전력[INF] 감축을 제안하는 것이었다.

일부 공화당원에게 레이건의 연임 동안 무기 감축 추진은 졸속 노력처럼 보였을지 모른다. 즉, 레이건은 반공주의자로 알려져 있고, 닉슨과 공화당의 온건파가 모스크바에게 너무 많은 편의를 제공한다는 이유로 단절한 적도 있었다. 하지만 지난 25년 간 열렬한 반공산주의자에서 냉정한 병력 통제자로 행보를 이어왔던 닉슨으로서, 레이건이 지금 추진하는 양국 간의 완화방법을 인정하지 못하는 일은 이상한 일이었다. 또한 닉슨은 틈만 나면 주변 사람들에게 레이건의 정책 추진에 관한 불만을 토로했다.

1987년 4월 28일 닉슨은 정책 조정을 위해 백악관으로 호출되었다. 그는 헬리콥터로 도착했고, 국가안보보좌관 프랭크 카루치와 수석비서관 하워드 베이커가 남쪽 정원에서 전 대통령을 맞이하여 세 사람은 조용히 안으로 들어가 위층 관저로 올라갔다. 조심스런 백악관 선발대의 행동은 백악관 후문으로 들어가는 닉슨을 수십 명 주재 보도진들에게 들키지 않으려는 의도였다.

닉슨은 72시간 전 백악관을 광란의 도가니로 만든 후 도착했다. 우선 4월 26일 일요일에 닉슨은 키신저와 공동사설을 게재하여 레이건이 고르바초프에 유혹되어 비핵세계라는 위험한 발상에 공감하고 있다고 주장했다. 다음날 아침 〈뉴욕타임스〉에서 닉슨 전 대통령 연설문작가 윌리엄 새피어가 현실주의 합창에 날카로운 비난을 추가했다. "누가 이런 충격적인 소리를 내고 있는가, 소련과의 긴장 완화 정책이 죽은 지 수십 년이 지나고, 전략핵무기제한협정SALT의 '치명적 잘못'에 관하여 레이건 정책 추진자들의 십여 년에 걸친 비난 끝에 이제 리처드 닉슨과 헨리 키신저가 다시 손잡고, 레이건 행정부는 러시아인들에게 너무 온건책을 쓴다고 경고하고 있다. 퇴임한 전 냉전 완화 지지자들이 이제 신 강경주의가 되었거나, 재임 중의 전 강경주의자들이 신 완화주의가 되었는가? 누가 옳은가?" (새피어의 주장은 닉슨이 옳다는 것이었다.)

그리고 바로 그날 아침, 이 칼럼을 읽지 못한 사람을 생각해서 〈타임〉은 또다시 전 대통령이 레이건에게 경각심을 주려고 노력한다는 닉슨의 인터뷰 기사를 실었다. "핵무기는 절대 폐기되지 않는다. 그들은 새로운 핵무기로 전환시킬 것이다."

결국 레이건은 '세계 비핵화'의 꿈을 접고, 단지 유럽의 원자 핵무기 숫자만 줄이기로 했다. 닉슨은 결사적으로 악역을 맡았지만 끝에 가서는 아니었다. 그 때문에 베이커와 카루치는 회동을 통해 최소의 목표를 세웠다. 그들이 제안한 유럽 중거리미사일 감축안을 닉슨이 지지하도록 설득시키고 싶었다. 만약 닉슨이 동의하지 않으면 조용히 입을 다물 것인가?

닉슨은 개인 엘리베이터를 타고 베이커와 카루치와 2층으로 가서 개인 서재에 있는 레이건과 마주했다. 그곳은 존슨 대통령과 닉슨 대통령이 개인 침실로 사용했던 곳이다. 이것은 닉슨이 13년 전 사임한 이래 두 번째 백악관 방문이었고, 개인 사저 방문은 처음이었다. 닉슨은 그곳이 너무나 달라졌고, 자기가 있을 때와 비교해서 실내가구가 무척 화려한 데 놀랐다.

두 사람이 이곳을 사용했지만 용도는 달랐다. 닉슨은 옆에 있는 링컨의 거실에서 담배 피우기를 좋아해서 그곳에 들어가 난로에 불을 지피고, 환풍기를 작동시켰다. 레이건은 그 거실을 체력단련실로 꾸미고 매일 운동을 했다. 닉슨은 캠프 데이비드의 오솔길을 포장해서 골프차가 더 빨리 질주하도록 했고, 레이건은 포장을 걷어내어 승마 도로로 이용했다.

이곳은 이전에 이상한 클럽 회원들이 있었던 곳이기도 했다. 닉슨은 1966년 존슨이 버드 여사와 침대에 누워있는 동안 같은 방에 앉아 있었던 적이 있다고 레이건에게 말했다. 레이건은 긴장을 풀려고 칵테일을 내놓았지만 닉슨은 사양했다. 사진광 베이커는 사진을 찍었다. 닉슨은 수석비서관 카루치에게 받아 적으라고 시키며 섬뜩한 소리를 덧붙였다. "이곳은 녹음되지 않을 것으로 생각합니다." 나중에 닉슨도 분위기가 서먹했다고 인정했다. 낸시 레이건은 주위에 없었고, 닉슨은 슐츠의 부재도 알아차렸다. "나는 낸시 여사가 당시 사저에 있었는지 모르지만, 있었다 해도 대통령은 나를 그녀에게 인사시키려고 하지 않았다. 내 짐작에 낸시도 슐츠만큼이나 화가 난 모양이다."

닉슨은 이런 만남에서 늘 해왔던 대로 행동했다. 그는 레이건의 보좌관들이 자기와 키신저가 이번 중거리핵무기INF 협상 건에 대해 방해 공작을 벌였다고 믿고 있음을 알고 있다는 얘기부터 시작하여 길게 서두를 늘어놓다. 또한 사실은 그렇지 않다고 말하고, 단지 불가피한 INF 협정을 좀 더 강화시키는 시도일 뿐이라고 주장했다. 솔직하게 말해서, 닉슨은 레이건의 행동이 우격다짐이라 느꼈고, 닉슨과 키신저의 전성기 때 고도의 위험이 따르는 협상 때 발휘하던 인내심, 유연함, 때론 악착스러움을 그는 갖지 못했다고 느꼈다. 그는 군비축소 같은 중요한 문제에 있어서 레이건을 신뢰하지 않았다.

베이커는 혹시 INF 거래를 뒤에서 도와줄 방법이 있는지 닉슨에게 물었다.

닉슨은 사양했다. 레이건을 위해 할 수 있는 최선은 그가 러시아와 체결한 협상 자체를 반대하지 않는 것뿐이라고 말했다. 그러면 닉슨이 지지한다는 뜻인가? 불가능한 일이었다.

"만약 협정이 지나치게 불균형적이라면 나는 정말 침묵했을 것이다"라고 닉슨은 나중에 자신에게 말했다. "[상원비준을 통해서] 그 협정을 거부할 기회가 없을 때, 무조건 반대는 전적으로 무책임한 일이 될 것이다."

닉슨은 레이건 스스로 지지를 부탁하지 않았다는 점을 흥미롭게 생각했다.

"레이건은 베이커와 함께 하는 의논에 끼어들지 않았기 때문에, 나는 레이건이 베이커가 제안하는 내용을 알고 있는지 알 수 없었다. 슐츠가 레이건이 이런 식으로 하도록 부추긴 것이 확실했다. 아무튼 나는 찬성하지 않았다."

베이커는 회합이 끝나기 전 다시 쟁점으로 되돌아갔고, 닉슨은 다시 또 도움을 사양했다.

닉슨은 더 이상 레이건의 사령관이 아니었다.

회동은 한 시간 정도 계속됐다. 대통령에게는 상당히 긴 시간이고 레이건으로서는 거의 무한한 시간이 분명했다. 닉슨은 대통령의 정책 핵심에 대해 우려하며 떠났다. 나중에 닉슨은 이렇게 썼다. "특히 회동이 거의 막바지에 다다랐을 때 그는 피곤해 보였다. 내가 가능한 한 간단하고 직접적으로 상황 설명을 했지만 레이건은 집중하기 어려워했다." 레이건은 마치 그것이 자기 임기 동안 이루어져야 할 일인 것처럼, 모든 핵무기 제거 이야기를 계속하는 것을 보고 닉슨은 경악했다.

각자의 방법대로 두 사람은 일주한 뒤 다시 제자리에 왔다. 닉슨이 아직 힘이 부족한 연합국의 대통령을 반공에 가장 잘 알려진 목소리로 바뀌도록 도움을 준 지 40년, 그는 위대하고 입에서 불을 뿜던 레이건이 공산당들에 대해 너무 온건적이 된데 대해 몹시 걱정이 되었다. 하지만 닉슨은 자기의 혁명을 완성시키고 있었다. 또 적과 긴장완화 정책을 너무 빨리 추진한다고 우파로부터 비난받아온 또 다른 대통령 본인이, 이제 후임 레이건에 대해 적과 긴장 완화 정책을 너무 급하게 서두른다고 비난하는 처지가 되었다.

베테랑은 한때 수하였던 그의 결여가 보였다. 닉슨은 백악관 방문 후 직접 작성한 4천 단어 길이의 기록에서 이렇게 결론 내렸다. "나는 유감스럽지만 이렇게 전한다. 레이건은 너무 늙고 더 지쳐 보이고, 대중 앞보다 개인면담에서 활력이 훨씬 덜해 보인다. 고르바초프와 사적 회담을 절대 허용해서는 안 된다."

이 회합은 미소관계에 관한 둘의 협력관계를 확실히 끝내 버렸고, 외견상 보아도 그들 관계가 너무 멀어져서 무대 뒤에서도 협력하지 못했다. 레이건의 임기 말년 둘 사이의 협력관계는 정치에 국한되었고 각자 어렵게 교훈을 얻었다.

아이크, 딕, 론, 조지

1988. 7. 28. 목요일

> … 조시 부시와 점심식사를 같이 하며 이번 대선 때 가능한 부통령 후보들을 의
> 논했다. 둘은 확고한 선택이 없다. … 부시의 유세는 TV광고를 하기로 하고 위층에 가
> 서 닉슨의 방문을 기다렸다. 언제나 마찬가지로 그에게는 대단히 분별 있는 대선 제
> 안들이 있었다.
>
> —레이건의 일기에서

이제 레이건은 레임덕을 맞이하면서 국내에서는 아직 인기가 있지만 퇴임
전 해야 할 항목을 정리하고 있었다. 그의 측근들은 대통령직 연장이 불가능하
기 때문에 레이건 혁명을 활기 있게 계속 북돋우기 위한 방법을 찾느라 바빴다.
아이젠하워 시대부터 현직 대통령의 권력의 빛이 지속되는 인기 있는 대통령의
그늘에서 부통령에 관해 리처드 닉슨보다 더 정확하게 발굴 방법을 아는 사람
은 없었다.

1988년 여름 초 레이건 수하 백악관 수석비서관 켄 두버스타인은 뉴저지 집
에 있는 닉슨에게 전화해서 부통령이 최고직책에 당선되기 위해 마지막 몇 달
간 현 대통령은 어떤 일을 해야 하는지, 또 무엇을 하지 말아야 하는지 물었다.
때때로 이런 자문에 닉슨이 응했을까?

닉슨은 이미 그 겨울에 상당히 바빴다. 집필 중인 책도 끝내야 하고, 뉴저지
자택에서 선별한 기자들과 개인면담도 있고, 무엇보다 1988년 대선을 주시하
고 있었다. 닉슨의 수하인 부시George H. W. Bush와 밥 돌Bob Dole 두 사람이 공화당 후보
지명을 두고 팔씨름을 겨루고 있었기 때문에 자부심과 놀라움의 복합적인 감
정으로 대회를 지켜보았다. 비록 지난 수십 년에 걸쳐서 키우고 신장시키고 서
로 다른 관점에서 둘에게 충고해 왔지만, 닉슨은 돌을 더 아껴왔다. 부시는 닉슨
의 관점에서 볼 때 태생적으로 너무 온화하고 부드러웠기 때문에 러시아인들보
다는 덜한 민주당 대선 후보자에 맞설 정도로 충분히 강하지 못할 것을 염려했

다. 그에 비해 돌은 자신의 모습이 떠오르는 시골 출신의 접근전에 강한 공격수였다. 그의 최대 약점은 너무 강해서 포기를 모르는 흡사 닉슨 자신 같았다. 그는 1988년 대선 몇 개월을 앞두고 중립자세를 취했지만, "닉슨은 조용히 돌을 지지했다"고 관계를 관리했던 부시의 참모가 설명했다. 그해 겨울 친구 몇 명에게 보내는 메모에서 닉슨은 부시를 "허약하다"고 묘사한 반면, 돌은 "강하고 용감하다"고 칭찬했다. 부시가 아이오와 주 초기 전당대회에서 돌에게 패했을 때, 닉슨은 부시 부통령을 가리켜 "추진력이 부족하다"고 진단했다. 하지만 부시가 2월 중순 뉴햄프셔 예비선거에서 승리하자 부시는 "진정으로 스스로 이룩했다"고 닉슨이 발표했다. 닉슨이 부시를 승자로서 칭찬했다면 생존자를 훨씬 더 많이 칭찬했다. 그는 봄에 〈타임〉과의 인터뷰에서 이렇게 말했다. "투쟁하고 전선을 가다듬고 쓰러지더라도 다시 일어서는 것이 필수다. 부활하라. 미국인은 부활에 열광한다."

닉슨은 부활에 내기를 걸고 있었다. 4월 10일 그는 8년 만에 처음으로 TV프로그램 "언론과의 만남"에 출연해서 세계적 이슈와 논란이 많았던 자신의 대통령직에 대해 시청자들에게 설명했다. 그는 워터게이트 실수를 시인했고 그가 보다 일찍 베트남을 폭격하지 않은 점을 후회했다. 프로그램 중간에 광고가 나오는 동안 그는 카메라만 보면 땀이 나는 습관이 있다고 농담했다. ("나는 그 습관으로 유명합니다.") 그는 이란-콘트라 사건 때 무기를 주고 미국 인질을 교환한 사건과 관련해서 레이건에 대한 맹비난을 불식시킨 다음, 1988년 대선에서 가장 기억에 남는 몇 가지 사항을 검토하며 말했다. "최고의 정치는 시문입니다. 산문이 아닙니다. 제시 잭슨은 시문이고, 마리오 쿠오모도 시문이고, 마이클 듀카키스는 워드프로세서입니다." 닉슨은 전국적인 정서에 대해서 "번영 가운데 불안"을 느꼈다고 말했다. 며칠 뒤 닉슨은 신문편집인 모임에서 부시는 11월 대선에 듀카키스를 이길 것이라고 말했다. "선거가 극히 박빙으로 부시 승리에 가까워지고 있어서 캘리포니아에서 결정될 것이다." 그는 부시에게 러닝메이트로 돌을 택하도록 촉구했지만, "부시가 누구를 선택하든 방해하는 사람은 없을 것이다."고 말했다.

4월 중순 닉슨은 부시 부통령과 바바라 여사, 대선참모 리 애트워터와 부부와 함께 해군 관측대에서 사적인 식사를 했다. 그 후 부시와 닉슨은 따로 한 시간 정도 이야기를 나누었다. 닉슨은 부시에게 대통령 방향은 분명해 보이지만 보장할 수는 없다고 말했다. 그 회동에 대한 줄스 윗코버와 잭 저몬드의 확실한 언급에 따르면, 닉슨은 부시에게 범죄와 소련에 대해 강경노선을 취해서 민주당 경쟁자에 대해서 균형을 흩트려야 한다고 촉구했고, (부시도 둘을 다 받아들였을 것이다.) 대선을 치르는 동안 레이건 대통령과의 관계를 개인적으로 잘 발전시키되 8월 공화당 전당대회 후까지 기다리도록 강조했다. (가까이에 측근들이 있었지만, 부시는 닉슨의 충고를 하나하나 잘 따랐다.) 더욱이 닉슨은 부시가 러닝메이트 최종 선택에 대한 공화당 우파들의 예민한 반응에도 신경 써야 한다고 조언했다. 그것은 1960년 닉슨이 중도파 메사추세츠 상원 핸리 캐봇 로지를 선택했을 때, 당내 보수파의 불만으로 어려움 겪었던 데서 배운 교훈이었다.

마지막으로 그는 부시에게 레이건이 대선 유세 전면에 나오도록 설득하라고 강조했다. 닉슨은 1960년 당시 아이젠하워에게 대선을 도와달라고 촉구하지 않은 실수를 저질렀다고 오랫동안 믿고 있었다.

부시는 1960년 이래 너무나 많은 것이 변했고, 레이건은 아이젠하워만큼 공화당원에 인기가 높지는 않지만, 이 모든 충고를 그대로 수용했다.

몇 개월 후 7월, 닉슨은 워싱턴에서 백악관의 두버스테인에게 전화했다. 그의 호텔로 올 수 있는지 제안하자, 그는 라파예트스퀘어 클럽하우스보다 포기보텀에 있는 원워싱턴서클을 더 선호하며 그곳에서 1988년 대선문제를 의논할 수 있을 것이라고 답햇다. 두버스테인은 즉시 서관에서 차로 출발했다.

닉슨은 이전 교훈부터 시작했다. 1960년 결별 문제로 상당히 힘들었던 점과 아이젠하워가 전혀 도와주지 않았던 점을 이야기했다. 닉슨은 두버스테인에게 레이건이 선거유세를 돕는 방법에 대해 조심스럽게 생각해 보도록 하면서, 부시를 위해 그를 참여시킬 방법을 찾으라고 충고했다. 한 시간이 지났을 무렵 두버스테인은 이것이 기회라고 느끼며, 자기와 함께 전 대통령이 백악관으로 가서 레이건에게 직접 이야기하는 것이 훨씬 선거에 도움이 될 것이라고 제안했다.

닉슨은 대답했다. "당신이 그렇게 생각한다면, 좋다. 하지만 나는 강의하는 식이다." 강의를 좋아하는 대통령은 없고, 더구나 서로 의견이 불일치하는 관계가 한 세대 훨씬 전부터 얽혀있는 전임으로부터는 특히 그렇다. 그래서 닉슨은 이 문제에 전략적 해결안을 제안하며 말했다. 우리가 레이건과 함께 앉으면, "당신이 내게 질문을 할 수 있다."

그날 저녁 닉슨은 백악관 서관 뒷문을 통해 안내되어 작은 엘리베이터를 타고 사저에 올라갔다. 닉슨과 두버스테인은 레이건과 낸시 여사가 있는 거실에 합석했다.

레이건은 안락의자에 앉아있고 그 옆의 붉고 흰 꽃무늬소파에 손을 무릎에 올린 채 닉슨이 자리했다. 낸시 레이건은 거리를 두고 닉슨의 왼쪽에 앉았다. 이것은 결코 유쾌한 방문이 아니었고, 이전에도 이런 행사는 우정에 부담을 주었다. 실제로 이례적인 개인지도 시간 내내, 닉슨과 레이건은 서로 눈 한 번도 마주치지 않았다. 낸시가 남편과 제37대 대통령 사이의 만남에 관해 불안감을 갖고 있음을 닉슨도 알았다고 두버스테인은 짐작했다. 몇 달 전 〈US뉴스&월드리포트〉 잡지 기사에 닉슨이 사적으로 친구들에게 '레이건은 이란-콘트라 사건이 "어리석은 행동"이었기 때문에 살아남을 수 있었다'고 말한 내용을 인용한 적이 있었다.

하지만 한 시간 가량 계속된 부시를 돕기 위한 대화가 끝나기 전, 닉슨은 지금까지와 다른 예언적인 특별한 언급을 했다. 그는 레이건에게 부시는 10월 마지막 주에 당신에게 전화를 할 것이고 캘리포니아 중 특히 남부캘리포니아 대선유세에서 당신을 필요로 할 것이라고 말했다.

이 마지막 말에 레이건은 당황해서 눈을 두리번거렸다고 두버스턴이 회고했다. 그것은 정치와 권력에 대한 닉슨의 강박관념에서 나왔다. 대통령이 미래를 어떻게 이끌어야 하는지 자문할 필요가 없었고, 그 정도는 대통령도 예상할 수 있음을 알아야 했다.

마지막 선거유세

다음 몇 개월 간 닉슨은 거의 매주 두버스테인과 접촉하여 최근 소문을 모으고,

국내외 사건에 관한 시사해설을 하고, 나라 전역에 있는 그의 오래된 조직망에서 들려오는 게시물로부터 나온 정치적 정보와 예상 견해를 전했다. 특히 국가 안보문제에 관하여 듀카키스의 균형을 깨기 위해 레이건에게 민주당을 공격하도록 촉구했다. 8월 중순 뉴올리언스 공화당 전당대회 이후 닉슨은 레이건의 연설을 칭찬하려고 급히 편지를 전달했다. "당신은 조지 부시에게 대단한 출발 격려를 해주었고, 그것으로 거의 끝이 나겠지만, 만약 부시가 이 문제를 계기로 삼기만 한다면 레이건 혁명 4년 연장을 의미합니다."

10월 말 선거 일주일을 좀 더 남겨두고 부시 선거참모 제임스 베이커가 두버스테인에게 전화했다. "마지막 주에 캘리포니아에서 대통령이 필요합니다. 그래서 많은 표를 확보하면 다른 주를 걱정할 필요가 없어집니다."

두버스테인은 할말을 잃었다. 닉슨의 예언이 적중했고 일정 역시 들어맞았다. 부시는 일리노이, 미조리 그리고 가장 중요한 캘리포니아에서 듀카키스에 근소하게 앞섰다. 공화당 팀이 확실하게 캘리포니아를 장악하고 55명 선거인단 표를 확보하면, 부시는 대통령직 획득을 위해 다른 인접 주에서 이길 필요가 없을 것이다. 그래서 닉슨의 예언대로, 클럽의 막판의 승부를 위해 제시간에 날아가는 베이커의 계획이 펼쳐졌다.

경선 마지막 주 부시 선거유세에서 레이건과 제럴드 포드가 캘리포니아로 가기를 희망한다고 베이커가 두버스테인에게 말했다. 둘로 갈라진 38대와 40대 클럽 회원의 양쪽 공격은 유권자들에게 힘을 주어 공화당 승리를 못 박게 되는 것이다.

다음날 두버스테인은 닉슨에게 전화했다. "아직도 앉아계세요?" 그렇게 물으며 닉슨이 예견한 바대로, 부시 지원단이 백악관에서 전화를 받고 돕기 위해 캘리포니아에 있다고 설명했다. 그리고 그는 다음과 같이 덧붙였다. "선견지명에 감사드립니다."

이것이 바로 1988년 대선 마지막 주에 있었던 일이다. 포드는 샌프란시스코 근처 콘트라코스타 카운티로 갔고, 레이건은 남쪽으로 우선 롱비치로 날아갔는데, 거기서 40여년 전 영국 여행 때 승선한 적이 있는 퀸메리 유람선 옆 주차장에 운집한 4천명의 유권자들에게 연설했다. 백악관 선발팀은 폭죽놀이, 소방용

분수보트, 저공의례용 2차대전 T-6 항공기 11대 밀집 대열, 적, 백, 청 풍선 수백 개 극적 발사 등등 비용을 아끼지 않았다.

　　그런 다음 샌디에이고의 시민센터로 가서 레이건은 마지막 캠페인 연설을 했다. 그는 최선을 다하여 역할을 했다. "때때로 몇 분 간 목이 잠기고 음성이 갈라진다 하더라도 용서해 주십시오. 지금은 내게 특별한 장소에서 특별히 여러분과 함께하는 특별한 순간입니다. 나는 대선경선 두 번 모두 이곳 샌디에이고에서 마지막 선거유세를 했습니다. … 이번 연설을 또 샌디에이고에서 마치면, 나는 가족과 같이 있고 또 친구들과 함께 있고 싶습니다."

　　레이건은 근면하게 일했던 불완전 고용자인 아버지에 관해 이야기했다. 신발판매원으로서 불황 속에서도 가족을 부양하려고 애썼지만, 타지에 갈 때는 유대인을 거절하는 호텔에 투숙하지 못하고 차 안에서 잠을 잤다. 그는 어머니 누엘을 회상하며 즐거워졌다. 어려운 가운데에서도 뒷문에 서있는 거지를 그냥 돌려보내는 적이 없었고, 레이건이 헐리우드에 있을 때 그들을 캘리포니아로 모셔와서 집을 사주어 처음으로 "그들의 집을 소유하게 되었다." 이것은 정말 마음이 끌리는 신기하고 감동적인 이야기로 "부시, 부시, 부시"는 물론 "4년 연장"을 촉구하는 마침표를 찍게 했다. 마지막 선거유세에서 관중들에게 아버지와 어머니의 이야기를 전했다.

　　"이제 우리는 마지막 선거유세의 끝자락에 왔습니다. 나는 누엘과 잭이 지금 아래로 내려다 보며 머리를 끄덕이고 아들이 자랑스럽다고 말하기를 희망합니다. 또한 어떤 대통령이 긴 여행을 마치고 이 마을에 와서, 부모와 조부모들에게 이 미국을 새천년 과정 위에 올려놓고 평화, 번영, 기회, 희망의 세기가 찾아오도록 함께했는지, 언젠가 여러분의 자녀와 손자들이 묻는 때가 오게 되기를 희망합니다."

　　"따라서 내가 마지막으로 한 가지 부탁하고 싶은 것은, 내일 산들이 새벽을 맞이할 때 여러분도 기퍼Gipper, 영화 속 레이건 배역를 위해 모두 나가서 승리를 안겨주지 않으시겠습니까?"

　　닉슨의 말이 맞았다. 캘리포니아 경선 마지막 날은 막상막하였다. 출구조사에서 며칠 전에 마음을 정한 사람들은 5:4로 듀카키스에 표를 던졌다고 후에 밝혔지만, 양쪽 전문가들은 남부캘리포니아에서 공화당으로 여론을 전향한 것은 은 선거 전날 밤 레이건의 방문 때 돌아섰다고 말했다. 다음날 전체개표에서 부시는 캘리포니아에서 51:48로 승리했다. 부시는 레이건과 닉슨의 지역에서 30만표를 차지했다. 이에 대해 그는 레이건, 포드, 닉슨에게 감사했다.

부시와 닉슨:

비행이 응징되지 않는다

———— ㅠ━○ ————

닉슨과 조지 허버트 워커 부시의 이야기는 충성과 그에 대한 한 계의 관계다. 근본적으로 11년 나이 차이만큼 둘 사이에는 거리 가 있었다. 닉슨은 서부 해안가 지역에서 가난하지만 총명하게 자 라며 열심히 노력했고, 부시는 미국 중서부의 유력한 산업계 가 문 출신 코네티컷 상원의원의 아들이었다. 닉슨은 여름에 페인트 공으로, 닭털뽑기로, 호객꾼으로 일하며 보냈고, 부시는 여름캠프 에서 지냈다. 닉슨은 강한 보수의 조류를 타고 백악관으로 입성 한 캘리포니아 공화당원 두 사람 중 첫 번째였고, 부시의 정치 근 본과 직관은 동부해안가 성향으로 온화했으며, 정치 경력 내내 주 변 우파의 불신과 씨름했다. 하지만 1960년 둘이 조우하면서, 부 시는 인생을 바꿀 멘토를 발견했다. 선배인 닉슨은 무명의 정치가 그룹에서 부시를 끌어내 공화당 내의 유명한 라인업 앞줄로 밀어 올렸다. 닉슨은 그의 정치력, 판단력과 닉슨의 중점 기준인 강인함 을 믿지 못했다. 부시는 닉슨의 두뇌와 쟁점 대부분을 동경했지만, 그의 정치적 편의주의 성향과 측근에 대해 우려했다. 부시는 닉슨 사임 때까지 그를 실질적 대통령으로서 모시고 충성했을 뿐만 아 니라 이후 오랫동안 본받고 싶은 사람으로서 닉슨을 존경했다.

부시가 그의 퇴임 15년 뒤 대통령이 되었을 때, 닉슨은 신기한 방법으로 그의 충성에 보답했다.

———— ㅠ━○ ————

18

"나를 유약한 사람으로 여기는 것이 틀림없다"

– 조지 H. W. 부시 –

대통령이 되기 훨씬 오래 전 조지 부시는 리처드 닉슨에 대하여 언제 주목하고 언제 간과할지를 익혔다.

두 사람이 1964년 처음 알게 된 뒤, 닉슨은 휴스턴으로 가서 부시의 텍사스 상원출마 선거자금 모금을 도왔다. 1960년 초만 해도 텍사스에 공화당원이 많지 않아서 이것은 생각지도 못한 시도였다. 댈러스에서 케네디가 암살 당한 지 1년 후 린든 존슨과 민주당원들은 배리 골드워터와 공화당원들에게 아무런 두려움도 갖고 있지 않았다. "우리는 흠씬 두들겨 맞았다"라고 부시는 존슨의 압승으로 끝난 대선에 대해 일주일 뒤 닉슨에게 보고했다. 부시는 패배에 머무르지 않고 1966년 휴스턴 서부지역 의회의석을 얻었다.

그리고 2년 뒤 44세 초선의원이 1968년 닉슨의 대선 러닝메이트 물망에 오른 일은 기적이었다. 그것은 거의 있을 수 없는 일이지만, 강력한 공화당계 선두 그룹이 이 새내기 위원을 닉슨에게 추천했다. 부시의 아버지 프레스콧을 잘 아는 아이젠하워는 1967년 게티즈버그 농장에서 부시를 부통령 후보로 고려하도록 닉슨에게 조언했다. 또한 닉슨이 신뢰하고, 거의 십여 년 동안 부시의 부모와 비정기 성경연구를 해온 빌리 그레이엄도 그를 추천했다. 체이스맨해튼은행 CEO 조지 챔피언도 부시의 사람이었고, 1948년 민주당 트루먼을 상대한 공화당 후보였던 전 뉴욕 주지사 토마스 듀이도 그랬다. 마치 공화당 중도파원로들이 비밀간부회의를 열어 부시를 공천에 올리도록 투표라도 한 것 같았다.

부시는 한 번도 마이애미비치에 있는 닉슨의 정치토론장에 갈 기회가 없었고 닉슨의 부통령이 되기에는 너무 풋내기였지만, 그것을 계기로 부시가 필요한 소양을 갖춰야 한다는 생각을 갖게 되었다. 뒤처지다 마지막에 극적으로 승리하는 1960년대 초 순혈종 명마 "승산 없는 실키 설리반"을 인용하여 그를 일깨워준 듀이에게 부시는 감사의 편지를 썼다. "비록 판돈을 날렸어도 큰 교훈이 되었습니다."

이것은 닉슨의 여러 충고 가운데 첫 번째 것이었다. 그는 부시에게 안전한 하원의석을 그만두고 텍사스 상원에 다시 출마하도록 충고했다. 대통령이 직접 주는 충고는 파괴적인 위력이 있었고, 하원지도부 단계에 오른 그의 세대 사람들이 상원으로 옮기거나 백악관에 들어가는 것을 지켜본 부시를 움직이게 했다. 부시는 여러 사람의 의도를 감지했고, 또 다른 대통령으로부터 다른 의견을 얻기 위해 텍사스까지 순례여행도 했다. 그 클럽 회원의 의견도 같았다. 비록 민주당이지만 린든 존슨은 재치 있는 격언을 상기시키며 텍사스 출신 후배에게 출마를 격려했다. 하원과 상원의 차이는 "닭고기 부스러기와 통닭의 차이다." 40년 훨씬 뒤에 이 순간을 회고하며 부시는 아버지의 말을 전했다. "린든이 무슨 생각을 하는지 유추해서는 안 된다. 그는 여러 캐릭터를 갖고 있는 사람이지만 그중에 '미스터리한 사람'은 없다." 상원에서 10년을 보낸 후 건강상 이유로 사임했던 부시의 아버지는 아들이 안전한 의석을 포기하고 달성하기 어려운 자리에 도전하는 것을 염려하며 반대했다. 하지만 백악관의 제안은 지나치기에는 너무 좋은 것이었기 때문에 결국에는 닉슨의 충고에 동의했다.

그러나 방법은 닉슨의 방식이 아니었고, 즉시 문제거리가 되었다. 총선에서 진보 성향의 랄프 야보로를 상대하는 대신, 야보로 정도의 사람과는 비교도 안

되는, 민주당 중도파 로이드 벤슨을 대적하게 되었다. 그는 부자고, 리오그란데 밸리에서 인기가 많고, 텍사스 공화당원들에게 상당히 매력적인 보수파 정치인이었다. 그는 20년간 정치계 밖에 있었다. 닉슨의 심복들은 벤슨에 대해 찾을 수 있는 추문을 모두 파헤쳤고, 이를 부시가 그를 공격하는 연설과 흑색선전에 사용하도록 휴스턴으로 보내면서, 17개의 다른 계좌를 통해 세탁한 닉슨의 선거자금 중 10만 불 이상을 함께 보냈다. 하지만 벤슨에 대한 자료를 검토한 부시는 이를 옆으로 치워놓으며, 이것은 경쟁에 이기는 방법이 아니라고 생각했다. 백악관은 심지어 정치저격수 밥 돌, 스피로 애그뉴를 보내어 부시가 관계없이 벤슨을 공격하겠다고 제안했지만, 그는 사양하며 자기 방법대로 하겠다고 말했다. "조지와 로이드는 신사적인 경선을 치르고 있는 사람들이다. 하지만 백악관 사람들은 신사가 아니다"라고 예전 닉슨 연설문 작가였고 그해 부시를 위해 일한 리처드 웨일런이 전했다.

1970년 부시는 1964년 때보다도 주 전역에서 훨씬 적은 표를 얻으며 상원 선거에서 패배했다. 그는 선거일 밤 분위기를 요약했다. "그곳에 인디언들이 너무 많다고 말한 커스터처럼, 나는 그곳에 민주당이 너무 많다고 생각했다." 다른 누구보다 가족이 낙담했지만 부시는 실망 속에서도 미소를 지었고, 다음날 아침 5시에 감사해야 할 수백 명의 명단을 꺼내어 수화기를 들었다. 그리고 16시간 후에 전화를 마쳤다. 이런 노력에 대해 닉슨은 두 가지 행정직, 즉 유엔 미 대사직과 공화당 의장직으로 부시에게 보상해주었다.

닉슨은 송곳 같은 시각으로 부시를 관찰했다. 부시가 아직 젊고, 남부 공화당에서 이전에 보지 못했던 신세대를 대표하는 것으로 보였기 때문에 그를 좋아했다. 부분적으로 아이젠하워가 자신을 39세의 나이에 부통령으로 뽑아준 덕택에 닉슨이 스스로의 노력으로 최고에 도달하기 훨씬 전에 젊은 인재로 육성되었다는 이야기는 공화당 내 널리 알려져 있었다. 하지만 닉슨은 이미 텍사스의 존 코널리를 선호했고, 게다가 닉슨과 보좌관들은 부시를 정치인 스타일이라기보다는 보이스카우트 같다며 의문을 품었다. 1971년 4월 부시가 유엔대사직을 역임하는 동안, 닉슨과 키신저는 당시 닉슨의 중국 개방 정책 초기 상황을 처리하기에 부시는 "너무 유연하고 그다지 세련되지 못하다"는 데 공감했다. 워터게이트 사건이 터지자 부시는 "소심해졌다"고 나중에 닉슨이 밥 홀드먼에게 말했다.

닉슨이 부시를 의심하는 것만큼이나 부시 역시 닉슨에 대해 의구심을 품었다. 부시에게 맡긴 직책도 닉슨의 강력한 중앙집권적 백악관 정치에서 거리가 있는 비중이 약한 자리였다. 부시가 닉슨에게 보낸 직책에 대한 고려와 임명 수락을 모두 담고 있는 편지는 아직 고민 중인 것으로 읽혔고, 이 정치적 제자가 닉슨의 제안에 의심을 품으며 '이 직책을 맡는 것은 나의 의지에 반하지만 어쨌든 당신을 위해 하겠다'는 말처럼 들렸다. 부시가 닉슨과 그의 측근을 대단히 좋게 생각했어도, 그에게는 그들이 지나치게 위험했다. 1973~4년 공화당 의장으로 활동한 부시는 닉슨이 자신의 명성을 유지하기 위해 당을 완전히 파괴시키고 있다고 보았다. 1973년과 1974년 사이 부시는 자금 모금 운동을 위해 9만 7천 마일이 여행을 기록했다. 이것 때문에 부시는 바바라 여사에게 이렇게 말했다. 백악관에서 시키는 일은 "나쁜 일뿐이다." 그래서 때로는 요구 사항을 거절했다.

정책만큼 정치를 좋아해 본 적이 없던 부시는 상황이 추해질 때면 거부감을 느꼈다. 그에게 워터게이트 사건은 비통하고 끔찍하며 부끄러운 일이었다. 대중의 눈에 부시는 실제적으로 마지막까지 닉슨에게 달라붙어 그의 기록을 옹호하고, 그를 괴롭히는 자를 비난하고, 워터게이트가 민주당이 집착하는 환상이라는 증거에 매달리는 무리로 보였다. 하지만 닉슨이 당과 대통령직에 끼치는 여러 일뿐만 아니라, 솔직히 말해서 닉슨이 자기를 의심하는 것을 알았기 때문에 개인적 고뇌가 있었다. 1974년 7월 대통령직 사임 3주 전, 부시는 네 아들에게 닉슨의 기록과 그의 성격을 보여주는 긴 편지를 썼다. 이것은 현존하는 자료 가운데 닉슨의 심리적 측면을 묘사하는 아주 좋은 소개서이다. 그는 닉슨이 일급 지성에 삼류 인격을 가진 위대한 지도자라고 이야기했다. "그는 엄청날 정도로 복잡한 사람이고, 대단히 친절한 사람이다. 그는 사람들을 다소 격리시키기 때문에 나는 마음 따뜻한 개인적 친구로 그에게 가까이 가지 못한다. 하지만 나는 그의 주위에 있기 때문에 닉슨도 어느 정도 유머와 친절함을 갖고 있다는 것을 느낄 수 있다." 그리고 부시는 이렇게 말했다. "닉슨은 대단히 불안하다. 그는 사람들에게 가까이 갈 수 없는 사람이다. 어떤 면에서 그는 자신을 존경하고 친구가 되고 싶어 하는 사람들이 너무 가까이 접근하는 것을 두려워하는 것 같다. 그러면 그는 분명하게 '그만!'이라고 한다."

　부시는 아들들에게 닉슨은 의회나 당 조직을 그다지 존경하지 않고 노골적으로 아이비리그 대학들을 무시했다고 말했다. 그 이유는 그의 좌파 성향 때문이기도 하고, "차나 홀짝거리고 테니스 치는 기분으로 마티니나 마시는 특권과 유연함" 정도로 아이비리그를 묘사하곤 했기 때문이었다고 설명하며, 닉슨의 이런 문화적 편견에 불만을 표했다. "이것은 늘 내 마음을 찔렀지만, 내가 만약에 '대통령님, 저를 의미하는 건가요?'라고 물으면, 그는 아니라고 답할 것을 알고 있었기 때문에 참았다. 하지만 확신하건대, 그는 틀림없이 속으로 나를 유약한 인간으로 여긴다는 것을 느낄 수 있었다. 내가 강인하지 못하고, 그의 정치 직관이 가르치는 대로 용감하게 성취하지 않는 사람으로 취급하는 것이 확실하다. 닉슨은 우리 모두가 불쾌하게 여기는 본능에 이의 제기가 없는 사람들로 주위 보좌관들을 채우며 극단으로 흐른다."

　편지를 받은 사람 중 한 명이 미래의 대통령이기 때문에 내용에 더 주목할 필요가 있다. 닉슨의 아이비리그에 대한 적대감에 관해 부시는 28세의 장남에게 따로 이렇게 썼다. "조지, 하느님에게 감사한다. 너도 예일에서 가장 우수한 교육을 받아서 알겠지만, 동부의 예일 캠퍼스 울지 음악당에서 서부와 남부 미국인들을 위해 무수한 선행들이 있다는 근본적인 확신을 너는 지니고 있다." 그리고 아버지가 아들에게 주는 것은 말할 것도 없고, 전임 대통령이 미래의 대통령에게 주게 될 수도 있는 최선의 충고로 부시는 말을 덧붙였다. "나는 불필요한 충고로 글을 줄인다. 자기 양심의 소리를 들어라. 옳지 못한 패거리에 끼지 못한다고 두려워 마라. 다른 관점에서 바라보는 '부드러움'을 혼동하지 마라."

　부시가 편지를 보낸 다음날 대법원은 닉슨이 워터게이트 침입에 대해 FBI 은폐를 명령했던 1972년 6월 23일 사건 테이프를 법원으로 넘겨야 한다는 데 8대 0으로 판결했다. 일단 "스모킹 건"으로 알려진 증거 사본이 보도되자 부시는 그것을 읽고 주저하다 8월 7일 닉슨에게 국가를 위해 사임을 촉구하는 편지를 보내면서, 닉슨의 "엄청난 업적"을 칭찬했고, 또한 "그의 고독한 싸움"에 대한 부시의 "불충성"으로 생각하도록 간청했다. 사실 닉슨은 회고록에서 최종 며칠을 두고 부시가 자신에게서 물러나고 있다고 기록했지만, 부시로서는 그 대통령은 포기하더라도 닉슨을 버리지는 않았을 것이다. 그는 8월 9일 일찍 백악관으로 들어갔고, 거기서 가족과 보좌관과 함께 있는 대통령이 "거의 흐를 것 같은" 눈물을 머금고 있는 마지막 아침 모습을 보았다. 부시는 일기에 기록했다. "가족들과 그 상황을 보지 않을 수 없었고, 그가 이룩한 업적에 대한 생각, 그 다음으로 수치를 생각하지 않을 수 없었다. 도대체 이 사람은 어떤 사람인가? 도덕심도 없고, 그 테이프 때문에 친구들과 모든 것을 발로 차버리고, 누구에게도 도움도 되지 않는 많은 것을 하면서 무상한 오명만 남았다."

한 달 뒤 부시는 닉슨의 안부를 살피는 한편, 제럴드 포드 대통령의 첫 특사로 중국을 방문할지 그의 조언을 얻고자 했다. 전화가 제대로 연결되지 않았다. 부시는 일기장에 적었다. 닉슨은 "미련이 대단히 많이 남아 있었고… 개인적으로도 전혀 온화하지 않았다." 샌클라멘토로 직접 날아가서 방문하겠다는 부시의 제안도 닉슨은 거절했다. 그리고 부시가 새로 맡으려는 직책에 대해 닉슨의 승인을 얻고자 했을 때, 그것도 무시했다. "닉슨은 전혀 다정하지 않았고 대화는 짧게 끝났다."

보안전화

15년이 지나서도 부시는 여전히 연락을 계속했다. 이제 그는 대통령이고 닉슨은 역사에서 그의 입지를 되찾는 노력을 15년 간 계속했다.

부시는 클럽 내 언제든 이용 가능한 인재군이 있었고 그것을 활용하려는 기질도 있었다. 닉슨, 포드, 카터, 레이건 모두 건재했기 때문에 부시는 넷 중 셋을 위해 직접 도움 되는 일을 했다. 1989년 2월과 3월에 부시는 사적으로 국가안보자문 브렌트 스코크로프트로 하여금 전직 대통령들을 모두 방문하도록 보냈다. 현재 부시가 대통령이기 때문에, 그는 전임 대통령들이 정규 보고를 원하는지 다른 관심은 무엇인지 물었다. 부시로서는 자기 보호 면에서도 전임들이 모든 종류의 이슈에 관한 훌륭한 협력자임을 알았고, 중요 결정에 앞서 정규 보고는 기자들의 질의에 대해서도 그들의 확고한 지원을 유지할 수 있다.

　이에 대한 대가로 부시는 일반적인 클럽 혜택으로 필요한 시기, 또한 비상 보안이 요구될 때 특별 정부 전용기를 제공했다. 이런 것들은 오랫동안 전임들에게 주어졌던 기본적 특권이었고, 부시는 거기에 새로운 클럽 혜택을 제안한 것이다. 스코크로프트는 전임의 각 사무실에 보안전화를 설치하여 부시가 언제나 통화할 수 있게 한다는 계획을 갖고 있었다. 이것은 휴대전화 이전 시대여서 보좌관조차 지나친 배려라고 생각했는데, 그는 항상 곁에 전화 두기를 좋아했고, 어떤 때는 식탁에까지 전화를 두었다. 전자 감시를 막기 위해 암호화된 전화선들이 서로 엉켰지만, 부시가 도청당할 염려 없이 위기상황에 전화로 상의할 수 있게 만들었다.

　연임 4년 동안에도 부시는 부정기적으로 전임들에게 최신 자료를 보냈다. 일종의 클럽 뉴스레터 격인 메모들은 언제나 "비밀" 또는 "기밀" 직인을 찍고, 다양한 외교정책을 설명했다. 부시는 직접 산문 형식으로 서술했기 때문에 전임들이 이전에 사용하던 딱딱한 문체가 거의 없었다. 예를 들어, 1992년 12월 11일 중동 걸프전쟁 직전 상황은 빽빽하게 7쪽에 걸쳐 초당파적인 부시의 설명이 솔직하고 명료하게 적혀 있었다.

　스코크로프트는 뉴저지^{뉴손}, 조지아 플레인즈^{카터}, 콜로라도 비버 크릭^{포드}, 태평양연안^{레이건}을 순회하며 전 대통령들의 상태를 파악하며 언제나 통화할 수 있음을 알려주었다. 이 일은 네 명의 대통령 중 둘을 위해 작동했고, 닉슨의 백악관 시절 젊은 대령으로 린든 존슨의 끝없는 항공기 요청을 담당한 적이 있었던 퇴역 공군대장이 맡았다. 하지만 전임 대부분은 부시의 특별보안전화는 사양했다. 그들을 잘 아는 관리가 설명하듯이, 전임들은 독립적 가치를 더 중시했고, 준 공인이 되고 싶지 않았기 때문이었다. 포드가 이 제안을 받아들였지만 일반 수화기 이상의 크기가 귀찮아졌다. 스코크로프트의 임무는 비밀로 유지되었는데 클럽으로 가는 개인 메시지만은 확실했다. 부시는 도움과 충고를 지속적으로 희망했고, 동의가 없는 경우라 하더라도 적어도 그들의 침묵은 느꼈을 것이다.

　닉슨의 경우는 거의 기대도 못하던 일이었다. 스코크로프트가 회상했다. "그는 부담이 없었기 때문에 자주 전화를 사용했다. 때로는 진행 상황을 확인했고 어떤 때는 대리만족을 얻고 싶어 했는데, 모든 것이 언제나 도움이 되었다. 이것이 부시와 닿을 수 있다는 것을 잘 알고 있었지만, 성가시게 만들지 않았다." 부시의 장단점을 알고 있었고 경청하기를 부끄러워하지 않는다는 것도 닉슨은 알고 있었다. 닉슨은 부시가 겉치레도 없고 무리하게 위험을 감수하지 않는 꾸준한 사람이라고 기자들에게 이야기했다. "그는 실천하는 대단한 지성입니다. 과격한 발언을 하는 사람이 아니기 때문에 도청도 하지 않습니다. 그는 풋볼 영웅 조 몬타나 선수처럼 짧고 확실하게 패스하기 때문에 성공 확률이 대단히 높습니다."

닉슨은 자신의 충고에 더 주의를 기울인 대통령인 레이건보다 부시에게 더 엄격했다. 이것이 닉슨-부시 관계가 어려워진 실제 이유였다. 레이건과 달리 부시는 외교정책자문을 기대하지 않았다. 닉스과 포드 덕택에 부시는 이미 유엔, 중국, CIA 경력까지 갖추고 있었다. 해외 접촉망이 폭넓게 있었고, 국정?외교 전략 수완에 관한 닉슨의 힌트는 필요하지 않았다. 당시 닉슨은 그의 예전 군사자문이었던 스코크로프트조차 밀어내는 느낌을 받았다. 워싱턴에서 닉슨의 외교정책자문으로 일했던 소련 출신 망명가 디미트리 사임스가 이에 대해 회고했다. "브렌트는 상의하며 언제나 맞장구를 쳤지만, 닉슨은 브렌트가 실제로 듣고 있다는 기분을 느끼지 못했다."

특히 중국 문제에 대한 자신의 전망에 닉슨과 방향을 맞추며 발전시켰다. 북경 천안문광장에서 1989년 6월 중국 탱크가 평화시위 중인 학생 십만 명을 완전히 짓밟아 버린 다음날, 닉슨은 아침 8시 전화로 부시에게 과잉 행동을 하지 않도록 조언했다. 1972년 중국 개방의 설계사였던 그는 후임에게 시계를 되돌리지 말라고 촉구하고 있었다. 부시는 닉슨의 말을 일기에 적었다. "관계를 중단시켜서는 안 된다. 발생한 일들은 최악의 처사였고 애통한 일이지만, 장기적으로 지켜봐야 한다." 전반적인 미국-중국 관계를 "비공식적"으로 생각한 부시로서는 벌써 그런 단계에서 생각하고 있었다. 비밀리에 스코크로프트를 그 달 말눈에 띄지 않게 C-141 수송기로 북경에 파견하여, 지도자들과 특별한 양국관계가 빗나가지 않도록 사적인 대화를 했다. 일주일 후 사실이 유출되자 부시와 스코크로프트가 북경에 응석을 부린다고 민주당에게 조롱을 샀다.

　　몇 개월 후 1989년 11월, 부시와 닉슨은 백악관 위층에서 만났다. 말타에서 예정된 고르바초프와의 첫 대면 대화를 위해 부시가 준비하는 중이었고, 닉슨은 중화인민공화국 방문으로부터 방금 돌아온 상태였다. 이 여행은 부시에게 몹시 도움이 되었고, 닉슨이 비공식 자리에서 중국 지도자들에게 천안문광장 발포 사건에 대한 미국인의 여론이 크게 분리되었음을 전달했다. 백악관 사저에서 스코크로크프와 바바라 부시까지 참석한 실무 만찬 중에 닉슨은 부시에게 재무장관 니콜라스 브래디 혹은 다른 특사를 중국에 보내어 다시 관계 발전을 시도하도록 촉구했다. 부시는 닉슨보다 한발 더 나아가, 말타에서 고르바초프와 회의 후 북경에 특사로 스코크로프트를 다시 보내려는 생각을 갖고 있었다. 닉슨의 이야기를 들으면서 부시는 그가 말타 회의에서 고르바초프를 우방으로 만들고 싶어 한다는 것을 알았고, 워싱턴이 고르바초프와 성공적으로 정상회담을 이끈 후 즉시 스코크로프트를 북경으로 파견하면 더욱 설득력이 있을 것으로 생각했다. 하지만 부시는 닉슨의 이야기를 경청하는 것을 좋아했고, 양국의 관계 개선이 지속적으로 필요하다는 데 동의했다. 부시가 일기에 쓴 대로, "닉슨은 중국에서 그들에게 분명하게 비중 있는 강의를 하면서, 미국이 어떻게 생각하는지 실제적인 관점을 전달했다. 그는 브래디 파견을 최선이라고 생각했다. 나는 확신이 없다. 여전히 우리가 고르바초프의 회담을 중국의 현실적 견해와 관련시켜야 하는지, 그래서 중국에게 그들의 견해나 입장을 간과하지 않음을 분명히 전달해야 하는지 생각한다."

　　그러나 닉슨과 부시가 중국 문제에 있어 대체로 의견이 일치한다 하더라도 소련 문제는 별개였다. 미소관계 관리는 적어도 닉슨에게는 전반적인 사격대회였고, 대통령으로서도 가장 중요한 부분이었다. 모스크바와의 관계를 말할 때 닉슨이 대통령과 각을 세운다 하더라도, 솔직한 의견을 표명하는 것을 의무로 느꼈다. 정상적인 클럽 규정을 적용하지 않았다.

　　1991년 4월 닉슨은 부시와 생각이 다르다는 개인 성명을 발표했다. 이것은 작은 일부터 시작했다. 이전 달에 닉슨은 미하일 고르바초프 지배 하의 경제와 정치 개혁 발전을 체크하기 위해 유럽으로 가면서 리투아니아, 조지아, 우크라이나를 들른 다음 모스크바에서 고르바초프와 러시아 국회의장 보리스 옐친을 포함한 다양한 정치인들과 이틀간 회담했다. 닉슨은 대부분의 정책에서 고르바초프 개혁이 뒷걸음치고 있다고 확신하며 떠났다. 하지만 전 모스크바 시장이고 소련 최고위원회위원인 옐친에 마음이 끌렸다. 닉슨은 여행 끝에 모스크바에서 신중하게 선발한 세 미국 기자들에게 그의 결과를 제공하려고 함께 자리했을 때 다음과 같이 결론을 내렸다. "나는 이렇게 말하고 싶다. 고르바초프가 월스트리트 금융 중심가라면, 한쪽은 일반 대중 거리고, 그가 조지타운의 특별접견실이면, 옐친은 뉴와크 공장지대다."

닉슨의 실제 생각은 더 우울했다. 고르바초프 시대는 짧고, 미국은 다음의 카리스마를 가진 소련 지도자를 기대해야 한다고 친구들에게 말했다. "이것은 실제 소련연방 전역에 퍼져 있다." 닉슨은 한 시간 동안 옐친과 만난 후 모스크바 호텔로 돌아오며 말했다. "고르바초프는 아직 상황을 이해하지 못한다. 여전히 시계를 멈출 수 있는 것처럼, 역사를 앞지를 수 있는 공식을 찾기라도 한 것처럼 말하고 있다. 가짜는 과거에 속하는 사람이다. 소련연방은 구제될 수 없다. 부시가 그것을 이해해야 할 때다."

하지만 닉슨이 며칠 뒤 귀국했을 때, 백악관 내 고르바초프의 장기집권을 의심하거나 그의 생각에 주의하는 기울이는 사람이 거의 없다는 것을 알았다. 이유는 간단했다. 불과 5주전 부시와 외교정책단은 쿠웨이트에서 사담 후세인의 이라크군대를 추출할 극적인 9개월 외교군사작전을 완성했다. 이라크 독재자에 반대하는 십여 개 국가조직이 발사하여 승리했고, 5일 뒤 지상전을 중지시킨 덕분에 부시는 국내에서 90%에 달하는 지지율을 누렸다. 이것은 미국 대통령에 의한 대성공이었고, 모스크바의 완전한 도움은 없었지만 그들의 묵인 하에 펼쳐진 성과였다. 부시, 스코크로프트, 제임스 베이커 국무장관은 그것을 세계의 새로운 질서로 간주하는 정점에 있었고, 아직도 워터게이트에서 이미지 회복을 위해 노력하는 구식 냉전용사의 여러 참견이 필요치 않았다.

더구나 부시와 베이커는 고르바초프가 입지를 확고히 구축했다는 평가를 내리는데 이미 일 년을 보냈다. 말타 회의에서 그들은 고르바초프에게 경제정치개혁으로 이끌기 위한 유례없는 권유안을 내놓았다. 부시 팀 중에는 고르바초프의 권력 유지에 회의를 갖는 사람도 있었지만, 부시는 그를 포기하려 하지 않았다.

부시의 눈에는 이제 닉슨이 소심해 보였다.

닉슨은 무시 당하는 것을 좋아하지 않았다. 그래서 그의 비공식 외교자문이었고 워싱턴에서 닉슨의 핵심파로 점점 더 활발하게 활동 중이던 디미트리 사임스에게 보내는 편지에서, 그가 느끼는 생각에 주목을 끌기 위한 계획을 구상했다. "현재 우리가 알게 된 의견에 대한 정부의 관심이 확실한 부족하다는 생각에서, 워싱턴 정치계의 기존 견해와 다른 점을 전달하는 유일한 방법은 언론 공개뿐이다. 내가 여행을 언급하며 백악관 사람들에게 전달하려는 노력과 관련하여, 당신이 후속기사를 내지 않게 되기를 더 바란다. 그들은 자기들 접시를 채우고 나누기에 바빠서 다른 의견을 극히 꺼린다고 생각한다. 소련과 건설적인 논의와 합의를 원할 때, 부시와 베이커는 고르바초프가 최선이고 유일한 희망이라는 생각만 한다.

이런 상황에서, 내가 소련과 더 가까운 관계를 선호하는 이유는, 더 적절하다고 생각하는 방향이 있을 때 정부 정책에 대해 건전하게 비판할 자유를 주기 때문이다. 나는 일찬 식사보다 내용이 알찬 대화를 더 좋아하기 때문에, 백악관 가족식당에서 편안한 식사로 전부 흡수되는 위험부담을 감수하고 싶지 않다. 이 순간에 카드를 내보일 수 없기 때문에, 나의 의견을 전달할 수 있는 다른 토론장에서 외교 정책 방향에 영향을 미치도록 전혀 다른 행동을 해야겠다고 결정했다."

이것은 닉슨에게도 놀라운 이탈이었다. 그가 레이건의 "사령관"이 되겠다는 약속을 한 적이 있다면 이제는 반란을 꾸미는 중이었다. 다음해 내내 닉슨은 모스크바에 대한 미국 정치 재구성을 위한 의도적인 운동을 벌이며, 외교정책 기득권 다수와, 현 대통령에 대한 정책반대라는 그의 외교원칙에 대해 언론 내 세력이 줄고 있는 그의 신봉자들을 끌어들였다. 부시가 모든 사람으로부터 무서운 도전을 받게 되는 이 운동을 도모하는 가운데 급소를 찌르는 투쟁적 보수주의 중 전설적 중심 후원자는 다름아닌 닉슨 자신이었던 것이다. 또 엷은 보수주의 해설가 팻 뷰캐넌이었을 수도 있다.

닉슨은 첫 움직임으로 고르바초프가 지고 있다는 그의 견해를 밝히는 에세이를 〈타임〉에 제공한다. 그는 원고를 작성할 사임스에게 간략하게 몇 가지를 적어주었다. "당신이 내 말에 동의하지 않을 수도 있지만, 칼럼니스트 찰스 크라우트해머가 쓴 예외적 표현은 제외하고, 나는 〈타임〉의 에세이가 가장 학문적이고, 훌륭하고, 현대적 감각이 있고, 상황 진행의 영향과 무관하게 사실적이라고 생각한다. 나는 우리의 에세이가 완전히 다르기를 바란다. 우아한 시문 대신, 강력한 산문으로 쓰여지고 싶다. 타임 에세이가 언제나 지성의 자부심이었다면, 우리는 "침묵하는 다수"가 이해하는 호소가 되기를 원한다."

4월 3째 주 〈타임〉에 게재된 최종 원고 2쪽짜리 에세이는 마치 고르바초프의 정치 사망을 보증하는 것 같았다. "고르바초프는 명령 체계와 자유 시장 중간에는 머물 장소가 없음을 이해하지 못하는 것 같다. 일생 동안 사상을 키워준 마르크스-레닌주의 공산철학의 탯줄을 끊을 수 없다." 그 다음 닉슨은 부시를 위한 새로운 정책을 조심스럽게 처방했다. "미국이 소련에 대한 내정간섭을 시작해야 된다는 이야기가 아니라, 고르바초프를 상대하는 옐친 편이 되어야 한다는 것이다. 상대의 핵 강대국 외교정책을 누가 책임 맡던 간에 미국은 앞으로 거래를 계속해야 한다. 지금은 고르바초프가 집권하여 당분간 대안 인물이 없지만 동시에 러시아 및 다른 공화국들의 개혁주의자들과 모든 단계에서 접촉할 수 있고 또 강화시킬 수도 있다. 고르바초프는 이 내용을 좋아하지 않겠지만, 우리가 그를 필요로 하는 것보다 그가 우리를 훨씬 더 필요로 한다는 것을 기억해야 한다."

닉슨이 레이건에게 모스크바와 협상을 더 어렵게 만들었던 것처럼, 이제 부시에게 더 이상 지속되지 않을 소련을 넘어서, 보다 장기적 안목을 취하도록 강조하는 중이다. 닉슨의 메시지는 전혀 바뀌지 않았고, 1987년 소련을 압박했던 대로 1991년 소련의 붕괴를 역설하고 있었다. 1987년 당시 레이건이 군비 축소 협정에 닉슨보다 훨씬 관대한 조건을 제시한다고 판단한 뒤 현 대통령 지지를 공식적으로 거부했다. 지금 닉슨은 개인적 협력을 거부했고, 공식적으로는 악역을 준비하고 있었다.

이런 전략의 지혜가 무엇이든 닉슨의 예감이 정확했다는 정황들이 곧 드러났다. 6월 옐친이 러시아 최초 민주적 선출 지도자가 되면서 고르바초프의 소련은 최후 정부가 되었다. 8월 그가 크리미아 반도를 여행하는 동안 우파 군장교들이 고르바초프를 전복시켰다. 부시는 처음 24시간 동안 반응이 모호했고, 쿠데타를 "초헌법적"이라 말하며 실패할 수 있다고 하면서도 음모자들을 절반 가량 시인했다. 고르바초프는 확실히 끝난 것으로 보였다. 크리미아에서 비밀경찰 KGB 장교들이 그의 빌라를 포위하고 국방부 직통 전화선을 끊었다. 고르바초프가 지휘권 행사를 위해 모스크바로 귀환하려는 시도에 대비하여 음모자들은 근처 공항 연결도로를 농장 트랙터로 막았다. 마치 고전적 전복처럼 보였다.

그러나 모스크바에서는 이야기가 다르게 전개되고 있었다. 다음날 아침 옐친은 소총, 수류탄, 삽 등으로 무장한 2백여 명의 러시아 무리가 의회에 집결했음을 확인했다. 12시경 옐친은 무장 트럭 위에 올라 쿠데타를 매도하며 총궐기를 촉구했고, (옐친 자신이 아니라) 고르바초프의 소련 지도자 직위 복구를 요구했다. 군사 공격 가능성에 맞선 지지자들이 불과 몇 백 명뿐이었기 때문에, 옐친은 워싱턴에 전문을 보내 부시가 자신을 지지해 주기를 주장했다. 부시는 방향을 바꾸어 쿠데타 음모자들에게 철회 촉구를 시작했다. 다음 24시간에 걸쳐 러시아 크레믈린 밖 군중이 15만 이상 빠르게 늘었다. 러시아공군은 군 장성들 지원을 완강히 거부했고, 전차대원들 일부가 의회 주위에 정렬하며 시위군중에게 발포를 거부했다. 72시간 만에 쿠데타가 실패하기 시작하더니 다음날 소멸했다. 고르바초프가 포로 4일 만에 모스크바로 되돌아왔지만, 모스크바에서 제일 먼저 만나야 할 사람은 옐친이었다. 그제서야 부시는 고르바초프가 끝났음을 알았다. 여러 정황에서 구소련은 닉슨의 예측 그대로였다.

비밀 메모

1991년 가을 미국에서 잠시 불황이 시작되고 있을 때, 닉슨은 개인적으로 활력이 떨어지는 부시의 지도력에 깜짝 놀랐다. 닉슨이 연구보조원 모니카 크로리에게 하는 일상적 언급들은 부시가 정책 관리를 제대로 못하지 않을까, 경제 문제를 장악하지 못할까 두려워하며, 정치게임에 복구를 갈망하는 마음을 드러냈다. 정치운동이 서서히 모습을 드러내고 전 세계가 역사적인 새로운 모습으로 긴장이 풀려가면서, 닉슨의 일반적인 분노는 자신에게 관심을 기울여주는 사람이 없다는 것이었다.

　그런데 누군가가 있었다. 1991년 말, 전 닉슨 연설문 작성자 팻 뷰캐넌이 공화당 대선후보지명에서 부시에 도전할 것을 결심했다. 그의 선거운동은 고립주의, 보호주의와 닉슨이 오랫동안 반대해왔던 보수적 사회문제에 치중하는 일이었다. 사실 닉슨은 뷰캐넌의 도전에 깜짝 놀랐다. 12월 5일 뷰캐넌이 닉슨에게 전화하여 자신의 계획을 알렸다. 그는 닉슨이 단념시켰는지 기억할 수 없지만, 계획에 대해 이야기한 뒤 닉슨은 크로리에게 어쩌면 뷰캐넌이 부시를 어렵게 할지도 모른다고 말했다. 닉슨은 몇 주 지나서 뷰캐넌이 뉴햄프셔 예비선거에서 부시의 표를 40% 정도 빼앗을 가능성이 있다고 말했다. 이것은 닉슨이 적중시킨 또 다른 예상이었다.

　선거유세가 본격적으로 진행된 1992년, 닉슨은 부시를 희생시킬 수 있다면 무엇이든 어떤 방향에서든 노력을 증가시켰다. 12월에 인종적 내전이 가까워지고 있는 전 유고슬라비아에 대해서 닉슨은 백악관의 적극적 행동을 촉구하는 사설을 〈월스트리트저널〉에 기고했고, 워싱턴과 하노이 간의 화해를 비난하는 두 번째 칼럼도 준비했다. 마치 닉슨이 부시와 대결하는 것처럼 보였다. 빌리 그레이엄 목사는 1월말 어느 저녁, 부시로부터 닉슨에게 마음을 누그러뜨리는 전화를 주선했는데, 닉슨은 나중에 부시가 스스로 전화하겠다는 생각을 전혀 하지 않았다고 불만을 표했다. “부시는 나를 그레이엄과 바바라에게 연결시켰고, 여사는 내게 조지를 위해 애써준 데 감사했다. 웃기는 일이다. 이것은 정말 오랜만의 부탁이었는데 그것도 그레이엄이 그를 시킨 것이다.” 크로리는 닉슨이 이 일을 어떻게 보았는지 회상했다. “부시가 닉슨과 관계를 개선했다면, 부시는 귀중한 자문을 얻고 유능한 정치 협력자를 얻었을 것이다. 만약 부시가 그를 무시했다면, 그는 곤란한 정적을 마주하는 것이다.”

　분명히 적이었을 것이다. 여러 주 동안 그와 사임스는 국가의 미래 외교 정책에 대한 중요한 회의를 준비해왔다. 이는 닉슨의 부활전에 있어서 또 하나의 중요한 초석을 마련하기 위해 설계된 국내외 문제를 다루는 워싱턴 정책연구소 닉슨 센터 개관식을 기념하는 자리였다. 닉슨과 사임스는 이번 회의가 초당적이고 광범위한 내용이 되기를 기대했고, 연사 구성과 토론 주제 선정에 몇 개월을 보냈다. 그들은 상당한 규모를 겨냥했다. 이 회의는 단일 초강대국 세계에 있어서 미국이 추구할 외교의 미래에 관한 방향을 잡는 것이다. 이것은 클럽에 있어서도 대단히 화려한 행사가 되는 것이다. 닉슨은 첫날 오찬연설을 하기로 했고, 부시는 저녁만찬에서 초청강연이 예정되어 있었다. 날짜는 닉슨과 사임스는 1992년 3월 11~12일로 날짜를 정했고, 이 날은 민주공화 양측의 대통령 후보 확정까지는 아니더라도 선발과정인 슈퍼 화요일 예비선거 이틀 후였다. 예비선거가 거의 끝나기 때문에 닉슨은 가을 유세의 어젠다가 정해지길 희망했다.

닉슨은 대통령 선거유세 도중에 닉슨 센터 개관식을 위해 부시를 초청하는 일은 정치적으로 난처한 일임을 알았다. 그래서 잠시 뜸을 들였지만 계획을 멈추지 않고 부시를 어떻게 초청할지 고민했다. 대통령에게 참석 기회는 물론, (자신에게는 입지 향상의 기회였다) 거절할 수 있는 (그런 경우에 정치가 완전히 독이 되는) 기회를 주고 싶었다. 그래서 우선 백악관 보좌관들에게 초청 예고 편지를 보내어 대통령 초청에 관한 하위 단계의 분위기를 살폈다. 여기에 반응이 없자 줄리 닉슨 아이젠하워가 부시에게 직접 편지했다.

하지만 부시로부터 소식을 듣기도 전에 보인 닉슨의 다음 행보는 정책연구소 회의가 자선행사가 될 것임을 분명히 해 보였다.

1992년 2월 말 닉슨은 미소정책의 전반적인 방향 위축에 관한 그의 우려를 1,800자 메모로 압축했다. 그는 여기에 "냉전에 지는 방법"이라는 도발적인 제목을 붙였으며, 부시에게만 보내는 게 아니라, 수십 명의 칼럼니스트들과 미국 전역의 외교정책 전문가들에게 보내기로 결심했다. 그는 기자들이 메모를 보는 데 그치지 않고 공론화하고 평가하고 다른 사람들에게 유출하길 희망했다.

대통령을 닉슨 센터 만찬에 참석시키려고 애쓰는 사임스에게도 그 메모에 관해 알리지 않았지만, 닉슨은 자기가 무슨 일을 하는지 정확하게 알고 있었고, 폭탄 제조자처럼 세심하게 일을 진행시켰다. 그는 메모를 뉴저지 자택에서 평범한 누런 봉투에 넣어 발송했다. ("친애하는") 서두에 이어 친필로 여백 없이 붙여 쓴 간단한 설명 한마디가 이어졌을 뿐이다. "1992년 대선에서 최우선 관심사가 되어야 할 중요 정책에 대한 몇 가지 의견을 동봉했습니다."

메모의 요점은, 전 소련이 독재나 더 심각한 혼란에 빠지지 않도록 러시아를 위해 수백만 달러 이상의 해외 원조 안건을 제출할 필요가 있다는 것과 부시가 지나치게 조심한다는 비난도 내재되어 있었다. 그의 글은 마치 지구 종말의 계시를 내리듯 하나하나 지적했다. "관련 주요 이해관계에 비춰 보아, 옐친 대통령의 성공을 돕기 위해 서방이 할 수 있는 모든 일을 다 하지 않으면 안 된다. 위험 부담이 크기 때문에 우리는 우정과 대화의 친선게임을 해야 한다."

닉슨은 클럽의 룰을 완전히 바꾸고 있었다. 충고를 하면서도 마찰을 극소화하기 위해 사적인 입장을 취했다. 대통령의 희생에 대한 위업을 격상시키며, 공적인 이의를 꼬집기 위해 사건을 보냈다. 메시지 전달 방식조차 효과적으로 설계했다. 이를 두고 나중에 저널리스트 마빈 칼브가 보도했다. "닉슨의 메모는 두 차례 뉴저지에서 발송되었는데, 하나는 1992년 2월 25일, 다른 것은 일주일 뒤 1992월 3월 3일자였다." 그 날짜에 블로그와 이메일에 실리기 전에 비밀 메모는 워싱턴 내 연쇄 반응을 야기시켰다. 윌리엄 새피어는 이 메모를 받은 50여명은 1972년 닉슨의 정적 명단 이래 워싱턴 밖의 가장 저명한 정치 음모단이라고 말했다. 두 리스트를 작성한 대니얼 숄 기자는 닉슨의 메모에 대해 〈뉴욕타임스〉 사설란에 칼럼을 올려 관심을 끌게 했다. 전 닉슨 연설문 작성자였고 이제 〈뉴욕타임스〉 칼럼니스트가 된 윌리엄 새피어는 비밀 메모를 "신속한 반격"이라고 불렀고, 크로리는 몇 달 전 백악관과의 관계를 끊으라고 사임스에게 명령한 사람이 닉슨이라는 사실로 인한 공정하지 못한 무시에 대한 "보복"이라고 불렀다.

이유가 무엇이든, 워싱턴 닉슨센터 개관식에서 부시가 기조연설을 하기로 정해진 개최 일정을 시작하기 전부터 초대 회의는 일간지 일면을 강타했다. 물론 이것은 닉슨의 의도에 따른 놀라운 정치 연출이었고 이야기의 헤드라인들은 청중 모두에게 전달됐다. 전 공화당 대통령이 제자와 싸우는 중, 두 외교정책 전문가들이 시시비비를 가리는 중, '묘수천재 딕'이라는 사람과 어려서 친구에게 사탕을 나누어 준데서 유래된 '반반씩'이라는 사람 간의 희생만회 복귀전의 구경거리는 말할 것도 없었다. 다음날 〈뉴욕타임스〉 토마스 프리드먼의 해설은 칼로 난도질을 쳤다. "닉슨의 러시아 구출 메모에 부시가 찔려 도망 중."

모두가 닉슨의 시기적절한 막대한 러시아 지원금이 현명하다고 생각지는 않았다. 미국은 1992년 1분기에 서서히 불황에서 벗어나는 중이어서 어느 당도 해외 원조 지출에 관심이 없었다. 미국은 이미 1992년 상업과 보안 목적으로 러시아에 10억 달러 이상의 지원을 기각했고, 러시아가 책임 있게 더 잘 받아들일 수 있을 것으로 믿는 사람은 별로 없었다. 전 펜타곤 관리 레슬리 겔브는 〈뉴욕타임스〉에서 닉슨의 논리적 결함을 지적했다. "러시아가 성공하든 실패하든 우리 일이 아니다. 민주주의가 실패하면 책임은 전적으로 러시아인 몫이다."

이런 관점이 백악관 내부에 널리 퍼져있었다. 부시는 스코크로프트로부터 닉슨 메모의 사본을 받고, 공군1호기를 통해 사적으로 저자에게 답장을 보냈다. "나는 이 서류에서 우리가 민주화된 러시아와 상당한 이해관계가 있다는 주요 원칙에 전적으로 동의합니다." 그러면서 부시는 소련의 붕괴에 대한 서방의 원조 확대와 타당성에 대한 닉슨의 주장 대부분에 논쟁을 벌였다. 또한 부시는 메모에 대해 말하기 위해 닉슨에게 전화했다.

다음날 그는 기자들에게 자기와 닉슨의 의견이 크게 다르지 않다고 설명했다. "나는 그것을 비난으로 읽지 않았습니다. 왜냐하면 그와 이야기를 했기 때문에 해결하는 방법을 알았습니다. 이 문제에 있어 좋은 견해를 갖고 있고 우리는 가까이서 그것을 얻고 있습니다." 다음날 아침 부시는 좀 더 조심스럽게 언론 브리핑을 했다. "우리에게 넉넉한 자금이 있는 것은 아닙니다. 우리는 이미 너무 많은 돈을 지출하고 있어서 내가 하고 싶은 일도 자유재량권이 없습니다."

부시는 언제나와 마찬가지로 공손했다. 나중에 스코크로프트는 부시가 닉슨이 홍보를 위한 본심을 내보이는 뻔뻔함에 "놀랐다"고 회고했다. "우리가 제공할 돈을 모으기 위해 모든 노력을 다했고 닉슨은 더 많은 지원을 위해 계속 추진했다.

기조연설

부시가 공개적으로 닉슨의 메모에 대해 별것 아닌 것으로 은근히 무시하고 있는 바로 그때, 닉슨이 오랫동안 기다려왔던 "신생국가에 대한 미국의 역할"이란 타이틀의 회의가 당시 워싱턴의 최고급 호텔에서 진행되고 있었다. 포시즌 호텔

회의장은 외교정책 고위전문가들인 전 국무장관들, 원로 정보전문가들, 유엔대사들은 물론 지난 50년간 닉슨을 위해 일했던 거대한 집단들의 참석으로 붐볐다. 이것은 정책회의 비중만큼 재회의 의미도 컸다. 전 국방장관 제임스 슐레진저가 다음과 같이 닉슨을 소개했다. "우리의 연사는 다른 사람에게는 치명적인 태풍을 이겨낸 사람입니다."

그러자 닉슨이 연설하기 위해 일어섰다. 35분간 원고도 없이 닉슨은 두 손을 앞으로 마주잡은 채 강연하며 경고했다. 양당 모두 "새로운 고립주의"를 가지고 장난해서는 안 된다. 미국이 러시아에 원조하지 않으면, 구소련 내부에 새로운 종류의 독재가 재등장하게 되고, 그것은 냉전이 끝나기 전 미국이 했던 것보다 훨씬 더 많은 비용을 국방에 쓰지 않을 수 없게 된다고 덧붙였다. 미국이 즉시 러시아에 200억 달러 규모의 원조를 실행해야 한다고 촉구했다. 연설이 끝나자 기립박수가 쏟아졌다. 노장의 닉슨 측근들은 이 노인이 연설을 외웠다고 확신했다.

닉슨은 확실히 논란 재점화에 성공했다. 그날 오후 부시 관리들은 국회의사당 청문회에서 의심스럽고 가치 없는 러시아 원조 요구를 방어했다. 국가안보위원회 위원 에드워드 휴잇은 서방이 이미 지난 2년간 400억 달러 규모를 실어 날랐는데 누구도 그 소재를 설명하는 사람이 없다고 참석자들에게 설명했다. 그런 이유로 더 많은 돈을 보내는 것은 의미가 없다.

오찬 연설 후 닉슨은 기자들로부터 왜 부시를 공격하는지에 대한 질문 받았다. 닉슨은 그 질문에 반박하며 말했다. "우리 시대의 중요한 외교정책이라고 생각하는 문제에 초점을 맞췄을 뿐이다."

그날 저녁은 부시의 차례였다. 연어크림소스의 서대기포 요리로 식사를 마친 후 닉슨은 41대 대통령을 "의심의 여지없이, 앞으로 오랫동안 미국과 자유세계를 이끌 최고의 능력가"로 소개했다. 하지만 부시의 연설은 형편없었다. 연설 일부는 이미 팻 뷰캐넌이 옹호했던 고립주의를 반대하는 뻔한 이야기였다. 다른 일부는 부시의 외교 업적에 대한 재음미였고, 지난 몇 년간 닉슨이 부시를 위해 기여한 모든 것에 대한 미지근한 감사가 전부였다. 러시아에 대한 새로운 견해나 더 많은 투자는 아무것도 없었다. 대신 부시는 그저 닉슨의 충고를 귀중하게 생각한다고 말했다. "충고를 받아들이고, 이에 감사합니다. 우리는 냉전에 승리하기 위해 많은 투자를 했습니다. 평화를 얻기 위해 필요한 것도 투자해야 합니다. 그렇지 않으면 우리 안보에 새롭고 심오한 문제를 야기하게 될 것입니다."

누가 닉슨을 잃었는가

행사가 끝난 뒤 닉슨은 승리를 선언하고 뉴저지로 돌아가는 것이 합당했을 것이다. 그러나 그는 그러지 않았다. 대신 나흘 뒤 3월 16일 닉슨은 부시에게 또 다른 메모를 써서, 이번에는 직접 대통령에게 보냈다. 이를 통해 부시에게 뷰캐넌에 신경 쓸 것이 아니라, 민주당 대통령 후보 지명을 잡으려고 하는, 닉슨도 주시하는 인물, 빌 클린턴에게 주목할 것을 촉구했다. 그리고 뼈를 입에 문 욕심 많은 개처럼, 닉슨은 러시아 원조를 다시 한 차례 더 촉구했다.

다음날 미시간과 일리노이 예비선거에서 부시가 승리하면서 유효하게 뷰캐넌의 공상을 끝냈지만 치명적 손실을 입었다. 그는 단독 경선에 한 번도 승리하지 못했고, 뷰캐넌은 투표 용지에 이름을 올린 곳마다 1/4 내지 1/3 가량을 득표했다. 그의 선거유세는 끝났지만, 정치전문가들로서는 현직 대통령이 패배할 수도 있다는 강한 인상을 남겼다. 뷰캐넌이 닉슨에게 자문을 구하며 농담을 건넸다. 부시에게 공격받아도 끊어지지 않는 줄을 가지고 있다고 빗대어 말하며 "나는 십전십승입니다"라고 했다.

"뷰캐넌 당신은 내가 아는 사람 중 유머 감각이 최고입니다. 나를 만나러 오시죠."

닉슨은 언론 쪽 친구 몇 명에게 뷰캐넌의 방문을 조용히 알리고, 백악관 수석비서관 샘 스키너에게도 기민하게 전화했다.

다음날 부시가 당장 전화를 걸었다. 그 의미가 정말 닉슨이 뷰캐넌에게 경선을 포기하라고 압력을 넣는 것인지, 아니면 한동안 뷰캐넌에게 유지할 용기를 주는 것인지 대단히 신경이 쓰였기 때문이었다. 그날 나중에 크로리와 했던 대화에 의하면, 닉슨은 그의 옛 연설문 작성자에게 경선에서 빨리 빠져나오도록 압력을 가할 것을 부시에게 약속했다. 3월 21일 뷰캐넌 부부가 뉴저지로 날아가서 75분간 닉슨과 이야기를 나눴다. 대단히 우호적 담소였다고 뷰캐넌이 회고했다. 하지만 닉슨은 자신의 생각을 직접 드러내지 않으면서 오히려 대화 중간에 닉슨은 크로리를 들어오게 하여 뷰캐넌의 경선 포기에 대한 그녀의 생각을 묻기까지 했다.

"당신이 내게 말한 것을 그에게도 말해주세요." 당시 23세인 크로리도 뷰캐넌이 대선운동의 막을 내리는 게 더 좋겠다고 생각하고 있음을 그에게 말하도록 재촉했던 것이다.

뷰캐넌이 무표정하게 말했다. "크로리가 원로의 메시지를 내게 전하고 있다는 것을 알았다."

두 사람이 기자들 앞에 모습을 드러냈을 때 뷰캐넌에게서 경선 포기 언급이 나오지 않자, 닉슨은 한마디를 거들며 뷰캐넌을 칭찬했다. "정치에서 최악은 잘못하는 것이 아니라 어리석은 행동입니다. 팻 뷰캐넌은 절대 멍청한 사람이 아닙니다."

뷰캐넌이 떠나자 닉슨은 즉시 백악관의 스키너에게 전화했다. "뷰캐넌에게 경선을 그만두라고 했다네." 크로리가 옆에서 듣고 있는 가운데 닉슨이 말했다. 물론 말한 사람은 그가 아니었지만 말이다.

2주 후 닉슨은 부시가 러시아에 대한 정책 방향을 바꾸어 4월 1일 구 소련에 240억 달러의 원조보따리를 풀 거라고 발표하는 것을 보면서 만족했다. 부시는 수개월 동안 조금씩 끌어 모았다고 주장했지만 누구도 이 말이 사실이라고 믿지 않았다. 그들이 믿은 것은 러시아에 대하여 얼마나 빨리, 많이, 어떤 형태의 원조가 앞으로 불안한 미래를 끌어안을 수 있는지 없는지와 관련된 선거 대리전 이슈가 되었다. 닉슨은 그것을 보고 있었다.

사실 같은 날 아침 같은 시간 부시는 새로운 원조 계획을 세웠고, 클린턴은 자체적으로 수십억 달러의 러시아 원조를 발표했다.

클린턴이 말했다. "의회 민주당원들로부터 자극을 받고 리처드 닉슨 전 대통령의 심한 질책 덕분에 저 역시 12월 이래 캠페인에서 이 문제가 계속 거론되는 것을 깨닫고 있습니다. 이제는 대통령 역시, 우리가 만나는 지금, 원조계획을 추진 중에 있습니다. 제가 만약 그의 국내 정책에 영향력을 발휘할 수 있다면 나도 그렇게 할 것입니다.”

    부시는 정확하게 21분간 빌 클린턴을 공격했지만, 이후 다시는 공격하지 못
했다.

부시와 카터:

선교사의 방종

———— ╍━● ————

제임스 얼 카터는 언제나 대통령 클럽의 문제아였다. 다른 회원들은 백악관을 떠난 후 공직 생활에서 물러났지만 카터는 그 후 30여 년간 세계 문제에 깊이 개입하며 자신을 세계적 활동 인물로 다시 만들고 마침내 노벨평화상까지 받는다. 퇴임 후 세계를 구하는 데 전념한 사람을 꼽자면 다른 어느 대통령보다 카터가 으뜸이라고 말할 수 있다.

하지만 해외의 선행과 국내의 정치적 속죄를 위해 그가 기울인 노력은 쉽게 만들어진 것이 아니었다. 고집이 세고, 철저히 독립적이고, 때로는 지나치게 예민한 카터는 부적절한 시기에 부적절한 말을 하곤 했다. 차분히 겸손을 보여야 할 시기에 어설픈 자기 선전을 하는 식이었고, 후임 대통령을 위한 비밀 임무를 자원했을 때조차 가끔 자기 본분에서 벗어나거나, 본인의 업적을 자랑하기 위해 전파 타기를 마다하지 않았다. 카터는 1980년부터 2000년 사이에 포드와 팀을 이루어 거의 20회 이상 다양한 국내 문제를 해결하는 클럽의 기록을 만들기도 했지만, 한때는 포드조차 그가 지나치게 앞서나가며 자신과 파트너 간에 다소 거리를 두었다고 생각했다.

대통령들은 자신을 전임과 후임 간에 비교한다. 하지만 카터는 오히려 품위를 떨어뜨리는 식이었다. 그는 2010년에 공개적으로 이렇게 말했다. "전직 대통령으로서 내 역할은 다른 어떤 대통령들보다 더 우수하다고 생각한다." 대통령 클럽의 동료 회원들은 이런 종류의 언급은 각자 속으로 간직했다.

그렇기는 해도 카터는 클럽에 훌륭한 선물을 안겨주었다. 다른 무엇보다도 불만에 관한 것이다. 클럽 회원들 간에 단결이 보이지 않았을 때 성가신 녀석 카터가 할 수 있었던 일이 바로 때때로 클럽을 묶어주는 역할이었다. 어느 클럽이나 미운 오리새끼가 필요하다. 닉슨이 사망한 후 카터가 이런 중요한 역할을 끊긴 데 없이 해냈다. 닉슨 이상으로 틀림없는 악역이었지만, 카터는 의욕이 넘치고 독선적이었을 뿐만 아니라 참을성 없는 완벽주의자였고 다른 클럽 회원들로 하여금 영원히 풀리지 않는 한 가지 의문으로 뭉치게 만들었다: 과연 지미 카터가 말썽을 일으키는 의미는 무엇일까?

19

"재임 때보다 더 나은 전임"

- 지미 카터 -

조지아 주 섬터 카운티 외곽에서 지미 카터는 잘 어울리는 사람이 아니었다. 백악관에 들어온 그는 열외자를 자청했고, 그와 최측근 수석자문팀은 새로운 본거지의 저명인사들의 비위를 맞출 필요성을 느끼지 못했다. 그는 수도권 밖 유권자들에게 스웨터를 껴입고 난방온도를 낮추도록 주문했고, 업무상 과세 혜택을 받는 고급 오찬식사에 곁들이는 음주제도를 없애버렸다. 카터는 그만의 정의로움으로 무장했고, 주일학교 성인반에서 가르치며 거듭난 골수 기독교인이었다. 그의 검약주의는 클럽의 특권과 정반대였다. 심지어 백악관 행사 때 오픈바를 레모네이드와 달콤한 차 주전자로 대체했다. 백악관 운전자를 해고했고, 국가만찬회 내빈 10%를 일반 시민들로 채우겠다고 약속했다. 후버 이래 거의 모든 대통령들이 정치 협력자 또는 적대자와 함께 만찬과 와인을 나눌 때 사용했던 대통령 전용 요트 세쿼이아를 경매 처분했다. 처음 3년 동안 스스로 비서실장 역을 하겠다고 주장하더니, 열두 살짜리 딸을 대통령 토론의 최고권위자로 앉혔다.

그는 단임 대통령의 운명이었던 것 같아 보인다. 카터는 타이밍에 운이 없어서, 국가가 산업 경쟁력을 아시아에게 잃어가던 시기에 취임했다. 정부 행정에 있어서 기술 전문 관료를 등용하는 카터 식 접근법은 몇 년간 워싱턴 기능을 서로 등을 토닥거리고 결탁하게 만들어 스스로 처리하지 못하는 상황이 되어 버렸다. 그의 재무장관은 처음에 카터가 회의 중 두려울 정도로 침묵하는 것을 보고 시간을 많이 들여 깊이 심사숙고 하는 것으로 생각했지만, 나중에 각료들은 카터가 자기 앞에 놓인 질문들을 이해하지 못하는 것으로 믿게 되었다. 카터는 캠프 데이비드 대통령 별장에서 이스라엘 수상 메나헴 베긴Menachem Begin과 이집트 대통령 안와르 사다트Anwar Sadat와의 협상을 통해 놀라운 성과를 얻어냈지만, 다른 때 그는 권력에 불안해 보였고 사용법에 대해서도 불확실한 것 같았다. 1980년 테헤란 인질 구조 작전 전날 밤 그는 장군들에게 테헤란 내 미국 대사관 밖 이란 과격파 학생 시위대에게 총알보다 진정제를 쏘아 꼼짝 못하게 할 수 있는지 물었다. (장군들은 안 된다고 대답했다.) 국민 감정을 재빠르게 파악하는 민주당 원로들을 놀라게 했던 느닷없는 작전으로 긴장됐던 구출 작전을 실시한 지 3년 만에 카터가 다시 재선에 출마하자 당내 반감에 시달렸고, 마지막 승복 연설조차 망쳐버렸다. 1980년 선거에서 레이건에게 너무 일찍 패배를 인정해버리는 바람에 아직 선거가 진행되고 있던 서부지역에서 투표하려던 사람들의 수를 상당수 잃어버렸다고 민주당 의원 다수가 그를 비난했다.

1981년 카터는 56세의 나이로 플레인스로 되돌아온 뒤 앞으로 무슨 일을 해야 할지 상실감에 빠져 괴롭고, 비통하고, 우울했다. 캘빈 쿨리지 대통령 이래 가장 젊은 전임 대통령인 카터는 아직 은퇴도, 연설도 준비되지 않았다. 그는 이렇게 회고했다. "백악관에서 떠났을 때, 나는 아직 평균수명이 25년이나 남아 있어서 장차 어떤 식으로 세월을 보내야 할지 생각할 필요가 있었다." 그래서 그는 회고록을 쓰고, 목공 일을 시작하고, 도서관을 건립하며 50대 후반에 완전히 새로운 것들을 찾아냈다. 또한 국제 문제 해결사는 그의 상근직이었다. 다른 전임들은 중재 역할을 이따금 했지만, 카터는 전담 직업으로 자처하여 전 세계를 돌며 수많은 평화협정을 추진하고, 농민 건강 센터를 개원하고, 선거를 기획하고 감시했다. 카터센터는 1억 5천만 달러 상당의 기구로 성장했고, 야심찬 캠페인을 추진하는 조직이 되었다. 그는 이 센터를 일종의 개인 캠프 데이비드 기구로 상상하며 말했다. "나는 분쟁이 해결되는 세상을 만들고 싶다." 그의 조직은 한 때 라틴아메리카, 아프리카, 중동 문제에 평화적 협상을 추진했을 때 그림자 정부 같은 존재로 성장했다. 카터는 선거의 공정성에 관한 한 세계 최고의 전문가 입지를 구축했고, 수백만 달러를 모금하고, 수십 명의 전문가를 고용하여 보다 나은 위생 설비, 건강식품, 해외 경제적 권리를 육성하기 위한 수많은 프로젝트에 착수했다. 어린 시절 살던 고향 근처에 본부를 둔 빈곤층 주거 정비 지원 국제 조직에 도움을 주었을 뿐 아니라 자신의 이름과 얼굴까지 빌려주었다. 아프리카에서 시력 상실의 원인이 되는 해충, 기니 벌레 질환 퇴치운동을 벌였고, 쿠바의 정치범 수감자와 소련의 반체제 인사들의 석방을 도왔고, 태국과 베트남의 국경 분쟁 해결과 이스라엘에 대한 팔레스타인 생존권 옹호를 도모했다. 무엇보다 그는 전 세계, 특히 중동에서 지도자들과 우호적인 관계를 재개했다. 당시 일부 지역에서 그의 영향력은 재임 당시 이상이었다고 카터 스스로 2005년 인정했다. "재임 때보다 더 나은 전임임을 부인할 수 없다."

그가 1981년 백악관을 나오기는 했어도 카터의 대통령직은 실제 한 번도 끝난 적이 없었다. 마치 대통령으로서 못 다한 사명을 공직 밖에서 완성하려는 것 같았다. 또한 지난 날 몹시 바빠서 미처 깨닫지 못했던, 미국 대통령이란 전 대통령이 되는 것을 의미함을 카터 식으로 찾은 것인지도 모른다.

베이커 등장

카터는 레이건의 첫 번째 임기 동안 대체로 자기 일에 몰두하며 시간을 보냈다. 레이건과의 관계는 가까워질 수 없는 살얼음판 그 자체였다. 레이건이 공개적으로 카터가 미국 국방을 약화시켰다는 주장을 거듭하자 피곤해진 나머지 카터는 그만하라고 전화를 걸었고, 레이건은 1985년 말 중동의 평화를 위한 카터의 노력에 대하여 "친애하는 지미" 정도의 표현으로 인사를 떼웠다. "약식으로 쓴 점을 용서하세요. 하지만 우리 둘은 세계 유일의 대통령 클럽 회원이기 때문에 절차를 생략해도 무방할 것으로 생각됩니다." 그는 카터에게 중동지역에 관심을 가진 점에 감사하며 전 대통령의 외교적 중재 역할은 젊잖게 사양했다.

레이건의 두 번째 임기에 카터는 전 세계를 돌며 또 다시 우방 또는 적대적 외국 지도자들과 관계를 재정립했다. 미국 외교관도 자주 가지 않는 곳을 방문하고 귀국하는 카터를 반기는 레이건 행정부는 아무도 없었다. 그는 1983년 시리아의 하페즈 알아사드^{Hafez al?Assad} 대통령, 1986년 니카라과 다니엘 오르테가 ^{Daniel Ortega} 등 미국의 힘을 약화시키도록 은밀히 노력하거나 혹은 적극적으로 반대하는 독재자와 자리를 같이하는 데 여행의 역점을 두었다고 피력했다. 이런 대화는 주로 사무적이었는데, 카터는 그들을 마치 개인 장관 정도로 취급했고, 독재자들과 공통점을 지워버리는 노력으로 종교와 영성을 거론했다. 보수주의자들은 대중에게 전직 대통령에 대한 의견을 슬며시 전달해서 카터가 어떻게 보더라도 악한에 불과한 독재자들에게 정당성을 부여해주고 있다고 불만을 표했다. 하지만 카터는 협상을 그런 의미로 보지 않았다. 오히려 회의에서 상황을 재정립하고, 양보 가능성이나 대가에 대한 미래의 양보를 이끌어내는 기회라고 믿었다. 카터 행정부에서 일한 적이 있고 나중에 카터 대통령에 관한 책을 쓰기도 한 피터 본은 이렇게 전한다. 카터는 "세계 지도자들이 이런 만남을 이용하여 자신들의 입지를 고양시키려 한다는 것, 그리고 그로 인해 적과 절대로 회담해서는 안 된다고 믿는 미국 내 전통주의자들로부터 비난받게 될 것을 잘 알고 있었다." 레이건 시절 내내 카터는 쫓겨난 행정부에 의해 늘 문전박대를 당했다.

레이건의 백악관이 부시의 백악관으로 전환되던 1988년 12월에 부시가 국무장관으로 선임한 제임스 베이커가 선거 후 예방 차 플레인스에 방문하는 놀라운 일이 있었다. 카터는 워싱턴으로부터 버림받은 자신의 입장에 변화가 오고 있음을 감지했다. 부시와 베이커는 내심 몇 가지 특별한 목표를 가지고 레이건 시대에 정치적으로 극화된 라틴아메리카에 대해 미국의 정책을 온건하게 바꾸기를 희망했다. 이 지역을 둘러싼 자국의 역할에 대한 민주당과 공화당 간의 오랜 격투 끝에 베이커는 양 당이 라틴아메리카의 민주적 선거를 위한 미국의 합리적 지지 아래 연합할 수 있을 것으로 믿었다. 또한 인기 없는 우파 군사정권에 대한 지지를 철회하고 비밀리에 비생산적 좌파 반대운동을 폈다. 카터를 무시했던 레이건과 달리, 부시와 베이커는 카터를 정치적 협력자로 기대했다.

카터는 곧 현역으로 소환되었고, 새 임무로 파나마시티가 주어졌다. 레이건 임기 말년 연방대배심원은 파나마의 독재자 마누엘 노리에가를 마약 밀매 혐의로 기소했다. 레이건에 이어 부시는 파나마 운하 지역에 미군 병력을 증강시키는 한편 독재 권력의 축출을 위해 경제 제재 조치를 강화했다. 이와 같은 조치도 이 장군을 자기 둥지에서 한 발자국도 내몰지 못했고, 취임 후 몇 개월 만에 조용히 부시는 노리에가 반대파에 은밀한 지원을 승인하고 결과를 기다렸다.

1989년 5월이 되자 카터와 포드는 자원하여 관련 국제단체를 이끌고 파나마 국가 선거를 감독하기 위해 떠났다. 대표단의 초당적 특성은 부정선거로 판명될 경우 부시 팀에게 유효한 보호막이 되었다. 부시와 베이커는 물론 당시 부시의 국가안보위원회 자문인 스코크로프트는 정확하게 말해서 노리에가가 선거에서 이길 수 없으면 선거를 조작할 것으로 추측했다. 카터는 5월 5일 파나마시티로 날아가서 곧 노리에가를 만났다. 5월 7일에 투표가 대부분 사고 없이 진행되었지만, 투표가 끝나자 무장 폭도들이 투표소를 둘러싸고 집계표를 탈취하고 조작된 표로 교체해버렸다. 잠시 후 노리에가의 위협적인 충성대는 거리의 반대자들을 쓸어버리면서, 파나마시티의 상대 후보자들을 구타하고 그들의 지지자들을 죽이기까지 했다. 그날 밤 카터는 정전으로 컴컴한 시골 주변을 들러보면서 투표소에서 점검하는 동안 개인 집계에서 기예르모 엔다라가 이끄는 야당이 승리한 것을 알았다. 노리에가가 표를 훔친 것이 명확해지자 카터가 노리에가 사령부에 전화했지만, 장군이 너무 바빠서 통화할 수 없다는 말을 들었다.

카터는 노리에가가 선거를 탈취하고 자신을 피하는 데 화가 났고, 부정 결과를 굳히려고 거리에서 폭력을 행사하는 데 더욱 화가 났다. 투표 조작이 명백하게 진행 중인 검표소에 방문한 카터는 기초적인 스패니시로 항의했다. "당신들은 정직한 사람들인가? 도둑인가?" 그런 다음 불법조작을 알리기 위해 기자회견 소집을 시도했지만, 총검을 갖춘 파나마 방위군이 달려와서 전직 대통령과 참모들이 파나마시티 중심지 회견실로 가는 길을 차단했다. 그곳에서 카터는 45분간 기자회견을 열었다. "나는 국민들로부터 선거를 훔친 독재자에 대해 전 세계가 항의하기를 희망합니다." 회견이 끝나자 노리에가의 정보장교가 카터의 참모에게 모두 즉시 조용히 떠나라고 경고했다. 카터의 대표단이 몇 시간 후 그곳을 떠났을 때 노리에가 무장단이 파나마시티로 진입했다.

어떻게 보더라도 이것은 용감한 행위였다. 대부분의 미국인들과 전 세계인들에게 그 판정은 옳은 것이었다. 카터가 그 일을 했으며, 노리에가는 독재자였고 선거는 조작되었다. 퇴임 이래 처음으로 카터는 긴장된 위험의 순간에 신속하고 단호한 호소로 세계의 칭찬을 얻었다. (포드는 자선골프대회 참석으로 부정선거 감시에 함께 하지 않았다는 것도 사람들의 눈을 피할 수 없었다.) 부시 백악관은 카터가 올린 성과에 대단히 만족했고, 백악관은 노리에가를 독재자라고 단정하는 그들 편에 탁월한 민주당 전 대통령을 끌어들였다. 몇 개월 안 되어 부시는 파나마를 공격하여 노리에가를 내몰았다.

다음 차례는 니카라과였다. 1989년 초 우파민족해방 혁명전선 산디니스타 지도자 다니엘 오르테가와 니카라과 야당 지도자들은 미루고 있던 전국투표 참관에 카터와 카터 센터 단원을 초청했다. 마르크스주의자였던 산디니스타의 리더는 1970년 말 무장혁명으로 권력을 장악했고, 레이건 시대에 미국이 후원하는 반란군을 물리쳤다. 1989년 늦은 가을 오르테가는 자신의 인기를 시험하는 거대한 도박을 걸었다. 그래서 또다시 카터는 50인 참관단체를 구성하여 선거 시작 전 세 번에 걸쳐 그 나라를 둘러보았고, 산디니스타는 승리의 경우는 물론 패배하더라도 미국으로부터 오르테가의 신용을 얻기 위해 배후에서 작업을 벌였다. 의회로부터 50만 불의 원조금으로 무장한 카터 센터 참관인들은 선거 개최 방법을 논의하고, 나아가 소규모 모의선거도 실연해보았다. 카터는 (사설 여론조사 역시) 그 나라 언론 매체를 장악한 산디니스타 승리를 예측했다.

거의 십여 년간 무력으로 산디니스타 전복을 꾀했지만 성공하지 못하자 워싱턴은 다른 방법을 모색했다. 의회에서 통과된 선거에 의한 축출 작전에 900만 달러를 쓰겠다는 조치에 부시가 서명했다. 부시 역시 그 나라에서 정직한 자유선거가 개최되는 한 식량주택지원을 계속한다는 조건으로 의회에서 민주당과 협상을 체결했다. 만장일치의 분위기는 아니었지만 간신히 워싱턴에서 다수결로 만약에 그들이 승리한다면 산디니스타를 인정할 준비를 했다.

1990년 2월 선거를 앞 둔 몇 주 전 카터는 부시, 베이커, 스코크로프트에게 현지 상황을 알렸고, 산디니스타의 승리를 위해 의원들을 준비시키면서 시간을 보냈다. 노리에가의 선거구 강탈 사건에 뒤이어, 카터는 산디니스타가 공정하게 승리하면 결과를 인정해주어야 한다고 주장하는 의회에 선 현역이었다. 그러고 나서 투표 진행을 감시하러 수도 마나과로 다시 날아갔다.

하지만 선거는 예정대로 진행되지 않았다. 카터의 참관인들은 10여 개 순찰단으로 나누어 니카라콰 전역에 배치되고 투표 당일 경미한 문제라도 생기면 보고토록 했다. 하지만 저녁부터 밤중까지 유엔 관리자들에 의한 최초 검표 결과 비올레타 차모로Violeta Chamorro와 그녀가 이끄는 야당 전국반대연합당UNO이 오르테가와 산디니스타를 권력에서 내몰 수 있는 우위에 올랐다. 대략 15% 정도로 상당한 표차가 났다. 오르테가도, 카터도 전혀 예측하지 못한 상황에서 명백한 다음 문제는 오르테가와 산디니스타의 투표 결과 준수였다.

카터로서는 더 이상 선택지가 없었다. 동료 참관인 전 미국 법무장관 엘리엇 리처드슨과 함께 급히 산디니스타 지도자들에게 초기 검표의 의미를 이해시키도록 오르테가와 회동을 마련했다. 카터는 이 문제에 있어서 오르테가에게 솔직하게 이야기할 자격을 부여 받았다. 그들이 처음으로 1979년에 권력을 잡았을 때 카터 행정부는 (국내의 정치적 희생을 감수하며) 산디니스타를 인정했고, 퇴임 몇 년 후 오르테가를 방문한 적이 있었다. 산디니스타가 미국 내 보유한 만큼 오르테가도 카터에게 진정한 친구였다. 밤늦게 당사에 도착한 카터와 리처드슨은 충격은 아니어도 집권당 우두머리들의 좌절을 보았다. 불가피한 상황을 받아들이라는 권고에 오르테가가 저항하자 카터가 솔직히 말했다. "나 역시 선거에 이긴 적이 있고, 또 지기도 했다. 경험상 당신에게 이야기해주고 싶은 것은, 실패가 세상의 끝이 아니더라는 것이다." (함께 있던 로잘린 카터가 여기에 반응했다. "나는 세상의 끝이라고 생각한다.") 하지만 카터가 덧붙였다. "오르테가 당신이 대통령으로서 달성한 최대위업은 평화로운 권력이양이 될 것이다."

적어도 양측에 역할을 취해야 할 필요가 있기 때문에 카터 부부는 UNO당의 차모로를 방문하여 신임 대통령에게 질서에 따른 승계를 확정하고 승리에 대한 자만은 자제하도록 언급했다. 새벽 4시경 카터는 워싱턴의 베이커에게 전화하여 그날 오후 오르테가가 정부 관리들에게 불복종 명령을 내릴 가능성에 대비해 보안을 요청했다. 노후한 낚싯줄을 던지는 어부 카터는 5파운드짜리 실험용

낚싯줄로 10파운드짜리 대어를 낚아 올리려는 것이었다. 그는 누구에게 전화해야 하는지, 무슨 말을 해야 하는지, 그것을 말할 입장임을 알고 있었다.

마나과에 있는 카터로서는 클럽의 최고 전성기였다. 수많은 안보와 인사문제를 처리하며 그 후 몇 주간 더 체류하면서 카터가 여러 조정을 돕는 가운데 오르테가는 카터의 충고를 받아들였다. 차모로의 4월 15일 취임식이 끝나자 베이커와 부시는 평화로운 권력이양을 위한 커터의 역할에 대해 당시에도 그들의 회고록에도 크나큰 찬사를 표했다. 퇴임 후 처음으로 카터는 명예로운 진정한 현자로서의 명성을 얻은 것이다. 1990년 초에 ABC 및 월스트리스저널 여론조사는 미국 내에서 카터의 인기가 로널드 레이건과 같다고 보도했다.

베이커가 나중에 말했다. "카터는 정말 가까이 하기 편한 사람이다. 그는 유용한 사람이 되고 싶어 할 뿐 절대 불만하지 않는다. 단지 할당을 정확하게 선을 긋지 않으면 그의 길을 넘어 타인의 영역으로 뛰어든다."

그 말의 정확한 의미는 다음에 벌어졌다.

카터 방식

부시의 대통령직 가운데 가장 위험했던 과제는 이라크의 사담 후세인을 쿠웨이트로부터 몰아내는 중요한 작전이었다. 미국은 세계 최강의 군사력을 가졌지만, 중동지역의 안정과 세계 석유 공급 안보는 일방적 대응책 이상으로 복잡했다. 따라서 부시는 전례 없는 국가연합을 결성하여 사담이 철수거절 시 이라크 침공에 대비해 국제협력을 결속하기 시작했다.

하지만 카터에게는 다른 관점이 있었다. 1990년 말 그는 비밀리에 반복해서 유엔 안보리와 외국 정상들과 접촉하여, 부시가 제안하여 승인된 사담 후세인 제거를 위한 무력 사용 결의안에 반대 투표를 하도록 설득했다. 1991년 걸프만 전쟁을 지연시키거나 포기시키기 위한 카터의 드러내지 않은 운동은 오랫동안 비밀이 유지되었다. 카터는 레이건과 있을 수 없었던 관계를 부시 백악관에서 발전시키기 위해 1989년과 1990년에 대단히 노력했기 때문에, 이 일은 클럽 역사상 가장 이상한 일 중 하나였다. 부시는 카터를 업무에 복귀시키고 할 일을 주고 임무도 주었다. 그런데 카터는 그것을 던져버리고 돌아서서 다른 편에 섰다.

이라크에 대한 카터의 행동은 외부의 관점에서 보기에는 전혀 이해가 되지 않았다. 나중에 부시의 자문들은 이를 유사 반역행위라고 말했다.

늘 페르시아만 석유국 중 하나라도 공격하면 그것은 미국에 대한 침공 행위로 간주할 것이라고 선언한 것은 조지 부시가 아니었기 때문에 이 사건은 더욱 주목할 만했다. 그것은 1980년 의회 연두국정연설에서 카터 대통령이 했던 말이었다. "페르시아만 지역통제권을 쥐기 위한 외부세력의 시도는 미국 국익의 중대한 이해관계에 대한 공격으로 간주할 것이며, 그런 침공은 병력을 포함한 모든 방법을 동원하여 격퇴시킬 것이다." 이것이 이름하여 카터 독트린이었다.

사담 후세인이 1990년 8월에 쿠웨이트를 침공한 후 조지 부시는 카터 독트린에 도전하기로 결정했다. 침공 며칠 후 그는 기자들 앞에서 말했다. "이것은 참을 수 없는 일입니다." 이 언급에 부시의 수석보좌관들조차 놀랐다. 곧 부시는 펜타곤 장교들에게 이라크군을 쫓아낼 병력 산정을 주문했고, 장군들이 도저히 엄두가 나지 않는 50만을 제시했을 때 부시는 냉정하게 "좋아. 움직이자"고 말했고 장군들은 난감함에 침을 삼켰다. 한편 부시, 베이커, 스코크로프트는 몇 개의 일정과 기한을 정하여 사담 후세인의 자진 철수가 아니면 쿠웨이트로부터 철수시키는 것이었다.

워싱턴 어떤 사람도 부시가 얼마나 진지했는지 깨달은 사람이 없었지만, 카터는 알았고 움찔하여 뒷걸음질 쳤다. 그는 이라크에 의한 쿠웨이트 침공은, 미국의 과잉반응만 없다면, 이스라엘과 이집트 간 중동평화협상의 새로운 가능성을 열 수 있다고 믿었다. 하지만 더욱 중요한 것은 전반적인 면에서 카터는 문제 해결을 위한 무력 사용을 반대했다. 그것이 카터 센터가 의도했던 바이며, 퇴임 후 자신의 역할에 대한 정의였다. 미국 침공은 많은 피를 흘릴 것이고, 미국과 자신이 오랫동안 이 지역에 들인 노력을 뒤엎는 일이라는 두려움에 카터는 협상과 관련한 자기 역할을 사설에 게재했다. 이 사설은 궁금증을 자아내는 내용이었다. 그들은 사담이 무력에 의해 쿠웨이트에서 퇴출시켜야 하는지에 대한 핵심 질문은 피했고, 카터도 그 생각은 하지 않는 것 같았지만, 명확하게 밝히지도 않으면서, 대신에 총격이 시작되기 전이 아니다 하더라도 대화로 전쟁을 피하고, 나중에 평화적으로 해결하자고 주장했다.

하지만 카터가 부시의 전쟁 목적을 완전히 잘못 이해하고 있었던 것만은 확실했고, 게다가 쿠웨이트로부터 사담 축출에 만족하지 않고 바그다드까지 추격할 것으로 추측했다. "사담으로부터 추가 도발이 없는데 이라크를 침공하는 것은 중동지역을 향한 미국 지원의 의미를 부식시킬 것임은 의심할 여지가 없다"고 그는 10월 중순 〈타임〉에서 주장했다. 어쩌면 그럴 수도 있지만 부시는 이라크 침공 계획이 없었고, 대대적인 32개국 연합이 사담을 쿠웨이트에서 내몰기 위해 결성되었고, 부시가 그와 같은 폭넓은 연대 구축이 가능하다는 지극히 제한적인 목표일 뿐이었다. 어쨌든 이 시기의 카터가 기울인 노력에 관해 말해줄 수 있는 최선은 선한 의도였다는 것이다. 그는 걸프만 위기에 대해 아틀란타에서 기자회견도 열고 협상을 통해서 전쟁을 피하는 방법을 모색했다. 10월 내내 커터는 반대 끝에서 애를 썼지만 그 선을 넘지는 못했다.

그러다 선을 넘었다. 11월 중순에 유엔안보리회원국 지도자들에게 보내는 사적 편지에서, 카터는 사담 후세인과 친선협상을 촉구했다. 그리고 비밀리에 편지를 12개 다른 국가원수에게 보내면서 그들이 유엔안보리 상임이사국 4개국에게 군사행동 전에 평화협상 추진 압력을 넣어줄 것을 희망했다. 그리고 두 번째 편지에서 카터는 연합국에게 미국 주도의 연합작전 탈퇴를 촉구했고, 아랍연맹의 협상을 통한 분쟁해결 노력에 "무조건 지지"를 보낸다고 했기 때문에 다소 가장 어처구니없는 일이 되었다.

"워싱턴과 각국 수도에서 나온 최근의 성명은 점점 더 인내와 지속성이 단념되고, 걸프만 위기에 군사적 해결 승인 압력이 계속 미치고 있음을 분명히 밝히고 있다." 그는 이렇게 썼다. "역사는 이런 기세를 뒤엎기가 몹시 어렵다는 것을 보여준다. 왜냐하면 미국과 다른 동맹 국가들의 무력 개입은 유엔안전보장이사회의 사전 승인이 필요하기 때문에, 여러분의 결정은 이런 기세판단에 결정적 요소가 될 수 있다."

편지의 의미는 이보다 더 분명할 수가 없었다. 전쟁이 서서히 모습을 보이는 이때, 전 대통령은 외국 원수들에게 미국 현 대통령에 반대해 협조하도록 로비

활동을 벌이고 있었다.

부시에게 그의 계획을 사전에 알리기보다 카터는 전 세계에 보낸 편지를 다음날 부시에게 보냈고, 그의 자서전 작가 더글러스 브링클리가 언급하듯이, 이미 자기 견해를 널리 배포한 사실을 마치 부시를 위해서 한 일인 것처럼 표현했다.

퇴임 후 닉슨도 이렇게 지나치지 않았다. 닉슨이 군축전략에 관해 레이건과 의견이 다르고, 부시의 고르바초프에 대한 온건정책에 반대했어도, 그는 주장을 공개했고 언제나 백악관과 공개된 방법을 유지했다. 닉슨의 주장은 외국 원조 수준의 형태와 규모에 대해 주로 학술적인 차이였고, 군비 축소 협상에서 워싱턴의 양보를 얻어내었을 것이다. 이와 비교해서 카터는 미국이 조직하고 국제연합을 주도하는 전쟁을 앞두고 반대 로비 작전을 전개했다.

배포 명단을 두고 생각할 때 카터가 그의 놀음을 오랫동안 비밀로 유지할 생각이었던 것 같지는 않다. 캐나다 총리 브라이언 멀로니가 미국방장관 딕 체니에게 전화하여 카터의 편지를 읽어준 후 백악관은 평정심을 잃었다. 부시는 분노했고 스코크로프트는 카터에게 이면 경로를 통해서 중단하도록 말했다. 수십년이 지나도 부시 행정부의 고위 관리들은 여전히 카터의 행위가 반역죄와 동등하다고 불만을 토로했고, 적절한 미국 정부의 위탁 없이 개인이 외교 정책을 수립하는 것을 범죄 행위로 규정하는 1799년 로간법 위반이라고 비난했다. 스코크로프트는 여전히 아연실색하며 당시를 회고했다. "카터도 우리 이야기를 들었다." 부시는 나중에 말했다. "카터가 자기 소신을 밝힌 것은 인정한다. 내가 격렬하게 동의할 수 없는 것은, 외국의 정부원수들에게 편지를 써서 우리 미국 정부가 유엔에서 하려는 일을 대항하게 했다는 것이다." 그의 행위에 사과의 증거는 없다. 반대로 그에게 수년 후 다시 같은 일을 할 것인지 묻자 카터는 재빨리 대답했다. "물론이다. 다른 유엔안보리회원국가에 보낸 것과 정확하게 같은 편지를 부시에게 보냈기 때문에 그럴 것이고, 전쟁은 불필요하다는 내 의견을 솔직히 밝혔을 뿐이다. 내 정보통을 통해 이라크가 점령지로부터 철군한 다음 배상금 등을 지급할 것임을 알고 있었지만, 지난날의 역사다."

그러나 카터는 안보리에 보내는 편지만으로 그치지 않았다. 부시가 사담에게 쿠웨이트로부터 철군하지 않으면 공중 공습을 감행하겠다는 기한 며칠 전 1

월에 카터는 이집트의 호스니 무바라크, 사우디아라비아 파드 국왕, 시리아 하페즈 알아사드에게 편지를 썼다. (모두가 부시의 사담 반대 연합군이었다.) 그들에게 "공개적으로 무력 사용 중단을 촉구하는 한편, 아랍지도자들에게도 위기의 평화해결을 촉구했다." 마지막 행동은 공개하려고 계획한 것은 아니었고 미국 외교 정책에 대한 한 개인의 결정이었다. 실제 여러 제안에서 카터는 상대편 국가들에게 미국 유권자들은 어떤 면에서 자기의 평화 추구 노력을 지지할 것이라고 알렸다. "백악관으로부터 승인이 선행돼야 하지만, 프랑스, 소련, 다른 국가들도 전적으로 지원받고 있다는 것을 여러분도 알게 될 것이다. 대부분 미국인도 그런 운동을 환영할 것이다." 몇 개월 전에 보낸 편지와 달리 여기에는 백악관을 언급한 내용은 없다.

카터가 왜 그렇게 행동했을까? 무엇 때문에 카터는 극적으로 몰래 자기 재량으로 문제를 만들었을까? 그를 오랫동안 알고 있는 사람들은, 이것은 폭력에 대한 깊은 반감이 지나쳤고, 중동은 그만이 잘 이해하고 있다는 자기 확신, 그리고 다른 사람들의 생각에 개의치 않는 사실들의 요소가 복합된 것이라고 말한다. 어쩌면 전체 이야기 중 가장 주목할 만한 사실은 이런 일이 발생했다는 것보다 오랫동안 클럽이 비밀로 유지되었다는 것이다. 편지가 전 세계로 뿌려졌고 백악관에 보내졌다는 사실에도 불구하고, 카터의 유사 반역 언급은 3년 후 〈뉴욕타임스〉가 폭로하기까지 공개되지 않았다. 그의 마지막 평화를 위한 아랍 지도자들에게 보낸 호소는 브링클리가 공개할 때까지 알려지지 않았다. 비록 부시 백악관이 카터가 사면 받지 못할 죄를 저질렀다 하더라도, 국가를 중심으로 동원하는 카터의 이상한 술책 폭로는 행정부의 관심 밖에 있었다. 이 외에도 카터의 행위에 대한 이야기를 외부에 유출하면 그 자체가 클럽 회원들의 적대감에 대한 품위 규정 위반이 될 것이다. 오히려 부시 보좌관들은 사려 깊은 벌칙을 선택했다. 그들은 그 후 외교정책 우호관계에서 간단히 카터를 빼버렸다. 더 이상 해외 분쟁지역이나 선거에 팀을 결성하여 해외로 파견하는 일은 없을 것이고, 항공기와 기타 원조에 대한 카터의 요구는 이제 베이커의 국무부에서 무응답으로 처리되었다. 카터를 믿을 수 없는 부시 팀은 그를 동료 정도로 무시했다.

그는 다른 사람이 통수권자가 될 때까지 기다려야 했다.

여섯 대통령:

클럽의 황금기

———— ⚓ ————

빌 클린턴은 여러 면에서 운이 좋은 사람이고, 전 대통령들을 거론하자면 복권에 당첨된 셈이다.

그가 대통령에 당선되었을 때 도움을 받을 수 있는 전 통수권자가 닉슨, 포드, 카터, 레이건, 부시까지 다섯 명이나 되어 20세기의 어떤 대통령 중 최고였다. 공적이든 사적이든 그들 모두가 서로에게 도움이 되는 것은 아니지만, 그의 매력, 전임들의 필요, 냉전 이후시대의 새로운 글로벌도전의 결합이 클린턴에게 거의 대부분의 전임들을 필요에 맞게 배치했는데, 특히 공화당이 대부분이었다.

클린턴은 그들의 인성과 직책 성과를 면밀하게 검토했고, 각각에 대해 더 많은 정보를 알고 싶어 했다. 취임 후 첫 가을 클럽의 전 회원을 조찬회에 초청하면서, 그는 보좌관에게 이전에도 이와 같이 초대한 적이 있는지 알아보게 했다. (물론 전혀 없었다.) 한편 베테랑들은 신참을 만나보고 싶어 했고, 그의 통찰력을 궁금해했고, 그의 관심사에 대한 열정과 자신들의 은퇴 후 관심사인 임무와 과제, 관련된 도움의 규모 등을 알고 싶어 했다. 클린턴은 그들 가운데 가장 공통점이 있고 최소의 친밀감을 가진 한 사람을 알게 되는데, 남부지역 세례교인이자 정치적 집안, 유색인종 엄마, 강력한 의지의 아내, 실용적 자유주의 땅에 깊은 뿌리를 가진 카터와 깊은 교감을 나누었다. 클린턴은 카터의 사람으로 정치 인생을 시작했지만, 당시와 훗날 아칸소 주지사가 되었을 때 카터가 도움을 주기는커녕 자신을 배신했다고 느꼈기 때문에 백악관 대통령에 도전했을 때 카터를 무시해도 양심의 가책을 느끼지는 않았다. 카터는 이전 부시에게 그러했듯이 클린턴에게 전직 대통령이라는 존재가 얼마나 유용한지, 또 얼마나 화나게 할 수 있는지 증명했을 것이다.

반면 공화당 사람들은 훨씬 중요한 자산이 되어 주었다. 레이건은 클린턴의 첫 임기 동안 빠르게 세인들의 눈에서 사라져갔지만, 그전에 젊은 대통령에게 교훈을 가르쳐주었다. 클린턴은 워싱턴 도피와 상원의 탄핵을 피하는 데 포드의 도움을 받았고, 조지 허버트 워커 부시에게 완전히 매료되어 그 인생의 롤모델로 삼게 되었다. 가장 중요한 것은 닉슨이 완벽하고 고마운 스승이고 큰 도움이 되는 정치적 고백을 받아주는 존재였음을 클린턴은 알게 되었다는 점이다.

20

"게임의 방법을 안다"

– 리처드 닉슨 –

운명과 현대의학은 1993년 1월 20일을 대통령 클럽 연대기에서 중요한 이정표로 만들었다. 1861년 링컨 취임 이래 처음으로 다섯 명의 전임 대통령이 살아서 6번째 선서식을 보게 되었다.

다섯 사람, 즉 닉슨, 포드, 카터, 레이건, 부시는 백악관 24년의 상징이었다. 이런 역사적인 클럽의 회원 확대는 주로 대통령들이 젊어서 당선되고, 일찍 현직에서 물러났으며, 19세기와 20세기 회원들보다 더 장수한 결과였다. 하지만 오인조로서 그들에게는 두드러진 특징이 있었다. 레이건을 제외한 모두가 좋지 못한 상황에서, 다시 말해 닉슨은 사임, 포드는 2년 후 선거 패배, 카터와 부시는 단임 후 사절되어 백악관을 떠났다는 것이다. 닉슨은 은퇴 생활 20여년을, 포드는 25년 이상을 보냈는데, 카터는 어쩌면 역사상 가장 오래 산 전임 대통령이 될 가능성이 있었다. (1964년 사망 전까지 퇴임 후 31년을 산 허버트 후버 대통령을 넘어선다.) 제37대 대통령인 닉슨은 첫 의회 당선이 1946년이었고, 그 해 제42대 클린턴 대통령이 태어났다.

클린턴이 대통령 선서를 함으로써 클럽은 그의 것이 되었다. 그의 전임 모두가 도움을 약속했고, 여러 차례 선발되기를 은근히 희망했고, 클린턴이 엄격하게 규정대로 행동한다면 그에게 해가 되는 행동은 하지 않겠다고 약속했다.

클럽의 황금기가 시작되었다.

그로부터 2개월 전 11월 18일, 빌 클린턴은 워싱턴에 머무는 36시간 중에 백악관을 찾아 조시 부시를 예방했다.

부시는 패배를 아프게 받아들였다. 부시의 보좌관들은 경선이 접전이어서 어쩌면 간신히 이길 것이라고 선거 당일까지 그에게 말했다. 유권자들이 대통령의 경험을 무시하고 보다 젊고 정치 성향과 성격이 다른 사람을 절대로 선택하지 않을 것으로 스스로 다짐해왔다. 그러나 예감이 맞은 게 하나도 없었다.

패배하던 날 부시는 한밤중까지 잠들지 못하고 일기를 썼다. "괴롭다, 괴로워. 너무나 자신 있다고 생각했는데…. 경선에 대해서 나는 여론조사원들의 최후 결과가 올바르다고 보고 싶지 않고, 전문가들의 주장이나 자신을 깎아내리는 평가도 보고 싶지 않고, 절대적으로 그 조사가 잘못됐다는 것을 입증할 것으로 확신했지만, 내가 틀리고 그들이 옳았다. 그것이 너무 괴롭다. 이제 침대로 가서 내일을 맞이할 준비를 하자. 강해지자, 상냥하자, 설욕하러 들지 말자. 괴로움을 누그러뜨리고 마음을 편히 갖자. 기도하며 신의 이해와 힘을 구하자. 미소와 활기로 마무리하고, 옳은 일을 행하며 강하게 끝내자."

클린턴이 2주 후에 그를 방문했다. 두 대통령들은 집무실 벽난로 옆 의자에 앉아 에서 2시간 가까이 주로 외교문제를 논했다. 부시가 당시를 회고했다. "유고슬라비아, 코소보, 세르비아, 보스니아에 관해 클린턴에게 이런 지역이 분쟁지역이 될 가능성이 크다고 말했다." 부시는 또 첫날 느꼈던 그대로 4년의 세월이 끝나는 이 순간에도 같은 흥분과 경이로움을 느낀다고 말했다. 그러면서 언제나 백악관 이후 생활을 준비하고 있었다. 그는 휴스턴에 새집을 짓고 컴퓨터나 하면서 보낼 계획을 했다. 자신을 표방한 "전 자유세계 지도자"라는 사용자명으로 가까운 친구와 이메일을 하겠다고 했다. 클린턴이 떠날 준비를 하자, 부시는 그에게 축복의 말을 건넸다. "빌, 당신에게 무언가 이야기를 해주고 싶습니다. 내가 이곳을 떠나면, 당신이 나로 인한 곤란을 겪을 일은 없을 것입니다. 이제 힘든 선거도 끝이 나고 나도 여기를 떠납니다. 나는 당신의 일을 복잡하게 만들지 않을 것입니다. 이 점만은 알아주기를 바랍니다."

부시는 약속을 지켰다. 언젠가 클린턴은 보답했을 것이다.

* * *

바로 다음날 아침 1992년 11월 19일, 〈뉴욕타임스〉 사설에 특별한 구애 편지 같은 기사가 실렸다.

"대통령 당선자 빌 클린턴은 권력 이양 기간 동안 여러 중요 이슈를 과감하게 처리한데 높은 점수를 매긴다." 인수과정이 겨우 2주밖에 안된 것을 감안할 때 이렇게 시작된 내용은 칭찬이 흘러 넘쳤다. "하지만 유세 과정만큼이나 제2차 세계대전 이래 가장 중요한 이슈는 거의 주목을 받지 못했다."

리처드 닉슨의 에세이 나머지는 상당 부분 보리스 옐친 정부가 대단히 "치명적 위험" 속에 빠져있다는 내용과 그래서 서방 원조 유입이 필요하다는 내용이었다. 하지만 미국-러시아 관계의 애석한 상황이 닉슨이 사설을 쓴 까닭이 아니라 닉슨-클린턴 관계의 애석한 상태가 이유였다.

닉슨은 신임 대통령의 듣는 귀가 필요했다. 〈타임〉 기사에서 이런 식은 몹시 적극적 신호이긴 하지만, 닉슨의 등록상표 같은 당근과 채찍 찬반양론은 실제로 진부한 간접적인 무대가 되었다. 37대 대통령은 이미 당선 다음날 아침 클린턴에게 자필 편지를 띄우면서 승리를 축하하고, 그를 향해 자기 기억 중 최고라고 부르며, 백악관에 당선된 이상 알칸소 주지사 배경과 성격에 대한 의혹을 극복하고 "절대 포기 말라"는 특별한 충고를 주었다. 닉슨은 42대 대통령에게 도움을 주고 절대 방해가 되지 않겠다고 약속했고, 그가 연구보조 모니카 크로리에게 대하는 식으로 다소 지나쳤던 점을 사과하며 클린턴의 자존심을 세워주었다. 닉슨이 말했다. "그 사람은 자존심이 너무 강해서 무언가를 설득하려면 아부해야 한다."

하지만 내심 공들인 편지에도 아무 답장이 없자 실망하다 못해 화가 난 닉슨은 한두 단계 더 강도를 올릴 결심을 했다. 11월 중순 〈뉴욕타임스〉 사설에서 클린턴에게 우정의 화살을 쏘면서 다음과 같은 의도를 담았다. "당신이 사적으로 내게 돌아오지 않을 때 당신만 좋다면, 공적으로 이야기할 수도 있다."

닉슨은 신임 대통령과 연결할 수 있는 막후 채널을 원했고 그러기 위해 이런 저런 방법을 찾았다.

〈뉴욕타임스〉 사설 게재 8일 후 클린턴의 자동차 행렬이 로널드 레이건의 사무실이 있는 LA 센츄리 시티 빌딩에 도착했다. 클린턴은 이 마을에서 친구들과 며칠을 보내며 당시 81세였던 레이건을 만나 대화하고 싶다는 뜻을 전했다.

둘의 만남은 신속히 정해졌다. 두 사람의 35년 차이는 외관에서도 나타났는데, 40여년 전 만났던 허버트 후버와 존 F. 케네디의 43년 차이보다는 적었다. 레이건은 미국 주지사 리셉션에 참석하러 힐러리 부인과 함께 온 클린턴을 백악관에서 본 적이 있었다. 하지만 LA에서 두 사람이 70분간 보낸 것은 역사적이었다. 대통령 거부권 행사의 필요성과 예산을 어떻게 줄이는지 이야기한 다음, 레이건은 클린턴에게 두 가지 중요한 충고를 주었다. 첫째, 할 수 있으면 매주 신선한 공기를 마시며 150에이커 정도의 부지에서 자유롭게 산책할 수 있게 캠프 데이비드 별장을 철저히 이용할 것. 잠시 워싱턴을 떠나는 것만으로도 신체나 정신에 좋은 일이다.

이런 자문은 예측이 가능했는데 나머지 하나는 전혀 그렇지 않았다. 레이건은 클린턴이 경례하는 방법을 배울 필요가 있다고 주장했다. 왜냐하면 그 선배는 클린턴이 유세 때 올바른 군대식 거수경례 방법을 알지 못한다는 것을 눈 여겨 보았기 때문이다. 레이건은 통수권자라면 일을 올바로 처리하기 위해 산뜻하고 분명하고 간결하게 올렸다 내리는 손놀림 각도가 좋아야 한다고 제안했다.

이것이 엄수할 사항은 아니었다. 레이건에 의해 일부 역할처럼 되기 전까지 군인 같이 경례하는 미국 대통령은 거의 없었다. 군인은 대통령에게 경례를 붙여도 역방향은 그럴 필요가 없었다. 대통령 레이건은 해군 지휘관들과 대화에 앞서 '마린원' 또는 '에어포스원' 탑승대에 마치 그리핀 석상처럼 서있는 사람에게 답할 필요가 없는데도 경례에 답례하기를 선호했다. 장군은 전통이 무엇이든, 전임들이 어떻게 했든 간에 사람들이 경례할 때 그가 좋아하는 대로 할 수 있다고 레이건에게 말했다. 그래서 대통령 역할 수행에 만전을 기했던 레이건은 답례를 시작했다.

레이건은 전 기병대 장교로서, 또 영화배우로서 인사하는 방법을 배운 것이 도움이 되었다. 클린턴에게 점차 요령이 생긴다고 말해주었다. 군인은 마치 꿀이 아래로 떨어지는 것처럼 천천히 손을 올리고, 내릴 때는 수치스러운 듯 재빨리 손을 감춰야 한다. 군대 경험이 없는 (젊은 시절 징집 기피 문제에 대해 선거 유세 동안 해명이 필요했던) 클린턴은 레이건의 충고가 달가웠다.

그래서 81세의 레이건은 46세의 클린턴에게 개인지도를 계속했다. 둘이서 레이건의 LA 34층 사무실에서 비버리힐스를 내려다보며 경례를 연습했다. 교습을 끝내자 레이건은 붉고 희고 푸른 젤리빈 병 하나를 상으로 주며, 니코틴 중독에 도움이 된다고 설명했다. 클린턴은 감사의 인사와 악수를 하고 내려와 자동차로 떠났다. 나중에 클린턴은 군에 갔던, 또는 안 갔던 보좌관들과 경례를 연습했다. 젤리빈은 백악관에 머물던 8년간 그대로 두었다.

클럽의 파열

한 달 뒤 1993년 1월경, 닉슨은 클린턴의 관심을 끌기 위해 주술사만 제외하고 모든 노력을 다했다. 사적인 편지도 보냈고, 사설을 통한 추파도 던졌다. 전 보좌관 로저 스톤에게 대통령이 뉴저지 원로에게 전화하도록 클린턴 인사들과 접촉해 보라고 압박도 했다. 아무것도 소용이 없자 닉슨은 클린턴의 고문 딕 모리스에게 전화해주면 받겠다고 요청했지만 여전히 무소식이었다. 닉슨의 옛 충복인 스톤은 이 일에 계속 매달리며 민주당의 원로 토니 코엘로에게 좋은 말로 압박하며 닉슨이 곧 돌진할 것 같다는 의미를 전했다. 마침내 스톤은 백악관 연설문 작성자 폴 베갈라와 접촉하게 되었을 때, 닉슨이 또 다른 사설을 작성 중이며 클린턴의 전화 응대 여부에 따라 친화적이거나 적대적이 될 수 있다고 말했다. 베갈라는 대통령 앞에서 닉슨의 낙담에 대한 메모를 간신히 전달했다. 답이 왔다. 클린턴이 전화할 것이다.

이제 80세인 닉슨은 급했다. 그는 2월에 9번째 러시아 방문을 계획하면서 클린턴의 축복을 몹시 받고 싶었다. 물론 그러한 클린턴의 축복은 그의 해외 활동

입지에 전략을 추가할 뿐만 아니라 여행 후 후속 보고 브리핑을 보장받는 것이었다. 외교정책 자문 디미트리 사임스는 이전 소련 문제에 대한 클린턴 행정부의 교섭 대표 스트로브 탈보트에게 전화를 걸어 여행 전에 만날 수 있는 지 물었고 탈보트는 가능하다고 대답했다.

탈보트와 닉슨은 몇 년 전으로 되돌아갔다. 1980년 중반 〈타임〉지의 워싱턴 지국장 이후 현 편집대표인 그는 레이건과 부시 시대에 여러 차례 닉슨과 인터뷰한 적이 있었는데, 주로 미소관계나 외교정책에 관한 것이었다. 그는 비정규 기자그룹 일원이었는데, 그룹 대부분은 너무 어려서 워터게이트 사건을 취재하지 못한 사람들이었고, 뉴저지 세들 강의 현자 닉슨과 비공식 특별 식사에 초청을 받았다. 탈보트는 닉슨의 개인적 사고방식과 미소관계에 대한 공식적 집념은 명예 회복을 위한 계획의 일환이었음을 이해하고 있었다. 그것은 늘 주변에 서성대는 워터게이트 기억을 퇴색시키는 한편, 그의 재임 때 이룩했던 외교정책에 대하여 공개적으로 찬사를 받던 자신을 기억하는데 기여하도록 의도했다.

그래서 그와 국가안보위원회 보좌관 토비 가티가 1993년 3월 4일 닉슨의 호텔에 나타났을 때, 탈보트는 이후로 전개될 일을 정확히 알고 있었다. 이것은 "이상할 정도로 섬뜩한 분위기의 어색한 만남이었다"고 그가 회고록에서 밝혔다. "닉슨은 허세가 가미된 다소 과장된 상냥한 인사말과 경직된 농담을 5분간 한 다음 조심스럽게 준비하고, 공을 들여 만든 상당히 밀도 높은 강의를 30분간 이어갔다. 비록 토비와 내가 강당에 있었고, 강당에 가득 찬 모두로부터 자신을 향한 반감을 감지하고 있었지만, 그는 경험, 지성, 그리고 즐겨 쓰는 확고한 선견 지명에 의한 강력하고 완벽한 힘으로 자신이 영향을 미칠 수 있을 것으로 확신했다."

닉슨은 완전히 마개가 열렸다. 때로 말은 거칠었고, G7 국가 정상들을 소련 원조에 푼돈이나 던지는 "멍청이"라고 불렀고, 옐친을 계속 "옐스틴"이라고 불렀다. 탈보트는 닉슨에게 새 정부는 그의 여행을 지지하며 귀국 후 여행 보고를 듣고 싶다고 말했다. 닉슨은 물론 그가 음주가 지나치고 허풍이 심한 사람으로 알려져 있다는 점을 잘 알고 있지만, 옐친을 도와주고 싶은 열의를 분명히 했다. 결론적으로 닉슨은 클럽에서 옐친 관련 의견을 제시했을 때 부시와 그의 팀이

했던 것과 같은 실수를 저지르지 말도록 탈보트에게 촉구했다. 번역하자면, 내 말에 주의를 기울이라는 의미였다. 한 시간 후 탈보트와 가티는 충고에 감사하며 떠났다. 그날 밤 클린턴은 저녁식사 차 캘버트 가에 있는 탈보트의 집에 들렀고, 이때 탈보트는 닉슨과 나눈 대화의 요지를 보고했다. 클린턴은 옐친에 대한 원조 확대 문제라면 설득이 필요 없었다. 클린턴이 말했다. "그는 개종자를 개종시키려는 것이고, 결국 설교자에게 설교하는 것이다."

닉슨은 2월 7일 러시아로 향했다. 그는 러시아에서 2주를 보내면서 모스크바로부터 보리스 옐친을 무시하지 말라는 경고를 계속 전송했다. 〈뉴욕타임스〉 모스크바 특파원에게 닉슨은 외교와 국내정치는 불가분의 관계라고 강조했다. "분리되면 그들은 죽는다." 그는 아득히 먼 백악관을 향해 경고했다. 러시아에 대한 추가 원조가 없으면 "평화와 결별하게 된다."

닉슨은 2월 23일에 귀국하여 전화를 기다렸다. 백악관으로부터 한마디 소식도 없이 며칠이 지나자 펜 뚜껑을 열고 또 다시 〈뉴욕타임스〉에 사설을 써서 우편함에 넣기 직전에 클린턴이 전화를 걸어왔다. 백악관 교환원이 3월 3일에 전화해서 닉슨에게 대통령과 통화를 위해 대기해달라고 요청했다. 5분이 지나고 다시 8분이 지났다. 교환원이 클린턴이 나오지 않는다고 사과하자 닉슨이 말했다. "나는 기다리겠다. 그는 나보다 훨씬 더 바쁜 사람이다." 10시가 지났을 때 백악관이 다시 전화했고, 이번에는 클린턴이 나왔다.

닉슨은 대화 속으로 빠져들었다. 그날 밤 두 사람이 40분간 이야기를 나누는 동안 정책은 그저 애피타이저 정도였다. 둘은 러시아와 중국 경제, 미국 내 국방예산에 대해 의논했다. 닉슨은 여행에 대해 보고하며 옐친에 대한 평가를 전했다. (상처가 났지만 구제 가능하다는 결론이었다.) 클린턴은 옐친의 용기를 존중한다고 닉슨에게 말했다. 그리고 4월로 예정된 캐나다 밴쿠버의 미?러 정상회담에 관해 이야기했다. "그가 버틸 수 있을까요?" 클린턴은 옐친에 대해 알고 싶었다. 닉슨은 그렇다는 확신을 주었다.

닉슨은 대화 자체에는 좋은 인상을 받았지만, 다음에 다가올 일이 두려웠다. 그를 한 번도 만나본 적 없는 대통령, 반대당 지도자, 자신의 나이에 비해 거의 절반 정도밖에 되지 않는 젊은이가 온전히 자신을 신뢰하는 것같이 보였다. 닉슨은 큰 책상 앞에 마주 앉은 두 사람이 즉석으로 협력관계를 주조해 내는 연금술 같다는 생각이 떠올랐다. 아직까지 제리 포드와는 한 번도 이런 식으로 대화한 적이 없었고, 레이건도 부시도 아니었다. 닉슨은 클린턴이 대화를 필요로 한다는 느낌을 갖게 되었다. 여기에 다른 사람이 대답할 수 없는 몇 가지 의문이 있어 클린턴이 그것을 묻기 시작한 것이다. 당신이라면 이 일을 어떻게 처리했을까요? 일과를 짜는 가장 좋은 방법은 무엇일까요? 클린턴은 시간별 과중 업무를 닉슨에게 꺼냈다. 얼마나 일찍 일어나고, 조깅하고, 딸과 아침 먹은 다음부터 일하기 시작해서 밤 11시경 퇴근한다. 이런 반복되는 일상이 대통령의 전형적 생활인지 닉슨에게 묻고 있는 것이다. 그 교류는 닉슨을 기쁘게 했는데, 40여년 전 아이젠하워 대통령을 옆에서 지켜보며 비슷한 의구심을 품은 적이 있었다. 클린턴과 대화 후 닉슨이 당시를 회상했다. "당신이 알고 싶다면 그 일을 올바르게 하는 것이다." 다음날 아침 여전히 통화 내용을 음미하던 닉슨은 그때까지도 클린턴과의 대화에 대해 좋은 감정을 갖고 있었다. "그는 허튼 소리로 질리게 하지 않는 정말 존경 받을 사람이다"라고 닉슨이 말했다. 가장 좋았던 것은 3월 8일 백악관으로 자신을 초청한 점이었다.

그리고 그 만남을 위해 닉슨은 구두시험을 앞둔 대학원생처럼 준비했다. 그는 보고서를 작성하고, 탈보트와 가티에게 강연했던 주장과 증거를 정리했다. 크로리에게 클린턴과의 대화를 어떻게 구성하고 싶은지 알고 있다고 말했다.

또한 백악관도 마찬가지로 닉슨과 대화를 어떻게 구성할 것인지 알고 있었다. 보좌관들은 이 회담에 대해 자랑하지 않았지만 굳이 감추지도 않았다. 클린턴 보좌관들은 닉슨을 백악관 안으로 안내했고, 이번 회담과 이전 전화 통화 사실을 정규 기자회견 절차에 따라 공표했다. 닉슨은 클린턴과의 게임에 환상은 갖지 않았다. 실제 외교 경험이 별로 없는 젊은 민주당 대통령이 외교의 검은띠를 보유한 대통령에게 때때로 자문 형태의 도움을 받을 수 있을 것으로 계산하는 것으로 짐작했다. 하지만 닉슨은 상관하지 않았고 회로 귀환에 흥분을 느꼈다. 단지 보다 넓은 세상이 이런 발전 상황을 놓칠까 봐, 늦은 밤 옛 친구 빌 새피어에게 3월 8일 그들의 미팅이 당일 아침 〈뉴욕타임스〉 칼럼에 나오도록 내용을 흘렸다.

그날 오후 개인용 엘리베이터에서 내려 2층 사저로 들어갔을 때 영부인 힐러리와 영애 첼시 클린턴이 닉슨을 맞이했다. 닉슨은 힐러리가 긴장하는 모습을 보았다. 그녀는 19년 전 자신을 상대로 한 탄핵 사건의 준비 책임을 맡았던 하원 법사위원회에서 일했기 때문에 닉슨은 영부인의 마음에 들 만한 이야기를 했다. 자기도 퀘이크교 집안에서 자랐고, 딸 줄리와 트리시아 역시 첼시가 다니는 학교를 다녔다. 그는 힐러리가 가장 신경을 많이 쓰는 점에 관해 유대관계를 맺으려고 애쓰며 말했다. "당신은 내가 20여년도 전에 건강보험제도를 고치려고 노력했다는 사실을 알고 있을 거예요. 언젠가는 처리되어야만 합니다."

힐러리는 그의 등을 두드리며 대답했다. "저도 알고 있습니다. 당신의 안건이 성공했더라면 오늘날 우리는 더 좋아졌을 것입니다."

마침내 두 대통령이 다이어트 콜라를 두고 함께 자리에 앉았을 때 닉슨이 주로 이야기를 주도했다. 그는 클린턴에게 러시아에 대하여 경제 문제보다 (가능성은 없지만 도발 이론에 관한) 역사를 훨씬 더 중요하게 관리해 왔음을 말해주었다. 닉슨은 의회를 압박해서 러시아에 더 많은 원조를 얻어내고, 마찬가지로 원조를 위해 미국의 최고 기업계 총수들을 선발하여 의회 의원들에게 통과시키도록 만들라고 촉구했다. 그는 또 전술과 전략을 같이 사용하도록 강조했다. 옐친이 성공하도록 도와줄 방법이 많이 있는데, 예를 들어 더 많은 미국 원조가 승인되면 미국의 천연가스 파이프 건설업자들은 러시아 천연가스 파이프라인 추진을 더욱 활성화시킬 수 있다. 그것 역시 옐친에게 도움이 될 것이다.

닉슨은 클린턴에게 전략 추진 전에 과거를 생각해봐야 한다고 제안했다. 린든 존슨과 카터가 대통령직을 제대로 수행하지 못한 이유가 외교 정책의 실패 때문이었다고 말했다. 만약 클린턴도 이런 도전에 실패하면 그의 대통령직 역시 조기에 끝나버리는 것이다. 이것은 편향적 비교였는데, 1990년대 러시아 현대화를 지원하는 어려움이 과연 존슨이나 카터이 겪어야 했던 베트남이나 이란만큼 클린턴에게 현존하는 위협이 되는지는 분명하지 않았다. 하지만 워싱턴-모스크바 중심축 위에 닉슨이 대통령으로서 자신의 흔적을 남겼고, 또 황혼기에 자기 입지를 구축하는 원대한 명분도 되었다.

클린턴은 닉슨에게 듣기 좋은 말이 아닌 찬사로 경의를 표했다. 클린턴이 닉슨의 자문에서 가장 좋아했던 점은 사전 준비가 잘 되었고, 의지가 강했고, 게다가 클린턴이 당연히 그럴 것으로 짐작했던 닉슨의 개인 사면 요구를 훨씬 넘어 숨겨진 의도를 품지 않고 먼 안목으로 말했다는 것이다. 닉슨이 사소한 걱정을 개의치 않는 성격이고, 외교 정책에 관심이 많으며 깊은 사고에서 나오는 분별력을 갖춘 뛰어난 능력자임을 클린턴은 깨달았다.

　　클린턴은 닉슨의 자문이 상당히 도움이 되었고 이에 감사한다는 이야기를 많은 사람들에게 했고, 그것은 뉴저지까지 빠르게 전해졌다. 민주당의 현자 밥 스트라우스는 클린턴이 다른 어떤 전직 대통령보다 가장 훌륭한 대화였다는 말을 닉슨에게 전했다. 공적으로 클린턴은 적어도 러시아정책에 있어서만은 닉슨을 칭찬했다. "우리는 이 문제에 대해 1년 이상 닉슨과 거의 같은 생각을 해왔고 지금도 같다." 닉슨은 바로 클린턴에게 답례를 보냈다. "클린턴은 혈기왕성한 의지를 갖고 있고, 실제 역사에 남을 지도자로 생각한다"라고 그는 몇 주 후 러시아 원조에 관해 이야기하면서 〈타임〉과의 인터뷰에서 이렇게 말했다.

　　이런 연출과 별도로 클린턴은 진정으로 닉슨의 도움에 감사했다. 그는 얼마 후 미팅 때 함께 찍은 스냅사진에 서명한 것을 닉슨에게 보내면서 닉슨의 사진도 보내달라는 부탁의 쪽지를 붙였다. 닉슨도 이에 응하며 사진에 "중국에 원조를 해줘서" 고맙다는 이상한 농담 한마디를 적어서 워싱턴으로 보냈다. 클린턴의 보좌관 한 사람이 이를 회상했다. "그것은 상호 존중의 관계였다." 몇 주 후 백악관에서 클린턴과 닉슨이 대화를 나누고 있는 사진을 공개했다.

　　이것을 '닉슨 대 중국의 순간' 외에 그 이상 무엇이라 부를 수 있을까? 비록 닉슨이 소속한 공화당 동기들은 그를 불량배 취급했지만, 훨씬 더 젊은 민주당 대통령은 그를 오랫동안 행방불명된 삼촌이라도 만난 듯 포용하고 있었다. 클린턴은 3월 24일 새로운 친구에게 또 전화를 걸었고, 닉슨은 클린턴의 흉금을 털어놓는 성격에 다시금 놀랐다. 이번에는 둘이서 밴쿠버 회담에서 옐친을 어떻게 다룰지 더 구체적으로 이야기했다. 클린턴은 4월초 정상회담을 준비했고, 해리 키신저와의 사전 상의를 닉슨은 어떻게 생각하는지 알고 싶어 했다. 닉슨은 오히려 클린턴에게 브렌트 스코크로프트와 논의하라고 권유하며, 한 가지 요령을 알려 주었다. 자신보다 더 경험 많은 사람에게 충고를 구할 때 먼저 자신의 계획이 무엇인지 말한 다음, 그들의 반응을 구하라고 강조했다. 절대 충고를 구하지 말고, 그들의 충고는 무시하라. 그런 식으로 하여 상처 받을 수 있는 감정을 제거할 수 있다고 닉슨이 코치했다. 닉슨이 4월초 중국으로 떠날 준비를 하고 있을 때도 동서 긴장 완화는 계속되었고, 클린턴의 국가안보보좌관 토니 레이크가 중국 지도부에 전달할 메시지를 가지고 닉슨에게 전화했다. 중국행 급유 경유지 알래스카에서, 닉슨은 밴쿠버로부터 들어오는 뉴스를 통해 그의 새로운 정치 후배의 행보를 들었다.

4월말 닉슨이 되돌아 온 뒤, 클린턴은 다시 그에게 전화해서 유럽 발칸의 상황 악화를 의논했다. 대화가 끝나기 전에 클린턴은 닉슨에게 곧 중국 문제에 관해 대화하고 싶다고 말했다. 그런 성가심은 닉슨에게 그의 정부에서 적어도 당분간은 없어서는 안 될 존재로 자신을 각인시키려는 의도라고 짐작했다. "그 친구는 게임의 방법을 안다." 닉슨이 말했다.

클럽의 반격

이 기간 닉슨 측근에서 오랫동안 같이 지낸 모니카 크로리의 이야기에 따르면 닉슨이 클린턴에 대하 진심으로 감사한 적이 없음이 분명하다. 러시아, 중국, 보스니아에 관해 클린턴의 귀를 붙잡았다는 닉슨의 만족감이 무엇이든 간에, 클린턴의 선택과 그가 보인 국내 최우선 정책에 늘 실망했고, 또 부인인 힐러리와의 실제적 권력 공유에 의한 대통령의 결정에 대해 대부분에 만족하지 않았다. 클린턴의 두뇌, 용기, 자신감, 활력을 칭찬했지만, 적어도 닉슨의 언급과 관련된 크로리이 이야기에 의하면, 다방면의 문제 해결에 대해 그가 너저분하고 의존적이라고 비판했고, 클린턴의 젊음을 불신했다. 또한 클린턴을 무례한 사람으로 보았다. 백악관에서 닉슨과 회의를 하면서도 폐암을 앓고 있는 부인 팻에 대해 클린턴이 안부를 물어본 적이 없다는 것을 지적했다.

한때 그 자리를 거쳐간 사람이면 친하든 적대적이든 사람의 인성이 쉽게 드러난다. 하지만 때론 경쟁 요소가 닉슨을 지배하는 것 같았다. 예를 들어 중국에

서 귀국 후, 닉슨은 그의 취임 첫해 언론기사가 부정적이었던데 반해 클린턴의
행적에 호의적인 기사들을 보고 탐탁지 않음을 여러 차례 언급했다. 백악관을
떠난 지 수십 년이 지나도록 자신의 행적을 비웃는 늦은 밤 코미디 프로가 계속
되었는데, 이로써 클린턴은 프리패스하게 되는 기회를 제공했다고 닉슨은 투덜
거렸다. 대통령들은 심지어 옳은 일을 할 때도 공격이 멈추지 않는데, 이것이 웃
음거리가 되는 자신과 후임을 비교하는 척도였다.

6월 22일 전 영부인 팻 닉슨이 81세로 사망했다. 그날 늦게 클린턴은 전화로
어색한 조사를 표했다. 클린턴 부부는 캘리포니아 장례식에 참석하지 않고 대신
성명을 발표하고, 한 대통령이 다른 대통령에게 전달하는 사적인 애도의 편지를
오랜 친구 버넌 조단을 통해 전했다. 크로리는 장례 후 클린턴이 불참한데 대해
닉슨이 폭발했다고 기억했다.

하지만 클린턴이 무심했다면 그것은 회원 중 하나의 살해 시도라는 더 중대
한 클럽 내 문제 때문이기도 했다.

몇 주 전 4월 14일 전 대통령 조시 부시와 바바라 여사가 전 국무장관 제임
스 베이커, 전 재무장관 니콜라스 브래디, 전 백악관 수석비서 존 스눈과 더불어
쿠웨이트의 독재자 사담 후세인의 이라크 군대를 쿠웨이트에서 내몰기 위해 연
합군 침공 2주년 기념식에 참석했다. 몇 주 후 쿠웨이트 당국은 부시를 향한 살
해 음모를 발견했고, 기폭장치와 타이머가 장착된 폭발물 180파운드를 차체 안
에 실은 토요다 랜드 크루즈를 포획했다고 미국 측에 보고했다. 그들은 14명을
체포하고, 자동차 폭탄으로 부시를 암살할 음모를 기도했다는 죄목으로 모두 기
소했다. 미국 관리들은 사건 출처를 뻔히 짐작하고 있었지만, 배후 인물을 색출
하기 위해 CIA와 FBI 수사단을 파견했다. 팻 닉슨 사망 이틀 후 6월 24일 음모자
중 하나가 수사관에 협력했고, FBI 관리들은 사담 정보부의 소행이라는 증거를
찾았다고 클린턴에게 보고했다.

다음 문제는 처리 방식이었는데, 정치는 그다지 복잡한 게 아니었다. 미국인
에 대한 어떤 해외의 공격도 용납할 수 없으며 상응하는 대책이 따르고, 사전 계
획된 전 대통령 공격은 더욱 격분할 일이었다. 하지만 정확하게 어떻게 대응했
는가? 현직 대통령 살해 음모는 완전한 선전포고 주장이 정당하지만 전임에 대

한 살해 음모에 해당하는 대응책은 무엇인가? 여전히 미국은 이라크와 준전시 상황이었었고, 미국 공?해군은 이라크 비행 금지 지역을 유지했고, 영공을 지키기 위해 언제나 이라크의 대공포화 레이더를 파괴시켜야 했다.

그러나 부시 전 대통령의 생명을 노린 음모는 걸프만 종전 이래 이라크가 행해온 어떤 것보다 미국 주권에 대한 대담한 공격이었다. 더욱 극적인 대응이 필요했고 다른 무력행사 역시 대응할 필요가 있었는지 모른다. 완전한 무경험과 시기적 불운 그리고 끊임없이 계속되는 사후약방문식 행정으로 클린턴 취임 후 반년은 혼돈과 미숙의 분위기였다. 클린턴은 우수한 내각을 갖추고 있었지만, 백악관 보좌관들은 허약하여 늘 사건과 기대를 뒤쫓느라 바빴고, 절대 잘못을 용서치 않는 기자단에 허덕였다. 6월 여론조사에서 지지율 20퍼센트 하락을 겪으며 심장이 멎을 듯한 고통을 겪고, 참모들을 재정비하면서 전임 닉슨, 포드, 레이건, 참모 데이비드 걸근을 기용하여 서관에 안정을 기하려고 했다. 6월 7일 〈타임〉지의 기사 제목은 이것을 다음과 같이 요약했다: '믿을 수 없을 정도로 추락하는 대통령'

클린턴이 쿠웨이트에서 온 증거물을 바탕으로 판단을 내리기 위해 6월 24일 보좌관들과 만났다. 그들의 일반적 동의는 이번 암살 사건을 기획했던 이라크 정부에 크루즈미사일 공격을 하자는 것이었다. 클린턴과 팀은 공격 최적기와 공표를 위한 설명 방법을 의논했는데, 국무장관 워런 크리스토퍼가 그 문제의 유일한 가능자임이 확인되었다. "목표물을 정확하게 맞추는가로 평가가 내려질 것이다." 클린턴이 명령에 서명하고 공격이 48시간 내 이루어졌다.

대통령이 이틀 후 대국민연설을 준비하면서 해외 주요 지도자들에게 경각심을 주는 전화를 몇 차례 한 다음 부시에게 전화를 걸었다. 이때 좀 이례적인 대화가 있었다. 이전 해에 걸프만의 공작 후세인을 패배시킨 전투태세를 갖춘 젊은 대통령 클린턴이 전화를 걸어서, 어째서 부시의 생명을 노린 음모사건을 그대로 내버려 둘 수 없는지 소리쳐 설명했다. 임박한 미국의 공격은 취임 후 첫 번째 군사력 사용이었고, 단순히 그의 결정을 전임에게 통보할 뿐 아니라 조언도 구하고 있었다.

어쩌면 그런 식으로 그의 동의를 바라고 있었던 터였다. 클린턴 고문 조지 스테파노포로스는 클린턴의 말을 회고했다. "CIA와 FBI가 훌륭한 조사를 마쳤다. 당신 뜻과 다르지만, 나는 크루즈미사일 공격을 명령했다." 그의 회고에 의하면 부시는 바그다드의 민간인 피해 가능성을 근심하는 것으로 보였고, 클린턴은 미국이 모든 사전조치를 다할 것이라고 그에게 확신시켰다. "클린턴은 올바른 일을 하고 있는 것으로 생각하고 있음을 나도 짐작했다." 대화를 끝내자 클린턴은 이렇게 말했다. "가장 난처한 전화였다."

　클린턴은 크리스토퍼를 메인 주에 있는 부시에게 사적으로 상황을 보고하도록 파견했다. 일종의 승인을 받는 것이었다. 그의 회고록에서 스테파노포러스는 전례 없는 순간에 부시와 클린턴 간에 내포된 거래를 살펴보았다. "클린턴이 원치 않았는지 모르지만, 부시가 클린턴 보호를 생각한 만큼, 클린턴은 부시의 승인을 필요로 했고, 또 받고 싶어 했다. 중동지역 미국육군사령관 콜린 파월만 빼놓고, 부시는 이 나라에서 공격을 중단시킬 수 있는 유일한 사람이었는지도 모른다. 여기에 취할 일은 언론에 적절한 노출을 하거나 브렌트 스코크로프트에서부터 평론가 토니 레이크까지 전화로 넌지시 알리는 일이다. 어쩌면 그 메시지는 속 빈 불확실한 증거를 근거로 경솔하게 보복하는 기회주의적 행동에 대해 부시가 클린턴을 공개적으로 비난하고 나선다면, 그것은 사담 후세인의 처벌보다 클린턴의 정치운이 걸렸음을 암시할 수도 있다. 하지만 그것은 부시 스타일이 아니었다. 클린턴이 자신을 옹호하기 위해 명령한 군사적 공격 전망이 자신과 어떻게 다르던 간에 부시는 자제했고 특히 온화한 대통령들은 서로를 겨누지 않았다."

　미 해군은 6월 26일 총 23대 토마호크 크루즈 미사일을, 바그다드 이라크 정보부본부를 향해 홍해 미 구축함으로부터 9대와 페르시아 걸프만 함대에서 14대 발사했다. 이 공격은 단지 부분적인 성공에 그쳤다. 미사일은 빌딩 일부만 파괴시켰고, 미사일 세 발은 목표물을 빗나가서 이웃 민간인 마을에 떨어졌다. 이로 인해 8명의 사망자와 12명의 부상자가 발생했다. 어느 여름 토요일 저녁 워싱턴으로 속보가 전해졌고, 기자들이 해질녘 가까이 브리핑룸으로, 그의 대통령직 첫 군사 공격 뉴스를 듣고자 모습을 드러냈다. 클린턴이 말했다. "우리의 혁명 첫날부터 미국 안보는 한 구절에 달려있다. '나를 짓밟지 마라.'"

9년 후 또 다른 조시 W. 부시 대통령은 사담 후세인을 타도하고, 체포하고, 결국 처형하는 전쟁을 시작했다. 그는 한때는 "나의 아버지를 죽이려고 했던 사람"이었다.

휴가와 외박

몇 주 후 제럴드 포드는 클린턴과 부인과 딸을 며칠 간 휴가를 위해 베일로 초청했다. 그는 클린턴을 잘 알지 않았지만, 그의 딸 첼시가 발레리나의 꿈을 꾸며 그해 여름 베일에 있는 볼쇼이 아카데미에 참석하고 싶어 한다는 사실을 알고 가족을 일주일간 그의 별장으로 초청했다.

포드는 대통령 가족이 산등성에 위치한 자기 집에서 바로 몇 집 아래에 머물도록 주선했다. 두 대통령은 낮에는 골프를 치고 매일 밤 가족이 모여 함께 식사를 했다. 짧기는 했지만 콜로라도에서 보낸 며칠은 클린턴 취임 7개월 만에 가진 진정한 휴가였다. 포드는 첼시에게 넋이 나갔고 힐러리에게도 매혹되었는데, 공화당에서 민주당으로 당적을 옮긴 그녀는 일리노이 골드워터 걸^{Goldwater Girl, 배리 골드워터 상원의원 지지 활동을 한 학생을 일컫는 말}로 형성되기 시작했던 지난 날에 대한 이야기로 포드에게 즐거움을 선사해주었다. 힐러리는 국회의사당에서 대학 인턴 시절 자기가 포드와 전 국외의원 멜빈 레이드와 찍은 사진을 프레임에 넣어 선물했다. (원래 이사진은 힐러리 아버지가 가장 자랑하는 소유물 중 하나였는데 몇 달 전 사망 후 지금까지 그의 침실에 두었던 것이다.) 그녀는 사진을 주면서 낡은 점을 사과했다.

포드는 감동했고, 이 사진을 대통령 도서관으로 보냈다. 첫 날 밤에 볼쇼이공연에 참석한 후 리셉션 텐트에서 밴드의 "뉴욕, 뉴욕" 연주에 맞추어 포드와 힐러리는 함께 춤을 추었다.

* * *

포드는 이틀 간의 휴가 동안 드러난 클린턴의 정치적 수완에 충격을 받을 정도로 감탄했고, 그를 복음주의자에, 셔터쿼^{Chautauqua, 하계 문화 교육 학교} 최고매력남에, 최고 유능한 세일즈맨에 비교하고 싶었다. 예상보다 훨씬 설득력이 있고 붙임성이 있는 사람임을 알았다. 그는 클린턴이 실제 자신하는 것을 확실히 모르기는 하지만, 틀림없이 외교보다 국내문제가 더 유능해 보였다. 포드는 나중에 말했다. "신임 대통령은 추진력 있게 모두를 끌어들인 다음 정치적 압박을 근거로 자신의 입장에서 화해를 이끌어 내거나 그렇지 않으면… 이 사람은 3일 묵은 얼음도 팔 수 있는 사람이다."

포드가 클린턴의 정치 기량을 칭찬했지만, 골프 게임에서는 그야말로 깜짝 놀랐다. 42대 대통령의 계속되는 중얼거리는 습관과 근사하고 과감한 짧은 퍼팅 실력은 39대를 뒤집어 놓았다. 클린턴이 푸른 골프셔츠에 베이지색 바지를 차림으로 파나마 모자를 쓴 채 드라이브를 할 때, 퍼팅을 놓쳤을 때, 모래밭이 공을 삼켰을 때, 때때로 그의 좌절감을 ("아우, 이 멍청이!") 드러낼 때마다 포드, 잭 니클라우스, 엔론 회장 켄 래이 옆에서 현지인들은 물론 기자들도 그의 옆을 맴돌았다. 첫째 날 골프가 끝났을 때, 꼴찌가 소리쳤다. "오늘 골프는 대단했습니다. 내일 다시 합시다." 포드는 좋은 생각인지 확실하지 않았다.

이런 4인조 골프 회동이 분명히 초당적 특징이 있다는 질문을 받고 클린턴이 말했다. "이것이 내가 하고자 하는 방식이며, 나의 행정부도 그렇게 이끌려고 합니다. 지난 6개월간 있었던 극단적인 상황은 더 이상 바라지 않습니다." 초청한 주인은 훨씬 신중했다. "우리는 몇 가지 면에서 비슷한 견해가 있다는 것을 알았습니다."

그중 하나가 자유무역이었다. 늦은 여름 클린턴은 다섯 명의 전임 모두를 백악관에 초청했다. 부시가 추진했지만 지금 의회에서 승인받지 못한 채 시들고 있는 북미자유무역협정NAFTA 지지를 위한 궐기대회였다.

클린턴 정부만으로 쉽지 않기 때문에 초청은 두 가지 목적이 있었다. 팔레스타인 수반 야사르 아라파트Yassir Arafat와 이스라엘 총리 이츠하크 라빈Yitzhak Rabin 간의 중동 평화협정 서명을 위해 첫 날 백악관 남쪽 정원에서 전 대통령들이 모두 자리를 함께한 뒤, 백악관에서 묵고, 다음날 나프타 후원행사에 클린턴과 함께하기를 바랐다.

여전히 팻의 장례식에 클린턴이 불참한 것이 언짢았던 닉슨은 사양했다. 레이건은 알츠하이머 발현으로 참석을 꺼렸고, 포드와 카터는 참석에 동의했다. 하지만 부시는 어떤가? 클린턴의 승리가 1년도 채 안 되었기 때문에 백악관 관리들은 협조를 부탁하기에 너무 이르다고 걱정했다. 차라리 두 번 임기를 마치고 명예롭게 은퇴한 아이젠하워에게 부탁하는 것이, 8개월 전 클린턴한테 패배를 당한 부시를 초청하는 것보다 더 쉬운 일이었다. 그래서 백악관 수석비서관 마크 맥라티는 전 국무장관 제임스 베이커에게 먼저 의사를 타진한 뒤 이 초청이 전 대통령에게 실례가 되지 않을 것임을 확신했다. 베이커는 부시가 이런 어려움에 잘 대처할 것으로 추측했고, 그가 마침내 전화하자 부시는 즉시 동의했다. 부시가 백악관 체류에 동의했다는 것이 클린턴으로서는 다소 놀라웠다. 카터도 동의했고, 포드는 워싱턴의 한 호텔에 머물겠다고 사양했다.

대통령들이 아침에 만나서 베이컨과 달걀로 만든 식사를 할 때 클린턴은 그들이 역사를 만들고 있다고 말했다. 네 대통령이 백악관에서 함께 식사한 것은 처음 있는 일이었다. 이 대화는 누군가 나프타 조약 반대가 일어나던 지난 여름 등장한 로스 페로 이야기를 거론할 때까지 계속됐다. 그런 다음 네 대통령은 식탁에서 텍사스 기업인을 비난하며 한 사람씩 대화를 이어갔다. 로스 페로를 싫어했던 클럽 회원들은 가장 열을 내며 경쟁했다. 포드는 페로가 정부 계약 건을 얻은 다음 뒤돌아서서 마치 자유기업 대변인인 척 자처하는 사기꾼으로 생각한다고 말했다. 그를 선동가라고 몰아붙인 카터는 페로가 1970년대 말 위험을 인지하지 못하고 이란 인질범 구출 열기에 스스로 불을 붙였다고 기억했다. 아침식사 동안 있었지만 텍사스에서 오랫동안 그를 알아왔고 1992년 후보로 대결했던 부시보다 페로를 열렬히 비웃는데 그보다 더 즐거워하는 사람은 넷 중 아무도 없는 것 같았다고 클린턴이 나중에 주장했다. 이후 넷 가운데 누가 페로에 대해 가장 솔직했는가라는 질문을 받은 클린턴은 이런 이야기만 했다. "상을 받을 사람은 또 다른 후보들도 있었다."

동관 행사 몇 시간 뒤, 이 조약을 비준해야 할 가장 설득력 있는 언급은 포드가 했다. 1940년대 말 상호자유무역에 찬성투표를 했던 자신을 기억하며 포드는 "1930년과 1931년도에 스무트?홀리 관세법에서 행하던 어리석은 행동을 중단하기 위해" 초당파적 협력이 필요하고, 또 다시 그런 협력을 취해야만 한다고

말했다. 그렇지 않으면 "우리 미국은 해외에 물건 하나 팔 수 없을 것이다"라고
경고했다.

　닉슨은 나프타 행사를 TV에서 지켜보면서 이런 화기애애한 분위기를 대통
령의 개?당나귀 쇼라고 평가절하했다. "부시가 백악관에서 그 밤을 보낸 것을
안다. 그 사람 어디가 잘못 되었나? 왜 모두들 그 빌어먹을 곳으로 몰려가는지
나는 알 수가 없다." 하지만 이스라엘 라빈이 닉슨에게 전화해서 중동 평화에
헌신한 데 감사했을 때, 퇴출되었던 대통령은 일박 파티 불참을 다시 생각하기
시작했다. 그곳에 다시 되돌아갈 기회를 놓쳤다. 그런 기회가 다시 있기를 기대
할 뿐이었다.

클럽 회원을 묻다

가을이 되자 클린턴은 또다시 닉슨에게 도움을 청했다. 10월에 클린턴은 전화로
소말리아에 관해 의논했는데, 유엔평화유지군의 일환으로 파견된 19명 미군이
그곳에서 실종되자 클린턴 행정부가 비틀거렸다. 닉슨은 클린턴에게 유엔을 하
나의 도구로 삼아야지, 유엔의 이상한 방법이나 정책에 포로가 되어서는 안 된
다고 촉구했다. 그런 다음 클린턴은 같은 달 말에 하이티 문제를 의논하려고 또
전화했다. 라울 세트라 부패 군사 정권은 가난한 무법 유혈 나라가 되었다. 클린
턴이 팻의 장례식 불참에 품은 닉슨의 불쾌감이 무엇이든 간에 그 감정은 지나
갔다. 닉슨은 다시 한 번 클린턴의 임시고문 역을 하고 있었다.

　1993년 12월 두 사람은 러시아 의회선거가 민족주의자와 공산주의자를 다
시 정계복귀 시키는 것을 지켜보았는데, 이것은 정확하게 닉슨이 지난 2년 동안
경고해 왔던 지난 날로 회귀하는 현상이었다. 1993년 러시아의 분명한 불안이
투표장에 간 러시아인 마음을 흔들어 놓았고, 투표 며칠 만에 옐친 최고참모들
이 사임했고, 러시아 관리들은 다시 소련의 전임자들과 같은 목소리를 내기 시
작했다. 클린턴은 옐친과의 회담을 위해 모스크바로 가기 전 1월에 닉슨에게 또
전화했다.

2월에 닉슨은 러시아의 진행 상태를 좀 더 정확하게 살펴볼 필요를 느끼고 모스크바 재방문을 결심했다. 닉슨의 마지막 러시아 여행은 1994년 초 닉슨이 얼마나 클린턴에 대해서 긴밀히 협조하고 있는가를 잘 보여주었다. 워싱턴의 디미트리 사임스와 협력하여 닉슨은 6일 일정의 이 여행이 클린턴의 보좌관들에 의해서 승인을 받도록 추진했다. 국가안보위원회 참모 니콜라스 번스는 출발 며칠 전 닉슨에게 상황을 브리핑하기 위해 뉴저지로 날아갔고, 미국 관리들은 닉슨 여행을 사적 사실 확인 임무라고 불렀다. 클린턴은 전화하여 여행 일정 전반을 이야기했다.

출발 전 닉슨은 〈뉴욕타임스〉 사설에서 모든 사태가 더 나아졌으면 얼마나 좋겠는가 라고 썼다. 칼럼에서 옐친이 "러시아 장악력을 서서히 상실"해 가는지 물으면서, 1992년에 부시에게 강조하여 충고한 대로 미국은 옐친 이후까지 내다봐야 하고, 러시아 정치무대의 다른 지도자와 다리를 구축해야 한다고 촉구했다. 대통령의 전략고문으로서 닉슨의 관측은 정곡을 찔렀고, 공인으로서 러시아 사전 열람은 현명하지 못했다.

하지만 사설은 여행 자체에 비해 사소한 실수였다. 모스크바에 도착하자마자 닉슨은 옐친 경쟁자를 껴안는 사진이 찍혔다. 러시아 TV에 나온 그 장면으로 옐친은 미국 전 대통령과의 약속을 갑자기 취소했고, 닉슨의 보안 경호와 차량 행렬도 모두 없애 버렸다. 이것은 무모한 과민반응이었지만 피해가 컸고 닉슨은 최고 수준의 배척을 당했다.

클린턴은 미국 내에서 닉슨 보호조치를 취하며, 옐친에게 그런 냉대는 미국 의회 공화당의 러시아 지지를 약화시킬 수 있다고 강조하며 닉슨과 회담 진행을 촉구했다. 상원 다수당 지도자 밥 돌도 러시아에 비슷한 호소를 했다. 닉슨이 러시아를 떠나기 전 옐친은 한 발 물러나서 보좌관들에게 닉슨과 만나도록 허락했지만 자신은 장모의 장례식 참석으로 도시를 떠났다.

닉슨이 돌아와서 클린턴에게 7쪽 가량의 확인사항을 편지로 보냈다. 클린턴은 메모를 탐독하고, 정보에 놀라면서 이 편지를 부인과 부통령 알골한테만 보여주고 언론에 발표하지 않았다. 클린턴은 회고록에 편지 내용을 간결하게 의역해서 적었다. "닉슨은 내가 러시아 지도자들로부터 존경을 받고 있고, 힐러리 관

런 화이트워터 수사사건이나 미국 내 다른 문제들이, '우리의 주요 외교우선정
책에서 러시아의 정치 ?경제 문제를 부활시키는 관심을 전환'시킬 수는 없다고
말했다." 거기서 그치지 않고 이 편지는 더 세심하게 들어갔다. 닉슨은 클린턴에
게 옐친과의 관계를 유지하면서, 러시아의 다른 민주 인사들과 접촉하도록 촉구
했다. 클린턴에게 러시아 내 과격민족주의자를 경계하고 자유?개혁에 관심 있
는 사람들 쪽으로 신경을 기울이도록 일렀다. 우크라이나 수도 키예프의 미 대
사를 경질하도록 압박하고 미국 이해관계가 큰 우크라이나에 대한 경제 원조를
집중하도록 촉구했다. 또한 그는 구소련은 앞으로 내부적으로 다민족적 소집단
으로부터 이전보다 더 큰 압력을 받게 될 것이라고 예측했다. 몇 주 뒤 클린턴은
닉슨 편지는 대통령으로서 그가 받은 외교문서 가운데 가장 탁월한 문서였다고
테일러 브랜치에게 이야기했다. 클린턴이 회고했다. "이 편지는 닉슨이 최선의
노력을 다한 걸작이었다."

클린턴 퇴임 후 오랫동안 닉슨은 상당한 영감의 원천으로 계속 작용했을 것
이다. 2011년 말 어느 인터뷰에서 클린턴은 여전히 닉슨의 마지막 편지 내용을
자세히 기억하고 있었다. "닉슨에 대해 가장 감명 깊었던 점은 그가 진정으로
러시아에 지대한 관심을 가지고 있었다는 것이고, 그의 마음 안에 위대한 일을
이룩하고 있었고, 매력에 빠져들게 하는 논리적 사고를 기술하는 유능함이 여전
히 그 안에 있었다. 그것은 명료하고, 잘 서술되어 있었는데, 일부는 오늘 쓴 것
같아 보인다."

그는 어떻게 그것을 알았을까?

"나는 매년 그 편지를 읽고 또 읽었다."

또한 그 편지는 닉슨의 마지막 고별사가 되었다. 1994년 4월 18일 오후 6시
직전 닉슨은 집에서 일하는 동안 뇌졸중을 일으켰다. 그의 책《평화를 넘어서》
의 마지막 교정본이 그날 아침에 도착해 있었다. 그는 며칠 후에 있을 공화당 단
체의 자금 모금 회의에서 연설할 원고를 준비하고 있었고, 〈타임〉은 다음 호에
그 책의 발췌문을 게재할 준비를 하고 있었다. 그런데 닉슨은 다음날 혼수상태
로 빠져 맨해튼 뉴욕-코넬 메디컬센터로 옮겨졌다. 당시 뉴욕에 있던 빌리 그레
이엄 목사는 그 소식을 듣고 백악관에 전화하여 대통령에게 닉슨이 입원한 병

원을 방문하고 싶다고 소재를 물었다. 클린턴도 알지 못했고 알아보겠다고 말했다. 몇 분 지나 클린턴은 자세한 내용을 가지고 목사에게 다시 전화했다. 그리고 몇 분 내에 그레이엄은 닉슨의 침상 옆에서 딸들과 기도하고 있었다. 백악관에서 클린턴도 닉슨 상태를 걱정하며 걸근에게 말했다. "이것이 그에게 영향을 미치지 않았기를 바란다."

거의 10여년간 클린턴을 알아왔고, 1989년 당시 서로의 친구였던 사람의 임종자리에서 당시 알칸소 주지사였던 클린턴과 함께 기도한 적이 있던 그레이엄은 클린턴에게 다음 24시간에 걸쳐 닉슨의 상태를 계속 알려왔다. 회복 불능이 명확해진 다음 한 전화에서 클린턴은 장례식에 가족들이 그를 참석하도록 허락하는지 그레이엄에게 물었다. 그레이엄은 그럴 것으로 짐작했지만 줄리와 트리시아에게 의사를 묻겠다고 말했다. 몇 분 뒤 그레이엄은 클린턴에게 승낙을 전했다. 나중에 닉슨의 딸들은 클린턴에게 전화해서 좀 더 공식적으로 참석을 요청했다. 이 시점에 클린턴은 자문들과 닉슨의 생전 업적과 결점에 관하여 심사숙고 하고 있었다. 클린턴은 닉슨이 탁월하고 마음의 고뇌가 많았고, 감정이 복잡한 사람이라고 믿었다. 그는 브랜치에게 말했다. "그는 부인과 함께 할 수도 없었고, 그렇다고 부인이 없으면 더욱 살 수 없는 남편들 중 한 사람이었다."

닉슨은 4월 22일 오후 8시가 지나 사망했고, 몇 시간 뒤 뉴스가 전해졌다. 누가 사망을 발표했는가? 전 대통령의 새로운 베스트프렌드가 그날 저녁 로즈 가든의 침울한 성명서에서 발표했는데, 이 성명서에 대해 〈뉴욕타임스〉의 조니 애플 기자는 "인색하지 않게 풍부하게"로 묘사했다. 클린턴은 닉슨을 불굴의 정치인이라고 칭찬했다. "자기보다 먼저 떠난 사람과 특별한 유대관계를 느끼지 않고는 이 일을 하기가 불가능하다." 또 클린턴은 오는 수요일을 국가 애도 기간으로 선포하고, 그날 연방정부 문을 닫고 우편배달도 취소하고 국내외에서 한 달간 조기 게양을 하도록 선언했다. "나는 그날 미국 국민 모두가 분향소에 모여 닉슨 대통령추모에 경의를 표하도록 권하며, 우리의 조국에 신의 축복이 계속 내리기를 희망합니다." 닉슨도 무엇보다 그 이야기를 좋아했을 것이다.

클린턴은 닉슨 가족에게 국가장을 제안했지만 닉슨은 죽기 전 오렌지카운티 요바린다의 그의 도서관에 영면하고 싶음을 분명히 밝혔다. 클린턴은 한때 공군

1호기로 사용되던 군 수송기를 예비 비행기로 닉슨 가족이 자유롭게 이용하도록 배려해 주었다. 한편 백악관 참모들은 민주당 내 표상으로 되어 있는 전 대통령을 어떻게 적절히 형언할 수 있는지 서로 경쟁을 폈다. 그 무엇보다 클린턴은 닉슨을 레이건 이전 미국이 더욱 보수로 기울던 당시 마지막 진보 성향의 공화당인 사라고 재명명했다. 걸근이 이끄는 중도파들은 지금은 지나간 닉슨 일생을 덮어온 사면이라는 희미한 덮개를 이제는 완전히 던져버리고 싶어 했다. 조지 스테파노포로스는 완전 해제가 클린턴 지지 기반에 불을 붙여 클린턴에게 또 다시 끝없는 문제를 야기시키지 않을까 우려했다. 그래서 클린턴은 조사 중 핵심 한 문장을 스테파노포로스 제안에 따라 "생애 일부분만을 근거로 리처드 닉슨을 판단하는 시대는 끝났습니다"를 "닉슨의 전체 생애와 업적보다 짧은 순간을 놓고 닉슨 대통령을 판단하는 시대는 끝이 나야 할 것입니다"로 바꾸었다.

클럽의 숫자가 줄었다. 하지만 신문과 잡지는 클린턴, 남은 네 회원들, 부인들까지 요바린다 장례식 앞자리에 앉아있는 모두의 모습을 극적으로 튀겨서 실었다. 클린턴의 연설도 거의 기억할 만했다. 닉슨이 암 연구와 환경보호를 강력하게 추진했던 선진 업적을 칭찬한 뒤 클린턴이 말했다. "과거부터 생애 마지막 주간까지 닉슨은 내게 현명한 자문과 특히 러시아 관련 문제에 충고를 주었습니다. 무엇보다 내게 심오하게 인상을 남긴 한 가지는, 비록 90 수년 세월을 산 사람이지만, 그는 믿을 수 없을 정도로 정확하고, 활력적이고, 정밀한 논리를 지녔다는 것입니다. 공인으로서 그는 항상 가장 큰 죄악은 어려움에 직면하여 수동자세로 취하는 것이라고 믿은 것 같습니다. 그리고 그런 신조로 살아가기를 멈춘 적이 없었습니다.

그 후 일주일이 지나기 전, 1월의 어머니 죽음에 대해 깊이 묵상하던 클린턴은 CNN의 레리 킹 앵커에게 그는 유사한 방법으로 닉슨을 그리워한다고 말했다. "바로 오늘 문제가 있었는데, 함께 일하는 사람들에게 이렇게 말했다. '전화를 들고 리처드 닉슨을 불러서, 우리가 처리해야 하는 이 문제를 어떻게 생각하는지 물을 수 있다면 좋았을 텐데.'"

21

"카터를 파견해도 괜찮겠지?"

- 빌 클린턴 -

빌 클린턴이 1978년 미국 최연소 주지사가 되었을 때 지미 카터 대통령은 축하만큼의 도전적인 편지를 보냈다. "당신과 나는 우리가 대표하는 국민에게 봉사하기 위해 함께 긴밀히 협력하여 국가 목표 달성을 성공시키게 될 것입니다."

한 사람이 1976년 대통령직에 착수하기 훨씬 이전부터, 다른 한 사람의 2000년 대통령직 퇴임 훨씬 이후까지, 카터-클린턴의 관계는 언제나 불편했던 것 같다. 그들은 남부지역에 뿌리를 두었고, 침례교였고, 게다가 1964년부터 2008년 사이에 유일하게 민주당이 백악관을 차지하는 자랑거리가 같다는 사실 때문에, 혹은 그 때문에도 불구하고, 두 사람은 어울렸던 만큼 또 서로 다투었다. 각각은 서로의 능력을 용서하기 위한 시험이었을 것이다.

그들의 관계는 그런대로 잘 시작되었다. 카터는 클린턴을 정치계의 떠오르는 스타로 낙점했고, 1974년 의회 첫 출마에서 그를 도왔고, 1976년 대통령 선거 유세 때 그에게 임무를 제안했다. (클린턴은 알칸소 법무장관 출마로 제안을 거절했다.) 클린턴이 주지사가 되었을 때 카터는 클린턴을 백악관 주최의 한 행사

468

에 초대했고, 부인 힐러리를 법사위원회 최초 여성의장으로 임명했다. 이것으로 클린턴 부부는 카터 사람들에게 인정을 받았다. 진보 성향 친구가 다수였지만, 클린턴은 1980년 민주당 대통령 후보 지명에서 카터를 내몰려고 하는 테디 케네디의 시도에 전혀 유혹당하지 않았다. 클린턴과 가까웠지만 대통령 지명경선에서 케네디 고위정치참모로 일한 칼 와그너는 당시 클린턴이 카터 선거캠프 이탈에 별로 관심이 없었다고 회고했다. "어떻든 간에 그는 카터에게 충성했다."

그런 충성이 시험대에 올랐다. 1980년 5월 카터는 걸프해안을 따라 불법 상륙한 1만 8천 명의 쿠바 난민 대부분을 집단수용하기 위해 알칸소 북서쪽 포드차피로 보냈다. 수백 쿠바인들이 시설을 파괴하고 거리로 몰려나와 "자유의 땅!"이라고 소리쳤다. 클린턴은 주 경찰과 방위군을 투입하여 질서를 유지했다. 그는 카터에게 전화하여 불만했지만 오히려 그 문제를 백악관 중간실무 관리들에게 의논하라고 말했다.

클린턴은 쿠바사람들을 더 이상 포트차피 난민촌으로 보내지 않겠다는 일시적 백악관 약속을 얻어내었지만 약속은 깨졌다. 선거 3개월 전 8월1일 카터는 정치적으로 훨씬 더 중요한 플로리다, 위스콘신, 펜실베니아 난민센터로 이미 보냈던 쿠바인 모두를, 중요성이 낮은 알칸소 주로 실어보내도록 명령을 내렸다. 포트차피 인구가 갑자기 세배로 늘어나면서 정치적 재난이 되었고, 클린턴 개인에게도 이중재난이 되었다. 클린턴은 백악관 카터의 중간실무진에게 소리쳤다. "도대체, 나를 잡겠다는 겁니까? 어떻게 내게 이럴 수 있습니까? 카터가 내 엉덩이를 차다니. 당신들이 나를 두들겨 대고 있어요. 당신들을 위해 내가 할 수 있는 모든 일을 다 했는데 기가 찰 노릇입니다. 카터는 너무 소심해서 이 일을 내게 직접 말도 못하지요!" 마침내 카터가 전화했지만 연결이 잘되지 않았다.

클린턴은 스스로 분노를 삭였지만 카터와의 관계는 빠르게 식었다. 1980년 클린턴의 공화당 경쟁자 프랭크 화이트는 쿠바 난민이 설치며 행패를 부리는 특집영상을 TV에 광고했다. "빌 클린턴은 알칸소보다 지미 카터에 더 충성한다." 몇 개월 안 되어 클린턴과 카터는 둘 다 자리에서 물러났다. 나중에 클린턴은 패배의 일부 책임을 카터에게 돌렸다.

12년 후 다소 해빙이 되었고, 카터는 더 이상 1991년과 1992년 클린턴의 대통령 후보 출마에 미지근하지 않았고, 실패한 단임 민주당 대통령으로 인지된 사람으로서, 클린턴의 1993년 대선의 이해관계는 단순하지 않았다. 클린턴이 권력 이양 팀을 구성하고 있던 리틀록에서는 카터의 충고를 구하지도 않았고, 그의 출현을 반기지도 않았다. 조지아 사람 카터가 알칸소 사람의 맨션에 전화해서 취임할 대통령과 외교정책의 여러 어려움에 관해 논하고 싶었지만 답이 없었다. 클린턴은 카터 행정부 국무차관이었고 최고직책수행에 준비가 되어 있던 워런 크리스토퍼에게 고용 조건으로 카터와 오랜 관계를 끊으라는 부탁까지 했다. 카터가 크리스토퍼에게 축하전화를 했을 때 국무장관 임명자는 며칠 동안 답을 하지 않았고, 더 나쁜 것은 카터 문제를 부관에게 위임했고, 부관도 이 일을 자기 부하에게 일임시켰다. 이런 경시는 카터의 플레인스 지역에서도 눈에 띄었다.

카터는 곧 유감 표명 방법을 찾았다. 1993년 1월 초 새로운 책 출간 홍보에서 카터는 자기 어린 딸 애미를 보냈던 워싱턴 D.C. 공립학교 대신, 클린턴이 딸 첼시를 시드웰 프랜드 사립학교로 입학을 결정한데 "대단히 실망"했다고 〈뉴욕타임스〉에 말했다. 또 빌과 힐러리가 지난 여름 조지아를 들러 카터의 인도주의 해비타트 주택건설 사업에 하루를 같이 보내며 관찰했을 때, 못과 망치를 다루는 클린턴 기술이 형편없었다고 평가하며 회고했다. "그는 확실히 경험 있는 목수는 아니었다."

이것은 정확한 말이다. 클린턴은 학급 기술시간에 성적이 나빴다. 하지만 전 대통령이 신임 통수권자와 기존관계를 회복하려는 노력에 그런 말은 아무런 도움이 되지 않았다. 일주일 후 워싱턴 클린턴 취임 축제 때, 카터 부부는 확연히 드러나게도 신임대통령 및 보좌관들과 거리가 한참 떨어져 있었고, 로잘린 카터도 분명히 감지한 냉대였다. 카터는 클린턴이 십여 년 만에 처음으로 백악관에 입성한 민주당 대통령으로서 그의 행적을 자랑할 필요가 있다고 이해했다. 자신의 행정부 전문 각료들로 클린턴의 외교정책 팀을 가득 채우고도 아직 그에 대한 보은 전화를 받지 못하고 있는데 기분이 언짢았다. 결국 그가 3월에 크리스토퍼와 마주 앉았을 때, 자기는 옛 친구로부터 냉대 받는 게 확실하지만, 어떤 미국 외교관도 할 수 없는 임무를 자기만이 할 수 있는 입장이라고 주장했다. 카터가 회고했다. "조지 부시가 취임했을 때 내가 백악관을 떠난 이래 가장 좋은 관계를 유지해 왔지만, 클린턴 대통령이 취임했을 때 이 관계가 흩어졌다."

구세주인가? 스턴트맨인가?

최초의 협력 기회가 1994년 4월에 찾아왔다. 북한 지도자 김일성이 국제조사단의 절차 감독을 불허한 채, 플루토늄을 채운 핵 연료봉을 낡은 소련제 핵원자로에서 제거하기 시작했을 때였다. 북한의 원자로 연료 주입 결정은 플루토늄을 평화용에서 군사 목적 전환의 전조로 자주 이용했고, 대응책 강구로 워싱턴 위기를 촉발시켰다. 클린턴의 외교고문들은 김일성을 의심했다. 어쩌면 그가 10킬로톤 원폭 몇 개를 만들 수 있는 충분한 플루토늄을 이미 보유했고, 원자로 연료제거를 계속하면 대단히 신속하게 두세 배의 원폭비축이 가능하다는 두려움이 있었다. 북한은 언제나 의심을 품게 했는데, 이번은 적대행위인가? 아니면 더 많은 빵을 얻기 위한 술수인가? 추가 경제제재 조치위협이 김일성의 핵 정책중단에 역할을 발휘하지 못할 때, 클린턴은 장군들에게 40만 미군 동원으로 북한침공과 신속한 처리가능성에 대한 계획검토를 요구했다.

클린턴은 어려운 입장이었다. 김일성은 그에게 현 경제제제조치에서 추가미군배치는 한반도 전쟁 도발 위협임을 경고했고, 워싱턴의 누구도 전쟁이 양쪽 문제를 종료시킬 수 있다고 믿지 않았다. 일부 미 육군관리들은 김일성이 어쩌면 남한에 선제공격을 감행할 수 있다고 진정으로 우려했다. 4월과 5월 늦게까지 여러 주에 걸쳐 미국은 조용히 추가전투부대를 배치하고 공격헬리콥터, 패트리어트 미사일, 예비부품, 탄약을 남한에 배치시켰다. 이것은 훈련이 아니었다.

클린턴은 이미 1994년 초에 김일성의 실제 목적이 무엇인지 탐지하기 위해 평양에 파견할 최정예 정찰요원을 찾으며 시간을 많이 보냈다. 그는 빌리 그레이엄 목사에게 1월에 평양여행을 부탁하며 김일성에게 전달할 편지를 주었다. 그 임무가 예상을 빗나가자, 클린턴은 상원의원 샘 넌과 리처드 루거에 대한 평양파견 생각을 내부에 흘렸는데, 김일성은 처음에는 환영하다 나중에는 일축해

버렸다. 클린턴은 그와 대화를 원했지만 시작할 방법이 없었다.

이것이 바로 클린턴이 카터를 수개월간 방치했다가 결국 도움을 청한 이유였다. 카터는 신임대통령에게 계속 구애하고 있었다. 1993년 9월 클린턴이 이스라엘 이츠하크 라빈과 팔레스타인 민족해방기구 야사르 아라파트 사이에 오슬로 협정의 서명식 참관을 위해 전 대통령들을 전날 초청하여 다음날 오전행사에 참석하게 했을 때, 모두가 북미자유무역협정을 지지했고, 카터도 백악관에서 밤을 보냈다. 클린턴과 카터는 늦게까지 대화했고, 카터는 크리스토퍼와 국무부에서 무시당했다고 설명했고, 클린턴은 그런 거리를 둔 냉대를 전혀 몰랐던 체하며, 좀 더 자주 도움을 청하겠다고 말했다. 그래서 카터는 1994년 6월 1일 클린턴에게 전화했고, 평양 통제를 위한 전쟁 이야기에 대한 우려를 표명하자, 클린턴은 기회로 보았다. 그는 한국문제 고위협상자 로버트 L. 갈루치를 조지아로 파견하여 다음절차에 관하여 전 대통령에게 상황을 보고하게 했다.

갈루치는 6월 5일 플레인스에서 3시간 동안 카터를 만나고 돌아와서, 클린턴 행정부가 방북승인을 하든 안하든 어쩌면 카터가 갈 수 있다고 확신했다. 카터는 클린턴 행정부가 이 상황을 어떻게 처리할지 전혀 방법을 모른다고 확신했다. 누군가가 전쟁발발을 막아야 했다. 39대 대통령보다 더 나은 사람이 누가 있겠는가?

북한사람들은 카터를 신뢰했다. 대통령으로서 그는 한반도 미군병력을 10% 감축했고, 심지어 더 많은 병력철수도 희망했다. 그때 이래 김일성은 카터를 1991, 1992, 1993년 세 번이나 평양으로 초청했고, 부시와 클린턴 백악관은 매번 카터의 방문요청을 거절했다.

갈루치 방문 5일째 카터는 부통령 앨 고어에게 방북하겠으며 무슨 일을 할 수 있는지 확인하겠다고 알렸다.

카터와 앨 고어 부통령은 전임과 현 대통령의 정확한 요구조건을 맞추기 위해 여러 면에서 검토한 다음, 앨 고어는 클린턴에게 전화했다. 그는 2차대전 노르망디 침공 50주년 기념식 참석차 유럽방문 중이었는데, 카터의 방북을 설명했다. 워런 크리스토퍼는 카터가 방북에서 할 수도 있는 예기치 못한 행동을 의식해서 그 여행을 반대했지만, 앨 고어는 그 생각이 마음에 들었고, 김일성이 벼랑

끝 전술에서 한 걸음 물러서게 하는데 도움을 기대하는 클린턴도 그랬다. 그는 손해보다는 도움이 될 것으로 생각했다. 그가 유럽에 도착했을 때 그는 무엇인가 필요했고, 〈타임〉 편집자들은 핵폭발로 화염에 휩싸인 배경에 위협적인 모습의 이 독재자를 표현한 표지를 선택했다. "김일성은 허세를 부릴 것인가? 전쟁을 할 것인가?" 며칠 뒤 앨 고어는 카터에게 전화하여 방북을 승인했다.

카터는 6월 10일 방북 사전브리핑을 위해 워싱턴에 날아갔다. 이 회의는 순조롭지 못했다. 우선 클린턴 백악관 봐좌관들은 외교정책의 도움을 카터에게 기대하는데 몹시 과민반응을 보였기 때문에 국가안보보좌관 토니 레이크, 갈루치, 국가안보위원회 보좌관 댄 포네먼은 워싱턴 내셔널공항에서 전임 대통령 부부를 만날 것을 선택했다. 그들은 펜실베니아 거리에서 가까운 그곳까지 카터가 와주기를 바랐다. 레이크 안보보좌관은 카터에게 이번 방북은 민간인 자격이고 미국을 대신한 협상권한이 없음을 이야기해 주었다. 그는 방북임무는 협상체결도, 약속도 아니고, 단지 김일성의 의도가 평화냐 아니냐를 타진하는 것이고, 미국은 위기가 지나갈 때까지 합당한 방위조치를 취할 책임이 있다는 것을 북한 지도자에게 통보하는 일임을 분명히 했다. 포네먼은 이렇게 회상했다. "카터는 이런 제한이 거슬리는 것 같았다. 워싱턴과 평양 간 심부름꾼 역할보다 그의 역할을 훨씬 더 크게 보는 것이 역력했다."

몇 시간 뒤 국무부 회의도 형편없었다. 한 비서가 카터 부부에게 "대통령님, 그리고 몬데일 부인"이라고 인사했고, 보좌관들은 두 조지아 사람에게 펩시를 내놓았다. 애틀랜타 산 코카콜라에 자부심을 갖는 조지아 인에게 노스캐롤라이나 산 펩시를 내는 것을 모욕으로 생각하는 배경이 있었다. 핵무기, 비핵확산, 북한 내부정치에 관한 세부회의가 시작되었을 때 전 핵전문가는 자신이 누구의 사환도 아님을 분명히 밝히면서 각 전문 분야마다 질문했다. "몇 번이나 북한을 방문했습니까?" 질문을 받을 때마다 카터는 "없다"고 답했다.

카터의 역할에 대한 반박은 무시하기 어려웠지만 양측 모두 마찬가지였다. 카터는 민간시민자격이지만 대통령이 승인한 중요한 임무를 띠고 여행하려는 것이다. 동시에 클린턴의 한 관리로서 비공식특사 역할수행이지만, 그는 클린턴 행정부가 추진한 평양에 대한 유엔제조치에 공개적으로 반대했고, 명령을 무시할 만한 충분한 명성이 있었다. 이틀 후 카터가 북한으로 출발하자 보좌관 일부는 통제불능 미사일을 발사한 것으로 여겼다.

타결 다음 고집

카터는 평양 길에 한국을 들렀다. 더글러스 브링클리와 던 오버도퍼 기자는 카터의 전시체제인 서울방문에 관한 상세기사를 별도로 보도했다. 미 대사관은 8만 명 이상의 미국인을 한반도에서 철수할 계획을 준비 중이었고, 현지는 쌀, 양초, 국수, 물 사재기로 동이 났고, 임시방공호를 만들었다. 한국 주식시장은 48시간 만에 25% 폭락했고, 미 대사는 가족을 한국 밖으로 공수할 작전을 마련했다. 한국 김영삼 대통령은 카터를 만나 김일성에게 전할 남북 간 단독회담을 시작하자는 비밀제안의 개인편지를 주었다.

따라서 남한 수도를 떠나 북으로 향했을 때 카터는 여러 임무를 띠고 있었다. 하나는 클린턴 대통령의 다른 하나는 한국의 김 대통령의 편지전달이었고 또 카터 자신의 목적도 있었다. 만약 평양이 유엔감시단에게 영변원자로에서 제거한 연료봉검사에 동의하고 다시 연료재주입을 하지 않겠다는 약속만 한다면, 카터는 유엔 경제제재조치를 피할 수 있다고 믿었다. 김일성 체온만 재는 게 아니라 위기신관을 제거할 결심을 했다.

카터 대표단은 여러 보좌진, 국무부 관리들, CNN뉴스기자들로 구성되어, 6월 15일 비무장지대DMZ를 넘어, 무장 군대 트럭에 올라타고 전혀 인적 없는 4차선 고속도로를 따라 평양으로 향했다. 카터 일행의 공식리셉션은 예상대로 볼품이 없었다. 북한외무상은 전원-소녀단 로큰롤그룹이 망사치마를 입고 "사랑하는 클레멘타인", "오! 수산사"를 부르는 행사가 중심인 만찬을 카터일행에게 예우 접대했다. 카터일행의 진정한 만찬축배는 핵감시단 활동에 명백한 입장을 기원했고, 북한외무상은 냉담한 답을 주었는데, 그의 발언이 너무 적대적이어서 카터는 임무의 명분이 상실될 것을 걱정하며 침대로 갔다.

앞으로의 상황을 마음에 두며 카터는 한 보좌관을 새벽 전에 DMZ에 보내어,

만약 그의 임무가 실패하면 평양과의 공식대화를 직접 즉시 착수하라는 비밀편
지를 클린턴에 전달하게 했다. 카터는 최악의 상황을 두려워했는데, 상황이 너
무 심각하면 클린턴이 직접 개입하여 위기를 해소하는 것 이외에 방법이 없었
다. 하지만 미국외교관들은 카터가 과잉으로 행동하여, 카터의 급사가 DMZ에서
빼앗기면 편지가 워싱턴에 도달하지 못할 것으로 확신했다. 그것이 실제로 발생
했지만, 관계가 완전히 파국에 달하지는 않았다. 그날 오전 늦게 김일성은 미국
방문객을 맞아 만면의 미소와 힘찬 포옹으로 인사하고, 둘은 곧 본론에 들어갔
다. 카터는 김일성에게 즉시 유엔에게 모든 핵연료봉 검사권한을 일임해야 한다
고 말했다. 북한의 지도자는 노후한 흑연덩이를 사용하는 원자로를^{플루토늄을 대량 사용}
^{하는} 미국이 제공하는 경수로로 흔쾌히 교환하고 싶고, 경수로원자로가 제공되면
비핵확산조약 및 조건을 준수하겠다고 말했다.

국제핵감시단이 북으로 다시 올 수 있는지에 대한 중요문제에 대해, 처음에
김일성은 금지되는지 알 수 없다고 주장했다가 곧 감시단이 북으로 다시 되돌아
올 수 있다고 발표했다. 신속하게 둘은 협정단계까지 갔다. 카터는 점심식사 후
김일성의 보좌진과 마주 앉아 세부사항을 논의했는데, 이 회의 도중 그들이 김
일성의 구두약속을 계속 번복했기 때문에 몇 번이나 원점으로 돌아가야만 했다.

제한된 지시에도 불구하고 카터는 이제 미?북 협상에 타결을 만들고 있었다.
그는 클린턴과 국가안보보좌관들이 루즈벤트룸에 모여 회의 중인 백악관에 전
화하여, 유엔안보리의 강력한 제제조치 제한에 동의했고, 한국에 추가 미육군사
단 파견계획을 최종마무리 했음을 알렸다. 갈루치는 다른 방에서 전화를 받고,
평양에서 김일성과 국제원자력기구^{AIEA} 감시단 북한 재입국 문제와 핵프로그램
동결에 동의했다는 카터 보고를 들었다. 카터는 갈루치에게 몇 분 내에 CNN에
발표할 것임을 통보했다.

갈루치는 카터의 확고한 신념달성과 그에 관한 발표계획 뉴스를 갖고 내각
회의실로 되돌아왔다. 방안이 경악했다. 레이크는 갈루치에게 물었다. "당신은
카터에게 CNN에게 알리지 말라고 말하지 않았는가?" 그렇다고 대답했다. "확
실한가?" 크리스토퍼가 또 물었다. 갈루치는 카터에게 해서는 안 된다고 주지했
음을 주장했다. 하지만 카터가 그들이 확인할 수도 없는 서류에 협상을 체결했

다거나, 전세계에 그것을 발표할 예정이라는 이야기로 클린턴과 보좌관들을 그 이상 더 괴롭히기도 어려웠다. 브링클리는 회고록에 이렇게 썼다. "린든 존슨 대통령 이래 내각회의실 안에 이렇게 마구잡이 욕설이 난무한 적이 없었다." 하는 수 없이 그들은 39대 대통령이 은둔왕국과 "새로운 타결" 선언모습을 CNN에서 보기 위해 흩어졌다. 카터가 설명했다. "내가 이곳에 온 이유는 용납될 수 없는 실수를 막으려는 것이다." 비록 지금까지 해왔던 모든 일이 그의 정부에 의해 이전 약속 조건이 다시 원점으로 돌아가기는 했지만, 김일성은 "중요하고 긍정적" 조치를 취했다고 칭찬까지 했다. 그런 다음 카터는 클린턴이 새로운 미국-북한 간 직접 대화를 받아들이는 것만 남았다고 제안했다.

해괴망측한 일이었다. 사실 확인 임무를 띠고 파견된 전 대통령이 국제 TV 방송망에 나와 협정이 체결되었다고 목소리를 드높이고 있었다. 커터는 클린턴의 특사로서 분별력 있는 처사보다 오히려 자기 자신이 협상을 진행하는 것을 공표하고 클린턴이 해야 할 다음 일이 무엇인지 전세계에 설명하고 있었다. 서관 TV 주위에 모인 백악관 관리들은 경멸을 감추지 않았다. 한 관리가 주장했다. "문제는 북한이 지금 미국 전 대통령을 그들의 대변인으로 이용하고 있는 것이다." 한 내각은 극도로 심각하게 쳐다보며 카터를 "비열한 반역자"라고 불렀다.

그러나 당장의 문제는 정확하게 어떻게 대응하는가였다. 직감이 정확하다면, 백악관은 김일성이 카터에게 한 말을 지키고 제제위협을 값싸게 팔아 치우지 않을 것이라고는 전혀 신뢰하지 않았다. 클린턴 보좌관들은 두 가지 해결 방법을 결정했다. 하나는 카터의 확실한 타결에 대해 일시적 지원 이상은 제공하지 않는다는 짧은 성명서를 강구해냈다. 클린턴은 직접 브리핑룸에서 발표하고 한두 질문에 답변했다.

하지만 무대 밖의 카터는 발끈했다. 레이크는 평양에 있는 전 대통령에게 전화하여 (나중에 한 관리는 그것을 "원색적 어휘"라고 표현한 어투로) 북한이 제거된 핵연료봉을 새 것으로 교체하지 않겠다는 구체적 동의가 없는 한, 현 정부는 카터 조건에 동의하지 않는다고 말했다. 게다가 클린턴은 김일성과 구두합의에 만족하지 않았고, 레이크는 카터에게 서면합의를 원했다. 카터가 레이크의 요구를 들었을 때 그는 평양에서 아직 해뜨기 전 침대 끝에 앉아 있었고, 그것은 김일성에게 모욕이 될 것이라고 레이크에게 말했다.

평소 온순하고 공손한 레이크가 참다못해 옛 보스에게 퍼부으며, 전 대통령은 현 최고사령관 지시를 따라야 한다고 목소리 높여 소리쳤다. 레이크가 회상했다. "전혀 다른 식이었다."

무엇보다 카터는 협상개최에서 승인해서는 안 된다는 것을 알면서도 지시를 완전히 무시했던 것이다. 하지만 그는 한국 장터로 걸어 들어갔고, 협상체결을 시작했고, 그것을 모두 TV에 알린 다음, 그의 총사령관의 요구를 준수해야 한다는 임무를 이제 깨달았다. 그는 새로운 조건을 설명하는 미국정부 편지를 김일성에게 보내는데 동의했다. 카터는 레이크와 전화를 끝낸 후 "저 녀석은 한때 나를 위해 일하던 강아지였는데"라고 불만을 드러냈다. 지체 없이 레이크는 카터가 또다시 명령을 따르지 않을 경우를 고려해서, 새로운 조건서류를 뉴욕 시 유엔 주재 평양사무실로 보냈다.

김일성은 그날 오후 카터와 대동강에서 3시간 유람선을 한가로이 즐긴 후 새로운 미국의 조건에 동의했다. 카터의 지역 아틀란타 지사의 CNN기자는 뱃놀이를 밀착 취재했다. 부인들을 동반하여 진행을 순조롭게 도왔다. 카터와 김일성의 부인의 재촉으로 김일성은 한국전쟁 당시 실종된 채 남아 있는 약 3천여 미군 유해 발굴 협조조치를 취하는데 동의했다. 하지만 다음에 도저히 이해할 수 없는 행동으로 카터는 CNN 기자 쪽으로 몸을 돌리며, 전날 김일성 결단 덕분으로 유엔 대북제제 조치추진에서 미국이 철회하게 되었다고 발표했다.

이것은 사실과 명백하게 달랐다. 미국은 여전히 김일성이 핵협정 약속을 지키도록 강요하기 위해 위협용 제재조치 카드를 꺼내놓고 있었다. 워싱턴에서는 카터의 무모한 최근 행동에 대한 대응책이 시급했다. 백악관 홍보비서 디디 마이어스는 카터 주장이 정확하지 않다고 일축했다. 주한 미 대사 제임스 레니는 다음 날 오전 판문점에서 제재 조치와 관련된 명확한 메시지를 가지고 카터와 만나라는 지시를 받았다. 레니가 가지고 있던 또 다른 메시지는 '서울에서 워싱턴으로 돌아올 생각조차 하지 말라'였다. 실제 워싱턴의 그 누구도 당분간 그를 보고 싶어 하지 않았다.

하지만 그 메시지 역시 통하지 않았다. 서울 출발 전 카터는 전화로 고어에게 워싱턴에 직접 가서 대통령 또는 보좌관들에게 보고하고 싶다고 통보했다. 고어가 거절했지만 카터는 다시 워싱턴으로 가겠다고 졸랐고, 몇 차례 (부통령 귀 하나는 카터와, 다른 쪽은 레이크와) 전화대화 끝에 카터는 귀국 즉시 워싱턴 방문승인을 받았다. 카터와 전화토론에서 고어의 목소리가 점점 커져서 주한 미 대사관저 밖까지 모두 들었을 것이라고 보좌관들이 나중에 말했다.

부차적 손상에도 불구하고 여행은 성공적이었다. 카터는 (김영삼의 제안대 로) 한국과 양측 회담을 개최하겠다는 김일성의 수락을 얻었다. 공동 전쟁유해 발굴위원회 길도 열었다. 무엇보다 연료봉 위기 해소를 도왔다. 아주 조금 감사 를 기대했지만 카터는 사의를 어렵게 만드는 고집이 있었다. 서울을 떠나기 전 카터는 제제 조치는 "북한에서 말하는 소위 위대한 지도자에 대한 개인적 모독 이 될 것"이라고 하여 백악관에 또 한 차례 뺨을 치는 소리를 냈다.

카터가 6월 19일 일요일에 워싱턴에 당도했을 때, 클린턴 보좌관들은 아직 도 진정되지 않는 분노를 가라앉힐 수 있기를 희망했다. 하지만 곧 카터는 국내 평화 조성에는 관심이 없음이 밝혀졌다. 전 대통령은 백악관 사무실에 들어가 소파에 앉더니 작성해온 보고서를 마치 교실 가득한 학생들에게 가르치듯 한자 씩 읽어 내려갔다. 그리고 그가 여행 최종보고서를 클린턴, 고어, 크리스토퍼와 "그의 지원 명단에 있는 사람"에게만 회람시킬 것이라고 발표했을 때 화해의 희 망은 싹 가셨다.

비록 입증이 더 필요할 수도 있겠지만 이런 일들 모두가 카터는 곤란한 협력 자라는 증거였다. 일이 종료되었을 때 클린턴은 보좌관들에게 협상 성공을 클럽 에 의존했다고 조심스럽게 털어놓았다. 막무가내로 처리하는 면이 있기는 했지 만 전 대통령들은 현 대통령 권력 행사에 여전히 유용한 도구가 될 수 있다고 말 했다. 국내에서 그들이 야기하는 많은 문제에도 불구하고, 클럽은 일부 외국정 상들에 특별한 영향력을 발휘했다. 클린턴이 말했다. "말하자면 카터를 그곳으 로 가게 하는데 다소 비난을 감수해야 한다는 것을 알고 있었지만, 또한 북한에 게 체면이 깎이지 않으면서 하산할 방법을 제시할 필요가 있다는 것도 알았다. 북한사람들이 전 대통령을 그들 나라로 오도록 말할 수 있다는 것은 그들이 일 을 허용하는 것이라고 짐작했다."

이것은 클린턴이 기억해야 할 교훈이었다.

아이티 임무

3개월이 겨우 지나서 클린턴은 다시 카터를 대리인에 임명했다. 이번 임무는 더 위험했다. 6월 그의 비밀임무는 말썽 많은 왕국의 폐쇄적 지도자와 단순히 접촉하는 일이었다.

이전보다 좀 더 공식적인 9월 아이티 여행은 전운이 감도는 권력으로부터 악당을 몰아내려는 것이었다. 아이티 군대총수 라울 세드라스 장군은 1992년 소수 군장교들과 당시 대통령 애리스티드를 축출한 뒤, 1994년 중반 전 대통령 지지자를 없애기 위한 테러작전을 단행했다. 대략 3천 아이티 사람들이 세드라스 집권으로 죽었는데 대부분이 그의 졸개들에 의해 난도질당하여 길거리에 조각으로 버려졌다. 애리스티드가 한때 강점했던 여러 도시의 여성과 소녀들은 상습강간과 폭행을 당하는 한편 세드라스 보안군은 독단적 체포정책으로 아이티 감옥을 채웠다. 수십 명씩 사람이 사라졌다.

1994년 미국이 어떻게 거의 아이티 침공을 할 뻔했는지 지금은 잊어버리기 쉽다. 클린턴은 1993년과 1994년 대부분을 세드라스 장군일당을 둥지에서 몰아내기 위한 비군사적 해결을 모색하느라고 시간을 보냈다. 석유 무역 금지, 경제 제재 조치, 특사, 강화된 제재 조치 어느 것도 그들을 제거하지 못했다. 특히 제재 조치로 궁핍해지는 가운데 아이티 군대와 집권층 동지들은 점점 더 부유해져 갔다. 클린턴은 마침내 미국의 침공위협만이 아이티 군부독재를 강제 굴복시킬 방법이라는 추측 하에, 1994년 7월말 유엔안보리에서 민주주의 회복을 위한 무력행사를 승인하는 만장일치 결의안을 추진했다. 하지만 국제적 제재조치에도 세드라스가 권력에서 꼼짝도 하지 않을 가능성이 있었고, 여름 중반에 침공 계획은 펜타곤에서 이미 진행 중이었다. 7천 이상은 안 되는 것으로 추산된 미 군사력 규모에 대한 명색뿐인 반대만 있었다.

하지만 군대를 아이티로 보내는 생각은 대단히 비인기 행동이었다. 클린턴 취임 1기 동안 외교 정책 처리에 국민신뢰도는 전혀 높지 않았고, 남반구의 가난한 나라 침공전망은 미국인대부분이 공감하지 않았다. 알칸소 주 상원 데일 범퍼는 클린턴에게 침공은 미 상원에서 불신임결의안 통과를 초래할 수 있음을 경고했다. 세드라스가 존경할 대리인을 찾기가 쉽지 않았고, 전 합참의장 콜린 파월은 클린턴에게 추방된 아이티 지도자 진 버트랜드 애리스티드는 의존할 수 없고 그의 복위를 위해 미국인의 생명을 희생할 가치가 없는 사람이라고 경고했다. "나설 사람이 아무도 없다." 클린턴이 불평했다.

그는 숙명론자였다. 테일러 브랜치에게 말했다. "아무도 없지만 이 일을 끝내고야 말겠다. 걱정하지 마라. 나는 언제나 살기 위해 다른 방법을 찾을 수 있다."

대통령이 아이티에 대해서 공개적으로 언급했을 때 그의 단호함은 크게 달라지지 않았다. 9월 15일 클린턴은 아이티 군사침공에 대한 근본적 이유를 설명하는 집무실 연설을 내보냈다. "나는 양보도 해보고, 제제조치도 해보고, 모든 것을 다 해보았다. 미국만이 치안을 유지하는 영웅 론 레인저가 되게 할 수는 없으며, 우리는 여기에 유엔을 끌어들였다."

연설을 마쳤을 때 그는 마지막 기회로 비밀평화협상 시도는 언급하지 않았다. 수개월 간 카터는 클린턴에게 그를 아이티에 보내면 측면에서 세드라스와 협상해 보겠다고 채근했다. 클린턴은 시도할 가치가 있다고 생각했다. 카터는 오래 전부터 세드라스도 애리스티드도 알아왔고 지난 10년 간 7번이나 아이티를 방문했다. 특히 축출되기 전 1991년 2월 애리스티드 정권설립을 도왔고, 8개월 후에 내쫓은 사람이 세드라스였다. 사전에 은퇴를 설득할 수 있다면 미국 해병이 평화스럽게 들어갈 수 있다고 카터가 주장했다. 카터는 아이티로 날아가서 침공 전에 세드라스 사임 협상을 자원했다.

카터의 협력재개가 클린턴 보좌관들을 불안하게 했다. 그 해 여름 한국에서 벌어진 일을 기억하며, 고어 부통령과 크리스토퍼는 그 생각에 소리치며 단호히 반대했다. 어쩌면 그 사건을 염두에 두었는지 카터는 문제 해결을 스스로 내놓았다. 그는 침공을 찬성하지 않는 두 사람 조지아 주 샘 넌과 파월에게 전화하여, 이 임무 수행에 관심이 있는지 물었다. 둘 다 계획을 찬성하며, 대통령이 동의하면 가겠다고 말했다. 카터가 당시를 회고했다. 클린턴은 "샘 넌과 콜린 파워가 나와 같이 가지 않는 한, 혼자는 보내지 않았을 것이다."

그 후 클린턴은 각각에게 전화해서 임무의 한계를 미리 정했고, 함께 책임을 맡도록 공식적으로 부탁했다. 목적은 세드라스에게 미 해군 출동을 알리고, 평화적 정권 이양을 조건으로 그가 사임하는지 지켜보는 것이었다.

세드라스 사임의 정확한 조건은 3인조에 일임했는데, 왜냐하면 성공시키기 위해 다소 유동성이 필요함을 모두가 알고 있었기 때문이었다. 임무수행에 얼마나 유동성이 필요할지 불안감도 있었다. 파월은 카터가 사전 승인된 한계를 훨씬 넘어서 협상을 처리할까봐 클린턴이 걱정했다고 회상했다. 클린턴 수석자문이었던 조지 스테파노포로스가 회고하며, 한국에서 카터의 무모한 행동 후에 "우리는 더 이상 프리랜서를 사용할 수 없었다"고 회고했다. 클린턴은 그 결정을 자문자답하며 하루 종일 고민하고 스테파노포로스에게 말했다. "카터를 보내려고 하는데, 괜찮겠지?"

결국 클린턴은 직관을 믿으며 다시 결정을 내렸다. 한편 다른 대안인 침공은 최악이었다. 파월에게 이렇게 설명했다. "지미 카터는 때론 만능패지만, 북한 기회에서 나쁘지 않았다."

클린턴은 카터, 파월, 넌 의원에게 출발 전 비밀무기를 주었다. "나는 그들에게 아이티 사람들과 자유롭게 미국대통령정책에 반대한다고 이야기하라고 말했다. 왜냐하면 아이티인들이 침공을 확실하게 믿게 할 수 있기 때문이다." 소수 보좌진과 같이 카터, 파워, 넌은 9월17일 일요일 정오에 포르아프린스에 도착하자마자 아이티 군사령부로 세드라스를 보러 갔다. 세 미국인은 말 그대로 함정 속으로 걸어 들어가고 있다고 느꼈다. 다 쓰러져가는 건물을 세드라스 수천 비정규군이 둘러싸고 있었고, 그들은 칼을 흔들며 구호를 외쳤다. 위층 한쪽 방에서 카터는 냉정하게 장군과 부관들에게 대대적인 미군침공이 임박했다고 설명하며, 무기를 내려놓고 권력에서 물러가라고 촉구했다. 넌의원은 미국의회가 전폭적으로 대통령을 지지했다고 전했고, 한편 전 장군 파월은 세드라스에게 오는 미국병력은 두 함대, 2.5 보병사단, 다수 전투헬리콥터, 포병대, 수만 육군, 20여 개국 지원까지 규모를 밝혔다. 파월의 쇼에 세드라스로부터 농담이 나왔다. "남반구 최약소국인 우리가 이후에는 최강국이 되겠다."

그것으로 긴장은 해소되었지만 협상을 끌어낼 방법은 전무했다. 세드라스는 꼼짝도 하지 않겠다고 손님에게 말했다. 그래서 미국팀은 잠시 휴식한 뒤 저녁식사에서 사업계 지도자들과 만난 다음 그날 밤 세드라스와 다시 만났다. 밤 11시에 시작된 회담은 1시가 넘어도 여전히 진척이 없었다. 카터는 다음 날 아침 가족을 만나도록 그의 집으로 오라는 세드라스의 초청을 받았다. 그때 미국 함대 네 척이 최소 만6천 군인과 해병을 싣고 앞바다에 정박하고 있었다. 미국군대는 월요일 한밤중에 이동하기로 되어 있었기 때문에 3인조의 협상시간은 24시간도 채 남지 않았음을 뜻했다. 어쩌면 총격시작 전 그 나라를 빠져나가려면 18시간뿐이었다.

클린턴은 펜타곤에서 일요일 아침부터 침공계획을 검토하고 그 지역 작전사령관들과 전화로 연락했다. 한편 아이티에서 카터, 넌, 파월은 부인과 가족들을 만나러 세드라스 집으로 향했다. 양닉 프로스퍼 세드라스는 남편만큼이나 몸에 베어서 나오는 소리로 미국인들에게 말했다. "등 뒤에서 아이티 총알을 배신하느니, 차라리 가슴으로 미국인 총알에 죽고 싶다." 이것은 각성시키기 위한 일종의 허세여서 파월은 능숙하게 무시하며 말했다. "나의 아내도 장군부인으로서 당신의 충성을 백 번 이해할 수 있겠지만, 결과가 이미 정해져 있을 때 목숨을 버리는 것은 명예가 아니라고 말하고 싶습니다."

일요일 정오에 상황이 극적으로 바뀌었다. 세드라스는 새 정부가 들어오는 즉시 사임하겠다고 제안했다. 카터가 그 제안을 워싱턴으로 팩스로 전달했을 때, 클린턴은 너무 애매모호하다고 거절했고 10월15일까지 사퇴할 것을 주장했다. 세드라스는 그 일정을 회피했고, 클린턴은 이에 카터 팀에게 즉시 아이티를 떠나라고 촉구했다. 수렁에 빠진 마지막 임무는 기한에서 몇 시간이 허비됐고, 침공은 12시간 이후였지만 해야 할 일들의 시간적 여유란 절반이었다. 워싱턴의 촉각이 곤두서기 시작하고, 가난한 이웃나라 침공보다 더 극악조건은 성자 같은 미국의 세 정치인사를 십자포화 속에 순교시켜야 할 일이었다. 군장교들을 테러특별부대 델타포스에 배치시켜 위기에 빠질 경우 구출토록 대기시켰다. 해안에서 작전을 지휘하는 휴 쉘턴 장군은 오후가 되자 이성을 잃은 듯 백악관에 전화하여 클린턴에게 카터 팀 즉각철수를 촉구했다.

오후 4시경 세드라스 최고부관이 세드라스에게 침공이 임박했으며 건물을 떠나라고 촉구했다. (그들의 군대상황이 어떻든, 아이티 장군들은 분명히 노스캐롤라이나 포드브랙 기지 가까이 정찰병이 있는 것이 확실했고, 낙하산부대 출신인 파월은 외국정보력에 인상을 받고 말했다. "가난한 나라치고는 나쁘지 않다.") 클린턴은 또다시 즉시 떠나라고 전화했고, 카터는 여전히 좀 더 시간을 구했다. 클린턴은 회의적이었지만 마지막 가능한 몇 분까지 어쩌면 한 시간까지 기한을 연장시키려고 생각했다.

카터가 다음에 한 일은 카터센터의 평화적 중재지침서 안에는 없는 내용이었다. 그는 세드라스에게 마음을 바꾸도록 거의 소리쳤다. "당신은 즉시 이 합의를 받아들여야 합니다! 안 그러면 당신 자녀들이 모두 죽게 됩니다! 당신 나라도 불타게 됩니다!" 이것은 놀라운 전략반전이었고, 이것을 지켜보는 파월은 너무 놀라 할말을 잃었다고 회고했다. 하지만 효과가 있는 것같이 보였다. 세드라스가 항복에 가까워지기는 했지만 물러가는데 어느 정도 정치적 체면유지의 명분이 필요했다. 그래서 카터는 주사위를 굴리며, 수개월 전 그가 임명한 형식적 81세 대통령 에밀 호나세인트를 만나보자고 세드라스에게 제안했다. 미국은 그를 합법적인 지도자로 간주하지 않았지만, 아이티 장군들은 그랬고, 카터는 그가 세드라스에게 하야하도록 설득할 수 있으면, 세드라스도 동의할지 모른다고 상상했다. 대표단은 두 차에 나눠 타고 서둘러 군본부를 떠났다. 넌과 카터가 한 차에 세드라스와 파월은 다른 차에 탔는데, 차가 포르아프린스 길거리를 지나 속력을 내자, 수류탄 여러 개가 뒤 좌석 밑에서 굴러다녔다.

호나세인트 사무실에 도착해서, 카터는 만약 집권군부가 10월15일까지 하야한다면, 평화적으로 미국병력이 이곳 입국을 허용하는 제안서를 작성했다. 호나세인트는 장군들에게 미국을 상대로 버틸 수 있는지 물었고 세드라스는 없다고 대답했다. 하위급 장관 두 사람이 항복에 반대하며 사임하겠다고 위협했고 호나세인트가 말했다. "우리는 이미 장관들이 너무 많이 있으니 나는 평화를 택한다." 이 협정이 불어로 번역되고 있는 동안 카터는 클린턴에게 비보안전화로 전화하면서, 이 상황의 긴급성을 감안해 볼 때, 호나세인트가 미국이 받아들일 수 있는 최종협정을 체결할 유일한 관리임을 확신시켰다.

호나세인트가 서명하자마자 클린턴도 동의했다. 파월이 이 협정은 미국군인이 공격받지 않는 것을 의미한다고 아이티인들에게 주지시켰을 때 세드라스도 동의하며 말했다. "나는 우리 대통령 명령에 복종할 것입니다." 그 다음 카터가 백악관에 이 뉴스를 전화했고, 클린턴이 철군을 명령했을 때, 미국 낙하산부대는 아이티에서 30분 거리 밖에 있었다.

평화를 위한 싸움

미국 팀이 그날 저녁 늦게 워싱턴으로 떠나기 위해 공항으로 향하면서 카터의 활약이 서툴렀다고 보기는 무척 어려웠다. 난처한 상황이 계속되고 똑딱거리며 시간이 조여오는 위기상황에서 카터는 민첩하게 창의적으로 행동했고, 백악관 지침 대부분을 고수하면서 협상을 얻어냈다. 그는 협상도중 갈팡질팡 하기도 했지만, 결국 그와 클린턴의 연결로 승리를 이끌어내었다. 그 때까지 그는 대중의 시야 밖에 있었다.

그런데 피할 수 없게도 때를 맞추어 지나친 행동이 나왔다. 미국대표단이 새벽 3시 30분에 워싱턴에 도착했고 몇 시간이라도 잠자기 위해 흩어졌다. 세 사람은 다시 모여 클린턴과 아침식사를 한 후, 이번 협정에 대해 상당히 훌륭한 인사를 부과하는 네 사람의 기자회견을 하기로 되어 있었다. 그러나 카터는 무단 이탈했고, 아침 7시 CNN에 모습을 드러내어, 72시간 동안 있었던 자신의 의견을 드러내며, 세드라스가 아이티를 떠나 제3국으로 가기를 주장한 백악관을 비난하는 기회로 삼는 한편 세드라스가 하야할 의지가 있었다고 칭찬했다.

임무를 부여한 대통령에게 그가 한 일을 보고하기도 전에 이런 일들이 발생했다.

카터가 백악관에 도착했을 때 클린턴이 숨도 제대로 쉬지 못하고, 자신에게 보고하기도 전에 또 방송을 탄데 대해 불을 뿜는 모습을 보았다. 하지만 잘못된 판단에 사과는커녕 카터는 협상팀이 아이티에 있는데도 클린턴이 공격을 개시하려 한데 대해 소리지르며 클린턴만큼 족히 화를 뿜어댔다. 이것이 클린턴을 더욱 격분시켰음에 틀림없다. 왜냐하면 협상자들에게 영향력을 부여하기 위한 침공위협이었다는 것을 카터도 알고 있었기 때문이었다. 대화는 격렬한 말다툼으로 전락했다.

질서회복은 샘 넌이 도맡았는데 어떻게 해서든 넷이서 동관에서 사진도 찍고 질문도 받아야 했다. 다시 한 번 더 카터는 한 대통령이 다른 대통령을 구하기 위해 뛰어드는 식으로 클린턴의 큰 어려움을 해결했다. 하지만 또 한국에서 한 것처럼 마무리를 망쳐놓았다.

클린턴-카터 관계는 여러 면에서 부딪치는 와중에 생산적이기도 했던 두 번의 기회가 있었고, 후배는 선배를 양해할 수 있는지, 그리고 선배는 후배가 더 나은 정치인이 될 수 있는지 25년간 시험했다. 클린턴은 포기하지 않았다. 1999년 8월 백악관 임기가 서서히 끝나갈 무렵 그는 카터와 부인 로잘린에게 '미국 대통령 자유훈장'을 수여하기 위해 몸소 애틀란타까지 날아갔다. 이 자유의 메달은 미국 최고 시민에게 주어지는데 대체로 동관 행사에서 수여된다.

애틀란타에서 대통령은 세계를 돌며 행한 카터의 자선사업에 대해 길게 찬사했다. 클린턴은 기록 전체를 검토했음을 밝히기 위해 태프트와 제퍼슨 대통령까지 거론하며 연설했다. "대통령 임기가 끝난 뒤에 선행을 한 대통령들도 많이 있습니다. 지미 카터 대통령을 가장 위대한 전 대통령이라고 부르는 것은 … 본인이나 업적에 비해 그 말은 충분하지 못합니다." 마찬가지로 로잘린에게도 예의 바른 찬사를 보냈다.

영광에 감동한 카터는 그 자리에서 바로 클린턴에게 감사를 전달했지만 토를 달았다. "당신은 우리들 전 대통령의 작은 우애의 모임에 합류하려면 아직 몇 개월이 남아 있습니다. 지금은 그저 상상만 하세요, 대통령님. 당신도 곧 (백악관에 있는) TV 없이, 장거리 망원렌즈 없이, 자신의 타격에 집중하여 골프를 칠 수 있게 될 것입니다. 멋지지 않아요? 하지만 퇴임하면 몇 가지 안 좋은 점도 있다는 것을 미리 말해주고 싶습니다. 골프 파트너들이 현직 대통령에게는 다시 칠 수 있는 멀리건 기회를 주지만 전직에게는 절대로 없다는 것입니다."

실제 2000년에 클럽 부칙이 생겼다. 카터의 부탁을 들어주면 보답이 올 수도 있지만 별로 기분 좋은 일은 아니다.

22

"거짓말을 시인해야 한다"

- 제럴드 포드 -

충격적이기는 해도 빌 클린턴이 21세 인턴과 성관계를 가졌을지 모른다는 대단
하지도 않은 스캔들이 1998년 초 대통령 클럽을 침묵 속으로 가라앉혔다.

그때 레이건은 대중에 모습이나 성명서를 드러내지 않고 있었고, 부시는 장
남이 백악관 출마를 고려하며 텍사스 주지사 재선운동 중이어서 이에 관해 언
급할 겨를이 없었다. 클럽의 가장 가까운 두 회원 포드와 카터는 그해 봄 사적인
담소 중 클린턴의 깊어지는 정치 문제에 관해 공식적인 논평을 하지 말자는 데
협의가 되어 있었다. 하원 탄핵 수사가 확실했고, 상원조사 가능성도 있는 가운
데, 클럽 영향력을 뒤로 미루어 나중에 적절하게 행사하면 보다 가치가 있을 것
으로 생각했다.

하지만 8월 클린턴은 대배심원과 전국 TV에서 모니카 르윈스키와 부적절한
관계를 가졌다고 시인했다. 늦은 9월 에모리 대학에 입학할 한 학생은 카터에게
워싱턴의 중대한 부도덕성에 대한 의견을 요구했다. 15년 이상 카터는 매년 에
모리 신입생 오리엔테이션에서 질문을 피한 적이 단 한 번도 없었다고 말했고,

지금이 예외적인 시기라 하더라도 카터는 전혀 그런 식으로 처리하고 싶지 않았다. 그는 대담하면서도 정확하게 클린턴이 탄핵을 받을 수 있지만 상원에서는 기소되지 않을 것으로 예상했다. 그로써 클럽의 침묵이 깨졌다.

권위의 기회

며칠이 지나 포드는 오랜 친구 역사학자 리처드 노튼 스미스와 협력하여 〈뉴욕타임스〉에 사설을 게재했다. 포드는 클린턴이 자신이 저지른 소행에 대해 공개적으로 솔직하지도 않고 충분한 수치심도 보이지 않는다고 느꼈다. 스미스가 말했다. "포드는 클린턴이 좀 더 양심의 가책을 느낄 필요가 있고, 자신이 이룩한 업적의 대상인 국가에 깊은 감동을 주어야 한다고 생각했다."

포드는 다른 걱정도 있었다. 사반세기에 걸쳐 무명의 하원 원로에서 하원의 당대표까지 된 포드는 질투심 많은 하원 공화당의 시기가 추한 염문을 둘러싸고 본능대로 탄핵 추구까지 간다면 스스로를 훼손시키는 위험에 빠지게 될 것이 두려웠다. 포드는 국민이 정치인의 도를 넘어선 행위를 처벌할지도 모른다고 추측했고, 스미스도 마찬가지로 포드가 제3의 대안을 가지고 있을 것으로 짐작했다. 보다 품위가 존중되는 시대에 태어난 포드는, 국민들이 클린턴의 성생활에 지나치게 몰두하는 것이 아닌가 생각하는 한편 정부는 본분을 지켜야 한다고 믿었다고 스미스가 말했다. 포드는 뉘우침의 위력을 강하게 믿었고 정치 조직에도 건전한 효과가 있다는 신념이 있었다. 25년 전 리처드 닉슨 사면에서 포드는 닉슨으로부터 사면을 대가로 유죄 인정을 얻어내려고 노력했다고 스미스가 말했다. 하지만 닉슨이 최소 언급만 하면서 전혀 솔직하지도 사과도 하지 않았다. 어쨌든 포드는 닉슨을 사면했지만, 잔여임기를 거래에 대해 합리화를 시키며 보냈다. 어쩌면 그것이 포드가 사건을 입증할 기회일 수 있었다.

포드가 〈뉴욕타임스〉에서 언급한 것은 상당히 예외적이었다. 그는 하원법사위원회 위원들에게 수사 진행을 촉구했지만, 하원 전원 출석회의에 명명하지 않은 한 의회기구가 이 위기를 해결하도록 제안했다. 포드가 주장했다. 클린턴은 자진해서 상하원 합동회의에 출석하고, "국민의 대표자 의원들로부터 기립박수를 받아서도 안 되며, 양원의원들이 던지는 심한 꾸짖음을 가혹하게 받아야 된다. 이것은 대통령의 반박의 여지가 없는 비난이 될 것이다. 대통령은 그의 행위는 물론 그에 따른 수사 지연이나 방해에 대한 전적인 책임을 받아들여야 한다는 점을 강조하고 싶다. 위엄을 갖추게 하자. 솔직하고 무엇보다 깨끗이 씻게 하자. 그렇게 되면 오명의 한 해가 최고 권위의 기회가 될 것으로 믿는다."

그것은 대단히 중요한 사명이었다. 클럽 회원들은 대통령 개인보호 위에 대통령직 보호를 우선했고, 사건으로 실추된 집무실의 권위의 의례적 목욕재개를 필요로 했다. 하지만 클린턴의 개인행위에 어안이 없어진 전임들은 깊이 생각해도 그를 미국 상원 앞에 내세워 재판에 부칠 때 엄청난 희생이 따른다는 것을 알고 있었다. 권한 일정 부분은 직책에 내재된 "권위"에서 나오기 때문에 사적인 추문으로 무시당하고 싶지 않았다.

하지만 포드 제안은 옛날 영국 에드워드 왕정시대 얘기 같이 들렸다. 클린턴 혐오가 끓어오르는 뉴 깅리치 의장이 이끄는 남성 중심 하원 공화당 지도부의 그런 언급은 해를 두고 수사를 끌게 될 상상도 못할 일이었다. 이란-콘트라(무기 수출) 사건 이후 레이건에 대해 탄핵을 추진하지 않기로 1986년 합의했던 민주당조차 그럼에도 불구하고 개월 간 계속된 조사를 선택했다. "85세인 나는 사적 또는 정치적 어젠다도 없고, 빌 클린턴 구제에 관심도 없다. 하지만 내가 사랑하는 국가가 더욱 혼란과 불안에 빠지는 것을 구제하는 일은 열의를 다하여 관여한다."

사설이 보도되자 보수진영은 울부짖었다. 공화당원은 포드의 의견을 즉시 일축했고, 포드 측근들은 다수당 원내대표 톰 들레이가 헌법적 몰락 선동 방식의 포드 개입에 대단히 격분했다는 이야기를 들었다. 공화당이 포드 제안을 싫어하긴 했지만, 클린턴에 대해 사적 추가 수사를 승인했을 정도로 깊게 파고 들어갔다. 10월 언젠가 오랫동안 민주당 내부 인사였던 로버트 스트라우스는 포드에게 전화했다. 백악관 지시에 따르고 있는 그는 포드에게 클린턴을 대신하여 곧 있을 하원법사위원회 탄핵청문회에서 증언을 해줄 수 있는지 질문했다. 그는 사실대로 백악관은 클린턴을 위한 단독 증인으로 하원 청문회에 서주기를 희망하고 있다고 전했다.

스트라우스 같은 옛 친구조차 이런 일은 당혹스런 부탁이었다. 반대당 출신 전 대통령이 현직을 위해 더 젊고, 더 보수적이고, 더 앙심을 품고 있는 공화당에 맞서 무차별 사격지대에서 과연 총대를 메려고 할까? 포드가 회고했다. "나는 밥에게 더 이상 방법이 없다고 말했다. 오랫동안 공화당 하원의원인 내가 공화당 하원 앞에서 빌 클린턴을 위해 증언하는 것을 상상할 수 있는가? 라는 의미였다." 하지만 포드는 도움을 완전히 배제하지는 않았다. 포드는 사적으로 스트라우스에게 그는 위기가 전개되면 좀 더 도움이 되는 역할을 할 수 있다고 말했다. 공화당이 이 사건을 상원에서 재판으로 몰고 가면 포드는 주저하는 공화당원들에게 전화할 것이라고 말했다. 하지만 증인으로 서는 것은? 그것은 너무 과한 요구였다.

11월 3일 중간선거는 포드의 예감 하나를 확인시켜 주었다. 공화당의 상원 의석 10석은 간신히 버텼는데, 유권자들은 기대 이상으로 민주당에게 하원의석 5석을 더 보태어주었다. 이것은 6에서 30까지 증가를 예상했던 하원의장 뉴 깅리치에 대한 내부 반발을 촉발했다. 3일 후 그는 하원의장 사퇴를 선언했다.

12월11일 하원법사위원회는 정책 노선에 따르는 탄핵을 투표했다. 이제 미국인 다수가 탄핵과 재판에 관한 여론을 선호했지만, 하원 패널들은 희생이 있더라도 밀고 나갈 것을 택했다. 그날 오후 클린턴은 백악관 로즈가든에 나와서 또 다시 있을 수 있는 비판에 대해 솔직한 심정을 털어놓았다. "만약 그들이 나의 말과 행동의 실수가 비난의 대상이라고 결정하면 나는 받아들일 준비가 되어 있다." 1주 후 전원 출석한 하원은 주요 정책노선 투표에서 탄핵에 대한 4가지 제안 조건 중 두 가지를 승인했다. 클린턴은 역사상 탄핵 받는 두 번째 대통령이 되었다.

클럽에 호소하다

이때 비로소 백악관이 실제로 전직 대통령들에게 기대기 시작했다. 백악관 서관과 플레인스 사이에 때로는 순탄치 못한 연결을 관리해왔던 부통령 앨 고어에게 떠밀려 카터는 포드에게 전화하여 다시 〈뉴욕타임스〉에 두 번째 사설 게재를 제안했다. 불신임 표명에 우리가 다시 도전하자고 카터가 제안했고 포드도 따라나섰다. 그때까지 두 사람은 20년 가까이 국내외에서 성공적인 공동협력을 수행해왔다. 며칠에 걸쳐 여섯 번의 수정을 거치며 서로 만족한 문안을 작성했다. 성명서가 12월 21일 하원 탄핵투표 이틀 후 발표되었다. 내용에서 포드의 최초 안보다 훨씬 틀에 박히지 않은 "특이한" 처벌을 두고 포드와 카터는 옥신각신했다. "우리는 사적으로 상원에 의한 초당적 결정을 지지한다. 그런 계획에 따라 클린턴 대통령은 이에 대한 비난을 받아들이고 비행과 끼친 피해에 대해 인정해야 한다. 의회 결의안은 대통령이 선서 아래 진실을 밝히지 않은데 공개 시인을 포함해서, 진상 확인을 받아들이는 것을 규정하는 문구가 들어가야 하며, 앞으로 받을지도 모르는 범죄 재판에는 사용할 수 없다."

문장을 작성한 두 사람은 시선 하나는 역사에 다른 하나는 국가에 두었고, 다시 한 번 대통령 직책 자체가 위기에 빠지는 것을 두려워했다. "다행히도 유연성과 자유가 부여된 가운데 진행된 상원 탄핵 절차는 대통령직 영구훼손 없이 법을 집행하는 방식으로 국가적 시련을 끝내는 수단을 제공한다." 사설은 "우리의 국가 치유의 시기"라는 20년 전 백악관에서 포드 자신이 제출한 회고록 제목을 그대로 반영한 것이다.

포드와 카터는 제목을 단순하게 붙였지만 제안은 문제들이 여럿 담겼다. 어떻게, 정확하게, 두 대통령들은 면책 보증을 구상했던 것인가? 어떻게 특별검사 켄 스타가 법을 준수하도록 강제할 것인가? 협상테이블 모두가 불신의 이유를 품고 있는 현재에 대통령을 위해 법적 변호사를 만족시키는 협상 조건은 과연 어떤 것이 존재할까? 그리고 클린턴의 비밀을 실제로 밝힐 수도 있는 가장 보수적 공화당원들로부터 어떻게 그를 내버려 두도록 확신할 것인가? 클럽의 마지막 구제 노력은 특수상황인데 비해 시간이 충분치 못했다. 재판을 향한 여세가 속도를 더해가는 가운데 여론이 어떻든 포드와 카터는 알려지기를 희망했다.

하지만 백악관은 대안 탐구를 계속했다. 두 번째 사설 이후 백악관 법률고문 찰스 러프는 포드에게 직접 전화했다. 대통령 변호팀을 책임지고 있는 그는 포드에게 그 이외 클린턴에게 도움을 줄 수 있는지 물었다. 클린턴이 네 가지 탄핵 사항 중 하나인 위증 진술을 인정한다면 도울 수 있다고 포드는 대답했다. 러프는 클린턴이 절대 동의하지 않을 것이라고 말했다. 그래서 포드는 도와줄 수 없음을 러프에게 말했다. 여기에는 몇 가지 역사가 있었다. 1974년 닉슨으로부터 유죄 시인을 끄집어내려고 했지만 할 수 없었던 포드는 1998년에 유사한 거래 수용을 꺼리고 있었다.

크리스마스 5일 후 12월 30일 클린턴은 포드에게 전화를 걸었다. 그가 닉슨을 사면시킨 이래 가장 이례적인 클럽협상이 시작되었고 이번만은 중재인 개입이 없었다. 클린턴은 포드에게 자기는 위증죄를 저지르지 않았다고 말했지만 포드는 아무것도 믿지 않았다. 비록 대화 분위기가 평이하고 사무적이었지만, 포드는 단호했다. "빌, 나는 당신이 거짓말을 인정해야 한다고 생각합니다. 만약 그렇게 하면 도움을 받을 수 있고 나도 도울 것입니다. 위증을 시인하면 나는 그 이상의 역할을 하겠습니다." 하지만 클린턴은 바뀌지 않았다. 1998년 1월 성추문 소송 증언에서 그는 거짓말을 하지 않았다고 주장했고, 상원재판을 피하기 위해 이야기를 바꾸려고 하지도 않았다. 포드는 클린턴이한 이야기를 회상했다. "'나는 그렇게 하지 않겠다. 할 수 없다'고 그가 말했다."

포드는 클린턴에게 의회는 고백에 대한 대가로 면책을 허용할 수 있다고 타일렀지만, 클린턴은 피에 굶주린 공화당 의회가 자기를 위해 방패를 제공한다는 것은 회의적이라고 말했다. 이에 포드는 답했다. "빌, 나는 거기서 25년 세월을 보내면서 그들은 원하는 일이면 무엇이든 해낸다는 결론을 내렸습니다." 포드는 면책은 여전히 가능하다고 주지시켰다. 그래도 클린턴은 꿈짝도 하지 않았다. 두 대통령은 완전히 교착상태였다. 하나가 다른 하나를 돕기 위한 노력을 다했다.

어쩌면 거의 모든 노력을 다하고 있는 포드는 국가에 대해서는 지루하고 불유쾌하게 진행될 상원재판이 다가오고 있음을 언급했다. 여기에 클린턴이 물었다. 상원 다수당 지도자 트렌트 롯에게 전화해서 재판이 연장되면 불리하다는 것을 주지시킬 수 있는가? 포드는 동의했다. 그는 롯에게 전화해서 클린턴은 거래에 응할 마음의 준비가 안 됐고 이 재판을 빨리 끝내야 한다고 강조했다.

그 즈음 클린턴을 바라보는 공감이 있었다. "그를 죽이지 않으면 점점 강해진다." 이제 포드는 클린턴이 실제 여기서 벗어나는 방법을 찾지 않고 있는지도 모르고, 공화당원들과 싸우는 것을 더 이상 두려워하지 않고, 어떤 면에서는 즐기고 있을지도 모른다는 생각이 들었다. 의회에서 공화당 의석을 잃었던 선거를 눈앞에 두고 클린턴은 왜 더 상황을 나쁘게 만들고 있는가? 어째서 결판을 내지 않는가? 포드가 꾸짖음 혹은 불신임에 관한 대화로 되돌아가려고 하는 사이 그는 클린턴이 정치적으로 자신에게 유리하게 진행되는 것을 판단했다는 생각이 분명해졌다.

클럽 헌화

클린턴은 회고록 《나의 인생》에서 포드와의 비밀 협상은 언급하지 않았다. 〈뉴욕데일리뉴스〉 기자 톰 디프랭크에게 포드만이, 디프랭크의 2007년 책 《내가 죽은 뒤 이것을 써라》에서 내가 죽을 때까지 집필을 금지한다는 조건으로 그들에 관한 이야기를 했다. 1999년 8월 상원이 클린턴에게 그의 혐의를 사면한 몇 개월 후 클린턴은 포드에게 대통령 자유훈장을 수여했다.

이듬해 클린턴은 백악관 200주년 기념파티로 동관이 클럽 회원들로 가득 찼을 때 관객을 사로잡는 포드의 이야기하는 모습을 지켜보았다. 해군 군악대가 "방탕한 여자The Lady Is a Tramp"라는 제목의 곡을 연주하는 동안 특별히 엘리자베스 여왕과 춤을 춘 이야기를 해서 얼굴이 붉어진 관중으로부터 포드는 갈채를 받았다. 클린턴이 나중에 포드에게 말했다. "87세가 되면, 나도 그런 멋진 모습이 되기를 바랍니다. 물론 내가 87세가 될 것을 생각하지 않지만."

포드는 93세까지 살아서 허버트 후버 이래 퇴임 후 가장 장수한 대통령이 되었다. 포드는 장례식 조사연설에 카터와 조지 W. 부시를 선정했다. 클린턴은 자신의 방식대로 경의를 표했다. 포드가 죽은 몇 개월 후 2007년 6월에 클린턴은 미시간 그랜드 래피드로 날아가서 지역경제인 클럽의 연례 만찬에서 연설했다. 그날 밤 연설을 시작하기 전 그는 시내 포드 박물관에 들려 꽃다발을 들고 전 대통령 묘소에 혼자 참배할 수 있는지 물었다. 제럴드 R 포드 재단 이사장 마티 앨런은 클린턴을 묘소까지 안내했다. 그곳은 경사가 완만한 바위로 꾸민 반원형 정원으로 그랜드 강을 따라 자리 잡고 있었고, 묘 위쪽 보호 벽에 글씨를 새겨 넣었다. "일생을 신과 국가와 사랑에 헌신하다." 클린턴은 측근이나 사진사 없이 홀로 문 내부로 들어가서 포드 묘 앞에 헌화하고, 이사장이 예상했던 것보다 훨씬 길게 머물렀다. 앨런이 회상했다. 그의 모습이 다시 보였을 때 감동이 역력했다. 무덤의 소박함이 "포드 대통령의 모습을 잘 반영한다"고 클린턴이 말하며 떠났다.

두 사람은 땅거미가 질 때까지 그랜드 래피드 주위를 산책했다. 수많은 건설 현장과 타워크레인처럼 시내의 분주한 상업적 움직임에 클린턴은 크게 놀랐다. 포드의 고향 마을은 알칸소의 리틀 록을 연상시킨다고 클린턴은 앨런에게 이야기했다.

부시와 클린턴:

불량배와 반역자

—————— ⚷ ——————

역대 미국 대통령 중 1946년 여름 44일 간격으로 태어나 생일이 가장 가까운 빌 클린턴과 조지 W. 부시는 베이비붐 세대의 정반대 정치적 인물이 되었다. 한 사람은 유서 깊은 가문의 훌륭한 아버지의 인생길을 한걸음씩 따른 순응주의 모델처럼 보였다. 차례대로 예일대학과 군 복무를 거친 다음에 서부 텍사스로 가서 석유사업을 시작했다. 겉으로 보기에는 평범한 미국 혈통 같은 다른 한 명은 알칸소의 무난한 가족에서 태어나 1960년대 대혼란 속을 걸으며 징집을 피하고, 어이없게도 민주당 정치 유세에 협조하느라 법대 수업을 거의 빼먹었다. 하지만 이런 대조는 폭넓은 렌즈에 나타나는 것을 보아야 한다. 좀 더 자세히 관찰해보면 클린턴은 꿈을 찾는 기득권 사상이 있었다. 그는 밴드부, 조지타운 대학 보이스테이트 농구팀에 있었고, 로즈Rhodes 장학생으로 옥스포드 대학에서 성실하게 학위를 받은 다음 상원사무실에서 인턴으로 근무했고, "정치적 실현 가능성"을 유지하기 위해 22세 때 군대 의무를 유예했다는 말을 들었다. 클린턴이 32세에 최연소로 주지사에 당선되는 동안, 부시는 40세까지 목표가 없었고, 기득권의 소용돌이 속에서 반항하고 있었다. 상원의원의 손자이자 부통령의 아들인 그는 술과 씨름하고 사업에 허우적거리며 세상에서 자신의 입지를 찾으려고 노력했다. 부시는 클린턴보다 훨씬 더 가족의 이단자였다. 십대의 부시는 메인 주 케네벙크포트 지역 가족

영역 밖으로 몰래 빠져나와 술과 담배를 하는 생활을 했고, 클린턴은 핫스프링 집을 몰래 빠져 나와 자신의 용돈을 빌리 그레이엄에게 송금했다.

하나는 아버지를 한 번도 만난 적이 없고, 다른 하나는 아버지의 그림자를 피할 수 없었다. 둘은 대통령으로 8년씩 재임했고, 분열하고 양극화시켜 한때 국가를 격앙시켰고, 둘 모두 스스로 자초한 행동에 무자비한 비난을 견뎌야 했을 것이다. 한 사람은 성추문과 거짓말로 탄핵 기소를 받았고, 다른 한 사람은 전쟁을 정당화하기 위한 거짓말로 고소당했다. 모두 각자 소신에 대한 책임이 있고, 2001년 9월 11일 공격을 막지 못한 책임이 있다. 각각은 워싱턴 밖에서 변명의 여지없이 연타당하고 기진맥진하여 절뚝거렸을 터이니, 클럽은 자연히 진료소가 되었다. 사후 대통령직에서 명분 있는 의욕은 환영을 받았으며, 평화를 위한 의욕은 더욱 그랬다.

——————— ╥━•० ———————

23

"자신의 아버지를 이긴 사실을
결코 용서하지 않았다"

- 빌 클린턴 -

클럽은 1997년 11월에 다시 모였다. 대통령들과 가족 모두 합해 9명이 텍사스 컬리지 스테이션에서 조지 허버트 워커 부시 도서관 개관식을 축하하기 위해 자리를 마련했다. 데이비드 아이젠하워, 캐롤라인 케네디, 버드 존슨 여사, 줄리 닉슨, 낸시 레이건과 대통령 포드, 카터, 빌 클린턴 모두가 텍사스 A&M 캠퍼스 마을까지 와서 자리를 빛내준 데 대해 부시는 이 모임이 오히려 "전 대통령들의 독특한 클럽 모임" 같다고 표현하며 참석에 대한 감사인사를 했다.

물론 거기에는 미래의 대통령도 한 사람 있었다. 텍사스 주지사로서 모임을 축하하기 위해 마이크를 잡은 그는 아버지를 "온전히 청렴결백 자체로 사임한 사람"으로 칭찬했다. 그것은 크게 보면 권력으로부터 아버지를 내몬 사람을 찌르는 것처럼 보였다. 그날부터 클린턴과 젊은 부시의 관계가 좋아졌다.

클린턴은 18개월 후 차기 전망으로 부시를 보았고, 본인은 그 의견을 그다지 좋아하지 않았다. 워싱턴에서 1999년 2월 주지사 회의 때 해후했고, 이때는 염

문에서 비롯된 모든 혐의에서 클린턴을 면제시킨 상원투표가 있은 지 열흘 후
였다. 그것은 별난 사건에 대해 공식적인 결론을 내렸을 뿐, 충격파는 수개월간,
심지어 수년간 정치 형세를 동요시켰다. 그때 부시가 떠오르고 있었다. 그는 텍
사스 주지사 재임에 성공하고 곧 백악관행 선언을 앞두고 이 과제에 대한 시험
으로 정치 자금 모금을 위한 전국순회를 하는 한편, 국가가 민주주의 실험으로
수치를 당한 후 공화당 집권 부활을 조용히 약속하고 있었다. 부시 가문은 정치
중심으로 회귀 중이었고, 아들이 구원?과 복수를 결합한 듯한 소리를 냈다.

　그리고 그해 2월 부시가 도착했을 때 백악관에서는 선전과 선동의 두뇌 싸
움이 일고 있는 듯했다. 와중에 클린턴은 부시의 아버지와 동생 제브^{Jeb}를 모두
칭찬하는 중이었는데, 새로 플로리다 주지사에 당선된 제브 부시는 언급하면서
조시 W. 부시는 깜박 잊고 칭찬을 빠뜨렸다. 그 결과 제브와는 친해졌지만, 그
날 저녁 부시는 시무룩해졌을지도 모른다. 어머니 바바라를 많이 닮은 이 아들
은 겉으로 보면 부드럽고 관대하지만 얇은 껍질 밑은 날카롭고 용서를 모른다
고 나중에 회상했다. 그 적대감은 어디까지나 사적이고 이념적인 것이 아니라고
생각했다. 클린턴은 이후 이렇게 말했다. "물론, 그는 아버지를 이긴 나를 절대
용서하지 않았다. 그의 정치 신념만큼 그 생각이 깊었다." 몇 년 후 클린턴은 조
지 W. 부시와 제브 부시가 둘 다 주지사였을 당시 백악관으로 두 사람을 초청했
는데, 그때 특이한 경험을 했다. 부시 형제는 정적의 손님으로서 반응이 달랐다.
"제브는 조지보다 더 좋은 배우였고, 제브는 주지사 회의에 와서 관심을 기울이
고 대단히 존경스럽게 여러 질문을 했다. 이와 비교해서 조지는 내가 재임 중일
때 백악관에 오는 것을 별로 좋아하지 않았다. 자신의 아버지를 물리친데 대해
제브 부시가 나에게 덜 적대시한다고 보지 않는다." 하지만 형은 관대한 체도
하지 않았다.

　클린턴의 보좌관들이 백악관에 모였던 그날 저녁, 조지 W. 부시가 유난히 불
편해 하는 것 같아 보였다고 말하자 클린턴이 옹호했다. "이봐, 그 친구가 정직
한 거야. 나라도 그랬을 것 같지 않아? 내가 그의 아버지를 물리쳤고, 그는 아버
지를 사랑하고, 내게는 별 문제가 안 돼. 이것이 인간관계 스포츠야."

그림자

아버지가 다시 한 번 권력을 잡는 것을 막았기 때문에 클린턴과 민주당까지 응징하겠다는 의욕에서 부시의 정치 야심이 일어났는지 측량해 볼 길은 없다. 부시가 회고록에서 기록했듯이 만약 대통령이 되고자 했다면 더 젊었을 때 다른 일들을 했을 것이다. 하지만 정치란 늘 그림의 한 부분이었다. 그는 일찍이 1964년 선거운동에 잠시 발을 디뎌본 적이 있고, 1978년에 의회에 출마했다가 떨어졌고, 10년 뒤 댈러스에서 야구단을 사들이면서 텍사스 주지사 출마를 계획했다. 최고직책에 대한 부시의 관심 일부는 그저 가능성에 도전해 보고 싶었던 것이었다. 아버지가 당선된 후 부시는 옛 친구에게 이전 40명 대통령의 자녀들이 어떻게 인생을 관리했는지 조사해 보고서를 만들어 달라고 부탁했다. 그 결과 실제 이야기할 수 있는 내용은 실망스럽게도 44쪽에 불과했다. 많은 사람들이 직장도 잡지 못했고, 젊어서 죽었고, 약물중독에 시달리거나 우울증에 걸렸다. 한 사람은 대통령이 되기 위해 직접 노력한 적이 있지만, 주지사에 당선된 사람은 아무도 없었다. 부시가 이것을 검토한 후 괴로워했다. 회고록에는 왜 최고직책을 희망하는지에 대하여 세금 감면, 교육과 연금문제 개혁 정도로 피상적 언급만 있지만 진실은 이 게임에 대한 일시적 충동이었다. 2000년에 말했다. "나는 선거유세를 좋아한다. 내 운명이 나의 일부다."

아버지가 1992년 클린턴에게 지는 것을 지켜보는 것도 "내 생애 최악의 해"였다고 부르는 제한을 경험하는 운명의 일부였다. 하지만 부시가 아버지의 패배를 갚기 위한 복수의 의미로 출마했다 하더라도, 클린턴의 분별없는 장난이 틀림없이 부시가 후보로서 신뢰를 얻는 데 도움을 주었다. 캠페인 도중 부시는 한 번도 클린턴의 여성 편력 같은 언급은 하지 않았지만, 가는 곳마다 백악관의 명예와 품위 회복을 약속했고, 모두가 그 의미를 알았다. 가까운 친구들은 클린턴 행위에 대해 무엇을 했는지, 어디에서 했는지, 부시가 사적으로 질리도록 실망했다고 보도했다. 부시에게 성이란 클린턴의 전반적인 도덕성 부족을 나타내는 은유어였다. 클린턴의 새해에 해야 할 일의 목록을 광범위하게 말하는 국정연설 일부를 지켜보며 부시가 참을 수 없다는 듯이 말했다. "훌륭한 지도자란 우선순

위를 정한다. 그는 순서가 없다."

공화당 후보 경선이 2000년 초에 본격적으로 시작되었을 때, 공화당원들은 이익을 얻기 위해 클린턴의 그런 불미스런 행동을 방청소 수준이라고 하며 너도나도 토해낸 이유를 설명할지도 모른다. 사우스캐롤라이나 예비선거 며칠 전 존 맥케인이 부시가 "클린턴처럼 사실을 왜곡한다"고 비난하는 비열한 계략을 이끌었을 때, 부시의 고문들은 그 언급이 매우 모욕적이고 상상도 못할 정도로 부당한 말이라고 표현했고 "공화당 사람이 서로에게 던지는 최악의 무례"라고 부시의 고문 칼 로브가 말했다. 그래서 부시는 이런 말로 반박했다. "존 맥케인이 나를 빌 클린턴에 비교하며 믿을 수 없는 사람이라고 말하는 것은 도가 지나치다. 전혀 말도 안 되는 이야기다. 아무래도 좋다고 하지만 정직성에 대해서만은 언급하지 말라."

클린턴은 부시가 명성과 부만 생각해도 쉽게 대통령 후보 지명을 얻을 것으로 추측했다. 부시가 경선에서 맥케인을 밀어내는 것을 보면서, 텍사스 사람을 정치 투사로 인정하는 인색한 존경심을 가지게 되었다. 하지만 앨 고어와 대결하는 부시의 모습이 드러나자 그는 걱정이 커졌다. 부시가 실제로 부족한 내용 없이 빈틈없는 유세를 하고 있고, "동정적 보수주의" 슬로건은 신선한 호소를 울리기에 충분했지만, 비판을 피하기에는 다소 막연했다. 2011년 클린턴은 말했다. "나는 부시를 면밀하게 살폈다. 최초에 그가 동정적 보수주의 유세를 했을 때, 나는 고어에게 전화를 걸어 말했다. '당신을 물리칠 수 있는 사람은 부시뿐이다. 왜냐하면 당신은 동정적 보수주의가 무엇을 의미하는지 모르기 때문이다. 신문의 헤드라인은 잊어라. 이것은 아직 정하지 않은 부동표 유권자들에게 하는 이야기다. 우리는 클린턴의 작은 정부와 대폭 세금 감면이라는 똑같은 경제정책을 당신에게 주게 되는데, 어떻게 당신이 그것을 상대할 수 있겠는가? 그것은 천재적 슬로건이다."

클린턴은 마음이 복잡해졌다. 한편으로 실제로 유권자들이 함께 맥주 한 잔같이 할 수 있는 후보를 선택해야 된다고 주장하는 감성에 호소하는 유세는 거의 생각하지 않았는데, 다른 한편으로 그것도 효과를 발휘할 수 있다고 보게 되었다. 부시의 정책에 대해서 그의 생각이 어떻든 간에 클린턴도 부시의 인간적 매력을 보았다. 5월 추기경 오코너의 뉴욕 장례식에 참석한 클린턴은 다른 조문객 네 사람을 너머로 부시에게 안부를 건넸고, 나중에 친구에게 말했다. "나는 그 친구를 항상 존경하지는 않지만 당신들은 그를 좋아하게 될 것이다."

미국인 대부분은 부시 2세가 좀 더 부드럽고 더 온순한 부시 1세의 시대 재현이 아닌가 추측했지만, 클린턴은 젊은 부시가 아버지보다 더 다루기 힘들다고 생각했고, 여름에 러닝메이트로 딕 체니를 선정하자 이를 더욱 확신했다. 부시가 그가 이룬 NAFTA와 복지개혁과 같은 중심은 아니더라도 범죄 방지와 균형 예산을 향하여 국가에서 정한 클린턴의 1993년 증세 업적을 되돌릴 일이 걱정되었다. 그는 고어가 자신을 선거 운동보병으로 이용해 주길 원했지만, 앨 고어 부통령은 클린턴과 거리를 두었다. 어쨌든 클린턴은 앨 고어를 도우려고 애썼다. 여름 중반 한 개인적인 민주당 모금 집회에서 완벽한 텍사스 사투리로 자신이 얼마나 걱정하는지를 나타내며 클린턴은 부시를 흉내 내는 패러디로 일격을 날렸다. "내가 얼마나 더 나빠질 수 있겠는가? 나는 주지사다. 아버지는 대통령이고, 구단도 갖고 있다. 그들은 텍사스에서 밑바닥까지 나를 좋아한다."

이것은 클린턴의 느낌을 솔직하게 표현한 말이지만 한 사람의 대통령이 말하기에는 단정치 못한 표현이었다. 부시는 능숙하게 패러디를 되받아치며 클린턴은 측면에서 머무는 것이 더 현명할 것이라고 백악관을 향해서 타일렀다. 10월에 클린턴의 부정에 관해 질문 받은 부시는 "나는 대통령 클린턴과 싸우는 것이 아니다. 그 사건에 대해서 우리 대부분은 차라리 잊기를 바란다. 그에 대해 이야기해서 얻을 수 있는 정치이익은 별로 없다고 생각한다. 사실 나는 미국인 모두가 발전하고 무엇을 하면 좋을지 생각한다. 만약 클린턴이 스스로 자제하지 못하면 백악관에서 나와서 그림자 대신 나를 상대해서 선거유세를 시작하라."

물론 그림자는 르윈스키와의 염문이었고, 바로 그것이 고어 자신의 표를 깎는다고 믿었고, 그래서 아버지 부시가 레이건에 의존했던 식으로 돕고자 했던 클린턴을 불허한 것이다. 클린턴은 몇 친구에게 이 논리를 부정했다. "미국에 고어가 모니카 르윈스키와 염문이 있다고 생각하는 사람은 한 사람도 없다."

집계가 되었을 때 분명한 승자가 나타나지 않았다. 고어는 투표에서 부시보다 50만 표 이상 더 얻었지만 부시는 플로리다에서 수백 표가 앞섰고, 이것은 이곳 선거인단 전체와 대통령직을 부시가 가져간다는 의미였다. 플로리다의 재검 그리고 법정싸움이 대법원의 5:4 투표로 12월 중순에 부시의 승리를 확정하기까지 5주를 끌었다.

4일 뒤 부시는 워싱턴으로 날아가서 해군관측소에서 고어와 15분간 시간을 보내고 나서 백악관에서 클린턴을 만났다. 그때 선거는 끝났고, 상원에 안전하게 당선된 힐러리가 있고, 더불어 자신의 미래도 활짝 열려 있는 클린턴은 젊잖게 손님을 맞이할 주인의 여유가 있었다. 이것은 특히 이례적인 승계였는데 부시는 들어갈 때나 나올 때 별 감동이 없었다. 아버지의 대통령직 동안 백악관에 체류하며 주말을 보냈었기 때문에 손님이 전기스위치가 어디 있는지 이미 잘 알고 있더라고 클린턴이 농담을 건넸다. 이제 클럽 회원의 우애관계의 어투도 바뀌어, 실제로 간단히 "안녕하세요"로 시작해서, 집무실에서 먼저 이야기한 다음 90분간 점심식사 하러 사저로 옮겼다. 그들은 정권 이양에 대해 대화했고, 마지막에 재판관 임명, 자유무역두 사람이 이에 합의했다, 경제정책에 대해서는 의견이 불일치했다 등에 대해 말했다. 8년 전 아버지 부시가 클린턴에게 사회문제자원서비스인 포인스오브라이트Points of Light 정책보호를 부탁했던 것처럼, 그가 소중하게 생각하는 정부지원자선단체 아메리코어AmeriCorps 전국서비스 프로그램의 보호를 부탁했다. 이런 대화는 바로 사적인 대화로 전환됐다. 부시는 클린턴에게 선거 유세 도중 "그림자"를 언급한데 대해 언짢은지 물었는데, 클린턴은 여전히 그랬다. 부시는 앨 고어의 균형을 깨뜨리기 위한 것이었다고 설명했고, 고어가 자신을 멀리했으니 그것은 틀림없이 효과를 발휘했다고 클린턴이 대답했다.

떠나기 전 부시는 놀라운 부탁을 했다. 1988년 아틀란타 민주당 전당대회에서 클린턴이 길게 단조로운 소리를 내어 결국 놀리며 야유 당했던 우스꽝스러웠던 연설을 회상하며, 부시가 말했다. "당시는 솔직하게 말해서 훌륭한 연사는 아니었지요. 그런데 지금은 아주 좋아졌어요." 부시는 클린턴이 어떻게 능숙하게 TV 연설을 하는지 묻고 있었다.

취임할 대통령은 훌륭한 연설을 하는 요령을 얻고 있었다.

지금까지 자신감 부족을 보인 적이 없는 새내기 당선인으로부터 느닷없이 불쑥 나온 질문은 특히 놀라웠다. 소속당 지지 기반에서 집회를 하거나 전국에서 선거유세를 하는 것은 한 나라를 이끌어가는 것과 같은 것이 아니다. 나라를 이끌 때는 앞에 놓인 난관이 무엇이든 헤치고 나가야 한다. 클럽이 도움을 줄 수 있는가?

레이건이 8년 전 클린턴에게 경계하는 방법을 가르쳐주면서 즐거워했던 것처럼 클린턴도 이 순간을 즐기고 있었다. 그래서 재임 대통령은 신입생을 위해 자신만의 타이밍 비결에 관한 미니 교실을 전개했다. 클린턴은 대담했다. 모든 것은 시간을 적절히 맞춰야 하고, 속도조절을 잘 하고, 페이지에 있는 어구의 뜻을 신중하게 분석하고, 좋은 설교나 강론도 적절히 도입해야 한다. 클린턴은 자기가 비로소 알게 된 점을 좋아하며 친구에게 말했다. "부시는 정말 사람과의 유대 관계를 구축하는 데 재능이 있다. 그를 평가절하한 것은 실수였다."

취임식 날이 가까워지자, 클린턴은 살아남기 위해 갖은 비난을 받았음에도 불구하고, 어쩌면 그랬기 때문에 정말 떠나고 싶지 않은 느낌이 분명했다. 그는 54세에 불과했고 테디 루즈벨트 외에 어떤 재선 당선자보다 더 젊었다. 거대한 권력 양도란 단지 꺼려지는 본성뿐만이 아니고, 이곳을 떠나는 자체가 그에게 깊은 상처를 주었기 때문에 대통령은 일생 두 번 이상 하는 것 이외에 다른 방법이 없다는, 제22조 수정헌법을 받아들이기로 결심했다. 이것이 가능한 경우는 부통령에 당선되고 총사령관이 죽는 경우에 최고직위에 오를 수 있는 것이라고 설명했지만 말도 안 되는 생각임을 알고 있었다. 그는 퇴임 마지막 주에 말했다. "이 자리가 좋다. 더 잘 할 수 있다고 생각한다. 다시 가능하다면 온 마음을 다하고 싶다."

클린턴이 퇴임기에 보인 이상하고 불안정한 태도는 그가 떠날 준비를 하는 방법이라고 사람들이 이해했다. 퇴임 대통령은 마지막 며칠 동안 175건 이상을 사면했는데, 그중 세금 포탈, 사기, 협잡 등 50여개 죄목의 마크 리치도 포함되었다. 클린턴은 실제 그를 사면하면 문제가 심각해진다는 보좌관들 충고도 전부 무시했다. 배후에서 리치의 사면을 강하게 추진했던 몇 사람은 클린턴과 부인에게 거의 20만 달러 상당의 퇴임 선물까지 주었다. 며칠 지나자 리치 사건은 자체 책임감을 보였다. 리치의 전 부인 데니스는 당시 건립 중이었던 클린턴 도서관 건립기금에 45만 불 기증자가 되었다. 잘 봐주어도 이런 조정은 오판의 냄새를 풍겼고, 나쁘게 보면 추악한 대가성으로 보였다. 지미 카터는 그런 조정을 수치스런 불명예라고 평했고, 퇴임하는 상공부장관 빌 데일리는 "추악한 파멸이고 오히려 공포스런 일"로 묘사했다.

사면으로 그들은 의회 청문회를 발생시켰고, 클린턴이 물러난 훨씬 후까지 백악관에 클린턴 망령이 들러붙어 있게 했다. 2월초 〈타임〉은 운동복을 입고 테니스화를 신은 클린턴의 조그만 사진을 표지에 싣고, 표제를 붙였다. "놀랍도록 초라해진 전임 대통령." 그리고 대단히 이상한 주를 달았다. "방금 탄생한 전임 대통령이 기이한 진흙탕 아래로 사라지는 모습관찰." 그 다음주 〈뉴욕타임스〉에 클린턴은 "무슨 일을 했고 왜 그런지"를 설명하려고 사설을 실었다. 전 참모들은 클린턴이 전국의 모두에게 즐거운 마음으로 전화해서 도움이 된다면 직접 설명할 것이라고 해명했다.

이런 잡음으로 부시의 허니문은 더욱 달콤해졌다. 한 보좌관이 말했다. 클린턴은 우리를 더욱 정직하게 도덕적으로 만들고 있었다. 우리는 절대 그런 일을 해서는 안 된다." 사실 그들은 충분히 보여주고 있었다. 부시의 백악관은 그 도시에 새로운 팀이 도착했음을 밝히려고 모든 노력을 다했다. 최근의 일과 같은 것은 아무 것도 없고, 선거 결과가 어떻든 현재 대통령이 누군가를 의심해서는 안 되는 것이다. 그들은 떠나는 클린턴의 참모들이 백악관을 파괴했고, 컴퓨터 키보드에서 W자를 파내고, 정부 재산을 훔쳤다고 주장했다. 한편 부시 보좌관들은 취임 퍼레이드가 끝나기도 전에 새로운 규제는 일절 동결시켰고, 클린턴의 행정명령 대부분을 발견하는 대로 취소했고, 상왕은 떠났고, 클린턴은 새로 사 놓은 뉴욕 차파쿠아에서 산다는 것을 거듭 발표했다. 계속 비교하자면, 클린턴은 밤새 심사숙고하는 편이라면 부시는 숨은 뜻을 알려고 하지 않았다. 클린턴은 지각했고 부시는 시간을 엄수하여 행사 몇 분 일찍 도착했다. 클린턴은 잘 알려진 사람과 백악관 미팅을 자주 하는 반면, 부시는 보좌관들에게 교습 받는 게 너무 행복할 뿐이었다. 부비부부 출신의 백인남자가 9시경 집무실로 어슬렁거리며 들어와 한밤중이 지나도록 일을 했다면, 듀바어설픈 대통령는 정확히 8시간 일하러 아침 7시 15분경에 들어왔다가 저녁식사를 하러 나가고, 더 일찍, 아니면 10시에 잠든다. 부시가 3월 〈타임〉에 말했다. "나는 몇 시간씩 회의하며 앉아있는 것을 좋아하지 않는다. 사람들은 내가 무슨 말을 하는지 알 것이다."

부시가 현재의 책임자가 누군지 보여줄 결심이었다면, 클린턴도 마찬가지로 클럽 규정에 대한 승계 존중의 준비가 되어 있었다. 2001년 초를 예로 들자면, 4월 미해군 EP3항공기가 중국에게 강제 착륙되어 구속된 24명의 군인 석방을 위해 백악관이 협상을 벌이고 있을 때 클린턴은 국가안보보좌관 콘돌리자 라이스에게 홍콩에서 연설하도록 승인을 간청했다.

클린턴은 돈이 필요하기 때문에 가서 연설하고 싶다고 했지만, 중국에 납치된 비행기는 아니더라도 승무원만이라도 석방시켜 데려오려는 정부의 중대한 노력을 방해하고 싶지 않았다. 중국의 주석이자 클린턴의 오랜 친구 장쩌민이 행사 차 홍콩에 있었다는 것이 홍콩여행을 복잡하게 한다는 것을 그는 알고 있었다. 클린턴은 갈 수 없었고, 장쩌민을 무시할 수도 없었고, 미팅기회를 놓치고 싶지 않았고, 부시의 위기종식 노력을 망쳐놓고 싶지 않았고, 끼어드는 것으로 보이고 싶지도 않았다. 그래서 딸 첼시아가 스탠포드 대학 학부생이었을 때 교무처장이었기 때문에 잘 알고 있는 라이스에게 전화했다.

"내가 말했다. '콘디, 나는 연설을 해야겠어요. 그들이 내게 엄청난 돈을 주려고 하는데 당신들이 계획을 거의 망쳐버렸어요. 나는 무엇보다 미국인이고, 장쩌민이 홍콩에 가는 것은 별개 문제예요. 아직 비행기가 섬에 그대로 있고, 내가 가면 장쩌민을 만나지 않을 수 없어요. 그는 내 친구고 그에게 모욕이나 무례한 행동은 아무것도 하지 않아요. 그러니까 이럴 때 내가 어떻게 하면 좋은지 이야기해주면 좋겠어요. 만약 원치 않으면 가지 않겠어요. 만약 가길 원하면 내가 미국 메시지를 들고 가서 내 것이 아닌 대통령 부시의 메시지임을 틀림없이 전하겠어요. 이 말에 동의하고 안 하고는 대통령만이 할 수 있어요.'

그리고 콘디가 내게 다시 전화해서 당신이 원하면 '우리'는 허락한다고 말해줬다. 그래서 나는 '좋아요, 장쩌민을 만나서 무슨 이야기를 하면 좋을까요?' … 나는 그들에게 부시 행정부 정책을 훼손시키지 않겠다는 확신을 주고 싶었다. 내가 부시의 등 뒤에 칼을 꽂는 일은 없을 것임을 부시도 알아야 한다."

이 약속이 시험된 것은 그리 오래 걸리지 않았다.

누가 빈 라덴을 놓쳤는가?

2001년 9월 11일 테러 공격은 클럽 회원은 물론 모두를 하나로 만들었다. 간단히 효과적으로 더한 공포가 매복된 충격적인 대격변으로 인해 그때까지 이 나라가 살아온 습관과 희망에서 놀라 뛰쳐나온 순간, 이것은 모든 사람에게 확실한 경각심을 주는 명백한 소명이 되었고, 남자 19명, 비행기 네 대와 더불어 그날은 911이라는 날짜의 의미를 영원히 바꿔버린 아침이 되었다. 남북전쟁 이래 이 날은 미국 땅에서 발생한 최대 유혈참사였고, 그 날이 지나자, 평균보다 더 나을 것이 없는 임기 8개월의 검증되지 않은 대통령은, 이 나라 역사 어느 때에도 존재하지 않은, 적에 의한 전쟁행위에 직면하고 있었다.

이 나라만 공격받는 것이 아니라 대통령 자체가 공격받은 것이었다. "확실한 위협"으로 백악관을 철수시키고, 마침내 국무부와 법무부 및 모든 연방 건물마저 철수하는 사이 부시는 플로리다를 여행하고 있었다. 펜타곤 서쪽은 이미 화염에 휩싸였다. 재무부 검찰국 관리들은 백악관 건너편 라파예트 공원을 순찰할 때 자동화기를 빼 들고 있었다. 보안요원은 부통령 딕 체니를 그의 자리 옆 벙커로 급히 이동시켰고, 공군1호기를 탑승한 부시에게 보안기관들은 백악관과 부시의 비행기가 공격목표였던 것으로 믿고 있다고 말했다. 부시의 비행기 사무실에서 보좌관들은 전화로 부시 목소리를 들었다. 그가 말했다. "우리가 공격 목표다. 이 공격에 대해 충분히 대처해야 한다. 누가 이 일을 했는지 밝혀야 한다. 그들은 대통령으로서의 나를 그다지 좋아하지 않는다."

3일 후 포드, 카터, 아버지 부시, 클린턴 모두 우울한 채 내셔널대성당의 참담한 추모식에 참석하기 위해 워싱턴으로 날아갔다. 대통령은 미국인의 마음을 치료하고 하나로 묶기 위해 "하나로 단합할 수 있는 용기를 북돋워야 한다"고 루즈벨트가 말한 문구를 인용했다. 연설 후, 77세 아버지 부시가 손을 뻗어 신도석 앞 열에 있는 아들의 손을 잡는 모습을 전세계가 지켜보았다.

그러나 미국의 극적인 아프가니스탄 침공이 만족스럽지 못한 점령으로 이어졌지만, 클럽 내 전임들 간에 존재했을 단합은 정치적 희생양 압력에 의견이 갈라졌다. 2002년 여름 중반 오스마 빈 라덴의 알 카에다 조직이 최초로 미국을 침략하도록 허용한 책임이 부시와 클린턴 중 어느 대통령에 관한 것인지를 묻는 더 확대된 논쟁이 일었다. 마침내 초당적 거대 민주공화 합동위원회를 구성하여 이루어진 집중관련조사는 두 대통령에게 영구적 흔적을 남겼을 것이다. 양쪽 진영에서 깨달은 비난을 피할 최선의 방법은 서로를 지적하는 일이었다. 전 클린턴의 국가안보 관리들은 기자들에게 2002년 중반에 그들이 명백하게 지속적으로 부시, 체니 부통령, 국가안보고문 콘돌리자 라이스와 다른 참모들에게 권력이양기간에 알 카에다 위험성에 관해 경고하기 시작했다는 것을 기자들에게 말했다. 클린턴 최고 테러고문 리처드 클라크가 부시 팀에게 취임 직후 알카에다 지도자를 목표로 한 공격계획안을 제출했고, 클라크는 한때 잠시 부시의 국가안보직원으로 남아 있었지만 그의 계획은 부시에 의해 받아들이지 않았다. 클린턴의 민주당 핵심당원들은 부시팀이 북한과 이란에서 핵확산을 정지시키는데 더 많은 관심을 기울였고, 아프가니스탄 내 부유한 사우디 출신 분쟁 야기자 색출보다 러시아 미사일 방위협정개정에 더 관심을 기울였다고 증언했다. 이것이 만약 사실이라면 부시는 대통령 임무에 총체적 태만이며 또 2004년 대선 임박으로 민주당원들에게 유용한 무기로 사용될 수 있기 때문에 심각한 책임소지가 있었다.

대응책으로 공화당원들은 그들이 받은 만큼 갚아주어야 한다고 생각했다. 부통령 체니는 백악관으로 하여금 공격의 뿌리수사를 위한 양당 9/11 합동위원회를 없애고, 사적으로 클린턴과 민주당은 이 수사가 계속되면 심각한 타격을 입게 될 것임을 경고했다. 또 다른 부시 협력자들은 클린턴이 의지가 부족했거나 르윈스키 사건에 주의를 빼앗겨 1990년대에 빈 라덴을 잡을 수 있는 여러 기회를 놓쳤다고 비난했다. 그들은 만약 직무태만자가 있다면, 그것은 부디^{클린턴}지 듀비^{어수룩한} 부시가 아니라고 주장했다.

이런 식의 논쟁은 나름 타당성이 있었다. 클린턴이 1998년 8월 빈 라덴 훈련 캠프에 공중공습을 개시하면서, 섹스스캔들로 시달리던 와중에 알 카에다에 대한 여러 군사작전이 계획되고 또 그의 감독 하에 준비되었지만 가동되지는 않았다. 클린턴 정보장교들이 빈 라덴의 행방을 정확하게 보고할 수 있는 경우가 극히 드문 상태에서, 법률자문들은 암살노력이 노골적인 공격승인을 꺼렸다. 조지 테닛 CIA 국장이 언급했다. "클린턴 대통령은 우리에게 빈 라덴 생포 작전에 관한 거의 모든 권한을 부여했다. 빈 라덴이 저항할 수 있고 그에 따른 전투에서 사살될 수도 있지만, 작전조건은 거의 언제나 생포시도 우선이었다."

9/11 양당합당 조사위원회가 2004년 7월 조사결과를 발표했을 때, 공평한 입장에서 상세하게 잘 작성된 보고서로 칭찬 받았지만 두 대통령에 대해서는 숨김없이 그대로 드러냈다. 최종 567쪽짜리 조사보고서는 이상하게도 두 최고 통수권자가 적어도 잘못한 것이 없는 것으로 추정되는 하자가 없는 자료였다. 즉, 클린턴은 2001년 테러 공격에 앞서 빈 라덴을 죽일 수 있는 기회를 모두 놓친 책임을 벗어났고, 거기에 클린턴은 오히려 알 카에다 세력저하 목적의 다양한 전술?전략을 시도했다고 보고했다. 동시에 부시는 취임했을 때 적절한 행동을 하지 못한 직접책임이 양해되었고, 일부 보좌관들은 개인을 목표로 하는 작전이 과연 옳은지 의심하고 있었다고 보고했다. 또한 테러와의 전쟁에서 대통령들이 역할을 제대로 하지 못한 증거들은, 많은 기회를 놓치고도 알지 못한 데 대해 독자로서 양해가 되는 중립적 용어로 자세히 밝혔다. 이런 해설 기술은 작성내용이 투표에 부쳐졌을 때 클럽이 확실하게 지원했을 것이다.

클린턴이 2000년 12월 취임 전 대화에서 부시에게 빈 라덴에 대해 언급해주었는가? 두 대통령은 이것을 다르게 기억하고 있었다. 클린턴은 취임선서 전 부시에게 빈 라덴에 관해 구체적으로 경고했다는 회고를 주장했다. "내 생각에 당신에게 가장 큰 위협은 빈 라덴과 알 카에다임을 알게 될 것으로 생각합니다. 나의 재임 시 가장 유감스런 점은 당신을 위해 빈 라덴을 잡지 못했다는 것인데 노력했지만 못 잡았기 때문입니다." 하지만 부시는 달랐다. 둘은 그날 테러에 대해 전반적으로 의논하긴 했지만, 클린턴의 알 카에다에 대한 구체적 언급은 기억에 없다고 그가 9/11조사위원회에게 말했다.

퇴임과 신임 사이의 가장 중대한 대화에 있어서, 아이젠하워가 케네디에서 보고한 이래, 클린턴과 부시는 누가 무슨 말을 했는지 일치 되지 않았다.

당시 그들의 틀리는 기억이 2004년 7월 패널들의 최종 보고에서 공개되자, 부시와 클린턴은 이후 우정관계가 좋아졌다. 누그러진 첫 기미는 2004년 늦은 봄 15일 동안 세 번의 만남으로 나타났다. 둘은 아버지 부시와 함께 현충일에 내셔널 몰에서 새로운 기념관 헌정식 때 나란히 앉았고, 클린턴의 장편 회고록이 막 출간되었을 때 부시는 그가 전반을 읽고 아버지가 후반을 읽을 거라고 그의 전임에게 익살을 부렸다.

그 다음주 로널드 레이건이 93세 나이로 사망했다. 그래서 대통령들은 내셔널대성당 레이건의 장례식에 나란히 앉았다. 3일 후에 부시는 클린턴 부부를 다시 백악관에 초청하여 그들의 공식 초상화 제막식을 했다. 부시는 다소 장황하게 클린턴을 칭찬했는데 몇 가지를 발췌하자면 다음과 같다. "그는 공공정책 지식이 상당히 다양하고, 가난한 사람들에 대한 연민이 대단하고, 앞으로 미국인이 이런 대통령의 모습을 기준으로 삼아야 할 정신이다." 로라 부시도 마찬가지로 그녀의 전임자를 칭찬했다. 클린턴은 부시의 "친절하고 관대한 칭찬에 역사 속으로 하찮은 발걸음을 디딘 느낌이 들어 기분이 겸허해진다"고 말했다.

4일 후 차파쿠아 집에서 다이어트 콜라를 앞에 두고 나눈 긴 대화에서 클린턴은 비난했던 만큼 부시에게 동정심을 가졌다. 그는 부시가 미국역사의 오랜 당파적 분열 이후에 국가단결을 이루기 위한 귀중한 순간을 허비한 것을 염려했다. 또한 부시가 테러에 전면집중하며 대통령직을 소모하는 것과, 이라크 침공과 같은 저돌적으로 치닫게 하는 그의 판단이 이해하기 어려웠다. 클린턴이 말했다. "나는 9/11 이후 우리는 조그만 선교적 열정이 필요하다고 생각한다. 하지만 망상 속에 사로잡힌 권력 행사는 언제나 위험하다. 신념과 망상은 차이가 크다. 그런데 나도 이것과 싸워야 했다. 나는 늘 빈 라덴에 강박을 받았는데 기록이 그것을 반영시킬 것이다. 잘 알겠지만, 동의하지 않지만 나는 이라크 철군으로부터 부시를 계속 옹호해 왔다. 나는 부시가 유엔의 조사가 끝날 때까지 전쟁을 기다렸어야 한다고 생각한다."

하지만 클린턴은 부시가 9/11 정책 관리와 2002년 국가안보청을 신설하고 그에 따른 이라크 전쟁문제를 둘러싸고 신뢰를 얻기 위해 민주당에게 효율적으로 중립을 취했는지에 관한 그의 방식에 대해서는 존중을 꺼렸다. "나는 그가 멍청이라고 생각한 적 없다. 확실히 알지 못하는 것과 멍청하다는 차이가 있다. 하지만 나는 절대 그런 식으로 무엇을 얻은 적도 없고 앞으로도 전혀 아니고, 그것이 옳다고 믿어본 적도 없다."

2008년 민주당 대선후보 지명을 얻기 위한 힐러리 캠페인이 2007년 이미 시작되었기 때문에 클린턴은 자기가 가끔 그에게 주먹을 날려야 함을 부시에게 설명했다. "나는 그에게 말했다. '당신도 힐러리가 정치를 하고 있다는 것을 안다. 그렇기 때문에 때론 내가 당신과 의견 불일치가 불가피할 것이다. 하지만 언제나 존경심을 가지고 할 것이다."

부시의 임기가 줄기 시작하면서, 그는 주로 주말에 더 자주 클린턴에게 연락했다. 보좌관들의 보고에 의하면 둘은 전화로 대화하며, 가을 캠페인의 기복에 대해 의논했고, 자문 한 사람의 이야기에 의하면 유권자, 여론조사, 정치적 메시지 등에 관한 속기 작성 같은 것을 말했다. 부시의 보좌관들은 알칸소 리틀 록까지 가서 대통령 도서관에 대한 계획, 부지, 건축에 대한 정보를 타진했다.

부시와 클린턴은 머지않아 마음이 맞는 점을 알게 되어, 은퇴 후 팀을 이룰 수 있었다. 클린턴은 선거전에 부시에게 전화하여 명예퇴직을 환영하고 부시에게 정치 이후 생활도 풍부하다고 전망해주었다. 11월 대통령 당선자 버락 오바마가 백악관으로 부시를 방문하러 오기 전날 둘은 또 대화했다. 클린턴에게 말했다. "나는 당신이 내게 얼마나 우아하게 대해주었는지 기억한다. 나도 당신이 내게 보여준 예의를 당신이 했던 그대로 후임에게 베풀고 싶다." 조지와 부인 로라는 취임식 뒤 텍사스 고향으로 날아가기 전, 친구들과 떠나는 참모들이 선물로 상영해준 20분짜리 비디오에는 놀랍게도 백악관 이후 생활을 시연하는 빌 클린턴의 모습이 담겨있었다.

부시와 부시:

아버지와 아들

━━━━━━━━ ╼━o ━━━━━━━━

젊은이가 클럽에 가입했을 때 나이 든 사람은 54년간, 즉 그의 인생 전체를 알고 있었다. 두 사람은 이미 여러 가지 별명으로 통했다. 큰 조지와 작은 조지, 선배와 후배. 이제는 숫자로도 부를 수 있게 되었고, 그들은 아예 야구모자에 41과 43을 각각 새겨 넣었다.

하지만 가장 확실하고 중요하고 절대적인 관계로 두 사람은 아버지와 아들이었다. 이 클럽이 대통령에게 줄 수 있는 모든 혜택 가운데 어떤 보좌관보다 대통령의 업무를 잘 알고 있고, 자녀들의 생일은 더 말할 것도 없이 자신의 강점과 맹점까지 잘 알고 있는 사람으로서, 전화 한 통이면 연락이 닿는 사람보다 좋은 것은 없을 것이다. 최고사령관이 되는 어려운 부담을 져본 적이 있으면서 나의 성공 외에 다른 어느 것도 바라지 않는 사람이 내 전화기 속 단축 다이얼로 연결이 된다고 상상해보라. 그것은 엄청난 자원이 될 것이다.

이런 자산을 모두 갖추고 2001년 새롭게 시작하는 이 클럽 회원은 앞으로 최고의 성공을 거둘 준비가 되어 있었다.

하지만 두 사람은 국한된 관계에 대해 이야기한다. 그것은 정치라는 이유에서 비롯되어 정책이라는 이유로 마무리된다. 그들이 자신들이 설명한 대로 설명한 대로, 둘은 연이은 대통령이라기보다는 대체로 가족으로서 자신의 역할에 충실했다. 다시 말해 조지 W. 부시는 조언을 구하는 대통령이라기보다는 이해를 구하는 아들이었다.

이것은 클럽 내 다른 어떤 회원 사이보다 더욱 강인한 유대관계였다. 하지만 가족은 정치보다 훨씬 더 복잡하다.

———————— ⚷ ————————

24

"말로 표현할 수 있는 이상으로 사랑한다"

- 조지 H. W. 부시 -

조지 W. 부시는 아버지보다 훨씬 더 큰 짐을 안고 백악관 집무실에 들어왔다.

바로 자신의 아버지가 짐이었다. 그 짐의 무게를 어떻게 잴 수 있을까?

두 번째 부시의 대통령직에 대해 온통 오이디푸스 콤플렉스에 의거하여 지나치게 광적으로 해석하는 일은 진보주의 진영에서는 흔한 일이었다. 부시는 일찍부터 아버지처럼 되려고 노력해 왔고 그것을 아버지가 알아주기를 줄곧 바랐지만, 뜻대로 되지 않았던 인생 후반기에는 아버지에게 반항하면서 아버지가 감당했던 대통령직의 여러 교훈을 배웠고, 자신의 외교정책을 설득하기 위해 해외까지 무리하게 개입하여 결국 국가를 파괴적이고 재난적인 전쟁으로 이끌고 경제적 어려움까지 가져왔다. 이것은 어쩌면 예전에 거리감이 있고 주의를 다른 곳에 빼앗겼던 아버지가 끊임없이 가족의 기대에 미치지 못했던 아들에게 실망했기 때문에 일어난 일일지도 모른다.

만일 아들이 이런 사실을 제대로 인식하지 못한다면 그건 너무 편협한 생각이라고 일축해버리기가 더 쉬울 것이다. 조지 W. 부시는 2010년 이렇게 말했다.

"내 안에 거기서 벗어나려는 심리적 요소가 많이 있었다는 걸 안다. 아버지와 내가 경쟁한 것은 아버지의 그림자에서 벗어나려고 노력한 것이었다. 이런 관계가 사랑에 바탕을 두었다는 것을 알면 놀랄 것으로 생각한다. 이것은 상황이 그랬던 만큼 복잡한 것이 아니다. 나는 아버지를 존경한다. 아버지는 내게 실망감을 주지 않았다. 언제나 위대했고, 늘 조건 없는 사랑을 주는 사람이었다. 대통령 선거철이 다가오자 이것이 큰 동기가 되어 내 나름의 의제를 갖고 출마하고 싶었고, 나와 함께 할 사람들도 있었다. 중요한 진실은 동기의 마지막 요소가 아버지를 향한 존경심에서 나왔다는 것이고, 아버지가 펼쳤던 무대에서 나도 무엇인가 할 수 있을지 궁금했다는 점이다."

그러나 아버지와 아들의 관계가 아들의 대통령 직무 수행 결과에 영향을 미쳤다는 생각은 잘못된 것이다. 실상은 아들의 대통령직 수행 결과가 부자관계에 영향을 미쳤다.

두 사람, 두 견해

부시 일가에서 조지 W. 부시는 과장되고 허풍을 떠는 편이었다. 장남에, 다섯 명의 자녀 중 가장 개성이 강한 아이였고, 숙모인 낸시 엘리스의 표현대로라면 "다소 별난 아이"였다. 십대에 담배를 피웠고, 케네벙크포트의 해안도로 쪽에 늘어선 차들을 골프 공으로 후려쳤고, 나이 서른에 음주운전으로 구속됐다. 둘째 동생보다 일곱 살 위였기 때문에 그의 형제?나 사촌 무리에서 모두가 우러러보는 대장이었다. 한 사촌이 어린 시절을 회상했다. "배포도 있고 마음이 넓었던 반면 상당히 공격적인 면이 존재했다. 부모님이 눈이 휘둥그레져서 '맙소사, 네가 이럴 수가'라고 얘기했지만, 한편으로는 안도하는 눈빛이었다."

그러나 많은 젊은이들이 그러하듯이 그 역시 종종 도를 넘었다. 비판가들은 언젠가 그가 가족 소유의 자동차로 충동사고를 일으키고 아버지와 맞서 싸운 사건을 크게 부각시키겠지만, 몇 년 지난 후에 돌아보면 그건 대단히 심각한 문제라기보다는 청소년기의 흔한 방황에 가깝다. "나에 대한 악명 높은 이야기로,

내가 밤늦게 집으로 운전해서 돌아오다가 이웃집 쓰레기통을 들이받고는 아버지에게 불손한 태도를 보였다는 이야기가 있다. 누군가는 그런 장면을 떠올리면서 두 대통령이 심각한 신경전을 벌였다고 생각하겠지만, 실제로는 나는 그저 술이 취한 어린애였고, 아버지는 평범한 수준의 화가 난 아버지였다."

아버지의 유명세를 입고 있는 장남의 입장은 조지에게 다른 형제들이 겪어보지 못한 어려움이 있었음을 의미했다. 그는 부모와 부모의 기대감이 주는 부담을 어린 동생들보다 더 많이 지고 있었다. "다른 형제들은 거의 '그건 큰 형이 할 일이야'라는 식이었다. 우리는 유능할 필요도 없고, 제 할 일만 하면 되고, 조지가 모든 허물을 떠안았다"고 한 사촌이 말했다. 형제 가운데 오직 그만이 1953년 여동생 로빈이 백혈병으로 일곱 살에 죽는 모습을 보았다. 어린 시절 입은 상처로 장남은 모든 순간 재미를 추구하며 살게 했고, 무뚝뚝하게 말하는 어머니와 더욱 가까워졌다. 그는 형제들을 보호하는 역할을 맡았고, 때론 가족의 익살꾼이 되기도 했다. 동생 마빈이 어린 시절을 회고했다. "어렸을 때 그는 종종 우리 모두 합친 것보다 더 어린 짓을 하곤 했다." 조지가 어머니를 닮았어도, 그는 아버지를 존경했다. 아버지로부터 훈육을 받을 때 "실망스럽다"는 가벼운 책망에도 아들은 주눅이 들었다. 그가 여름 아르바이트를 일주일 정도 일찍 그만두었을 때 그의 아버지는 아들을 자신의 휴스턴 사무실로 불러들여 이에 대해 꾸짖었다. 아들은 참담한 경험을 했다. 형제들은 그런 때 맏형의 좌절감을 보았다. 언젠가 마빈은 "마치 조지가 세상에서 최악의 흉악범죄를 저지른 느낌이었다"고 언급했다.

그는 일찍부터 아버지가 걸어왔던 길을 따랐다. 앤도버 사립고등학교에 이어 예일대에 진학했고, 공군 조종사로 복무한 뒤 하버드 대학원을 졸업했다. 하지만 아버지와 아들이 꼭 같은 결과를 거둔다는 보장은 없었고, 그리니치가 아닌 서부 텍사스에서 태어난 그는 앤도버와 예일에서 문화적 충격을 받았다. 그는 반항아처럼 카우보이 장화에 전투기 조종사 재킷을 걸친 채 캠브리지 주위를 돌아다녔다. 1960~1970년대 시기에 이 근방은 그의 아버지 세대인 1940년과 1950년대 시절의 뉴헤이번예일 지역에 비해 유명한 상속인에게 환대가 거의 없었다. 경영대학원을 졸업한 뒤에는 아버지가 경영에 참여하여 백만장자가 된 퍼미언 분(Permian Basin)의 유전 지역에서 일하며 근근히 생활을 이어갔다. 32세에 의회에 도전하여 중간선거에서 승리했지만, 아버지 이름 덕에 올라온 동부에서 교육받은 애송이라고 매도 당한 뒤 경험 많은 민주당 후보에게 패했다. 그는 중부 출신 도서관 사서 로라 웰치(Laura Welch)와 결혼하여 1981년 쌍둥이를 낳았고, 자신의 해 뜰 날을 기다렸다.

하지만 석유사업은 제대로 굴러가지 않아 석유 시추 투자는 부실했고, 부인이 단호한 태도를 취할 때까지 음주 버릇이 계속되었다. 하지만 정신을 차리면서 아버지의 그림자로부터 벗어나겠다고 생각했고, 다시 재기할 기회를 찾았다. 1986년 가족과 워싱턴의 연립주택으로 이사한 뒤 아버지의 1988년 대통령 선거 유세를 돕기 시작했다. 워싱턴 D. C.를 좋아하지는 않았지만, 14번가 선거 본부 일대에서는 모두가 부시를 주니어라고 불렀고 굳이 자신을 소개할 필요가 없었다. 그는 가족 집행인으로 입지를 구축하고, 숫자가 늘고 있는 중립적 교인들의 표를 끌어들이는 책임을 맡았다. 중서부 종교 지도자들의 이름을 기억했고, 어떤 경우에는 하루에 7번이나 연설하면서 처음으로 자신이 가족 사업에 실제적으로 보람 있는 역할을 하고 있음을 깨달았다. 8월 뉴올리언스 슈퍼돔 안에서 아버지를 최고의 자리에 올리기 위해 마이크를 잡고 텍사스 대의원들의 표를 끌어들였다.

둘은 각자 생각했던 것보다 훨씬 더 협력이 잘 되는 팀이었다. 아버지는 질서정연하고 생각이 깊은 반면 때로 행동이 느리고, 아들은 본능적이고 충동적이며 급한 성격으로 유명했다. 아버지가 신참에게 공평한 기회를 주는 반면, 아들은 낯선 사람은 그가 선량함을 입증할 때까지 위험한 사람으로 취급했다. 또한 신임 대통령이 빨리 용서하는 사람이라면, 아들은 한 번 품은 원한은 잊지 않는 사람이었다. 1989년 젊은 부시는 이렇게 말했다. "나는 사람을 빨리 판단하는 성격인데, 다만 내가 얼마나 정확한지 모른다. 문제는 내가 무슨 생각을 하는지이다." 아버지는 '인사위원회'라는 가상의 패널을 만들어 자신의 참모가 골프를 얼마나 잘 치는지, 테니스는 잘 하는지, 중요한 회의 때 조는지 등의 내용으로 깔끔하고 매끄럽게 채점했다. 이와 비교해서 아들은 1988년 아버지가 당선되자 실제로 성실하고 철저히 비밀인 위원회를 만들고 이를 '침묵위원회'라고 불렀다. 거기서 그는 정부 행정에 합당한, 가장 열렬한 부시 충성자를 발굴하기 위해 회의를 소집했다. 선거가 끝나자 부시는 자신의 능력에 대한 시험을 통과하고 아버지에게서 인정받았다고 생각했다. 나중에 그는 다소 어색한 듯이 말했다. "유세에서 아버지와 나는 새로운 차원의 협력 관계를 형성하게 되었다. 아버지가 내 의견을 받아들였을 때 그럴 때도 있음을 알게 되었다."

그런 일부 성공이 부시가 자신의 길을 걷도록 자유의 날개를 달아주었다. 아버지의 취임 뒤 아들은 다시 가족을 데리고 텍사스로 옮겨갔고, 투자가들을 모집하여 텍사스 레인저스 야구단을 사들였다. 부시는 처음으로 순수하게 자신의 성공적 사업과 정계 진출을 위한 발판을 마련한 다음 한동안 서두르지 않았다. 〈댈러스 모닝뉴스〉의 기자가 1989년 초 어느 아침에 운 좋게 사무실에서 그를 붙잡았다. 그때 부시는 밀실협상에 너무 바빠서 도쿄에서 걸려온 아버지의 전화도 제대로 받을 수 없을 정도였다. 그는 다소 귀찮은 듯 "아버지, 연설문을 고치는 중이에요. 아무 문제 없어요. 일본에서 귀국하시면 다시 전화주세요." 그는 수백만 달러를 모금했고, 큰 거래를 성사시켰고, 텍사스 레인저스 구단장 자리도 맡았다. 모든 홈 경기마다 옛 알링톤 경기장을 찾았는데, 때로는 손에 배트를 들고 돌아다니기도 했다. 그는 이렇게 이 복잡한 대도시의 유명인이 되었다. "텍사스 사람들이 늘 그들이 앉는 자리에 앉아서 같은 팝콘을 먹고 같은 화장실에 가는 나를 보아주길 바란다." 특히 동생 마빈이 이야기한대로, 야구는 "그가 조지 부시 주니어가 아닌 조지 W. 부시가 되는 진정한 기회였다."

아들은 공식 가족 방문 외에는 아버지의 백악관에서 멀리 떨어져 야구 경기장에 틀어박혀 있으면서 전화로 정보를 받았다. 백악관 요소에서 일하고 있는 친구 몇 명이 발 빠르게 정세를 알려왔다. 아버지가 1991년 중반 존 서누누John Sununu에게 수석보좌관 사임에 대해 이야기해줄 것을 부탁했을 때 아들의 제안은 고위 참모를 바꾸지 말라는 것이었다. 백악관 주변에서 아들은 여전히 "주니어"로 널리 알려져 있었다.

1991년 말 그는 민주당이 1992년에 아버지를 패배시킬 방법이 없으며, 재선 운동에서 딱히 할 일이 없을 거라고 호언했다. 대선 결과 빌 클린턴이 당선되었을 때 비록 아들이 조금 덜 놀라기는 했지만 두 부자 모두 비참해졌다. 하지만 아들은 1994년 텍사스 주지사 선거에서 인기 있던 현 주지사 앤 리처드를 상대로 승리를 거두며 백악관으로 향하는 발판을 마련했다.

　4년 후 그는 대통령 출마를 공표하고 기록적인 액수의 자금을 모금했고, 아버지가 없는 듯이 활동했다. 아버지 부시의 대통령 집권 최초 2년은 새로운 대기오염 측정법, 장애인 인권 법안, 획기적인 예산 적자 감축 등 국내에서 초당적이고 굳건한 업적을 달성했다. 하지만 각 현안마다 당내 우파들로부터는 배척을 받았다. 이것은 젊은 부시가 경제?사회 문제에 있어서 강경노선을 취하는 한편, 불안한 무당파 유권자들에게는 자신이 희망 없는 이념주의자가 아니라는 사실을 주지시킬 필요가 있음을 의미했다. 그러므로 "동정적 온건보수주의"의 바람막이가 되었다. 그는 세금 감면, 교회 및 종교 단체들의 정부 프로그램 대대적 참여, 공립학교 교육 기준 강화 등의 운동을 벌였다. 아버지가 부드럽고 관대한 로널드 레이건 계승자로 출마했다면, 아들은 오히려 레이건으로 출마했다.

　아들의 전략적 핵심은 아버지 부시의 정책이 당내 정책 관리가 적절하지 못했던 결과로 인해 재임에 실패했다는 소신에서 비롯되었다. 부시와 수석전략가 칼 로브는 같은 실수를 하지 않겠다고 결심했다. 아버지 부시의 업적은 시간이 지나 성공을 거두면서 인정받게 되었다. 아버지는 전반적으로 국가 재정을 재편하여 균형 예산 방향으로 이끌었고, 거의 40년간 최대의 적이었던 소련의 붕괴에 민첩하게 대처했고, 엄청난 교모의 해외 주둔 미군 병력을 감소시켰고, 몇 주 만에 파나마의 권력에서 독재 마누엘 노리에가Manuel Noriega를 축출했고, 사담 후세인의 군대를 쿠웨이트에서 쫓아내 이라크로 철수시켰다.

　그의 재임 당시 불황은 오직 2분기만 지속되었다.

　그러나 41대 부시의 대통령직 수행은 잘 봐주어야 실패고, 나쁘게 보면 보수주의에 대한 배신이었다. 가장 심각한 것은 세금이 올랐다는 것이었고 그로 인해 클린턴에게 패배했다. 그래서 아버지 부시를 도왔던 일부 관료들이 아들을 당선시키기 위해 협조하긴 했지만, 아버지의 업적이 아들에게 긍정적인 영향을 줄 수 없었기 때문에 초반에는 말 못할 어색함이 있었다.

　그러나 아버지가 거의 눈에 띄지 않았다 하더라도, 그에 대한 직접적인 비난에 대해서는 관대할 수 없었다. 네브래스카의 척 헤이글 상원의원이 텍사스 오스틴에서 사적으로 부시에 대한 평가를 내놓고, 기다리는 기자들에게 젊은 부시는 그의 아버지보다 더 강인하고, 더 보수적이고, 더 훈련 받은 사람이라고 이야기했다. 그것은 정확하게 로브가 의심 많은 당 내 지도부에 전하고 싶었던 희망의 메시지이기는 했지만, 헤이글의 언급은 아버지에 대한 공격이기 때문에 아들의 기분을 언짢게 했다. 아버지가 해온 방식에 대해 부시는 비난할 수 있어도, 다른 누구도 할 수 없는 일이었다.

　이런 감정들이 양 방향을 오갔다. 아버지가 패한 이후 8년 만에 아들이 후보지명에 거의 성공한 2000년이 되자 실제로 큰소리로 외칠 정도로 아버지의 자부심이 넘쳤다. 아버지는 아들에 관한 공화당 공식 자서전 비디오를 촬영해주려다 카메라가 쓰러져서 중단되고 말았다. 2001년 1월 21일 젊은 부시는 12년 전 아버지가 사용했던 커프스를 착용하고 43대 미국 대통령으로서 선서를 했다. 그날 늦게 마침내 단둘이 클럽 회원으로서 백악관 집무실에 남았을 때 어느 누구도 쉽사리 입을 열지 못했다. 신임이 당시를 회상했다. "이 순간은 우리 둘이 표현할 수 있는 이상으로 감동적이었다."

아들의 위로

캠페인 내내 무언의 규정이 관찰되었다. 아버지의 모습은 보이지 않았고 목소리도 들리지 않았다. 따라서 두 사람 사이의 정보와 지적 사항 교류가 부정되었다. 부시가 공화당 최종지명을 받은 뒤 불현듯 기회를 확실히 얻기 위해 독립적인 유권자와 온건적인 유권자가 절실해지면서 무언의 룰에 예외가 생겼다. 필라델피아 전당대회에 앞서 〈타임〉의 월트 아이작슨과 특별 인터뷰를 하면서 그는 이렇게 말했다. "나는 아버지를 위해 싸우는 용사다. 부통령 선정과 같이 내가 질문이 필요할 때면 아버지가 충고해준다. 누군가 부정적으로 대답하면, 아버지에게 그들의 진정한 속내가 무엇인지 묻는다." 특히 딕 체니의 장점에 관해서 논의했을 당시 아버지 부시는 체니의 강점과 취약점을 알고 있었고 그가 잘 해나갈 수 있을 것으로 믿었다. (사실 부통령으로 아들의 두 번째 선택인 상원 존 댄

퍼스는 마찬가지로 1988년 아버지의 최종 후보자 중 첫 번째였다.)

하지만 9/11 테러 이후 부시가 자신감 있는 최고사령관으로 모습을 보여야 한다는 압력을 받고 있을 때, 아버지는 한발짝 뒤로 물러났고 다른 일에 관심을 두는 것으로 생각할 수도 있었다. 아버지는 말했다. "때로 조지가 무엇인가를 내게 물을 것이다. 하지만 나는 그 일 밖에 있고 더 이상 관심을 기울이지 않는다. 나는 조지의 팀과 의견이 엇갈리고 싶지 않다." 아버지는 이슬람 테러주의자들을 상대로 하는 싸움이 더 어려워질 것이고, 그의 재임 때 가졌던 부담보다 훨씬 더 복잡할 것임을 알고 있었다. 9/11이후 그는 아들에게 미국 내 무슬림들에게 손을 뻗으라고 강조하며, 이것은 2차 세계대전 당시 많은 미국지도자들이 일본인들 억류 문제를 어떻게 잘못 처리했는지를 다시 각성시켰다고 말했다. 아버지는 또한 아들에게 9/11 이후 양당 연합은 영원히 지속되지 않을 것이라고 말했다. 하지만 그것을 넘어서 그의 역할이 보다 근본적인 문제로 제한시킬 것을 조언했다. "지금 내가 할 수 있는 일은 수백 마일 떨어진 이곳에서 아들의 어깨에 내 팔을 얹어주는 정도의 일이다."

아버지 부시가 회고했다. "어려운 결정을 내릴 때 나는 조지가 혼자 그것을 처리할 수 있다는 것을 알고 있었다. 그래서 그렇게 많이 걱정하지 않았다. 하지만 9/11에 대해서는, 조지와 그가 직면한 것에 관한 생각을 멈출 수 없었다. 두 번째 비행기가 두 번째 타워에 부딪치던 순간 전 세계가 변해버렸다. 조지의 전임 그 누구도 이런 순간을 당한 사람은 아무도 없다."

대통령이 2002년 초 이라크를 침공하여 사담 후세인을 굴복시키겠다고 결정했을 때, 그는 아버지와 편차가 큰 계획에 착수하고 있었다. 연장자 역시 1991년 같은 문제에 봉착한 적이 있었고, 그때 사담 타도라는 목표는 군사적으로 어리석고 또한 외교적 악몽이 될 것으로 판단했다. 그와 브렌트 스코크로프트는 공동 회고록에서 이에 대한 이야기를 많이 했다. 아들조차 아버지가 당시 올바른 일을 했다고 생각했지만, 이번에는 당시와 상황이 변했다고 믿었다. 9/11 테러는 세계를 더 위험한 곳으로 만들었고, 알 카에다는 사담 후세인과 세력을 모아 중동지역을 위협하거나 핵무기 개발을 공모할 수 있다고 믿었다.

전쟁을 향한 부시의 행진은 2002년 중반에 미국 여론을 분열시켰다. 아버지의 고문 다수가 전쟁에 회의적이었고 수십 억의 비용 감수와 테러에 집중함으로써 미국의 관심을 분열되고 전쟁의 수렁으로 이끌려 갈 것을 우려했다. 아들의 핵심 인물들인 체니, 던 럼즈펠드, 폴 월포위츠는 모두 저돌적이고 자신감이 넘쳐흘렀고, 반대 여론에 관심도 없었다. 제임스 베이커는 8월 〈뉴욕타임스〉 칼럼에서 좀 더 신중할 것을 촉구했다. (하지만 침공 반대에는 역부족이었다.) 스코크로프트는 〈월스트리트저널〉에 단호하게 이 군사작전에 반대한다는 논평을 내놓았다. 두 기사는 부시 지지편과 반대편 모두에게 아버지가 아들에게 보내는 암호처럼 보였다. '내가 너라면 하지 않을 것이다.'

　스코크로프트의 기사가 더욱 주목 받은 이유는 침공 반대라기보다 부시 충성자 중 유일하게 일탈하여 많은 의견 중 사견을 말했다는 점이었다. 현실주의 공화당계의 주류는 다른 나라를 침공한다는 생각에 반대했지만, 9/11 이후 1년 간 전쟁을 하겠다는 인기 있는 대통령에게 너무 갈등을 빚거나 도전하기가 두려웠다. 하지만 닉슨을 위해 일한 적이 있는 스코크로프트는 총사령관은 경의만 표하는데 따르는 위험을 너무나 잘 알고 있었다. 그는 이렇게 썼다. "우리는 침공 문제를 신중하게 생각해야 한다. 사담을 테러 조직에 연계시키기에는 증거가 부족하고, 특히나 9/11 공격과 연관 짓기에는 훨씬 더 부족하다."

　이 기사가 신문에 나오자 43대 부시는 격노했다. 스코크로프트는 아들에게 충성 맹세를 한 적이 없지만, 부시는 그가 자기 가족에 대한 충성 맹세를 위반했다고 느꼈다. 부시가 회고했다. "나는 브렌트가 그의 충고를 나와 의논하지 않고 신문에 게재한 데 화가 났다. 나중에 비판자들이 외교적 노력이 실패할 경우, 브렌트의 기사를 활용한다는 것을 알고 있었다." 칼럼이 아버지가 아들에게 보내는 봉화 신호로써 인기가 있었다는 언급에 대해 부시는 말했다. "웃기는 소리다. 모든 사람 가운데 아버지는 위험부담을 잘 이해하고 있었다. 내가 이라크를 잘못 처리한다고 생각했다면 내게 직접 비난했을 것이다."

　아들이 아버지에게 불만을 표했을 때 연장자는 스코크로프트를 충성자들과 다른 부류로 분리하여 그를 면제시켜 주었다. "아들아, 브렌트는 내 친구다."

　사건은 그렇게 끝났지만, 아버지가 생각한 것은 무엇이었을까? 이라크 전쟁을 지원했던 고위관료는 아버지가 침공까지 얼마간 전쟁에 관한 관점이나 부차적 의미가 내포될 수 있는 인터뷰와 연설을 일절 피했다고 설명했다. 그가 전쟁을 지지했든 아들과 별도로 반대했든 간에, 아버지는 자신의 분신과도 같은 아들과 분리될 수 없기 때문에 공식적 언급은 논쟁의 여지가 있었다. 오히려 아버지는 자신의 재임 시절보다 더 많은 단서를 줄 수 있는 정책자문들이 있다고 믿었고, 그러면서도 모두가 전쟁에 회의를 가질 때 본인만은 무조건 지지를 보내는 아버지였다. 그래서 못 다한 이야기가 있다 해도 자신의 역할을 결정했고 공식적으로 언급했다. "41대 대통령으로 나는 100% 그를 지지하고 아들과 사이에 거리는 없다."

　그는 클럽의 규칙대로 의견을 밝혔다. 41대 부시는 2002년 9월 〈타임〉과의 인터뷰에서 말했다. "나는 미국 대통령이 가능하면 전 세계적으로 지지를 받기를 바라지만 대통령이 원하는 방식대로 이루어지기를 바란다. 만약 우리가 동맹 없이 단독으로 행동해야 한다고 그가 결정하면 나도 그의 편이다."

　사람들은 정책에 대해 아버지가 아들보다 걱정 부담이 적다고 말했다. 두 사람은 2002년 크리스마스 때 캠프 데이비드 별장에서 다가오는 전쟁에 대해 의논했는데, 회고록 속 아들과 관련된 부분에 있는 대화의 요지는 적어도 축복이 많았다. 아버지가 아들의 말을 그대로 옮겨 적었다. "대부분 나는 주요 문제에 대해 아버지의 충고를 구하지 않았다. 내가 아버지보다 더 많고 더 좋은 정보가 있다는 사실을 둘 다 잘 알고 있었다." 하지만 아버지가 몹시 걱정했다는 것도 분명하다. 이유는 당시 전쟁 결정이 인기를 얻지 못해서가 아니다. 2003년 2월 여론조사는 침공 지지가 63%였는데, 아버지는 반대 여론을 무시할 수 없었고, 통계 수준을 견뎌내기가 어려웠다. 로라 부시는 시아버지에게 TV를 보지 말도록 권했고, 대통령은 아버지에게 걱정하지 말라고 했다. 하지만 왠일인지 자꾸 걱정이 됐다. 3월 초 그는 〈타임〉의 기자 휴 사이디에게 말했다. "요즘은 걱정하는 일이 내 일이다." 결정에 대한 심적 압박이 얼마나 심한지 아버지보다 더 잘 이해하는 사람은 없었다. 1989년 재임 시 파나마로 미군을 파견하기 전날 밤, 아버지 부시는 침대에 누워 말 그대로 목도 팔도 움직일 수 없었다. 그는 말했다. "나도 전투를 해보았지만, 생명에 대한 책임감 때문에 온몸이 긴장되어서 움직일 수 없었다. 전쟁에 대한 결정은 위원회나 장군에 의해서가 아니고 오직 단 한 사람 대통령이 내리는 것이다.”

두 사람은 실제로 결정을 내릴 때 의논을 했는데, 이것은 계획 자체의 가치 이상의 부담이었다. 부시는 2003년 3월 19일 “세계평화를 위해, 이라크 국민의 이익과 평화를 위해, 이라크의 자유를 위한 군사작전 명령을 내린다. 신의 축복이 미국에 내리기를 기원한다”라는 연설로 전쟁을 승인했다. 그는 전쟁 상황실을 떠나서 집무실로 통하는 계단을 걸어 올라갔다. 그리고 백악관 남쪽 잔디에 나가 산책하며 기도했다. 아버지도 1991년 이라크를 상대 한 걸프전을 시작했을 때 그와 거의 같은 심정이었다. 부시는 되돌아와서 백악관 응접실에 앉아 아버지에게 편지를 썼다. 그리고 나중에 그 이유를 말했다. “내 기분을 이해하는 사람은 단 한 사람뿐이었어요.”

> 사랑하는 아버지,
>
> 이라크 국민을 해방시키고 핵무기를 없애기 위해 필요하다면 무력을 행사하겠다고 수 개월 전에 결정했음에도 불구하고, 이 전쟁 결정은 감정적이었습니다⋯. 올바른 일을 해야 한다는 것을 알기 때문에 목숨을 잃지 않도록 기도합니다. 이라크는 해방될 것이고, 세상은 더 안전해질 것입니다. 한순간의 감정은 지나갔고, 이제 앞으로 있을 비밀군사작전에 대한 승인을 기다립니다. 아버지가 겪은 일들을 이해합니다.

부시는 팩스를 통해 텍사스로 편지를 보냈고, 몇 시간 후 최고사령관을 격려하기 위해 가족 중에 가장 신성한 이름 아버지에게서 답장이 왔다.

> 너의 자필 편지를 방금 받고, 무척 감동을 받았다. 너는 올바른 일을 하는 것이다. 방금 내린 결정은 하지 않으면 안 되는 가장 힘든 것이다. 하지만 강인함과 정열로 내린 결정이다. 이라크인이나 미국인이 무고한 생명의 희생에 관해 걱정하는 것은 올바른 일이다. 그러나 네가 해야 하는 일을 했다. 어쩌면 링컨 대통령 이후 어떤 대통령보다 가장 어려울 법한 문제에 직면해 있다는 것이 다소 도움이 될지 모르겠다. 힘과

자비로 임무를 수행하거라. 로빈의 말을 기억해라: '나는 말로 할 수 있는 것보다 더 너를 사랑한다.'

　　나도 그렇다.

　　　　　　　　　　　　　　　　　　　　　　　　진심을 담아, 아버지가

아버지와 아들

두 사람이 나눈 가족끼리의 위로는 상황이 더 어려워졌을 때 더욱 빛을 발했다.

　　아버지 부시는 인터넷에서 떠도는 뉴스, 가십, 비난, 신경 쓰이는 근거 없는 모의들을 꼼꼼히 훑어보며 오전 시간을 보냈고, 아들을 향한 비판에 대항하는 침묵의 일인시위자를 자처했다. 아들의 언행을 비난하는 칼럼니스트나 시사전문가에게 성난 댓글을 발사하며 하루를 시작했고, 때때로 항의성 메일을 작성했다가 삭제하거나 임시 저장함에 보관하기도 하고 실제로 직접 보내기도 했다. 쿠웨이트 침공 때, 미국 성공회 수장이 아버지 부시에게 퍼부은 비난 이후 정확하게 11년 만에 아들의 이라크 침공에 반대하는 또 다른 교회 수정에게 사적인 편지로 반격했다(오히려 11년 전 당시에는 침묵했었다.).

　　아버지의 악역을 감지한 대통령은 예측 가능한 고뇌에 빠졌다. "내가 아버지에게 전화를 걸자 어머니가 받아서 말했다. '네 아버지가… 설마 모든 이야기에 다 귀를 기울이고 있는 것은 아닐 거라고 생각한다. 조지, 네가 아버지에게 직접 이야기하면 좋겠구나.' 그래서 나는 위로해 주는 사람이 되어 이렇게 말했다. '아버지, 저는 잘 있어요. 상황이 거칠다는 것은 알지 걱정하지 마세요.' 그렇게 역할이 정반대가 되었다." 나중에 아버지가 이렇게 설명했다. "비난으로 두드려 맞고 있는 아들을 지켜보는 심정은 직접 대통령이 되는 것보다 훨씬 더 어려운 일이었다. 바바라도 신문이나 뉴스 보기를 중단했지만 나는 그렇게 할 수가 없었다."

　　부시는 아침에 일어나면 종종 휴스턴이나 메인 주 집의 침대에 아직 누워 있거나 늘 하던 대로 커피를 마시며 신문을 읽고 있을 부모에게 전화를 걸었다. 그들은 전화가 울리면 스피커폰으로 전환하여 받았다. 언제나 섬세한 부시 어머니는 일부러 인형놀이 하듯 어느 정도 자제를 보였다. 어머니가 회고했다. "우리는 규정을 정했다. 아버지가 네게 절대 되풀이해서 이야기하지 말 것, 원치 않는 충고를 하지 말 것, 사람들이 대통령에게 하는 선물이든, 충고든, 제안이든, 희망하는 일이든, 네게 전하지 말 것 등이다. 우리는 상황이 어떤 것인지 잘 알고 또 그속에 함께 있기 때문에 이런 약속을 정했다."

부자는 익히 알고 있는 어머니의 잔소리를 막기 위해 협력했다. 전 대통령은 그의 공언이 어떻게 잘게 씹히는지 잘 알고 있었고 전 영부인은 전혀 믿음이 가지 않았다. 그래서 남편과 아들은 그녀에 대해 공모했다. 특히 어머니가 주위에 있을 때면 듣지 못하도록 마이크를 껐다. "그것이 그녀를 침묵시키는 공동의 노력이었다"고 한 핵심 측근이 설명했다. 이따금 그녀는 유용한 조기경보시스템이 되었다. 2002년 부시가 이스라엘-팔레스타인 두 정부 간의 갈등 해결을 위해 관계자들을 불러 모으면서 PLO팔레스타인해방기구의 지도자 야사르 아라파트를 포함시키지 않자, 어머니는 어느 날 전화로 물었다. "우리 최초의 유대인 대통령은 잘 지내고 계신가?" 나중에 부시는 "어머니의 재치에 웃음이 나왔다"고 말했다. 아버지의 연설에 감동을 못 느끼면 아버지한테도 역시 그랬을 것으로 그는 추측했다.

2004년 존 케리 민주당 후보를 패배시킨 뒤 부시는 가족의 재선 실패 저주를 씻어버렸다. 그리고 다음날 아버지와 통화했다. "아버지가 겪은 일을 내가 다시 겪지 않아서 기쁘다"고 했다. 하지만 그때 아버지는 낙선에 연연하지 않고 잘 지내고 있었다. 2004년 11월 말 부시는 "업적을 남기려고 애써 노력하지 않는다. 평가는 역사가들에게 맡길 것이다. 좋은 평가를 얻으면 좋고, 그렇지 않다 하더라도 마음은 행복할 것이다"라고 말했다. 그리고 그가 비밀리에 정책을 제안하거나 어떤 식으로든 배후에서 아들의 일에 관여할 거라고 믿는 사람들, 혹은 반대로 모든 대화를 중단시켜 버렸을 거라고 예상하는 아들의 비판자들에게로 돌아왔다. 아버지 부시는 이들에 대해 이렇게 말했다. "이러한 비판자들은 아들의 옆에서 격려하고, 정당성을 인정하고, 실망할 때 옆에 있어주고자 하는 한 아버지의 심정을 이해하지 않거나, 혹은 이해하지 못하는 듯하다. 우리는 이슈에 대해 의논하기도 하지만 진지한 토론은 아니다. 그는 나에게 '지금 무엇을 해야 할까요?' 하며 내 의견을 묻지 않는다. 이것은 아들에 대해 느끼는 아버지의 자부심이고, 현 이슈들은 피해 지나간다. 조지가 나의 실패를 만회하고자 한다는 식의 생각은 얼토당토하지 않다. 전혀 그런 것이 아니다.

마찬가지로 훨씬 더 미묘한 감정이 있었다. 아버지 부시의 외교 정책은 불안을 해소하기 위한 꾸준한 노력이었고, 부시와 베이커와 스코크로프트는 다방면으로 노력하면서 특히 중동문제에 있어서 변화속도를 늦추고, 일반대중의 눈에 보이지 않는 미래의 불확실성에 대비한 울타리를 구축했다. 그들은 좋지 못한 사태를 막지는 못했지만 항상 해협에 배를 정박시키며 준비 태세를 유지했다.

9/11 테러 이후 젊은 부시 팀은 아버지 세대가 관리해온 예전의 세계 질서를 관찰하며 말했다. "그것은 시대적으로 맞지 않기 때문에 우리는 새로운 것이 필요하다." 그래서 변화에 착수했다. 우선 아프가니스탄에서, 다음에 이라크에서 전 세계의 궁극적 "자유주의 의제"는 더 이상 유지하기 힘든 만큼 과감하게 도전했다. 이런 전개를 지켜보면서 아버지는 시간이 변했고, 침묵의 외교 시대는 끝났고, 새로운 체제의 필요성을 생각하며, 새로운 전략이 잘못되지 않을까 하는 두려움을 가지며, 아들의 결정이 올바른 방향이 되기를 열심히 기원했을 것이다. 한편 아들은 아버지 세대의 누구도 당시는 위대했지만 새 시대에 구식이 되어버린 전망으로 오늘날 미국이 처한 위기와 위험을 파악할 수 없다고 생각했고, 위험과 불확실성이 무엇이든 미국의 전략은 변화를 받아들이는 방향으로 재빨리 움직여야 한다고 생각했다.

아버지와 아들의 두 세계관을 하나로 조화시키는 것은 사실상 불가능하고 의미가 없었기 때문에 그들은 안정된 장소이며 모두의 대화를 이해할 수 있는 가족으로 회귀했다. 조지 W. 부시는 이렇게 표현했다. "사람들이 상상하기에 가장 불가능한 것이 부자 관계의 두 대통령일 것이다. 그들은 우리가 테이블에 둘러 앉아 끊임없이 문제, 전략, 전술을 분석하는 모습을 상상한다. 실제는 그보다 더 단순하면서 심오하다."

가족이란 말하지 않은 채 내버려두는 것이 더 나을 때가 있다. 부시 가에서도 가끔 두 대통령에 대한 주제는 금기의 대상이 되었다.

　　2005년과 2006년 이라크 내 미군의 지상공격이 증가되었을 때 아버지는 평형을 유지하려고 애썼다. 2006년 11월 아부다비에서 연설이 끝나자 아버지 부시에게 한 여성이 질문을 던졌다. "우리는 아들을 존경하지 않습니다. 세계에 대해 그가 벌이는 일도 존경하지 않습니다." 나머지 군중들이 동조의 함성과 휘파람을 보내자 아버지가 반격했다. "아들은 물러서는 사람이 아닙니다." 그는 목이 쉬자 가다듬으며 대답했다. "아들은 이런 저런 여론 때문에 생각을 바꾸지도 않습니다. 여러분은 미국 대통령이 될 수 없고, 각자 스스로의 일을 관리할 수 있습니다. 이것은 어디까지나 이라크에서 벌어지는 일입니다. 불안은 이해할 수 있지만 이 일은 쉬운 일이 아닙니다."

　　그는 계속했다. "이런 일과 관련된 확고한 소신을 가지고 있지만 전할 수 없습니다. 만약 아들에게 한 충고를 여기서 말하면 전 세계로 빛과 같이 퍼질 것입니다. 그렇게 될 때 대통령의 수행과 사고에서 자칫 한 치라도 벗어난다면 엄청난 혼란을 초래하게 되고 게다가 아들뿐만 아니라 지지자들에게도 상당한 초조감을 불러오게 될 것입니다."

　　진솔한 입장을 밝힌 아버지는 이해를 간청하며 그의 고뇌를 토로했다. "미국 대통령은 평화를 위해 어려운 임무를 수행하고 있습니다. 내가 여러분에게 말해 줄 수 있는 것은, 한 아버지가 눈만 뜨면 아들에게 말해주고 싶은 단 한마디입니다. '내 마음에 가장 중요한 것은 내 가족입니다.'"

퇴임 후의 롤모델

부시가 재임 후반으로 접어들면서 부자의 TV 동반출연의 오랜 금기가 해제되었다. 대중 앞에서 이전보다 더 많이 서로에 관해 이야기하면서 상대방을 숫자로 불렀다. 이것은 서로를 의식하지 않는 체했던 경계심의 해제였다. 아들 부시는 2008년 중반 새로이 주중 미국대사관을 개관하던 때의 이야기를 꺼냈다. "역사적인 순간이었다. 아버지와 아들, 두 명의 대통령, 그리고 대사관 개관. 애덤스

가문의 일들을 잘 알지 못한다는 사실을 고백해야겠지만, 제 생각에는 아마 이 것이 최초가 아닌가 생각한다." 그만큼 부자가 함께 이룩한 제국이 드물다는 표현이었다. "아버지는 멋진 대통령이었다. 당신이 하는 일을 알고 있다는 단 한 가지 이유만으로 나는 사람들에게 이야기한다. 그는 멋진 아버지다."

　　이는 지난 8년간의 큰 변화를 시사하는 말이었다. 비록 부시가 자신의 백악관 입성을 아버지의 공으로 돌릴 마음은 없었다고 하더라도 말이다. 그는 백악관을 어떻게 떠날지 가르침을 받았다는 짧은 칭찬으로 말을 마쳤다. 그는 전임 대통령인 레이건과 트루먼의 퇴임 후 생활을 연구했다. 임기 말 뉴욕 여행 도중, 그는 보좌관에게 빌 클린턴이 했던 방식처럼 유엔 주변을 돌며 시간을 보내고 싶지는 않다고 말하며, 대신 그는 한 번 더 자신의 아버지처럼 행동했다. 텍사스로 돌아와서 아버지가 1993년에 백악관에서 물러난 이후 했던 것처럼 집안의 잡일을 처리하며 일상생활을 영위했다. "나는 아버지를 세심하게 지켜보며 당신의 인생을 어떻게 관리하는지 관찰했다. 그는 자신을 정체시키지 않았고, 대통령 임기에 연연하는 마음도 없었다. 내가 아버지로부터 배운 것은 시간이 가면 임무도 끝난다는 것이다. 무대에서 내려오면 무대가 끝난 것이다."

25

"41과 42에게 43이 배고프다고 전하라"

- 조지 W. 부시 -

조지 허버트 워커 부시는 2006년 맨해튼에서 회의를 마무리하고 있었는데, 그의 전용기가 예정에 없던 기체 정비가 필요하다는 이야기를 들었다.

82세에도 가만히 있지 못하는 그는 갑작스레 두어 시간의 공백이 생기자 그의 소규모 차량 행렬의 방향을 돌렸다. 그리고 그의 새로운 절친을 보러 뉴욕 할렘으로 향하며 참모에게 말했다. "빌을 만나러 갈 생각이네. 그에게 내가 간다고 기별해주겠나?" 부시가 뉴욕 북쪽 125번가를 향해 속도를 내자 경호팀은 서둘러 빌 클린턴 측 경호요원에게 전임자가 임의로 인사차 그곳으로 가는 중이라고 알렸다.

클린턴은 그날 사무실에 있지 않았다. 실은 뉴욕에 없었지만, 그렇다고 41대 대통령이 42대 대통령을 방문하는 호의를 막을 수는 없었다. 행렬이 할렘 대로에 위치한 클린턴 사무실이 있는 연방빌딩 앞에 멈춰 서자 부시와 수행원은 차에서 내려 14층으로 향했다. 클린턴의 부재에도 저지 없이 부시는 클린턴의 사무공간을 둘러보며, 포즈를 취하고, 사진을 찍고, 방명록에 서명을 하고, 직원들과 잡담도 나누었다. 그리고는 클린턴 사무실에 들어가 의자에 앉아 발을 대형 책상 위에 척 올려놓으며 말했다. "빌한테 전화를 걸어주게!"

전화는 곧 연결되었다. "빌, 할렘의 사무실이 아주 멋지군! 전망도 좋고! 사람들도 친절해! 그런데 지금 어디 있는 거야?"

세월이 흐르면서 대통령 클럽에는 경쟁자와 협력자, 그리고 진정한 우정의 친구들도 등장했다. 하지만 조지 H. W. 부시와 1992년 그를 패배시킨 사람과의 유대관계는 전혀 예상할 수 없었다. 두 사람의 관계는 심지어 당사자조차 의외였고 오랜 참모들 모두 깜짝 놀랄 만한 것이었다. 부시는 지금까지 클린턴이 아쉬워했던 아버지 역할을 할 수 있다는 제안을 했고, 이 언급에 젊은이는 이의를 제기하지 않았다. 이런 친밀한 관계가 사람들을 놀라게 했다면, 그 관계의 시초 역시 그러했다: 바로 부시의 친아들이 만들어낸 것이었다.

구조 임무

2004년 12월 26일 새벽 12시 58분녘, 수마트라 해역 수면 아래 50킬로미터 지점에서 지진이 발생했다. 이 지역에서 지진은 일반적인 일이었지만, 이번 것은 규모가 흔치 않았다. 리히터 척도 10단계 중 9도 짜리 대규모 지진이었다. 크리스마스 선물의 날Boxing Day: 12월 26일에 사상 세 손가락 안에 드는 역대급 지진이 일어난 것이다. 거대한 두 개의 판상지층이 갈라지면서 20여 미터 이상 지형을 바꿔놓았다. 주름진 지표면이 포효하며 바다를 돌연 들어올렸고, 이것이 계속되면서 20여 미터 이상의 엄청난 해일이 10여 곳 이상 해안을 향해 몰아치기 시작했다. 몇 시간 만에 파도가 해안을 덮었고, 인도네시아, 스리랑카, 태국 해안을 따라 도시와 주민들을 삼켜버렸다.

쓰나미는 16만 5천여 명의 목숨을 앗아갔고, 수십만 명의 실종자와 수백만 명의 이재민을 낳았다. 어마어마한 수의 시체가 안치소와 의료시설을 메웠고, 기근과 질병의 공포가 치솟았다. 겁에 질린 관광객들이 찍은 극적인 장면의 비디오들이 인터넷에 올랐다.

　　수백만 달러의 원조가 세계 전역에서 몰려들었고, 미국 정부도 3억 5천만 달러의 지원을 약속했다. 워싱턴으로 급히 돌아온 조지 W. 부시와 보좌관들은 민간 차원의 맞춤용 원조 방안을 검토했고, 이것은 정부 출원의 금액보다 빠르게 불었다.

　　두 전임 대통령에게 도움을 청해야겠다는 생각은 대통령의 머리에서 나왔다. 둘은 전 세계의 유력가들의 연락처를 가지고 각기 다른 영역에서 자금을 모을 수 있는 검증된 사람들이었다.

　　부시와 클린턴은 한 사람은 합당한 분별력의 소유자로, 다른 하나는 의욕적 본능을 타고난 사람으로서 미국 정계의 '행운의 오스카'로 수없이 묘사되었다. 클린턴의 대통령직은 이 나라를 운영해 나가는데 있어서 끊임없이 이어지는 밤샘 토론을 견뎌낼지에 대한 시험이었고, 한편 부시의 대통령직 성과는 그가 가장 좋아하는 질문 '만약 우리가 아무것도 하지 않는다면?'으로 최선과 최악을 정의할 수 있을 터였다. 1992년 두 사람이 싸웠던 격렬했던 대선은 상처를 남겼다. 당시 46세였던 클린턴은 부시의 나이를 반복해서 거론하며 현직 대통령을 "늙은이"라고 불렀고, 부시는 자기 개가 클린턴보다 외교를 더 잘 안다며 아무것도 모르는 "애송이"이라고 불렀다. 아버지 부시는 대선에서 끝내 승리할 것이라 예상했지만, 결과적으로 패배하자 상심이 컸다.

　　하지만 젊은 부시는 10년이면 상처가 족히 아물었을 것으로 생각했고, 이것이 두 전임의 역할에 기여했다. 2004년 11월 알칸소 리틀록에서 클린턴 도서관 개관식에 참석한 아버지 부시는 폭우 속에 모인 많은 인파를 기쁘게 만들며 클린턴에 대한 극히 우아한 축하 연설을 했다. "빌 클린턴은 미국 정치 근대사에 가장 천부적인 중요인사라고 말해야 합니다. 믿어주세요. 제가 어렵게 익힌 사실입니다. 단번에 알아보는 점 때문에 내가 그를 얼마나 미워했는데요." 알칸소 강이 내려다보이는 현대식 유리건축물 내부를 관람하던 부시와 클린턴은 위엄 있는 군중 뒤쪽에서 잠시 대화가 끊어졌다. 41대 부시는 창문 밖을 내다보며 클린턴에게 도서관 동쪽의 미개발 부지에 관한 이용 계획을 물었다. 클린턴이 아직 확정하지 않은 듯하자 부시는 묘지로 사용하는 것에 대해 생각해 보라고 권하며, 빨리 결정해야 언론과 군중이 둘러보도록 관심을 끌 수 있다고 조언했다.

이 순간은 한 대통령이 다른 대통령에게 염두에 두어야 할 일들을 귀띔하는 모습이었다. 죽음과 장례와 묘소는 국민들의 중요한 관심사다.

43대 부시는 뒤편에 있는 아버지와 클린턴의 모습을 바라보았다. 마침 점심을 먹고 싶었던 그는 클린턴 재단장인 스킵 러더퍼드를 그들에게 보냈다. "41과 42에게 43이 배고프다고 전해주세요."

대통령 수석보좌관 앤디 카드는 두 사람이 한 팀을 이루면 잘 어울릴 것이라 확신했고, 클린턴이 몹시 일하고 싶어 한다는 것도 알았다. 조지 W. 부시의 첫 임기 중 카드는 기회가 있을 때마다 노스웨스트 워싱턴 집에 있는 뉴욕 상원의원 힐러리 클린턴에게 전화를 했고 그때마다 대체로 전 대통령 빌이 수화기를 들었다. 카드는 42대 전임에게 간단한 상황 브리핑을 한 뒤 자주 장시간 대화하며 정보 교환과 최근의 가십을 전했다. 카드는 당시를 이렇게 회고했다. "그는 나와 대화하며 근래 어떤 일들이 있었는지 물으며 정보를 교환하고 싶어 했다." 한번은 클린턴과 긴 시간 통화를 하고 전화를 끊었는데, 힐러리와 대화하기 위해 다시 전화를 걸지 않으면 안 되었다.

쓰나미 강타 이후 카드는 두 사람에게 각각 전화로 역할의 요청에 대해 설명했다. 며칠 내 41과 42는 백악관 동관에서 43과 함께 자리했고, 상당히 구체적인 임무를 주문 받았다. 현장 답사, 지원 목표 선정에 대한 지역 정부 자문, 귀국 후 미국 구조 모금 일정 수행 등이었다. 백악관은 공군 1호기 보잉 757과 국무부의 소규모 대책반을 제공했다.

두 사람은 4일 간의 지역순방을 강행했다. 각각은 가는 곳마다 사령관과 같은 대접을 받았지만, 어떤 곳에서는 사람들이 젊은 쪽으로 몰렸다. 나중에 부시가 말했다. "자존심을 세운다면 절대 클린턴 대통령과 몰디브를 여행하지 마라. 이것은 마치 록스타와 여행하는 것 같았다. '길을 비켜라, 클린턴이 온다.' 정말 끔찍했다." 여정 동안 그들은 경쟁자이기에 앞서 동지임을 재확인했다. 부시 임기 초에 말썽이 많은 교육정책에 대해 민주당 의원들이 협력을 거부했을 때 클린턴은 이를 지지했다. 한편 클린턴은 부시가 1980년 초 케네벙크포트에 가족을 초청한 일을 기억했다. 그때 세 살이던 첼시가 화장실에 가고 싶다고 하자 부시는 어린 소녀의 손을 잡고 친히 가까운 곳으로 데려다 주었다고 한다. 두 사람은 기내에 하나뿐인 침대를 서로 양보하겠다고 주장했다. (클린턴이 부시 보좌관 진 베커와 밤새 카드놀이 하는 동안 부시가 전용실에서 잠을 잤다.) 나중에 부시가 말했다. "선거에 돌입하면 적대감을 느끼지만, 나는 언제나 그와 보다 유쾌한 인간관계를 유지해왔고 그도 내게 같은 기분을 느꼈다고 말했다. 그래서 우리는 그런 일이 대수롭지 않지만 다른 사람들은 우리를 보며 놀라곤 한다."

클린턴은 큰 부시가 자존심을 감수하고 전 정적을 받아들여야 하기 때문에 자신이 보다 양보하며 일했다고 친구들에게 말했다. "그는 나보다 훨씬 더 존경을 받아야 할 사람이다." 하지만 대통령직 퇴임 이후 각자의 도전도 있음을 이해해야 하고, 합당한 도전을 찾는 일 자체가 쉽지 않았다. 자연 재해에 따른 모금 사업의 규모와 크기에 대해 계획을 세우느라 두 사람은 밤늦도록 잠도 제대로 자지 못했다. 큰 부시는 말했다. "자기의 정치 인생보다 더 큰일을 하고 있다는 것을 느꼈다. 어쩌면 자기 자신보다 더 중요한 일이다."

우정 영화

미국으로 돌아온 둘은 우정 영화 한 편을 연출했다. 클럽 60년 역사상 국민들에게 이런 영향을 보여준 사례는 없었다. 그들은 1월 슈퍼볼 게임을 관람하러 돈 팬들에게 함께 인사했고, 3월에는 빗속에서 그렉 노먼과 자선 토너먼트 골프를 쳤다. 그리고 다음날 클린턴은 뉴욕병원에 입원하여 흉터와 왼쪽 폐수종을 제거하는 수술을 받았고, 곧이어 전임으로부터 안부전화를 받았다. 기분은 어떤가? 의사가 뭐라고 하나? 아픈가? 얼마나 운동할 수 있는가? 러닝머신을 사용하는가? 수술 몇 주 뒤 교황 요한 바오로 2세의 장례식에 참석하기 위해 43대 부시가 로마로 공군 1호기를 타고 가게 되자 백악관이 42와 41에게 동참 여부를 물었다. (카터 대통령도 물었지만 그는 거절했다.) 아버지 부시는 클린턴에게 걱정하지 말라고 말하며, 비행기의 속도는 충분히 조정이 가능하며 의사도 함께 탑승할 것이라고 안심시켰다. 대수술 직후의 해외여행에 대해 확신을 갖지 못하는 의사들에게 클린턴은 메인 주에 사는 친구가 괜찮다 하더라고 설명했다.

6월의 어느 주말 클린턴이 메인 주로 날아가서 큰 부시와 함께 낚시와 골프를 하기로 했을 때, 경호처는 더 이상 수송 책임을 맡지 않았다. 부시가 몸소 메인 주 포클랜드 공항까지 가서 자가용 쾌속보트에 직접 태워오겠다고 했기 때문이었다. 부시는 그날 아침 고성능 경주보트를 타고 해안가로 가서 시속 80킬로 속도로 파도를 타며 점심식사 시간에 맞추어 클린턴을 식당에 데려가고 싶었다. 메인 주에 안개가 심하게 끼는 날이면 즐겁기도 하지만 다소 무모하기도 했다. 점심시간이 가까워지자 부시는 바다여행을 제안하며 둘이서 약 20분 정도 해안가를 따라가서 바나클빌리라는 해산물 식당에 가자고 했다. 경호원들은 그 뒤를 따라가야 할 참이었다. 하지만 클린턴에게 바다는 그다지 매력적이지 않았고, 갑자기 속이 울렁거린다면서 배 대신 차를 선택했다. (식당에서 클린턴은 구운 대합을 주문해서 실컷 먹었다.) 결국 큰 부시도 소원을 이루었다. 오후 늦게 배를 탈 정도로 시야가 좋아지자 클린턴을 바다로 끌고 간 것이다. 클린턴의 비유를 빌리자면 날개 없는 비행이었다. "그는 지옥을 탈출하는 박쥐같이 배를 몰았다. 장착된 커다란 엔진 세 개는 속도를 올리고 물을 가르며 달려도 아주 조용했고 실제 음속으로 물속을 떠가는 것 같았다. G등급 초음속은 최고였다." 그 순간에 찍은 사진을 액자에 넣어 부시의 휴스턴 사무실 장식장에 두었다.

부시 가족 모두 늘 즐거운 마음으로 두 사람을 바라보았다. 바바라는 이들을 "별난 커플"이라고 불렀다. 플로리다 주지사 제브 부시는 클린턴을 형이라고 부르겠다고 했다. 그해 봄 워싱턴에서 열린 그리다이온 만찬에서 43대 부시는 3월에 받은 수술에서 회복 중인 클린턴에게 "사랑하는 가족 힐러리와 첼시와 내 아버지에 둘러싸여 수술에서 깨어났다"며 농담을 건넸다.

험난했던 정치시대 한가운데 팀이 된 별난 커플은 대중에게 감동을 주었다. 사실 미국에서 정적 간에 협력하여 일을 성공시키는 모습을 본 지가 오래되었고, 더구나 두 대통령이 함께 국민을 위해 그런 노력을 기울이는 경우는 거의 없었다. 그들도 당파 싸움으로 아옹다옹하는 시대에 새로운 모델이 된다는 것을 알았다. 클린턴이 말했다. "국민들이 우리를 보고 '이것이 이 나라가 해야 할 방식이다'라고 생각할 것으로 본다."

이런 협동심은 두 사람과 정치적 가문 모두에게 유익한 일이었다. 선배로서

끊김 없이 보여준 부시의 우정은 임기 말기에 다소 시간을 허비했던 클린턴에게 정당성을 부여했다. 부시의 정치적 계산은 보다 가정에 치중했던 것이 명백했다. 아들인 현직 대통령은 전국에서 평가가 엇갈려 있었고, 이런 시점에 민주당의 정신적 지도자와 협동하는 모습은 42가 43을 향한 비난을 더 부드럽고 관대하게 만들어줄 가능성이 크다고 보았다. 2005년 바바라는 다음과 같이 말했다. "그가 현직 대통령을 비난하지 않아서 대단히 좋다. 요즘 신문에는 대통령을 향한 비난이 없어서 감사한다."

국민은 정적들의 협력에 박수를 보낸 반면 부시와 클린턴의 오른팔들은 오랫동안 그렇지 못했다. 양 당에서 부시의 우파와 클린턴의 좌파들에게 초당적 협력은 거의 적과 동침하는 듯한 모습으로 비춰졌고, 이것이 국민을 선동하는 데 방해가 된다는 것을 알았다. 클린턴은 민주당으로부터 항의 전화를 많이 받았다고 측근에게 말했다. "그들이 당신을 계속 이용하게 두다니, 도대체 뭐 하는 겁니까?" 진보 성향의 전 참모들은 직접 클린턴에게 이 문제를 거론하며 42가 듣도록 전화에서 큰소리를 질렀다. "이 문제는 정치보다 훨씬 더 중요합니다." 부시도 같은 문제를 견뎌내고 있었다. 부시의 오랜 참모는 2005년 〈타임〉지와의 인터뷰에서 예전에 자신의 보스에게 협력 문제를 의논하기 위해 전화했지만 부시는 전혀 용납하지 않는다는 것을 알았다고 말했다. 부시는 지난 날 그에게 말했다. "내게 그것에 관해 말하지 말게. 클린턴은 존경 받을 만한 사람이고 우리는 좋은 일을 하고 있네."

물론 이 우정에도 한계는 있었다. 클린턴은 이라크 전쟁 문제가 공식적인 자리에서 거론될 때면 실로 "광견병 주사"가 필요했다고 고백했다. 아버지 부시는 간혹 클린턴의 끝없는 수다에 피곤함을 느꼈다. 부시의 옛 후원자 하나가 말했다. "그들은 진정으로 좋은 친구다. 부시는 기본적으로 그를 좋아하지만, 모든 부분에서 그렇다고 말할 수는 없을 것이다. 단지 클린턴은 부시에 대해 너무 많이 말을 한다. 부시는 이런 식으로 설명했다. '나와 클린턴은 서로 유사점이 많고, 나는 그것을 소중하게 생각한다. 하지만 나는 정치 게임을 그만두었고, 그는 그렇지 않다. 앞으로 꽤 오랫동안 활동을 계속할 것이다."

2005년 중순 무렵 두 사람이 서로 좋아하는 것은 명확한 사실이었다. 많은 회동 중 대부분이 우정을 위해 카메라 밖에서 만났기 때문에 정말 국민을 위한 일이 되었다. 서로 상대의 도서관 기금을 마련하기 위해 방문했고, 주요 후원자를 만났다. 둘은 봄에 알칸소 리틀록으로 날아가서 케이블 TV에 방영되는 대국민 홍보 사진도 같이 찍었다. 그 후 그들은 클린턴 박물관 3층에 만든 실제의 절반 크기로 만든 백악관 집무실 세트에서 대화를 나누었다. 한 사람은 팔걸이 안락의자에 앉고, 또 한 사람은 다른 의자에 편히 앉아 있는 모습을 문틈으로 들여다 본 방문자가 말했다. "마치 밀랍 박물관 같군."

공통의 기반

시속 200킬로미터의 초강풍을 몰고 온 허리케인 카트리나가 2005년 8월 29일 뉴올리언스 동부를 강타했다. 이 태풍은 동부 텍사스 걸프 해안에서 플로리다까지 거의 800킬로미터 일대를 할퀴고 이 지역을 말 그대로 폐허로 바꾸어 놓았다. 카트리나는 미 역사상 최대 규모의 자연재난이었고, 75년 만에 최대 사망자 수를 기록했다.

조시 W. 부시 역시 비난을 받았다. 태풍은 대자연의 막무가내식 공격처럼 보였지만, 근래 몇 년간의 조치로 인한 인재가 훨씬 더 심한 훼손을 초래했음이 명백해졌다. 미 육군공병대가 기획한 홍수 방지 시스템은 완전히 잘못 구상되어 지역과 주 관리들의 대응책이 혼란을 빚었다. 백악관과 부시의 친구 마이클 브라운이 이끄는 연방비상관리청이 노력했지만, 깨어진 오목한 그릇 같은 지형의 뉴올리언스 사람들이 함정에 걸린 듯 아무런 도움 받지 못한 채 몇 시간, 며칠이 지나가자 공포 속에서 지켜보던 사람들이 분통을 터뜨리기 시작했다.

슈퍼돔 안에서 태풍 재난이 끝나기를 기다리던 수천 명의 사람들은 식량도, 위생시설도, 의료 도움도 없이 고립되었다. 병원에서 간호사들은 소형발전기와 배터리가 방전되자 죽어가는 환자들에게 손으로 인공호흡기 펌프질을 했다. 기온이 올라가면서 온 도시가 화학물질, 시체, 가솔린, 뱀, 쥐떼로 뒤범벅 되어 공포의 도가니가 되었고, 여전히 아무 도움을 받지 못하는 많은 사람들이 홍수가 덮친 집에서 탈출하지 못하고 있었다. 구조를 호소하며 말 그대로 지붕 위에 서 있는 수많은 아프리카계 미국인의 사진은 도울 의지조차 상실한 무능한 미국 정부의 치부를 드러내고 있었다.

그렇게 많은 위원회와 관련 위임기관이 구성되고, 관료들이 파견되고 기관들이 연락망을 짜고, 재난 구호품은 쌓여 있고 사전 배치 됐음에도 불구하고, 막상 재난이 닥쳤을 때 이 새로운 재난 대비 시스템이 아무런 역할도 하지 못한 것은 어찌 된 영문인가? 당시 부시 대통령은 태풍이 지나고 며칠 뒤 지형 자체가 달라져버린 고난의 땅에 도착했다. 스리랑카를 포함한 50여개 국에서 원조를 보내왔고, 부시는 다시 한 번 아버지와 그의 의형제를 불러들였다. 둘은 즉시 부름에 응했다.

두 사람은 이 지역에 깊은 유대감이 있었다. 클린턴이 성장한 핫스프링과 리틀록은 뉴올리언스의 지역 메카였고, 부시 역시 걸프 지역에 인생의 닻을 내렸다. 1950년 초 해양석유 시추 사업으로 휴스턴의 석유왕이 되어 부를 이루었고 이후 정계로 들어가 성공했다. 부시가 1988년 공화당 대선 후보 지명을 거머쥐었을 때, 지금은 난민들이 수용되어 원성이 높지만, 이곳 슈퍼돔에서 그는 "좀 더 부드럽고 좀 더 관대한 나라"를 호소했다. 부시와 클린턴에게 카트리나는 공통의 기반을 유린한 것이었다.

또 한 번 그들은 거리를 누비고, 대국민 선언문을 작성하고, 인터뷰를 하고, 원조 가능 기증자 명단을 작성하여 둘로 나누었다. 그들은 각각 피해 지역의 진상 조사를 벌이며, 하나는 뉴올리언스와 동부 전역을, 다른 하나는 서부 전역을 맡았다. 주지사와 시장들에게 도울 방법을 구한 뒤, 클린턴과 부시는 이메일과 전화로 얻은 정보를 교환했다. 또한 두 사람이 모은 자금을 민간 자선단체로 보내는 대신, 예전 쓰나미 때처럼 공동의 비영리재단을 설립하고 기금을 직접 휴스턴이나 뉴욕 사무실로 보내달라고 요청했다. 이런 새로운 구상은 놀라울 정도의 호응을 불러일으켰고, 국민 대다수가 이 두 사람을 좋아했다. 또한 둘의 협력에 놀라워했다.

수백만 달러가 쏟아져 들어왔다. 걸스카우트 단체부터 시작해서 수십 개국의 정부, 대기업들, 어린이들까지 가판대에서 레모네이드 주스를 팔아 기금을 보내왔고, 어떤 봉투 안에는 두 사람 앞으로 된 수표도 있었다. 대부분 적십자나 장난감 자선단체Toys for Tots로 돈을 보낸 반면 두 전임 대통령이 직접 받을 것을 확신하며 두 사람에게 우송하는 경우도 있었다. 골프선수 미쉘 위는 50만 불을 기증하며 10월 일요일 아침에 라스베가스에서 클린턴과 골프 회동을 제안했고, 다른 익명의 여성은 사적으로 부시를 직접 만나서 수표를 전달하겠다고 했다. 부시는 지체 없이 왕복 일정을 내어 보스턴 비행장 활주로에서 그녀를 만났다. 그녀는 조용히 50만 달러 수표를 건넸다. 부시조차 어안이 벙벙했다. 클린턴의 참모 제이 카슨이 말했다. "사람들은 정말로 그들에게 돈을 주고 싶어 했다."

행사를 끝내기도 전에 1억 3천만 달러가 모였다. 함께 앉아서 이에 대한 최선의 사용 방법을 짜내고, 두 사람 앞으로 각각 모인 개인 기금은 정부 대응이 미흡한 곳에 채우는 것이 좋겠다고 결정했다. 정부의 대응책은 너무나 허술해서 한 참모의 말대로, "단 3일 만에 허술한 곳들을 찾았다."

부시는 작은 사업체들을 도와주고 싶어서 교회와 신뢰할 만한 단체들에게 맡기고 골고루 나누어주게 했다. 클린턴도 이에 찬성했지만, 그는 직접 전달하는 것을 원해서 특히 교육기관들에 집중했으며, 부시 역시 그의 결정에 만족했다. 클린턴이 당시를 회상하며 다음과 같이 말했다. "우리는 마치 정부의 현직 같은, 미니 공익 협의체였다." 마지막으로 수백만 달러가 학교와 대학의 개교를 도왔고, 선박을 잃은 어부들이 소형 배라도 살 수 있도록 지원했다. 두 사람은 초당적 신탁 위원을 임명하여 2006년에 들어온 추가 기금을 배분하게 했다. 클린턴이 말했다. "나는 그에게 강요한 적이 없고, 그도 나에게 불일치한 신념을 억지로 포기하게 요청한 적이 한 번도 없었다. 올바른 방법으로 일하기만 하면, 훨씬 더 완벽한 조합으로 협력하게 되는 것이다."

기금 유입이 끝났을 때 둘은 자선단체 폐쇄를 결정하고 나머지 금액을 나누어 각자 합당한 지역에 자기 몫을 소비하게 했다. 클린턴이 아쉬운 듯 설명했다. "그는 금액 사용처를 100% 스스로 결정했고, 내 몫의 사용처는 마찬가지로 100% 내가 결정내렸다. 모든 것이 생각대로 잘 되었다. 우리가 다시 그런 신뢰를 얻을 수 있는 기회가 있기를 바란다. 전 세계에서…."

다른 어머니의 형제

클린턴과 큰 부시의 협력 관계는 이후 조지 W. 부시가 백악관을 떠나 댈러스로 돌아간 몇 년 뒤 클린턴과 아들 부시가 같은 일을 할 수 있는 무대를 만들어주었다. 하지만 저절로 이루어진 것은 아니었다. 2010년 1월 7.0 규모의 지진이 아이티를 뒤흔들어 수십만 명이 죽고 수백만 명이 집을 잃었다. 클린턴은 곧바로 41대 부시에게 다시 한 번 현장을 누비고, 공동출현으로 기금을 모아 필요한 곳에 나누자고 제안했다. 하지만 85세가 된 선배는 사양하며 자신의 아들과 의논하라고 말했다. 나는 이제 나이가 많으니 이번에는 조지의 차례다.

"당신 없이는 이 일을 할 수 없습니다." 클린턴은 아버지 부시에게 이렇게 말했지만, 큰 부시는 백악관의 버락 오바마 대통령에게 연락해서 이러한 봉사활동을 제안하고 댈러스에 있는 43대 전임에게 연락을 취하여 아이티 원조를 위한 클럽의 임무를 맡기도록 하라고 주장했다. 아버지가 클린턴과의 협력을 넌지시 흘렸을 때, 아들이 제안한 바였다: 클럽의 관행은 중요하다. 이런 일을 요청할 사람은 오바마가 되어야 한다.

한편 클린턴은 백악관에 자신들의 아이티 봉사를 제안했다. 얼마 지나지 않아 오바마는 43부시와 클린턴에게 전화하여 협력을 요청했다. 사흘 뒤 백악관에서 셋이 만났을 때, 오바마는 대단히 고마워하는 것 같았고, 아이티 전문가인 클린턴은 진지해 보였다. 부시는 누구보다 빨리 핵심을 파악했다. "나는 많은 사람들이 담요나 물을 보내주고자 한다는 것을 알고 있습니다." 부시는 기자회견에서 이렇게 말한 뒤 잠시 뜸을 들이고 말을 이었다. "부탁건대, 대신 돈을 보내주세요."

몇 주 후 두 사람은 별도 비행기로 아이티로 날아가서 황폐화된 수도 지역을 둘러보았다. 부시는 우선 포토프린스에 도착하여 비행기에서 내리자마자 일할 준비를 했고, 클린턴이 잠시 뒤에 도착했을 때 활주로 끝에서 마치 포토프린스의 시장인양 해외 인사들을 맞이하고 있었다. 클린턴은 친구가 아래서 기다리는 것도 모른 채 기내에서 좀 더 시간을 지체했다. 단번에 트랩으로 올라가지 않고 부시가 할 수 있는 최대의 인내심을 발휘했다고 나중에 한 참모가 설명했다. 아이티 협력에서 그들은 다른 방법으로 활동했다. 부시는 아이티 유엔특사였던 클린턴으로 하여금 구제활동에 앞장서게 했고, 클린턴의 일행이 모금과 자금 분배와 관련된 좀 더 중책을 짊어졌다. 클린턴은 전 부시 참모가 전반적인 자선업무를 관리해 왔고 댈러스에서 인정받았다는 것을 알고 있었다. 2011년 중반 두 사람은 5,300만 달러 이상을 모금했고, 생일과 크리스마스선물을 서로 교환했다. 부시는 텍사스 산 식품을 보냈고, 클린턴은 책과 음반 보내기를 좋아했다.

두 사람을 잘 알고 그들과 함께 일했던 여러 정부 관리들은 부시는 이라크 전쟁, 클린턴은 탄핵이라는 깊은 상처를 안고 백악관을 떠났기 때문에 그들의 사생활에서 서로 기대하지 못한 마음의 위로를 찾은 것은 불가피한 일이었을 것으로 추측했다. 누구도 심지어 배우자조차도 둘이 견뎌야 했던 심적 고통을 제대로 이해할 수 없었을 것이다. 여생에 상처를 안고 살아가는 괴로움을 누가 이해할 수 있을까? 상처를 치유하는 우정어린 관계는 또 다른 요소였다. 부시와 클린턴은 사실상 클럽 최초로 협업 파트너가 되었다. 2009년부터 두 사람은 때때로 세계 순회 합동 연설에 출연해서 한 시간 이상 질문을 받고 대가로 여섯 자릿수의 금액이 적힌 수표를 각자 받았다. 이런 연합 행사는 많은 관객을 끌어들였고, 큰 관심 속에 토론토에서 도쿄까지 행사가 이어졌다. 사람들은 세계적인 두 유명인사가 편안한 의자에 앉아서 대통령이 되는 것은 어떤 것인지 이야기하는 모습을 들으며 수백 달러씩 지불했다.

클린턴의 큰 부시에 대한 깊은 존경은 아들과의 우정으로 연계되었고, 마치 부시 가족의 일원처럼 주말이면 케네벙크포트를 직접 찾아 시간을 보내게 되었다. 2011년 7월 베티 포드 여사의 장례식 때 86세 바바라 부시를 보살피게 했고, 부시의 딸인 제나가 미국투데이 쇼의 특파원이 된 뒤 자신과 직접 인터뷰한 특종기사를 내도록 돕기도 했다. 큰 부시는 아들과 클린턴이 친구가 된 모습이 흐뭇했고, 공동의 인연이 맺어지고 있는 것을 알게 되었다. 그가 말했다. "둘은 같이 일하기를 좋아하고, 둘 다 겁 없이 속내를 이야기하고, 각자 서로를 친구로 생각한다."

클린턴이 속한 민주당에서는 누구도 그의 새로운 형제를 인정하지 않았지만, 그는 부시를 존경으로 대했다. 인터뷰 때 젊은 부시의 이름을 절대 비판하지 않으려고 몹시 노력했고, 사석에서 친구들에게 멀리 보라고 타일렀다. "이라크나 다른 모든 것에 대한 판단에 있어서 우리 서로 의견이 달라도 받아들이자. '나는 그 사람에 대해 한 가지만은 말해줄 게 있다. 옳든 그르든 간에, 그는 자신이 하는 것이 옳다고 믿었고, 그래서 했다.' 나는 그렇게 말했다. '그리고 지금 당장은 좋지 않게 보여도, 지금부터 백 년 후 어떻게 보일지 아무도 모르는 것이다.'"

2011년 3월 말 카터, 클린턴, 조지 W. 부시가 대통령 클럽의 가장 나이 많은 회원에게 경의를 표하기 위해 워싱턴 케네디 센터에 턱시도를 입고 나타났다. 87세 생일을 몇 개월 앞둔 큰 부시는 서서히 행동이 둔해졌다. 가벼운 파킨슨 증세 때문에 다리를 떨고 균형 감각이 다소 떨어졌다. 2009년 85세 생일에 비행기에서 뛰어내렸던 그는 2010년에는 인터뷰를 사양하며 대중 앞에 나서지 않았다. 케네디 센터 행사는 그의 재임 동안 시작한 연방정책의 이름을 따서 만든 비영리 자선 단체 '포인트 오브 라이트 이니셔티브Points of Light Initiative'를 위한 부시의 자발적 지원과 3천만 달러 기금 모금을 축하하기 위해 개최되었다. 하지만 마지막 왈츠의 몇 가지가 아직 남아 있었다. 가드 브룩스, 레바 매킨타이어, 캐리 언더우드, 메이비스 스테이플스 등 가수들이 노래를 불렀고, 두 개의 합창단과 오케스트라가 연주를 지원했다. 미국 전역에서 온 자원봉사자들이 자신들의 봉사 활동을 증언했고, 세 대통령들도 국가를 위해 봉사한 부시의 일생을 칭찬했다(버락 오바마도 동영상을 통해서 참가했다). 카터가 먼저 연설한 다음, 아들 부시가 이어서 했다. 하지만 클린턴은 처음부터 카덴차를 연주하고 싶었던 것이 분명했다.

그는 쇼의 전반부 내내 주빈 옆에 앉아서 자신의 연설 순서를 기다리고 있었다. 마침내 클린턴의 차례가 되자 그는 클럽의 비밀부터 이야기를 시작했다. "여러분이 알다시피, 한 대통령이 퇴임할 때 대부분은 자리를 뜨는 모습을 보고 싶어 합니다. 하지만 여기 약간의 지켜야 할 관행이 있습니다. 민주주의는 평화롭고 명예로우며 선의의 권력 이양이라는 생각이 담긴 사랑이 담긴 미소를 머금은 채 대통령이 백악관에서 신임을 맞이해야 하는 것입니다.

조지 허버트 워커 부시가 내게 부탁한 한 가지에 대해 여러분도 관심이 있을 것입니다. 그것은 바로 '포인트 오브 라이트'를 지키라는 것이었다. 그가 부탁했고 내가 들은 그것에 나는 늘 감사했습니다. 다음으로 내가 백악관을 떠나고 조지 W. 부시가 취임할 때, 내가 그에게 유일하게 부탁한 것은 연방정부가 추진한 민간사회프로그램 '아메리코AmeriCorps'를 지켜달라는 것이었고, 그는 그대로 했습니다. 그래서 나는 그에게 감사한 마음을 전합니다…" 그는 백악관을 떠날 때가 되면 위대한 업적을 남기고 싶어진다고 설명했다.

"그리고 그때 조지 W. 부시는 내 인생의 큰 부탁을 들어주었습니다." 클린턴은 말을 이었다. "한 번도 아닌 두 번씩이나 자신의 아버지와 함께 일해 달라는 부탁이었습니다. 그래서 우리는 7번이나 같이 여행했고, 언제나 좋아하고 존경하고 또 반대로 나가기도 했고… 문자 그대로 나는 사랑하게 되었고… 우리가 정말 하찮은 일을 가지고 서로 싸우느라 얼마나 많은 에너지를 소모하면서 사는지 새삼 깨달았습니다. 그는 결코 내 눈에 벗어나는 잘못된 일을 할 사람이 아닙니다. 비록 5년에 한 번씩 비행기에서 낙하산으로 뛰어내리겠다고 우겨서눈살을 찌푸리게 한 적도 있지만 말입니다."

그러면서 클린턴은 고개를 숙이고 팔을 뻗어 수천 명의 사람들 앞에서 큰 부시를 똑바로 바라보며 말했다. "당신을 사랑합니다."

공식적인 행사에서 가족들은 클린턴에게 즉각 감사를 표하고, 그에게 가족의 닉네임을 주는 최대의 명예를 부여했다. 케네디 센터 행사가 끝나기 전 로라 부시는 가족사진을 찍기 위해 행사에 참석한 27명의 부시 가문 사람들을 한자리에 모이게 했다. 카터 부부와 클린턴은 무대 뒤편에 약간 떨어져서 대가족이 사진사 앞에 모이는 모습을 지켜보았다. 그때 닐 부시가 큰소리로 불렀다. "빌, 빌! 다른 어머니의 형제여! 이쪽으로 오세요!"

그래서 클린턴이 무리에 들어와서 뒷줄의 손자들 사이에 자리를 잡았다. "예!" 클린턴은 기뻐했고 몇 달 뒤 당시의 순간을 회상했다. "가족의 미운 오리 새끼라고 할 수 있지. 모든 집마다 한 마리씩 있지 않은가."

오바마와 클럽:

학습곡선

———— ⚷ ————

대통령 클럽에는 비밀회의를 위한 상황실, 경영회의실, 고백실, 자선사업부속실 등 여러 방이 있다. 21세기 두 번째 십 년대에 들어 버락 오바마의 백악관은 가족실을 확장해야 했다. 왜냐하면 2009년 즈음 조지 H. W. 부시를 가장으로 하여 클럽이 확정되고 현대화되고 섞이기 시작했기 때문이었다.

클린턴, 조지 W. 부시, 오바마 삼형제는 싸움거리가 많았다. 소설가 토니 모리슨이 "미국 최초 흑인 대통령"이라고 명명한 클린턴은 자기 부인을 지명 경선에서 패배시킨 새 메시아를 환영하기가 쉽지 않았다. 한편 젊은 부시와 오바마의 관계는 오바마가 취임 때부터 거의 2년 내내 전임을 비난했기 때문에 크게 개선되지 않았다.

그러나 오바마가 당선되자 클럽은 그의 등을 토닥거리며 불쑥 참견하고, 악수하는 사이 은밀히 가르치면서, 오래된 클럽의 신비 속으로 그를 끌어들였다. 당선 며칠 뒤 형제들로부터 이런저런 이야기를 들은 뒤 오바마가 말했다. "그들은 놀라울 정도로 친절했다. 그 직책이 상당히 고독하다는 것을 모두 인식하고 있다는 느낌이 들었다. 자문도 받고 상담도 받겠지만, 결국 결정을 내리는 사람은 바로 본인이라는 사실을 느낄 수 있었다."

* * *

클럽과의 유대 관계는 오바마가 대통령직에 발을 들여놓고, 협상을 체결하고, 성과가 기대에 못 미치고, 두 번의 전쟁을 치르고, 불황이 심화되어 가면서 더 깊어지게 되었다. 부시는 그에 대한 비난을 사절했고, 클린턴은 그를 도울 방법을 찾았다. 클럽 회장 조지 H. W. 부시는 젊은 대통령에게 무엇이 필요한지 가장 잘 이해하고 있었다. 그것은 문제해결이나 메시지 전달과 전혀 관계가 없는 것으로, 백악관을 조용히 그만두면 모든 것이 간단히 해결된다고 때때로 그에게 농담을 건넨다.

26

"당신의 성공을 기원한다"

─ 조지 W. 부시 ─

가장 중요한 순간이었던 2008년 민주당 대선후보 지명 경선에서 버락 오바마는 빌 클린턴보다 로널드 레이건이 미국에 더 많은 변화를 가져왔다고 주장했다. 이에 대한 클린턴의 반응은 오히려 과장하여 방어적으로 오바마의 필요에 완벽하게 맞춰주는 것이었다. 오바마는 민주당의 신세대로서 좀 더 냉정하고, 좀 더 지적이고, 자기중심적인 주장을 형성해 왔으며, 1960년대와 1970년대 성년이 된 민주당 세대에 비하여 구시대의 불만이나 원한 감정은 훨씬 덜 민감했다.

클럽 내부의 활용법은 독창적이고 의도적이었다. 오바마는 자신의 야심에 제대로 기여할 수 있는 방법이라면, 다소 과잉반응이 되더라도 전 대통령의 망령까지 불러들였다. 하지만 클린턴과 오바마의 갈등은 실제적으로는 클린턴주의와 오바마주의 간 다툼으로써, 같은 민주당 유전자를 가진 두 변종이었다. 둘은 같은 보상금을 탐했다. 즉, 민주주의에 관하여 생각해왔던 미국의 방식을 완전히 바꾸는 지도자가 되는 것이었다. 각자는 개성과 논리적 주장이라는 완벽한 힘을 가지고, 1960년도 중반 이후 보수로 기울어진 유권자를 중도 또는 그 이상으로 끌어들일 수 있다고 믿었다. 두 사람 모두 레이건이 불안하여 떠나는 유권자들과 어떻게 대화할지 알고 있었고, 유권자들이 돌아오도록 들려줄 선율을 알고 있었다고 생각했다. 오바마는 클린턴의 지지율을 관찰하며, 원대한 진보적 전망이 어떻게 위축되고 타협이 발생하는지, 어떻게 대통령 직책의 기회를 상실하는지 보았다.

　　모든 전 대통령이 겪었던 일들을 새 대통령 스스로 깨달을 때까지 두 사람의 화해 기회는 거의 없었다. 위대한 변화에 대한 약속과 실현이라는 두 가지는 전혀 다른 것이다.

변화의 매개체

클린턴이 "우리가 바로 기다려왔던 변화의 매개체다"라고 선언했을 때, 오바마는 사회 변화에 대한 클린턴의 주장을 거의 받아들이지 않았다. 레이건 시대의 분열 정치를 뛰어넘으려 했고, 유권자들이 큰 정부를 의심했을 때 진보적 정책을 앞세운 클린턴의 노력만은 칭찬했다. 하지만 클린턴이 그것을 한 번도 성공시키지 못했던 이유는 자기 자신 때문이라고 생각한다고 오바마는 자신의 책 《대담한 희망》에서 42대 대통령 클린턴은 대개의 보수 유권자를 영구적인 진보 다수로 바꿀 수 있는 완벽한 매개체는 못 되었다고 주장했다. 클린턴이 아칸소 주지사 시절, 한 정신장애 사형수에 대한 형 집행 유예를 거절했을 때, 그가 얼마나 "무서울 정도로 냉혹"했는지 1992년 대선캠페인 동안 오바마가 언급했다. 거절 결정에 대해 오바마는 레이건을 지지했던 민주당 사람들을 다시 데려오기 위한 "서투르고 속 보이는" 노력이라고 비꼬았다. 그런 노력은 단기적 성공을 가져올 수 있을지 모르지만 영구적 사회변화는 없다고 주장했다. 그는 또 클린턴의 목표는 전적으로 "특징도 없고 그렇다고 해서 과격한 것도 아니다"라고 믿었다. 냉전이 끝나고 정보시대가 도래하여 사회에 큰 도약이 필요했던 당시, 클린턴은 사소한 행복과 표면적 성취만 이룩하며 많은 기회를 허비했기 때문에 그런 점들이 오바마의 대선구호가 되었다. '희망과 변화'라는 그의 정책홍보 책자에서 오바마는 마음속에 품은 보다 더 큰 위대한 것들을 약속했다.

　이것을 간단하게 이야기하자면, 클린턴의 대통령직을 선별적으로 들여다보는 일이 되었다. 사실 클린턴의 두 번째 임기는 유아용 자동차 시트를 쉽게 장착시키고, 이웃의 감호를 위해 휴대전화를 제공하는 정책 등으로 채웠다. 하지만 클린턴 역시 북미자유무역협정NAFTA 통과에 관여했고, 30년 만에 진정한 복지를 개혁했고, 한 임기 동안 균형예산을 성공시켰고, 10여년 만에 처음으로 범죄법안을 통과시켰다. 어떤 것도 의회에서 통과되기가 쉽지 않았기 때문에, 민주당 입장에서 볼 때, 진보에 대한 비인기가 깊어졌음을 주목할 필요가 있었다. 오바마가 지적하는 클린턴이 진보적 과업을 충분히 성공시키지 못했다는 불만은, 불가능한 일을 실패했다고 그를 비난하는 것과 같다.

　하지만 2007년 클린턴 업적에 관한 기억이 시들어 가는 상황이 클린턴과 클린턴주의에 대한 오바마의 세 번째 비난을 설명하는 데 도움이 되었다. 그의 마음속에 클린턴과 클린턴주의는 구식일 뿐 더 이상 새천년의 국가문제해결에 적절치 못했다. 오바마는 이념주의 사상에 고착됐던 세대들이 베트남 전쟁 최고조의 시점에서 작성한 각본에 너무 오랫동안 미국 정치가 따르고 있었다고 믿었다. "우리 미국인을 함께 묶을 수 있는" 젊은 지도자가 필요했다고 그는 명백한 장점을 내세우며 이렇게 썼다. "클린턴과 뉴 깅그리치 사이를, 그리고 2000년과 2004년 대선 사이를 오가며 관찰하면서, 나는 때때로 베이비붐 세대의 심리치료 드라마를 보는 기분을 느꼈다. 그 시절 이야기의 줄거리는 오랜 원한과 복수, 음모에 뿌리를 두었고, 오래 전에 소수의 대학 캠퍼스에서 만들어져서 전국무대 위에서 상영되었던 이야기들이다."

　오바마는 클린턴과 달리 당파를 초월한 지도자로 대통령에 출마하고 통치할 것임을 유세 때 피력했다. 클린턴과 지지자들은 그의 비현실적 언급에 눈이 휘둥그레졌지만, 부시 시대 말기에는 호소력이 있었다. 오바마는 2007년 말 아이오와 주도 디모인 지역에서 연설했다. "나는 다음 해나 다음 4년 간을 우리가 1990년에 해왔던 똑같은 싸움을 재현하며 보내고 싶지 않습니다."

　클린턴은 부인의 대리역할로 직책을 수행한 것이라고 오바마의 손 안에서 이야기가 꾸며졌다. 대중 앞에서 또 막후에서 클린턴은 미국정치가 오염되었다고 주장하는 오바마에게 비난의 수준을 맞추어 퍼부었다. 클린턴은 2007년 12월 미국TV프로그램 찰리로즈에 출연하여 오바마에게 표를 던지는 것은 주사위 굴리기와 같다고 말했다. 또한 클린턴은 뉴햄프셔 예비선거 전날 밤에 오바마가 이라크 전쟁반대를 조장한 것이 아닌지 의심했다. 그는 다트머스에서 군중들에게 목이 잠긴 채 말했다. "이 모든 일은 지금까지 본 것 중 가장 믿을 수 없는 동화처럼 꾸며진 이야기입니다." 오바마의 행동대원들이 이 영상을 받자마자 보낸 자에게 되돌려 보냈다. "우리는 클린턴의 핵심공격을 변화에 표를 던질 수 있는 이성적 판단전선 위에 올려놓겠다"라고 선거본부장 데이비드 플러프가 말했다.

오바마 선거 유세는 이런 공격까지 끌어들였다. 1월 14일 〈리노가젯저널〉 뉴스와 인터뷰에서 오바마는 클린턴 진영에 곧장 로켓을 날렸다. 오바마가 말했다. "닉슨도 하지 않았고, 빌 클린턴도 하지 않았던 방법으로 로널드 레이건이 미국의 궤도를 바꾸었다고 생각합니다. 이 나라가 필요했기 때문에 그는 투명성과 낙관, 잃었던 기업정신 회복과 같은, 사람들이 이미 느끼고 있는 감정을 활용하여, 근본적으로 다른 노선 위에 우리를 올려놓았습니다."

그리고 오바마는 최후의 일격을 추가했다. "공화당은 지난 10년에서 15년에 걸친 상당히 오랫동안 이어진 보수적인 생각에 도전하겠다는 생각을 품어왔다고 말하는 것이 적절합니다."

오바마는 그가 하는 일을 정확하게 알았다. 빌 클린턴에게 소위 자유사상이란 엄마에게 거친 말이나 하고, 이야깃거리라고는 여자애들에 관한 것밖에 없다고 말하는 것과 같다. 클린턴의 오랜 참모 한 사람이 말했다. "이 말은 클린턴 부부의 자부심을 크게 훼손시켰다." 클린턴은 너무 분노하여 뉴욕의 청중에게 "레이건 대통령이 혁신엔진이고 더 많은 일을 했고, 내가 미국에 했던 것보다 더 오랫동안 영향력을 미쳤다"는 오바마의 언급을 전하며 더 심각하게 나쁜 것으로 과장했다.

이런 과장을 이용하여 오바마는 또 급습했고 클린턴은 또 다시 발끈했다. 사우스캐롤라이나 머트 비치의 1월 토론에서 오바마는 클린턴에게 부인을 위한 유세의 문제점을 제기했다. "클린턴 대통령은 내가 1980년 이래 공화당이 더 나은 경제정책을 폈다고 말한 것으로 주장했지만 그것은 사실이 아닙니다."

　　이제 오바마가 개인적으로 공격할 차례였다. 그가 토론 중 힐러리에게 말했다. "내가 말한 의미는, 레이건 대통령이 그들의 쟁점통과가 가능한 과반수를 만들기 위해 경제적 이해관계와 상관없이 민주당 사람들의 표를 얻을 수 있었기 때문에 혁신적 인물이라고 말한 것입니다. 그 쟁점이란 내가 반대해온 것들입니다. 왜냐하면 나는 직장을 해외로 뺏기며 길거리에서 뻔히 지켜보는 사람들에 대한 일을 하는 동안, 당신들은 월마트 이사진을 위해 일하는 기업체 변호사들이었습니다."

　　힐러리는 로널드 레이건을 비평한 적이 없었다고 대답했다.

　　"당신은 아니지만 남편이 했습니다." 오바마가 대답했다.

　　"여기는 내가 있지, 그는 없습니다." 힐러리가 말했다.

　　"때때로 누구를 상대하는지 밝힐 수 없습니다."

　　이와 같은 응수는 효과가 있었다. 오바마는 힐러리를 생각보다 더 구식인 답답한 남편에게 더욱 단단히 엮어버렸다.

　　2008년 예비선거는 1976년 이래 민주공화 양당에서 어떤 대선경선보다 오랫동안 계속되었다. 마침내 6월 초 힐러리가 대선운동을 중단하자 남편도 무대에서 철수했고, 양쪽 진영은 서로에게 향했던 촉수를 조심스럽게 내려놓았다. 덴버에서 전 대통령이 오바마를 지지하기 위해 재등장했을 때는 클럽의 복장을 갖추었다. 클린턴이 말했다. "나는 힐러리를 지지해준 여러분 모두가 11월 오바마에게 투표하길 바랍니다. 이유를 말하자면, 여러분 덕분에, 카터를 제외하고, 어떤 미국 민주당 대통령도 할 수 없는 관점에서카터를 제외한 1969년 1월 이래 공화당이 집권, 이곳에서 내가 말할 수 있는 특권을 가지고 있습니다." 물론 그 관점이란 대통령직을 수행해서 알 수 있는 것이었다. 불유쾌했던 예비선거에 관해서 "그 선거유세는 하도 열기를 많이 발생시켜서 지구온난화까지 증가시켰습니다"라고 둘러댔다.

　　오바마가 힐러리에게 국무부를 맡아달라고 요청했을 때 그녀는 선거운동 부채, 상원을 떠나야 하는 불안, 대통령 당선자와 사이가 좋지 않을 일들을 염려했다. 그녀의 남편 역시 한 요인이었다. 실제 남편은 전 세계로 빛과 같이 돌아다녀서 통제되지도 않았고 통제할 수도 없었다. 그의 재단과 도서관의 기증자 명단은 너무 많았고, 비밀이며, 거의 외국 인사들이 대부분이었고, 힐러리가 미국 최고 외교관이 되면 문제가 제기될 수 있는 단체들도 있었다. 그녀가 문제점을 말했지만, 오바마는 과감하게 그녀가 필요하다고 대답했다.

빌 클린턴 입장에서는 게임 같은 소리가 나왔다. "나는 그들이 원하는 것은 무엇이든 해줄 수 있다."

그들이 원하는 것이 너무나 많았다. 선거가 지나고 12월 12일 오바마 수석보좌관들은 오바마와 클린턴에게 현 대통령과 전 대통령 간 협상뿐만 아니라 다른 형태의 "양해각서"에도 서명하게 했다. 이 조건에 따라, 클린턴은 재단후원자 20만 명 이상의 비밀명단을 사전공개 했다. 또한 부인이 국무장관으로 재임하는 동안 매년 기증명단을 출간할 것, 그의 재단을 '클린턴 글로벌기구CGI' 중 자선사업과 분리할 것, 미국 밖의 CGI연차회의를 포기할 것, 해외에서 들어오는 기증 사절과 전 세계에 후원금요청도 중단할 것에 동의했다. 클린턴의 강연 역시 행정부 승인을 얻어야 가능하다고 합의했다.

클린턴 참모들은 사석에서 합의각서 조건은 법 규정 이상으로 잘 진행되었다고 언급했고, 동료들은 너무 지나치다고 불만을 표했다. 하지만 지금까지 어떤 전 대통령도 부인이 다른 사람의 내각으로 활동한 경우는 없었다. 힐러리 클린턴과 협상하는 외국 정부가 남편의 직간접 후원단체이거나 비밀후원금을 보냈다면 적절치 못한 일이 되었을 것이다. 하지만 오바마 팀 역시 행정부 보호를 위해 필요 이상의 양보를 밀어붙였다는 여론도 있었다. 일부 조건은 모두에게 누가 이기고 누가 패배했는지를 알리기 위해 기획된 것처럼 보였다.

퇴임은 우아하게 취임은 당당하게

오바마의 제안으로 젊은 부시는 2009년 1월 클럽을 위해 백악관 오찬을 개최했다. 점심 자체가 역사적인 행사였다. 1981년 사다트 사망 이후 생존 대통령들이 모두 백악관에 모인 것이 처음이었고 이번은 넷이 아닌 다섯이서 집무실 옆 작은 개인식당에서 만났다. 식사는 다소 다이어트를 감안해서 간단한 샌드위치 정도였다고 카터가 회고했다. 대화는 정치 이야기를 줄이고 워싱턴에 가정을 꾸리는 어려움에 대한 평범한 것이었다. "한 시간 정도에 걸쳐서 백악관 직원 대하기, 생활편의시설 사용하기, 워싱턴 학교에 자녀 입학시키기, 보안을 위한 사생활 침해에 관한 이야기를 했다. 그런 다음 우리는 대통령 당선자 오바마를 교육시키려고 애썼는데, 설교가 아닌 유쾌한 방법으로, 우리의 경험 이것저것을 교환하는 이야기를 듣게 했다." 다섯은 의회와 외교도 잠시 토론했다.

"우리는 당신이 성공하길 바랍니다"라고 젊은 부시가 오바마에게 말했다. "우리가 민주당이든 공화당이든 모두 다 나라에 대해 깊이 생각하게 됩니다. 이 자리에 앉아 본 사람은 누구나 이 직위가 개인을 초월한다는 것을 알고 있습니다." 며칠 뒤 취임 선서식장까지 차를 타고 가면서 부시는 오바마에게 조언을 주었다. 부시와 클린턴의 경우에 있어서 임기 마지막 날까지 두 사람을 괴롭혔던 대통령 사면과 관련하여, 변경 불가한 정책을 초기에 정하라는 것이었다. 젊은 부시가 회고했다. "나는 그에게 제안했다. 임기 초에 사면 정책을 발표하고 끝까지 고수하라."

새 대통령이 내각을 조각하던 당시 오바마와 클린턴 차이를 말하기는 어려웠다. 어떻게 보면 클린턴의 부활처럼 보이기도 했다. 오바마는 전 클린턴 수석보좌관 존 포데스타에게 승계관리를 부탁했고, 클린턴의 해결사 램 임마뉴엘을 그의 수석보좌관으로 임명했고, 클린턴 재무장관 래리 써머스는 백악관 경제수석자문으로 후원하게 했다. 클린턴 환경보호청장 캐롤 브라우너는 그의 환경부 총책임자가 되었고, 물론 국무장관에 힐러리 클린턴을 임명했다. 실제로 이전 10여년간 백악관에서 근무했던 대부분 사람들이 도처에서 보였고, 일부는 하던 일을 그대로 했다.

클린턴 전문가들이 가까이에 너무 많이 있었기 때문에, 실제로 새로운 대통령이 있다는 것을 상기하려고 사람들이 애써 노력하는 것처럼 보였다. 서관 내부에서 이런 분위기는 쉽게 눈에 띄었다. 오바마 백악관의 생각을 일축시킬 수 있는 가장 빠른 방법은 그것을 클린턴주의라고 부르는 일이었다. 오바마의 백악관에서 일하는 많은 전직 클린턴 관리들은 그런 순간이 오면 심호흡하며 긴장해야 했다. 민주당의 백악관에서 "클린턴주의"라는 말이 치욕이 되었던 사실은,

두 사람의 인성에 근본적인 차이가 있음을 보여주는 단면이었다. 클린턴은 정치를 사랑했고, 유권자 마음을 얻겠다는 끝없는 경쟁본능으로 허기져 아침에 깨어났다. 이 방면에 린든 존슨만큼 떠오르는 사람은 없었다. 오바마는 일단 백악관에 들어가자 이런 노력은 덜 신경 쓰는 것 같았고, 대선운동에 도움이 되었던 본능은 지성보다 덜 발휘하는 것같이 보였다. 44대는 주로 머리로 했고 42대는 주로 가슴으로 했지만, 두 가지는 크게 다른 것이 아니었다.

의제조차 비난의 대상처럼 보였다. 경제회복만큼 중요한 오바마의 최우선 과제는 국민의료보험 개혁이었다. 오바마의 생각에서 볼 때 클린턴 부부는 중도파와 타협을 거절했기 때문에 보건문제를 해결할 적기를 놓쳤다고 보았다. 클린턴이 1993년에 했던 방법대로 자신들의 입법을 작성하기보다, 오바마는 세부사항을 의회에 맡겼다. "우리는 의사당 계단에 법안을 새겨 넣은 석조명판 길을 만들려고 했지만 잘 받아들여지지 않았다"라고 오바마 상임고문 데이비드 액셀로드가 말했다.

오바마가 자신을 클린턴과 구별하는 사이, 젊은 부시는 자신을 전임으로 재정의하기 바빴다. 부시 가족은 남부감리교대학 가까운 북 댈러스의 조용한 곳에 안락한 집을 샀다. 친구들은 그가 지난 몇 년간의 짐을 내려놓고, 걱정거리는 타인의 우편함에 던져버리고, 훨씬 더 친절하고 편안해졌다고 전했다. 옛 친구 하나가 워싱턴포스트에 말했다. "그를 아는 사람이면 알아볼 정도의 안도감으로 편안했다." 회고집을 쓰기 시작했고, 도서관 건립을 계획하고 돈을 모금하기 시작했다. 오바마 취임 100일간 부시는 1억불을 모금하기도 했다.

그 이외 젊은 부시는 오바마에 대해 피하며 아무 말도 하지 않았다. 3월에 말했다. "그는 침묵으로 지켜주어야 할 사람이다. 그를 비난하며 내 시간을 소비하지 않겠다. 경기장에는 비난이 들끓는다. 전임은 무대 밖에서 탭댄스나 하며, 현 대통령이 세계 문제해결에 열심히 노력하게 해야 한다고 생각한다." 경기가 좋지 못한 점을 감안할 때 그것은 현명한 생각이었고, 백악관에 남아있는 오랜 동료들과 비교할 때 더욱 현명했다. 젊은 부시처럼 딕 체니도 워싱턴에서 이사 나오기는 했지만, 전 부통령은 새 행정부 사격거리인 버지니아 맥린에서 몇 마일 떨어진 곳에 정착하여, 신임 대통령이 결정하는 외교정책을 비난했다. 이런 공격은 보수진영 대부분의 갈채를 받았지만, 부시파 다수는 못마땅해했다. 또 다시 클럽 회원이 됨으로써 그저 가까이 있는 것만이 아니라 차이를 보여주고 있었다. 젊은 부시가 말했다. "나는 정치보다 내 나라를 더 사랑한다. 오바마가 직책 수행에 도움이 되게 하는 것은 필수라고 생각한다."

친구들은 젊은 부시의 재임 8년 평가와 관련하여 솔직한 이야기나 지독한 평가에도 별로 괴로워하지 않았다고 주장했고, 순간의 평론보다 역사가 그를 더 나은 위치에 올려놓을 것처럼 "확실하게 차분했다"고 한 친구가 말했다. 조지 워싱턴에 관한 여러 책을 읽은 후 부시는 측근에게 말했다. 만약 초대 대통령이 아직 면밀히 조사하고 있다면, 그는 무엇을 걱정할까? 전 고문 한 사람이 표현했다. "부시는 최후의 명예회복에 관하여 완전히 초연한 모습 같았다. 오바마에 대한 생각이 어떻든, 믿을 수 없을 정도로, 그를 비난하지 않는 도를 닦고 있었다. 그는 자신을 다른 사람과 비교한 적도 없었다. 오바마 일에 관해 질문 받을 때조차, 대부분 '글쎄요, 나는 달리 했을지 모르지요.' 정도로 대답했다. 하지만 경제개혁 대부분의 경우에 '무엇인가 했어야 했다.'를 추가할 정도로 큰 인물이다.

오바마가 젊은 부시와 교류가 거의 없었다 하더라도 아버지 부시와는 달랐고, 오히려 자기편으로 끌어들이기 위해 노력하는 것 같았다. 그는 2008년 5월 〈뉴욕타임스〉 칼럼니스트 데이비드 브룩스에게 말했다. "나는 조지 H. W. 부시의 외교정책에 대단히 공감한다." 젊은 부시 입장에서는 허리케인 카트리나 직후에 도움을 걱정하면서 홍보선전에는 관심도 없이, 멕시코만 걸프 해안까지 왔던, 당시 상원 오바마의 태도를 칭찬했었다. 그는 회고했다. "오바마는 나팔도 불지 않고 현지에 왔다. 그가 성실하게 남을 배려하는 사람임을 즉시 알았다." 2009년 초 백악관은 케네벙크포트에 몇 번의 우호연락을 취하여, 오바마 보좌관들이 큰 부시를 워싱턴에 초청하여, 그가 1989년 직접 서명한 장애자법안 통과 20주년 기념식에 관하여 언급하면서, 큰 부시에게 되도록이면 대통령이 텍사스로 직접 예방하고 싶어 한다는 것을 알렸다. 2009년 10월에 있었던 일로, 오바마는 텍사스 A&M대학 캠퍼스에 설립된 정부공공사업의 큰 부시 학교에서 열렸던 포인옵라이트이니셔티브 20주년 기념식에 참석했다. 이곳은 41대 부시의 마음의 고향이었고, 늘 부시 부자가 휴스턴과 케네벙크포트^{메인}를 오가며 시간을 보내면서 최종적으로 오고 싶어 하는 대학마을이다. 큰 부시 부부는 캠퍼스 학교건물에서 떨어진 계곡 숲 속에 묻힐 계획까지 세웠다. 그의 큰 딸 로빈은 완만한 참나무 언덕에 이미 묻혀 있다.

텍사스 A&M대학은 자랑스런 육군 자부심을 갖고 있는 유명한 전통적 캠퍼스로, 오바마 예방소식이 발표되었을 때 모두가 기뻐하는 것은 아니었다. 대통령에 대한 영접 부실가능성을 염려한 큰 부시는 아기 커뮤니티 전체에 공개편지를 보내어 뜨거운 환영을 부탁했다. "안녕하세요, 나는 우리의 현직 대통령이 일부러 시간을 내서 대학마을까지 예방하는 일을 영광으로 생각합니다." 이것으로 A&M이 국제적 관심을 받게 된다고 언급했다. "나는 오바마 대통령이 아기 시민들의 예의 있고 열린 마음의 환영을 경험하기를 몹시 기다립니다." 큰 부시는 오바마 방문을 옥외행사로 원했지만 보안경호가 반대했다.

오바마는 큰 부시에게 요란하게 경의를 표하기 위한 진행한 방문이었다. 오바마가 말했다. "조지 H. W. 부시는 나라에 틀이 잡히기 훨씬 전에 공직윤리를 심은 대통령일 뿐 아니라, 몸소 윤리를 실천한 시민입니다. 그는 쉽게 편안한 특권생활을 누릴 수 있었지만, 언제나 국가를 위해 봉사할 수 있는 기회가 있을 때마다 실천했습니다."

행사가 끝나자 큰 부시는 대통령이 떠나는데 지체하지 않도록 나타나지 않았지만, 오바마는 오히려 큰 부시가 대통령 리무진을 타고 공항까지 잠시 동행해 줄 것을 기대하며 출발까지 지연시키며 기다렸다. 텍사스 방문은 오바마로서는 다른 당 소속의 두 사람이 함께하는 정치적으로 참 좋은 일이었고, 클럽이 관념 이상의 의미가 있다고 생각했다. 또 부시 일가 내부에서는 젊은 사람이 나이든 사람에게 표하는 사소한 공경에 큰 의미를 부여했다. 큰 부시는 호의를 되돌릴 생각을 했다. 몇 개월 뒤 큰 부시가 알팔파 클럽^{남북전쟁기념} 연례만찬에 참석하기 위해 슬그머니 워싱턴으로 들어와, 라파예트 광장의 클럽하우스에서 밤을 지냈다. 오바마가 소식을 듣고 그를 커피 마시는 시간에 초청했다. 큰 부시의 리무진이 서관 입구에 도착했을 때 눈보라가 도로 양측에 날리고 있었다. 몇 분이 지나 오바마와 큰 부시는 함께 집무실에서 이야기를 나누었다. 주로 큰 부시가 이야기했다. 며칠 후 오바마가 큰 부시에게 보낸 환담의 사진은 셔츠만 입은 두 사람이 보이고, 유명한 이야기꾼 큰 부시가 재미있는 이야기를 하는 동안 오바마는 웃고 있었다.

부바(클린턴)가 구제에 나서다

오바마와 젊은 부시가 이야기를 나누게 되면서, 그와 클린턴 관계도 점차 해빙되었다. 일단 대통령이 취임하면 백악관이 활동무대가 되고, 지금까지 빠르게 성장하도록 도움을 주었던 전략과 도구와 재주들이 유용했음을 알게 된다. 클린턴과 오바마 사이에 있어서 처음에는 개인적, 정치적, 철학적으로 양극단에 분리된 것처럼 보였던 사항들이 시간이 지나자 차츰 차이를 구분하기 어렵게 되었다.

오바마는 클린턴의 정치와 전략들을 때론 필요에 의해 조소적으로 폄하했는지 모르지만, 그들에게 의존할 시기가 되었다고 결정하자 정치 대가에게 도움 청하기를 주저하지 않았고, 비밀리에 이루어지는 일에 대해서도 그랬다. 백악관이 2009년 6월 펜실베니아 주 상원 예비선거 도전자를 없앨 필요가 생기자 클린턴이 임무를 맡았다. 그에게 백악관 수석보좌관 램 임마누엘이, 전 클린턴 보좌관이자 민주당 의원 조 세스텍이 현 상원의원에 (공화당에서 민주당으로 당적을 바꾼) 알렌 스펙터에게 도전하지 않는 조건으로 행정부 고위직책을 수락할지 알아보도록 부탁했다. 세스텍은 백악관 제안을 거절했고, 세스텍이 스펙터를 상대해서 어려운 예비선거전에서 마음 내키지 않는 펜실베니아 민주당 의원들에게 오바마의 제안을 폭로할 때까지 클린턴은 수개월 간 비밀을 지켜주었다.

비록 요구 조건들이 붙기는 했어도 오바마는 클린턴에게 도움을 요청했다. 2009년 5월 북한에서 내린 재판에서, 두 미국인 기자 로라 링과 유나 리가 중국과 국경에서 TV영상을 찍다 발견되어, 불법입국과 기타 죄목으로 유죄판결을 받았다. 6월과 7월 동안 앨 고어, 힐러리 클린턴, 지미 카터 모두 평양을 방문하여 여성들을 석방시키는 협상에 자원했다. 하지만 북한은 특별히 원했던 조공으로써, 은둔왕국이 전 세계인으로부터 존경은 아니라 하더라도 관심을 끌려고 했던 외교의 황금시대를 대표했던 한 사람 바로 빌 클린턴을 원했다.

전 대통령은 가고 싶어 했다. 왜냐하면 클린턴 임기 마지막에 북한 방문을 희망했고, 부인과 딸과 함께 의논했을 때, 첼시가 말했다. "아빠는 가야 해요. 내가 만약 그곳에서 있다면 어떻겠어요?" 하지만 그가 나중에 설명한 대로, "만약 대통령이 내가 가는 것을 원치 않는다면 갈 수 없다. 몇몇 국무부관리들은 클린턴의 구조임무 기간에 아프리카 방문이 예정되어 있는 부인에게 미칠 의미를 우려했다. 힐러리의 역할은 어떻게 될 것인가? 지미 카터가 1994년 클린턴을 위해 비슷한 임무로 김일성과 만났을 때 했던 대로, 클린턴이 김정일과 지나치게 앞서나가지 못하게 막으려면 어떤 방법이 있을까? 만약 클린턴이 기자 석방을 얻지 못하면 어떻게 될까? 한편, 백악관에서 국가안보위원회 보좌관들은 전임이 현 대통령을 대신하여 불량국가와 협상하는 것을 달가워하지 않았다. 그 이외에도 일부 백악관 사람들은 불과 수개월 전만 하더라도 클린턴과 담을 쌓으려고 강하게 노력해 왔는데, 이제 클린턴을 전방에 내세워 도움을 받는 것이 불편했다.

보좌관들이 오바마에게 상황을 보고하자, 그는 불리한 면을 크게 보지 않았다. 대화에 관여했던 관리가 전했다. "오바마가 이렇게 말했다. '장난하는 거야? 클린턴이 가고 싶어 하니까 보내야 하잖아.'"

그래서 클린턴은 시민자격으로 몇 년 전에 카터가 클린턴을 위해 했던 것과 똑같이 전용기를 타고 평양으로 갔다. 이번 방문은 결과 이외에는 별로 즐거운 것이 없었고, 두 여기자가 풀려나서 함께 귀국하며, 클린턴은 좋은 소식을 백악관에 전화로 알렸다. 사실 〈뉴욕타임스〉는 과도하게 반응했다. "전 대통령이 외교적 위기 속에 뛰어드는 한편, 그의 부인은 미국의 외교수장으로서 아프리카를 순방하는 극적인 활약은 오바마 시대까지 클린턴 부부의 특별하고 연속적인 역할을 잘 설명해 준다."

하지만 그런 역할은 한계가 있었고, 오바마 행정부의 입장에서 보면 신중한 관리가 필요했다. 돌아오고 있는 동안 백악관은 링의 여동생 리사에게 클린턴 비행기가 남부 캘리포니아에 착륙하고, 두 여자만 먼저 계단을 내려가고 클린턴은 사람들 눈에 띄지 않고 잠시 기내 남아 있게 된다고 알렸다.

ABC뉴스 기고자였던 링은 들은 것을 믿을 수 없었다. 오바마 백악관이 성공적인 외교역할을 한 클린턴에 대해, 도착하여 재회하는 사진 촬영도 금지할 정도로 우려한다는 것인가? 분명히 그랬다. 그녀는 백악관 관리들에게 이 문제를 재고하도록 촉구했다. 백악관에서 답했다. "리사, 미안해요. 우리도 이런 결정을 대단히 유감으로 생각해요." 링은 다시 전화하여 주장했지만 거절당했다. 그날 오후 늦게 링은 몇 안면 있는 국무부관리들에게 거친 이메일을 보냈다. "언론에서 일하는 사람으로서, 클린턴 대통령이 기내에 머무르는데 대해 아무 말도 하지 않는다면, 나는 근무태만이 될 것이고, 당신들에게는 원치 않는 쓸데없는 의혹과 잡다한 루머가 생길 수도 있습니다. 나는 클린턴이 어떤 이야기도 하지 않을 좋은 사람이라고 확신하지만, 내려오지 못하게 하는 것은 의혹이 생기는 일입니다." 물론 링이 옳았다. 마침내 백악관은 마음을 돌려서 클린턴이 동행했던 측근들과 함께 비행기 트랩을 내려오도록 허가했다. 하지만 클린턴이 다시 사진에 찍힌다는 것이 백악관으로서는 정말 불편했다는 것을 보여준다.

몇 주 후 클린턴은 백악관 상황실에서 김정일에 대한 직접평가를 전달하기 위해 40분간 오바마를 단독으로 만났다. 한동안 공식석상에 모습을 드러내지 않았기 때문에 미국 전문 분석가들은 그가 아플 것이라고 믿었는데, 오히려 모습을 나타내지 않는 동안, 거의 모든 권력을 아들 김정은이 장악했다는 것을 클린턴은 확인했다. 그 후 오바마는 클린턴을 집무실로 초청하여 이야기를 계속했다. 16년 전 카터가 역할 한계를 넘어 지나치게 행동한 것을 염두에 두었던 클린턴은 공식 석상에서 클럽 의전을 조심스럽게 지켰다. CNN에서 클린턴 임무에 대해 질문 받았을 때 그는 김정은에 대해 파악한 점을 설명했다. "대부분이 생각한 것보다 김정일은 건강이 좋아서 경계할 상태였고, 모든 상황을 장악하고 있는 게 분명했지만 내가 정책입안 권한이 없기 때문에 그 이상 말할 수 없습니다."

이번에는 클린턴이 오바마가 어떤 상태인지 평가할 수 있는 기회가 되었다. 그는 몇 주 후에 래리 킹에게 말했다. "오바마가 지쳤다고 말할 수 있다. 하지만 그도 자기임무에 서서히 익숙해질 것이라고 생각한다. 내가 했던 대로 거의 모두가 그렇게 한다. 어떤 사람도 대통령이 될 수 있는 준비가 된 것을 보여주는 사람은 없다." 오바마는 열심히 일하는 대단히 현명한 사람이라고 클린턴이 말했다. 하지만 "한 2년 정도가 지날 때까지 어떻다고 말할 수 없다. 그는 올바른 일을 하려고 노력하고, 동시에 너무나 많은 일을 한꺼번에 하고 있는데 복잡한 시대에 그것은 대단히 중요한 일이다."

2008년 오바마가 구상했던 미국 정치개혁은 시기상조였고, 경제는 재가동하다가 중단됐고, 연방정부 예산소비가 폭발적으로 증가했고, 이로 인해 보수적 입장을 가진 티파티 옹호자들은 불만의 목소리를 내었고, 그들은 거대한 자동차, 보험, 구조자금을 자본주의 생명선이 아닌 사회주의 사망선고로 보았다. 2010년 여름 중반 오바마 인기가 시들면서 민주당이 하원을 잃을 것이 분명했고 상원도 마찬가지였다.

오바마 보좌관들은 중간선거를 분열과 정복의 문제라고 믿었다. 그들은 유권자들에게 젊은 부시와 공화당이 경제를 어려움에 빠뜨렸기 때문에 일소하고 끝내야 할 시기라고 호소했다. 클린턴은 사적으로 이런 주장은 문제가 있다고 생각했다. 오바마의 고위관리들과 대화에서 클린턴은 단순히 공화당을 공격하며 더 많은 시간을 호소하기보다, 오바마가 이룩한 건강보험개혁, 거대한 경기부양책, 새로운 금융규제에 관하여 목소리 높여 더 자랑해야 한다고 강조했다. 클린턴은 9월 중순에 이야기했다. "민주당은 이렇게 말해야 한다. '이것이 우리가 한 일이고, 이루어진 일이고, 앞으로 할 일이다.' 지금 그들의 유일한 기회는 유권자의 무관심을 일깨워서, 그들의 분노에 대하여 합법적으로 이런 식으로 답해야 한다. '우리가 해야 할 일은 무엇이고, 어느 당이 그 일에 더 실현가능성이 있는가?'" 하지만 백악관은 이런 전략을 받아들이지 않았다. 한편으로는 후퇴하는 것으로 비춰지기 때문이었고, 다른 한편으로는 대체로 인기 없는 경기부양 법안을 옹호할 필요가 있기 때문이며, 이것은 오히려 민주당의 힘보다 공화당의 실책을 강조하기에 더 좋았기 때문이었다.

그렇지만 재선을 앞둔 민주당은 클린턴을 자기편에 두는 것이 유리하다고 생각했다. 10월 중순 갤럽조사는 유권자 중 특히 무당파 유권자들은 오바마보다 클린턴이 선거운동을 하면 후보들에게 투표할 가능성이 많다고 보도했다. 클린턴은 마치 허기진 사람처럼 선거게임에 뛰어들었다. 그는 백 회 이상 유세에서 65명의 후보를 위해 선거운동을 했고, 밋더프레스, 더데일리쇼, 심지어 폭스뉴스까지 출연했다. 덴바에서 2천 명, 산호세에서 5천 명, UCLA대학에서 6천을 끌어들였다. 한편 오바마는 더 많이 끌어들일 수 있었지만, 클린턴은 티파티를 직접 민주당으로 끌어들일 기량이 있었다. 클린턴이 덴버에서 말했다. "이와 같은 일은 지난 110년 간 한 번도 개최된 적이 없습니다." 그는 워싱턴 주 군중에게 말했다. "속지 마세요, 놀아나지 마세요, 세상물정 모른 채 집에만 머물지 마세요." 오바마가 29% 지지율을 얻었던 웨스트 버지니아로 클린턴이 가서 산악지대 유권자들에게 힘주어 말했다. "여러분이 제정신이 아닐 때 결정한다는 것을 충분히 알 정도로 나는 나이가 들었습니다. 그렇게 되면 이곳은 실수할 확률이 80%이기 때문에 나는 여기서 정치를 이야기할 것이 없습니다." 펜실베니아 주지사 에드 렌들은 오랜 지지자에게 말했다. "그는 언제나 좋은 면이 많고 부정적인 면이 없는 사람이어서, 이 나라 어느 곳이든 환영을 받습니다."

클린턴은 대화에서 오바마의 비판은 가능한 하지 않으려고 조심했지만, 가끔 물에 빠진 사람을 구하려고 노력하는 구조대원 같은 소리를 냈다. 클린턴이 말했다. "그들이 그에 관해 말하는 것은 대부분 나에 대한 이야기입니다. 그래서 나는 다른 사람들보다 그에게 더 호의적입니다. 내가 한때 그렇게 했고, 오바마가 지금 파고드는 것처럼, 여러분도 그곳에 들어가서 열렬한 정책광이 되어보면, 열심히 일을 해도 그것을 원치 않는 사람도 있다는 점은 믿기 어려울 것입니다."

클린턴의 공개증언에도 피할 수 없는 일을 바꾸지 못했다. 유권자는 2010년 선거에서 반감으로 등을 돌렸고, 수십 명 현직 하원들을 내다버렸다. 공화당은 하원 63석을 얻고 다수당을 차지했고 상원은 아깝게 과반을 놓쳤지만, 1928년 이래 어느 때보다 많은 의회의석을 장악했다. 사후 기자회견에서 오바마는 이것을 "완전참패"라고 불렀다. 개인 차이에도 불구하고 이제 두 대통령은 어느 때보다 공통점을 많이 갖게 되었다. 둘은 여러 가지 불리함을 딛고 당선되었고, 정치적으로 중도적 의제를 약속하는 것으로 보였고, 지지자 중 많은 사람이 생각했던 것보다 더 좌파였고, 중간선거 때 유권자로부터 심한 징계를 받았다.

오바마는 클럽의 마법이 조금 필요했다. 그래서 12월 10일 현직은 전임 한 사람의 영혼을 불러들였다. 그는 전 로널드 레이건 참모 여럿을 초청하여 그들의 대통령이 의혹과 불확실성을 어떻게 위대한 소통으로 해결했는지 자세한 이야기를 청했다. 위대한 소통자는 자신의 정책방향을 우려했는가? 그는 일반대중으로부터 정치적 의혹을 숨기는데 어려움이 있었는가? 모든 것을 어떻게 극복했는가? 레이건 혼령과의 대화가 끝나자, 클린턴이 도착했고, 질의는 성품에서 전술 이야기로 바뀌었다. 오바마는 의회에 계류된 8,580억불 세금감면 법안에 대해 클린턴의 생각이 궁금했다.

그들이 집무실에 앉았을 때 클린턴은 오바마가 이런 정책을 진보 하원민주의원에게 설득시키는데 있어서 자원하여 돕겠다고 말했다. 하지만 오바마는 사양하면서 오히려 백악관 브리핑룸의 기자단 카메라 앞에서 이것을 지지해 줄 것을 요청했다. 이것은 완전히 정반대 행동이었다. 보좌관들이 클린턴의 행동과 전망을 제한시키려고 노력한지 불과 몇 개월도 안 되어, 오바마는 몇 해 전 조작에 대해 클린턴을 비난한 것처럼 보였던 공화당과의 타협을 지지하기 위하여 이제 그를 다시 무대에 올려놓은 것이다. 오바마는 2007년과 2008년에 클린턴과 클린턴주의에 유의하지 않았는지 모르지만, 2년이 지나 오바마와 오바마주의가 정확하게 구분이 된다고 보기는 어려웠다. 어쩌면 오바마가 클린턴을 궁지로 내몰 필요가 없다는 자신감이 커진 탓도 있는 것 같고, 어쩌면 이론의 사치와 현실의 한계라는 일의 복잡성을 대통령이 충분히 이해함으로써 필연적인 학습곡선 상승이 반영됐을 수도 있다.

어쨌든 오바마는 클린턴으로부터 특히 대규모 세금감면 대한 협상문제에 관한 국정관리 능력승인이 필요했는데, 과연 그가 브리핑룸에서 할 수 있을까?

"나는 준비가 안 됐습니다"고 클린턴이 말했다.

"잘하실 거예요. 자전거 타기와 같습니다."

오바마 생각이 확실히 옳았다. 두 남자는 오후 4시 20분경 기자들 앞으로 걸어갔다. 그는 말했다. "나는 전 대통령 빌 클린턴과 충분한 의논을 방금 마쳤습니다. 우리가 지금까지 보아온 어떤 때보다 더 좋게 경제를 성공시킨 사실로 보아, 그의 생각 중 일부를 나의 행정부와 나누는 일은 큰 도움이 될 것이라고 생각합니다. 나는 간략하게 그의 의견을 밝힐 기회를 주고자 합니다." 그는 크리스마스 파티에 참석하기 위해 곧 떠나야 한다고 덧붙였다.

그리고 전 대통령은 전혀 10년 세월이 지나지 않은 것처럼 30분간 연설했다. 그는 오바마 세금법안이 "많은 미국인을 도울 수 있는 민주공화 양당합의 중 가장 훌륭한 합의였다"고 설명했다. 그가 어떤 충고를 대통령에게 주었는지 질문 받았을 때, 오바마는 말을 가로막으며 말했다. "나는 영부인을 거의 30분동안 기다리게 했습니다. 그래서 바로 떠나야 합니다."

클린턴은 혼자 이야기하는 것이 상관없는 듯했다. "영부인을 화나게 하고 싶지 않아요. 어서 가세요." 그는 웃으며 말했다.

클린턴은 다시 20분간 혼자 연설했다. 10년의 테이프를 되감아 다시 재생하는 시간여행을 하는 기분이었다. 현 정부행정에 자문하는 것이 좋은지 묻는 질문에 클린턴은 웃으며 대답했다. "사실, 나는 상당히 좋은 시기에 행정을 했습니다. 이 자리에 있는 것을 기쁘게 생각하고, 발사된 총알이 물수제비뜨지 않는 한 나를 맞출 것 같지는 않습니다." 클린턴의 연설을 더데일리쇼의 존 슈트어트가 거들었다. "나는 버락 오바마 대통령이 스타워즈의 제다이와 같은 능력을 지녔다고 말하지는 않겠지만, 기자회견실에 마스터 오비완까지 데려오는 것을 보려면 여러분은 재임 때까지 기다리려야 할 지 모릅니다."

오바마가 자신을 요새화시키기 위해 클럽에 호소하는 것이 이번이 마지막은 아니었을 것이다. 2011년 여름 예산법안, 부채 제한선 증가, 국제경제붕괴를 피하기 위한 법안이 아직 통과되지 못한 채 가장 힘든 싸움을 하고 있을 때, 이전에 세금과 예산지출에서 민주공화 양당이 서로 합의할 수 있도록 만드는 초강력협상으로 당시 살아있든 사망했든 모든 힘을 동원하려고 노력했다. 미국의 여름 뜨거운 날 메릴랜드 군중 앞에서 미국의 유일한 문제해결은 모두 각자 희생을 나누어야 하는 일이라고 주장했다. "이것은 모든 민주당 공화당 대통령들이 과거의 주요 예산적자에 서명했던 로널드 레이건부터 빌 클린턴까지 취했던 정치입장입니다."

그런 다음 더 깊고 높게 호소했다. 타협은 당신의 신념을 충분히 설득할 때 형태를 갖출 수 있다고 그는 시인했다. 하지만 "나는 에이브러햄 링컨도 신념이 있었다고 말하는 것이 공정하다고 생각합니다. 언제나 양보와 타협을 만들었습니다." 이것은 집무실을 그의 비전과 트로피로 장식하는 대통령의 특권이고, 오바마의 집무실 벽에 '흑인노예 자유선언문'이 걸려있다. 그는 군중에게 말했다. 이것을 읽으면 전체 노예해방 이 아니라는 것을 알게 된다. 거기에는 가짜나 공짜도 있고 지방이 하나로 연합하여 조합에 머물게 하고 노예를 유지하는 것이다.

그는 말했다. "이 점에 대해 생각해보세요. '위대한 해방자'는 노예해방선언문에서 타협을 하고 있었습니다. 왜냐하면 남부지역을 받아들이고 전쟁 승리에 필요하다고 생각했기 때문입니다."

"당신이 아는 것은 무엇입니까? 에이브러햄 링컨도 통치의 일부로 타협을 했다면, 우리도 확실히 예산처리에 양보할 수 있습니다."

이 연설은 빌 클린턴이 클럽의 다른 누구보다 잘할 수 있는 연설이었다.

결론

마거릿 트루먼은 아버지가 백악관을 떠나기 직전, 영국 수상 윈스턴 처칠에게 저녁식사를 대접했다. 국방장관 로버트 러빗이 참석했고, 국무장관 딘 애치슨, 아베렐 해리먼 대사, 오말 브래들리 장군 등 명사들이 자리에 모였다.

처칠은 기회를 놓치거나 대화를 질질 끄는 사람이 아니었기 때문에 곧 직책을 양도하게 될 대통령에게 질문했다. "대통령님, 어느 날 베드로 성자 앞에 서게 될 때를 대비해서 답변을 준비해두어야 한다고 생각합니다. 그는 이렇게 말할 것입니다. '당신 두 사람이 원자폭탄 투하에 책임이 있다고 알고 있는데, 이에 대해 무슨 말을 하시겠습니까?'"

이런 거북한 순간에 러빗 국방장관이 그를 구제했다.

"수상 각하, 그 심문에 대해 당신 역시 대통령과 같은 입장이라는 것이 확실하지요?"

처칠은 샴페인을 한 모금 마시며 자신 있게 말했다. 우주의 위대한 창조주는 동료 배심원들이 내리는 재판을 들어보지도 않고 사람을 유죄판결 하지 않을 것이다.

게임이 계속되는 가운데 천국의 문 앞에 도착했다고 상상하며 애치슨이 큰 소리로 말했다. "들어보세요, 윈스턴 스펜서 처칠 씨의 천국으로 이민 가는 문제에 있어서 집행관으로서 배심원 일원이 되어주시겠어요?"

처칠의 동료들이 곧 집행관인 배심원단은 역사상 위대한 처칠, 루즈벨트, 트루먼 같은 죽음의 위협을 겪고, 불가능한 선택과 씨름했던 사람들이고, 그들이 저지른 범죄, 어리석음, 불행에 대한 판단은 역사에 남겨두었을 것이다.

손님들은 배심단 일원으로서 역할을 생각하면서, 각자가 좋아하는 위대한 지도자의 영혼을 불러들였다. 마거릿 트루먼이 회고했다. 브래들리 장군은 아마 알렉산더 대왕을 떠올렸을 것이고, 다른 사람들은 각각 줄리어스 시저와 아리스토텔레스로 이입시켰지만, 처칠은 무신론자인 볼테르나 올리버 크롬웰 호민관만은 법의 판결을 믿지 않았다는 이유로 막았을 것이다. 애치슨이 조지 워싱턴으로 응수하자 처칠은 배심원을 거절하는 편이 더 낫겠다고 하면서, 모든 혐의를 무죄로 판정할 가능성이 있는 해리 트루먼을 배심원장으로 위임할 준비를 했다. 트루먼은 어떤 누구보다 명확하게 이해하고 있었다. '받아들일 수 없는 일'과 '참을 수 없는 일' 중 선택하도록 강요당하는 지도자는 그럼에도 불구하고 이끌고 나가야 하는 것 외에 다른 선택이 없다.

그 모임에서 처칠은 트루먼에게 고백했다. 갑자기 트루먼이 루즈벨트를 승계했을 때 그 역시 상당히 낙담했음을 시인했다. 처칠이 말했다. "나는 당신을 나쁘게 오판했습니다. 그때부터 당신은 그 누구 이상으로 서방 문명을 구원했습니다."

대통령 클럽에 인장이 있다면 둘레에 협력, 경쟁, 평안 세 글자를 기입했을 것이다. 한편 대통령들은 개인적, 애국적 강한 동기를 가지고 후임을 돕고 다른 사람이 실패할 때 위로한다. 동시에 역사의 축복을 구하고자 모두 경쟁하며 순간의 칭찬이나 비난에 의미를 두지 않는다. 그들이 내린 판단은 역사의 시간 위에서 평가되어야 하기 때문에, 그들이 바라는 속죄는 더 영원하다. 그들은 서로의 동료인데, 과연 누가 진정한 평가를 할 수 있을까? 마거릿이 회고했다. 트루먼은 "후임 대통령에 대한 강한 견해가 있었지만, 한 번도 입 밖에 내지 않았고, "전 대통령들은 물론 심지어 단 한 사람에 대해서도 더 많은 시간이 지나야 백악관 사람의 수행을 평가할 수 있다"고 믿었다.

따라서 그들은 보다 더 긴 안목을 취하고, 그런 견해는 무엇보다 더 관대하다. 모든 대통령이 바로 대통령 역사학자가 된다. 그들은 일기를 쓰고, 자서전을 탐독하고, 벽에 걸어야 할 인물을 결정하여 일상에서 그들의 행적을 추적하며 마음의 공감을 얻는다. 후버도 우드로 윌슨에 관한 전기를 썼고, 늦은 밤 닉슨은 백악관 주위를 돌아다니며 초상화들을 바라보았다. 그가 말했다. "앞서 지나간 사람들의 발자국을 느끼고 듣지 않고는 오래된 이 방들을 지나갈 수 없다." 이 자리를 떠난 모두가 역사 위에 문신을 새겼다. 자신은 어떻게 비교될지 궁금했다. 그는 노트에 적었다. "대통령들은 특징이 있다. 루즈벨트-마력, 트루먼-용기, 아이젠하워-미소와 특권, 케네디-매력, 존슨-활력." 하지만 그 다음에 이렇게 썼다. "닉슨-?"

빌 클린턴의 서재 벽 전체는 트루먼, 케네디, 링컨 대통령의 책들로 가득했다. 그의 보좌관 조지 스테파노포러스는 다음과 같이 회고했다. "전임 대통령들만이 그를 이해할 수 있는 것 같은 느낌이었다."

어쩌면 가장 낮은 곳에서 시작해서 최고 높은 데까지 오르고, 최대의 시험에 부딪혀서 마침내 승리한 링컨에게 모두가 끌리는 것은 놀라운 일이 아니다. 에이브러햄 링컨은 대통령직 위대함의 표상이었다. 아이젠하워는 그 감정이 너무 강하게 나타나서 게티즈버그에 농장을 샀고, 링컨 초상화를 그려서 인쇄한 사본을 백악관 직원들에게 크리스마스 선물로 주었다. 케네디는 1961년 6월에 흐루시초프와 정상회담으로 기진맥진하여 귀국했을 때, 비서가 바닥에서 링컨의 문구를 자필로 써넣은 쪽지를 발견했다. "신이 있다는 것을 폭풍이 오는 것을 보며 안다. 만약 신이 나를 위한 자리를 마련한다면 갈 준비가 되어 있다." 이것은 비록 링컨이 스스로에게 했던 격려였지만 세기를 넘어 전해진다. 닉슨이 가장 소중하게 여겼던 소유물은 13세 생일에 할머니가 준 링컨의 사진액자였다. 그의 대통령 재임 중 가장 이상하고 생생하게 드러난 1970년 5월 9일 오하이오 켄트 주립대학 총격사건이 있던 밤, 닉슨과 담당기사 마놀로 산체스는 새벽 4시 15분에 백악관을 나와, 보안경호를 받으며 링컨 추모기념관까지 갔고, 거기서 캠프하며 시위하는 학생들과 대화했다. 그는 링컨 동상에 새겨진 비문을 일기장에 옮겼다. "이곳 신전에서, 남부연합을 구했던 사람들의 가슴 속에 있는 것처럼, 에이브러햄 링컨에 대한 기억은 영원히 간직된다."

클린턴은 데이비드 허버트 도널드의 세기적 링컨 자서전을 읽었다. 클린턴이 링컨에 관해 말했다. "그의 정신적 관념으로 현대에도 그가 당선될 수 있을

지 나는 알지 못한다. 하지만 링컨이 대통령이 되었을 때, 분열된 나라를 결합시키려고 노력하며, 타인의 고통을 해결하려는 사명감에 몰두했기 때문에, 오히려 그의 짐의 무게를 느끼지 못했다는 것을 알게 되었다. 조지 W. 부시는 링컨의 견해를 대단히 감탄해서 재임 동안 링컨에 대한 17권의 다른 자서전을 읽었다. 어느 날 그는 집무실에서 말했다. "나는 바로 저곳에 링컨 초상화를 걸어놓았다. 형제가 형제와 싸우고, 사촌이 사촌을 죽이고서 대통령이 되는 것이란 어떤 것일지 이곳에 앉아서 생각해 본다. 그는 이 나라의 단결을 유지시키는데 필요한 것이 무엇인지 분명히 알았다." 최초 아프리카계 미국인 대통령 버락 오바마는 그의 직관에 따르는 자신을 위로 받기 위해 '위대한 해방자'에게 의존했고, 링컨이 가장 높이 칭찬받았던 행동들에 대해서조차 겸손했다.

역사가들은 대통령을 평가하여 순위를 매기지만 먼 안목으로 바라보는 그들은 서로를 비교하지 않고, 발생할지도 모르는 상황에 대비하여 어떤 지도력을 펼쳤는지 생각한다. 대통령이 만약 금융정책을 실수하면 백만 이상 국민이 일자리를 잃을 수 있고, 적에 대한 판단을 잘못하면 수천의 목숨을 잃게 되는 것을 안다. 대통령들은 침입, 불황, 막대한 석유 유출과 같은 위기를 어떻게 관리하는가에 따라 부침이 갈리지만, 사전에 예방하고, 예견하고, 미연에 방지하고, 악화를 막는다 해도 영광은 없다. 우리는 각 대통령들이 주재하여 일어난 일들을 알고 있는데, 가끔 그들은 아무것도 발생하지 않은 것에 긍지를 갖는다. 그들은 해결을 향하여 정책을 전환하고, 계획이 빗나갈 때 손실을 예측하고 실질적인 대안을 마련한다. 마침내 대통령 직책의 무게를 내려놓을 때야말로 기억 속에 가장 깊이 새겨지는 일이다. 아이젠하워 장군은 대전의 승리로 영예를 받았지만, 아이젠하워 대통령은 하나도 싸우지 않았다는데 자부심이 일등이다. 퇴임에서 주장했다. "미국은 나의 행정부 때 지상군의 보병 하나 잃은 적이 없다. 우리는 평화를 유지했다. 사람들은 평화가 어떻게 이루어지는지 물었다. 그것은 저절로 이루어진 것이 아님을 말할 수 있다." 은퇴 후 텍사스 목장으로 돌아간 존슨은 스스로 만들었을지도 모르는 실수에 관하여 언급을 거절했고, 전기 작가 도리스 컨스 굿윈에게 불평했다. "사람들이 다시는 나를 베트남전 당시로 돌이켜 생각하도록 만들지 않아야겠다. 오만의 미군이 죽었다. 사실을 바꿀 수 있는 것은 없다. 달리 선택할 수 있었다는 당신들의 생각은 완전한 무지에서 나온 것들이다. 다른 선택을 했더라면 나는 3차 세계대전을 발발시킨 장본인이 되었을 것이다."

대통령은 누구나 자신의 견해를 가지고 있다. 포드의 참모들은 그가 닉슨 사면계획을 설명하며 이 나라에 지속되는 고통을 막으려 했을 때 말없이 앉아 있었다. 한 자문이 말했다. "대통령의 논리는 난공불락이었지만, 마치 할복하는 사람을 지켜보는 심정이었다." 조지 W. 부시는 이라크 전쟁으로 아부그라이브 수용소, 물고문, 학대라는 유산물과 "어려운 결정"에 대한 대가를 얻었지만, 그는 자리를 떠나며 '내가 지켜보았기 때문에 우리는 성공적으로 두 번째 공격을 당하지 않았다'고 말할 수도 있다. 그의 참모들이 그에게 실책을 인정해야 한다고 말할 때마다 묵살했다. 평가하기에는 아직 이르다고 그는 말했다. "내가 내린 결정이 이 세계를 보다 좋은 곳으로 만들 수 있을 것이라고 진정으로 믿는다. 불행히도, 큰일을 해도 결과를 볼 수 있을 정도로 시간이 길지 않다. 나도 충분히 그것을 알고 있다. 만약 큰 변화를 목표로 한다면 단기의 역사에서 보상 받을 기대는 하지 말아야 한다."

이것이 대통령 클럽 관례를 위해 지원, 침묵, 단결해야 하는 또 하나의 이유다. 모든 대통령은 유감의 분야도 다르고, 완벽한 결과도 없는, 과거, 현재, 미래의 경계가 불투명한 우주적 평행선을 함께 여행하는 동료들이다. 그들은 심판을 말하지 않을 배심원들이다. 왜냐하면 그들은 모든 증거를 듣지 못했고, 관용을 받도록 미리 조치되어 있다는 것을 알기 때문이다.

대통령 클럽